『介護福祉士 法改正と完全予想模試 '24 年版』収録の予想問題が第 36 回本試験でズバリ的中！！しました。

　コンデックス情報研究所では、長年の過去問題の分析結果にもとづき予想問題を作成しています。その結果、第 36 回本試験（2024 年 1 月実施）においては、以下のように予想問題と同じ問題が本試験で多数出題されました。本書はその経験と研究の成果を活かして編集された書籍です。

本試験問題　問題 13
〈障害者差別解消法〉
1　法の対象者は，身体障害者手帳を交付された者に限定されている。（正解は×）

完全予想模試①　問題 12
〈障害者差別解消法〉
5　対象となる障害者は，障害者手帳を所有している者に限られる。（正解は×）

本試験問題　問題 70
〈社会奉仕の精神をもって，住民の立場に立って相談に応じ，必要な援助を行い，社会福祉の増進に努める者〉
1　民生委員（正解は○）

完全予想模試①　問題 73
〈保健・医療・福祉に関連する人材とその説明〉
5　民生委員は，常に住民の立場に立って相談に応じ，必要な援助を行うフォーマルな社会資源の 1 つである。（正解は○）

本試験問題　問題 103
〈デスカンファレンス〉
4　亡くなった利用者の事例を振り　　　　　　　　　（正解は○）

JN028681

完全予想模試②　問題 101
〈デスカンファレンス〉
4　介護福祉職自身の振り返りに泣　　　　　　　さる。（正解は○）

的中問題続出！！

本試験問題	完全予想模試
本試験問題　問題 14-2	完全予想模試②　問題 9-2
本試験問題　問題 14-3	完全予想模試②　問題 9-1
本試験問題　問題 21-5	完全予想模試①　問題 90-3
本試験問題　問題 85-2　←ズバリ的中！！	完全予想模試②　問題 82-2
本試験問題　問題 86-1	完全予想模試②　問題 85-5
本試験問題　問題 107-4	完全予想模試②　問題 112-4
本試験問題　問題 107-1	完全予想模試②　問題 112-5

他　多数！！

『介護福祉士 法改正と完全予想模試 '25 年版』は 2024 年 7 月頃に発売予定！

本書の特色と使い方

●過去5年間の介護福祉士国家試験を掲載

　介護福祉士は、障害者、高齢者などの介護を担う専門職です。介護福祉士になるためには、福祉系の高等学校や福祉系大学などの介護福祉士養成施設を卒業するルートと、訪問介護員などとしての実務経験を積んだ後に、介護福祉士国家試験を受験し、実務者研修を修了して取得するルートなどがあります。本書はその**介護福祉士国家試験の過去5年間の問題のすべてと解説**を掲載しました。たくさんの過去問題を解くことで、国家試験の傾向をつかむことができます。また、解答・解説は**取り外し可能**で2色構成となっており、正解やキーワードを付属の**赤シート**で隠しながら、効率よく学習することができます。

●第37回（2024年度）の試験に向けて法令等改正に対応

　介護福祉士国家試験には、多くの法律が関係しており、法令等の改正のために出題当時と正誤が変わる問題があります。本書は、その場合、原則として**2024年4月1日現在の法令等に対応**させて解説していますので、第37回の国家試験対策に安心して利用できます。なお、法令等改正に対応させた問題などは次のように処理しました。

---

①法令等改正により、選択肢の内容の正誤が変わり正答となる肢がなくなるなど、問題として成立しない問題には、★を付しています。正解は出題当時のものを掲載し、解説は出題当時の法令等に基づいた解説をしたのち、※以下に、現在の法令等に照らした解説を加えました。

②試験団体から「正解の選択肢が2つあったために2つのうちどちらかを選んでいれば得点」という扱いがされた問題には、▲を付しています。

③試験実施団体から「問題の不備があったために全員に得点」という扱いがされた問題には、◎を付しています。

●過去問題をマスターすれば、試験の傾向が見えてくる

　介護福祉士試験は、第27回試験では、図を用いたビジュアル問題が初めて出題され、第29回からは医療的ケアの領域が追加されるなど、内容は少しずつ変化しています。また、第35回からは新たなカリキュラムに沿った内容で実施されており、今後も試験内容の傾向に注意が必要です。しかし、問題の多くは過去に出題された内容と共通していますので、試験攻略のために過去問題を解いて力をつけていきましょう。

※本書は、2025年1月に実施予定の第37回介護福祉士筆記試験を対象とした書籍です。

詳解　介護福祉士　過去5年問題集　'25年版

CONTENTS

第36回（令和6年1月）試験問題

第35回（令和5年1月）試験問題

第 34 回 (令和 4 年 1 月) 試験問題　113

第 33 回 (令和 3 年 1 月) 試験問題　163

第 32 回 (令和 2 年 1 月) 試験問題　215

ここをおさえておけば大丈夫！
介護福祉士国家試験　第35回試験からの変更点

　2023（令和5）年1月に実施された第35回試験より、2019（平成31・令和元）年に導入された新カリキュラムの内容を踏まえた、新たな出題基準が適用されました。不安に思う人もいるかもしれませんが、これまでの試験と何がどう変わったのかをしっかり理解して対策をすれば、心配する必要はありません。ここでは、第35回試験からの新出題基準に関する情報をまとめましたので、必ず確認して、合格に向けた効果的な学習につなげてください。

1　出題順の変更

　これまで午後の試験科目であった「こころとからだのしくみ」「発達と老化の理解」「認知症の理解」「障害の理解」「医療的ケア」が午前に、午前の試験科目であった「介護の基本」「コミュニケーション技術」「生活支援技術」「介護過程」は午後に移動しました。

試験時間	領域	試験科目	出題数
午前	人間と社会	人間の尊厳と自立	18
		人間関係とコミュニケーション	
		社会の理解	
	こころとからだのしくみ	こころとからだのしくみ	40
		発達と老化の理解	
		認知症の理解	
		障害の理解	
	医療的ケア	医療的ケア	5
午後	介護	介護の基本	50
		コミュニケーション技術	
		生活支援技術	
		介護過程	
	総合問題		12

2 出題数の変更

　総出題数は 125 問と例年通りですが、午前が 68 問→ 63 問に、午後が 57 問→ 62 問に変更されました。また、学習時間が増えた「人間関係とコミュニケーション」が 2 問→ 4 問に増えたため、「コミュニケーション技術」は 8 問→ 6 問に減りました。

3 ここが大きく変わった！ 試験科目別にみる新出題基準とその傾向

　試験問題は、出題基準の範囲より出題されます。これまでと比べて変わった点はいくつかありますが、特に大きく変わった点は次の 2 つです。

①「人間関係とコミュニケーション」に「チームマネジメント」が追加！

　領域「人間と社会」の科目「人間関係とコミュニケーション」の出題基準の中に、「チームマネジメント」に関する内容が新たに追加されました。介護サービスの特性やチーム運営の基本などが問われます。第 36 回試験では、利用者の個別の介護目標を介護福祉職のチーム全員で共有するという課題解決のための取り組みについて問われました。またこの科目には、「リーダーシップ」「フォロワーシップ」「OJT」「Off-JT」「SDS」「スーパービジョン」「コンサルテーション」などのカタカナ用語や略語が出てきます。それぞれの言葉の意味を使用される場面と併せてしっかりと覚えましょう。

②「生活支援技術」の大項目として「福祉用具の意義と活用」が追加！

　これまでも出題されていた福祉用具が、新出題基準では、領域「介護」の科目「生活支援技術」の大項目「福祉用具の意義と活用」として追加されました。これにより、杖、車椅子、段差解消機、移乗台など、これまで以上に多種多様な福祉用具に関する出題が予想されます。第 36 回試験では、福祉用具を活用するときの基本的な考え方や握力の低下がある利用者が使用する杖の選択等が問われました。また、ノーリフティングケアの視点から、スライディングシート等、移乗・移動を支える福祉用具などがより重要になるでしょう。さらに、2024（令和 6）年 4月から一部の福祉用具に導入された貸与と販売の選択制もおさえておきましょう。

詳しくは、以下のリンクより、第 35 回試験からの科目別新出題基準を確認してください。

公益財団法人社会福祉振興・試験センター
介護福祉士国家試験出題基準
https://www.sssc.or.jp/kaigo/kijun/kijun_01.html

第37回試験対策

第36回試験の特徴は、①例年に比べ、**過去問題と似た傾向の出題が多く**、全体の約7割を占めたこと、②**事例問題が全体の3割を超え**、介護福祉職による対応を問う内容が多かったこと、③**介護保険制度に関する問題が増えた**ほか、新たに**介護福祉職チームと集団凝集性、モルヒネ使用時に留意すべき観察点、スキャモンの発達曲線、アパシー、バリデーション等が問われた**ことです。対策として、①からは**過去問題を丁寧に学習**し、基礎的知識を確実に獲得すること、②からは多くの**事例問題を解く**ことに加え、**演習・実践に基づく知識・技術・判断力の向上**にも注力すること、③からは**新出題基準を確認**し、**バランスよく学習**することが求められます。その上で**予想模試に挑戦する**等、自らの見識を高めておくことも重要です。

領域：人間と社会

科目1　人間の尊厳と自立

第36回の事例問題では、利用者の発言に対する介護福祉職の対応について問われ、**尊厳・自立の理念、介護福祉職の職務範囲**に基づいて解答することが求められました。また、自立についての問題もありましたので、尊厳・自立に関する用語についても確認しておきましょう。また、第36回、第35回では出題されませんでしたが、人権や福祉の向上に尽力した実践家や思想家などとその業績に関する問題が第34回、第33回では出題されていますので、こちらも確認しておきましょう。

おすすめ試験対策！

★**アドボカシー、エンパワメント、ノーマライゼーション、QOL、自立**といった用語を学習する。
★事例問題は、**利用者主体・寄り添う対応**かどうかという視点で考える。

科目2　人間関係とコミュニケーション

第36回、第35回ともに**チームマネジメント**における組織の運営・管理に関する問題が出題されています。また、第35回では、**OJT**など人材育成に関する出題も見られます。さらに、コミュニケーションに関する問題では心理学をベースとした**コーピングや集団行動についての理論や用語**に関して問われていますが、基本的な知識があれば十分解答できるものです。

おすすめ試験対策！

★**チームマネジメント、コミュニケーションにおける理論**に関する学習は、介護福祉士試験の対策本などから基礎的な知識を修得する。

　社会の理解では、**法律・制度・福祉サービス内容・調査、報告書・日本の動向・機関**について問う問題がみられます。第36回では、設問に対して適切な機関を問う問題が多くみられたほか、法律や福祉サービスについても問われました。また、第36回ではありませんでしたが、第34回では「**生活のしづらさに関する調査**」に関した問題が出題されています。

```
┌───── おすすめ試験対策！ ─────┐
```

★**介護保険法、障害者総合支援法**の学習では、サービス内容やそれらに関わる機関等の役割も確認する。
★過去に取りあげられた法律について、設問と照らし合わせながら内容を確認する。特に**改正による変更箇所**には注意する。
★過去の試験で取り上げられた**調査や報告書**について、問われた内容や最新データを確認する。

領域：こころとからだのしくみ

科目4　こころとからだのしくみ

　短文事例を交えて、基本的な知識が問われます。学習範囲の広い科目なので、**移動・食事・排泄・入浴・睡眠のしくみ**など過去の試験で何回か出題されたものに的を絞って学習しましょう。

```
┌───── おすすめ試験対策！ ─────┐
```

★**移動・食事・排泄・入浴・睡眠**などのしくみを中心に学習していく。
★**こころのしくみ**は、**欲求、記憶、動機**の3点に絞って学習する。
★**からだのしくみ**は、**心臓、血液、骨、筋肉、脳**の5点に絞って学習する。

科目5　発達と老化の理解

　老化に伴う心身の変化、高齢者に多くみられる疾患、**乳幼児期・学童の発達、発達理論**が中心となって出題されています。特に、乳幼児期・学童の発達、発達理論の問題が、以前より増えています。過去問題を中心に学習しておきましょう。

```
┌───── おすすめ試験対策！ ─────┐
```

★**老化に伴う心身の変化**は、出題頻度が高く、他の科目でも出題されるため、最優先かつ重点的に学習する。
★**発達理論や乳幼児の発達、高齢者に多くみられる疾患**は、過去問題で出題されたものに的を絞って学習する。

科目6　認知症の理解

　認知症の中核症状とBPSD（行動・心理症状）、スケール（評価）、認知症原因疾患の特徴に関する問題と、認知症施策推進大綱の理解、認知症がある利用者を対象にした**サービス**や**介護福祉職の対応**が中心に出題されています。各認知症原因疾患の特徴の他に、若年性認知症、軽度認知症、認知症に類似した状態など、幅広く理解しておくことが大切です。

おすすめ試験対策！

★アルツハイマー型認知症など、代表的な**認知症原因疾患の特徴**を理解する。
★認知症施策推進大綱や地域におけるサポート体制の内容など**新しい対策**に目を通しておく。

科目7　障害の理解

　ノーマライゼーション、ICF（国際生活機能分類）等の**障害の概念**や**基本理念**、**法律**、**障害受容**、**障害の特徴**やその**生活支援**、地域での**サポート体制**や**家族支援**などが出題されています。総合問題にも必要な知識です。また、短文事例も多く出題されています。出題頻度が高い内容を中心にじっくり取り組みましょう。

おすすめ試験対策！

★身体障害、精神障害、知的障害、発達障害、難病を中心に、**障害の特徴、原因、支援方法**を学習する。
★過去問題で出題された内容について、問題を解きながら覚える。

領域：医療的ケア

科目8　医療的ケア

　この科目は**5問のみ**であり、合格するためには**必ず1問以上正解する**必要があります。学習の中心となるのは、感染予防、喀痰吸引の方法、経管栄養の方法、心肺蘇生法などです。基本的な内容が出題されています。**法律的理解、医療的ケアに必要な基礎知識**と喀痰吸引、経管栄養の基本をおさえておくとよいでしょう。

おすすめ試験対策！

★専門用語が多く含まれるので、注意して覚えていく。
★喀痰吸引と経管栄養、心肺蘇生の方法について、しっかり確認しておく。

領域：介護

科目9　介護の基本

　利用者主体や**自立支援**に基づく対応、介護福祉士の**義務・職業倫理**、**ICF**（国際生活機能分類）、**介護保険サービス**、リハビリテーションの意義と種類、労働基準法と労働安全衛生法、事故防止、**災害・感染対策**、**多職種連携**の出題が多い傾向です。最近では性同一性障害、ハラスメント、ヤングケアラーに関する内容も問われたため、**社会情勢**にも関心を持ちながら**幅広く学習**することが大切です。

おすすめ試験対策！

★普段の業務の中で実施されている事柄を意識して、**法制度等に関する理解を高める**（育児・介護休業法、ストレスチェック、安全対策、苦情対応体制等）。自分が働く施設・事業所の**就業規則**に目を通すのも良い。

★過去に同じような出題がある問題は、過去問に慣れて、**様々なパターンに対応できるようにする**（社会福祉士及び介護福祉士法や介護福祉職の対応等）。

科目10　コミュニケーション技術

　傾聴、**共感**、**受容**、要約、言い換え、直面化、**アサーション**等の技法、**記録・報告・会議の方法**、**認知症**や**失語症**、**構音障害**、**統合失調症**、**難聴**、**視覚障害**、高次脳機能障害等の特性に応じたコミュニケーション方法などの出題があります。

おすすめ試験対策！

★コミュニケーション技法の種類とそれぞれの意味を整理して覚える。
★障害や疾患別にどのようなコミュニケーション方法がよいかを理解する。

科目11　生活支援技術

　問題数が最も多く（26問）、その正答率が合否に大きく影響する可能性が高いため、**重点的に学習**します。例年、居住環境整備、口腔ケア、衣服の着脱、杖歩行、ベッドから車いすへの**移乗**、視覚障害者へのガイドヘルプ、**食事介護**、誤嚥・脱水予防、入浴介護、清拭、疾病・障害に応じた調理方法、トイレでの**排泄介護**、おむつ交換、尿失禁への対応、洗濯、安眠を促す方法、**アドバンス・ケア・プランニング**（ACP）、臨終時のケア、グリーフケア、福祉用具等、幅広く出題されています。特に仰臥位から側臥位への**体位変換**や**福祉用具の活用**等、**演習・実践**を踏まえて判断される問題が増加傾向にあります。また、専門用語の単純な暗記だけでは正答を導き出せず、判断に迷う**事例問題**も目立ちます。①どこが出題されても正答できるよう**網羅的に学習**すること、②**知識**に加えて技術の習得も図ること、③多くの事例と向き合って**思考力・判断力**を養うことが重要です。

╭─── おすすめ試験対策！ ───╮

★基本的な内容を理解し、過去問や予想模試を繰り返し、知識を定着させる。
★専門用語の暗記だけでなく、事例問題で読解力・思考力・判断力を養う。
★介護方法や福祉用具などは、イラストや写真、演習・実践を通して確認する。

┌ 科目12　介護過程 ┐

　介護過程の意義・目的、アセスメント（情報収集や生活課題など）、介護計画、目標（長期目標と短期目標）、評価などが頻繁に出題されています。第35回試験では**個別支援計画**、第36回試験では**事例研究**についても問われているため、新たな出題傾向として注視していく必要があるでしょう。

╭─── おすすめ試験対策！ ───╮

★介護過程の流れを理解した上で、過去問題などを繰り返し解いて理解する。
★時間に余裕があれば、**出題頻度の高いアセスメント、介護計画、目標、評価**について参考書を活用してまとめ、予想模試にチャレンジする。

総合問題

┌ 科目13　総合問題 ┐

　総合問題では、**1事例：3問**を**1セット**にした事例問題が**4セット分**出題されます。ここ数年、**介護保険制度と障害者総合支援法を活用する事例が2セットずつ出題**されており、今後もこうした傾向は変わらないと予測できます。介護福祉職の役割、疾病・障害、法制度、支援内容・方法等、**科目1〜12**で学んだ内容から出題されるうえ、事例文が長いため、正答を導き出すまでに時間がかかります。**集中力**に加え、事例を読んで内容を理解する**読解力**も求められるため、事例から逃げず、日頃から**事例と向き合う時間をつくる**必要があります。正答を的確に導き出せるよう、過去問題や予想模試の**事例問題を繰り返し解き**、理解力と判断力の向上を図りましょう。

╭─── おすすめ試験対策！ ───╮

★過去5年間の総合問題は、全問正解できるまで繰り返し解く。
★事例を理解するためにも、介護保険制度と障害者総合支援法に関する学習は必須である。
★介護過程の展開を踏まえた内容等、様々な事例問題や予想模試なども繰り返し解く。

介護福祉士筆記試験ガイダンス

試験に関する情報は、原則として2024年4月1日現在のものです。変更される場合がありますので、受験される方は、**必ずご自身で試験実施団体の発表する最新情報を確認してください。**

◆受験申込から筆記試験までの日程

(1) 受験申込手続詳細発表：7月上旬

(2) 受験申込書受付期間：8月上旬～9月上旬

(3) 筆記試験：1月下旬

◆筆記試験内容

(1) 出題形式：五肢択一を基本とする多肢選択形式

(2) 出題数：125問

(3) 総試験時間：220分

(4) 合格基準：以下の条件を両方満たした場合

(ア) 総得点の60％程度を基準として、問題の難易度で補正した点数以上の得点の者

(イ) 科目群のすべてにおいて得点があった者

◆試験に関する問い合わせ先

公益財団法人　社会福祉振興・試験センター
〒150-0002　東京都渋谷区渋谷1-5-6　SEMPOSビル
（試験情報専用電話案内）03-3486-7559（音声案内、24時間対応）
（試験室電話）03-3486-7521（9時～17時、土曜・日曜・祝日を除く）
（ホームページURL）　https://www.sssc.or.jp/

介護福祉士

第36回
（令和6年1月）
試験問題

午前 63 問　制限時間 100 分 ………………… P.14

午後 62 問　制限時間 120 分 ………………… P.36

■巻末 P.265 〜 266 の解答用紙をコピーしてお使いください。

■答え合わせに便利な解答一覧は別冊 P.2

◆合格基準

以下の 2 つの条件を満たした者が合格者となります。

1. 問題の総得点の 60％程度を基準として、問題の難易度で補正した点数以上の得点の者（配点は、1 問 1 点の 125 点満点）。

2. 1 を満たした者のうち、次の試験科目 11 科目群すべてにおいて得点があった者。

   [1] 人間の尊厳と自立、介護の基本　[2] 人間関係とコミュニケーション、コミュニケーション技術　[3] 社会の理解　[4] 生活支援技術　[5] 介護過程　[6] こころとからだのしくみ　[7] 発達と老化の理解　[8] 認知症の理解　[9] 障害の理解　[10] 医療的ケア　[11] 総合問題

第36回	受験者数	74,595 人
	合格者数	61,747 人
	合格率	82.8％
	合格基準点	67 点

問題 1

Aさん（76歳，女性，要支援1）は，一人暮らしである。週1回介護予防通所リハビリテーションを利用しながら，近所の友人たちとの麻雀を楽しみに生活している。最近，膝に痛みを感じ，変形性膝関節症（knee osteoarthritis）と診断された。同時期に友人が入院し，楽しみにしていた麻雀ができなくなった。Aさんは徐々に今後の生活に不安を感じるようになった。ある日，「自宅で暮らし続けたいけど，心配なの…」と介護福祉職に話した。

　　Aさんに対する介護福祉職の対応として，**最も適切なもの**を1つ選びなさい。

1　要介護認定の申請を勧める。
2　友人のお見舞いを勧める。
3　膝の精密検査を勧める。
4　別の趣味活動の希望を聞く。
5　生活に対する思いを聞く。

問題 2

次の記述のうち，介護を必要とする人の自立についての考え方として，**最も適切なもの**を1つ選びなさい。

1　自立は，他者の支援を受けないことである。
2　精神的自立は，生活の目標をもち，自らが主体となって物事を進めていくことである。
3　社会的自立は，社会的な役割から離れて自由になることである。
4　身体的自立は，介護者の身体的負担を軽減することである。
5　経済的自立は，経済活動や社会活動に参加せずに，生活を営むことである。

人間関係とコミュニケーション

問題 3　U介護老人福祉施設では，利用者の介護計画を担当の介護福祉職が作成している。このため，利用者の個別の介護目標を，介護福祉職のチーム全員で共有することが課題になっている。

　　　この課題を解決するための取り組みとして，**最も適切なもの**を**1つ**選びなさい。

1　管理職がチーム全体に注意喚起して，集団規範を形成する。
2　現場経験の長い介護福祉職の意見を優先して，同調行動を促す。
3　チームメンバーの懇談会を実施して，内集団バイアスを強化する。
4　チームメンバー間の集団圧力を利用して，多数派の意見に統一する。
5　担当以外のチームメンバーもカンファレンス（conference）に参加して，集団凝集性を高める。

問題 4　Bさん（90歳，女性，要介護3）は，介護老人福祉施設に入所している。入浴日に，担当の介護福祉職が居室を訪問し，「Bさん，今日はお風呂の日です。時間は午後3時からです」と伝えた。しかし，Bさんは言っていることがわからなかったようで，「はい，何ですか」と困った様子で言った。

　　　このときの，介護福祉職の準言語を活用した対応として，**最も適切なもの**を**1つ**選びなさい。

1　強い口調で伝えた。
2　抑揚をつけずに伝えた。
3　大きな声でゆっくり伝えた。
4　急かすように伝えた。
5　早口で伝えた。

問題 5

Ｖ介護老人福祉施設では，感染症が流行したために，緊急的な介護体制で事業を継続することになった。さらに労務管理を担当する職員からは，介護福祉職の精神的健康を守ることを目的とした組織的なマネジメントに取り組む必要性について提案があった。

次の記述のうち，このマネジメントに該当するものとして，**最も適切なもの**を１つ選びなさい。

1　感染防止対策を強化する。
2　多職種チームでの連携を強化する。
3　利用者のストレスをコントロールする。
4　介護福祉職の燃え尽き症候群（バーンアウト（burnout））を防止する。
5　利用者家族の面会方法を見直す。

問題 6

次のうち，介護老人福祉施設における全体の指揮命令系統を把握するために必要なものとして，**最も適切なもの**を１つ選びなさい。

1　組織図
2　勤務表
3　経営理念
4　施設の歴史
5　資格保有者数

社会の理解

問題 7

次のうち，セルフヘルプグループ（self-help group）の活動に該当するものとして，**最も適切なもの**を１つ選びなさい。

1　断酒会
2　施設の社会貢献活動
3　子ども食堂の運営
4　傾聴ボランティア
5　地域の町内会

問題 8　特定非営利活動法人（NPO 法人）に関する次の記述のうち，**最も適切なもの**を 1 つ選びなさい。

1　社会福祉法に基づいて設置される。
2　市町村が認証する。
3　保健，医療又は福祉の増進を図る活動が最も多い。
4　収益活動は禁じられている。
5　宗教活動を主たる目的とする団体もある。

問題 9　地域福祉において，19 世紀後半に始まった，貧困地域に住み込んで実態調査を行いながら住民への教育や生活上の援助を行ったものとして，**最も適切なもの**を 1 つ選びなさい。

1　世界保健機関（WHO）
2　福祉事務所
3　地域包括支援センター
4　生活協同組合
5　セツルメント

問題 10　社会福祉基礎構造改革に関する次の記述のうち，**適切なもの**を 1 つ選びなさい。

1　社会福祉法が社会福祉事業法に改正された。
2　利用契約制度から措置制度に変更された。
3　サービス提供事業者は，社会福祉法人に限定された。
4　障害福祉分野での制度改正は見送られた。
5　判断能力が不十分な者に対する地域福祉権利擁護事業が創設された。

問題 11 Cさん（77歳，男性）は，60歳で公務員を定年退職し，年金生活をしている。持病や障害はなく，退職後も趣味のゴルフを楽しみながら健康に過ごしている。ある日，Cさんはゴルフ中にけがをして医療機関を受診した。

このとき，Cさんに適用される公的医療制度として，**正しいもの**を1つ選びなさい。

1 国民健康保険
2 後期高齢者医療制度
3 共済組合保険
4 育成医療
5 更生医療

問題 12 次のうち，介護保険法に基づき，都道府県・指定都市・中核市が指定（許可），監督を行うサービスとして，**正しいもの**を1つ選びなさい。

1 地域密着型介護サービス
2 居宅介護支援
3 施設サービス
4 夜間対応型訪問介護
5 介護予防支援

問題 13 「障害者差別解消法」に関する次の記述のうち，**適切なもの**を1つ選びなさい。

1 法の対象者は，身体障害者手帳を交付された者に限定されている。
2 合理的配慮は，実施するときの負担の大小に関係なく提供する。
3 個人による差別行為への罰則規定がある。
4 雇用分野での，障害を理由とした使用者による虐待の禁止が目的である。
5 障害者基本法の基本的な理念を具体的に実施するために制定された。
（注）「障害者差別解消法」とは，「障害を理由とする差別の解消の推進に関する法律」のことである。

問題 14　「障害者総合支援法」に規定された移動に関する支援の説明として，**最も適切なもの**を 1 つ選びなさい。

1　移動支援については，介護給付費が支給される。
2　行動援護は，周囲の状況把握ができない視覚障害者が利用する。
3　同行援護は，危険を回避できない知的障害者が利用する。
4　重度訪問介護は，重度障害者の外出支援も行う。
5　共同生活援助（グループホーム）は，地域で生活する障害者の外出支援を行う。
　（注）「障害者総合支援法」とは，「障害者の日常生活及び社会生活を総合的に支援するための法律」のことである。

問題 15　D さん（80 歳，男性，要介護 2）は，認知症（dementia）がある。訪問介護（ホームヘルプサービス）を利用しながら一人暮らしをしている。
　　ある日，訪問介護員（ホームヘルパー）が D さんの自宅を訪問すると，近所に住む D さんの長女から，「父が，高額な投資信託の電話勧誘を受けて，契約しようかどうか悩んでいるようで心配だ」と相談された。
　　訪問介護員（ホームヘルパー）が長女に助言する相談先として，**最も適切なもの**を 1 つ選びなさい。

1　公正取引委員会
2　都道府県障害者権利擁護センター
3　運営適正化委員会
4　消費生活センター
5　市町村保健センター

問題 16　災害時の福祉避難所に関する次の記述のうち，**適切なもの**を 1 つ選びなさい。

1　介護老人福祉施設の入所者は，原則として福祉避難所の対象外である。
2　介護保険法に基づいて指定される避難所である。
3　医療的ケアを必要とする者は対象とならない。
4　訪問介護員（ホームヘルパー）が，災害対策基本法に基づいて派遣される。
5　同行援護のヘルパーが，災害救助法に基づいて派遣される。

問題 17 「感染症法」に基づいて，結核（tuberculosis）を発症した在宅の高齢者に，医療費の公費負担の申請業務や家庭訪問指導などを行う機関として，**適切なもの**を 1 つ選びなさい。

1　基幹相談支援センター
2　地域活動支援センター
3　保健所
4　老人福祉センター
5　医療保護施設
　（注）「感染症法」とは，「感染症の予防及び感染症の患者に対する医療に関する法律」のことである。

問題 18 E さん（55 歳，女性，障害の有無は不明）は，ひきこもりの状態にあり，就労していない。父親の年金で父親とアパートで暮らしていたが，父親が亡くなり，一人暮らしになった。遠方に住む弟は，姉が家賃を滞納していて，生活に困っているようだと，家主から連絡を受けた。
　　心配した弟が相談する機関として，**最も適切なもの**を 1 つ選びなさい。

1　地域包括支援センター
2　福祉事務所
3　精神保健福祉センター
4　公共職業安定所（ハローワーク）
5　年金事務所

＜領域：こころとからだのしくみ＞

こころとからだのしくみ

問題 19　次のうち，マズロー（Maslow, A.H.）の欲求階層説で成長欲求に該当するものとして，**正しいものを 1 つ**選びなさい。

1　承認欲求
2　安全欲求
3　自己実現欲求
4　生理的欲求
5　所属・愛情欲求

問題 20　次のうち，交感神経の作用に該当するものとして，**正しいものを 1 つ**選びなさい。

1　血管収縮
2　心拍数減少
3　気道収縮
4　消化促進
5　瞳孔収縮

問題 21　F さん（82 歳，女性）は，健康診断で骨粗鬆症（osteoporosis）と診断され，内服治療が開始された。杖歩行で時々ふらつくが，ゆっくりと自立歩行することができる。昼間は自室にこもり，ベッドで横になっていることが多い。リハビリテーションとして週 3 日歩行訓練を行い，食事は普通食を毎食 8 割以上摂取している。
　　F さんの骨粗鬆症（osteoporosis）の進行を予防するための支援として，**最も適切なものを 1 つ**選びなさい。

1　リハビリテーションを週 1 日に変更する。
2　繊維質の多い食事を勧める。
3　日光浴を日課に取り入れる。
4　車いすでの移動に変更する。
5　ビタミン A（vitamin A）の摂取を勧める。

問題 22 中耳にある耳小骨として，**正しいもの**を1つ選びなさい。

1 ツチ骨
2 蝶形骨
3 前頭骨
4 頬骨
5 上顎骨

問題 23 成人の爪に関する次の記述のうち，**正しいもの**を1つ選びなさい。

1 主成分はタンパク質である。
2 1日に1mm程度伸びる。
3 爪の外表面には爪床がある。
4 正常な爪は全体が白色である。
5 爪半月は角質化が進んでいる。

問題 24 食物が入り誤嚥が生じる部位として，**適切なもの**を1つ選びなさい。

1 扁桃
2 食道
3 耳管
4 気管
5 咽頭

問題 25　Gさん（79歳，男性）は，介護老人保健施設に入所している。Gさんは普段から食べ物をかきこむように食べる様子がみられ，最近はむせることが多くなった。義歯は使用していない。食事は普通食を摂取している。ある日の昼食時，唐揚げを口の中に入れたあと，喉をつかむようなしぐさをし，苦しそうな表情になった。
　　　Gさんに起きていることとして，**最も適切なもの**を1つ選びなさい。

1　心筋梗塞（myocardial infarction）
2　蕁麻疹（urticaria）
3　誤嚥性肺炎（aspiration pneumonia）
4　食中毒（foodborne disease）
5　窒息（choking）

問題 26　Hさん（60歳，男性）は，身長170cm，体重120kgである。Hさんは浴槽で入浴しているときに毎回「お風呂につかると，からだが軽く感じて楽になります」と話す。胸が苦しいなど，ほかの訴えはない。
　　　Hさんが話している内容に関連する入浴の作用として，**最も適切なもの**を1つ選びなさい。

1　静水圧作用
2　温熱作用
3　清潔作用
4　浮力作用
5　代謝作用

問題 27　男性に比べて女性に尿路感染症（urinary tract infection）が起こりやすい要因として，**最も適切なもの**を1つ選びなさい。

1　子宮の圧迫がある。
2　尿道が短く直線的である。
3　腹部の筋力が弱い。
4　女性ホルモンの作用がある。
5　尿道括約筋が弛緩している。

問題 28　次のうち，眠りが浅くなる原因として，**最も適切なもの**を1つ選びなさい。

1　抗不安薬
2　就寝前の飲酒
3　抗アレルギー薬
4　抗うつ薬
5　足浴

問題 29　概日リズム睡眠障害（circadian rhythm sleep disorder）に関する次の記述のうち，**最も適切なもの**を1つ選びなさい。

1　早朝に目が覚める。
2　睡眠中に下肢が勝手にピクピクと動いてしまう。
3　睡眠中に呼吸が止まる。
4　睡眠中に突然大声を出したり身体を動かしたりする。
5　夕方に強い眠気を感じて就寝し，深夜に覚醒してしまう。

問題 30　鎮痛薬としてモルヒネを使用している利用者に，医療職と連携した介護を実践するときに留意すべき観察点として，**最も適切なもの**を1つ選びなさい。

1　不眠
2　下痢
3　脈拍
4　呼吸
5　体温

発達と老化の理解

問題 31 スキャモン（Scammon, R.E.）の発達曲線に関する次の記述のうち，**適切なもの**を１つ選びなさい。

1　神経系の組織は，４歳ごろから急速に発達する。
2　筋骨格系の組織は，４歳ごろから急速に発達する。
3　生殖器系の組織は，12歳ごろから急速に発達する。
4　循環器系の組織は，20歳ごろから急速に発達する。
5　リンパ系の組織は，20歳ごろから急速に発達する。

問題 32 幼稚園児のＪさん（6歳，男性）には，広汎性発達障害（pervasive developmental disorder）がある。砂場で砂だんごを作り，きれいに並べることが好きで，毎日，一人で砂だんごを作り続けている。
　　ある日，園児が帰宅した後に，担任が台風に備えて砂場に青いシートをかけておいた。翌朝，登園したＪさんが，いつものように砂場に行くと，青いシートがかかっていた。Ｊさんはパニックになり，その場で泣き続け，なかなか落ち着くことができなかった。
　　担任は，Ｊさんにどのように対応すればよかったのか，**最も適切なもの**を１つ選びなさい。

1　前日に，「あしたは，台風が来るよ」と伝える。
2　前日に，「あしたは，台風が来るので砂場は使えないよ」と伝える。
3　前日に，「あしたは，おだんご屋さんは閉店です」と伝える。
4　その場で，「今日は，砂場は使えないよ」と伝える。
5　その場で，「今日は，おだんご屋さんは閉店です」と伝える。

問題 33 生理的老化に関する次の記述のうち，**最も適切なもの**を１つ選びなさい。

1　環境によって起こる現象である。
2　訓練によって回復できる現象である。
3　個体の生命活動に有利にはたらく現象である。
4　人間固有の現象である。
5　遺伝的にプログラムされた現象である。

問題 34 エイジズム（ageism）に関する次の記述のうち，**最も適切なもの**を1つ選びなさい。

1 高齢を理由にして，偏見をもったり差別したりすることである。
2 高齢になっても生産的な活動を行うことである。
3 高齢になることを嫌悪する心理のことである。
4 加齢に抵抗して，健康的に生きようとすることである。
5 加齢を受容して，活動的に生きようとすることである。

問題 35 Kさん（80歳，男性）は，40歳ごろから職場の健康診査で高血圧と高コレステロール血症（hypercholesterolemia）を指摘されていた。最近，階段を上るときに胸の痛みを感じていたが，しばらく休むと軽快していた。喉の違和感や嚥下痛はない。今朝，朝食後から冷や汗を伴う激しい胸痛が起こり，30分しても軽快しないので，救急車を呼んだ。

Kさんに考えられる状況として，**最も適切なもの**を1つ選びなさい。

1 喘息（bronchial asthma）
2 肺炎（pneumonia）
3 脳梗塞（cerebral infarction）
4 心筋梗塞（myocardial infarction）
5 逆流性食道炎（reflux esophagitis）

問題 36 次のうち，健康寿命の説明として，**適切なもの**を1つ選びなさい。

1 0歳児の平均余命
2 65歳時の平均余命
3 65歳時の平均余命から介護期間を差し引いたもの
4 介護状態に至らずに死亡する人の平均寿命
5 健康上の問題で日常生活が制限されることなく生活できる期間

問題 37 次のうち，前立腺肥大症（prostatic hypertrophy）に関する記述として，**最も適切なもの**を1つ選びなさい。

1　抗利尿ホルモンが関与している。
2　症状が進むと無尿になる。
3　初期には頻尿が出現する。
4　進行すると透析の対象になる。
5　骨盤底筋訓練で回復が期待できる。

問題 38 次のうち，高齢期に多い筋骨格系の疾患に関する記述として，**適切なもの**を1つ選びなさい。

1　骨粗鬆症（osteoporosis）は男性に多い。
2　変形性膝関節症（knee osteoarthritis）ではX脚に変形する。
3　関節リウマチ（rheumatoid arthritis）は軟骨の老化によって起こる。
4　腰部脊柱管狭窄症（lumbar spinal canal stenosis）では下肢のしびれがみられる。
5　サルコペニア（sarcopenia）は骨量の低下が特徴である。

認知症の理解

問題 39 高齢者の自動車運転免許に関する次の記述のうち，**正しいもの**を1つ選びなさい。

1　75歳から免許更新時の認知機能検査が義務づけられている。
2　80歳から免許更新時の運転技能検査が義務づけられている。
3　軽度認知障害（mild cognitive impairment）と診断された人は運転免許取消しになる。
4　認知症（dementia）の人はサポートカー限定免許であれば運転が可能である。
5　認知症（dementia）による運転免許取消しの後，運転経歴証明書が交付される。
　（注）「サポートカー限定免許」とは，道路交通法第91条の2の規定に基づく条件が付された免許のことである。

問題 40 認知症（dementia）の行動・心理症状（BPSD）であるアパシー（apathy)に関する次の記述のうち，**適切なもの**を1つ選びなさい。

1 感情の起伏がみられない。
2 将来に希望がもてない。
3 気持ちが落ち込む。
4 理想どおりにいかず悩む。
5 自分を責める。

問題 41 認知症（dementia）の人にみられる，せん妄に関する次の記述のうち，**最も適切なもの**を1つ選びなさい。

1 ゆっくりと発症する。
2 意識は清明である。
3 注意機能は保たれる。
4 体調の変化が誘因になる。
5 日中に多くみられる。

問題 42 レビー小体型認知症（dementia with Lewy bodies）にみられる歩行障害として，**最も適切なもの**を1つ選びなさい。

1 しばらく歩くと足に痛みを感じて，休みながら歩く。
2 最初の一歩が踏み出しにくく，小刻みに歩く。
3 動きがぎこちなく，酔っぱらったように歩く。
4 下肢は伸展し，つま先を引きずるように歩く。
5 歩くごとに骨盤が傾き，腰を左右に振って歩く。

問題 43 次の記述のうち，若年性認知症（dementia with early onset）の特徴として，**最も適切なもの**を1つ選びなさい。

1 高齢の認知症（dementia）に比べて，症状の進行速度は緩やかなことが多い。
2 男性よりも女性の発症者が多い。
3 50歳代より30歳代の有病率が高い。
4 特定健康診査で発見されることが多い。
5 高齢の認知症（dementia）に比べて，就労支援が必要になることが多い。

問題 44　Lさん（78歳，女性，要介護1）は，3年前にアルツハイマー型認知症（dementia of the Alzheimer's type）と診断された。訪問介護（ホームヘルプサービス）を利用し，夫の介護を受けながら二人で暮らしている。ある日，訪問介護員（ホームヘルパー）が訪問すると夫から，「用事で外出しようとすると『外で女性に会っている』と言って興奮することが増えて困っている」と相談を受けた。
　　Lさんの症状に該当するものとして，**最も適切なものを1つ**選びなさい。

1　誤認
2　観念失行
3　嫉妬妄想
4　視覚失認
5　幻視

問題 45　認知機能障害による生活への影響に関する記述として，**最も適切なものを1つ**選びなさい。

1　遂行機能障害により，自宅がわからない。
2　記憶障害により，出された食事を食べない。
3　相貌失認により，目の前の家族がわからない。
4　視空間認知障害により，今日の日付がわからない。
5　病識低下により，うつ状態になりやすい。

▲
問題 46　バリデーション（validation）に基づく，認知症（dementia）の人の動きや感情に合わせるコミュニケーション技法として，**正しいものを1つ**選びなさい。

1　センタリング（centering）
2　リフレージング（rephrasing）
3　レミニシング（reminiscing）
4　ミラーリング（mirroring）
5　カリブレーション（calibration）

問題 47

Mさん（80歳，女性，要介護1）は，アルツハイマー型認知症（dementia of the Alzheimer's type）であり，3日前に認知症対応型共同生活介護（認知症高齢者グループホーム）に入居した。主治医から向精神薬が処方されている。居室では穏やかに過ごしていた。夕食後，表情が険しくなり，「こんなところにはいられません。私は家に帰ります」と大声を上げ，ほかの利用者にも，「あなたも一緒に帰りましょう」と声をかけて皆が落ち着かなくなることがあった。

Mさんの介護を検討するときに優先することとして，**最も適切なもの**を1つ選びなさい。

1　Mさんが訴えている内容
2　Mさんの日中の過ごし方
3　ほかの利用者が落ち着かなくなったこと
4　対応に困ったこと
5　薬が効かなかったこと

問題 48

Aさん（80歳，男性，要介護1）は，認知症（dementia）で，妻の介護を受けながら二人で暮らしている。「夫は昼夜逆転がある。在宅介護を続けたいが，私が体調を崩し数日間の入院が必要になった」と言う妻に提案する，Aさんへの介護サービスとして，**最も適切なもの**を1つ選びなさい。

1　認知症対応型通所介護（認知症対応型デイサービス）
2　短期入所生活介護（ショートステイ）
3　認知症対応型共同生活介護（認知症高齢者グループホーム）
4　特定施設入居者生活介護
5　介護老人福祉施設

障害の理解

問題 49 次のうち，ノーマライゼーション（normalization）の原理を盛り込んだ法律（いわゆる「1959 年法」）を制定した最初の国として，**正しいもの**を1つ選びなさい。

1　デンマーク
2　イギリス
3　アメリカ
4　スウェーデン
5　ノルウェー

問題 50 法定後見制度において，成年後見人等を選任する機関等として，**正しいもの**を1つ選びなさい。

1　法務局
2　家庭裁判所
3　都道府県知事
4　市町村長
5　福祉事務所

問題 51 次の記述のうち，障害を受容した心理的段階にみられる言動として，**最も適切なもの**を1つ選びなさい。

1　障害があるという自覚がない。
2　周囲に不満をぶつける。
3　自分が悪いと悲観する。
4　価値観が転換し始める。
5　できることに目を向けて行動する。

問題 52 統合失調症（schizophrenia）の特徴的な病状として、**最も適切なもの**を1つ選びなさい。

1 振戦せん妄
2 妄想
3 強迫性障害
4 抑うつ気分
5 健忘

問題 53 Bさん（60歳、男性）は、一人暮らしをしている。糖尿病性網膜症（diabetic retinopathy）による視覚障害（身体障害者手帳1級）があり、末梢神経障害の症状がでている。Bさんの日常生活において、介護福祉職が留意すべき点として、**最も適切なもの**を1つ選びなさい。

1 水晶体の白濁
2 口腔粘膜や外陰部の潰瘍
3 振戦や筋固縮
4 足先の傷や壊疽などの病変
5 感音性の難聴

問題 54 Cさん（55歳、男性）は、5年前に筋萎縮性側索硬化症（amyotrophic lateral sclerosis：ALS）と診断された。現在は病状が進行して、日常生活動作に介護が必要で、自宅では電動車いすと特殊寝台を使用している。

次の記述のうち、Cさんの現在の状態として、**最も適切なもの**を1つ選びなさい。

1 誤嚥せずに食事することが可能である。
2 明瞭に話すことができる。
3 身体の痛みがわかる。
4 自力で痰を排出できる。
5 箸を上手に使える。

問題 55

Dさん（36歳，女性，療育手帳所持）は，一人暮らしをしながら地域の作業所に通っている。身の回りのことはほとんど自分でできるが，お金の計算，特に計画的にお金を使うのが苦手だった。そこで，社会福祉協議会の生活支援員と一緒に銀行へ行って，1週間ごとにお金をおろして生活するようになった。小遣い帳に記録をするようにアドバイスを受けて，お金を計画的に使うことができるようになった。

次のうち，Dさんが活用した支援を実施する事業として，**最も適切なもの**を1つ選びなさい。

1　障害者相談支援事業
2　自立生活援助事業
3　日常生活自立支援事業
4　成年後見制度利用支援事業
5　日常生活用具給付等事業

問題 56

次のうち，障害の特性に応じた休憩時間の調整など，柔軟に対応することで障害者の権利を確保する考え方を示すものとして，**最も適切なもの**を1つ選びなさい。

1　全人間的復権
2　合理的配慮
3　自立生活運動
4　意思決定支援
5　共同生活援助

問題 57

「障害者総合支援法」において，障害福祉サービスを利用する人の意向のもとにサービス等利用計画案を作成する事業所に置かなければならない専門職として，**最も適切なもの**を1つ選びなさい。

1　介護支援専門員（ケアマネジャー）
2　社会福祉士
3　介護福祉士
4　民生委員
5　相談支援専門員

　　（注）「障害者総合支援法」とは，「障害者の日常生活及び社会生活を総合的に支援するための法律」のことである。

問題 58 家族の介護力をアセスメントするときの視点に関する記述として，**最も適切なもの**を1つ選びなさい。

1 障害者個人のニーズを重視する。
2 家族のニーズを重視する。
3 家族構成員の主観の共通部分を重視する。
4 家族を構成する個人と家族全体の生活を見る。
5 支援者の視点や価値観を基準にする。

<領域：医療的ケア>

医療的ケア

問題 59 次の記述のうち，喀痰吸引等を実施する訪問介護事業所として登録するときに，事業所が行うべき事項として，**正しいもの**を1つ選びなさい。

1 登録研修機関になる。
2 医師が設置する安全委員会に参加する。
3 喀痰吸引等計画書の作成を看護師に依頼する。
4 介護支援専門員（ケアマネジャー）の文書による指示を受ける。
5 医療関係者との連携体制を確保する。

問題 60 次のうち，呼吸器官の部位の説明に関する記述として，**正しいもの**を1つ選びなさい。

1 鼻腔は，上葉・中葉・下葉に分かれている。
2 咽頭は，左右に分岐している。
3 喉頭は，食べ物の通り道である。
4 気管は，空気の通り道である。
5 肺は，腹腔内にある。

問題 61　次のうち，痰の吸引の準備に関する記述として，**最も適切なもの**を1つ選びなさい。

1　吸引器は，陰圧になることを確認する。
2　吸引びんは，滅菌したものを用意する。
3　吸引チューブのサイズは，痰の量に応じたものにする。
4　洗浄水は，決められた消毒薬を入れておく。
5　清浄綿は，次亜塩素酸ナトリウムに浸しておく。

問題 62　次のうち，経管栄養で起こるトラブルに関する記述として，**最も適切なもの**を1つ選びなさい。

1　チューブの誤挿入は，下痢を起こす可能性がある。
2　注入速度が速いときは，嘔吐を起こす可能性がある。
3　注入物の温度の調整不良は，脱水を起こす可能性がある。
4　注入物の濃度の間違いは，感染を起こす可能性がある。
5　注入中の姿勢の不良は，便秘を起こす可能性がある。

問題 63　Eさん（75歳，女性）は，介護老人福祉施設に入所している。脳梗塞（cerebral infarction）の後遺症があり，介護福祉士が胃ろうによる経管栄養を行っている。
　　ある日，半座位で栄養剤の注入を開始し，半分程度を順調に注入したところで，体調に変わりがないかを聞くと，「少しお腹が張ってきたような気がする」とEさんは答えた。意識レベルや顔色に変化はなく，腹痛や嘔気はない。
　　次のうち，介護福祉士が看護職員に相談する前に行う対応として，**最も適切なもの**を1つ選びなさい。

1　嘔吐していないので，そのまま様子をみる。
2　仰臥位（背臥位）にする。
3　腹部が圧迫されていないかを確認する。
4　注入速度を速める。
5　栄養剤の注入を終了する。

午後　　　　　介護の基本

問題 64

介護を取り巻く状況に関する次の記述のうち，**最も適切なもの**を
1つ選びなさい。

1　ダブルケアとは，夫婦が助け合って子育てをすることである。
2　要介護・要支援の認定者数は，介護保険制度の導入時から年々減少している。
3　家族介護を支えていた家制度は，地域包括ケアシステムによって廃止された。
4　要介護・要支援の認定者のいる三世代世帯の構成割合は，介護保険制度の
　導入時から年々増加している。
5　家族が担っていた介護の役割は，家族機能の低下によって社会で代替する必
　要が生じた。

問題 65

介護福祉士に関する次の記述のうち，**適切なもの**を1つ選びな
さい。

1　傷病者に対する療養上の世話又は診療の補助を業とする。
2　喀痰吸引を行うときは市町村の窓口に申請する。
3　業務独占の資格である。
4　資格を更新するために5年ごとに研修を受講する。
5　信用を傷つけるような行為は禁止されている。

問題 66

施設利用者の個人情報の保護に関する次の記述のうち，**最も適切な
もの**を1つ選びなさい。

1　職員がすべての個人情報を自由に閲覧できるように，パスワードを共有する。
2　個人情報を記載した書類は，そのまま新聞紙と一緒に捨てる。
3　個人情報保護に関する研修会を定期的に開催し，意識の向上を図る。
4　職員への守秘義務の提示は，採用時ではなく退職時に書面で行う。
5　利用者の音声情報は，同意を得ずに使用できる。

問題 67 　個別性や多様性を踏まえた介護に関する次の記述のうち，**最も適切なもの**を 1 つ選びなさい。

1　その人らしさは，障害特性から判断する。
2　生活習慣は，生活してきた環境から理解する。
3　生活歴は，成人期以降の情報から収集する。
4　生活様式は，同居する家族と同一にする。
5　衣服は，施設の方針によって統一する。

問題 68 　A さん（48 歳，女性，要介護 1）は，若年性認知症（dementia with early onset）で，夫，長女（高校 1 年生）と同居している。A さんは家族と過ごすことを希望し，小規模多機能型居宅介護で通いを中心に利用を始めた。A さんのことが心配な長女は，部活動を諦めて学校が終わるとすぐに帰宅していた。
　　ある日，夫が，「長女が，学校の先生たちにも相談しているが，今の状況をわかってくれる人がいないと涙を流すことがある」と介護福祉職に相談をした。
　　夫の話を聞いた介護福祉職の対応として，**最も適切なもの**を 1 つ選びなさい。

1　長女に，掃除や洗濯の方法を教える。
2　家族でもっと頑張るように，夫を励ます。
3　同じような体験をしている人と交流できる場について情報を提供する。
4　介護老人福祉施設への入所の申込みを勧める。
5　介護支援専門員（ケアマネジャー）に介護サービスの変更を提案する。

問題 69

Bさん（61歳，男性，要介護3）は，脳梗塞（cerebral infarction）による左片麻痺がある。週2回訪問介護（ホームヘルプサービス）を利用し，妻（58歳）と二人暮らしである。自宅での入浴が好きで，妻の介助を受けながら，毎日入浴している。サービス提供責任者に，Bさんから，「浴槽から立ち上がるのがつらくなってきた。何かいい方法はないですか」と相談があった。

　Bさんへのサービス提供責任者の対応として，**最も適切なもの**を1つ選びなさい。

1　Bさんがひとりで入浴できるように，自立生活援助の利用を勧める。
2　浴室を広くするために，居宅介護住宅改修費を利用した改築を勧める。
3　妻の入浴介助の負担が軽くなるように，行動援護の利用を勧める。
4　入浴補助用具で本人の力を生かせるように，特定福祉用具販売の利用を勧める。
5　Bさんが入浴を継続できるように，通所介護（デイサービス）の利用を勧める。

問題 70

社会奉仕の精神をもって，住民の立場に立って相談に応じ，必要な援助を行い，社会福祉の増進に努める者として，**適切なもの**を1つ選びなさい。

1　民生委員
2　生活相談員
3　訪問介護員（ホームヘルパー）
4　通所介護職員
5　介護支援専門員（ケアマネジャー）

問題 71　3 階建て介護老人福祉施設がある住宅地に，下記の図記号に関連した警戒レベル 3 が発令された。介護福祉職がとるべき行動として，**最も適切なもの**を 1 つ選びなさい。

1　玄関のドアを開けたままにする。
2　消火器で，初期消火する。
3　垂直避難誘導をする。
4　利用者家族に安否情報を連絡する。
5　転倒の危険性があるものを固定する。

問題 72　次の記述のうち，介護における感染症対策として，**最も適切なもの**を 1 つ選びなさい。

1　手洗いは，液体石鹸よりも固形石鹸を使用する。
2　配膳時にくしゃみが出たときは，口元をおさえた手でそのまま行う。
3　嘔吐物の処理は，素手で行う。
4　排泄の介護は，利用者ごとに手袋を交換する。
5　うがい用のコップは，共用にする。

問題 73　介護福祉士が行う服薬の介護に関する次の記述のうち，**最も適切なもの**を 1 つ選びなさい。

1　服薬時間は，食後に統一する。
2　服用できずに残った薬は，介護福祉士の判断で処分する。
3　多種類の薬を処方された場合は，介護福祉士が一包化する。
4　内服薬の用量は，利用者のその日の体調で決める。
5　副作用の知識をもって，服薬の介護を行う。

問題 74

C さん（85 歳，女性，要介護 3）は，介護老人保健施設に入所しており，軽度の難聴がある。数日前から，職員は感染症対策として日常的にマスクを着用して勤務することになった。

ある日，D 介護福祉職が C さんの居室を訪問すると，「孫が絵を描いて送ってくれたの」と笑いながら絵を見せてくれた。D 介護福祉職は C さんの言動に共感的理解を示すために，意図的に非言語コミュニケーションを用いて対応した。

このときの D 介護福祉職の C さんへの対応として，**最も適切なもの**を 1 つ選びなさい。

1　「よかったですね」と紙に書いて渡した。
2　目元を意識した笑顔を作り，大きくうなずいた。
3　「お孫さんの絵が届いて，うれしかったですね」と耳元で話した。
4　「私もうれしいです」と，ゆっくり話した。
5　「えがとてもじょうずです」と五十音表を用いて伝えた。

問題 75

利用者の家族との信頼関係の構築を目的としたコミュニケーションとして，**最も適切なもの**を 1 つ選びなさい。

1　家族に介護技術を教える。
2　家族に介護をしている当事者の会に参加することを提案する。
3　家族から介護の体験を共感的に聴く。
4　家族に介護を続ける強い気持ちがあるかを質問する。
5　家族に介護保険が使える範囲を説明する。

問題 76

Eさん（70歳，女性）は，脳梗塞（cerebral infarction）の後遺症で言語に障害がある。発語はできるが，話したいことをうまく言葉に言い表せない。聴覚機能に問題はなく，日常会話で使用する単語はだいたい理解できるが，単語がつながる文章になるとうまく理解できない。ある日，Eさんに介護福祉職が，「お風呂は，今日ではなくあしたですよ」と伝えると，Eさんはしばらく黙って考え，理解できない様子だった。

　このとき，Eさんへの介護福祉職の対応として，**最も適切なもの**を1つ選びなさい。

1　「何がわからないのか教えてください」と質問する。
2　「お風呂，あした」と短い言葉で伝える。
3　「今日，お風呂に入りたいのですね」と確かめる。
4　「あしたがお風呂の日で，今日は違いますよ」と言い換える。
5　「お・ふ・ろ・は・あ・し・た」と1音ずつ言葉を区切って伝える。

問題 77

Fさん（70歳，女性）は，最近，抑うつ状態（depressive state）にあり，ベッドに寝ていることが多く，「もう死んでしまいたい」とつぶやいていた。

　Fさんの発言に対する，介護福祉職の言葉かけとして，**最も適切なもの**を1つ選びなさい。

1　「落ちこんだらだめですよ」
2　「とてもつらいのですね」
3　「どうしてそんなに寝てばかりいるのですか」
4　「食堂へおしゃべりに行きましょう」
5　「元気を出して，頑張ってください」

問題 78 Gさん（70歳，女性，要介護1）は，有料老人ホームに入居していて，網膜色素変性症（retinitis pigmentosa）による夜盲がある。ある日の夕方，Gさんがうす暗い廊下を歩いているのをH介護福祉職が発見し，「Hです。大丈夫ですか」と声をかけた。Gさんは，「びっくりした。見えにくくて，わからなかった…」と暗い表情で返事をした。

　　このときのGさんに対するH介護福祉職の受容的な対応として，**最も適切なもの**を1つ選びなさい。

1 「驚かせてしまいましたね。一緒に歩きましょうか」
2 「明るいところを歩きましょう。電気をつけたほうがいいですよ」
3 「見えにくくなってきたのですね。一緒に点字の練習を始めましょう」
4 「白杖があるかを確認しておきます。白杖を使うようにしましょう」
5 「暗い顔をしないでください。頑張りましょう」

問題 79 事例検討の目的に関する次の記述のうち，**最も適切なもの**を1つ選びなさい。

1 家族に介護計画を説明し，同意を得る。
2 上司に利用者への対応の結果を報告し，了解を得る。
3 介護計画の検討をとおして，チームの交流を深める。
4 チームで事例の課題を共有し，解決策を見いだす。
5 各職種の日頃の悩みを共有する。

生活支援技術

問題 80　介護老人福祉施設における，レクリエーション活動に関する次の記述のうち，**最も適切なもの**を１つ選びなさい。

1　利用者全員が参加することを重視する。
2　毎回，異なるプログラムを企画する。
3　プログラムに買い物や調理も取り入れる。
4　利用者の過去の趣味を，プログラムに取り入れることは避ける。
5　地域のボランティアの参加は，遠慮してもらう。

問題 81　関節リウマチ（rheumatoid arthritis）で，関節の変形や痛みがある人への住まいに関する介護福祉職の助言として，**最も適切なもの**を１つ選びなさい。

1　手すりは，握らずに利用できる平手すりを勧める。
2　いすの座面の高さは，低いものを勧める。
3　ベッドよりも，床に布団を敷いて寝るように勧める。
4　部屋のドアは，開き戸を勧める。
5　2 階建ての家の場合，居室は 2 階にすることを勧める。

問題 82　心身機能が低下した高齢者の住環境の改善に関する次の記述のうち，**最も適切なもの**を１つ選びなさい。

1　玄関から道路までは，コンクリートから砂利敷きにする。
2　扉の取っ手は，レバーハンドルから丸いドアノブにする。
3　階段の足が乗る板と板の先端部分は，反対色から同系色にする。
4　車いすを使用する居室の床は，畳から板製床材（フローリング）にする。
5　浴槽は，和洋折衷式から洋式にする。

問題 83 仰臥位（背臥位）から半座位（ファーラー位）にするとき，ギャッチベッドの背上げを行う前の介護に関する次の記述のうち，**最も適切なもの**を1つ選びなさい。

1 背部の圧抜きを行う。
2 臀部をベッド中央部の曲がる部分に合わせる。
3 ベッドの高さを最も低い高さにする。
4 利用者の足がフットボードに付くまで水平移動する。
5 利用者のからだをベッドに対して斜めにする。

問題 84 回復期にある左片麻痺の利用者が，ベッドで端座位から立位になるときの基本的な介護方法に関する次の記述のうち，**最も適切なもの**を1つ選びなさい。

1 利用者の右側に立つ。
2 利用者に，ベッドに深く座るように促す。
3 利用者に，背すじを伸ばして真上に立ち上がるように促す。
4 利用者の左側に荷重がかかるように支える。
5 利用者の左の膝頭に手を当てて保持し，膝折れを防ぐ。

問題 85 標準型車いすを用いた移動の介護に関する次の記述のうち，**適切なもの**を1つ選びなさい。

1 急な上り坂は，すばやく進む。
2 急な下り坂は，前向きで進む。
3 踏切を渡るときは，駆動輪を上げて進む。
4 エレベーターに乗るときは，正面からまっすぐに進む。
5 段差を降りるときは，前輪から下りる。

問題 86 医学的管理の必要がない高齢者の爪の手入れに関する次の記述のうち，**最も適切なもの**を1つ選びなさい。

1 爪は，入浴の前に切る。
2 爪の先の白い部分は，残らないように切る。
3 爪は，一度にまっすぐ横に切る。
4 爪の両端は，切らずに残す。
5 爪切り後は，やすりをかけて滑らかにする。

問題 87 左片麻痺（ひだりかたまひ）の利用者が，端座位でズボンを着脱するときの介護に関する次の記述のうち，**最も適切なもの**を 1 つ選びなさい。

1 最初に，左側の腰を少し上げて脱ぐように促す。
2 右膝を高く上げて，脱ぐように促す。
3 左足を右の大腿（だいたい）の上にのせて，ズボンを通すように促す。
4 立ち上がる前に，ズボンを膝下まで上げるように促す。
5 介護福祉職は右側に立って，ズボンを上げるように促す。

問題 88 次のうち，嚥下機能（えんげきのう）の低下している利用者に提供するおやつとして，**最も適切なもの**を 1 つ選びなさい。

1 クッキー
2 カステラ
3 もなか
4 餅
5 プリン

問題 89 介護老人福祉施設の介護福祉職が，管理栄養士と連携することが必要な利用者の状態として，**最も適切なもの**を 1 つ選びなさい。

1 利用者の食べ残しが目立つ。
2 経管栄養をしている利用者が嘔吐（おうと）する。
3 利用者の食事中の姿勢が不安定である。
4 利用者の義歯がぐらついている。
5 利用者の摂食・嚥下（えんげ）の機能訓練が必要である。

問題 90 次の記述のうち，血液透析を受けている利用者への食事の介護として，**最も適切なもの**を 1 つ選びなさい。

1 塩分の多い食品をとるように勧める。
2 ゆでこぼした野菜をとるように勧める。
3 乳製品を多くとるように勧める。
4 水分を多くとるように勧める。
5 魚や肉を使った料理を多くとるように勧める。

問題 91 介護老人福祉施設の一般浴（個浴）で，右片麻痺の利用者が移乗台に座っている。その状態から安全に入浴をするための介護福祉職の助言として，**最も適切なもの**を 1 つ選びなさい。

1 「浴槽に入るときは，右足から入りましょう」
2 「湯につかるときは，左膝に手をついてゆっくり入りましょう」
3 「浴槽内では，足で浴槽の壁を押すようにして姿勢を安定させましょう」
4 「浴槽内では，後ろの壁に寄りかかり足を伸ばしましょう」
5 「浴槽から出るときは，真上方向に立ち上がりましょう」

問題 92 次の記述のうち，椅座位で足浴を行う介護方法として，**最も適切なもの**を 1 つ選びなさい。

1 ズボンを脱いだ状態で行う。
2 湯温の確認は，介護福祉職より先に利用者にしてもらう。
3 足底は，足浴用容器の底面に付いていることを確認する。
4 足に付いた石鹸の泡は，洗い流さずに拭き取る。
5 足浴用容器から足を上げた後は，自然乾燥させる。

問題 93 身体機能が低下している高齢者が，ストレッチャータイプの特殊浴槽を利用するときの入浴介護の留意点として，**最も適切なもの**を 1 つ選びなさい。

1 介護福祉職 2 名で，洗髪と洗身を同時に行う。
2 背部を洗うときは，側臥位にして行う。
3 浴槽に入るときは，両腕の上から固定ベルトを装着する。
4 浴槽では，首までつかるようにする。
5 浴槽につかる時間は，20 分程度とする。

問題 94　Jさん（84 歳，女性，要介護 3）は，認知症（dementia）があり，夫（86 歳，要支援 1）と二人暮らしである。Jさんは尿意はあるが，夫の介護負担を軽減するため終日おむつを使用しており，尿路感染症（urinary tract infection）を繰り返していた。夫が体調不良になったので，Jさんは介護老人福祉施設に入所した。

　　　Jさんの尿路感染症（urinary tract infection）を予防する介護として，**最も適切なもの**を 1 つ選びなさい。

1　尿の性状を観察する。
2　体温の変化を観察する。
3　陰部洗浄の回数を検討する。
4　おむつを使わないで，トイレに誘導する。
5　膀胱留置カテーテルの使用を提案する。

問題 95　夜間，自宅のトイレでの排泄が間に合わずに失敗してしまう高齢者への介護福祉職の助言として，**最も適切なもの**を 1 つ選びなさい。

1　水分摂取量を減らすように勧める。
2　終日，リハビリパンツを使用するように勧める。
3　睡眠薬を服用するように勧める。
4　泌尿器科を受診するように勧める。
5　夜間は，ポータブルトイレを使用するように勧める。

問題 96　介護福祉職が行うことができる，市販のディスポーザブルグリセリン浣腸器を用いた排便の介護に関する次の記述のうち，**最も適切なもの**を 1 つ選びなさい。

1　浣腸液は，39℃〜 40℃に温める。
2　浣腸液を注入するときは，立位をとるように声をかける。
3　浣腸液は，すばやく注入する。
4　浣腸液を注入したら，すぐに排便するように声をかける。
5　排便がない場合は，新しい浣腸液を再注入する。

訪問介護員（ホームヘルパー）が行う見守り的援助として，**最も適切なもの**を 1 つ選びなさい。

1　ゴミの分別ができるように声をかける。
2　利用者がテレビを見ている間に洗濯物を干す。
3　着られなくなった服を作り直す。
4　調理したものを盛り付け，食事を提供する。
5　冷蔵庫の中を整理し，賞味期限が切れた食品を捨てておく。

高齢者が靴下・靴を選ぶときの介護福祉職の対応として，**最も適切なもの**を 1 つ選びなさい。

1　靴下は，指つきのきついものを勧める。
2　靴下は，足底に滑り止めがあるものを勧める。
3　靴は，床面からつま先までの高さが小さいものを勧める。
4　靴は，踵のない脱ぎやすいものを勧める。
5　靴は，先端部に 0.5 〜 1cm の余裕があるものを勧める。

K さん（77 歳，女性，要支援 2）は，もの忘れが目立ちはじめ，訪問介護（ホームヘルプサービス）を利用しながら夫と二人で生活している。訪問時，K さん夫婦から，「K さんがテレビショッピングで購入した健康食品が毎月届いてしまい，高額の支払いが発生して困っている」と相談があった。
　　K さん夫婦に対する訪問介護員（ホームヘルパー）の発言として，**最も適切なもの**を 1 つ選びなさい。

1　「健康食品は処分しましょう」
2　「クーリング・オフをしましょう」
3　「買い物は夫がするようにしましょう」
4　「契約内容を一緒に確認しましょう」
5　「テレビショッピングでの買い物はやめましょう」

問題 100　消化管ストーマを造設した利用者への睡眠の介護に関する記述として，**最も適切なもの**を 1 つ選びなさい。

1　寝る前にストーマから出血がある場合は，軟膏を塗布する。
2　寝る前に，パウチに便がたまっていたら捨てる。
3　寝る前に，ストーマ装具を新しいものに交換する。
4　便の漏れが心配な場合は，パウチの上からおむつを強く巻く。
5　睡眠を妨げないように，パウチの観察は控える。

問題 101　L さん（79 歳，男性，要介護 2）は，介護老人保健施設に入所して 1 か月が経過した。睡眠中に大きないびきをかいていることが多く，いびきの音が途切れることもある。夜中に目を覚ましていたり，起床時にだるそうにしている様子もしばしば見られている。
　　　　　　介護福祉職が L さんについて収集すべき情報として，**最も優先度の高いもの**を 1 つ選びなさい。

1　枕の高さ
2　マットレスの硬さ
3　掛け布団の重さ
4　睡眠中の足の動き
5　睡眠中の呼吸状態

問題 102　M さん（98 歳，男性，要介護 5）は，介護老人福祉施設に入所している。誤嚥性肺炎（aspiration pneumonia）で入退院を繰り返し，医師からは終末期が近い状態であるといわれている。
　　　　　　介護福祉職が確認すべきこととして，**最も優先度の高いもの**を 1 つ選びなさい。

1　主治医の今後の見通し
2　誤嚥性肺炎（aspiration pneumonia）の発症時の入院先
3　経口摂取に対する本人の意向
4　経口摂取に対する家族の意向
5　延命治療に対する家族の希望

問題 103 デスカンファレンス（death conference）の目的に関する次の記述のうち，**最も適切なもの**を 1 つ選びなさい。

1 一般的な死の受容過程を学習する。
2 終末期を迎えている利用者の介護について検討する。
3 利用者の家族に対して，死が近づいたときの身体の変化を説明する。
4 亡くなった利用者の事例を振り返り，今後の介護に活用する。
5 終末期の介護に必要な死生観を統一する。

問題 104 福祉用具を活用するときの基本的な考え方として，**最も適切なもの**を 1 つ選びなさい。

1 福祉用具が活用できれば，住宅改修は検討しない。
2 複数の福祉用具を使用するときは，状況に合わせた組合せを考える。
3 福祉用具の選択に迷うときは，社会福祉士に選択を依頼する。
4 家族介護者の負担軽減を最優先して選ぶ。
5 福祉用具の利用状況のモニタリング（monitoring）は不要である。

問題 105　以下の図のうち，握力の低下がある利用者が使用する杖として，**最も適切なもの**を 1 つ選びなさい。

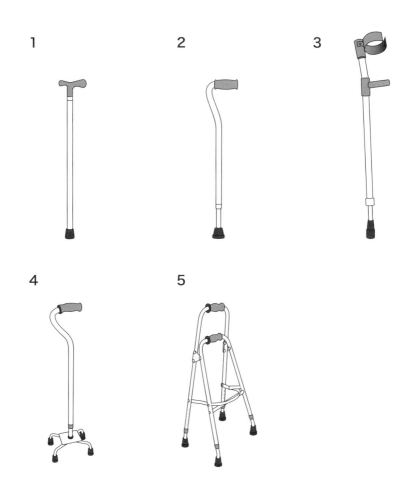

1

2

3

4

5

介護過程

問題 106 介護福祉職が，初回の面談で情報を収集するときの留意点として，**最も適切なもの**を1つ選びなさい。

1 用意した項目を次から次に質問する。
2 目的を意識しながら話を聴く。
3 ほかの利用者が同席する状況で質問する。
4 最初に経済状況に関する質問をする。
5 家族の要望を中心に話を聴く。

問題 107 介護過程の評価に関する次の記述のうち，**最も適切なもの**を1つ選びなさい。

1 生活状況が変化しても，介護計画で設定した日に評価する。
2 サービス担当者会議で評価する。
3 相談支援専門員が中心になって評価する。
4 利用者の満足度を踏まえて評価する。
5 介護計画の実施中に評価基準を設定する。

問題 108 次の記述のうち，介護老人保健施設で多職種連携によるチームアプローチ（team approach）を実践するとき，介護福祉職が担う役割として，**最も適切なもの**を1つ選びなさい。

1 利用者の生活状況の変化に関する情報を提供する。
2 総合的な支援の方向性を決める。
3 サービス担当者会議を開催する。
4 必要な検査を指示する。
5 ほかの職種が担う貢献度を評価する。

次の事例を読んで，**問題109，問題110**について答えなさい。

〔事　例〕

　Aさん（75歳，女性）は，一人暮らしで，身体機能に問題はない。70歳まで地域の子どもたちに大正琴を教えていた。認知症（dementia）の進行が疑われて，心配した友人が地域包括支援センターに相談した結果，Aさんは介護老人福祉施設に入所することになった。入所時のAさんの要介護度は3であった。

　入所後，短期目標を，「施設に慣れ，安心して生活する（3か月）」と設定し，計画は順調に進んでいた。Aさんは施設の大正琴クラブに自ら進んで参加し，演奏したり，ほかの利用者に大正琴を笑顔で教えたりしていた。ある日，クラブの終了後に，Aさんは部屋に戻らずに，エレベーターの前で立ち止まっていた。介護職員が声をかけると，Aさんが，「あの子たちが待っているの」と強い口調で言った。

問題 109　大正琴クラブが終わった後のAさんの行動を解釈するために必要な情報として，**最も優先すべきもの**を1つ選びなさい。

1　介護職員の声かけのタイミング
2　Aさんが演奏した時間
3　「あの子たちが待っているの」という発言
4　クラブに参加した利用者の人数
5　居室とエレベーターの位置関係

問題 110　Aさんの状況から支援を見直すことになった。
　次の記述のうち，新たな支援の方向性として，**最も適切なもの**を1つ選びなさい。

1　介護職員との関係を改善する。
2　身体機能を改善する。
3　演奏できる自信を取り戻す。
4　エレベーターの前に座れる環境を整える。
5　大正琴を教える役割をもつ。

次の事例を読んで，**問題111，問題112**について答えなさい。

〔事　例〕
　Bさん（50歳，男性，障害支援区分3）は，49歳のときに脳梗塞（cerebral infarction）を発症し，左片麻痺で高次脳機能障害（higher brain dysfunction）と診断された。以前は大工で，手先が器用だったと言っている。
　現在は就労継続支援**B**型事業所に通っている。短期目標を，「右手を使い，作業を自分ひとりで行える（3か月）」と設定し，製品を箱に入れる単純作業を任されていた。ほかの利用者との人間関係も良好で，左片麻痺に合わせた作業台で，毎日の作業目標を達成していた。生活支援員には，「将来は手先を使う仕事に就きたい」と希望を話していた。
　将来に向けて，生活支援員が新たに製品の組立て作業を提案すると，**B**さんも喜んで受け入れた。初日に，「ひとりで頑張る」と始めたが，途中で何度も手が止まり，完成品に不備が見られた。生活支援員が声をかけると，「こんなの，できない」と大声を出した。

問題 111　生活支援員の声かけに対し，**B**さんが大声を出した理由を解釈する視点として，**最も適切なもの**を1つ選びなさい。

1　ほかの利用者との人間関係
2　生活支援員に話した将来の希望
3　製品を箱に入れる毎日の作業量
4　製品の組立て作業の状況
5　左片麻痺に合わせた作業台

問題 112　**B**さんに対するカンファレンス（conference）が開催され，短期目標を達成するための具体的な支援について見直すことになった。
　　次の記述のうち，見直した支援内容として，**最も適切なもの**を1つ選びなさい。

1　完成品の不備を出すことへの反省を促す。
2　左側に部品を置いて作業するように促す。
3　完成までの手順を理解しやすいように示す。
4　生活支援員が横に座り続けて作業内容を指示する。
5　製品を箱に入れる単純作業も同時に行うように調整する。

問題 113　事例研究を行うときに，遵守すべき倫理的配慮として，**適切なもの**を 1 つ選びなさい。

1　研究内容を説明して，事例対象者の同意を得る。
2　個人が特定できるように，氏名を記載する。
3　得られたデータは，研究終了後すぐに破棄する。
4　論文の一部であれば，引用元を明示せずに利用できる。
5　研究成果を得るために，事実を拡大解釈する。

＜総合問題＞
総合問題（総合問題 1）

次の事例を読んで，**問題 114 から問題 116 まで**について答えなさい。

〔事　例〕

　C さん（59 歳，男性）は，妻（55 歳）と二人暮らしであり，専業農家である。C さんはおとなしい性格であったが，最近怒りやすくなったと妻は感じていた。C さんは毎日同じ時間に同じコースを散歩している。ある日，散歩コースの途中にあり，昔からよく行く八百屋から，「C さんが代金を支払わずに商品を持っていった。今回で 2 回目になる。お金を支払いにきてもらえないか」と妻に連絡があった。妻が C さんに確認したところ，悪いことをした認識がなかった。心配になった妻が C さんと病院に行くと，前頭側頭型認知症（frontotemporal dementia）と診断を受けた。妻は今後同じようなことが起きないように，C さんの行動を常に見守り，外出を制限したが，疲労がたまり，今後の生活に不安を感じた。そこで，地域包括支援センターに相談し，要介護認定の申請を行い，訪問介護（ホームヘルプサービス）を利用することになった。

問題 114 Cさんが八百屋でとった行動から考えられる状態として，**最も適切なもの**を1つ選びなさい。

1 脱抑制
2 記憶障害
3 感情失禁
4 見当識障害
5 遂行機能障害

問題 115 Cさんの介護保険制度の利用に関する次の記述のうち，**適切なもの**を1つ選びなさい。

1 介護保険サービスの利用者負担割合は1割である。
2 介護保険料は特別徴収によって納付する。
3 要介護認定の結果が出る前に介護保険サービスを利用することはできない。
4 要介護認定の利用者負担割合は2割である。
5 介護保険サービスの費用はサービスの利用回数に関わらず定額である。

問題 116 その後，妻に外出を制限されたCさんは不穏となった。困った妻が訪問介護員（ホームヘルパー）に相談したところ，「八百屋に事情を話して事前にお金を渡して，Cさんが品物を持ち去ったときは，渡したお金から商品代金を支払うようにお願いしてはどうか」とアドバイスを受けた。

訪問介護員（ホームヘルパー）が意図したCさんへの関わりをICF（International Classification of Functioning, Disability and Health：国際生活機能分類）に当てはめた記述として，**最も適切なもの**を1つ選びなさい。

1 個人因子への影響を意図して，健康状態に働きかける。
2 健康状態への影響を意図して，心身機能に働きかける。
3 活動への影響を意図して，身体構造に働きかける。
4 参加への影響を意図して，環境因子に働きかける。
5 環境因子への影響を意図して，個人因子に働きかける。

総合問題（総合問題2）

次の事例を読んで，**問題117から問題119まで**について答えなさい。

〔事　例〕

　Dさん（70歳，男性）は，自宅で妻と二人暮らしで，年金収入で生活している。ある日，車を運転中に事故に遭い救急搬送された。医師からは，第4胸髄節まで機能が残存している脊髄損傷（spinal cord injury）と説明を受けた。Dさんは，入院中に要介護3の認定を受けた。

　Dさんは，退院後は自宅で生活することを望んでいた。妻は一緒に暮らしたいと思うが，Dさんの身体状況を考えると不安を感じていた。介護支援専門員（ケアマネジャー）は，「退院後は，在宅復帰を目的に，一定の期間，リハビリテーション専門職がいる施設で生活してはどうか」とDさんに提案した。Dさんは妻と退院後の生活について話し合った結果，一定期間施設に入所して，その間に，自宅の住宅改修を行うことにして，介護支援専門員（ケアマネジャー）に居宅介護住宅改修費について相談した。

問題117 次のうち，Dさんが提案を受けた施設として，**最も適切なもの**を1つ選びなさい。

1　養護老人ホーム
2　軽費老人ホーム
3　介護老人福祉施設
4　介護老人保健施設
5　介護医療院

問題118 次のうち，介護支援専門員（ケアマネジャー）がDさんに説明する居宅介護住宅改修費の支給限度基準額として，**適切なもの**を1つ選びなさい。

1　10万円
2　15万円
3　20万円
4　25万円
5　30万円

問題 119 Dさんが施設入所してから3か月後，住宅改修を終えた自宅に戻ることになった。Dさんは自宅での生活を楽しみにしている。その一方で，不安も抱えていたため，担当の介護福祉士は，理学療法士と作業療法士に相談して，生活上の留意点を記載した冊子を作成して，Dさんに手渡した。

　　次の記述のうち，冊子の内容として，**最も適切なもの**を1つ選びなさい。

1 食事では，スプーンを自助具で手に固定する。
2 移動には，リクライニング式車いすを使用する。
3 寝具は，エアーマットを使用する。
4 更衣は，ボタンエイドを使用する。
5 外出するときには，事前に多機能トイレの場所を確認する。

総合問題（総合問題3）

次の事例を読んで，**問題120から問題122まで**について答えなさい。

〔事　例〕

　Eさん（34歳，女性，障害支援区分3）は，特別支援学校の高等部を卒業後，週2回，生活介護を利用しながら自宅で生活している。Eさんはアテトーゼ型（athetosis）の脳性麻痺（cerebral palsy）で不随意運動があり，首を振る動作が見られる。

　食事は首の動きに合わせて，自助具を使って食べている。食事中は不随意運動が強く，食事が終わると，「首が痛い，しびれる」と言ってベッドに横になるときがある。

　また，お茶を飲むときは取っ手つきのコップで飲んでいるが，コップを口元に運ぶまでにお茶がこぼれるようになってきた。日頃から自分のことは自分でやりたいと考えていて，お茶が上手に飲めなくなってきたことを気にしている。

　Eさんは，生活介護事業所で油絵を描くことを楽しみにしている。以前から隣町の油絵教室に通い技術を高めたいと話していた。そこでEさんは，「自宅から油絵教室に通うときの介助をお願いするにはどうしたらよいか」と介護福祉職に相談した。

問題 120　E さんの食事の様子から，今後，引き起こされる可能性が高いと考えられる二次障害として，**最も適切なもの**を 1 つ選びなさい。

1　変形性股関節症（coxarthrosis）
2　廃用症候群（disuse syndrome）
3　起立性低血圧（orthostatic hypotension）
4　脊柱側弯症（scoliosis）
5　頚椎症性脊髄症（cervical spondylotic myelopathy）

問題 121　E さんがお茶を飲むときの介護福祉職の対応として，**最も適切なもの**を 1 つ選びなさい。

1　吸い飲みに変更する。
2　ストローつきコップに変更する。
3　重いコップに変更する。
4　コップを両手で持つように伝える。
5　全介助を行う。

問題 122　介護福祉職は，E さんが隣町の油絵教室に通うことができるようにサービスを提案したいと考えている。
　　次のうち，E さんが利用するサービスとして，**最も適切なもの**を 1 つ選びなさい。

1　自立生活援助
2　療養介護
3　移動支援
4　自立訓練
5　同行援護

次の事例を読んで、**問題123から問題125まで**について答えなさい。

〔事　例〕

Fさん（20歳，男性）は，自閉症スペクトラム障害（autism spectrum disorder）と重度の知的障害があり，自宅で母親（50歳），姉（25歳）と3人で暮らしている。

Fさんは生活介護事業所を利用している。事業所では比較的落ち着いているが，自宅に帰ってくると母親に対してかみつきや頭突きをすることがあった。また，自分で頭をたたくなどの自傷行為もたびたび見られる。

仕事をしている母親に代わり，小さい頃から食事や排泄（はいせつ）の介護をしている姉は，これまでFさんの行動を止めることができていたが，最近ではからだが大きくなり力も強くなって，母親と協力しても止めることが難しくなっていた。

家族で今後のことを考えた結果，Fさんは障害者支援施設に入所することになった。

問題 123 次のうち，Fさんが自宅に帰ってきたときの状態に該当するものとして，**最も適切なもの**を1つ選びなさい。

1　学習障害
2　注意欠陥多動性障害
3　高次脳機能障害
4　強度行動障害
5　気分障害

問題 124

Fさんが入所してからも月1，2回は，姉が施設を訪ね，Fさんの世話をしている。

　ある日，担当の介護福祉職が姉に声をかけると，「小学生の頃から，学校が終わると友だちと遊ばずにまっすぐ家に帰り，母親に代わって，弟の世話をしてきた。今は，弟を見捨てたようで，申し訳ない」などと話す。

　介護福祉職の姉への対応として，**最も適切なもの**を1つ選びなさい。

1　「これからもFさんのお世話をしっかり行ってください」
2　「Fさんは落ち着いていて，自傷他害行為があるようには見えませんね」
3　「お姉さんは，小さい頃からお母さんの代わりをしてきたのですね」
4　「訪問回数を減らしてはどうですか」
5　「施設入所を後悔しているのですね。もう一度在宅ケアを考えましょう」

問題 125

Fさんが施設に入所して1年が経った。介護福祉職は，Fさん，母親，姉と共にこれまでの生活と支援を振り返り，当面，施設で安定した生活が送れるように検討した。

　次のうち，Fさんの支援を修正するときに利用するサービスとして，**正しいもの**を1つ選びなさい。

1　地域定着支援
2　計画相談支援
3　地域移行支援
4　基幹相談支援
5　基本相談支援

MEMO

介護福祉士

第35回
（令和5年1月）
試験問題

午前 63 問　制限時間 100 分 ……………… P.64
午後 62 問　制限時間 120 分 ……………… P.87

■巻末 P.265 〜 266 の解答用紙をコピーしてお使いください。
■答え合わせに便利な解答一覧は別冊 P.3

◆合格基準
以下の 2 つの条件を満たした者が合格者となります。
1. 問題の総得点の 60％程度を基準として、問題の難易度で補正した点
　数以上の得点の者（配点は、1 問 1 点の 125 点満点）。
2. 1 を満たした者のうち、次の試験科目 11 科目群すべてにおいて得点
　があった者。
　[1] 人間の尊厳と自立、介護の基本　[2] 人間関係とコミュニケーショ
　ン、コミュニケーション技術　[3] 社会の理解　[4] 生活支援技術　[5]
　介護過程　[6] こころとからだのしくみ　[7] 発達と老化の理解　[8]
　認知症の理解　[9] 障害の理解　[10] 医療的ケア　[11] 総合問題

	受験者数	79,151 人
第35回	合格者数	66,711 人
	合格率	84.3%
	合格基準点	75 点

<領域：人間と社会>

午前　　　人間の尊厳と自立

問題 1 利用者の生活の質（QOL）を高めるための介護実践に関する次の記述のうち，**最も適切なもの**を1つ選びなさい。

1 日常生活動作の向上を必須とする。
2 利用者の主観的評価では，介護福祉職の意向を重視する。
3 介護実践は，家族のニーズに応じて行う。
4 福祉用具の活用は，利用者と相談しながら進める。
5 価値の基準は，全ての利用者に同じものを用いる。

問題 2 Aさん（25歳,男性,障害支援区分3）は，網膜色素変性症（retinitis pigmentosa）で，移動と外出先での排泄時に介助が必要である。同行援護を利用しながら，自宅で母親と暮らしている。音楽が好きなAさんは合唱サークルに入会していて，月1回の練習に参加している。

合唱コンクールが遠方で行われることになった。同行援護を担当する介護福祉職は，Aさんから，「コンクールに出演したいが，初めての場所に行くことが心配である」と相談を受けた。

介護福祉職のAさんへの対応として，**最も適切なもの**を1つ選びなさい。

1 合唱コンクールへの参加を諦めるように話す。
2 合唱サークルの仲間に移動の支援を依頼するように伝える。
3 一緒に交通経路や会場内の状況を確認する。
4 合唱コンクールに参加するかどうかは，母親に判断してもらうように促す。
5 日常生活自立支援事業の利用を勧める。

人間関係とコミュニケーション

問題 3　ストレス対処行動の一つである問題焦点型コーピングに当てはまる行動として，**適切なもの**を1つ選びなさい。

1　趣味の活動をして気分転換する。
2　トラブルの原因に働きかけて解決しようとする。
3　運動して身体を動かしストレスを発散する。
4　好きな音楽を聴いてリラックスする。
5　「トラブルも良い経験だ」と自己の意味づけを変える。

問題 4　Bさん（80歳，女性）は，介護老人保健施設に入所が決まった。今日はBさんが施設に入所する日であり，C介護福祉職が担当者になった。C介護福祉職は，初対面のBさんとの信頼関係の形成に向けて取り組んだ。
　　C介護福祉職のBさんへの対応として，**最も適切なもの**を1つ選びなさい。

1　自発的な関わりをもつことを控えた。
2　真正面に座って面談をした。
3　自分から進んで自己紹介をした。
4　終始，手を握りながら話をした。
5　孫のような口調で語りかけた。

問題 5　介護老人福祉施設は，利用者とその家族，地域住民等との交流を目的とした夏祭りを開催した。夏祭りには，予想を超えた来客があり，「違法駐車が邪魔で困る」という苦情が近隣の住民から寄せられた。そこで，次の夏祭りの運営上の改善に向けて職員間で話し合い，対応案を作成した。
　　次の対応案のうち，PDCAサイクルのアクション（Action）に当たるものとして，**最も適切なもの**を1つ選びなさい。

1　近隣への騒音の影響について調べる。
2　苦情を寄せた住民に話を聞きに行く。
3　夏祭りの感想を利用者から聞く。
4　来客者用の駐車スペースを確保する。
5　周辺の交通量を調べる。

問題 6　D介護福祉職は，利用者に対して行っている移乗の介護がうまくできず，技術向上を目的としたOJTを希望している。

次のうち，D介護福祉職に対して行うOJTとして，**最も適切なもの**を１つ選びなさい。

1　専門書の購入を勧める。
2　外部研修の受講を提案する。
3　先輩職員が移乗の介護に同行して指導する。
4　職場外の専門家に相談するように助言する。
5　苦手な移乗の介護は控えるように指示する。

社会の理解

問題 7　社会福祉法に基づく，都道府県や市町村において地域福祉の推進を図ることを目的とする団体として，**正しいもの**を１つ選びなさい。

1　特定非営利活動法人（NPO法人）
2　隣保館
3　地域包括支援センター
4　基幹相談支援センター
5　社会福祉協議会

問題 8　近年，人と人，人と社会とがつながり，一人ひとりが生きがいや役割をもち，助け合いながら暮らしていくことのできる，包摂的なコミュニティ，地域や社会を創るという考え方が示されている。この考え方を表すものとして，**最も適切なもの**を１つ選びなさい。

1　ナショナルミニマム（national minimum）
2　バリアフリー社会
3　介護の社会化
4　生涯現役社会
5　地域共生社会

問題 9
我が国の社会保障制度の基本となる，1950 年（昭和 25 年）の社会保障制度審議会による「社会保障制度に関する勧告」の内容として，**最も適切なもの**を 1 つ選びなさい。

1　生活困窮者自立支援法の制定の提言
2　社会保障制度を，社会保険，国家扶助，公衆衛生及び医療，社会福祉で構成
3　介護保険制度の創設の提言
4　保育所の待機児童ゼロ作戦の提言
5　介護分野における ICT 等の活用とビッグデータの整備

問題 10
E さん（75 歳，女性，要介護 2）は，訪問介護（ホームヘルプサービス）を利用している。最近，E さんの認知症（dementia）が進行して，家での介護が困難になり，介護老人福祉施設の申込みをすることにした。家族が訪問介護員（ホームヘルパー）に相談したところ，まだ要介護認定の有効期間が残っていたが，要介護状態区分の変更の申請ができることがわかった。
　　家族が区分変更するときの申請先として，**正しいもの**を 1 つ選びなさい。

1　介護保険の保険者
2　後期高齢者医療広域連合
3　介護保険審査会
4　国民健康保険団体連合会
5　運営適正化委員会

問題 11
F さん（19 歳，女性，身体障害者手帳 2 級）は，先天性の聴覚障害がある。F さんは大学生で，授業のときは手話通訳者が配置されている。F さんは筆記による定期試験を受けることになり，試験実施に関する配慮を大学に申し出た。
　　次の記述のうち，F さんの申し出を踏まえた合理的配慮として，**最も適切なもの**を 1 つ選びなさい。

1　受験時間を延長する。
2　試験問題の文字を拡大する。
3　テキストの持ち込みを許可する。
4　試験監督者が口頭で説明する内容を書面で渡す。
5　問題を読み上げる。

問題 12 我が国の「障害者権利条約」の批准（2014年（平成26年））に向けて行われた, 障害者基本法の改正（2011年（平成23年））で新たに法律上に規定されたものとして, **適切なもの**を1つ選びなさい。

1 自立支援医療（精神通院医療）の開始
2 共同生活援助（グループホーム）の制度化
3 成年後見制度の創設
4 社会的障壁の除去
5 東京2020パラリンピック競技大会の開催
　（注）「障害者権利条約」とは, 国際連合の「障害者の権利に関する条約」のことである。

問題 13 次のうち, 「障害者総合支援法」の介護給付を利用するときに, 利用者が最初に市町村に行う手続きとして, **適切なもの**を1つ選びなさい。

1 支給申請
2 認定調査
3 審査会の開催
4 障害支援区分の認定
5 サービス等利用計画の作成
　（注）「障害者総合支援法」とは, 「障害者の日常生活及び社会生活を総合的に支援するための法律」のことである。

問題 14 「障害者総合支援法」の居宅介護を利用したときの利用者負担の考え方として, **最も適切なもの**を1つ選びなさい。

1 利用したサービスの種類や量に応じて負担する。
2 利用者の負担能力に応じて負担する。
3 利用したサービス費用の一定の割合を負担する。
4 利用したサービス費用の全額を負担する。
5 利用者は負担しない。
　（注）「障害者総合支援法」とは, 「障害者の日常生活及び社会生活を総合的に支援するための法律」のことである。

問題 15　「個人情報保護法」に基づくプライバシー保護に関する次の記述のうち，**最も適切なもの**を１つ選びなさい。

1　電磁的記録は，個人情報には含まれない。
2　マイナンバーなどの個人識別符号は，個人情報ではない。
3　施設職員は，実習生に利用者の生活歴などを教えることは一切できない。
4　個人情報を第三者に提供するときは，原則として本人の同意が必要である。
5　自治会長は，本人の同意がなくても個人情報を入手できる。
　（注）「個人情報保護法」とは，「個人情報の保護に関する法律」のことである。

問題 16　「高齢者虐待防止法」に関する次の記述のうち，**最も適切なもの**を１つ選びなさい。

1　虐待が起こる場として，家庭，施設，病院の３つが規定されている。
2　対象は，介護保険制度の施設サービス利用者とされている。
3　徘徊しないように車いすに固定することは，身体拘束には当たらない。
4　虐待を発見した養介護施設従事者には，通報する義務がある。
5　虐待の認定は，警察署長が行う。
　（注）「高齢者虐待防止法」とは，「高齢者虐待の防止，高齢者の養護者に対する支援等に関する法律」のことである。

問題 17　発達障害のGさん（38歳，男性）は，高校生の頃に不登校になり，ずっとアルバイトをしながら，統合失調症（schizophrenia）の母親（65歳，精神保健福祉手帳２級）を介護してきた。母親に認知症（dementia）が疑われるようになったが，これからも二人で暮らし続けたいと考えたGさんは，相談支援事業所の介護福祉職に相談した。
　　Gさんに対する介護福祉職の助言として，**最も適切なもの**を１つ選びなさい。

1　地域包括支援センターで，介護保険サービスの情報を得ることを勧める。
2　Gさんが正規に雇用されるように，ハローワークに相談に行くことを勧める。
3　Gさんの発達障害について，クリニックで適切な治療を受けることを勧める。
4　母親に，介護老人福祉施設を紹介する。
5　母親に，精神科病院への入院を勧める。

生活困窮者自立支援法に関する次の記述のうち，**適切なもの**を1つ選びなさい。

1 最低限度の生活が維持できなくなるおそれのある者が対象になる。
2 自立を図るために，就労自立給付金が支給される。
3 疾病がある者には，医療費が支給される。
4 子どもへの学習支援は，必須事業とされている。
5 最終的な，「第3のセーフティーネット」と位置づけられている。

<領域：こころとからだのしくみ>

こころとからだのしくみ

Hさん（75歳，男性）は，一人暮らしであるが，隣人と共に社会活動にも積極的に参加し，ゲートボールや詩吟，芸術活動など多くの趣味をもっている。また，多くの友人から，「Hさんは，毎日を有意義に生活している」と評価されている。Hさん自身も友人関係に満足している。
ライチャード（Reichard, S.）による老齢期の性格類型のうち，Hさんに相当するものとして，**適切なもの**を1つ選びなさい。

1 自責型
2 防衛型（装甲型）
3 憤慨型
4 円熟型
5 依存型（安楽いす型）

大脳の後頭葉にある機能局在として，**適切なもの**を1つ選びなさい。

1 視覚野
2 聴覚野
3 運動野
4 体性感覚野
5 感覚性言語野（ウェルニッケ野）

問題 21 立位姿勢を維持するための筋肉（抗重力筋）として，**最も適切なもの**を１つ選びなさい。

1　上腕二頭筋
2　大胸筋
3　大腿四頭筋
4　僧帽筋
5　三角筋

問題 22 廃用症候群(disuse syndrome)で起こる可能性があるものとして，**最も適切なもの**を１つ選びなさい。

1　うつ状態
2　高血圧
3　関節炎
4　徘徊
5　下痢

問題 23 褥瘡の好発部位として，**最も適切なもの**を１つ選びなさい。

1　側頭部
2　頸部
3　腹部
4　仙骨部
5　足趾部

問題 24 次のうち，口臭の原因になりやすい状態として，**最も適切なもの**を１つ選びなさい。

1　唾液の増加
2　義歯の装着
3　歯周病（periodontal disease）
4　顎関節症（temporomandibular joint disorder）
5　低栄養状態

問題 25

Jさん（82歳，女性）は，施設に入所している。Jさんは車いすで食堂に来て，箸やスプーンを使って，自分で食事をしている。主食は普通食，おかずは刻み食で全量摂取している。最近，車いすからずり落ちる傾向があり，首が後屈した姿勢で食事をし，むせることが多くなった。

Jさんが誤嚥をしないようにするための最初の対応として，**最も適切なもの**を1つ選びなさい。

1　食事回数の調整
2　座位姿勢の調整
3　使用食器の変更
4　食事の量の調整
5　食事場所の変更

問題 26

次のうち，誤嚥しやすい高齢者の脱水予防のために確認することとして，**最も優先すべきもの**を1つ選びなさい。

1　義歯の装着状態
2　上肢の関節可動域
3　睡眠時間
4　夜間の咳込みの有無
5　摂取している水分の形状

問題 27

健康な成人の便の生成で，上行結腸の次に内容物が通過する部位として，**正しいもの**を1つ選びなさい。

1　S状結腸
2　回腸
3　直腸
4　下行結腸
5　横行結腸

問題 28 高齢者の睡眠薬の使用に関する次の記述のうち，**最も適切なものを 1 つ選びなさい。**

1　依存性は生じにくい。
2　翌朝まで作用が残ることがある。
3　食事後すぐの服用が望ましい。
4　アルコールと一緒に飲んでも効果は変わらない。
5　転倒の原因にはならない。

問題 29 大切な人を亡くした後にみられる，寂しさやむなしさ，無力感などの精神的反応や，睡眠障害，食欲不振，疲労感などの身体的反応を表すものとして，**最も適切なものを 1 つ選びなさい。**

1　認知症（dementia）
2　グリーフ（grief）
3　リビングウィル（living will）
4　スピリチュアル（spiritual）
5　パニック障害（panic disorder）

問題 30 死が近づいているときの身体の変化として，**最も適切なものを 1 つ選びなさい。**

1　瞳孔の縮小
2　筋肉の硬直
3　発汗
4　結膜の充血
5　喘鳴

発達と老化の理解

問題 31

今，発達の実験のために，図のようなテーブル（テーブル表面の左半分が格子柄，右半分が透明な板で床の格子柄が透けて見える）の左端に，K さん（1歳1か月）を座らせた。テーブルの反対側には母親が立っている。K さんは，格子柄と透明な板との境目でいったん動くのをやめて，怖がった表情で母親の顔を見た。母親が穏やかにほほ笑むと，K さんは母親の方に近づいていった。

　K さんの行動を説明する用語として，**最も適切なもの**を1つ選びなさい。

1　自己中心性
2　愛着理論
3　向社会的行動
4　社会的参照
5　原始反射

問題 32 コールバーグ（Kohlberg, L.）による道徳性判断に関する次の記述のうち，最も高い発達の段階を示すものとして，**適切なもの**を1つ選びなさい。

1　権威に服従する。
2　罰を回避する。
3　多数意見を重視して判断する。
4　損得で判断する。
5　人間の権利や平等性などの倫理に従って判断する。

問題 33 標準的な発育をしている子どもの体重が，出生時の約2倍になる時期として，**最も適切なもの**を1つ選びなさい。

1　生後3か月
2　生後6か月
3　生後9か月
4　1歳
5　2歳

問題 34 ストローブ（Stroebe, M.S.）とシュト（Schut, H.）による悲嘆のモデルでは，死別へのコーピングには喪失志向と回復志向の2種類があるとされる。
　　　　喪失志向のコーピングとして，**最も適切なもの**を1つ選びなさい。

1　しばらく連絡していなかった旧友との交流を深める。
2　悲しい気持ちを語る。
3　新たにサークル活動に参加を申し込む。
4　ボランティア活動に励む。
5　新しい生活に慣れようとする。

問題 35 加齢の影響を受けにくい認知機能として，**最も適切なもの**を1つ選びなさい。

1 エピソード記憶
2 作業記憶
3 選択的注意
4 流動性知能
5 意味記憶

問題 36 高齢期の腎・泌尿器系の状態や変化に関する次の記述のうち，**最も適切なもの**を1つ選びなさい。

1 尿路感染症（urinary tract infections）を起こすことは非常に少ない。
2 腎盂腎炎（pyelonephritis）の主な症状は，頭痛である。
3 尿の濃縮力が低下する。
4 前立腺肥大症（prostatic hypertrophy）では，尿道の痛みがある。
5 薬物が排出される時間は，短くなる。

問題 37 老年期の変形性膝関節症（knee osteoarthritis）に関する次の記述のうち，**最も適切なもの**を1つ選びなさい。

1 外反型の脚の変形を伴うことが多い。
2 女性のほうが男性より罹患率が高い。
3 積極的に患部を冷やすことを勧める。
4 正座の生活習慣を勧める。
5 肥満のある人には積極的に階段を利用するように勧める。

問題 38 高齢者の脱水に関する次の記述のうち，**最も適切なもの**を1つ選びなさい。

1 若年者よりも口渇感を感じやすい。
2 体内水分量は若年者よりも多い。
3 起立時に血圧が上がりやすくなる。
4 下痢が原因となることはまれである。
5 体重が減ることがある。

認知症の理解

問題 39　次のうち，2019 年（令和元年）の認知症施策推進大綱の 5 つの
柱に示されているものとして，**適切なもの**を 1 つ選びなさい。

1　市民後見人の活動推進への体制整備
2　普及啓発・本人発信支援
3　若年性認知症支援ハンドブックの配布
4　認知症初期集中支援チームの設置
5　認知症カフェ等を全市町村に普及

問題 40　次の記述のうち，見当識障害に関する質問として，**最も適切なも
の**を 1 つ選びなさい。

1　「私たちが今いるところはどこですか」
2　「100 から 7 を順番に引いてください」
3　「先ほど覚えてもらった言葉をもう一度言ってみてください」
4　「次の図形を写してください」
5　「この紙を左手で取り，両手で半分に折って，私に返してください」

問題 41　アルツハイマー型認知症（dementia of the Alzheimer's type）の，
もの盗られ妄想に関する次の記述のうち，**最も適切なもの**を 1
つ選びなさい。

1　説明をすれば自身の考えの誤りに気づくことが多い。
2　本人の不安から生じることが多い。
3　現実に存在しない人が犯人とされる。
4　主に幻視が原因である。
5　症状の予防には抗精神病薬が有効である。

問題 42 慢性硬膜下血腫（chronic subdural hematoma）に関する次の記述のうち，**最も適切なもの**を1つ選びなさい。

1 運動機能障害が起こることは非常に少ない。
2 頭蓋骨骨折を伴い発症する。
3 抗凝固薬の使用はリスクとなる。
4 転倒の後，2～3日で発症することが多い。
5 保存的治療が第一選択である。

問題 43 Lさん（83歳，女性，要介護1）は，アルツハイマー型認知症（dementia of the Alzheimer's type）である。一人暮らしで，週2回，訪問介護（ホームヘルプサービス）を利用している。

ある日，訪問介護員（ホームヘルパー）が訪問すると，息子が来ていて，「最近，母が年金の引き出しや，水道代の支払いを忘れるようだ。日常生活自立支援事業というものがあると聞いたことがあるが，どのような制度なのか」と質問があった。

訪問介護員（ホームヘルパー）の説明として，**最も適切なもの**を1つ選びなさい。

1 「申込みをしたい場合は，家庭裁判所が受付窓口です」
2 「年金の振込口座を，息子さん名義の口座に変更することができます」
3 「Lさんが契約内容を理解できない場合は，息子さんが契約できます」
4 「生活支援員が，水道代の支払いをLさんの代わりに行うことができます」
5 「利用後に苦情がある場合は，国民健康保険団体連合会が受付窓口です」

問題 44 認知症ケアの技法であるユマニチュードに関する次の記述のうち，**正しいもの**を 1 つ選びなさい。

1 「見る」とは，離れた位置からさりげなく見守ることである。
2 「話す」とは，意識的に高いトーンの大きな声で話しかけることである。
3 「触れる」とは，指先で軽く触れることである。
4 「立つ」とは，立位をとる機会を作ることである。
5 「オートフィードバック」とは，ケアを評価することである。

問題 45 現行の認知症サポーターに関する次の記述のうち，**最も適切なもの**を 1 つ選びなさい。

1 ステップアップ講座を受講した認知症サポーターには，チームオレンジへの参加が期待されている。
2 100 万人を目標に養成されている。
3 認知症介護実践者等養成事業の一環である。
4 認知症ケア専門の介護福祉職である。
5 国が実施主体となって養成講座を行っている。

問題 46 認知症ケアパスに関する次の記述のうち，**最も適切なもの**を 1 つ選びなさい。

1 都道府県ごとに作られるものである。
2 介護保険制度の地域密着型サービスの 1 つである。
3 認知症（dementia）の人の状態に応じた適切なサービス提供の流れをまとめたものである。
4 レスパイトケアとも呼ばれるものである。
5 介護支援専門員（ケアマネジャー）が中心になって作成する。

問題 47 認知症ライフサポートモデルに関する次の記述のうち，**最も適切なもの**を１つ選びなさい。

1 各職種がそれぞれで目標を設定する。
2 終末期に行う介入モデルである。
3 認知症（dementia）の人本人の自己決定を支える。
4 生活を介護サービスに任せるプランを策定する。
5 認知症（dementia）の人に施設入所を促す。

問題 48 Mさん（88歳，女性）は，アルツハイマー型認知症（dementia of the Alzheimer's type）と診断された。夫と二人暮らしで，訪問介護（ホームヘルプサービス）を利用している。訪問介護員（ホームヘルパー）が訪問したときに夫から，「最近，日中することがなく寝てしまい，夜眠れていないようだ」と相談を受けた。訪問介護員（ホームヘルパー）は，Mさんが長年していた裁縫を日中にしてみることを勧めた。早速，裁縫をしてみるとMさんは，短時間で雑巾を縫うことができた。
　Mさんの裁縫についての記憶として，**最も適切なもの**を１つ選びなさい。

1 作業記憶
2 展望的記憶
3 短期記憶
4 陳述記憶
5 手続き記憶

障害の理解

問題 49　ストレングス（strength）の視点に基づく利用者支援の説明として，**最も適切なもの**を 1 つ選びなさい。

1　個人の特性や強さを見つけて，それを生かす支援を行うこと。
2　日常生活の条件をできるだけ，障害のない人と同じにすること。
3　全人間的復権を目標とすること。
4　権利を代弁・擁護して，権利の実現を支援すること。
5　抑圧された権利や能力を取り戻して，力をつけること。

問題 50　1960 年代のアメリカにおける自立生活運動（IL 運動）に関する次の記述のうち，**最も適切なもの**を 1 つ選びなさい。

1　障害があっても障害のない人々と同じ生活を送る。
2　一度失った地位，名誉，特権などを回復する。
3　自分で意思決定をして生活する。
4　医療職が機能回復訓練を行う。
5　障害者の社会への完全参加と平等を促進する。

問題 51　「障害者虐待防止法」における，障害者に対する著しい暴言が当てはまる障害者虐待の類型として，**最も適切なもの**を 1 つ選びなさい。

1　身体的虐待
2　放棄・放置
3　性的虐待
4　心理的虐待
5　経済的虐待

　（注）「障害者虐待防止法」とは，「障害者虐待の防止，障害者の養護者に対する支援等に関する法律」のことである。

問題 52 上田敏の障害受容のモデルにおける受容期の説明として，**最も適切なもの**を1つ選びなさい。

1 受傷直後である。
2 障害の状態を否認する。
3 リハビリテーションによって機能回復に取り組む。
4 障害のため何もできないと捉える。
5 障害に対する価値観を転換し，積極的な生活態度になる。

問題 53 次のうち，四肢麻痺（ししまひ）を伴う疾患や外傷として，**適切なもの**を1つ選びなさい。

1 右脳梗塞（right cerebral infarction）
2 左脳梗塞（left cerebral infarction）
3 頸髄損傷（けいずいそんしょう）（cervical cord injury）
4 腰髄損傷（lumbar spinal cord injury）
5 末梢神経損傷（まっしょうしんけいそんしょう）（peripheral nerve injury）

問題 54 学習障害の特徴に関する次の記述のうち，**最も適切なもの**を1つ選びなさい。

1 読む・書く・計算するなどの習得に困難がある。
2 注意力が欠如している。
3 じっとしているのが難しい。
4 脳の機能に障害はない。
5 親のしつけ方や愛情不足によるものである。

問題 55

Aさん（60歳，男性）は，脊髄小脳変性症（spinocerebellar degeneration）のため，物をつかもうとすると手が震え，起立時や歩行時に身体がふらつき，ろれつが回らないため発語が不明瞭である。

次のうち，Aさんの現在の症状に該当するものとして，**最も適切なもの**を1つ選びなさい。

1 運動麻痺
2 運動失調
3 関節拘縮
4 筋萎縮
5 筋固縮

問題 56

Bさん（21歳，男性）は，統合失調症（schizophrenia）を発症し，継続した内服によって幻覚や妄想などの症状は改善しているが，意欲や自発性が低下して引きこもりがちである。現在，Bさんは，外来に通院しながら自宅で生活していて，就労を考えるようになってきた。

介護福祉職が就労に向けて支援するにあたり留意すべきこととして，**最も適切なもの**を1つ選びなさい。

1 あいまいな言葉で説明する。
2 代理で手続きを進める。
3 介護福祉職が正しいと考える支援を行う。
4 Bさんに意欲をもつように強く指示する。
5 Bさん自身が物事を決め，実行できるように関わる。

Cさん（3歳）は，24時間の人工呼吸器管理，栄養管理と体温管理が必要であり，母親（32歳）が生活全般を支えている。Cさんの母親は，「発達支援やショートステイを活用したいのに，市内に事業所がない。ほかにも困っている家族がいる」とD相談支援専門員に伝えた。

D相談支援専門員が，課題の解決に向けて市（自立支援）協議会に働きかけたところ，市内に該当する事業所がないことが明らかになった。

この事例で，地域におけるサービスの不足を解決するために，市（自立支援）協議会に期待される機能・役割として，**最も適切なものを1つ**選びなさい。

1 困難な事例や資源不足についての情報の発信
2 権利擁護に関する取り組みの展開
3 地域の社会資源の開発
4 構成員の資質向上
5 基幹相談支援センターの運営評価

Eさん（38歳,男性）は,脳梗塞（cerebral infarction）を発症し,病院に入院していた。退院時に，右片麻痺と言語障害があったため，身体障害者手帳2級の交付を受けた。現在，Eさんと家族の希望によって，自宅で生活しているが，少しずつ生活に支障が出てきている。Eさんの今後の生活を支えるために，障害福祉サービスの利用を前提に多職種連携による支援が行われることになった。

Eさんに関わる関係者が果たす役割として，**最も適切なものを1つ**選びなさい。

1 介護支援専門員（ケアマネジャー）が，介護サービス計画を作成する。
2 医師が，要介護認定を受けるための意見書を作成する。
3 基幹相談支援センターの職員が，障害福祉計画を立てる。
4 地域包括支援センターの職員が，認定調査を行う。
5 相談支援専門員が，サービス担当者会議を開催する。

＜領域：医療的ケア＞

医療的ケア

問題 59 消毒と滅菌に関する次の記述のうち，**正しいもの**を 1 つ選びなさい。

1 消毒は，すべての微生物を死滅させることである。
2 複数の消毒液を混ぜると効果的である。
3 滅菌物には，有効期限がある。
4 家庭では，熱水で滅菌する。
5 手指消毒は，次亜塩素酸ナトリウムを用いる。

問題 60 次の記述のうち，成人の正常な呼吸状態として，**最も適切なもの**を 1 つ選びなさい。

1 胸腹部が一定のリズムで膨らんだり縮んだりしている。
2 ゴロゴロとした音がする。
3 爪の色が紫色になっている。
4 呼吸数が 1 分間に 40 回である。
5 下顎を上下させて呼吸している。

問題 61 喀痰吸引を行う前の準備に関する次の記述のうち，**最も適切なもの**を 1 つ選びなさい。

1 医師の指示書の確認は，初回に一度行う。
2 利用者への吸引の説明は，吸引のたびに行う。
3 腹臥位の姿勢にする。
4 同室の利用者から見える状態にする。
5 利用者に手指消毒をしてもらう。

問題 62 胃ろうによる経管栄養での生活上の留意点の説明として，**最も適切なもの**を 1 つ選びなさい。

1 「日中は，ベッド上で過ごします」
2 「夜寝るときは，上半身を起こした姿勢で寝ます」
3 「便秘の心配はなくなります」
4 「口から食べなくても口腔ケアは必要です」
5 「入浴は清拭に変更します」

問題 63 Fさん（87 歳，女性）は，介護老人福祉施設に入所している。嚥下機能が低下したため，胃ろうによる経管栄養が行われている。担当の介護福祉士は，Fさんの経管栄養を開始して，しばらく観察した。その後，15 分後に訪室すると，Fさんが嘔吐して，意識はあるが苦しそうな表情をしていた。介護福祉士は，すぐに経管栄養を中止して看護職員を呼んだ。
　　看護職員が来るまでの介護福祉士の対応として，**最も優先すべきもの**を 1 つ選びなさい。

1 室内の換気を行った。
2 ベッド上の嘔吐物を片付けた。
3 酸素吸入を行った。
4 心臓マッサージを行った。
5 誤嚥を防ぐために顔を横に向けた。

＜領域：介護＞

午後　　　　　介護の基本

問題 64 利用者主体の考えに基づいた訪問介護員（ホームヘルパー）の対応に関する次の記述のうち，**最も適切なもの**を 1 つ選びなさい。

1　トイレの窓は換気が必要であると判断し，開けたままにしておいた。
2　認知症（dementia）の人が包丁を持つのは危険だと判断し，訪問介護員（ホームヘルパー）が調理した。
3　煮物を調理するとき，利用者に好みの切り方を確認してもらった。
4　糖尿病（diabetes mellitus）のある利用者には，買い物代行で菓子の購入はしないことにした。
5　次回の掃除のために，訪問介護員（ホームヘルパー）が使いやすい場所に掃除機を置いた。

問題 65 「求められる介護福祉士像」で示された内容に関する次の記述のうち，**最も適切なもの**を 1 つ選びなさい。

1　地域や社会のニーズにかかわらず，利用者を導く。
2　利用者の身体的な支援よりも，心理的・社会的支援を重視する。
3　施設か在宅かに関係なく，家族が望む生活を支える。
4　専門職として他律的に介護過程を展開する。
5　介護職の中で中核的な役割を担う。
　（注）「求められる介護福祉士像」とは，社会保障審議会福祉部会福祉人材確保専門委員会「介護人材に求められる機能の明確化とキャリアパスの実現に向けて」（2017 年（平成 29 年）10 月 4 日）の中で示されたものを指す。

第35回

問題 66 社会福祉士及び介護福祉士法に規定されている介護福祉士の責務として，**最も適切なもの**を1つ選びなさい。

1 地域生活支援事業その他の支援を総合的に行う。
2 介護等に関する知識及び技能の向上に努める。
3 肢体の不自由な利用者に対して必要な訓練を行う。
4 介護保険事業に要する費用を公平に負担する。
5 常に心身の健康を保持して，社会的活動に参加するように努める。

問題 67 Aさん（85歳，女性，要介護1）は夫と二人暮らしで，訪問介護（ホームヘルプサービス）を利用している。Aさんは認知症（dementia）の進行によって，理解力の低下がみられる。ある日，Aさんが訪問介護員（ホームヘルパー）に，「受けているサービスをほかのものに変更したい」「夫とは仲が悪いので話したくない」と，不安な様子で話した。
意思決定支援を意識した訪問介護員（ホームヘルパー）の対応として，**最も適切なもの**を1つ選びなさい。

1 Aさんとの話し合いの場に初めから夫に同席してもらった。
2 Aさんにサービス変更の決断を急ぐように伝えた。
3 Aさんと話す前に相談内容を夫に話した。
4 サービスを変更したい理由についてAさんに確認した。
5 訪問介護員（ホームヘルパー）がサービス変更をすることを判断した。

問題 68 すべての人が暮らしやすい社会の実現に向けて，どこでも，だれでも，自由に，使いやすくという考え方を表す用語として，**適切なもの**を1つ選びなさい。

1 ユニバーサルデザイン（universal design）
2 インフォームドコンセント（informed consent）
3 アドバンス・ケア・プランニング（advance care planning）
4 リビングウィル（living will）
5 エンパワメント（empowerment）

問題 69

Bさん（82歳，女性，要介護2）は，若いときに夫を亡くし，家で仕事をしながら子どもを一人で育てた。夫や子どもと過ごした家の手入れは毎日欠かさず行っていた。数年前に，アルツハイマー型認知症（dementia of the Alzheimer's type）と診断され，認知症対応型共同生活介護（認知症高齢者グループホーム）に入居した。夕方になると，「私，家に帰らないといけない」と介護福祉職に何度も訴えている。

　Bさんに対する介護福祉職の声かけとして，**最も適切なもの**を1つ選びなさい。

1 「仕事はないですよ」
2 「ここが家ですよ」
3 「外に散歩に行きますか」
4 「家のことが気になるんですね」
5 「子どもさんが『ここにいてください』と言っていますよ」

問題 70

介護保険施設の駐車場で，下記のマークを付けた車の運転手が困った様子で手助けを求めていた。介護福祉職の対応として，**最も適切なもの**を1つ選びなさい。

1 手話や筆談を用いて話しかける。
2 杖を用意する。
3 拡大読書器を使用する。
4 移動用リフトを用意する。
5 携帯用点字器を用意する。

問題 71 介護保険施設における専門職の役割に関する次の記述のうち，**最も適切なもの**を1つ選びなさい。

1 利用者の栄養ケア・マネジメントは，薬剤師が行う。
2 認知症（dementia）の診断と治療は，作業療法士が行う。
3 利用者の療養上の世話又は診療の補助は，社会福祉士が行う。
4 日常生活を営むのに必要な身体機能改善や機能訓練は，歯科衛生士が行う。
5 施設サービス計画の作成は，介護支援専門員が行う。

問題 72 介護の現場におけるチームアプローチ（team approach）に関する次の記述のうち，**最も適切なもの**を1つ選びなさい。

1 チームメンバーが得た情報は，メンバー間であっても秘密にする。
2 チームメンバーの役割分担を明確にする。
3 利用者を外してチームを構成する。
4 医師がチームの方針を決定する。
5 チームメンバーを家族が指名する。

問題 73 利用者の危険を回避するための介護福祉職の対応として，**最も適切なもの**を1つ選びなさい。

1 スプーンを拾おうとして前傾姿勢になった車いすの利用者を，目視で確認した。
2 廊下をふらつきながら歩いていた利用者の横を，黙って通り過ぎた。
3 食事介助をしていた利用者の姿勢が傾いてきたので，姿勢を直した。
4 下肢筋力が低下している利用者が，靴下で歩いていたので，スリッパを履いてもらった。
5 車いすの利用者が，フットサポートを下げたまま立ち上がろうとしたので，またいでもらった。

コミュニケーション技術

問題 74　次のうち，閉じられた質問として，**適切なもの**を1つ選びなさい。

1　「この本は好きですか」
2　「午後はどのように過ごしますか」
3　「困っていることは何ですか」
4　「どのような歌が好きですか」
5　「なぜそう思いますか」

問題 75　利用者の家族と信頼関係を形成するための留意点として，**最も適切なもの**を1つ選びなさい。

1　家族の希望を優先する。
2　話し合いの機会を丁寧にもつ。
3　一度形成した信頼関係は，変わらずに継続すると考える。
4　家族に対して，「こうすれば良い」と指示を出す。
5　介護は全面的に介護福祉職に任せてもらう。

問題 76　Cさん（75歳，男性）は，老人性難聴（presbycusis）があり，右耳は中等度難聴，左耳は高度難聴である。耳かけ型補聴器を両耳で使用して静かな場所で話せば，なんとか相手の話を聞き取ることができる。
　　　　Cさんとの1対1のコミュニケーションの方法として，**最も適切なもの**を1つ選びなさい。

1　正面で向き合って話しかける。
2　高音域の声を使って話しかける。
3　耳元で，できるだけ大きな声で話しかける。
4　手話で会話をする。
5　からだに触れてから話しかける。

Dさん（90歳，女性，要介護5）は，重度のアルツハイマー型認知症（dementia of the Alzheimer's type）である。介護福祉職は，Dさんに声かけをして会話をしているが，最近，自発的な発語が少なくなり，会話中に視線が合わないことも増えてきたことが気になっている。

Dさんとのコミュニケーションをとるための介護福祉職の対応として，**最も適切なもの**を1つ選びなさい。

1 引き続き，言語を中心にコミュニケーションをとる。
2 Dさんが緊張しているので，からだに触れないようにする。
3 表情やしぐさを確認しながら，感情の理解に努める。
4 視線が合わないときは，会話を控える。
5 自発的な発語がないため，会話の機会を減らしていく。

介護実践の場で行われる，勤務交代時の申し送りの目的に関する次の記述のうち，**最も適切なもの**を1つ選びなさい。

1 翌月の介護福祉職の勤務表を検討する。
2 利用者のレクリエーション活動を計画する。
3 利用者の問題解決に向けた事例検討を行う。
4 利用者へのケアの継続性を保つ。
5 利用者とケアの方針を共有する。

問題 79

Eさん（87歳，女性，要介護3）は，介護老人福祉施設に入所していて，認知症（dementia）がある。ある日，担当のF介護福祉職がEさんの居室を訪問すると，Eさんは，イライラした様子で，「私の財布が盗まれた」と言ってベッドの周りをうろうろしていた。一緒に探すと，タンスの引き出しの奥から財布が見つかった。

F介護福祉職は，Eさんのケアカンファレンス（care conference）に出席して，この出来事について情報共有することにした。

Eさんの状況に関する報告として，**最も適切なもの**を1つ選びなさい。

1　「Eさんの認知機能が低下しました」
2　「Eさんは，誰かに怒っていました」
3　「Eさんには，もの盗られ妄想があります」
4　「Eさんは，財布が見つかって，安心していると思います」
5　「Eさんは，財布が盗まれたと言って，ベッドの周りをうろうろしていました」

生活支援技術

問題 80

Gさん（79歳，女性，要介護3）は，介護老人福祉施設に入所して，3週間が経過した。施設での生活には慣れてきているが，居室でテレビを見て過ごす時間が長くなった。ある時，Gさんが，「気分転換に台所を借りて，自分でおやつを作ってみたい」と介護福祉職に話した。

Gさんのレクリエーション活動の計画作成にあたり，介護福祉職が留意すべきこととして，**最も適切なもの**を1つ選びなさい。

1　Gさんの居室で行うようにする。
2　おやつのメニューは，介護福祉職が選ぶ。
3　施設のレクリエーション財を優先する。
4　集団で行うことを優先する。
5　おやつ作りをきっかけに，施設生活に楽しみがもてるようにする。

問題 81 高齢者の安全な移動に配慮した階段の要件として，**最も適切な**ものを1つ選びなさい。

1 手すりを設置している。
2 階段の一段の高さは，25cm 以上である。
3 階段の足をのせる板の奥行は，15cm 未満である。
4 階段の照明は，足元の間接照明にする。
5 毛の長いじゅうたんを敷く。

問題 82 介護予防教室で介護福祉職が行う安定した歩行に関する助言として，**最も適切なもの**を1つ選びなさい。

1 「歩幅を狭くしましょう」
2 「腕の振りを小さくしましょう」
3 「足元を見ながら歩きましょう」
4 「後ろ足のつま先で地面を蹴って踏み出しましょう」
5 「つま先から足をつきましょう」

問題 83 T字杖を用いて歩行する左片麻痺の利用者が，20cm 幅の溝をまたぐときの介護方法として，**最も適切なもの**を1つ選びなさい。

1 杖は，左手に持ちかえてもらう。
2 杖は，溝の手前に突いてもらう。
3 溝は，右足からまたいでもらう。
4 遠い方向を見てもらう。
5 またいだ後は，両足をそろえてもらう。

問題 84 総義歯の取扱いに関する次の記述のうち，**最も適切なもの**を1つ選びなさい。

1 上顎から先に外す。
2 毎食後に洗う。
3 スポンジブラシで洗う。
4 熱湯につけてから洗う。
5 乾燥させて保管する。

問題 85

H さん（82 歳，男性，要介護 2）は，一人暮らしで，週 1 回，訪問介護(ホームヘルプサービス)を利用している。訪問時に，「足の爪が伸びているので，切ってほしい」と依頼された。爪を切ろうとしたところ，両足とも親指の爪が伸びて両端が皮膚に食い込んで赤くなっていて，触ると熱感があった。
　　親指の状態を確認した訪問介護員（ホームヘルパー）の対応として，**最も適切なもの**を 1 つ選びなさい。

1　親指に絆創膏を巻く。
2　H さんの家にある軟膏を親指に塗る。
3　蒸しタオルで爪を軟らかくしてから切る。
4　爪が伸びている部分に爪やすりをかける。
5　爪は切らずに，親指の状態をサービス提供責任者に報告する。

問題 86

左片麻痺の利用者が，前開きの上着をベッド上で臥床したまま交換するときの介護の基本に関する次の記述のうち，**最も適切なもの**を 1 つ選びなさい。

1　介護福祉職は利用者の左側に立つ。
2　新しい上着は利用者の右側に置く。
3　脱ぐときは，着ている上着の左上肢の肩口を広げておく。
4　左側の袖を脱ぎ，脱いだ上着は丸めて，からだの下に入れる。
5　利用者を左側臥位にし，脱いだ上着を引き出す。

問題 87

利用者が食事中にむせ込んだときの介護として，**最も適切なもの**を 1 つ選びなさい。

1　上を向いてもらう。
2　お茶を飲んでもらう。
3　深呼吸をしてもらう。
4　口の中のものを飲み込んでもらう。
5　しっかりと咳を続けてもらう。

問題 88 テーブルで食事の介護を行うときの留意点に関する次の記述のうち，**最も適切なもの**を１つ選びなさい。

1 車いすで食事をするときは，足をフットサポートから下ろして床につける。
2 片麻痺があるときは，患側の上肢を膝の上にのせる。
3 スプーンを使うときは，下顎を上げた姿勢にして食べ物を口に入れる。
4 利用者に声をかけるときは，食べ物を口に入れてから行う。
5 食事をしているときは，大きな音でテレビをつけておく。

問題 89 逆流性食道炎（reflux esophagitis）の症状がある利用者への助言として，**最も適切なもの**を１つ選びなさい。

1 脂肪を多く含む食品を食べるように勧める。
2 酸味の強い果物を食べるように勧める。
3 １日の食事は回数を分けて少量ずつ食べるように勧める。
4 食事のときは，腹圧をかけるような前かがみの姿勢をとるように勧める。
5 食後すぐに仰臥位（背臥位）をとるように勧める。

問題 90 ベッド上で臥床している利用者の洗髪の基本に関する次の記述のうち，**最も適切なもの**を１つ選びなさい。

1 利用者のからだ全体をベッドの端に移動する。
2 利用者の両下肢は，まっすぐに伸ばした状態にする。
3 洗うときは，頭頂部から生え際に向かって洗う。
4 シャンプー後は，タオルで泡を拭き取ってからすすぐ。
5 ドライヤーの温風は，頭皮に直接当たるようにする。

問題91　目の周囲の清拭の方法を図に示す。矢印は拭く方向を表している。
次のA～Eのうち，基本的な清拭の方法として，**最も適切な**
ものを1つ選びなさい。

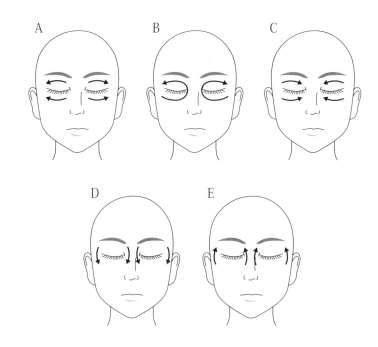

1　A
2　B
3　C
4　D
5　E

問題92　Jさん（85歳，女性，要介護2）は，アルツハイマー型認知症
（dementia of the Alzheimer's type）である。時間をかければ一
人で洗身，洗髪もできるが，ズボンの上に下着を着る行為がみら
れたため，訪問介護（ホームヘルプサービス）を利用することに
なった。
　Jさんの入浴時における訪問介護員（ホームヘルパー）の対
応として，**最も適切なもの**を1つ選びなさい。

1　脱いだ衣服は，着る衣服の隣に並べて置く。
2　洗身と洗髪は訪問介護員（ホームヘルパー）が行う。
3　入浴中の利用者に声をかけることは控える。
4　衣服の着る順番に応じて声をかける。
5　ズボンの着脱は訪問介護員（ホームヘルパー）が行う。

問題 93　胃・結腸反射を利用して，生理的排便を促すための介護福祉職の支援として，**最も適切なもの**を１つ選びなさい。

1　歩行を促す。
2　起床後に冷水を飲んでもらう。
3　腹部のマッサージをする。
4　便座に誘導する。
5　離床する時間を増やす。

問題 94　利用者の便失禁を改善するための介護福祉職の対応として，**最も適切なもの**を１つ選びなさい。

1　トイレの場所がわからない認知症（dementia）の人には，ポータブルトイレを設置する。
2　移動に時間がかかる人には，おむつを使用する。
3　便意がはっきりしない人には，朝食後に時間を決めてトイレへ誘導する。
4　下剤を内服している人には，下剤の服用を中止する。
5　便失禁の回数が多い人には，食事の提供量を減らす。

問題 95　女性利用者のおむつ交換をするときに行う陰部洗浄の基本に関する次の記述のうち，**最も適切なもの**を１つ選びなさい。

1　湯温は，介護福祉職の手のひらで確認する。
2　おむつを交換するたびに，石鹸（せっけん）を使って洗う。
3　タオルで汚れをこすり取るように洗う。
4　尿道口から洗い，最後に肛門部（こうもんぶ）を洗う。
5　洗浄後は，蒸しタオルで水分を拭き取る。

問題 96　Kさん（76歳，女性，要介護2）は，介護老人保健施設に入所している。日頃から，「排泄は最期まで他人の世話にならない」と言い，自分でトイレに行き排泄している。先日，趣味活動に参加しているときにトイレに間に合わず失禁した。その後，トイレの近くで過ごすことが多くなり，趣味活動に参加することが少なくなった。Kさんを観察すると，1日の水分摂取量，排尿量は変わりないが，日中の排尿回数が増えていることがわかった。

Kさんへの介護福祉職の最初の対応として，**最も適切なもの**を1つ選びなさい。

1　日中は水分摂取を控えるように伝える。
2　抗不安薬の処方ができないか看護師に相談する。
3　トイレに行く姿を見かけたら，同行する。
4　排泄について不安に感じていることがないかを聞く。
5　積極的に趣味活動に参加するように勧める。

問題 97　ノロウイルス（Norovirus）による感染症の予防のための介護福祉職の対応として，**最も適切なもの**を1つ選びなさい。

1　食品は，中心部温度50℃で1分間加熱する。
2　嘔吐物は，乾燥後に処理をする。
3　マスクと手袋を着用して，嘔吐物を処理する。
4　手すりの消毒は，エタノール消毒液を使用する。
5　嘔吐物のついたシーツは，洗濯機で水洗いする。

問題 98　弱視で物の区別がつきにくい人の調理と買い物の支援に関する次の記述のうち，**最も適切なもの**を1つ選びなさい。

1　買い物は，ガイドヘルパーに任せるように勧める。
2　財布は，貨幣や紙幣を同じ場所に収納できるものを勧める。
3　包丁は，調理台の手前に置くように勧める。
4　まな板は，食材と同じ色にするように勧める。
5　よく使う調理器具は，いつも同じ場所に収納するように勧める。

問題 99 次の記述のうち，関節リウマチ（rheumatoid arthritis）のある人が，少ない負担で家事をするための介護福祉職の助言として，**最も適切なもの**を1つ選びなさい。

1 部屋の掃除をするときは，早朝に行うように勧める。
2 食器を洗うときは，水を使うように勧める。
3 テーブルを拭くときは，手掌基部を使うように勧める。
4 瓶のふたを開けるときは，指先を使うように勧める。
5 洗濯かごを運ぶときは，片手で持つように勧める。

問題 100 睡眠の環境を整える介護に関する次の記述のうち，**最も適切なもの**を1つ選びなさい。

1 マットレスは，腰が深く沈む柔らかさのものにする。
2 枕は，頸部が前屈する高さにする。
3 寝床内の温度を20℃に調整する。
4 臭気がこもらないように，寝室の換気をする。
5 睡眠状態を観察できるように，寝室のドアは開けておく。

問題 101 利用者の入眠に向けた介護福祉職の助言として，**最も適切なもの**を1つ選びなさい。

1 「足をお湯につけて温めてから寝ましょう」
2 「寝室の照明を，昼光色の蛍光灯に変えましょう」
3 「布団に入ってから，短く浅い呼吸を繰り返しましょう」
4 「入眠への習慣は控えましょう」
5 「寝る前に，汗をかく運動をしましょう」

問題 102 終末期で終日臥床している利用者に対する介護福祉職の対応として，**最も適切なもの**を1つ選びなさい。

1 入浴時は，肩までお湯につかるように勧める。
2 息苦しさを訴えたときは，半座位にする。
3 終日，窓を閉めたままにする。
4 会話をしないように勧める。
5 排便時は，息を止めて腹に力を入れるように勧める。

問題 103 介護老人福祉施設に入所している利用者の看取りにおける，介護福祉職による家族への支援として，**最も適切なもの**を1つ選びなさい。

1 利用者の介護は，介護福祉職が最期まで行い，家族には控えてもらう。
2 利用者の反応がないときには，声をかけることを控えるように伝える。
3 利用者の死後は，毎日電話をして，家族の状況を確認する。
4 利用者の死後は，気分を切り替えるように家族を励ます。
5 家族が悔いが残ると言ったときは，話を聴く。

問題 104 利用者の障害特性に適した福祉用具の選択に関する次の記述のうち，**最も適切なもの**を1つ選びなさい。

1 言語機能障害の利用者には，ストッキングエイドの使用を勧める。
2 全盲の利用者には，音声ガイド付き電磁調理器の使用を勧める。
3 聴覚障害の利用者には，床置き式手すりの使用を勧める。
4 右片麻痺の利用者には，交互型歩行器の使用を勧める。
5 肘関節拘縮の利用者には，座位時に体圧分散クッションの使用を勧める。

問題 105 福祉用具等を安全に使用するための方法として，**最も適切なもの**を1つ選びなさい。

1 車いすをたたむときは，ブレーキをかけてから行う。
2 入浴用介助ベルトは，利用者の腰部を真上に持ち上げて使用する。
3 差し込み便器は，端座位で使用する。
4 移動用リフトで吊り上げるときは，利用者のからだから手を離して行う。
5 簡易スロープは，埋め込み工事をして使用する。

介護過程

問題 106 介護過程を展開する目的として，**最も適切なもの**を１つ選びなさい。

1 業務効率を優先する。
2 医師と連携する。
3 ケアプランを作成する。
4 画一的な介護を実現する。
5 根拠のある介護を実践する。

問題 107 次のうち，介護過程を展開した結果を評価する項目として，**最も優先すべきもの**を１つ選びなさい。

1 実施に要した日数
2 情報収集に要した時間
3 評価に要した時間
4 介護福祉職チームの満足度
5 短期目標の達成度

問題 108 次の記述のうち，居宅サービス計画と訪問介護計画の関係として，**最も適切なもの**を１つ選びなさい。

1 訪問介護計画を根拠に，居宅サービス計画を作成する。
2 居宅サービス計画の目標が変更されても，訪問介護計画は見直しをせず継続する。
3 居宅サービス計画と同じ内容を，訪問介護計画に転記する。
4 居宅サービス計画の方針に沿って，訪問介護計画を作成する。
5 訪問介護計画の終了後に，居宅サービス計画を作成する。

次の事例を読んで，**問題 109，問題 110** について答えなさい。

〔事　例〕
　Lさん（76歳，女性，要介護1）は，自宅で娘と暮らしている。軽度の認知症（dementia）と診断されたが，身体機能に問題はなく，友人との外出を楽しんでいる。ある日，外食の後，自宅近くで保護されたとき，「ここはどこなの」と言った。その後，自宅から出ようとしなくなった。心配した娘が本人と相談して，小規模多機能型居宅介護を利用することになった。
　利用開始時に，Lさんの短期目標を，「外出を楽しめる」と設定した。2週間が過ぎた頃，Lさんから，近くのスーパーへの買い物ツアーに参加したいと申し出があった。
　当日，他の利用者や介護福祉職と笑顔で買い物をする様子が見られた。買い物が終わり，歩いて戻り始めると，笑顔が消え，急に立ち止まった。
　介護福祉職が声をかけると，「ここはどこなの。どこに行くの」と不安そうに言った。

問題 109 Lさんが急に立ち止まった行動の解釈として，**最も適切なもの**を1つ選びなさい。

1　買い物ツアー時間の延長の要求
2　自分のいる場所がわからない不安
3　休憩したいという訴え
4　店での介護福祉職の支援に対する不満
5　一人で帰りたいという訴え

問題 110 Lさんの状況から，短期目標と支援内容を見直すためのカンファレンス（conference）が開かれた。
　担当する介護福祉職の提案として，**最も優先すべきもの**を1つ選びなさい。

1　外出先から帰れなくなる不安への対応が必要である。
2　表情がかたくなったときは帰り道を変更する。
3　外出する意欲を持つ必要がある。
4　歩くために身体機能の改善が必要である。
5　事業所をなじみの生活空間にする。

次の事例を読んで，**問題 111，問題 112** について答えなさい。

〔事　例〕

　M さん（35 歳，男性，障害支援区分 5）は，脳性麻痺（cerebral palsy）による四肢麻痺で筋緊張がある。日常生活動作は全般に介護が必要であり，電動車いすを使用している。これまで，本人と母親（70 歳）の希望で，自宅で二人暮らしを続けてきた。

　M さんは 3 年前から，重度訪問介護を利用している。軽度の知的障害があるが，自分の意思を介護者と母親に伝えることができる。相談支援専門員が作成したサービス等利用計画の総合目標は，「やりたいことに挑戦し，生活を充実させる」となっている。M さん自身も，やりたいことを見つけたいと介護福祉職に話していたことから，次の個別支援会議で検討する予定になっていた。

　ある日，重度訪問介護の利用時，パラリンピックのテレビ中継を見ていた M さんが，介護福祉職に，「ボール投げるの，おもしろそう」と話した。

問題 111　次のうち，M さんの発言から，個別支援計画を立案するために，介護福祉職が把握すべき情報として，**最も優先すべきもの**を 1 つ選びなさい。

1　競技で使われるボールの種類
2　話を聞いた介護福祉職の感想
3　競技に対する M さんの意向
4　母親のパラリンピックへの関心
5　テレビ中継を見ていた時間

問題 112　いくつかのスポーツクラブを見学後，介護福祉職は M さんから，「このスポーツクラブが近いから，入会前に体験したい」と伝えられた。

　　　M さんへの介護福祉職の対応に関する次の記述のうち，**最も適切なもの**を 1 つ選びなさい。

1　筋緊張から回復する訓練を行うように伝える。
2　母親が決めたスポーツクラブを選ぶように勧める。
3　スポーツクラブにすぐに入会するように勧める。
4　意思決定に必要な情報を提供する。
5　相談支援専門員の許可を得るように勧める。

問題 113 介護福祉職が事例研究を行う目的として，**最も適切なもの**を 1 つ選びなさい。

1 事業所の介護の理念の確認
2 介護福祉職の能力を調べること
3 介護過程から介護実践を振り返ること
4 介護報酬の獲得
5 介護福祉職自身の満足度の充足

第
35
回

＜総合問題＞

総合問題（総合問題1）

次の事例を読んで，**問題114から問題116まで**について答えなさい。

〔事　例〕

　Aさん（80歳，女性）は，自宅で一人暮らしをしている。同じ県内に住む娘が，月に一度Aさんの自宅を訪れている。

　最近，Aさんの物忘れが多くなってきたため，不安になった娘が，Aさんと一緒に病院を受診したところ，医師から，脳の記憶をつかさどる部分が顕著に萎縮したアルツハイマー型認知症（dementia of the Alzheimer's type）であると診断された。Aさんはこのまま自宅で暮らすことを希望し，介護保険の訪問介護（ホームヘルプサービス）を利用しながら一人暮らしを継続することになった。

　ある日，娘からサービス提供責任者に，今年はAさんが一人で雪かきができるか不安であると相談があった。そこで，サービス提供責任者が，Aさんと一緒に地区の民生委員に相談したところ，近所の人たちが雪かきをしてくれることになった。

問題114

　図は脳を模式的に示したものである。
　Aさんの脳に萎縮が顕著にみられる部位として，**最も適切なもの**を1つ選びなさい。

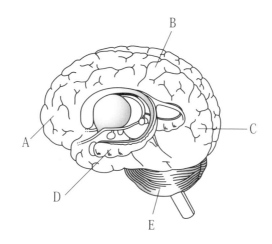

1　A
2　B
3　C
4　D
5　E

問題 115 地域包括ケアシステムにおいて，A さんの雪かきの課題への対応を示すものとして，**最も適切なもの**を1つ選びなさい。

1　自助
2　互助
3　介助
4　扶助
5　公助

問題 116 ある日，訪問介護員（ホームヘルパー）が A さんの自宅を訪れ，一包化された薬の服薬状況を確認したところ，残薬があった。A さんに服薬状況を確認すると，薬を飲んだかどうか，わからなくなることがあるという返答があった。訪問介護員（ホームヘルパー）は，A さんとの会話から，日時に関する見当識に問題はないことを確認した。
　　 A さんの薬の飲み忘れを防止するための対応として，**最も適切なもの**を1つ選びなさい。

1　一包化を中止する。
2　インフォーマルな社会資源の活用は避ける。
3　お薬カレンダーの使用を提案する。
4　一人では薬を服用しないように伝える。
5　薬の飲み忘れに気がついたとき，2回分を服用するように伝える。

次の事例を読んで，**問題 117 から問題 119 まで**について答えなさい。

〔事　例〕

　Bさん（75歳，男性，要介護3）は，1年前に脳梗塞（cerebral infarction）を発症し，右片麻痺がある。自宅では，家具や手すりにつかまって，なんとか自力歩行し，外出時は車いすを使用していた。うまく話すことができないこともあるが，他者の話を聞き取って理解することは，問題なくできていて，介護保険サービスを利用しながら，一人で暮らしていた。数か月前から着替えや入浴に介助が必要になり，在宅生活が難しくなったため，1週間前にU介護老人福祉施設に入所した。

　入所時の面談でBさんは，自分の力で歩きたいという意思を示した。U介護老人福祉施設では，C介護福祉士をBさんの担当者に選定した。C介護福祉士は，カンファレンス（conference）での意見に基づいて，Bさんが，四点杖を使用して，安全に施設内を歩行できることを短期目標とした介護計画を立案した。

問題 117　入所から2か月が経過した。C介護福祉士は，Bさんの四点杖歩行の様子を観察したところ，左立脚相と比べて，右立脚相が短いことが気になった。Bさんの短期目標を達成するために，理学療法士と相談して，転倒予防の観点から，見守り歩行をするときの介護福祉職の位置について，改めて周知することにした。

　Bさんの四点杖歩行を見守るときに介護福祉職が立つ位置として，**最も適切なもの**を1つ選びなさい。

1　Bさんの右側前方
2　Bさんの右側後方
3　Bさんの真後ろ
4　Bさんの左側前方
5　Bさんの左側後方

問題 118 C介護福祉士がBさんとコミュニケーションをとるための方法に関する次の記述のうち，**最も適切なもの**を1つ選びなさい。

1 補聴器を使用する。
2 五十音表を使用する。
3 手話を使う。
4 大きな声で話しかける。
5 「はい」「いいえ」で回答できる質問を中心に用いる。

問題 119 入所から3か月後，C介護福祉士は，Bさんの四点杖歩行が安定してきたことを確認して介護計画を見直すことにした。C介護福祉士がBさんに，今後の生活について確認したところ，居室から食堂まで，四点杖で一人で歩けるようになりたいと思っていることがわかった。
　　Bさんの現在の希望に沿って介護計画を見直すときに，**最も優先すべきもの**を1つ選びなさい。

1 生活場面の中で歩行する機会を増やす。
2 評価日は設定しない。
3 ほかの利用者と一緒に実施できる内容にする。
4 他者との交流を目標にする。
5 歩行練習を行う時間は，出勤している職員が決めるようにする。

次の事例を読んで，**問題120から問題122まで**について答えなさい。

〔事　例〕

　Dさん（38歳，男性，障害支援区分3）は，1年前に脳梗塞（cerebral infarction）を発症し左片麻痺となった。後遺症として左同名半盲，失行もみられる。現在は週3回，居宅介護を利用しながら妻と二人で生活している。

　ある日，上着の袖に頭を入れようとしているDさんに介護福祉職が声をかけると，「どうすればよいかわからない」と答えた。普段は妻がDさんの着替えを手伝っている。食事はスプーンを使用して自分で食べるが，左側にある食べ物を残すことがある。Dさんは，「左側が見づらい。動いているものにもすぐに反応ができない」と話した。

　最近は，日常生活の中で，少しずつできることが増えてきた。Dさんは，「人と交流する機会を増やしたい。また，簡単な生産活動ができるようなところに行きたい」と介護福祉職に相談した。

問題 120

Dさんにみられた失行として，**適切なもの**を1つ選びなさい。

1　構成失行
2　観念失行
3　着衣失行
4　顔面失行
5　観念運動失行

問題 121

Dさんへの食事の支援に関する次の記述のうち，**最も適切なもの**を1つ選びなさい。

1　食事の量を少なくする。
2　テーブルを高くする。
3　スプーンを持つ手を介助する。
4　バネつき箸に替える。
5　食事を本人からみて右寄りに配膳する。

問題 122 介護福祉職は，D さんに生産活動ができるサービスの利用を提案したいと考えている。

次のうち，D さんの発言内容に合う障害福祉サービスとして，**最も適切なもの**を 1 つ選びなさい。

1 就労継続支援 A 型での活動
2 地域活動支援センターの利用
3 療養介護
4 就労定着支援
5 相談支援事業の利用

総合問題（総合問題 4）

次の事例を読んで，**問題 123 から問題 125 まで**について答えなさい。

〔事　例〕

E さん（35 歳，男性）は，自閉症スペクトラム障害（autism spectrum disorder）があり，V 障害者支援施設の生活介護と施設入所支援を利用している。E さんは，毎日のスケジュールを決め，規則や時間を守ってプログラムに参加しているが，周りの人や物事に関心が向かず，予定外の行動や集団行動はとりづらい。コミュニケーションは，話すよりも絵や文字を示したほうが伝わりやすい。

E さんが利用する V 障害者支援施設では，就労継続支援事業も行っている。災害が起こったときに様々な配慮が必要な利用者がいるため，施設として防災対策に力を入れている。また，通所している利用者も多いので，V 障害者支援施設は市の福祉避難所として指定を受けている。

問題 123 E さんのストレングス（strength）に関する次の記述のうち，**最も適切なもの**を 1 つ選びなさい。

1 行動力があり，すぐに動く。
2 自分で決めたことを継続する。
3 新しいことを思いつく。
4 コミュニケーション力が高い。
5 いろいろなことに興味がもてる。

問題 124 Ｖ障害者支援施設では定期的に災害に備えた避難訓練を行っている。

Ｅさんの特性を考慮して実施する避難訓練に関する次の記述のうち，**最も適切なもの**を１つ選びなさい。

1 災害時に使用する意思伝達のイラストを用意する。
2 避難生活を想定して，食事等の日課を集団で行えるようにする。
3 予告せずに避難訓練を行う。
4 Ｅさんの避難訓練は単独で行う。
5 避難を援助する人によってＥさんへの対応を変える。

問題 125 Ｖ障害者支援施設が，災害発生に備えて取り組む活動として，**最も適切なもの**を１つ選びなさい。

1 事前に受け入れ対象者を確認しておく。
2 災害派遣医療チーム（DMAT）と支援人員確保契約を結ぶ。
3 職員の役割分担は，状況に応じてその場で決める。
4 要配慮者のサービス等利用計画を作成する。
5 要配慮者に自分で避難するように促す。

介護福祉士

第34回
（令和4年1月）
試験問題

午前 68 問　制限時間 110 分 ……………… P.114
午後 57 問　制限時間 110 分 ……………… P.139

■巻末 P.267 ～ 270 の解答用紙をコピーしてお使いください。

■答え合わせに便利な解答一覧は別冊 P.4

◆合格基準

以下の 2 つの条件を満たした者が合格者となります。

1. 問題の総得点の 60％程度を基準として、問題の難易度で補正した点数以上の得点の者（配点は、1 問 1 点の 125 点満点）。

2. 1 を満たした者のうち、次の試験科目 11 科目群すべてにおいて得点があった者。

　[1] 人間の尊厳と自立、介護の基本　[2] 人間関係とコミュニケーション、コミュニケーション技術　[3] 社会の理解　[4] 生活支援技術　[5] 介護過程　[6] 発達と老化の理解　[7] 認知症の理解　[8] 障害の理解　[9] こころとからだのしくみ　[10] 医療的ケア　[11] 総合問題

第34回	受験者数	83,082 人
	合格者数	60,099 人
	合格率	72.3%
	合格基準点	78 点

午前　　　人間の尊厳と自立

問題 1　著書『ケアの本質－生きることの意味』の中で，「一人の人格を
ケアするとは，最も深い意味で，その人が成長すること，自己実
現することをたすけることである」と述べた人物として，**正しい
ものを 1 つ**選びなさい。

1　神谷美恵子
2　糸賀一雄
3　フローレンス・ナイチンゲール（Nightingale, F.）
4　ミルトン・メイヤロフ（Mayeroff, M.）
5　ベンクト・ニィリエ（Nirje, B.）

問題 2　A さん（80 歳，女性，要介護1）は，筋力や理解力の低下がみ
られ，訪問介護（ホームヘルプサービス）を利用している。訪問
介護員（ホームヘルパー）がいない時間帯は，同居している長
男（53 歳，無職）に頼って生活をしている。長男は A さんの年
金で生計を立てていて，ほとんど外出しないで家にいる。
　　ある時，A さんは訪問介護員（ホームヘルパー）に，「長男は
暴力がひどくてね。この間も殴られて，とても怖かった。長男に
は言わないでね。あとで何をされるかわからないから」と話した。
訪問介護員（ホームヘルパー）は，A さんのからだに複数のあ
ざがあることを確認した。
　　訪問介護員（ホームヘルパー）の対応に関する次の記述のうち，
最も適切なものを 1 つ選びなさい。

1　長男の虐待を疑い，上司に報告し，市町村に通報する。
2　長男の仕事が見つかるようにハローワークを紹介する。
3　A さんの気持ちを大切にして何もしない。
4　すぐに長男を別室に呼び，事実を確認する。
5　長男の暴力に気づいたかを近所の人に確認する。

人間関係とコミュニケーション

問題 3　介護福祉職は **B** さんから，「認知症（dementia）の母の介護が
なぜかうまくいかない。深夜に徘徊するので，心身共に疲れてき
た」と相談された。介護福祉職は，「落ち込んでいてはダメですよ。
元気を出して頑張ってください」と **B** さんに言った。後日，介護
福祉職は **B** さんに対する自身の発言を振り返り，不適切だった
と反省した。
　　介護福祉職は **B** さんに対してどのような返答をすればよかっ
たのか，**最も適切なもの**を 1 つ選びなさい。

1　「お母さんに施設へ入所してもらうことを検討してはどうですか」
2　「私も疲れているので，よくわかります」
3　「認知症（dementia）の方を介護しているご家族は，皆さん疲れていますよ」
4　「近所の人に助けてもらえるように，私から言っておきます」
5　「お母さんのために頑張ってきたんですね」

問題 4　利用者とのコミュニケーション場面で，介護福祉職が行う自己開
示の目的として，**最も適切なもの**を 1 つ選びなさい。

1　ジョハリの窓（Johari Window）の「開放された部分（open area）」を狭く
するために行う。
2　利用者との信頼関係を形成するために行う。
3　利用者が自分自身の情報を開示するために行う。
4　利用者との信頼関係を評価するために行う。
5　自己を深く分析し，客観的に理解するために行う。

社会の理解

問題 5　2016 年（平成 28 年）に閣議決定された，「ニッポン一億総活躍プラン」にある「地域共生社会の実現」に関する記述として，**最も適切なもの**を 1 つ選びなさい。

1　日本型福祉社会の創造
2　我が事・丸ごとの地域づくり
3　健康で文化的な最低限度の生活の保障
4　社会保障と税の一体改革
5　皆保険・皆年金体制の実現

★

問題 6　2019 年（平成 31 年，令和元年）の日本の世帯に関する次の記述のうち，**正しいもの**を 1 つ選びなさい。

1　平均世帯人員は，3 人を超えている。
2　世帯数で最も多いのは，2 人世帯である。
3　単独世帯で最も多いのは，高齢者の単独世帯である。
4　母子世帯数と父子世帯数を合算すると，高齢者世帯数を超える。
5　全国の世帯総数は，7 千万を超えている。

問題 7　2015 年（平成 27 年）以降の日本の社会福祉を取り巻く環境に関する次の記述のうち，**適切なもの**を 1 つ選びなさい。

1　人口は，増加傾向にある。
2　共働き世帯数は，減少傾向にある。
3　非正規雇用労働者数は，減少傾向にある。
4　高齢世代を支える現役世代（生産年齢人口）は，減少傾向にある。
5　日本の国民負担率は，OECD 加盟国の中では上位にある。
　（注）OECD とは，経済協力開発機構（Organisation for Economic Co-operation and Development）のことで，2020 年（令和 2 年）現在 38 か国が加盟している。

問題 8 次のうち，2020 年（令和 2 年）の社会福祉法等の改正に関する記述として，**最も適切なもの**を 1 つ選びなさい。

1　市町村による地域福祉計画の策定
2　入所施設の重点的な拡充
3　医療・介護のデータ基盤の整備の推進
4　市町村直営の介護サービス事業の整備拡充
5　ロボット等の機械の活用から人によるケアへの転換
　（注）2020 年（令和 2 年）の社会福祉法等の改正とは，「地域共生社会の実現のための社会福祉法等の一部を改正する法律（令和 2 年法律第 52 号）」をいう。

問題 9 C さん（78 歳，男性，要支援 1）は，公的年金（月額 19 万円）で公営住宅の 3 階で一人暮らしをしている。妻と死別後も通所型サービスを利用し，自炊を楽しみながら生活している。最近，膝の具合がよくないこともあり，階段の上り下りが負担になってきた。そこで，転居について，通所型サービスの D 介護福祉士に相談をした。
　　　次のうち，D 介護福祉士が C さんに紹介する住まいの場として，**最も適切なもの**を 1 つ選びなさい。

1　認知症対応型共同生活介護（認知症高齢者グループホーム）
2　介護付有料老人ホーム
3　軽費老人ホーム A 型
4　サービス付き高齢者向け住宅
5　養護老人ホーム

問題 10 介護保険制度の保険給付の財源構成として，**適切なもの**を1つ選びなさい。

1 保険料
2 公費
3 公費，保険料，現役世代からの支援金
4 公費，第一号保険料
5 公費，第一号保険料，第二号保険料

問題 11 「2016年（平成28年）生活のしづらさなどに関する調査（全国在宅障害児・者等実態調査）」（厚生労働省）における身体障害，知的障害，精神障害の近年の状況に関する次の記述のうち，**正しいもの**を1つ選びなさい。

1 最も人数の多い障害は，知的障害である。
2 施設入所者の割合が最も高い障害は，身体障害である。
3 在宅の身体障害者のうち，65歳以上の割合は7割を超えている。
4 在宅の知的障害者の数は，減少傾向にある。
5 精神障害者の8割は，精神障害者保健福祉手帳を所持している。

問題 12 Eさん（30歳，女性，知的障害，障害支援区分2）は，現在，日中は特例子会社で働き，共同生活援助（グループホーム）で生活している。今後，一人暮らしをしたいと思っているが，初めてなので不安もある。
　　次のうち，Eさんが安心して一人暮らしをするために利用するサービスとして，**適切なもの**を1つ選びなさい。

1 行動援護
2 同行援護
3 自立訓練（機能訓練）
4 自立生活援助
5 就労継続支援

問題 13　重度訪問介護に関する次の記述のうち，**適切なもの**を 1 つ選びなさい。

1　外出時における移動中の介護も含まれる。
2　知的障害者は対象にならない。
3　利用者が医療機関に入院した場合，医療機関で支援することはできない。
4　訪問看護の利用者は対象にならない。
5　障害が視覚障害のみの場合でも利用できる。

問題 14　「成年後見関係事件の概況（令和 2 年 1 月〜 12 月）」（最高裁判所事務総局家庭局）における，成年後見人等として活動している人が最も多い職種として，**正しいもの**を 1 つ選びなさい。

1　行政書士
2　司法書士
3　社会保険労務士
4　精神保健福祉士
5　税理士

問題 15　保健所に関する次の記述のうち，**正しいもの**を 1 つ選びなさい。

1　保健所の設置は，医療法によって定められている。
2　保健所は，全ての市町村に設置が義務づけられている。
3　保健所は，医療法人によって運営されている。
4　保健所の所長は，保健師でなければならない。
5　保健所は，結核（tuberculosis）などの感染症の予防や対策を行う。

問題 16　生活保護制度に関する次の記述のうち，**最も適切なもの**を 1 つ選びなさい。

1　生活保護の給付方法には，金銭給付と現物給付がある。
2　生活保護の申請は，民生委員が行う。
3　生活保護法は，日本国憲法第 13 条にある幸福追求権の実現を目的としている。
4　生活保護を担当する職員は，社会福祉士の資格が必要である。
5　生活保護の費用は，国が全額を負担する。

介護の基本

問題 17　Fさん（66 歳，戸籍上の性別は男性，要介護 3）は，性同一性障害であることを理由に施設利用を避けてきた。最近，数年前の脳卒中（stroke）の後遺症がひどくなり，一人暮らしが難しくなってきた。Fさんは，担当の訪問介護員（ホームヘルパー）に施設入所について，「性同一性障害でも施設に受け入れてもらえるでしょうか」と相談した。

　　　訪問介護員（ホームヘルパー）の応答として，**最も適切なものを１つ**選びなさい。

1　「居室の表札は，通称名ではなく戸籍上の名前になります」
2　「多床室になる場合がありますよ」
3　「施設での生活で心配なことは何ですか」
4　「トイレや入浴については問題がありますね」
5　「同性による介護が原則です」

問題 18　利用者主体の考えに基づいた介護福祉職の対応に関する次の記述のうち，**最も適切なものを１つ**選びなさい。

1　１人で衣服を選ぶことが難しい利用者には，毎日の衣服を自分で選べるような声かけをする。
2　食べこぼしが多い利用者には，こぼさないように全介助する。
3　認知症（dementia）の利用者には，排泄の感覚があっても，定時に排泄の介護を行う。
4　転倒しやすい利用者には，事故防止のため立ち上がらないように声をかける。
5　入浴が自立している利用者も，危険を避けるため個別浴ではなく集団での入浴とする。

問題 19 利用者の自立支援に関する次の記述のうち，**最も適切なもの**を1つ選びなさい。

1 利用者の最期の迎え方を決めるのは，家族である。
2 利用者が話しやすいように，愛称で呼ぶ。
3 利用者が自分でできないことは，できるまで見守る。
4 利用者の生活のスケジュールを決めるのは，介護福祉職である。
5 利用者の意見や希望を取り入れて介護を提供する。

問題 20 Gさん（70歳，男性，要介護2）は，パーキンソン病（Parkinson disease）と診断されていて，外出するときは車いすを使用している。歩行が不安定なため，週2回通所リハビリテーションを利用している。Gさんは，1年前に妻が亡くなり，息子と二人暮らしである。Gさんは社交的な性格で地域住民との交流を望んでいるが，自宅周辺は坂道や段差が多くて移動が難しく，交流ができていない。
Gさんの状況を ICF（International Classification of Functioning, Disability and Health：国際生活機能分類）で考えた場合，参加制約の原因になっている環境因子として，**最も適切なもの**を1つ選びなさい。

1 パーキンソン病（Parkinson disease）
2 不安定な歩行
3 息子と二人暮らし
4 自宅周辺の坂道や段差
5 車いす

問題 21 Hさん（75歳，女性，要介護2）は，孫（17歳，男性，高校生）と自宅で二人暮らしをしている。Hさんは関節疾患（joint disease）があり，通所リハビリテーションの利用を開始した。介護福祉職が送迎時に孫から，「祖母は，日常生活が難しくなり，自分が食事を作るなどの機会が増え，家事や勉強への不安がある」と相談された。

介護福祉職の孫への対応として，**最も適切なもの**を1つ選びなさい。

1 「今までお世話になったのですから，今度はHさんを支えてください」
2 「家事が大変なら，Hさんに介護老人福祉施設の入所を勧めましょう」
3 「高校の先生や介護支援専門員（ケアマネジャー）に相談していきましょう」
4 「家でもリハビリテーションを一緒にしてください」
5 「近所の人に家事を手伝ってもらってください」

問題 22 介護保険制度のサービス担当者会議に関する次の記述のうち，**最も適切なもの**を1つ選びなさい。

1 会議の招集は介護支援専門員（ケアマネジャー）の職務である。
2 利用者の自宅で開催することが義務づけられている。
3 月1回以上の頻度で開催することが義務づけられている。
4 サービス提供者の実践力の向上を目的とする。
5 利用者の氏名は匿名化される。

問題 23 社会資源に関する次の記述のうち，フォーマルサービスに該当するものとして，**適切なもの**を1つ選びなさい。

1 一人暮らしの高齢者への見守りを行う地域住民
2 買物を手伝ってくれる家族
3 ゴミ拾いのボランティア活動を行う学生サークル
4 友人や知人と行う相互扶助の活動
5 介護の相談を受ける地域包括支援センター

問題 24 介護福祉士の職業倫理に関する次の記述のうち，**最も適切なものを 1 つ選びなさい。**

1 介護が必要な人を対象にしているため，地域住民との連携は不要である。
2 全ての人々が質の高い介護を受けることができるように，後継者を育成する。
3 利用者のためによいと考えた介護を画一的に実践する。
4 利用者に関する情報は，業務以外では公表してよい。
5 利用者の価値観よりも，介護福祉士の価値観を優先する。

問題 25 施設における利用者の個人情報の安全管理対策として，**最も適切なものを 1 つ選びなさい。**

1 介護福祉職が個人所有するスマートフォンの居室への持込みは制限しない。
2 不要な個人情報を破棄する場合は，万が一に備えて復元できるようにしておく。
3 利用者からの照会に速やかに応じるために，整理用のインデックス（index）は使用しない。
4 個人情報に関する苦情対応体制について，施設の掲示板等で利用者に周知徹底する。
5 個人情報の盗難を防ぐために，職員の休憩室に監視カメラを設置する。

問題 26 訪問介護員（ホームヘルパー）が，利用者や家族からハラスメント（harassment）を受けたときの対応に関する次の記述のうち，**最も適切なものを 1 つ選びなさい。**

1 利用者に後ろから急に抱きつかれたが，黙って耐えた。
2 利用者から暴力を受けたので，「やめてください」と伝え，上司に相談した。
3 利用者が繰り返す性的な話を，苦痛だが笑顔で聞いた。
4 家族から暴言を受けたが，担当なのでそのまま利用者宅に通った。
5 家族からサービス外のことを頼まれて，断ったら怒鳴られたので実施した。

コミュニケーション技術

問題 27 　介護福祉職が利用者とコミュニケーションをとるときの基本的な態度として，**最も適切なもの**を 1 つ選びなさい。

1　上半身を少し利用者のほうへ傾けた姿勢で話を聞く。
2　利用者の正面に立って話し続ける。
3　腕を組んで話を聞く。
4　利用者の目を見つめ続ける。
5　緊張感が伝わるように，背筋を伸ばす。

問題 28 　介護福祉職によるアサーティブ・コミュニケーション（assertive communication）として，**最も適切なもの**を 1 つ選びなさい。

1　利用者の要求は，何も言わずにそのまま受け入れる。
2　利用者から苦情を言われたときは，沈黙して我慢する。
3　利用者を説得して介護福祉職の都合に合わせてもらう。
4　介護福祉職の提案に従うことが利用者の利益になると伝える。
5　利用者の思いを尊重しながら，介護福祉職の意見を率直に伝える。

次の事例を読んで，**問題 29**，**問題 30** について答えなさい。

〔事　例〕

Jさん（75歳，男性）は先天性の全盲である。これまで自宅で自立した生活をしてきたが，最近，心身機能の衰えを感じて，有料老人ホームに入居した。

施設での生活にまだ慣れていないので，移動は介護福祉職に誘導してもらっている。

ある日，介護福祉職がJさんを自室まで誘導したときに，「いつも手伝ってもらってすみません。なかなか場所を覚えられなくて。私はここでやっていけるでしょうか」と話してきた。

問題 29 Jさんの発言への介護福祉職の共感的理解を示す対応として，**最も適切なもの**を1つ選びなさい。

1 Jさんの発言にうなずく。
2 Jさんの発言のあと沈黙する。
3 Jさんの話の内容を短くまとめて伝える。
4 Jさんの立場に立って感情を推し測り，言葉で表現して伝える。
5 Jさんの気持ちが前向きになるように，励ましの言葉を伝える。

問題 30 Jさんの不安な気持ちを軽くするための介護福祉職の対応として，**最も適切なもの**を1つ選びなさい。

1 いきなり声をかけると驚くので，肩にふれてから挨拶をする。
2 誘導時の声かけは歩行の妨げになるので，最小限にする。
3 角を曲がるときには，「こちらに」と方向を伝える。
4 トイレや食堂などを，一緒に歩きながら確認する。
5 食堂の座席は，Jさんの好きなところに座るように伝える。

次の事例を読んで，**問題 31**，**問題 32** について答えなさい。

〔事　例〕
　Kさん（83歳，女性，要介護3）は，10年前の脳出血（cerebral hemorrhage）による後遺症で高次脳機能障害（higher brain dysfunction）がある。感情のコントロールが難しく，興奮すると大声をあげて怒りだす。現在は，訪問介護（ホームヘルプサービス）を利用しながら，自宅で長男（60歳）と二人暮らしをしている。
　長男は，会社を3年前に早期退職し，Kさんの介護に専念してきた。顔色が悪く，介護による疲労を訴えているが，「介護を続けて，母を自宅で看取りたい」と強く希望している。別居している長女は，長男の様子を心配して，「母親の施設入所の手続きを進めたい」という意向を示している。

問題 31　訪問介護員（ホームヘルパー）が，興奮しているときのKさんとコミュニケーションをとるための方法として，**最も適切なもの**を1つ選びなさい。

1　興奮している理由を詳しく聞く。
2　興奮することはよくないと説明する。
3　冷静になるように説得する。
4　事前に作成しておいた日課表に沿って活動してもらう。
5　場所を移動して話題を変える。

問題 32　長男に対する訪問介護員（ホームヘルパー）の対応として，**最も適切なもの**を1つ選びなさい。

1　長男自身の意向を変える必要はないと励ます。
2　Kさん本人の意向が不明なため，長男の希望は通らないと伝える。
3　これまでの介護をねぎらい，自宅での看取りを希望する理由を尋ねる。
4　自宅での生活を継続するのは限界だと説明する。
5　長女の言うように，施設入所の手続きを進めることが正しいと伝える。

問題 33　利用者の家族から苦情があったときの上司への報告に関する次の記述のうち，**最も適切なもの**を1つ選びなさい。

1　苦情の内容について，時間をかけて詳しく口頭で報告した。
2　すぐに口頭で概要を報告してから，文書を作成して報告した。
3　結論を伝えることを重視して，「いつもの苦情です」とすぐに報告した。
4　上司が忙しそうだったので，同僚に伝えた。
5　自分の気持ちが落ち着いてから，翌日に報告した。

問題 34　利用者の自宅で行うケアカンファレンス（care conference）に関する次の記述のうち，**最も適切なもの**を1つ選びなさい。

1　検討する内容は，インフォーマルなサポートに限定する。
2　介護福祉職の行った介護に対する批判を中心に進める。
3　利用者本人の参加を促し，利用者の意向をケア方針に反映させる。
4　意見が分かれたときは，多数決で決定する。
5　対立を避けるために，他の専門職の意見には反論しない。

生活支援技術

問題 35　老化に伴う機能低下のある高齢者の住まいに関する次の記述のうち，**最も適切なもの**を1つ選びなさい。

1　寝室はトイレに近い場所が望ましい。
2　寝室は玄関と別の階にする。
3　夜間の騒音レベルは80dB以下になるようにする。
4　ベッドは照明の真下に配置する。
5　壁紙と手すりは同色にするのが望ましい。

問題 36 Lさん（25歳，男性）は，第7胸髄節（Th7）を損傷したが，現在，状態は安定していて，車いすを利用すれば1人で日常生活ができるようになった。図はLさんの自宅の浴室であり，必要な手すりは既に設置されている。

　Lさんが1人で浴槽に入るための福祉用具として，**最も適切なもの**を1つ選びなさい。

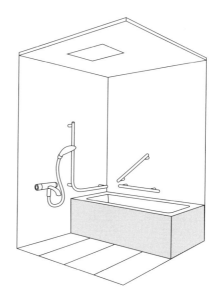

1　段差解消機
2　ストレッチャー
3　すべり止めマット
4　四点歩行器
5　移乗台

問題 37 耳の清潔に関する介護福祉職の対応として，**最も適切なもの**を1つ選びなさい。

1　耳垢（じこう）の状態を観察した。
2　綿棒を外耳道の入口から3cm程度挿入した。
3　耳介を上前方に軽く引きながら，耳垢（じこう）を除去した。
4　蒸しタオルで耳垢塞栓（じこうそくせん）を柔らかくして除去した。
5　耳かきを使用して，耳垢（じこう）を毎日除去した。

問題 38　歯ブラシを使用した口腔ケアに関する次の記述のうち，**最も適切なもの**を１つ選びなさい。

1　歯ブラシの毛は硬いものを勧める。
2　強い力で磨く。
3　歯と歯肉の境目のブラッシングは避ける。
4　歯ブラシを小刻みに動かしながら磨く。
5　使用後の歯ブラシは，柄の部分を上にしてコップに入れて保管する。

問題 39　Ｍさん（84歳，男性）は，10年前に脳梗塞（cerebral infarction）で右片麻痺になり，右上肢の屈曲拘縮がある。今までは自分で洋服を着ていたが，１週間ほど前から左肩関節の周囲に軽い痛みを感じるようになり，上着の着脱の介護が必要になった。
　　Ｍさんへの上着の着脱の介護に関する次の記述のうち，**最も適切なもの**を１つ選びなさい。

1　服を脱ぐときは，右上肢から脱ぐ。
2　右手首に袖を通すときは，介護福祉職の指先に力を入れて手首をつかむ。
3　右肘関節を伸展するときは，素早く動かす。
4　右肘に袖を通すときは，前腕を下から支える。
5　衣類を準備するときは，かぶり式のものを選択する。

問題 40　経管栄養を行っている利用者の口腔ケアに関する次の記述のうち，**最も適切なもの**を１つ選びなさい。

1　スポンジブラシは水を大量に含ませて使用する。
2　上顎部は，口腔の奥から手前に向かって清拭する。
3　栄養剤注入後すぐに実施する。
4　口腔内を乾燥させて終了する。
5　空腹時の口腔ケアは避ける。

問題 41 スライディングボードを用いた，ベッドから車いすへの移乗の介護に関する次の記述のうち，**最も適切なもの**を1つ選びなさい。

1 アームサポートが固定された車いすを準備する。
2 ベッドから車いすへの移乗時には，ベッドを車いすの座面より少し高くする。
3 ベッドと車いすの間を大きくあけ，スライディングボードを設置する。
4 スライディングボード上では，臀部（でんぶ）を素早く移動させる。
5 車いすに座位を安定させ，からだを傾けずにスライディングボードを抜く。

問題 42 利用者を仰臥位（ぎょうがい）（背臥位（はいがい））から側臥位（そくがい）へ体位変換するとき，トルクの原理を応用した介護方法として，**最も適切なもの**を1つ選びなさい。

1 利用者とベッドの接地面を広くする。
2 利用者の下肢を交差させる。
3 利用者の膝を立てる。
4 滑りやすいシートを利用者の下に敷く。
5 利用者に近づく。

問題 43 視覚障害のある利用者の外出に同行するときの支援に関する次の記述のうち，**最も適切なもの**を1つ選びなさい。

1 トイレを使用するときは，トイレ内の情報を提供する。
2 階段を上るときは，利用者の手首を握って誘導する。
3 狭い場所を歩くときは，利用者の後ろに立って誘導する。
4 タクシーに乗るときは，支援者が先に乗って誘導する。
5 駅ではエレベーターよりエスカレーターの使用を勧める。

問題 44 Aさん（78歳，男性，要介護2）は，脳梗塞（cerebral infarction）の後遺症で嚥下障害がある。自宅で妻と二人暮らしで，訪問介護（ホームヘルプサービス）を週1回利用している。訪問時，妻から，「飲み込みの難しいときがある。上手に食べさせるにはどうしたらよいか」と相談があった。
訪問介護員（ホームヘルパー）の助言として，**最も適切なもの**を1つ選びなさい。

1　食事のときは，いすに浅く座るように勧める。
2　会話をしながら食事をするように勧める。
3　食事の後に嚥下体操をするように勧める。
4　肉，野菜，魚などは柔らかく調理するように勧める。
5　おかずを細かく刻むように勧める。

問題 45 慢性腎不全（chronic renal failure）の利用者の食材や調理方法として，**最も適切なもの**を1つ選びなさい。

1　エネルギーの高い植物油を控える。
2　レモンや香辛料を利用し，塩分を控えた味付けにする。
3　肉や魚を多めにする。
4　砂糖を控えた味付けにする。
5　野菜は生でサラダにする。

問題 46 利用者の食事支援に関して，介護福祉職が連携する職種として，**最も適切なもの**を1つ選びなさい。

1　スプーンや箸がうまく使えないときは，食事動作の訓練を言語聴覚士に依頼する。
2　咀嚼障害があるときは，義歯の調整を作業療法士に依頼する。
3　座位の保持が困難なときは，体幹訓練を理学療法士に依頼する。
4　摂食・嚥下障害があるときは，嚥下訓練を義肢装具士に依頼する。
5　食べ残しが目立つときは，献立や調理方法の変更を社会福祉士に依頼する。

問題 47 入浴の介護に関する次の記述のうち，**最も適切なもの**を1つ選びなさい。

1 着替えの衣服は，介護福祉職が選択する。
2 空腹時の入浴は控える。
3 入浴前の水分摂取は控える。
4 食後1時間以内に入浴する。
5 入浴直前の浴槽の湯は，45℃で保温する。

問題 48 シャワー浴の介護に関する次の記述のうち，**最も適切なもの**を1つ選びなさい。

1 シャワーの湯温は，介護福祉職よりも先に利用者が確認する。
2 からだ全体にシャワーをかけるときは，上肢から先に行う。
3 利用者が寒さを訴えたときは，熱いシャワーをかける。
4 利用者が陰部を洗うときは，介護福祉職は背部に立って見守る。
5 脱衣室に移動してから，からだの水分を拭きとる。

問題 49 左片麻痺のある利用者が，浴槽内から一部介助で立ち上がる方法として，**最も適切なもの**を1つ選びなさい。

1 利用者の左膝を立てて，左の踵を臀部に引き寄せてもらう。
2 浴槽の底面に両手を置いてもらう。
3 右手で手すりをつかんで前傾姿勢をとり，臀部を浮かしてもらう。
4 利用者の両腋窩に手を入れて支える。
5 素早く立ち上がるように促す。

問題 50 入浴関連用具の使用方法に関する次の記述のうち，**最も適切なもの**を1つ選びなさい。

1 シャワー用車いすは，段差に注意して移動する。
2 入浴の移乗台は，浴槽よりも高く設定する。
3 浴槽設置式リフトは，臥位の状態で使用する。
4 入浴用介助ベルトは，利用者の胸部に装着する。
5 ストレッチャーで機械浴槽に入るときは，ストレッチャーのベルトを外す。

問題 51 便秘の傾向がある高齢者に自然排便を促すための介護として，**最も適切なもの**を 1 つ選びなさい。

1　朝食を抜くように勧める。
2　油を控えるように勧める。
3　散歩をするように勧める。
4　腰部を冷やすように勧める。
5　就寝前にトイレに座るように勧める。

問題 52 認知機能の低下による機能性尿失禁で，夜間，トイレではない場所で排尿してしまう利用者への対応として，**最も適切なもの**を 1 つ選びなさい。

1　日中，足上げ運動をする。
2　ズボンのゴムひもを緩いものに変える。
3　膀胱訓練を行う。
4　排泄してしまう場所に入れないようにする。
5　トイレの照明をつけて，ドアを開けておく。

問題 53 次の記述のうち，排泄物で汚れた衣類をタンスに隠してしまう認知症（dementia）の利用者への対応として，**最も適切なもの**を 1 つ選びなさい。

1　タンスの中に汚れた衣類を入れられる場所を確保する。
2　「汚れた衣類は入れないように」とタンスに貼紙をする。
3　トイレに行くときには，同行して近くで監視する。
4　つなぎ服を勧める。
5　隠すところを見たら，毎回注意する。

問題 54 次亜塩素酸ナトリウムを主成分とする衣類用漂白剤に関する次の記述のうち，**最も適切なもの**を 1 つ選びなさい。

1　全ての白物の漂白に使用できる。
2　色柄物の漂白に適している。
3　熱湯で薄めて用いる。
4　手指の消毒に適している。
5　衣類の除菌効果がある。

問題 55 次の記述のうち，ズボンの裾上げの縫い目が表から目立たない手縫いの方法として，**最も適切なもの**を1つ選びなさい。

1 なみ縫い
2 半返し縫い
3 本返し縫い
4 コの字縫い（コの字とじ）
5 まつり縫い

問題 56 心地よい睡眠環境を整備するためのベッドメイキングに関する次の記述のうち，**最も適切なもの**を1つ選びなさい。

1 シーツを外すときは，汚れた面を外側に丸めながら外す。
2 しわを作らないために，シーツの角を対角線の方向に伸ばして整える。
3 袋状の枕カバーの端を入れ込んで使用するときは，布の折り込み側が上になるように置く。
4 掛け毛布はゆるみを作らずにシーツの足元に押し込む。
5 動かしたベッド上の利用者の物品は，使いやすいように位置を変えておく。

問題 57 夜勤のある施設職員が良質な睡眠をとるための生活習慣に関する次の記述のうち，**最も適切なもの**を1つ選びなさい。

1 夜勤に入る前には仮眠をとらない。
2 寝る前にスマートフォンでメールをチェックする。
3 朝食と夕食の開始時間を日によって変える。
4 夜勤後の帰宅時にはサングラス（sunglasses）をかけるなど，日光を避けるようにする。
5 休日に寝だめをする。

問題 58

Bさん（102歳，女性）は，介護老人福祉施設に入所している。高齢による身体機能の衰えがあり，機能低下の状態が長く続いていた。1週間前から経口摂取が困難になった。1日の大半は目を閉じ，臥床状態（がしょうじょうたい）が続いている。医師から，「老衰により死期が近い」と診断され，家族は施設で看取りたいと希望している。
　　死が極めて近い状態にあるBさんの看取りに必要な情報として，**最も適切なもの**を1つ選びなさい。

1　体重の減少
2　夜間の睡眠時間
3　延命治療の意思
4　嚥下（えんげ）可能な食形態（かのう）
5　呼吸の状態

問題 59

介護老人福祉施設における終末期の利用者の家族支援に関する次の記述のうち，**最も適切なもの**を1つ選びなさい。

1　緊急連絡先を1つにすることを提案する。
2　面会を控えるように伝える。
3　死に至る過程で生じる身体的変化を説明する。
4　死後の衣服は浴衣がよいと提案する。
5　亡くなる瞬間に立ち会うことが一番重要だと伝える。

問題 60

死亡後の介護に関する次の記述のうち，**最も適切なもの**を1つ選びなさい。

1　死後硬直がみられてから実施する。
2　生前と同じように利用者に声をかけながら介護を行う。
3　義歯を外す。
4　髭剃り（ひげそ）後はクリーム塗布を控える。
5　両手を組むために手首を包帯でしばる。

介護過程

問題 61 介護福祉職が介護過程を展開する意義に関する次の記述のうち，**最も適切なもの**を 1 つ選びなさい。

1 チームアプローチ（team approach）による介護を提供することができる。
2 直感的な判断をもとに介護を考えることができる。
3 今までの生活から切り離した介護を提供する。
4 介護福祉職が生活を管理するための介護を考えることができる。
5 介護福祉職が実施したい介護を提供する。

問題 62 介護過程における情報収集に関する次の記述のうち，**最も適切なもの**を 1 つ選びなさい。

1 利用者の日常生活の困難な部分を中心に収集する。
2 利用者との会話は解釈して記載する。
3 他の専門職が記載した記録は直接的な情報として扱う。
4 利用者の生活に対する思いを大切にしながら収集する。
5 情報収集はモニタリング（monitoring）を実施してから行う。

問題 63 介護過程における生活課題に関する次の記述のうち，**最も適切なもの**を 1 つ選びなさい。

1 効率的な支援を提供するために解決するべきこと。
2 利用者が家族の望む生活を送るために解決するべきこと。
3 介護福祉職が実践困難な課題のこと。
4 利用者の生活を改善するために思いついたこと。
5 利用者が望む生活を実現するために解決するべきこと。

問題 64　介護過程における目標の設定に関する次の記述のうち，**適切なもの**を 1 つ選びなさい。

1　長期目標の期間は，1 か月程度に設定する。
2　長期目標は，短期目標ごとに設定する。
3　短期目標は，生活全般の課題が解決した状態を表現する。
4　短期目標は，抽象的な内容で表現する。
5　短期目標は，長期目標の達成につながるように設定する。

問題 65　介護計画における介護内容に関する次の記述のうち，**最も適切なもの**を 1 つ選びなさい。

1　利用者の能力よりも介護の効率を重視して決める。
2　業務の都合に応じて介護できるように，時間の設定は省略する。
3　介護するときの注意点についても記載する。
4　利用者の意思よりも介護福祉職の考えを優先して決める。
5　介護福祉職だけが理解できる表現にする。

問題 66　C さん（84 歳，女性，要介護 3）は，2 か月前に自宅で倒れた。脳出血（cerebral hemorrhage）と診断され，後遺症で左片麻痺になった。C さんは自宅での生活を希望している。長男からは，「トイレが自分でできるようになってから自宅に戻ってほしい」との要望があった。そのため，病院から，リハビリテーションを目的に介護老人保健施設に入所した。

　　入所時，C さんは，「孫と一緒に過ごしたいから，リハビリテーションを頑張りたい」と笑顔で話した。C さんは，自力での歩行は困難だが，施設内では健側を使って車いすで移動することができる。また，手すりにつかまれば自分で立ち上がれるが，上半身が後ろに傾くため，移乗には介護が必要な状態である。

　　入所時に介護福祉職が行うアセスメント（assessment）に関する次の記述のうち，**最も優先すべきもの**を 1 つ選びなさい。

1　自力で歩行ができるのかを確認する。
2　排泄に関連した動作について確認する。
3　孫と面会する頻度について希望を聞く。
4　リクライニング車いすの活用について尋ねる。
5　住宅改修に必要な資金があるのかを確認する。

次の事例を読んで，**問題 67**，**問題 68** について答えなさい。

〔事　例〕

　Dさん（73歳，女性，要介護2）は，認知症対応型共同生活介護（認知症高齢者グループホーム）に入居した。

　入居後，本人の同意のもとに短期目標を，「食事の準備に参加する」と設定し，順調に経過していた。ある日，Dさんが夕食の準備に来なかった。翌日，担当する介護福祉職が居室を訪ねて理由を聞くと，「盛り付けの見た目が・・・」と小声で言った。

　当日のDさんの記録を見ると，「お茶を配ると席に座ったが，すぐに立ち上がり，料理を皿に盛り付けるEさんの手元を見ていた」「配膳された料理を見て，ため息をついた」とあった。その後，食事の準備には参加していないが，早く来て様子を見ている。また，食事中は談笑し，食事も完食している。

　以上のことから再アセスメントを行うことになった。

問題 67　Dさんの再アセスメントに関する次の記述のうち，**最も適切なもの**を1つ選びなさい。

1　お茶を配る能力について分析する。
2　ため息の意味を料理の味が悪いと解釈する。
3　早く来て様子を見ている理由を分析する。
4　安心して食事ができているかを分析する。
5　Eさんに料理の盛り付けを学びたいと解釈する。

問題 68　カンファレンス（conference）が開かれ，Dさんの支援について検討することになった。Dさんを担当する介護福祉職が提案する内容として，**最も優先すべきもの**を1つ選びなさい。

1　食器の満足度を調べること。
2　昼食時だけでも計画を継続すること。
3　居室での食事に変更すること。
4　食事の準備の役割を見直すこと。
5　食事以外の短期目標を設定すること。

＜領域：こころとからだのしくみ＞

午後　　　　発達と老化の理解

問題 69　愛着行動に関する次の記述のうち，ストレンジ・シチュエーション法における安定型の愛着行動として，**適切なもの**を 1 つ選びなさい。

1　養育者がいないと不安な様子になり，再会すると安心して再び遊び始める。
2　養育者がいないと不安な様子になり，再会すると接近して怒りを示す。
3　養育者がいないと不安な様子になり，再会すると関心を示さずに遊んでいる。
4　養育者がいなくても不安な様子にならず，再会すると関心を示さずに遊んでいる。
5　養育者がいなくても不安な様子にならず，再会すると喜んで遊び続ける。

問題 70　乳幼児期の言語発達に関する次の記述のうち，**最も適切なもの**を 1 つ選びなさい。

1　生後 6 か月ごろに初語を発するようになる。
2　1 歳ごろに喃語を発するようになる。
3　1 歳半ごろに語彙爆発が起きる。
4　2 歳半ごろに一語文を話すようになる。
5　3 歳ごろに二語文を話すようになる。

問題 71　2019 年（平成 31 年，令和元年）における，我が国の寿命と死因に関する次の記述のうち，**正しいもの**を 1 つ選びなさい。

1　健康寿命は，平均寿命よりも長い。
2　人口全体の死因順位では，老衰が悪性新生物より上位である。
3　人口全体の死因で最も多いのは，脳血管障害（cerebrovascular disorder）である。
4　平均寿命は，男女とも 75 歳未満である。
5　90 歳女性の平均余命は，5 年以上である。

Ａさん（87歳，女性，要介護3）は，2週間前に介護老人福祉施設に入所した。Ａさんにはパーキンソン病（Parkinson disease）があり，入所後に転倒したことがあった。介護職員は頻繁に，「危ないから車いすに座っていてくださいね」と声をかけていた。Ａさんは徐々に自分でできることも介護職員に依存し，着替えも手伝ってほしいと訴えるようになった。

Ａさんに生じている適応（防衛）機制として，**最も適切なもの**を1つ選びなさい。

1　投影
2　退行
3　攻撃
4　抑圧
5　昇華

記憶に関する次の記述のうち，**適切なもの**を1つ選びなさい。

1　エピソード記憶は，短期記憶に分類される。
2　意味記憶は，言葉の意味などに関する記憶である。
3　手続き記憶は，過去の出来事に関する記憶である。
4　エピソード記憶は，老化に影響されにくい。
5　意味記憶は，老化に影響されやすい。

老化に伴う感覚機能や認知機能の変化に関する次の記述のうち，**最も適切なもの**を1つ選びなさい。

1　大きな声で話しかけられても，かえって聞こえにくいことがある。
2　会話をしながら運転するほうが，安全に運転できるようになる。
3　白と黄色よりも，白と赤の区別がつきにくくなる。
4　低い声よりも，高い声のほうが聞き取りやすくなる。
5　薄暗い部屋のほうが，細かい作業をしやすくなる。

問題 75　高齢者の睡眠に関する次の記述のうち，**適切なもの**を1つ選び
なさい。

1　午前中の遅い時間まで眠ることが多い。
2　刺激を与えても起きないような深い睡眠が多い。
3　睡眠障害を自覚することは少ない。
4　不眠の原因の1つはメラトニン（melatonin）の減少である。
5　高齢者の睡眠時無呼吸症候群（sleep apnea syndrome）の発生頻度は，若
　年者よりも低い。

問題 76　高齢者の肺炎（pneumonia）に関する次の記述のうち，**最も適**
切なものを1つ選びなさい。

1　意識障害になることはない。
2　体温が37.5℃未満であれば肺炎（pneumonia）ではない。
3　頻呼吸になることは，まれである。
4　誤嚥による肺炎（pneumonia）を起こしやすい。
5　咳・痰などを伴うことは，まれである。

認知症の理解

問題 77 認知症ケアにおける「ひもときシート」に関する次の記述のうち，**最も適切なもの**を1つ選びなさい。

1 「ひもときシート」では，最初に分析的理解を行う。
2 認知症（dementia）の人の言動を介護者側の視点でとらえる。
3 言動の背景要因を分析して認知症（dementia）の人を理解するためのツールである。
4 評価的理解では，潜在的なニーズを重視する。
5 共感的理解では，8つの要因で言動を分析する。

問題 78 レビー小体型認知症（dementia with Lewy bodies）の幻視の特徴に関する次の記述のうち，**最も適切なもの**を1つ選びなさい。

1 幻視の内容はあいまいではっきりしない。
2 睡眠中でも幻視が生じる。
3 本人は説明されても幻視という認識ができない。
4 薄暗い部屋を明るくすると幻視が消えることがある。
5 抗精神病薬による治療が行われることが多い。

問題 79 軽度認知障害（mild cognitive impairment）に関する次の記述のうち，**最も適切なもの**を1つ選びなさい。

1 本人や家族から記憶低下の訴えがあることが多い。
2 診断された人の約半数がその後1年の間に認知症（dementia）になる。
3 CDR（Clinical Dementia Rating）のスコアが2である。
4 日常生活能力が低下している。
5 治療には，主に抗認知症薬が用いられる。

問題 80　若年性認知症（dementia with early onset）に関する次の記述のうち，**最も適切なもの**を１つ選びなさい。

1　75 歳未満に発症する認知症（dementia）である。
2　高齢者の認知症（dementia）よりも進行は緩やかである。
3　早期発見・早期対応しやすい。
4　原因で最も多いのはレビー小体型認知症（dementia with Lewy bodies）である。
5　不安や抑うつを伴うことが多い。

問題 81　認知症（dementia）の行動・心理症状（BPSD）に対する抗精神病薬を用いた薬物療法でよくみられる副作用として，**最も適切なもの**を１つ選びなさい。

1　歩幅が広くなる。
2　誤嚥のリスクが高くなる。
3　過剰に活動的になる。
4　筋肉の緊張が緩む。
5　怒りっぽくなる。

問題 82　軽度の認知症（dementia）の人に，日付，季節，天気，場所などの情報をふだんの会話の中で伝えて認識してもらう認知症ケアとして，**正しいもの**を１つ選びなさい。

1　ライフレビュー（life review）
2　リアリティ・オリエンテーション（reality orientation）
3　バリデーション（validation）
4　アクティビティ・ケア（activity care）
5　タッチング（touching）

問題 83

Bさん（86歳，女性）は，中等度のアルツハイマー型認知症（dementia of the Alzheimer's type)である。短期入所生活介護（ショートステイ）の利用を始めた日の翌朝，両手に便が付着した状態でベッドに座っていた。

Bさんへの声かけとして，**適切なもの**を1つ選びなさい。

1 「臭いからきれいにします」
2 「汚い便が手についています」
3 「ここはトイレではありません」
4 「手を洗いましょう」
5 「こんなに汚れて困ります」

問題 84

Cさん（80歳，女性）は夫（85歳）と二人暮らしである。1年ほど前から記憶障害があり，最近，アルツハイマー型認知症（dementia of the Alzheimer's type)と診断された。探し物が増え，財布や保険証を見つけられないと，「泥棒が入った，警察に連絡して」と訴えるようになった。「泥棒なんて入っていない」と警察を呼ばずにいると，Cさんがますます興奮するので，夫は対応に困っている。

夫から相談を受けた介護福祉職の助言として，**最も適切なもの**を1つ選びなさい。

1 「主治医に興奮を抑える薬の相談をしてみてはどうですか」
2 「施設入所を検討してはどうですか」
3 「Cさんと一緒に探してみてはどうですか」
4 「Cさんの希望通り，警察に通報してはどうですか」
5 「Cさんに認知症（dementia）であることを説明してはどうですか」

問題 85 認知症（dementia）の人に配慮した施設の生活環境として，**最も適切なもの**を 1 つ選びなさい。

1 いつも安心感をもってもらえるように接する。
2 私物は本人の見えないところに片付ける。
3 毎日新しい生活体験をしてもらう。
4 壁の色と同系色の表示を使用する。
5 日中は一人で過ごしてもらう。

問題 86 認知症初期集中支援チームに関する次の記述のうち，**最も適切なもの**を 1 つ選びなさい。

1 自宅ではない場所で家族から生活の様子を聞く。
2 チーム員には医師が含まれる。
3 初回の訪問時にアセスメント（assessment）は不要である。
4 介護福祉士は，認知症初期集中支援チーム員研修を受講しなくてもチームに参加できる。
5 認知症疾患医療センター受診後に，チームが対応方法を決定する。

問題 87 障害者の法的定義に関する次の記述のうち，**正しいもの**を１つ選びなさい。

1 身体障害者福祉法における身体障害者は，身体障害者手帳の交付を受けた18歳以上のものをいう。
2 知的障害者は，知的障害者福祉法に定義されている。
3 「精神保健福祉法」における精神障害者には，知的障害者が含まれていない。
4 障害者基本法において発達障害者は，精神障害者に含まれていない。
5 障害児は，障害者基本法に定義されている。
　（注）「精神保健福祉法」とは，「精神保健及び精神障害者福祉に関する法律」のことである。

問題 88 半側空間無視に関する次の記述のうち，**最も適切なもの**を１つ選びなさい。

1 食事のとき，認識できない片側に食べ残しがみられる。
2 半盲に対するものと介護方法は同じである。
3 失行の１つである。
4 本人は半側空間無視に気づいている。
5 認識できない片側へ向かってまっすぐに歩ける。

問題 89

Dさん（35歳，男性）は重度の知的障害があり，地元の施設入所支援を利用している。Dさんの友人Eさんは，以前に同じ施設入所支援を利用していて，現在は共同生活援助（グループホーム）で暮らしている。Dさんは，共同生活援助（グループホーム）で生活するEさんの様子を見て，その生活に関心をもったようである。施設の職員は，Dさんの共同生活援助（グループホーム）での生活は，適切な援助を受ければ可能であると考えている。一方，Dさんの母親は，親亡き後の不安から施設入所支援を継続させたいと思っている。

介護福祉職が現時点で行うDさんへの意思決定支援として，**最も適切なもの**を1つ選びなさい。

1　母親の意思を，本人に伝える。
2　共同生活援助（グループホーム）の生活について話し合う。
3　介護福祉職の考えを，本人に伝える。
4　具体的な選択肢を用意し，選んでもらう。
5　地域生活のリスクについて説明する。

問題 90

筋萎縮性側索硬化症（amyotrophic lateral sclerosis：ALS）では出現しにくい症状として，**適切なもの**を1つ選びなさい。

1　四肢の運動障害
2　構音障害
3　嚥下障害
4　感覚障害
5　呼吸障害

問題 91

Fさん（21歳，男性）は，交通事故による頸髄損傷（cervical cord injury）で重度の四肢麻痺になった。最近はリハビリテーションに取り組まず，周囲の人に感情をぶつけ強くあたるようになった。

介護福祉職の対応に関する次の記述のうち，**最も適切なもの**を1つ選びなさい。

1 歩けるようになるために，諦めずに機能訓練をするように支援する。
2 トラブルが起きないように，Fさんには近寄らないようにする。
3 生活態度を改めるように，Fさんに厳しく注意する。
4 自分でできることに目を向けられるように，Fさんを支援する。
5 障害が重いので，Fさんのできることも手伝うようにする。

問題 92

Gさんはパーキンソン病（Parkinson disease）と診断され，薬物療法が開始されている。立位で重心が傾き，歩行中に停止することや向きを変えることが困難である。

Gさんのこの症状を表現するものとして，**最も適切なものを1つ選びなさい。**

1 安静時振戦
2 筋固縮
3 無動
4 寡動
5 姿勢保持障害

問題 93

障害者への理解を深めるために有効なアセスメントツールの1つであるエコマップが表すものとして，**最も適切なものを1つ選び**なさい。

1 家族との関係
2 社会との相関関係
3 認知機能
4 機能の自立度
5 日常生活動作

問題 94　「障害者総合支援法」で定める協議会に関する次の記述のうち，**最も適切なもの**を 1 つ選びなさい。

1　当事者・家族以外の専門家で構成する。
2　療育手帳を交付する。
3　相談支援専門員を配置しなければならない。
4　国が設置する。
5　地域の実情に応じた支援体制の整備について協議を行う。
　（注）「障害者総合支援法」とは，「障害者の日常生活及び社会生活を総合的に支援するための法律」のことである。

問題 95　障害者が障害福祉サービスを利用するために相談支援専門員が作成する計画として，**正しいもの**を 1 つ選びなさい。

1　地域福祉計画
2　個別支援計画
3　サービス等利用計画
4　障害福祉計画
5　介護サービス計画

問題 96　H さん（45 歳，男性）は，脳梗塞（cerebral infarction）を発症して半年間入院した。退院してからは，障害者支援施設に入所して自立訓練を受けている。2 か月ほど過ぎたが，右片麻痺と言語障害が残っている。妻の J さん（35 歳）はパート勤務で，小学 3 年生の子どもがいて，将来が見えずに不安な気持ちである。
　　家族に対する介護福祉職の支援として，**最も適切なもの**を 1 つ選びなさい。

1　家族の不安な気持ちに寄り添い，今の課題を一緒に整理し考えていく。
2　J さんの気持ちを最優先して方向性を決める。
3　訓練の様子を伝えるために，頻繁に J さんに施設に来てもらう。
4　家族が困っているので専門職主導で方向性を決める。
5　レスパイトケアを勧める。

問題 97

Kさん（83歳，女性，要介護1）は，3年前にアルツハイマー型認知症（dementia of the Alzheimer's type）と診断された。一人暮らしで訪問介護（ホームヘルプサービス）を利用している。金銭管理は困難であり，長男が行っている。

最近，認知症（dementia）の症状がさらに進み，訪問介護員（ホームヘルパー）がKさんの自宅を訪問すると，「通帳を長男の嫁が持っていってしまった」と繰り返し訴えるようになった。

考えられるKさんの症状として，**適切なもの**を1つ選びなさい。

1　もの盗られ妄想
2　心気妄想
3　貧困妄想
4　罪業妄想
5　嫉妬妄想

問題 98

Lさん（87歳，男性，要介護1）は，冷房が嫌いで，部屋にエアコンはない。ある夏の日の午後，訪問介護員（ホームヘルパー）が訪問すると，厚手の布団を掛けて眠っていた。布団を取ると大量の発汗があり，体温を測定すると38.5℃であった。朝から水分しか摂取していないという。前から不眠があり，この5日間便秘が続いていたが，食欲はあったとのことである。

次のうち，体温が上昇した原因として，**最も適切なもの**を1つ選びなさい。

1　布団
2　発汗
3　空腹
4　不眠
5　便秘

問題 99 老化に伴う視覚機能の変化に関する次の記述のうち，**正しいもの**を1つ選びなさい。

1　水晶体が茶色になる。
2　遠くのものが見えやすくなる。
3　明暗に順応する時間が長くなる。
4　ピントの調節が速くなる。
5　涙の量が増える。

問題 100 言葉の発音が不明瞭になる原因として，**最も適切なもの**を1つ選びなさい。

1　唾液の分泌が増加すること
2　舌運動が活発化すること
3　口角が上がること
4　調整された義歯を使用すること
5　口唇が閉じにくくなること

問題 101 骨に関する次の記述のうち，**正しいもの**を1つ選びなさい。

1　骨にはたんぱく質が含まれている。
2　骨のカルシウム（Ca）は老化に伴い増える。
3　骨は負荷がかかるほうが弱くなる。
4　骨は骨芽細胞によって壊される。
5　骨のカルシウム（Ca）はビタミンA（vitamin A）によって吸収が促進される。

問題 102 介護者が効率的かつ安全に介護を行うためのボディメカニクスの原則に関する次の記述のうち，**適切なもの**を1つ選びなさい。

1 支持基底面を広くする。
2 利用者の重心を遠ざける。
3 腰がねじれた姿勢をとる。
4 重心を高くする。
5 移動時の摩擦面を大きくする。

問題 103 次のうち，三大栄養素に該当する成分として，**正しいもの**を1つ選びなさい。

1 水分
2 炭水化物
3 ビタミン（vitamin）
4 ナトリウム（Na）
5 カルシウム（Ca）

問題 104 コントロール不良の糖尿病（diabetes mellitus）で高血糖時にみられる症状として，**適切なもの**を1つ選びなさい。

1 振戦
2 発汗
3 口渇
4 乏尿
5 動悸

問題 105

Mさん（85歳，男性）は，通所介護（デイサービス）での入浴を楽しみにしていて，いつも時間をかけて湯につかっている。ある時，介護福祉職が，「そろそろあがりましょうか」と声をかけると，浴槽から急に立ち上がりふらついてしまった。

　Mさんがふらついた原因として，**最も適切なもの**を1つ選びなさい。

1　体温の上昇
2　呼吸数の増加
3　心拍数の増加
4　動脈血酸素飽和度の低下
5　血圧の低下

問題 106

次のうち，ブリストル便性状スケールの普通便に該当するものとして，**最も適切なもの**を1つ選びなさい。

1　水様便
2　硬い便
3　泥状便
4　コロコロ便
5　やや軟らかい便

問題 107

Aさん（65歳，女性）は，最近，熟睡できないと訴えている。Aさんの日常生活は，毎日6時に起床し，午前中は家事を行い，14時から20分の昼寝をし，16時から30分の散歩をしている。食事は朝食7時，昼食12時，夕食18時にとり，朝食のときはコーヒーを1杯飲む。21時に好きな音楽を聞きながら，夜食を満腹になる程度に食べ，21時30分に就寝している。

　Aさんの訴えに対して，日常生活で改善する必要があるものとして，**最も適切なもの**を1つ選びなさい。

1　朝食のコーヒー
2　昼寝
3　散歩
4　音楽を聞くこと
5　就寝前の夜食

問題 108

Bさん（76歳，女性）は，病気はなく散歩が日課である。肺がん（lung cancer）の夫を長年介護し，数か月前に自宅で看取った。その体験から，死期の迫った段階では延命を目的とした治療は受けずに，自然な最期を迎えたいと願っている。
　Bさんが希望する死を表す用語として，**最も適切なもの**を1つ選びなさい。

1　脳死
2　突然死
3　尊厳死
4　積極的安楽死
5　心臓死

<領域：医療的ケア>

医療的ケア

問題 109

社会福祉士及び介護福祉士法で規定されている介護福祉士が実施できる経管栄養の行為として，**正しいもの**を1つ選びなさい。

1　栄養剤の種類の変更
2　栄養剤の注入速度の決定
3　経鼻経管栄養チューブの胃内への留置
4　栄養剤の注入
5　胃ろうカテーテルの定期交換

問題 110

気管カニューレ内部の喀痰吸引で，指示された吸引時間よりも長くなった場合，吸引後に注意すべき項目として，**最も適切なもの**を1つ選びなさい。

1　体温
2　血糖値
3　動脈血酸素飽和度
4　痰の色
5　唾液の量

問題 111 呼吸器官の換気とガス交換に関する次の記述のうち，**最も適切なもの**を１つ選びなさい。

1 換気とは，体外から二酸化炭素を取り込み，体外に酸素を排出する働きをいう。
2 呼吸運動は，主として大胸筋によって行われる。
3 １回に吸い込める空気の量は，年齢とともに増加する。
4 ガス交換は，肺胞内の空気と血液の間で行われる。
5 筋萎縮性側索硬化症（amyotrophic lateral sclerosis：ALS）では，主にガス交換の働きが低下する。

問題 112 経管栄養で用いる半固形タイプの栄養剤の特徴に関する次の記述のうち，**最も適切なもの**を１つ選びなさい。

1 経鼻経管栄養法に適している。
2 液状タイプと同じ粘稠度である。
3 食道への逆流を改善することが期待できる。
4 仰臥位（背臥位）で注入する。
5 注入時間は，液状タイプより長い。

問題 113 経管栄養で，栄養剤の注入後に白湯を経管栄養チューブに注入する理由として，**最も適切なもの**を１つ選びなさい。

1 チューブ内を消毒する。
2 チューブ内の栄養剤を洗い流す。
3 水分を補給する。
4 胃内を温める。
5 栄養剤の濃度を調節する。

総合問題（総合問題 1）

次の事例を読んで，**問題 114 から問題 116 まで**について答えなさい。

〔事　例〕

　Cさん（83 歳，女性）は，一人暮らしで，近所に買い物に行く以外はテレビを見て過ごしている。近県に息子がいるが，仕事が忙しく，会いに来ることはあまりなかった。

　ある日，息子が久しぶりに訪問すると，部屋の中がごみや衣類などで散らかっていた。病院を受診するとCさんはアルツハイマー型認知症（dementia of the Alzheimer's type）と診断され，要介護1と認定された。Cさんは，時々，電気湯沸しポットの使い方がわからなくなって湯が出せなかったり，お茶を入れる順番がわからずに混乱する様子が見られた。

　心配した息子は，介護保険サービスを利用することにした。後日，介護支援専門員（ケアマネジャー）が訪問し，介護保険サービスの利用についてCさんや息子と話し合った。週2回，訪問介護（ホームヘルプサービス）を利用することになり，介護支援専門員（ケアマネジャー）は，「自宅で，衛生的な生活ができる」をケアプランの長期目標とした。

問題 114　Cさんを担当する訪問介護員（ホームヘルパー）は，サービス提供責任者と共に訪問介護計画書を作成することになった。

　　　次の記述の中で，短期目標として，**最も適切なもの**を1つ選びなさい。

1　掃除機を利用して，1人で掃除をすることができるようになる。
2　電気湯沸しポットを使い，1人でお茶を入れることができるようになる。
3　Cさんの残存機能に着目して支援する。
4　週2回，息子にCさんの自宅を訪問してもらう。
5　訪問介護員（ホームヘルパー）と一緒に掃除をすることができるようになる。

問題 115 Cさんは，たびたび息子に電気湯沸しポットが壊れていると訴えるようになった。
Cさんのこのような状態に該当するものとして，**適切なもの**を1つ選びなさい。

1　空間認知障害
2　視覚認知障害
3　遂行機能障害
4　失認
5　観念運動失行

問題 116 Cさんの家に訪問介護員（ホームヘルパー）が通い始めて数か月が経過した頃，Cさんの息子から訪問介護員（ホームヘルパー）に以下の希望が挙げられた。
介護保険で対応可能な支援として，**適切なもの**を1つ選びなさい。

1　Cさんと息子が出かけている間に洗濯物を取り込む。
2　Cさんの処方薬を薬局で受け取る。
3　地域のお祭りにCさんと一緒に行く。
4　Cさんの部屋の壁紙を張り替える。
5　訪ねて来た親戚にお茶を入れる。

総合問題（総合問題2）

次の事例を読んで，**問題117から問題119まで**について答えなさい。

〔事　例〕
　Dさん（70歳，男性）は，19歳のときに統合失調症（schizophrenia）を発症し，入退院を繰り返しながら両親と一緒に生活してきた。両親が亡くなったことをきっかけとして不安に襲われ，妄想や幻聴の症状が強く現れるようになった。そのため，兄に付き添われて精神科病院を受診し，医療保護入院となった。
　現在は，入院から3年が経過し，陽性症状はほとんどなく，病棟で日中はレクリエーションに参加するなど落ち着いて生活している。

問題 117 Dさんが3年前に入院した医療保護入院の制度に関する次の記述のうち，**正しいもの**を1つ選びなさい。

1　Dさんの同意による入院
2　精神保健指定医2名以上の診察の結果が，入院させなければ自傷他害の恐れがあると一致した場合の入院
3　精神保健指定医1名が診察し，入院させなければ自傷他害の恐れがあると判断した場合，72時間以内に制限した入院
4　精神保健指定医1名が診察し，Dさんの同意が得られず，家族等1名の同意がある入院
5　精神保健指定医1名が診察し，Dさんの同意が得られず，さらに家族等の同意が得られないため72時間以内に制限した入院

問題 118 1年前からDさんの退院について検討が行われてきた。Dさんは退院後の生活に対する不安があり，「帰る家がない」，「顔見知りの患者や職員がいるのでここを離れたくない」と退院には消極的であった。しかし，Dさんと仲のよい患者が，退院し施設入所したことをきっかけに退院を考えるようになった。

Dさんは，整容，入浴，排泄，食事，移動は見守りがあればできる。また，介護福祉職の助言を受ければ，日用品などを買うことはできる。経済状況は，障害基礎年金2級と生活保護を受給している。要介護認定を受けたところ，要介護1と認定された。

Dさんの退院先の候補になる施設として，**最も適切なもの**を1つ選びなさい。

1　養護老人ホーム
2　老人福祉センター
3　更生施設
4　地域生活定着支援センター
5　介護老人福祉施設

問題 119

Dさんは施設への入所が決まり，うれしそうに退院の準備をするようになった。ある夜，1人で荷物の整理をしていたときに転んでしまい，顔を強打して大きなあざができた。後遺症はないことがわかったが，Dさんは自信をなくし，介護福祉職に，「これでは施設も自分を受け入れてくれないだろう」と言い，「施設入所がうれしくて早く準備がしたかった」と話した。

そばに寄り添い，Dさんの話を聴き終えた介護福祉職が，「施設入所がうれしくて，早く準備をしたかったのですね」と言うと，Dさんは，「退院を諦めていたけど，自分にも暮らせる場所があると思った」とやりたいことや夢を語り出した。

介護福祉職が行ったコミュニケーション技術として，**最も適切なもの**を1つ選びなさい。

1　あいづち
2　言い換え
3　要約
4　繰り返し
5　閉じられた質問

第34回

総合問題（総合問題 3）

次の事例を読んで，**問題 120 から問題 122 まで**について答えなさい。

〔事　例〕

Eさん（35歳，男性）は，1年前に筋萎縮性側索硬化症（amyotrophic lateral sclerosis：ALS）と診断された。当初の症状としては，ろれつが回らず，食べ物の飲み込みが悪くなり，体重の減少がみられた。

その後，Eさんの症状は進行し，同居している両親から介護を受けて生活をしていたが，両親の介護負担が大きくなったため，障害福祉サービスを利用することになった。障害支援区分の認定を受けたところ，障害支援区分3になった。Eさんは訪問介護員（ホームヘルパー）から食事や入浴の介護を受けて自宅で生活をしている。

問題 120 Eさんが病院を受診するきっかけになった症状に該当するものとして，**最も適切なもの**を1つ選びなさい。

1　対麻痺
2　単麻痺
3　球麻痺
4　安静時振戦
5　間欠性跛行

問題 121 ある日，Eさんの自宅を訪問した訪問介護員（ホームヘルパー）は，Eさんの両親から，「これまでEは話をするのが難しく，筆談で意思を聞いてきたが，ペンを持つのが難しくなってきた」と聞いた。確かにEさんは，発話や字を書くことは困難な様子だが，目はよく動いている。

　次のうち，今後，Eさんが家族とコミュニケーションをとるときに使うことのできる道具として，**最も適切なもの**を1つ選びなさい。

1　ホワイトボード
2　絵や写真
3　透明文字盤
4　拡声器
5　補聴器

問題 122 3年後，Eさんの症状はさらに進行し，障害支援区分6になった。Eさんはこれまでどおり，自宅での生活を希望し，Eさんの両親は障害福祉サービスを利用しながら最期まで自宅でEさんの介護を行うことを希望している。

　Eさんと両親の希望の実現に向けて，現在の状態からEさんが利用するサービスとして，**最も適切なもの**を1つ選びなさい。

1　育成医療
2　就労定着支援
3　共同生活援助（グループホーム）
4　行動援護
5　重度訪問介護

総合問題（総合問題 4）

次の事例を読んで，**問題 123 から問題 125 まで**について答えなさい。

〔事　例〕

　F さん（50 歳，女性，障害支援区分 5）は，アテトーゼ型（athetosis）の脳性麻痺（cerebral palsy）による四肢・体幹機能障害がある。居宅介護を利用し，入浴の支援を受けながら母親（79 歳）と暮らしていた。F さんは障害基礎年金 1 級を受給していて，F さん名義の貯蓄がある。金銭管理は母親が行っていた。

　F さんは，3 年前に誤嚥性肺炎（aspiration pneumonia）で入院したことがある。言語障害があり，慣れた人でないと言葉が聞き取りにくい。自宅では車いすに乗り，足で床を蹴って移動し，屋外は母親が車いすを押していた。F さんは自宅内の移動以外の日常生活については，母親から全面的に介護を受けて生活していた。

　最近，日中活動の場と短期入所（ショートステイ）の利用について，市の障害福祉課に相談するようになった。

　ところが，母親が持病の心疾患（heart disease）で亡くなり，市の障害福祉課が F さんと当面の生活について検討することになった。

　F さんは 1 人で生活することは難しいと思い，施設入所を希望している。

問題 123　F さんの脳性麻痺（cerebral palsy）の特徴に関する次の記述のうち，**最も適切なもの**を 1 つ選びなさい。

1　強い筋緊張から，四肢の突っ張りが強い。
2　不随意運動が生じて，運動コントロールが困難になる。
3　文字の読みの不正確さがあり，読んだ内容を理解しにくい。
4　動作は緩慢で，表情が乏しくなる。
5　着衣失行が生じる。

問題 124

Fさんは，障害者支援施設に入所できることになり，アセスメント（assessment）が行われた。

相談支援専門員は，Fさんの希望をもとに，これまでの生活状況と身体の様子等から，もう少し本人にできることがあるのではないかと考え，「障害者支援施設で施設入所支援と生活介護を利用しながら，将来の生活を考える」という方針を立てた。また，長期目標を，「自分に適した介護を受けながら，様々な生活経験を積む」とした。

Fさんの短期目標として，**最も適切なもの**を１つ選びなさい。

1 入浴時に自分でからだを洗えるようになる。
2 毎日字を書く練習を行い，筆談で会話ができるようになる。
3 施設内は，車いす介助を受けながら安全に移動する。
4 経管栄養で食事がとれるようになる。
5 日中活動として外出や興味のあるグループ活動に参加する。

問題 125

入所してから３か月が経ち，支援の見直しが行われた。

Fさんは施設生活にも慣れ，相談できる人も増えている。また，「自分でお小遣いを使えるようになりたい」と言い，外出時に必要なお金を介護福祉職と一緒に考えるようになった。将来の地域生活を考えて，社会福祉協議会の金銭管理に切り替えることが検討された。

Fさんが活用できる社会福祉協議会が行う金銭管理として，**最も適切なもの**を１つ選びなさい。

1 日常生活自立支援事業
2 生活福祉資金
3 自立訓練
4 生活困窮者家計改善支援事業
5 自発的活動支援事業

介護福祉士

第33回
（令和3年1月）
試験問題

午前 68 問　制限時間 110 分　………………　P.164

午後 57 問　制限時間 110 分　………………　P.190

■巻末 P.267 ～ 270 の解答用紙をコピーしてお使いください。

■答え合わせに便利な解答一覧は別冊 P.5

◆合格基準

以下の 2 つの条件を満たした者が合格者となります。

1. 問題の総得点の 60％程度を基準として、問題の難易度で補正した点数以上の得点の者（配点は、1 問 1 点の 125 点満点）。

2. 1 を満たした者のうち、次の試験科目 11 科目群すべてにおいて得点があった者。
   [1] 人間の尊厳と自立、介護の基本　[2] 人間関係とコミュニケーション、コミュニケーション技術　[3] 社会の理解　[4] 生活支援技術　[5] 介護過程　[6] 発達と老化の理解　[7] 認知症の理解　[8] 障害の理解　[9] こころとからだのしくみ　[10] 医療的ケア　[11] 総合問題

第33回	受験者数	84,483 人
	合格者数	59,975 人
	合格率	71.0%
	合格基準点	75 点

午前　　　人間の尊厳と自立

問題 1　人権や福祉の考え方に影響を与えた人物に関する次の記述のうち，**正しいもの**を 1 つ選びなさい。

1　リッチモンド（Richmond, M.）は，『ソーシャル・ケース・ワークとは何か』をまとめ，現在の社会福祉，介護福祉に影響を及ぼした。
2　フロイト（Freud, S.）がまとめた『種の起源』の考え方は，後の「優生思想」につながった。
3　マルサス（Malthus, T.）は，人間の無意識の研究を行って，『精神分析学入門』をまとめた。
4　ヘレン・ケラー（Keller, H.）は，『看護覚え書』の中で「療養上の世話」を看護の役割として示した。
5　ダーウィン（Darwin, C.）は，『人口論』の中で貧困原因を個人の人格の問題とした。

問題 2　自宅で生活している A さん（87 歳，男性，要介護 3）は，7 年前に脳梗塞（cerebral infarction）で左片麻痺となり，訪問介護（ホームヘルプサービス）を利用していた。A さんは食べることを楽しみにしていたが，最近，食事中にむせることが多くなり，誤嚥を繰り返していた。誤嚥による緊急搬送の後，医師は妻に，「今後も自宅で生活を続けるならば，胃ろうを勧める」と話した。妻は仕方がないと諦めていたが，別に暮らしている長男は胃ろうの造設について納得していなかった。長男が実家を訪れるたびに，A さんの今後の生活をめぐって口論が繰り返されていた。妻は訪問介護員（ホームヘルパー）にどうしたらよいか相談した。
　　　介護福祉職の職業倫理に基づく対応として，**最も適切なもの**を 1 つ選びなさい。

1　「医療的なことについては発言できません」
2　「医師の判断なら，それに従うのが良いと思います」
3　「A さん自身は，どのようにお考えなのでしょうか」
4　「息子さんの気持ちより，一緒に暮らす奥さんの気持ちが優先されますよ」
5　「息子さんと一緒に，医師の話を聞きに行ってみてください」

人間関係とコミュニケーション

問題 3　人間関係における役割葛藤の例として，**適切なもの**を 1 つ選び
なさい。

1　就労継続支援 B 型の利用者が，生活支援員の期待に応えようとして作業態
度をまねる。
2　家族介護者が，仕事と介護の両立への期待に応えられるかどうか悩む。
3　通所介護（デイサービス）の利用者が，レクリエーションを楽しんでいる利
用者の役を演じる。
4　就労移行支援の利用者が，採用面接の模擬訓練中にふざけて冗談を言って
しまう。
5　高齢者が，家事を行う家族に代わり，孫の遊び相手の役割を担う。

問題 4　B さん（80 歳，男性）は，訪問介護（ホームヘルプサービス）
を利用しながら自宅で一人暮らしをしている。最近，自宅で転倒
してから，一人で生活をしていくことに不安を持つこともある。
訪問介護員（ホームヘルパー）が B さんに，「お一人での生活は
大丈夫ですか。何か困っていることはありませんか」と尋ねたと
ころ，B さんは，「大丈夫」と不安そうな表情で答えた。
　　B さんが伝えようとしたメッセージに関する次の記述のうち，
最も適切なものを 1 つ選びなさい。

1　言語メッセージと同じ内容を非言語メッセージで強調している。
2　言語で伝えた内容を非言語メッセージで補強している。
3　言語の代わりに非言語だけを用いてメッセージを伝えている。
4　言語メッセージと矛盾する内容を非言語メッセージで伝えている。
5　非言語メッセージを用いて言葉の流れを調整している。

問題 5 家族の変容に関する 2015 年（平成 27 年）以降の動向として，**最も適切なもの**を 1 つ選びなさい。

1 1 世帯当たりの人数は，全国平均で 3.5 人を超えている。
2 核家族の中で，「ひとり親と未婚の子」の世帯が増加している。
3 50 歳時の未婚割合は，男性よりも女性のほうが高い。
4 65 歳以上の人がいる世帯では，単独世帯が最も多い。
5 結婚して 20 年以上の夫婦の離婚は，減少している。
　（注）「50 歳時の未婚割合」とは，45 〜 49 歳の未婚率と 50 〜 54 歳の未婚率の平均であり，「生涯未婚率」とも呼ばれる。

問題 6 次のうち，セルフヘルプグループ（self-help group）に該当するものとして，**最も適切なもの**を 1 つ選びなさい。

1 町内会
2 学生自治会
3 患者会
4 専門職団体
5 ボランティア団体

問題 7 次のうち，福祉三法に続いて制定され，福祉六法に含まれるようになった法律として，**正しいもの**を 1 つ選びなさい。

1 社会福祉法
2 地域保健法
3 介護保険法
4 老人福祉法
5 障害者基本法

問題 8　2017 年度（平成 29 年度）の社会保障給付費に関する次の記述のうち，**正しいもの**を 1 つ選びなさい。

1　国の一般会計当初予算は，社会保障給付費を上回っている。
2　介護対策の給付費は，全体の 30％を超えている。
3　年金関係の給付費は，全体の 40％を超えている。
4　医療関係の給付費は，前年度より減少している。
5　福祉その他の給付費は，前年度より減少している。

問題 9　介護保険法の保険者として，**正しいもの**を 1 つ選びなさい。

1　社会保険診療報酬支払基金
2　市町村及び特別区
3　国民健康保険団体連合会
4　厚生労働省
5　日本年金機構

問題 10　介護保険制度の利用に関する次の記述のうち，**最も適切なもの**を 1 つ選びなさい。

1　要介護認定は，介護保険被保険者証の交付の前に行う。
2　要介護認定には，主治医の意見書は不要である。
3　要介護認定の審査・判定は，市町村の委託を受けた医療機関が行う。
4　居宅サービス計画の作成は，原則として要介護認定の後に行う。
5　要介護者の施設サービス計画の作成は，地域包括支援センターが行う。

第33回

問題 11 Cさん（75歳，男性，要支援2）は，訪問介護（ホームヘルプサービス）を利用して一人暮らしをしていた。最近，脳梗塞（cerebral infarction）を起こして入院した。入院中に認知症（dementia）と診断された。退院時の要介護度は2で，自宅での生活継続に不安があったため，Uグループホームに入居することになった。

　Uグループホームの介護支援専門員（ケアマネジャー）が行うこととして，**最も適切なもの**を1つ選びなさい。

1　訪問介護（ホームヘルプサービス）を継続して受けるために，Cさんを担当していた地域包括支援センターに連絡する。

2　Uグループホームに入居するときに，認知症対応型共同生活介護計画を作成する。

3　地域の居宅介護支援事業所に，Cさんのケアプランを作成するように依頼する。

4　認知症対応型共同生活介護計画の作成をするときに，認知症（dementia）があるCさんへの説明と同意を省略する。

5　日中の活動を充実するために，地域の通所介護（デイサービス）の利用をケアプランに入れる。

　（注）ここでいう「グループホーム」とは，「認知症対応型共同生活介護事業所」のことである。

問題 12 ノーマライゼーション（normalization）を説明する次の記述のうち，**最も適切なもの**を1つ選びなさい。

1　福祉，保健，医療などのサービスを総合的に利用できるように計画すること。

2　家族，近隣，ボランティアなどによる支援のネットワークのこと。

3　利用者自身が問題を解決していく力を獲得していくこと。

4　障害があっても地域社会の一員として生活が送れるように条件整備をすること。

5　利用者の心身の状態やニーズを把握すること。

問題 13　Dさん（64歳，女性，障害支援区分4，身体障害者手帳2級）は，「障害者総合支援法」の居宅介護を利用して生活している。この居宅介護事業所は共生型サービスの対象となっている。

　　　Dさんは65歳になった後のサービスについて心配になり，担当の居宅介護職員に，「65歳になっても今利用しているサービスは使えるのか」と尋ねてきた。

　　　居宅介護事業所の対応として，**最も適切なもの**を1つ選びなさい。

1　Dさんは障害者なので介護保険サービスを利用することはないと伝える。
2　障害者の場合は75歳になると介護保険サービスに移行すると伝える。
3　現在利用しているサービスを継続して利用することができると伝える。
4　継続して利用できるかどうか65歳になった後で検討すると伝える。
5　介護予防のための通所介護（デイサービス）を利用することになると伝える。
　（注）「障害者総合支援法」とは，「障害者の日常生活及び社会生活を総合的に支援するための法律」のことである。

問題 14　「障害者総合支援法」の障害者の定義に関する次の記述のうち，**適切なもの**を1つ選びなさい。

1　18歳以上の者である。
2　65歳未満の者である。
3　難病患者は除外されている。
4　発達障害者は除外されている。
5　精神作用物質による依存症の者は除外されている。
　（注）「障害者総合支援法」とは，「障害者の日常生活及び社会生活を総合的に支援するための法律」のことである。

第33回

問題 15 「障害者総合支援法」のサービスを利用するための障害支援区分を判定する組織として，**正しいもの**を1つ選びなさい。

1　身体障害者更生相談所
2　協議会
3　基幹相談支援センター
4　居宅介護事業所
5　市町村審査会

（注）「障害者総合支援法」とは，「障害者の日常生活及び社会生活を総合的に支援するための法律」のことである。

問題 16 「高齢者虐待防止法」に関する次の記述のうち，**適切なもの**を1つ選びなさい。

1　養護者及び養介護施設従事者等が行う行為が対象である。
2　虐待の類型は，身体的虐待，心理的虐待，経済的虐待の三つである。
3　虐待を発見した場合は，施設長に通報しなければならない。
4　立ち入り調査を行うときは，警察官の同行が義務づけられている。
5　通報には，虐待の事実確認が必要である。

（注）「高齢者虐待防止法」とは，「高齢者虐待の防止，高齢者の養護者に対する支援等に関する法律」のことである。

<領域：介護>

介護の基本

問題 17　「2016年（平成28年）国民生活基礎調査」（厚生労働省）における，同居の主な介護者の悩みやストレスの原因として，**最も多いもの**を1つ選びなさい。

1　家族の病気や介護
2　自分の病気や介護
3　家族との人間関係
4　収入・家計・借金等
5　自由にできる時間がない

問題 18　「価値のある社会的役割の獲得」を目指すソーシャルロール・バロリゼーション（Social Role Valorization）を提唱した人物として，**正しいもの**を1つ選びなさい。

1　バンク－ミケルセン（Bank-Mikkelsen, N.）
2　ヴォルフェンスベルガー（Wolfensberger, W.）
3　メイヤロフ（Mayeroff, M.）
4　キットウッド（Kitwood, T.）
5　ニィリエ（Nirje, B.）

問題 19 ICF（International Classification of Functioning, Disability and Health：国際生活機能分類）における環境因子を表す記述として，**最も適切なもの**を 1 つ選びなさい。

1 アルツハイマー型認知症（dementia of the Alzheimer's type）である。
2 糖尿病（diabetes mellitus）があるため服薬をしている。
3 医者嫌いである。
4 町内会の会長を務めていた。
5 娘が近隣に住み，毎日訪問している。

問題 20 利用者の自立生活支援・重度化防止のための見守り的援助に関する次の記述のうち，**最も適切なもの**を 1 つ選びなさい。

1 ごみの分別がわからない利用者だったので，その場でごみを分別した。
2 利用者の自宅の冷蔵庫の中が片づいていないので，整理整頓した。
3 トイレ誘導した利用者の尿パッドを，本人に配慮して無言で取り替えた。
4 服薬時に，薬を飲むように促して，そばで確認した。
5 利用者が居間でテレビを見ているそばで，洗濯物を畳んだ。

問題 21 高齢者のリハビリテーションに関する次の記述のうち，**最も適切なもの**を 1 つ選びなさい。

1 機能訓練は，1 回の量を少なくして複数回に分けて行う。
2 基本的な動作を行う訓練は，物理療法である。
3 関節障害のある人の筋力訓練は，関節を積極的に動かすことが効果的である。
4 パーキンソン病（Parkinson disease）の人の訓練では，体幹をひねることは避ける。
5 関節リウマチ（rheumatoid arthritis）の人の訓練は，朝に行うことが効果的である。

問題 22 施設利用者の多様な生活に配慮した介護福祉職の対応として，**最も適切なもの**を 1 つ選びなさい。

1 夜型の生活習慣がある人に，施設の就寝時刻に合わせてもらった。
2 化粧を毎日していた人に，シーツが汚れるため，化粧をやめてもらった。
3 本に囲まれた生活をしてきた人に，散乱している本を捨ててもらった。
4 自宅で畳に布団を敷いて寝ていた人に，ベッドで寝てもらった。
5 自宅で夜間に入浴をしていた人に，夕食後に入浴してもらった。

問題 23 介護医療院に関する次の記述のうち，**最も適切なもの**を 1 つ選びなさい。

1 入所できるのは要介護 3 以上である。
2 介護医療院の開設は市町村から許可を受けなければならない。
3 入所者のためのレクリエーション行事を行うように努める。
4 入所者一人当たりの床面積は，介護老人福祉施設と同じ基準である。
5 サービス管理責任者を 1 名以上置かなければならない。

問題 24 Eさん（女性，82 歳，要介護 1）は，夫（80 歳）と二人暮らしである。膝の痛みがあるが，夫の介助があれば外出は可能である。最近 E さん宅は，玄関，トイレ，浴室に手すりを設置している。Eさんは料理が趣味で，近所のスーパーで食材を自分で選び，購入し，食事の用意をしたいと思っている。こうした中，E さん宅で介護支援専門員（ケアマネジャー）が関係職種を招集してサービス担当者会議を開くことになった。
　　Eさんの思いに添ったサービスの提案として，**最も適切なもの**を 1 つ選びなさい。

1 訪問介護員（ホームヘルパー）による調理の生活援助の利用
2 介護支援専門員（ケアマネジャー）の手配による配食サービスの利用
3 社会福祉協議会の生活支援員による日常生活自立支援事業の活用
4 福祉用具専門相談員の助言による四輪歩行車の利用
5 通所介護（デイサービス）の職員による入浴サービスの利用

問題 25 介護施設におけるプライバシーの保護として，**最も適切なもの**を1つ選びなさい。

1 ユニット型施設は個室化が推進されているため，各居室で食事をしてもらった。
2 個々の利用者の生活歴の情報を，ルールに従って介護職員間で共有した。
3 個人情報記録のファイルを，閲覧しやすいように机の上に置いたままにした。
4 着衣失行があるため，トイレのドアを開けたままで排泄の介護を行った。
5 家庭内の出来事や会話の内容は，情報に含まれないため記録しなかった。

問題 26 ハインリッヒ（Heinrich, H.）の法則に関する記述として，**最も適切なもの**を1つ選びなさい。

1 機能障害，能力障害，社会的不利という障害をとらえるための分類である。
2 人間の自己実現に向けた欲求を5つの階層で示したものである。
3 一つの重大事故の背景には，多くの軽微な事故とヒヤリハットが存在する。
4 患者が余命を知らされてから死を受容するまでの心理的プロセスである。
5 生活課題を抱えた人の支援をする上で必要な7つの原則である。

コミュニケーション技術

問題 27 介護福祉職が利用者と信頼関係を形成するためのコミュニケーション技術として，**最も適切なもの**を1つ選びなさい。

1 利用者の意見に賛成できなくても同意する。
2 「○○ちゃん」と親しみを込めてお互いを呼び合う。
3 介護福祉職からは質問をせずに受け身の姿勢で聞く。
4 介護福祉職の価値判断に従ってもらう。
5 介護福祉職自身の感情の動きも意識しながら関わる。

次の事例を読んで，**問題 28**，**問題 29** について答えなさい。

〔事　例〕

　Ｆさん（85 歳，女性）は，中等度の認知症（dementia）がある。同居していた娘の支援を受けて生活してきたが，症状が進行してきたために，介護老人福祉施設への入所が決まった。

　入所当日，介護福祉職はＦさんの付き添いで来た娘に初めて会った。介護福祉職が，「はじめまして。よろしくお願いします」と挨拶をすると，娘は少し緊張した様子で，「お願いします」とだけ答えた。娘は，介護福祉職の問いかけに応えるまで時間がかかり，また，あまり多くを語ることはなかった。

　持参した荷物の整理を終えて帰宅するとき，娘が寂しそうに，「これから離れて暮らすんですね」とつぶやいた。

問題 28　初対面の娘と関係を構築するために介護福祉職がとる対応として，**最も適切なもの**を 1 つ選びなさい。

1　友人のような口調で話す。
2　相手のペースに合わせて，表情を確認しながら話す。
3　会話が途切れないように積極的に話す。
4　密接距離を確保してから話す。
5　スキンシップを用いながら話す。

問題 29　帰宅するときの娘の発言に対する，介護福祉職の共感的な言葉かけとして，**最も適切なもの**を 1 つ選びなさい。

1　「心配しなくても大丈夫ですよ」
2　「私も寂しい気持ちは一緒です」
3　「元気を出して，お母さんの前では明るく笑顔でいましょう」
4　「お母さんに毎日会いに来てください」
5　「お母さんと離れて暮らすと寂しくなりますね」

問題 30

Gさん（55歳，男性）は父親と二人で暮らしている。父親は週2回通所介護（デイサービス）を利用している。Gさんは，父親が夜に何度も起きるために睡眠不足となり，仕事でミスが続き退職を決意した。

ある日，Gさんが介護福祉職に，「今後の生活が不安だ。通所介護（デイサービス）の利用をやめたいと考えている」と話した。

Gさんが，「利用をやめたい」と言った背景にある理由を知るためのコミュニケーションとして，**最も適切なもの**を1つ選びなさい。

1　開かれた質問をする。
2　「はい」「いいえ」で答えられる質問をする。
3　介護福祉職のペースに合わせて話してもらう。
4　事実と異なることは，訂正しながら聞く。
5　相手が話したくないことは，推測して判断する。

問題 31

利用者と家族の意向が対立する場面で，介護福祉職が両者の意向を調整するときの留意点として，**最も適切なもの**を1つ選びなさい。

1　両者が話し合いを始めるまで発言しない。
2　利用者に従うように家族を説得する。
3　利用者と家族のそれぞれの意見を聞く。
4　家族の介護負担の軽減を目的にして調整する。
5　他職種には相談せずに解決する。

問題 32

運動性失語症（motor aphasia）のある人とコミュニケーションを図るときの留意点として，**最も適切なもの**を1つ選びなさい。

1　絵や写真を使って反応を引き出す。
2　大きな声で1音ずつ区切って話す。
3　手話を使うようにする。
4　五十音表でひらがなを指してもらう。
5　閉ざされた質問は控える。

問題 33 介護記録を書くときの留意点として，**最も適切なもの**を１つ選びなさい。

1 数日後に書く。
2 客観的事実と主観的情報は区別せずに書く。
3 ほかから得た情報は情報源も書く。
4 利用者の気持ちだけを推測して書く。
5 介護福祉職の意見を中心に書く。

問題 34 報告者と聞き手の理解の相違をなくすための聞き手の留意点として，**最も適切なもの**を１つ選びなさい。

1 受け身の姿勢で聞く。
2 腕組みをしながら聞く。
3 同調しながら聞く。
4 不明な点を確認しながら聞く。
5 ほかの業務をしながら聞く。

第33回

問題 35 次の記述のうち，古い住宅で暮らす高齢者が，ヒートショックを防ぐために必要な環境整備の方法として，**最も適切なもの**を1つ選びなさい。

1 居室の室温を低くする。
2 脱衣室の照明を明るくする。
3 トイレに床置き式の小型のパネルヒーターを置く。
4 入浴直前に浴槽の湯温を60℃にし，蒸気を立てる。
5 24時間換気システムを導入する。

問題 36 高齢者にとって安全で使いやすい扉の工夫として，**最も適切なもの**を1つ選びなさい。

1 トイレの扉は内開きにする。
2 開き戸は杖の使用者が移動しやすい。
3 引き戸は開閉の速度が速くなる。
4 アコーディオンドアは気密性が高い。
5 引き戸の取っ手は棒型にする。

問題 37 下肢の筋力が低下して，つまずきやすくなった高齢者に適した靴として，**最も適切なもの**を1つ選びなさい。

1 靴底の溝が浅い靴
2 靴底が薄く硬い靴
3 足の指が固定される靴
4 足背をしっかり覆う靴
5 重い靴

問題 38 介護が必要な利用者の口腔ケアに関する次の記述のうち，**最も適切なもの**を 1 つ選びなさい。

1　うがいができる場合には，ブラッシング前にうがいをする。
2　歯磨きは，頭部を後屈させて行う。
3　部分床義歯のクラスプ部分は，流水で軽く洗う。
4　全部の歯がない利用者には，硬い毛の歯ブラシを使用する。
5　舌の清拭は，手前から奥に向かって行う。

問題 39 口腔内が乾燥している人への助言に関する次の記述のうち，**最も適切なもの**を 1 つ選びなさい。

1　苦みの強い食べ物を勧める。
2　臥床時は仰臥位（背臥位）で枕を使用しないように勧める。
3　水分は控えるように勧める。
4　唾液腺マッサージをするように勧める。
5　ジェルタイプの保湿剤は，前回塗った上に重ねて塗るように勧める。

問題 40 介護福祉職が利用者を仰臥位（背臥位）から側臥位へ体位変換するとき，図に示された力点の部位として，**適切なもの**を 1 つ選びなさい。

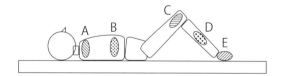

1　AとC
2　AとD
3　BとC
4　BとD
5　BとE

標準型車いすを用いた移動の介護に関する次の記述のうち，**最も適切なもの**を1つ選びなさい。

1 急な上り坂は，すばやく進む。
2 急な下り坂は，前向きで進む。
3 踏切を渡るときは，前輪を上げて駆動輪でレールを越えて進む。
4 段差を上がるときは，前輪を上げて進み駆動輪が段差に接する前に前輪を下ろす。
5 砂利道では，駆動輪を持ち上げて進む。

問題 42 Hさん（35歳，男性）は6か月前，高所作業中に転落し，第6胸髄節（Th6）を損傷した。リハビリテーション後，車いすを利用すれば日常生活を送ることができる状態になっている。
　　　Hさんの身体機能に応じた車いすの特徴として，**最も適切なもの**を1つ選びなさい。

1 ヘッドサポートを装着している。
2 ハンドリムがないタイヤを装着している。
3 レバーが長いブレーキを装着している。
4 片手で駆動できるハンドリムを装着している。
5 腰部までのバックサポートを装着している。

問題 43 Jさん（80歳，女性，要介護3）は，介護老人福祉施設に入所している。食事の後，Jさんから，「最近，飲み込みにくくなって時間がかかる」と相談された。受診の結果，加齢による機能低下が疑われると診断された。
　　　次の記述のうち，Jさんが食事をするときの介護福祉職の対応として，**最も適切なもの**を1つ選びなさい。

1 リクライニングのいすを用意する。
2 栄養価の高い食事を準備する。
3 食前に嚥下体操を勧める。
4 自力で全量を摂取できるように促す。
5 細かく刻んだ食事を提供する。

問題 44 慢性閉塞性肺疾患（chronic obstructive pulmonary disease）の
ある利用者の食事に関する次の記述のうち，**最も適切なものを1
つ**選びなさい。

1 繊維質の多い芋類を食事に取り入れる。
2 炭酸飲料で水分補給をする。
3 たんぱく質の多い食事は控える。
4 高カロリーの食事は控える。
5 1回の食事量を減らし，回数を増やす。

問題 45 入浴の身体への作用を踏まえた介護福祉職の対応として，**最も
適切なものを1つ**選びなさい。

1 浮力作用があるため，食後すぐの入浴は避ける。
2 浮力作用があるため，入浴中に関節運動を促す。
3 静水圧作用があるため，入浴後に水分補給をする。
4 静水圧作用があるため，入浴前にトイレに誘導する。
5 温熱作用があるため，お湯につかる時間を短くする。

問題 46 四肢麻痺の利用者の手浴に関する次の記述のうち，**最も適切な
ものを1つ**選びなさい。

1 仰臥位（背臥位）で行う。
2 手指は，30分以上お湯に浸す。
3 手関節を支えながら洗う。
4 指間は，強く洗う。
5 指間は，自然乾燥させる。

問題 47 利用者の状態に応じた清潔の介護に関する次の記述のうち，**最も適切なもの**を1つ選びなさい。

1 乾燥性皮膚疾患がある場合，弱アルカリ性の石鹸で洗う。
2 人工透析をしている場合，柔らかいタオルでからだを洗う。
3 褥瘡がある場合，石鹸をつけた指で褥瘡部をこすって洗う。
4 糖尿病性神経障害（diabetic neuropathy）がある場合，足の指の間はナイロンたわしで洗う。
5 浮腫のある部位は，タオルを強く押し当てて洗う。

問題 48 Kさん（72歳，女性，要介護2）は，脳梗塞（cerebral infarction）で入院したが回復し，自宅への退院に向けてリハビリテーションに取り組んでいる。トイレへは手すりを使って移動し，トイレ動作は自立している。退院後も自宅のトイレでの排泄を希望している。
　　Kさんが自宅のトイレで排泄を実現するために必要な情報として，**最も優先されるもの**を1つ選びなさい。

1 便意・尿意の有無
2 飲食の状況
3 衣服の着脱の様子
4 家族介護者の有無
5 トイレまでの通路の状況

問題 49 自己導尿を行っている利用者に対する介護福祉職の対応として，**最も適切なもの**を1つ選びなさい。

1 座位が不安定な場合は，体を支える。
2 利用者が自己導尿を行っている間は，そばで見守る。
3 利用者と一緒にカテーテルを持ち，挿入する。
4 再利用のカテーテルは水道水で洗い，乾燥させる。
5 尿の観察は利用者自身で行うように伝える。

問題 50 下肢筋力の低下により立位に一部介助が必要な車いすの利用者が，トイレで排泄をするときの介護として，**最も適切なもの**を 1 つ選びなさい。

1　便座の高さは，利用者の膝よりも低くなるように調整する。
2　便座に移乗する前に，車いすのバックサポートに寄りかかってもらう。
3　車いすから便座に移乗するときは，利用者の上腕を支える。
4　利用者が便座に移乗したら，座位が安定していることを確認する。
5　立ち上がる前に，下着とズボンを下腿部まで下げておく。

問題 51 図の洗濯表示の記号の意味として，**正しいもの**を 1 つ選びなさい。

1　液温は 30℃以上とし，洗濯機で洗濯ができる。
2　液温は 30℃以上とし，洗濯機で弱い洗濯ができる。
3　液温は 30℃以上とし，洗濯機で非常に弱い洗濯ができる。
4　液温は 30℃を上限とし，洗濯機で弱い洗濯ができる。
5　液温は 30℃を上限とし，洗濯機で非常に弱い洗濯ができる。

問題 52 衣服についたバターのしみを取るための処理方法に関する次の記述のうち，**適切なもの**を 1 つ選びなさい。

1　水で洗い流す。
2　しみに洗剤を浸み込ませて，布の上に置いて叩く。
3　乾かした後，ブラッシングする。
4　水で冷やしてもむ。
5　歯磨き粉をつけてもむ。

第33回

問題 53 食中毒の予防に関する次の記述のうち，**最も適切なもの**を1つ選びなさい。

1 鮮魚や精肉は，買物の最初に購入する。
2 冷蔵庫の食品は，隙間(すきま)なく詰める。
3 作って保存しておく食品は，広く浅い容器に入れてすばやく冷ます。
4 再加熱するときは，中心部温度が60℃で1分間行う。
5 使い終わった器具は，微温湯をかけて消毒する。

問題 54 喘息(ぜんそく)のある利用者の自宅の掃除に関する次の記述のうち，**適切なもの**を1つ選びなさい。

1 掃除機をかける前に吸着率の高いモップで床を拭く。
2 掃除は低い所から高い所へ進める。
3 拭き掃除は往復拭きをする。
4 掃除機の吸い込み口はすばやく動かす。
5 掃除は部屋の出入口から奥へ向かって進める。

問題 55 ベッドに比べて畳の部屋に布団を敷いて寝る場合の利点について，**最も適切なもの**を1つ選びなさい。

1 布団に湿気がこもらない。
2 立ち上がりの動作がしやすい。
3 介護者の負担が少ない。
4 床からの音や振動が伝わりにくい。
5 転落の不安がない。

問題 56　睡眠の環境を整える介護として，**最も適切なもの**を 1 つ選びなさい。

1　寝具を選ぶときは，保湿性を最優先する。
2　湯たんぽを使用するときは，皮膚に直接触れないようにする。
3　寝室の温度は，1 年を通して 15℃前後が望ましい。
4　枕は，顎が頸部につくぐらいの高さにする。
5　就寝中の電気毛布は，スイッチを切る必要がない。

問題 57　L さん（78 歳，男性）は，脳梗塞後遺症による右片麻痺がある。妻の介護疲れで，3 日前から介護老人保健施設の短期入所療養介護（ショートステイ）を利用している。入所以降，L さんは日中もベッドで横になっていることが多かったため，介護福祉職が L さんに話を聞くと，「夜，眠れなくて困っている」と訴えた。
　　　介護福祉職の L さんへの対応として，**最も適切なもの**を 1 つ選びなさい。

1　施設の起床時間や消灯時間をわかりやすく伝える。
2　眠ろうとする意志が大切だと説明する。
3　自宅での睡眠の状況について詳しく尋ねる。
4　日中の睡眠の必要性を伝える。
5　睡眠薬の服用について提案する。

問題 58　「人生の最終段階における医療・ケアの決定プロセスに関するガイドライン」（2018 年（平成 30 年）改訂（厚生労働省））において，アドバンス・ケア・プランニング（ACP）が重要視されている。このアドバンス・ケア・プランニング（ACP）を踏まえた，人生の最終段階を迎えようとする人への介護福祉職の言葉かけとして，**最も適切なもの**を 1 つ選びなさい。

1　「生活上の悩みごとは，近くの地域包括支援センターに相談できます」
2　「今後の医療とケアについては，家族が代わりに決めるので安心です」
3　「今後の生活について，家族や医療・介護職員と一緒に，その都度話し合っていきましょう」
4　「口から食べることができなくなったら，介護職員に相談してください」
5　「意思を伝えられなくなったら，成年後見制度を利用しましょう」

第33回

問題 59　死期が近づいたときの介護に関する次の記述のうち，**最も適切な**ものを1つ選びなさい。

1　食事量が減少したときは，高カロリーの食事を用意する。
2　チアノーゼ（cyanosis）が出現したときは，冷罨法を行う。
3　全身倦怠感が強いときは，全身清拭から部分清拭に切り替える。
4　傾眠傾向があるときは，話しかけないようにする。
5　口腔内乾燥があるときは，アイスマッサージを行う。

問題 60　高齢者施設で利用者の死後に行うデスカンファレンス（death conference）に関する次の記述のうち，**最も適切なもの**を1つ選びなさい。

1　ボランティアに参加を求める。
2　ケアを振り返り，悲しみを共有する。
3　利用者の死亡直後に行う。
4　個人の責任や反省点を追及する。
5　自分の感情は抑える。

介護過程

問題 61　介護過程の目的に関する次の記述のうち，**最も適切なもの**を1つ選びなさい。

1　利用者の健康状態の改善
2　介護福祉職の介護観の変容
3　他職種との役割の分化
4　家族の介護負担の軽減
5　利用者の生活の質の向上

問題 62　介護福祉職の情報収集に関する次の記述のうち，**最も適切なもの**を 1 つ選びなさい。

1　五感を活用した観察を通して情報を集める。
2　一つの場面に限定して得られる情報を集める。
3　初対面のときから踏み込んで情報を集める。
4　興味のある個人情報を集める。
5　実践したい支援に沿った情報を集める。

問題 63　次の記述のうち，介護過程の展開におけるアセスメント（assessment）の説明として，**最も適切なもの**を 1 つ選びなさい。

1　支援内容を説明して同意を得ること。
2　具体的な支援計画を検討すること。
3　達成できる目標を設定すること。
4　支援の経過を評価すること。
5　利用者の生活課題を明確にすること。

問題 64　短期目標の設定に関する次の記述のうち，**最も適切なもの**を 1 つ選びなさい。

1　介護福祉職の視点で目標を設定する。
2　多様な解釈ができる言葉を用いて設定する。
3　実現可能な目標を段階的に設定する。
4　長期目標とは切り離して設定する。
5　最終的に実現したい生活像を設定する。

次の事例を読んで，**問題 65**，**問題 66** について答えなさい。

〔事　例〕

　Mさん（78歳，女性，要介護2）は，認知症対応型共同生活介護（グループホーム）に入居している。

　楽しみは，お風呂に入って肩までつかることである。身体機能に問題はない。短期目標を，「見守りのもと，一人で入浴する（3か月）」と設定し，順調に経過していた。

　1か月が過ぎた頃，朝の申し送りで，「Mさんが昨日浴室を出ようとしたときに足を滑らせたが，転倒はしなかった。念のため受診したが問題はなかった」と報告があった。その日の夕方，介護福祉職が入浴に誘うと，「行きたくない」と強い口調で断った。それから1週間入浴していないことを心配した介護福祉職が居室を訪ねて，安全に入浴できるように浴室内を整えたことを伝えた。しかし，Mさんは，「怖いから」と小声で言った。

問題 65　Mさんの再アセスメントに関する次の記述のうち，**最も適切なもの**を1つ選びなさい。

1　順調に経過していたときの状況を分析する。
2　「怖いから」という思いを解釈する。
3　入浴を断られた介護福祉職の思いを理解する。
4　入浴時間の変更を検討する必要があると判断する。
5　入浴を面倒に思っていると判断する。

問題 66　再アセスメントによって見直した支援の方向性として，**最も適切なもの**を1つ選びなさい。

1　湯船につかる自信を取り戻す支援
2　浴室内の移動の不安を取り除く支援
3　浴室まで安全に移動できる支援
4　足浴で満足感を得ることができる支援
5　身体機能を改善する支援

次の事例を読んで，**問題 67**，**問題 68** について答えなさい。

〔事　例〕

　Aさん（80 歳，女性，要介護 3）は，パーキンソン病（Parkinson disease）と診断されている。診断後も家業を手伝いながら，地域の活動に参加していた。

　半年前からパーキンソン病（Parkinson disease）が悪化し，動作は不安定となったが，「家族に迷惑をかけたくない」と，できることは自分で取り組んでいた。また，主となる介護者である娘に服薬を管理してもらいながら，通所介護（デイサービス）を週 3 回利用し，なじみの友人と話すことを楽しみにしていた。

　最近，通所介護（デイサービス）の職員から娘に，昼食時にむせることが多く食事を残していること，午後になると，「レクリエーションには参加したくない」と落ち着かない様子になることが報告された。

問題 67　介護福祉職が A さんについて，**主観的に記録したもの**を 1 つ選びなさい。

1　パーキンソン病（Parkinson disease）と診断されている。
2　帰宅願望から，レクリエーションの参加を拒否した。
3　「家族に迷惑をかけたくない」と話し，できることは自分で行っていた。
4　週 3 回，通所介護（デイサービス）を利用している。
5　昼食時にむせることが多く，食事を残していることを娘に報告した。

問題 68　その後，娘が腰痛を発症し，A さんは短期入所生活介護（ショートステイ）を利用することになった。
　次の記述のうち，短期入所生活介護（ショートステイ）における A さんの生活課題として，**最も優先すべきもの**を 1 つ選びなさい。

1　食事を安全に摂取できること。
2　服薬の管理ができること。
3　通所介護（デイサービス）の利用を再開できること。
4　なじみの友人ができること。
5　地域の活動に参加できること。

午後　　　発達と老化の理解

問題 69　Aさん（小学4年生，男性）は，思いやりがあり友人も多い。図画工作や音楽が得意で落ち着いて熱心に取り組むが，苦手な科目がある。特に国語の授業のノートを見ると，黒板を書き写そうとしているが，文字の大きさもふぞろいで，一部の漢字で左右が入れ替わっているなどの誤りが多く見られ，途中で諦めた様子である。親子関係や家庭生活，身体機能，就学時健康診断などには問題がない。

　　Aさんに当てはまる状態として，**最も適切なもの**を1つ選びなさい。

1　自閉症スペクトラム障害（autism spectrum disorder）
2　愛着障害
3　注意欠陥多動性障害
4　学習障害
5　知的障害

問題 70　医療や福祉の法律での年齢に関する次の記述のうち，**正しいもの**を1つ選びなさい。

1　35歳の人は，老人福祉施設に入所できる。
2　50歳の人は，介護保険の第一号被保険者である。
3　60歳の人は，医療保険の前期高齢者である。
4　70歳の人は，介護保険の第二号被保険者である。
5　75歳の人は，後期高齢者医療の被保険者である。

問題 71　高齢期の喪失体験と悲嘆に関する次の記述のうち，**最も適切な**
ものを 1 つ選びなさい。

1　喪失体験とは，加齢に伴う身体機能の低下のことである。
2　悲嘆過程とは，病的な心のプロセスのことである。
3　死別後の悲嘆からの回復には，喪失に対する心理的対処だけでなく生活の立
て直しへの対処も必要である。
4　ボウルビィ（Bowlby, J.）によれば，悲嘆過程には順序性はない。
5　身近な人との死別後に生じる病的悲嘆への支援では，亡くなった人への愛着
をほかに向けることを目標にする。

問題 72　加齢による味覚の変化に関する次の記述のうち，**最も適切なもの**
を 1 つ選びなさい。

1　味蕾の数に年齢による違いはない。
2　服用する薬剤で味覚が変化することはない。
3　唾液が増加して味覚が敏感になる。
4　濃い味を好むようになる。
5　口腔ケアは関係ない。

問題 73　意欲が低下した高齢者の動機づけに関する次の記述のうち，**最**
も適切なものを 1 つ選びなさい。

1　高い目標を他者が掲げると，動機づけが強まる。
2　本人が具体的に何をすべきかがわかると，動機づけが強まる。
3　本人にとって興味がある目標を掲げると，動機づけが弱まる。
4　小さな目標の達成を積み重ねていくと，動機づけが弱まる。
5　本人が自分にもできそうだと思う目標を掲げると，動機づけが弱まる。

第33回

問題 74 高齢者の便秘に関する次の記述のうち，**適切なもの**を1つ選びなさい。

1 大腸がん（colorectal cancer）は，器質性便秘の原因になる。
2 弛緩性便秘はまれである。
3 けいれん性便秘では，大きく柔らかい便がでる。
4 直腸性便秘は，便が直腸に送られてこないために起こる。
5 薬剤で，便秘になることはまれである。

問題 75 高齢者の転倒に関する次の記述のうち，**正しいもの**を1つ選びなさい。

1 介護が必要になる原因は，転倒による骨折（fracture）が最も多い。
2 服用する薬剤と転倒は，関係がある。
3 転倒による骨折（fracture）の部位は，足首が最も多い。
4 転倒の場所は，屋内では浴室が最も多い。
5 過去に転倒したことがあると，再度の転倒の危険性は低くなる。

問題 76 高齢者の糖尿病（diabetes mellitus）に関する次の記述のうち，**適切なもの**を1つ選びなさい。

1 アミラーゼ（amylase）の作用不足が原因である。
2 ヘモグロビンA1c（HbA1c）の目標値は，若年者に比べて低めが推奨される。
3 若年者に比べて高血糖の持続による口渇感が強い。
4 運動療法は避けたほうがよい。
5 若年者に比べて低血糖の自覚症状に乏しい。

認知症の理解

問題 77　うつ病（depression）による仮性認知症（pseudodementia）と比べて認知症（dementia）に特徴的な事柄として，**適切なもの**を 1 つ選びなさい。

1　判断障害がみられることが多い。
2　不眠を訴えることが多い。
3　誇張して訴えることが多い。
4　希死念慮がみられることが多い。
5　抗うつ薬が効果的であることが多い。

問題 78　日本における認知症（dementia）の原因のうち，アルツハイマー型認知症（dementia of the Alzheimer's type）の次に多い疾患として，**正しいもの**を 1 つ選びなさい。

1　血管性認知症（vascular dementia）
2　前頭側頭型認知症（frontotemporal dementia）
3　混合型認知症（mixed type dementia）
4　レビー小体型認知症（dementia with Lewy bodies）
5　アルコール性認知症（alcoholic dementia）

問題 79　日本での認知症（dementia）に関する次の記述のうち，**適切なもの**を 1 つ選びなさい。

1　アルツハイマー型認知症（dementia of the Alzheimer's type）以外の認知症（dementia）の患者数が増加している。
2　アルツハイマー型認知症（dementia of the Alzheimer's type）の有病率は，男性より女性が高い。
3　年齢が若いほど，認知症発症のリスクが高い。
4　生活習慣病（life-style related disease）と認知症発症には関連がない。
5　運動は認知症予防に無効である。

第33回

問題 80 認知症初期集中支援チームに関する次の記述のうち，**適切なもの**を 1 つ選びなさい。

1 認知症（dementia）の人は病院への入院や施設への入所をするべきであるという考えに基づいている。
2 既に認知症（dementia）の診断を受けている人への支援は含まれない。
3 家族への支援は含まれない。
4 支援期間は 2 ～ 3 年である。
5 チーム員会議を開催してケア方針を決定する。

問題 81 クロイツフェルト・ヤコブ病（Creutzfeldt-Jakob disease）に関する次の記述のうち，**適切なもの**を 1 つ選びなさい。

1 有病率は 1 万人に 1 人である。
2 プリオン病である。
3 認知症（dementia）の症状は緩やかに進行する場合が多い。
4 致死率は低い。
5 不随意運動は伴わない。

問題 82 レビー小体型認知症（dementia with Lewy bodies）に関する次の記述のうち，**適切なもの**を 1 つ選びなさい。

1 脳梗塞（cerebral infarction）が原因である。
2 初発症状は記憶障害である。
3 けいれんがみられる。
4 人格変化がみられる。
5 誤嚥性肺炎（aspiration pneumonia）の合併が多い。

問題 83　B さん（80 歳，女性，要介護 2）は，1 年前にアルツハイマー型認知症（dementia of the Alzheimer's type）の診断を受け，服薬を継続している。同居の息子は日中不在のため，週に 3 回，訪問介護（ホームヘルプサービス）を利用し，訪問介護員（ホームヘルパー）と共に活発に会話や家事をしていた。不眠を強く訴えることが増えたため，1 週間前に病院を受診したときに息子が主治医に相談した。その後，午前中うとうとしていることが多くなり，飲水時にむせることがあった。歩くとき，ふらつくようになったが，麻痺はみられない。バイタルサイン（vital signs）に変化はなく，食欲・水分摂取量も保たれている。

　　訪問介護員（ホームヘルパー）の B さんと息子への言葉かけとして，**最も適切なもの**を 1 つ選びなさい。

1　「日中は横になって過ごしたほうがよいでしょう」
2　「歩行機能を保つためにリハビリを始めませんか」
3　「嚥下障害が起きてますね」
4　「処方薬が変更されていませんか」
5　「認知症（dementia）が進行したのでしょう」

問題 84　認知症（dementia）の原因疾患を鑑別するときに，慢性硬膜下血腫（chronic subdural hematoma）の診断に有用な検査として，**最も適切なもの**を 1 つ選びなさい。

1　血液検査
2　脳血流検査
3　頭部 CT 検査
4　脳波検査
5　認知機能検査

第33回

認知症（dementia）に伴う注意障害に関する次の記述のうち，**最も適切なもの**を１つ選びなさい。

1 周囲から物音が聞こえてくると，食事を中断したままになる。
2 毎日，同じ時間に同じ行動をする。
3 旅行の計画を立てることが難しい。
4 話そうとすることを言い間違える。
5 介護職員から説明を受けたことを覚えていない。

Cさん（87歳，男性，要介護5）は，重度のアルツハイマー型認知症（dementia of the Alzheimer's type）である。現在，介護老人福祉施設に入所しているが終末期の状態にある。できる限り経口摂取を続けてきたが，誤嚥性肺炎（aspiration pneumonia）を繰り返し，経口摂取が困難となった。臥床状態が続き，声かけに対する反応も少なくなっている。医師から，「死が極めて近い状態である」と伝えられた。

施設で看取ることになっているCさんへの介護福祉職の対応として，**最も適切なもの**を１つ選びなさい。

1 離床している時間をつくる。
2 会話によって本人の希望を聞く。
3 事前指示書を作成する。
4 苦痛があるかないか，状態を観察する。
5 本人の好きな食事を用意する。

障害の理解

問題 87　ICF（International Classification of Functioning, Disability and Health：国際生活機能分類）の社会モデルに基づく障害のとらえ方に関する記述として，**最も適切なもの**を１つ選びなさい。

1　個人の問題としてとらえる。
2　病気・外傷から直接的に生じる。
3　さまざまな環境との相互作用によって生じる。
4　治療してできるだけ回復させることを目的とする。
5　医療などによる援助を必要とする。

問題 88　リハビリテーションに関する次の記述のうち，**適切なもの**を１つ選びなさい。

1　語源は，「再び適したものにすること」である。
2　ニィリエ（Nirje, B.）によって定義された。
3　医療の領域に限定されている。
4　自立生活運動とは関係がない。
5　機能回復訓練は社会的リハビリテーションである。

問題 89　「Nothing about us without us（私たち抜きに私たちのことを決めるな）」の考え方のもとに，障害者が作成の段階から関わり，その意見が反映されて成立したものとして，**最も適切なもの**を１つ選びなさい。

1　優生保護法
2　国際障害者年
3　知的障害者福祉法
4　身体障害者福祉法
5　障害者の権利に関する条約

第33回

問題 90

Dさん（31 歳，男性）は，脊髄損傷（spinal cord injury）による対麻痺で，リハビリテーションのため入院中である。車いすでの日常生活動作（Activities of Daily Living：ADL）は自立したが，退院後自宅で生活するときに，褥瘡が生じないか心配している。

Dさんの褥瘡が発生しやすい部位として，**最も適切なもの**を1つ選びなさい。

1 頭部
2 上腕部
3 背部
4 腹部
5 坐骨結節部

問題 91

脊髄の完全損傷で，プッシュアップが可能となる最上位のレベルとして，**最も適切なもの**を1つ選びなさい。

1 頸髄（C1 ～ C3）
2 頸髄（C7）
3 胸髄
4 腰髄
5 仙髄

問題 92

筋ジストロフィー（muscular dystrophy）の病態について，**適切なもの**を1つ選びなさい。

1 網膜が変性する。
2 運動神経が変性する。
3 自己免疫が原因である。
4 中脳の黒質が病変部位となる。
5 筋線維に変性が生じる。

問題 93　「障害者虐待防止法」の心理的虐待に関する次の記述のうち，**適切なものを 1 つ**選びなさい。

1　身体に外傷が生じるおそれのある暴行を加えること。
2　わいせつな行為をすること。
3　著しい暴言，または著しく拒絶的な対応を行うこと。
4　衰弱させるような著しい減食，または長時間の放置を行うこと。
5　財産を不当に処分すること。
　（注）「障害者虐待防止法」とは，「障害者虐待の防止，障害者の養護者に対する支援等に関する法律」のことである。

問題 94　心臓機能障害のある人に関する記述として，**最も適切なものを 1 つ**選びなさい。

1　塩分の制限は必要としない。
2　呼吸困難や息切れなどの症状がみられることが多い。
3　日常生活で外出を避けるべきである。
4　ペースメーカーの装着者は，身体障害者手帳の交付対象から除外される。
5　精神的なストレスの影響は少ない。

問題 95　発達障害の E さん（5 歳，男性）の母親（28 歳）は，E さんのことを一生懸命に理解しようと頑張っている。しかし，うまくいかないことも多く，子育てに自信をなくし，どうしたらよいのかわからずに一人で悩んでいる様子が見られる。
　　　母親への支援に関する次の記述のうち，**最も適切なものを 1 つ**選びなさい。

1　現状を受け入れるように説得する。
2　一時的な息抜きのために，レスパイトケアを紹介する。
3　同じ立場にあるペアレント・メンターを紹介する。
4　E さんへの発達支援を強化するように勧める。
5　介護支援専門員（ケアマネジャー）を紹介する。

問題 96　「2016 年（平成 28 年）生活のしづらさなどに関する調査（全国在宅障害児・者等実態調査）」（厚生労働省）における身体障害者手帳所持者の日常的な情報入手手段として，**最も割合が高いもの**を 1 つ選びなさい。

1　家族・友人・介助者
2　パソコン
3　携帯電話
4　テレビ
5　ラジオ

こころとからだのしくみ

問題 97　心的外傷後ストレス障害（posttraumatic stress disorder：PTSD）に関する次の記述のうち，**最も適切なもの**を 1 つ選びなさい。

1　原因となった体験が繰り返し思い起こされる。
2　1 か月以内で症状は治まる。
3　小さな出来事が原因となる。
4　被害妄想を生じる。
5　気分が高ぶる。

問題 98　健康な人の体温に関する次の記述のうち，**適切なもの**を 1 つ選びなさい。

1　高齢者の体温は小児より高い。
2　早朝の体温が最も高い。
3　腋窩温は口腔温より高い。
4　体温調節中枢は視床下部にある。
5　環境の影響を受けない。

問題 99　義歯を使用したときの影響として，**適切なもの**を1つ選びなさい。

1　唾液分泌量が増加する。
2　話す言葉が明瞭になる。
3　舌の動きが悪くなる。
4　口のまわりのしわが増える。
5　味覚が低下する。

問題 100　1週間の安静臥床で筋力は何％程度低下するか，次のうちから**最も適切なもの**を1つ選びなさい。

1　1％
2　5％
3　15％
4　30％
5　50％

問題 101　栄養素の働きに関する次の記述のうち，**正しいもの**を1つ選びなさい。

1　たんぱく質は，最大のエネルギー源となる。
2　ビタミンD（vitamin D）は，糖質をエネルギーに変える。
3　カリウム（K）は，骨の形成に関わる。
4　ビタミンB1（vitamin B1）は，カルシウム（Ca）の吸収に関わる。
5　ナトリウム（Na）は，血圧の調節に関わる。

第33回

問題 102

Fさん（80歳，女性）は，普段の食事は自立している。日常生活では眼鏡がないと不自由である。ある日，いつもより食事に時間がかかっていた。介護福祉職が確認したところ，Fさんは，「眼鏡が壊れて使えなくなってしまった」と答えた。

食事をとるプロセスで，Fさんが最も影響を受ける段階として，**正しいもの**を1つ選びなさい。

1　先行期
2　準備期
3　口腔期
4　咽頭期
5　食道期

問題 103

入浴（中温浴，38〜41℃）の効果に関する次の記述のうち，**正しいもの**を1つ選びなさい。

1　脳が興奮する。
2　筋肉が収縮する。
3　血圧が上昇する。
4　腎臓の働きを促進する。
5　腸の動きを抑制する。

問題 104

Gさん（83歳，女性）は，認知機能は正常で，日常生活は杖歩行で自立し外出もしていた。最近，外出が減ったため理由を尋ねたところ，咳やくしゃみで尿が漏れることが多いため外出を控えていると言った。

Gさんの尿失禁として，**適切なもの**を1つ選びなさい。

1　機能性尿失禁
2　腹圧性尿失禁
3　溢流性尿失禁
4　反射性尿失禁
5　切迫性尿失禁

問題 105 次のうち，便秘の原因として，**最も適切なもの**を1つ選びなさい。

1　炎症性腸疾患（inflammatory bowel disease）
2　経管栄養
3　消化管切除
4　感染性腸炎（infectious enteritis）
5　長期臥床

問題 106 高齢者の睡眠の特徴に関する次の記述のうち，**適切なもの**を1つ選びなさい。

1　熟睡感が増加する。
2　深睡眠が増加する。
3　夜間の睡眠時間が増加する。
4　睡眠周期が不規則になる。
5　入眠までの時間が短縮する。

問題 107 睡眠に関する次の記述のうち，**適切なもの**を1つ選びなさい。

1　レム睡眠のときに夢を見る。
2　レム睡眠から入眠は始まる。
3　ノンレム睡眠では筋緊張が消失する。
4　ノンレム睡眠では速い眼球運動がみられる。
5　高齢者ではレム睡眠の時間が増加する。

問題 108 死斑が出現し始める時間として，**正しいもの**を1つ選びなさい。

1　死後5分以内
2　死後20〜30分
3　死後3時間
4　死後8〜12時間
5　死後48時間

医療的ケア

問題 109 介護福祉職が経管栄養を実施するときに，注入量を指示する者として，**適切なもの**を1つ選びなさい。

1 医師
2 看護師
3 訪問看護事業所の管理者
4 訪問介護事業所の管理者
5 介護支援専門員（ケアマネジャー）

問題 110 気管粘膜のせん毛運動に関する次の記述のうち，**最も適切なもの**を1つ選びなさい。

1 痰の粘度が高いほうが動きがよい。
2 空気中の異物をとらえる運動である。
3 反射的に咳を誘発する。
4 気管内部が乾燥しているほうが動きがよい。
5 痰を口腔の方へ移動させる。

問題 111 介護福祉職が実施する喀痰吸引で，口腔内と気管カニューレ内部の吸引に関する次の記述のうち，**最も適切なもの**を1つ選びなさい。

1 気管カニューレ内部の吸引では，カニューレの内径の3分の2程度の太さの吸引チューブを使用する。
2 気管カニューレ内部の吸引では，滅菌された洗浄水を使用する。
3 気管カニューレ内部の吸引では，頸部を前屈した姿勢にして行う。
4 吸引時間は，口腔内より気管カニューレ内部のほうを長くする。
5 吸引圧は，口腔内より気管カニューレ内部のほうを高くする。

問題 112

Hさん（80歳，男性）は嚥下機能の低下があり，胃ろうを1か月前に造設して，自宅に退院した。現在，胃ろう周囲の皮膚のトラブルはなく，1日3回の経管栄養は妻と介護福祉職が分担して行っている。経管栄養を始めてから下肢の筋力が低下して，妻の介助を受けながらトイレへは歩いて行っている。最近，「便が硬くて出にくい」との訴えがある。

　Hさんに対して介護福祉職が行う日常生活支援に関する次の記述のうち，**最も適切なもの**を1つ選びなさい。

1　入浴時は，胃ろう部を湯につけないように注意する。
2　排泄時は，胃ろう部を圧迫するように促す。
3　排便は，ベッド上で行うように勧める。
4　経管栄養を行っていないときの歩行運動を勧める。
5　栄養剤の注入量を増やすように促す。

問題 113

経管栄養の実施に関する次の記述のうち，**最も適切なもの**を1つ選びなさい。

1　経管栄養の準備は，石鹸と流水で丁寧に手を洗ってから行う。
2　栄養剤は，消費期限の新しいものから使用する。
3　胃ろうや腸ろう周囲の皮膚は，注入開始前にアルコール消毒を行う。
4　カテーテルチップシリンジは，1回使用したら廃棄する。
5　口腔ケアは，数日に1回行う。

第33回

総合問題（総合問題 1）

次の事例を読んで，**問題 114 から問題 116 まで**について答えなさい。

〔事　例〕

　Jさん（83歳，女性）は一人暮らしである。人と付き合うのが苦手で，近所付き合いもあまりなく，一人で静かに生活していた。

　80歳を過ぎた頃から右膝に痛みが出て，変形性膝関節症（knee osteoarthritis）と診断されたが，近くのスーパーへの買物や，近所の散歩には出かけていた。

　1か月ほど前から膝の痛みが悪化し，散歩にも行かなくなった。食事量が減って痩せてきてしまい，一日中，座ってテレビを見て過ごしている。

問題 114 現在のJさんに心配される病態として，**最も適切なものを1つ**選びなさい。

1　フレイル（frailty）
2　不定愁訴
3　寛解
4　不穏
5　せん妄（delirium）

問題 115

Jさんは，食事量は回復したが，膝に痛みがあり，家の中ではつかまり歩きをしていた。要介護認定を受けたところ要支援 2 と判定され，家の近くの第一号通所事業（通所型サービス）を利用することになった。

通所初日，車で迎えに行くと，Jさんは，「心配だからやっぱり行くのはやめようかしら」と介護福祉職に言い，玄関の前からなかなか動かなかった。

このときの介護福祉職の言葉かけとして，**最も適切なものを 1 つ選びなさい。**

1　「急ぎましょう。すぐに車に乗ってください」
2　「心配なようですから，お休みにしましょう」
3　「歩けないようでしたら，車いすを用意しましょうか」
4　「初めてだから心配ですね。私もそばにいるので一緒に行きませんか」
5　「Jさんが行かないと，皆さん困ってしまいますよ」

◎

問題 116

その後，Jさんは少しずつ回復し，膝の痛みもなく，家の中では何もつかまらずに歩くことができている。一人で散歩に出ようという意欲も出てきた。

Jさんは，介護福祉職にもっと安定して歩けるように練習をしていきたいことや，外出するときは膝の負担を減らすために杖を使用したいと思っていることを話した。

Jさんに合った，杖を使った歩き方として，**最も適切なものを 1 つ選びなさい。**

1　杖（左手で持つ）を出す→右足を出す→左足を出す
2　杖（右手で持つ）を出す→左足を出す→右足を出す
3　杖（左手で持つ）と右足を出す→左足を出す
4　杖（右手で持つ）と左足を出す→右足を出す
5　杖（左手で持つ）と左足を出す→右足を出す

次の事例を読んで，**問題 117 から問題 119 まで**について答えなさい。

〔事　例〕

　Kさん（80歳，女性）は夫が亡くなった後，自宅で一人暮らしをしていた。ある日，一人娘のLさんが訪ねると，ごみが散乱しており，冷蔵庫の中には古くなった食材がたくさん入っていた。

　変化に驚いたLさんはKさんと病院を受診したところ，認知症（dementia）と診断された。Lさんは，Kさんに家庭的な雰囲気の中で生活をしてほしいと考えた。その結果，Kさんは認知症対応型共同生活介護（グループホーム）を利用することになった。

　入居して1週間が経過し，Kさんと関わったM介護福祉職は，Kさんは短期記憶の低下により，最近の出来事については話すことは難しいが，自分が学校に通っていた頃の話や，子どもの頃に歌っていた歌については生き生きと話すことを確認した。

問題 117　M介護福祉職は，Kさんが今持っている認知能力を活用して，ほかの利用者と交流する機会を作りたいと考え，Kさんとほかの利用者に参加してもらう活動を企画することにした。

　　　M介護福祉職が企画した活動の手法として，**最も適切なもの**を1つ選びなさい。

1　リアリティ・オリエンテーション（reality orientation）
2　ピアカウンセリング（peer counseling）
3　スーパービジョン（supervision）
4　回想法
5　社会生活技能訓練

問題118 ある日，M 介護福祉職が K さんの入浴介護を行っていたところ，手のひらや指の間に赤い丘疹を確認した。M 介護福祉職が K さんに，「かゆくないですか」と聞くと，「かゆい」と答えた。そのため，病院を受診したところ，角化型疥癬（hyperkeratotic scabies）と診断された。

　　K さんへの介護福祉職の対応として，**最も適切なもの**を 1 つ選びなさい。

1　入浴後の洗濯物は，ビニール袋に入れて運ぶ。
2　マスクを着けてもらう。
3　個室に隔離する必要はない。
4　介護は素手で行う。
5　ほかの利用者よりも先に入浴してもらう。

問題119 認知症対応型共同生活介護（グループホーム）を利用する K さんの要介護度に変更があった場合に影響があるものとして，**適切なもの**を 1 つ選びなさい。

1　介護保険料
2　認知症対応型共同生活介護費
3　介護サービスの利用者負担割合
4　食費
5　居住費

総合問題（総合問題3）

次の事例を読んで，**問題120から問題122まで**について答えなさい。

〔事　例〕

　Aさん（10歳，男性）は，自閉症スペクトラム障害（autism spectrum disorder）であり，多動で発語は少ない。毎日のように道路に飛び出してしまったり，高い所に登ったりするなど，危険の判断ができない。また，感情の起伏が激しく，パニックになると止めても壁に頭を打ちつけ，気持ちが高ぶると騒ぎ出す。お金の使い方がわからないため好きなものをたくさん買おうとする。

　現在は，特別支援学校に通っており，普段の介護は母親が一人で担っている。

問題 120
Aさんのこのような状態に該当するものとして，**最も適切なもの**を1つ選びなさい。

1　注意障害
2　遂行機能障害
3　強度行動障害
4　記憶障害
5　気分障害

問題 121

Aさんの将来を考え，家族以外の支援者と行動できるようにすることを目標に障害福祉サービスを利用することになった。介護福祉職と一緒に散歩に行き，外出時のルールを覚えたり，移動中の危険回避などの支援を受けている。
　Aさんが利用しているサービスとして，**適切なもの**を1つ選びなさい。

1　同行援護
2　自立生活援助
3　自立訓練
4　生活介護
5　行動援護

問題 122

Aさんのサービス利用開始から6か月が経ち，支援の見直しをすることになった。Aさんの現状は，散歩では周囲を気にせず走り出すなど，まだ危険認知ができていない。介護福祉職はルールを守ることや周りに注意するように声かけをするが，注意されるとイライラし，パニックになることがある。
　一方で，スーパーではお菓子のパッケージを見て，硬貨を出し，長時間その場から動こうとしない。介護福祉職は，Aさんがお菓子とお金に注目している様子から，その力を引き出す支援を特別支援学校に提案した。
　介護福祉職が特別支援学校に提案した支援の背景となる考え方として，**最も適切なもの**を1つ選びなさい。

1　エンパワメント（empowerment）
2　アドボカシー（advocacy）
3　ピアサポート（peer support）
4　ノーマライゼーション（normalization）
5　インクルージョン（inclusion）

第33回

次の事例を読んで，**問題 123 から問題 125 まで**について答えなさい。

〔事　例〕

B さん（45 歳，女性）はアパートで一人暮らしをしていた。家族や親戚との付き合いはなかったが，趣味も多く，充実した生活を送っていた。

ある日，車で買物に行く途中，交通事故を起こし，U 病院に救急搬送され手術を受けた。

手術の数日後，医師から，頸髄損傷（cervical cord injury）があり，第 5 頸髄節まで機能残存するための手術をしたこと，今後の治療方針，リハビリテーションによって今後の生活がどこまで可能になるかについて，丁寧に説明を受けた。

問題 123　B さんの今後の生活に関する次の記述のうち，**最も適切なもの**を 1 つ選びなさい。

1　自力歩行ができる。
2　自走式標準型車いすを自分で操作して，一人で外出することができる。
3　自発呼吸が困難になり，人工呼吸器が必要な生活になる。
4　電動車いすを自分で操作することが可能になる。
5　指を使った細かい作業が可能になる。

問題 124

Bさんは，入院当初は落ち込んでいたが，徐々に表情が明るくなり，U病院でのリハビリテーションにも積極的に取り組むようになった。現在はVリハビリテーション病院に転院して，退院後の生活に向けて身体障害者手帳を取得し，準備を進めている。Bさんは，以前のようなアパートでの一人暮らしはすぐには難しいと考え，障害者支援施設への入所を考えている。

　障害者支援施設に入所するために，Bさんがこの時期に行う手続きとして，**最も適切なもの**を1つ選びなさい。

1　居宅サービス計画を作成するために，介護支援専門員（ケアマネジャー）に相談する。
2　要介護認定を受けるために，市町村の窓口に申請する。
3　施設サービス計画を作成するために，介護支援専門員（ケアマネジャー）に相談する。
4　サービス等利用計画を作成するために，相談支援専門員に相談する。
5　障害支援区分の認定を受けるために，市町村の窓口に申請する。

問題 125

その後，Bさんは希望どおり障害者支援施設に入所した。入所した施設では，C介護福祉職がBさんの担当になった。C介護福祉職は，Bさんから，「日常生活で，もっと自分でできることを増やし，いずれは地域で生活したい」と言われた。そこでC介護福祉職は，施設内の他職種と連携して支援を行う必要があると考えた。

　C介護福祉職が連携する他職種とその業務内容に関する次の記述のうち，**最も適切なもの**を1つ選びなさい。

1　工作などの作業を行いながら身体機能の回復を図るために，看護師と連携する。
2　運動機能の維持・改善を図るために，理学療法士と連携する。
3　趣味活動を増やすことを目的に，管理栄養士と連携する。
4　活用できる地域のインフォーマルサービスを検討するために，義肢装具士と連携する。
5　栄養状態の面から健康増進を図るために，社会福祉士と連携する。

第33回

MEMO

介護福祉士

第32回
(令和2年1月)
試験問題

午前 68 問　制限時間 110 分 ················· P.216

午後 57 問　制限時間 110 分 ················· P.242

■巻末 P.267 ～ 270 の解答用紙をコピーしてお使いください。

■答え合わせに便利な解答一覧は別冊 P.6

◆合格基準

以下の 2 つの条件を満たした者が合格者となります。

1. 問題の総得点の 60％程度を基準として、問題の難易度で補正した点数以上の得点の者 (配点は、1 問 1 点の 125 点満点)。

2. 1 を満たした者のうち、次の試験科目 11 科目群すべてにおいて得点があった者。

   [1] 人間の尊厳と自立、介護の基本　[2] 人間関係とコミュニケーション、コミュニケーション技術　[3] 社会の理解　[4] 生活支援技術　[5] 介護過程　[6] 発達と老化の理解　[7] 認知症の理解　[8] 障害の理解　[9] こころとからだのしくみ　[10] 医療的ケア　[11] 総合問題

	受験者数	84,032 人
第32回	合格者数	58,745 人
	合格率	69.9％
	合格基準点	77 点

<領域：人間と社会＞

午前　　　人間の尊厳と自立

問題 1

Ａさん（78 歳，女性，要介護 3）は，訪問介護（ホームヘルプサービス）を利用している。72 歳から人工透析を受けている。透析を始めた頃から死を意識するようになり，延命治療を選択する意思決定の計画書を作成していた。しかし，最近では，最期の時を自宅で静かに過ごしたいと思い，以前の計画のままでよいか気持ちに迷いが出てきたので，訪問介護（ホームヘルプサービス）のサービス提供責任者に相談した。

　　サービス提供責任者の対応として，**最も適切なもの**を 1 つ選びなさい。

1　「この計画書は，医療職が作成するものですよ」
2　「一度作成した計画書は，個人の意向で変更するのは難しいですよ」
3　「意思確認のための話合いは，何度でもできますよ」
4　「そんなに心配なら，特別養護老人ホームに入所できますよ」
5　「この計画書は，在宅ではなく病院での治療を想定したものですよ」

問題 2

利用者の意思を代弁することを表す用語として，**最も適切なもの**を 1 つ選びなさい。

1　インフォームドコンセント（informed consent）
2　ストレングス（strength）
3　パターナリズム（paternalism）
4　エンパワメント（empowerment）
5　アドボカシー（advocacy）

人間関係とコミュニケーション

問題 3　他者とのコミュニケーションを通した自己覚知として，**最も適切なもの**を 1 つ選びなさい。

1　自己の弱みより強みを重視する。
2　自己の感情の動きとその背景を洞察する。
3　自己の行動を主観的に分析する。
4　自己の私生活を打ち明ける。
5　自己の価値観を他者に合わせる。

問題 4　高齢者とのコミュニケーションにおける配慮として，**最も適切なもの**を 1 つ選びなさい。

1　相手と視線が合わせられる位置で話す。
2　相手には座ってもらい，自分は立ったまま話す。
3　初対面のときから相手と密着した距離で話す。
4　相手の表情があまり見えない薄暗い場所で話す。
5　たくさんの人がいる，にぎやかな場所で話す。

社会の理解

問題 5 地域包括ケアシステムでの自助・互助・共助・公助に関する次の記述のうち，**最も適切なもの**を1つ選びなさい。

1 自助は，公的扶助を利用して，自ら生活を維持することをいう。
2 互助は，社会保険のように制度化された相互扶助をいう。
3 共助は，社会保障制度に含まれない。
4 共助は，近隣住民同士の支え合いをいう。
5 公助は，自助・互助・共助では対応できない生活困窮等に対応する。

問題 6 「働き方改革」の考え方に関する記述として，**適切なもの**を1つ選びなさい。

1 長時間労働は日本社会の特質で，時間外労働の限度の設定は困難である。
2 有給休暇の取得よりも，働くことが優先される。
3 働く人々のニーズに応じた，多様な働き方を選択できる社会の実現を図る。
4 正規雇用労働者と非正規雇用労働者の待遇の格差が存在することは，当然である。
5 「働き方改革」は，中小企業は対象でない。
（注）ここでいう「働き方改革」とは，「働き方改革を推進するための関係法律の整備に関する法律」に基づく諸施策の実施のことである。

問題 7　Bさん（80 歳，女性，要介護1）は，身寄りがなく一人暮らしをしている。老齢基礎年金で暮らしてきたが，貯金が少なくなり，生活が苦しくなってきた。このため2万円の家賃支払いも困難になり，通所介護事業所のC生活相談員に，費用がかかる通所介護（デイサービス）の利用をやめたいと言ってきた。

　　　C生活相談員の対応として，**最も適切なもの**を**1つ**選びなさい。

1　介護支援専門員（ケアマネジャー）に，通所介護（デイサービス）の利用中止を依頼する。
2　介護支援専門員（ケアマネジャー）に，サービス担当者会議で利用中止の検討を依頼する。
3　福祉事務所に相談するように助言する。
4　これまでどおりの利用を説得する。
5　無料で利用できる地域の通所型サービスを探す。

問題 8　2015 年度（平成 27 年度）以降の社会保障の財政に関する次の記述のうち，**最も適切なもの**を**1つ**選びなさい。

1　後期高齢者医療制度の財源で最も割合が大きいものは，後期高齢者の保険料である。
2　社会保障給付費の財源では，税の占める割合が最も大きい。
3　生活保護費の財源内訳は，社会保険料と税である。
4　国の一般会計予算に占める社会保障関係費の割合は，30% を超えている。
5　社会保障給付費の給付額では，医療費の構成割合が最も大きい。

問題 9　介護保険制度の被保険者に関する次の記述のうち，**正しいもの**を**1つ**選びなさい。

1　加入は任意である。
2　第一号被保険者は，65 歳以上の者である。
3　第二号被保険者は，20 歳以上 65 歳未満の医療保険加入者である。
4　第一号被保険者の保険料は，都道府県が徴収する。
5　第二号被保険者の保険料は，国が徴収する。

問題 10 介護予防・日常生活支援総合事業に含まれる事業として、**適切なもの**を１つ選びなさい。

1　家族介護支援事業
2　予防給付
3　介護給付
4　権利擁護事業
5　第一号訪問事業（訪問型サービス）

問題 11 障害福祉計画に関する次の記述のうち、**正しいもの**を１つ選びなさい。

1　厚生労働大臣は基本的な指針を定めなければならない。
2　都道府県による策定は努力義務である。
3　市町村による策定は努力義務である。
4　障害児福祉計画とは計画期間が異なっている。
5　文化芸術活動・スポーツの振興についての目標設定をしなければならない。

問題 12 Dさん（60歳, 女性）は、交通事故で下肢に障害が生じた。現在、入院中のDさんは退院後、在宅での生活を続けるために、「障害者総合支援法」の障害福祉サービス（居宅介護）の利用を希望している。
　　　　Dさんが障害福祉サービス（居宅介護）を利用するための最初の手続きとして、**最も適切なもの**を１つ選びなさい。

1　地域包括支援センターに相談する。
2　医師の診断書を居住する市町村に提出する。
3　障害福祉サービス（居宅介護）を提供している事業所と契約する。
4　居住する市町村の審査会に、障害福祉サービス（居宅介護）の利用を申し出る。
5　居住する市町村の担当窓口に、障害福祉サービス（居宅介護）の支給申請をする。
　（注）「障害者総合支援法」とは、「障害者の日常生活及び社会生活を総合的に支援するための法律」のことである。

問題 13 2018年度（平成30年度）に創設された共生型サービスの対象となるサービスとして，**正しいもの**を1つ選びなさい。

1　訪問看護
2　共同生活援助（グループホーム）
3　同行援護
4　通所介護（デイサービス）
5　通所リハビリテーション

問題 14 自閉症（autism）のEさん（22歳，男性，障害支援区分5）は，就労支援施設に通所している。こだわりが強く，毎月購入している雑誌を処分するとパニックになってしまう。
　　　「障害者虐待防止法」の視点を踏まえて，Eさんの気持ちが安定するように，施設の介護福祉職がEさんにかける言葉として，**最も適切なもの**を1つ選びなさい。

1　「決まりですから捨てますよ」
2　「読みたい雑誌はとっておきましょう」
3　「古紙として再生利用しますからね」
4　「Eさんにこの雑誌をあげるわけにはいかないんですよ」
5　「次の新しい雑誌がきますよ」
　　（注）「障害者虐待防止法」とは，「障害者虐待の防止，障害者の養護者に対する支援等に関する法律」のことである。

問題 15 成年後見制度に関する次の記述のうち，**適切なもの**を 1 つ選び なさい。

1 「2018 年（平成 30 年）の全国統計」によれば，補助，保佐，後見のうち，最も多い申立ては後見である。
2 「2018 年（平成 30 年）の全国統計」によれば，親族後見人が 7 割を占めている。
3 成年後見人は，施設入所の契約だけでなく介護も行う。
4 任意後見制度では，候補者の中から家庭裁判所が成年後見人を選任する。
5 成年後見制度利用支援事業では，成年後見人への報酬は支払えない。
　（注）「2018 年（平成 30 年）の全国統計」とは，「成年後見関係事件の概況 －平成 30 年 1 月〜 12 月－」（平成 31 年 3 月最高裁判所事務総局家庭 局）のことである。

問題 16 生活保護法における補足性の原理の説明として，**適切なもの**を 1 つ選びなさい。

1 国の責任において保護を行う。
2 全ての国民に無差別平等な保護を行う。
3 健康で文化的な生活を維持できる保護を行う。
4 資産・能力等を活用した上で保護を行う。
5 個人または世帯の必要に応じて保護を行う。

<領域：介護>

介護の基本

問題 17

Fさん（72歳，女性，要介護2）は，中等度の認知症（dementia）があり，自宅で夫と生活している。ある日，訪問介護員（ホームヘルパー）が訪問すると，夫が散乱したコーヒー豆を片づけていた。Fさんは，「わからなくなっちゃった」と言っていた。訪問介護員（ホームヘルパー）が夫に事情を聞くと，「今も日課でコーヒーを豆から挽いて入れてくれるんだが，最近は失敗することが多くなって，失敗すると自信を失ってしまうしね。でも，毎朝，『コーヒーを入れなくちゃ』と言うんだ」と寂しそうに話した。

　　訪問介護員（ホームヘルパー）の夫への助言として，**最も適切なもの**を1つ選びなさい。

1　「そばにいて，Fさんと一緒にコーヒーを入れてはどうですか」
2　「Fさんと一緒に，喫茶店にコーヒーを飲みに行ってはどうですか」
3　「おいしいコーヒーを買ってきて二人で飲んではどうですか」
4　「私がFさんからコーヒーの入れ方を教えてもらいましょうか」
5　「新しいコーヒーメーカーを買ってはどうですか」

問題 18

Gさん（80歳，女性，要介護3）は，脳卒中（stroke）の後遺症により左片麻痺があり，からだを思うようにコントロールができず，ふらつきが見られる。以前は，2週間に一度は美容院で長い髪をセットしてもらい，俳句教室に行くのを楽しみにしていた。病気になってからは落ち込むことが増え，介護が必要になったため，介護老人福祉施設に入所した。

　　ノーマライゼーション（normalization）の考え方を踏まえた，Gさんへの生活支援として，**最も適切なもの**を1つ選びなさい。

1　洗髪しやすいように，長い髪のカットを勧める。
2　共同生活のため，夕食は施設の時間に合わせてもらう。
3　落ち込んでいるため，居室での生活を中心に過ごしてもらう。
4　おしゃれをして，施設の俳句クラブに参加するように勧める。
5　転倒予防のため，車いすを使用してもらう。

第32回

問題 19 ICF（International Classification of Functioning, Disability and Health：国際生活機能分類）の視点に基づく環境因子と心身機能の関連を表す記述として，**最も適切なもの**を1つ選びなさい。

1 電気スタンドをつけて，読書を楽しむ。
2 車いすを使用して，美術館に行く。
3 聴力が低下すると，コミュニケーションがうまくとれない。
4 ストレスが溜まると，活力が低下する。
5 床面の性状が柔らかいと，バランスを崩す。

問題 20 Hさん（80歳，女性，要介護1）は，アルツハイマー型認知症（dementia of the Alzheimer's type）である。20年前に夫が亡くなった後は，ずっと一人暮らしをしている。これまでの生活を続けていきたいので，訪問介護（ホームヘルプサービス）を利用することにした。
　　　訪問介護員（ホームヘルパー）のHさんへの対応として，**最も適切なもの**を1つ選びなさい。

1 Hさんの意向を確認して，今までどおり畳で布団の使用を継続した。
2 入浴後，手ぬぐいで体を拭いていたが，バスタオルに変更した。
3 訪問介護員（ホームヘルパー）の判断で，食事の前にエプロンをつけた。
4 整理整頓のために，壁に立てかけてあった掃除機を押し入れに片づけた。
5 Hさんの気持ちを切り替えるために，家具の配置を換えた。

問題 21 「平成30年版高齢社会白書」（内閣府）で示された65歳以上の者の家庭内事故の発生割合が最も高い場所（屋内）として，**正しいもの**を1つ選びなさい。

1 階段
2 台所・食堂
3 風呂場
4 トイレ
5 居室

問題 22 認知症対応型共同生活介護（グループホーム）での介護に関する次の記述のうち，**最も適切なもの**を1つ選びなさい。

1 テレビのニュースを見て，新しい出来事を覚えてもらう。
2 利用者それぞれの要求には応えられないので，同じ日課で過ごしてもらう。
3 利用者の，現在よりも過去の身体的・精神的状態の把握が優先される。
4 利用者の，なじみのある人や店との関係は継続していく。
5 環境に慣れるまでは，車いすでの移動を勧める。

問題 23 訪問介護事業所のサービス提供責任者の役割に関する次の記述のうち，**最も適切なもの**を1つ選びなさい。

1 利用者の生活課題に沿って，居宅サービス計画書を作成する。
2 具体的な援助目標及び援助内容を記載した訪問介護計画書を作成する。
3 利用者の要望に応じて，他の事業所との利用調整を行う。
4 判断能力が十分でない人に対して，日常的な金銭管理を行う。
5 居宅サービス事業者を招集して，サービス担当者会議を開催する。

問題 24 介護の実践における多職種連携に関する次の記述のうち，**最も適切なもの**を1つ選びなさい。

1 医師が多職種連携の中心となる介護実践のことである。
2 民生委員やボランティアは，多職種連携のチームから除かれる。
3 医療と介護の連携とは，利用者の体調不良時に医療機関を受診させることを指す。
4 要介護度の改善を優先して，多職種連携によるケアプランを作成する。
5 利用者のケアの方向性に関する情報を共有して，課題の解決に取り組む。

問題 25 介護福祉職の倫理に関する次の記述のうち，**最も適切なもの**を1つ選びなさい。

1 介護の技術が伴わなくても，利用者の要望を最優先に実施した。
2 利用者が求めた医行為は，実施が可能である。
3 個人情報の取扱いについて，利用者に説明して同意を得た。
4 暴力をふるう利用者を自室から出られないようにした。
5 業務が忙しかったので，施設の廊下で職員同士の打合せを行った。

問題 26 高齢者介護施設で，MRSA（メチシリン耐性黄色ブドウ球菌）の保菌者が確認されたときの対応に関する次の記述のうち，**最も適切なもの**を1つ選びなさい。

1　入所者全員の保菌の有無を調べる。
2　接触感染予防策を実施する。
3　保菌者のレクリエーションへの参加を制限する。
4　保菌者は最初に入浴する。
5　通常用いられる消毒薬は無効である。

コミュニケーション技術

問題 27 直面化の技法に関する次の記述のうち，**最も適切なもの**を1つ選びなさい。

1　利用者の感情と行動の矛盾点を指摘する。
2　うなずきやあいづちを用いて，利用者の話を促す。
3　利用者が話した内容を，整理して伝える。
4　利用者が話した内容を，別の言葉を使って簡潔に返す。
5　「はい」や「いいえ」だけで答えられる質問をする。

問題 28 意欲が低下した人とのコミュニケーションの基本として，**最も優先すべきもの**を1つ選びなさい。

1　考え方を変えるように促す。
2　早く元気を出すように励ます。
3　意欲が自然に回復するまで待つ。
4　意欲低下の背景を考える。
5　自己決定してもらうのは避ける。

問題 29 構音障害のある利用者とのコミュニケーションに関する次の記述のうち，**最も適切なもの**を１つ選びなさい。

1 閉じられた質問の活用を控える。
2 聞き取れないところは，再度言ってもらう。
3 はっきりと発音するように促す。
4 耳元で大きな声で話しかける。
5 筆談の活用を控える。

問題 30 視覚障害者とのコミュニケーションに関する次の記述のうち，**最も適切なもの**を１つ選びなさい。

1 挨拶するときは後ろから声をかける。
2 話しかけることは最小限にとどめる。
3 聴覚，触覚，嗅覚を活用する。
4 声の強弱などの準言語の活用は控える。
5 方向を示すときは「あちら」「そちら」と表現する。

次の事例を読んで，**問題 31**，**問題 32** について答えなさい。

〔事　例〕
　Jさん（20歳,男性）は,中度の知的障害を伴う自閉症（autism）があり,
2か月前から就労継続支援B型事業所を利用している。Jさんは，日常生
活に関することは自分の感情を伝えることができるが，他者の感情を読み
取ることや抽象的な言葉の理解は苦手である。また，社会的な善悪に照ら
して自分の言動を判断することが難しい。
　ある日，事業所で作業中にJさんが興奮して他の利用者を叩いた。介護
福祉職は二人を引き離し，Jさんを個室に連れて行って対応した。
　作業終了後，同居している家族にJさんの出来事を伝えた。家族はJさ
んに，「どうしてそんなことをするの。いつもだめなことばかりして」とイラ
イラした口調で叱った。

問題 31　Jさんを個室に連れて行ったときの，介護福祉職のJさんに対す
る最初の言葉かけとして，**最も適切なもの**を1つ選びなさい。

1　「人を叩くのは許されません」
2　「相手の気持ちを想像しましょう」
3　「自分のしたことを反省しましょう」
4　「ここで話をしましょう」
5　「なぜ叩いてしまったのですか」

問題 32　Jさんを叱った家族への介護福祉職の対応として，**最も適切なも
の**を1つ選びなさい。

1　叱ることは正しいと支持する。
2　家族の対応は間違っていると否定する。
3　Jさんへのこれまでの対応や思いを聴く。
4　家族の対応には介入せずに黙認する。
5　介護福祉職の指示どおりに対応するように伝える。

次の事例を読んで，**問題 33**，**問題 34** について答えなさい。

〔事　例〕
　K さん（80 歳，男性）は，中等度の認知症（dementia）があり，認知症対応型共同生活介護（グループホーム）に入居中である。16 時頃，K さんが L 介護福祉職に，「仕事は終わりました。家に帰ります」と伝えてきた。その後，L 介護福祉職が K さんの居室を訪問すると，K さんは，「早く家に帰らなくては…」と言いながらタンスから衣類を取り出していた。

問題 33　L 介護福祉職が居室を訪問したときに，最初にとる対応として，**最も適切なもの**を 1 つ選びなさい。

1　衣類をタンスへ戻すように促す。
2　居室から出ないようにお願いする。
3　ここに入居したことを覚えていないのかと質問する。
4　ここは仕事場ではないことを説明する。
5　挨拶しながら表情や行動を観察する。

問題 34　客観的事実を表す介護記録として，**最も適切なもの**を 1 つ選びなさい。

1　16 時頃，「仕事は終わりました。家に帰ります」という発言があった。
2　自宅のことが心配になって「家に帰る」という発言があった。
3　不安時に無断外出が心配されるため，様子の観察が必要と考える。
4　認知症（dementia）が悪化し，ここがどこなのかを理解していないようだ。
5　帰宅願望があったが，特に問題はなかった。

問題 35 一戸建ての住宅に暮らす利用者の地震対策に関する訪問介護員（ホームヘルパー）の助言として，**最も適切なもの**を1つ選びなさい。

1 家具には，キャスターをつける。
2 書棚の上部には，重い物を収納する。
3 食器棚は，ガラス扉を外す。
4 外への避難経路は，玄関の1方向とする。
5 非常時に持ち出す物は，リュックサックにまとめておく。

問題 36 介護保険の給付対象となる住宅改修を利用してトイレを改修するとき，介護福祉職が助言する内容として，**正しいもの**を1つ選びなさい。

1 開き戸は，自動ドアに変更できる。
2 和式便器の上に，腰掛け便座を設置できる。
3 滑りにくい床材に変更できる。
4 取り外しが可能な手すりを設置できる。
5 現在使用している洋式便器に，洗浄機能を付加できる。

問題 37 ユニバーサルデザイン（universal design）の7原則に関する次の記述のうち，**最も適切なもの**を1つ選びなさい。

1 高齢者が優先的に使用できる。
2 使い方を統一する。
3 情報伝達の手段は一つにする。
4 使用するためには訓練が必要である。
5 誰にでも使える大きさと広さが確保されている。

問題 38　次の記述のうち，高次脳機能障害（higher brain dysfunction）による着衣失行のある人に対する着衣の介護として，**最も適切なものを 1 つ**選びなさい。

1　着替えができない理由を本人に確認する。
2　左右がわかるように衣類に印をつける。
3　着衣の前に全ての手順を口頭で指示する。
4　衣服を畳んで渡す。
5　着衣の方法を毎回変えるように勧める。

問題 39　更衣のための介護に関する次の記述のうち，**最も適切なものを 1 つ**選びなさい。

1　手指の細かな動作が難しい利用者に，マグネット式のボタンを勧める。
2　認知症（dementia）のある利用者に，ボタンエイドの使用を勧める。
3　下肢の筋力低下のある利用者に，立位で更衣をするように勧める。
4　視覚障害のある利用者に，ソックスエイドの使用を勧める。
5　片麻痺のある利用者に，袖ぐりの小さい上衣を勧める。

問題 40　介護老人保健施設の利用者の身じたくに関する専門職の役割として，**最も適切なものを 1 つ**選びなさい。

1　介護支援専門員（ケアマネジャー）は，洗面時の関節可動域の制限を改善する。
2　支援相談員は，着脱に使用する福祉用具を選定する。
3　栄養士は，破損した義歯を修復する。
4　看護師は，糖尿病（diabetes mellitus）に伴う管理が必要な利用者の爪切りを行う。
5　理学療法士は，身体状況に合わせて衣類を作り直す。

問題 41 次の記述のうち，ベッドから車いすへの移乗介護で最初に行うこととして，**最も適切なもの**を1つ選びなさい。

1　移乗の目的を説明して同意を得る。
2　移乗の方法を説明する。
3　衣服を着替えてもらう。
4　車いすを介護しやすい位置に調整する。
5　ベッドの高さを調節する。

問題 42 立位をとり静止している利用者の重心線が，点Xから点Yに移動したときに考えられるふらつきとして，**適切なもの**を1つ選びなさい。

1　左前方へのふらつき
2　右前方へのふらつき
3　左後方へのふらつき
4　後方へのふらつき
5　右後方へのふらつき

問題 43 右片麻痺の利用者が，手すりを利用して階段を昇降するときの介護に関する次の記述のうち，**適切なもの**を1つ選びなさい。

1　手すりが利用者の右側になるように声をかける。
2　階段を昇るとき，利用者の左後方に立つ。
3　階段を昇るとき，右足から出すように声をかける。
4　階段を降りるとき，利用者の右前方に立つ。
5　階段を降りるとき，左足から出すように声をかける。

問題 44　Mさん（78 歳，女性）は，体格指数（BMI）は 18.7 である。病気や食事制限はない。この 1 年間で体重が 2kg 減少し，「最近，歩くのが遅くなり，疲れやすくなった」と言っている。Mさんに普段の食生活を尋ねたところ，お茶漬けやうどんで済ますことが多いと答えた。
　　介護福祉職が食事バランスガイドを用いて摂取を勧める区分として，**最も適切なもの**を 1 つ選びなさい。

1　主食
2　副菜
3　主菜
4　牛乳・乳製品
5　果物

問題 45　いすに座って食事をする利用者の姿勢を確保する介護として，**最も適切なもの**を 1 つ選びなさい。

1　顎を上げてもらう。
2　テーブルは，肘がつき腕が自由に動かせるものを用意する。
3　テーブルと体の間を 30 cm 離す。
4　体幹を後方に傾けてもらう。
5　いすに浅く座ってもらう。

問題 46　高齢者の食生活に関する助言として，**最も適切なもの**を 1 つ選びなさい。

1　骨粗鬆症（osteoporosis）の予防として，ビタミン D（vitamin D）の摂取を勧める。
2　高血圧症（hypertension）の予防として，果物の摂取を控える。
3　便秘の予防として，水分摂取を控える。
4　ドライマウス（dry mouth）の予防として，柔らかい食物を勧める。
5　逆流性食道炎（reflux esophagitis）の予防として，食後すぐに横になる。

問題 47 左半側空間無視のある利用者の食事介護として，**最も適切なもの**を1つ選びなさい。

1 利用者の左側にトレー（tray）を置く。
2 トレー（tray）の右側に印をつける。
3 クロックポジションに従って配膳する。
4 食べる様子を観察して適宜食器の位置を変える。
5 利用者の右側にあるテレビをつけておく。

問題 48 清拭の介護として，**最も適切なもの**を1つ選びなさい。

1 目のまわりは目尻から目頭に向かって拭く。
2 背部は患側を下にして拭く。
3 腹部は臍部から恥骨部に向かって拭く。
4 両下肢は末梢から中枢に向かって拭く。
5 皮膚についた水分は最後にまとめて拭く。

問題 49 利用者の状態に応じた入浴の介護として，**最も適切なもの**を1つ選びなさい。

1 血液透析を受けている人は，透析直後に入浴する。
2 胃ろうを造設している人は，入浴を控える。
3 心臓機能障害がある人は，半身浴にする。
4 酸素療法を行っている人は，鼻カニューレを外して入浴する。
5 回腸ストーマを造設している人は，食後1時間以内に入浴する。

問題 50　右片麻痺のある利用者が，ベッドサイドでポータブルトイレを使用するときの設置場所として，**最も適切なもの**を 1 つ選びなさい。

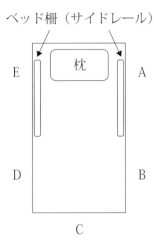

ベッド柵（サイドレール）

1　A
2　B
3　C
4　D
5　E

問題 51　膀胱留置カテーテルを使用している利用者への介護福祉職の対応として，**最も適切なもの**を 1 つ選びなさい。

1　水分摂取を控えてもらう。
2　カテーテルが折れていないことを確認する。
3　採尿バッグは膀胱と同じ高さに置く。
4　尿漏れが見られたらカテーテルを抜去する。
5　尿量の確認は看護師に依頼する。

第32回

問題 52 解熱を目的にした坐薬（座薬）の挿入に関する次の記述のうち，**最も適切なもの**を1つ選びなさい。

1 挿入時は仰臥位（背臥位）で膝を伸ばす。
2 挿入時は腹式呼吸を促す。
3 坐薬（座薬）はとがっていない方から挿入する。
4 挿入後は坐薬（座薬）が排出されないことを確認する。
5 衣服を整えてから手袋を外す。

問題 53 肉入りのカレーを常温で保存し，翌日，加熱調理したときの食中毒の原因菌として，**最も注意しなければならないもの**を1つ選びなさい。

1 ウエルシュ菌
2 カンピロバクター
3 サルモネラ菌
4 腸炎ビブリオ
5 黄色ブドウ球菌

問題 54 ノロウイルス（Norovirus）に感染した人の嘔吐物のついた衣服の処理に関する次の記述のうち，**最も適切なもの**を1つ選びなさい。

1 嘔吐物を拭き取ったペーパータオルはごみ箱に捨てる。
2 汚染された部分にアルコールを噴霧する。
3 汚染された部分を強くもみ洗いする。
4 嘔吐物を取り除いた後，次亜塩素酸ナトリウム溶液につける。
5 40℃の湯で洗濯する。

問題 55

Aさん（85歳，女性，要介護1）は，認知症（dementia）があり判断能力が不十分である。一人暮らしで，介護保険サービスを利用している。訪問介護員（ホームヘルパー）が訪問したときに，物品売買契約書を見つけた。Aさんは，「昨日，訪問販売の業者が来た」「契約書については覚えていない」と話した。

訪問介護員（ホームヘルパー）から連絡を受けたサービス提供責任者が，迅速にクーリング・オフの手続きを相談する相手として，**最も適切なもの**を1つ選びなさい。

1　行政書士
2　消費生活センター
3　家庭裁判所
4　保健所
5　相談支援事業所

問題 56

眠れないと訴える高齢者に介護福祉職が行う助言として，**最も適切なもの**を1つ選びなさい。

1　起床時に日光を浴びるように勧める。
2　日中，長い昼寝をするように勧める。
3　夕食後2時間以内に就寝するように勧める。
4　寝る前に緑茶を飲むように勧める。
5　決まった就床時刻を守るように勧める。

問題 57

施設における安眠を促すための環境に関する次の記述のうち，**最も適切なもの**を1つ選びなさい。

1　湿度は20%以下に設定する。
2　寝衣は，体に密着した形のものを選ぶ。
3　冷暖房の風が，体に直接当たるようにする。
4　夜間の照明は，部屋全体がはっきり見える明るさにする。
5　介護福祉職同士の会話が響かないようにする。

問題 58 睡眠薬を服用している高齢者への介護福祉職の対応として，**適切なもの**を1つ選びなさい。

1 アルコールと一緒に服用してもらった。
2 服用後，1時間は起きているように伝えた。
3 日中，ふらつきがみられたので医師に伝えた。
4 通常の量では眠れないと言われたので，追加して飲むように伝えた。
5 体調に合わせて服薬時間を変更した。

問題 59 Bさん（83歳，女性）は，介護老人福祉施設に入所している。終末期で，「最期はこの施設で迎えたい」という本人の希望があり，家族もそれを望んでいる。昨日から死前喘鳴（しぜんぜんめい）が出現し，医師から，「あと数日でしょう」と言われた。
「呼吸が苦しそうだ」と言っている家族への介護として，**最も適切なもの**を1つ選びなさい。

1 「自然な経過なので体位の工夫をして一緒に見守りましょう」
2 「Bさんに意識はないので心配いらないですよ」
3 「痰（たん）の吸引をすると楽になるので準備しますね」
4 「Bさんを励ましてください」
5 「すぐに救急車を呼びましょう」

問題 60 高齢者施設において介護福祉職が行う死亡後の介護について，**最も適切なもの**を1つ選びなさい。

1 ペースメーカーを取り除く。
2 口が閉じない場合は紐（ひも）で顎を固定する。
3 衣服は着衣がしやすい服を選ぶ。
4 全身清拭には水を使用する。
5 家族に，死亡後の介護を一緒に行うかどうかを確認する。

介護過程

問題 61 介護過程の目的に関する次の記述のうち，**最も適切なもの**を1つ選びなさい。

1　利用者の価値観を変える。
2　利用者の療養上の世話をする。
3　利用者の経済的負担を軽減する。
4　利用者の望んでいる，よりよい生活を実現する。
5　利用者の生活習慣を改善する。

問題 62 介護計画の作成に関する次の記述のうち，**最も適切なもの**を1つ選びなさい。

1　抽出されたニーズを踏まえて目標を設定する。
2　内容が明確であれば支援方法の記載は省略する。
3　支援方法は「～させる」と使役文で記載する。
4　利用者の正しい理解を促すために専門用語を用いる。
5　計画の見直しの時期は決めない。

問題 63 介護計画の実施に関する次の記述のうち，**最も適切なもの**を1つ選びなさい。

1　介護福祉職の価値観に沿って実施する。
2　実施した状況は客観的に記録する。
3　計画の内容は実施の直前に家族に伝える。
4　他職種への経過報告は目標の達成後に行う。
5　利用者の満足度よりも目標の達成を優先する。

次の事例を読んで、**問題 64**、**問題 65** について答えなさい。

〔事　例〕

　C さん（75 歳、男性、要介護 1）は、脳梗塞（cerebral infarction）を発症した。2 か月前から在宅復帰を目的として介護老人保健施設に入所している。次女は遠方から時々面会に来ているが、長女とは音信不通の状態が続いている。

　C さんは現在、右片麻痺で歩行には杖を使用している。担当の理学療法士から、「レクリエーションには積極的に参加するなど意欲はあるが、歩行状態が思うように改善しないと悩んでいた」との報告があった。

　その後、歩行訓練やレクリエーションに参加しなくなり、居室のベッドで寝て過ごすことが多くなった。また、時々尿失禁をするようになった。

　C さんは、「自宅に帰りたいのに、このまま車いすになったらどうしよう」と担当の介護福祉職に打ち明けた。

問題 64　C さんの介護過程の展開に関する次の記述のうち、**最も適切な** **もの** を 1 つ選びなさい。

1　長女から入所前の情報を収集する。
2　現状を再アセスメントし、生活課題を抽出する。
3　自宅に戻った後の介護計画を立案する。
4　尿失禁に対応する介護計画の実施を優先する。
5　介護計画の最終的な評価は理学療法士が担当する。

問題 65　次の記述のうち、C さんの短期目標として、**最も適切なものを 1** **つ** 選びなさい。

1　車いすの使用方法を理解する。
2　居室のベッドで安静に過ごす。
3　次女との同居を実現する。
4　今まで以上に、意欲的に歩行訓練に取り組む。
5　居室を出てレクリエーションに参加する。

次の事例を読んで，**問題 66，問題 67** について答えなさい。

〔事　例〕
　Dさん（77 歳，男性，要介護 2）は，妻と二人で暮らしている。定年まで，高校の体育の教師で野球部の監督をしていた。起居動作に問題はないが，認知症（dementia）と診断されたため，現在，通所介護（デイサービス）を週 3 回利用している。通所介護（デイサービス）では，短期目標を「役割を持ち意欲的に生活する（3 か月）」と設定し，体操を指導する役割をお願いしていた。
　実施 1 か月が経過した頃，テレビで高校野球を見た Dさんは暗い表情で，「生徒を全国大会に連れて行けなかったのは私の責任だ」と嘆いていた。この日は，担当の介護福祉職が体操の指導をお願いしても，「今すぐ行かなければ」と断った。

問題 66　Dさんが体操の指導を断った理由の解釈として，**最も可能性が高いもの**を 1 つ選びなさい。

1　介護福祉職に依頼されたため。
2　妻に会いに自宅に帰りたいため。
3　高校野球のことが気になっているため。
4　立ち上がり動作が不安定なため。
5　体育の授業を行うため。

問題 67　その後も体操の指導を継続していた Dさんは，参加者から体操の順番が違うと指摘されて指導の意欲を失い，一人でいることが多くなった。しかし，体操の時間になると遠くからその様子を眺めていた。
　Dさんが今後も現在の役割を継続するために，優先して取り組むべき課題として，**最も適切なもの**を 1 つ選びなさい。

1　体操に対する関心を取り戻すこと。
2　体操の内容を変更すること。
3　体操を指導する自信を回復すること。
4　体操の正しい順番を学び直すこと。
5　指摘した参加者に謝ること。

問題 68

Eさん（70歳，女性，要介護1）は，夫，長男と共に農業をしていた。半年前に脳梗塞（cerebral infarction）で左片麻痺になった。現在は介護老人保健施設に入所し，リハビリテーションに取り組んでいる。介護福祉職が居室を訪れたとき，Eさんが，「料理は苦手なの」「そろそろ夏野菜の収穫の時期ね。収穫は楽しいし，採れたての野菜を近所に配るとみんな喜ぶのよ」と言った。その後，「夫には家事に専念しなさいと言われているから…」とうつむいて言った。

　介護福祉職は介護福祉職間のカンファレンス（conference）でEさんの思いを共有した。Eさんの思いとして，**最も適切なものを1つ選びなさい**。

1　農業に関わっていきたい。
2　家事に専念したい。
3　後継者の育成に関わりたい。
4　家でのんびりしたい。
5　料理の自信をつけたい。

<領域：こころとからだのしくみ>

午後　　　発達と老化の理解

問題 69

Aちゃん（1歳3か月）は，父親に抱かれて散歩中である。前方から父親の友人がやってきて，父親がにこやかに友人と話をしていると，Aちゃんは父親にしがみつき，父親の顔と父親の友人の顔を交互に見ている。しばらくすると，Aちゃんは緊張が解けた様子で，友人が立ち去るときには少し笑顔を見せた。

　Aちゃんの様子を説明する用語として，**最も適切なものを1つ選びなさい**。

1　3か月微笑
2　社会的参照
3　クーイング
4　自己中心性
5　二項関係

問題 70 高齢者の年齢規定に関する次の記述のうち，**正しいものを 1 つ**選びなさい。

1　高年齢者等の雇用の安定等に関する法律では，高年齢者を 75 歳以上としている。
2　「高齢者虐待防止法」では，高齢者を 65 歳以上としている。
3　高齢者の医療の確保に関する法律では，後期高齢者を 65 歳以上としている。
4　道路交通法では，免許証の更新の特例がある高齢運転者を 60 歳以上としている。
5　老人福祉法では，高齢者を 55 歳以上としている。
　（注）「高齢者虐待防止法」とは，「高齢者虐待の防止，高齢者の養護者に対する支援等に関する法律」のことである。

問題 71 加齢に伴う嚥下機能の低下の原因に関する次の記述のうち，**正しいものを 1 つ**選びなさい。

1　舌骨の位置の上昇
2　咽頭の位置の上昇
3　舌骨上筋の増大
4　喉頭挙上の不足
5　咳嗽反射の増強

問題 72 老年期の記憶と注意機能に関する次の記述のうち，**最も適切なものを 1 つ**選びなさい。

1　自分の若い頃の記憶では，40 歳代の頃の出来事をよく覚えている。
2　数字の逆唱課題で答えられる数字の個数は，加齢による影響を受けない。
3　複数のことを同時に行う能力は，加齢によって低下する。
4　騒がしい場所での作業効率は，若年者より高齢者が高い。
5　エピソード記憶は，加齢による影響を受けない。

問題 73 高齢者において，心不全（heart failure）が進行したときに現れる症状に関する次の記述のうち，**最も適切なもの**を1つ選びなさい。

1 安静にすることで速やかに息切れが治まる。
2 運動によって呼吸苦が軽減する。
3 チアノーゼ（cyanosis）が生じる。
4 呼吸苦は，座位より仰臥位（背臥位）の方が軽減する。
5 下肢に限局した浮腫が生じる。

問題 74 Bさん（82歳，男性）は脳卒中（stroke）による右片麻痺がある。ほとんどベッド上の生活で，排泄もおむつを使用している。一週間前から咳と鼻汁があり，37.2°Cの微熱で，元気がなく，いつもよりも動きが少なかった。食欲も低下して食事を残すようになっていた。今日，おむつの交換をしたときに仙骨部の皮膚が赤くなり一部に水疱ができていた。

Bさんの皮膚の状態とその対応に関する次の記述のうち，**最も適切なもの**を1つ選びなさい。

1 圧迫によって血流が悪くなったためである。
2 仙骨部にこうしたことが起こるのは，まれである。
3 食事量の低下とは無関係である。
4 体位変換は，できるだけ避ける。
5 おむつの交換は，できるだけ控える。

問題 75 次のうち，高齢者の栄養状態を良好に維持するための対応として，**最も適切なもの**を1つ選びなさい。

1 歯科健康診査を受ける。
2 複数の薬剤を併用する。
3 外出を控える。
4 一人で食事をする。
5 たんぱく質を制限する。

問題 76 糖尿病（diabetes mellitus）のある高齢者（要介護 1）が転倒して，骨折（fracture）した。入院治療後に再び自宅療養を続けるための専門職の役割として，**正しいもの**を 1 つ選びなさい。

1　看護師は，糖尿病（diabetes mellitus）の薬の処方箋を交付する。
2　理学療法士は，糖尿病（diabetes mellitus）の食事メニューを考える。
3　管理栄養士は，自宅で料理ができるような作業訓練をする。
4　訪問介護員（ホームヘルパー）は，居宅サービス計画を立案する。
5　介護支援専門員（ケアマネジャー）は，訪問リハビリテーションの利用を提案する。

認知症の理解

問題 77 2012 年（平成 24 年）の認知症高齢者数と 2025 年（平成 37 年）の認知症高齢者数に関する推計値（「平成 29 年版高齢社会白書」（内閣府））の組合せとして，**適切なもの**を 1 つ選びなさい。

1　162 万人 ──────── 約 400 万人
2　262 万人 ──────── 約 500 万人
3　362 万人 ──────── 約 600 万人
4　462 万人 ──────── 約 700 万人
5　562 万人 ──────── 約 800 万人
　（注）平成 37 年とは令和 7 年のことである。

問題 78 認知症（dementia）の行動・心理症状（BPSD）に関する次の記述のうち，**最も適切なもの**を 1 つ選びなさい。

1　トイレの水を流すことができない。
2　物事の計画を立てることができない。
3　言葉を発することができない。
4　親しい人がわからない。
5　昼夜逆転が生じる。

第32回

問題 79 高齢者のせん妄（delirium）の特徴として，**最も適切なものを1つ**選びなさい。

1 薬剤によって生じることがある。
2 症状の変動は少ない。
3 意識レベルは清明であることが多い。
4 徐々に悪化する場合が多い。
5 幻覚を伴うことは少ない。

問題 80 認知症（dementia）の初期症状に関する次の記述のうち，**最も適切なものを1つ**選びなさい。

1 血管性認知症（vascular dementia）では，幻視が認められる。
2 正常圧水頭症（normal pressure hydrocephalus）では，歩行障害が認められる。
3 前頭側頭型認知症（frontotemporal dementia）では，エピソード記憶の障害が認められる。
4 アルツハイマー型認知症（dementia of the Alzheimer's type）では，失禁が認められる。
5 レビー小体型認知症（dementia with Lewy bodies）では，もの盗られ妄想が認められる。

問題 81 認知症（dementia）の発症リスクを低減させる行動に関する次の記述のうち，**最も適切なものを1つ**選びなさい。

1 抗認知症薬を服用する。
2 睡眠時間を減らす。
3 集団での交流活動に参加する。
4 運動の機会を減らす。
5 飽和脂肪酸を多く含む食事を心がける。

問題 82 抗認知症薬に関する次の記述のうち，**正しいもの**を 1 つ選びなさい。

1 若年性アルツハイマー型認知症（dementia of the Alzheimer's type with early onset）には効果がない。
2 高度のアルツハイマー型認知症（dementia of the Alzheimer's type）には効果がない。
3 レビー小体型認知症（dementia with Lewy bodies）には効果がない。
4 症状の進行を完全に止めることはできない。
5 複数の抗認知症薬の併用は認められていない。

問題 83 前頭側頭型認知症（frontotemporal dementia）の症状のある人への介護福祉職の対応として，**最も適切なもの**を 1 つ選びなさい。

1 周回がある場合は，GPS 追跡機で居場所を確認する。
2 甘い食べ物へのこだわりに対しては，甘い物を制限する。
3 常同行動がある場合は，本人と周囲の人が納得できる生活習慣を確立する。
4 脱抑制がある場合は，抗認知症薬の服薬介護をする。
5 施設内で職員に暴力をふるったときは，警察に連絡する。

問題 84 Ｃさん（78 歳，男性，要介護 2）は，4 年前にアルツハイマー型認知症（dementia of the Alzheimer's type）と診断を受け，通所介護（デイサービス）を週 1 回利用している。以前からパソコンで日記をつけていたが，最近はパソコンの操作に迷い，イライラして怒りっぽくなったと娘から相談を受けた。
　　介護福祉職が娘に対して最初に行う助言の内容として，**最も適切なもの**を 1 つ選びなさい。

1 パソコンの処分
2 パソコンの使い方の手助け
3 日記帳の購入
4 薬物治療について主治医に相談
5 施設入所について介護支援専門員（ケアマネジャー）に相談

認知症対応型共同生活介護（グループホーム）で生活している軽度のアルツハイマー型認知症（dementia of the Alzheimer's type）のDさんは，大腿骨の頸部を骨折（fracture）して入院することになった。認知症対応型共同生活介護（グループホーム）の介護福祉職が果たす役割として，**最も適切なものを1つ**選びなさい。

1 理学療法士に，リハビリテーションの指示をしても理解できないと伝える。
2 介護支援専門員（ケアマネジャー）に，地域ケア会議の開催を依頼する。
3 医師に，夜間は騒ぐ可能性があるので睡眠薬の処方を依頼する。
4 看護師に，日常生活の状況を伝える。
5 保佐人に，治療方法の決定を依頼する。

Eさん（75歳，男性）は，1年ほど前に趣味であった車の運転をやめてから，やる気が起こらなくなり自宅に閉じこもりがちになった。そのため，家族の勧めで介護予防教室に参加するようになった。最近，Eさんは怒りっぽく，また，直前の出来事を覚えていないことが増え，心配した家族が介護福祉職に相談した。
　　相談を受けた介護福祉職の助言として，**最も適切なものを1つ**選びなさい。

1 「認知症（dementia）でしょう」
2 「趣味の車の運転を再開するといいでしょう」
3 「老人クラブに参加するといいでしょう」
4 「音楽を流して気分転換するといいでしょう」
5 「かかりつけ医に診てもらうといいでしょう」

障害の理解

問題 87　ICIDH（International Classification of Impairments, Disabilities and Handicaps：国際障害分類）における能力障害として，**適切なもの**を１つ選びなさい。

1　日常生活動作（Activities of Daily Living：ADL）の障害
2　運動麻痺
3　失語
4　職場復帰困難
5　経済的不利益

問題 88　「障害者差別解消法」に関する次の記述のうち，**適切なもの**を１つ選びなさい。

1　法の対象者は，身体障害者手帳を持っている人である。
2　合理的配慮とは，全ての障害者に同じ配慮をすることである。
3　共生社会の実現を目指している。
4　障害者は，合理的配慮の提供に努めなければならない。
5　障害者差別解消支援地域協議会は，民間事業者で組織される。
　（注）「障害者差別解消法」とは，「障害を理由とする差別の解消の推進に関する法律」のことである。

問題 89　痙直型や不随意運動型（アテトーゼ型（athetosis））などの分類がある疾患として，**正しいもの**を１つ選びなさい。

1　筋ジストロフィー（muscular dystrophy）
2　脊髄小脳変性症（spinocerebellar degeneration）
3　脳血管疾患（cerebrovascular disease）
4　脳性麻痺（cerebral palsy）
5　脊髄損傷（spinal cord injury）

第32回

問題 90 内因性精神障害に分類される疾患として，**正しいものを1つ選**びなさい。

1 脳腫瘍（brain tumor）
2 アルコール依存症（alcohol dependence）
3 パニック障害（panic disorder）
4 認知症（dementia）
5 統合失調症（schizophrenia）

問題 91 Fさん（26歳）は重度の知的障害があり，施設入所支援を利用している。
　　次のうち，Fさんが地域移行するときの社会資源として，**最も適切なものを1つ選びなさい。**

1 ケアハウス
2 共同生活援助（グループホーム）
3 自立支援医療
4 精神科病院
5 同行援護

問題 92 自閉症スペクトラム障害（autism spectrum disorder）の特性として，**最も適切なものを1つ選びなさい。**

1 読み書きの障害
2 社会性の障害
3 注意の障害
4 行為障害
5 運動障害

問題 93 筋萎縮性側索硬化症（amyotrophic lateral sclerosis：ALS）に関する次の記述のうち，**正しいものを1つ選びなさい。**

1 免疫疾患である。
2 振戦や筋固縮が主な症状である。
3 視力や聴力は保たれる。
4 運動失調が現れる。
5 全身の臓器に炎症を起こす。

問題 94　Gさん（56歳，男性）は，糖尿病性網膜症（diabetic retino-pathy）に伴う眼底出血を繰り返して，治療を受けていた。医師から失明は避けられないと説明を受けた。その後，Gさんは周囲に怒りをぶつけたり，壁に頭を打ちつけたりという行動がみられるようになった。

　　このときのGさんの障害受容の状況として，**最も適切なもの**を1つ選びなさい。

1　ショックではあるが，不安はそれほど強くない。
2　自分には障害はないと否認する。
3　前向きに自己努力を図ろうとする。
4　否認ができずに混乱する。
5　新しい価値観や役割を見いだす。

問題 95　パーキンソン病（Parkinson disease）のHさんは，最近，立位時の前傾姿勢が強くなり，歩行時の方向転換が不安定になり始めた。日常生活動作には介助を必要としない。

　　Hさんのホーエン・ヤール重症度分類として，**最も適切なもの**を1つ選びなさい。

1　ステージⅠ
2　ステージⅡ
3　ステージⅢ
4　ステージⅣ
5　ステージⅤ

問題 96　制度化された地域の社会資源として，**最も適切なもの**を1つ選びなさい。

1　家族会が行う悩み相談
2　近隣の住民からの善意の声かけ
3　同居家族が行う身の回りの介護
4　コンビニエンスストアによる見守り
5　民生委員が行う相談・援助

こころとからだのしくみ

問題 97　マズロー（Maslow, A.）の欲求階層説の所属・愛情欲求に相当するものとして，**適切なもの**を 1 つ選びなさい。

1　生命を脅かされないこと
2　他者からの賞賛
3　自分の遺伝子の継続
4　好意がある他者との良好な関係
5　自分自身の向上

問題 98　皮膚の痛みの感覚を受け取る大脳の機能局在の部位として，**正しいもの**を 1 つ選びなさい。

1　頭頂葉
2　前頭葉
3　側頭葉
4　後頭葉
5　大脳辺縁系

問題 99　爪や指の変化と，そこから推測される疾患・病態との組合せとして，**最も適切なもの**を 1 つ選びなさい。

1　爪の白濁 ──────── チアノーゼ（cyanosis）
2　巻き爪 ──────── 心疾患
3　さじ状爪 ──────── 鉄欠乏性貧血（iron deficiency anemia）
4　ばち状指 ──────── 栄養障害
5　青紫色の爪 ──────── 爪白癬

問題 100 口臭に関する次の記述のうち，**最も適切なもの**を１つ選びなさい。

1 歯がない場合に起こりやすい。
2 唾液量が多いと生じる。
3 ウイルス感染の原因となることがある。
4 食事量が増加した場合に起こりやすい。
5 他者との交流を避ける原因となることがある。

問題 101 高齢者の大腿骨頸部骨折（femoral neck fracture）に関する次の記述のうち，**最も適切なもの**を１つ選びなさい。

1 転落によって生じることが最も多い。
2 骨折（fracture）の直後は無症状である。
3 リハビリテーションを早期に開始する。
4 保存的治療を行う。
5 予後は良好である。

問題 102 摂食・嚥下のプロセスに関する次の記述のうち，**最も適切なもの**を１つ選びなさい。

1 先行期は，唾液分泌が増加する。
2 準備期は，嚥下性無呼吸がみられる。
3 口腔期は，喉頭が閉鎖する。
4 咽頭期は，食塊を形成する。
5 食道期は，随意的な運動である。

第32回

問題 103 Jさん（80歳，男性）は，アルツハイマー型認知症（dementia of the Alzheimer's type）と診断され，半年前から認知症対応型共同生活介護（グループホーム）に入居している。最近，Jさんは，トイレに行きたいと言ってグループホーム内を歩き回った後に，失禁するようになった。

　　Jさんの排泄の状態として，**最も適切なもの**を1つ選びなさい。

1　反射性尿失禁
2　心因性頻尿
3　溢流性尿失禁
4　機能性尿失禁
5　腹圧性尿失禁

問題 104 正常な尿に関する次の記述のうち，**適切なもの**を1つ選びなさい。

1　1日に約1gのたんぱく質が排出される。
2　1日に約10gのブドウ糖が排出される。
3　排尿直後はアンモニア臭がする。
4　排尿直後はアルカリ性である。
5　排尿直後は淡黄色で透明である。

問題 105 弛緩性便秘の原因に関する次の記述のうち，**最も適切なもの**を1つ選びなさい。

1　食物繊維の摂取不足
2　排便を我慢する習慣
3　腹圧の低下
4　大腸のけいれん
5　がん（cancer）による通過障害

問題 106 抗ヒスタミン薬の睡眠への影響として，**適切なもの**を1つ選びなさい。

1 就寝後，短時間で覚醒する。
2 夜間に十分睡眠をとっても，日中に強い眠気がある。
3 睡眠中に足が痛がゆくなる。
4 睡眠中に無呼吸が生じる。
5 夢の中の行動が，そのまま現実の行動として現れる。

問題 107 終末期に自分が望むケアをあらかじめ書面に示しておくことを表す用語として，**正しいもの**を1つ選びなさい。

1 ターミナルケア（terminal care）
2 インフォームドコンセント（informed consent）
3 リビングウィル（living will）
4 デスカンファレンス（death conference）
5 グリーフケア（grief care）

問題 108 死亡直前にみられる身体の変化として，**最も適切なもの**を1つ選びなさい。

1 関節の強直
2 角膜の混濁
3 皮膚の死斑
4 下顎呼吸の出現
5 筋肉の硬直

<領域：医療的ケア>

医療的ケア

問題 109 介護福祉士が医師の指示の下で行う喀痰吸引の範囲として，**正しいものを1つ選びなさい。**

1 咽頭の手前まで
2 咽頭まで
3 喉頭まで
4 気管の手前まで
5 気管分岐部まで

問題 110 2011年（平成23年）の社会福祉士及び介護福祉士法の改正に基づいて，介護福祉士による実施が可能になった喀痰吸引等の制度に関する次の記述のうち，**正しいものを1つ選びなさい。**

1 喀痰吸引や経管栄養は，医行為から除外された。
2 喀痰吸引等を行うためには，実地研修を修了する必要がある。
3 介護福祉士は，病院で喀痰吸引を実施できる。
4 介護福祉士は，この制度の基本研修の講師ができる。
5 実施できる行為の一つとして，インスリン注射がある。

問題 111 Kさん（76歳）は，日頃から痰がからむことがあり，介護福祉士が喀痰吸引を行っている。鼻腔内吸引を実施したところ，吸引物に血液が少量混じっていた。Kさんは，「痰は取り切れたようだ」と言っており，呼吸は落ち着いている。
　　　このときの介護福祉士の対応に関する次の記述のうち，**最も適切なものを1つ選びなさい。**

1 出血していそうなところに吸引チューブをとどめる。
2 吸引圧を弱くして再度吸引をする。
3 血液の混じりがなくなるまで繰り返し吸引をする。
4 鼻腔と口腔の中を観察する。
5 鼻腔内を消毒する。

問題 112 口腔内・鼻腔内の喀痰吸引に必要な物品の管理に関する次の記述のうち，**最も適切なもの**を 1 つ選びなさい。

1　吸引チューブの保管方法のうち，乾燥法では，浸漬法に比べて短時間で細菌が死滅する。

2　浸漬法で用いる消毒液は，72 時間を目安に交換する。

3　吸引チューブの洗浄には，アルコール消毒液を用いる。

4　吸引チューブの洗浄水は，24 時間を目安に交換する。

5　吸引物は，吸引びんの 70 〜 80% になる前に廃棄する。

問題 113 経管栄養の実施時に，冷蔵庫に保管していた栄養剤を指示どおりの温度にせずにそのまま注入したときに起こる状態として，**最も可能性の高いもの**を 1 つ選びなさい。

1　呼吸困難

2　胃ろう周囲のびらん

3　下痢

4　褥瘡

5　低血糖

＜総合問題＞

総合問題（総合問題 1）

次の事例を読んで，**問題 114 から問題 116 まで**について答えなさい。

〔事　例〕

　Ｌさん（78 歳, 女性）は一人暮らしをしている。「もったいない」が口癖で, 物を大切にし, 食べ物を残さないようにして生活している。

　半年前, 脳の細い血管が詰まっていることがわかり, 入院して治療を受けた。左半身にしびれがあり, 右膝の変形性関節症（osteoarthritis）で痛みもあったために, 介護保険の申請をしたところ, 要介護 1 になった。

　家事はできるだけ自分でしたいという希望から, 週に 2 回, 訪問介護（ホームヘルプサービス）を利用して, 掃除と調理を訪問介護員（ホームヘルパー）と一緒にしている。

問題 114　Ｌさんが入院するきっかけになった脳の疾患として, **適切なもの**を 1 つ選びなさい。

1　ラクナ梗塞（lacunar infarction）
2　くも膜下出血（subarachnoid hemorrhage）
3　慢性硬膜下血腫（chronic subdural hematoma）
4　正常圧水頭症（normal pressure hydrocephalus）
5　高次脳機能障害（higher brain dysfunction）

問題 115　ある日, Ｌさんと一緒に調理していた訪問介護員（ホームヘルパー）は, 賞味期限が 2 日前に切れた缶詰を見つけた。

　　Ｌさんに対して訪問介護員（ホームヘルパー）がとる行動として, **最も適切なもの**を 1 つ選びなさい。

1　黙って処分する。
2　食べてはいけないと伝える。
3　食べやすいように, 缶のふたを開けておく。
4　食べ方を相談する。
5　保存容器に移して保管するように勧める。

問題 116

介護保険の申請をしてから半年がたち，更新申請の時期になった。この半年でLさんは，訪問介護員（ホームヘルパー）が来ない日もいすに座って調理をするなど，回復してきている。更新申請の結果，Lさんは要支援1になった。

　次のうち，Lさんの介護予防サービス・支援計画書を作成する者として，**適切なもの**を1つ選びなさい。

1　訪問介護事業所の訪問介護員（ホームヘルパー）
2　生活支援体制整備事業の生活支援コーディネーター
3　地域包括支援センターの主任介護支援専門員
4　訪問介護事業所のサービス提供責任者
5　生活介護のサービス管理責任者

総合問題（総合問題 2）

次の事例を読んで，**問題 117 から問題 119 まで**について答えなさい。

〔事　例〕
　Mさん（80 歳，男性）は，2 年前にアルツハイマー型認知症（dementia of the Alzheimer's type）と診断された。Mさんは自宅で暮らし続けることを希望して，介護保険サービスを利用しながら妻と二人で生活していた。
　その後，Mさんの症状が進行して妻の介護負担が大きくなったため，Mさんは，U 社会福祉法人が運営する介護老人福祉施設に入所することになった。
　Mさんの入所当日，担当のA 介護福祉職は，生活相談員が作成した生活歴や家族構成などの基本情報の記録を事前に確認した上で，Mさんと関わった。

次のうち，A介護福祉職が確認した記録として，**適切なもの**を1つ選びなさい。

1　施設サービス計画書
2　インシデント報告書
3　エコマップ
4　プロセスレコード
5　フェイスシート

入所当日の昼食後，A介護福祉職はMさんに歯ブラシと歯磨き粉を渡して，歯磨きを促した。しかし，Mさんは歯ブラシと歯磨き粉を持ったまま，不安そうな顔で歯を磨こうとしなかった。

このときのMさんの症状に該当するものとして，**適切なもの**を1つ選びなさい。

1　幻視
2　失行
3　振戦
4　脱抑制
5　常同行動

面会に訪れた妻はA介護福祉職に，「最初は夫を施設に入れて申し訳ない気持ちもあったが，元気そうな夫を見て，今はこの施設を利用してよかったと思っている」と話した。A介護福祉職は妻の発言を受けて，介護サービスをもっと気軽に利用してもらうための取り組みが必要であると考えた。そこで，A介護福祉職は施設職員と検討した。その結果，地域の家族介護者を対象に，介護に関する情報提供や交流を図る場を無料で提供することを，独自の事業として継続的に行うことを法人として決定した上で，必要な手続きを行うこととした。

U社会福祉法人が行うこととした事業に該当するものとして，**適切なもの**を1つ選びなさい。

1　公益事業
2　日常生活自立支援事業
3　相談支援事業
4　自立相談支援事業
5　地域生活支援事業

総合問題（総合問題 3）

次の事例を読んで，**問題 120 から問題 122 まで**について答えなさい。

〔事　例〕

　B さん（22 歳，男性）は，19 歳の時に統合失調症（schizophrenia）を発症し，精神保健指定医の診察の結果，入院の必要があると診断された。B さん自身からは入院の同意が得られず，父親の同意で精神科病院に入院した。

　その後，数回の入退院を繰り返した後，21 歳から居宅介護を週 1 回，訪問看護を月 2 回，デイケアを週 3 回利用しながら一人暮らしをしている。

　居宅介護では，料理や掃除，買物などの介護福祉職の支援を受けているが，B さんも調子の良いときは一緒に行っている。訪問看護では，B さんは，服薬を忘れることがあるため，看護師と一緒に薬の飲み忘れがないかを確認している。また，デイケアでは，運動と園芸のグループに参加している。

問題 120　B さんが 19 歳で精神科病院に入院したときの入院形態として，**正しいもの**を 1 つ選びなさい。

1　任意入院
2　医療保護入院
3　応急入院
4　措置入院
5　緊急措置入院

問題 121

Bさんは，居宅介護のC介護福祉職にはデイケアや生活のことについて安心して話すようになってきた。ある日，C介護福祉職が掃除をしていて，薬が2週間分内服されていないことを見つけた。また，Bさんは，「Cさんにだけ話します。みんなが私の悪口を言って，電波を飛ばして監視しています」とおびえながら話した。

話を聞いたC介護福祉職のBさんに対する最初の言葉かけとして，**最も適切なもの**を1つ選びなさい。

1 「今すぐ薬を飲んでください」
2 「悪口の内容を詳しく教えてください」
3 「薬を飲んでいないからですよ」
4 「医師に話しておきますね」
5 「それは不安ですね」

問題 122

Bさんは，C介護福祉職と話したことをきっかけに，定期的に服薬できるようになり，以前と同じ支援を受けながら一人暮らしを続けている。最近は，デイケアで就労を目指すグループ活動に自ら参加するようになった。Bさんは，「就労に挑戦してみたい」という気持ちはあるが，就労経験のある他のメンバーの失敗談を聞くと，「自信がない」とも言っている。

Bさんへの支援に関する次の記述のうち，**最も適切なもの**を1つ選びなさい。

1 自分で料理と掃除ができるようになることが優先であると話す。
2 服薬ができなかったことを取り上げ，治療に専念するように話す。
3 無理せず，今の生活を維持することが大切であると話す。
4 長所を一緒に探し，どのような仕事が向いているのかを考えようと話す。
5 他のメンバーの失敗原因を考え，失敗しない対策をしようと話す。

総合問題（総合問題 4）

次の事例を読んで，**問題 123 から問題 125 まで**について答えなさい。

〔事　例〕

　Dさん（59 歳，女性）は 30 年前に関節リウマチ（rheumatoid arthritis）を発症して，現在，障害者支援施設に入所している。

　Dさんは，朝は手の動きが悪く痛みがあるが，午後，痛みが少ないときは関節を動かす運動を行っている。足の痛みで歩くのが難しく車いすを使用しているが，最近は手の痛みが強くなり，自分で操作することが難しい。また，食欲がなく，この 1 か月間で体重が 2kg 減っている。夜中に目が覚めてしまうこともある。

問題 123　Dさんの朝の症状の原因として，**最も可能性が高いもの**を 1 つ選びなさい。

1　睡眠不足
2　低栄養
3　平衡感覚の低下
4　筋力低下
5　関節の炎症

問題 124　使っていた車いすを自分で操作することが困難になった Dさんが，「障害者総合支援法」で電動車いすを購入するときに利用できるものとして，**適切なもの**を 1 つ選びなさい。

1　介護給付費
2　補装具費
3　自立支援医療費
4　訓練等給付費
5　相談支援給付費

　（注）「障害者総合支援法」とは，「障害者の日常生活及び社会生活を総合的に支援するための法律」のことである。

問題 125 Dさんは,「ここ数日,朝だけでなく1日中,何もしないのに手足の痛みが強くなってきた」と訴えている。

　　日常生活で,Dさんが当面留意すべきこととして,**最も適切なものを1つ**選びなさい。

1 前あきの衣類より,かぶりの衣類を選ぶ。
2 ベッドのマットレスは,柔らかいものを使用する。
3 関節を動かす運動を控える。
4 できるだけ低いいすを使う。
5 頸部が屈曲位になるように,高めの枕を使用する。

第 35・36 回　解答用紙

（コピーしてお使いください。）

配点：1問1点
総得点
／125

〔1〕〜〔11〕の科目群すべてにおいて得点があり、かつ総得点の 60％程度を基準に問題の難易度で補正した点数以上の得点があった者が合格です。合格基準点は、第 36 回は p.13、第 35 回は p.63 に記載しています。

午前

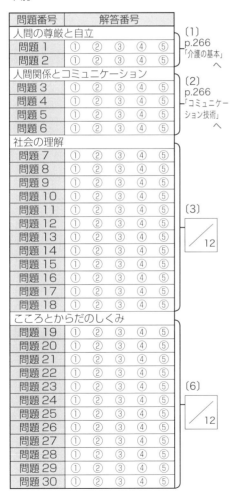

問題番号	解答番号
人間の尊厳と自立	〔1〕 p.266 「介護の基本」へ
問題 1	① ② ③ ④ ⑤
問題 2	① ② ③ ④ ⑤
人間関係とコミュニケーション	〔2〕 p.266 「コミュニケーション技術」へ
問題 3	① ② ③ ④ ⑤
問題 4	① ② ③ ④ ⑤
問題 5	① ② ③ ④ ⑤
問題 6	① ② ③ ④ ⑤
社会の理解	〔3〕 ／12
問題 7	① ② ③ ④ ⑤
問題 8	① ② ③ ④ ⑤
問題 9	① ② ③ ④ ⑤
問題 10	① ② ③ ④ ⑤
問題 11	① ② ③ ④ ⑤
問題 12	① ② ③ ④ ⑤
問題 13	① ② ③ ④ ⑤
問題 14	① ② ③ ④ ⑤
問題 15	① ② ③ ④ ⑤
問題 16	① ② ③ ④ ⑤
問題 17	① ② ③ ④ ⑤
問題 18	① ② ③ ④ ⑤
こころとからだのしくみ	〔6〕 ／12
問題 19	① ② ③ ④ ⑤
問題 20	① ② ③ ④ ⑤
問題 21	① ② ③ ④ ⑤
問題 22	① ② ③ ④ ⑤
問題 23	① ② ③ ④ ⑤
問題 24	① ② ③ ④ ⑤
問題 25	① ② ③ ④ ⑤
問題 26	① ② ③ ④ ⑤
問題 27	① ② ③ ④ ⑤
問題 28	① ② ③ ④ ⑤
問題 29	① ② ③ ④ ⑤
問題 30	① ② ③ ④ ⑤

問題番号	解答番号
発達と老化の理解	〔7〕 ／8
問題 31	① ② ③ ④ ⑤
問題 32	① ② ③ ④ ⑤
問題 33	① ② ③ ④ ⑤
問題 34	① ② ③ ④ ⑤
問題 35	① ② ③ ④ ⑤
問題 36	① ② ③ ④ ⑤
問題 37	① ② ③ ④ ⑤
問題 38	① ② ③ ④ ⑤
認知症の理解	〔8〕 ／10
問題 39	① ② ③ ④ ⑤
問題 40	① ② ③ ④ ⑤
問題 41	① ② ③ ④ ⑤
問題 42	① ② ③ ④ ⑤
問題 43	① ② ③ ④ ⑤
問題 44	① ② ③ ④ ⑤
問題 45	① ② ③ ④ ⑤
問題 46	① ② ③ ④ ⑤
問題 47	① ② ③ ④ ⑤
問題 48	① ② ③ ④ ⑤
障害の理解	〔9〕 ／10
問題 49	① ② ③ ④ ⑤
問題 50	① ② ③ ④ ⑤
問題 51	① ② ③ ④ ⑤
問題 52	① ② ③ ④ ⑤
問題 53	① ② ③ ④ ⑤
問題 54	① ② ③ ④ ⑤
問題 55	① ② ③ ④ ⑤
問題 56	① ② ③ ④ ⑤
問題 57	① ② ③ ④ ⑤
問題 58	① ② ③ ④ ⑤
医療的ケア	〔10〕 ／5
問題 59	① ② ③ ④ ⑤
問題 60	① ② ③ ④ ⑤
問題 61	① ② ③ ④ ⑤
問題 62	① ② ③ ④ ⑤
問題 63	① ② ③ ④ ⑤

午後

問題番号	解答番号				
介護の基本					
問題 64	①	②	③	④	⑤
問題 65	①	②	③	④	⑤
問題 66	①	②	③	④	⑤
問題 67	①	②	③	④	⑤
問題 68	①	②	③	④	⑤
問題 69	①	②	③	④	⑤
問題 70	①	②	③	④	⑤
問題 71	①	②	③	④	⑤
問題 72	①	②	③	④	⑤
問題 73	①	②	③	④	⑤
コミュニケーション技術					
問題 74	①	②	③	④	⑤
問題 75	①	②	③	④	⑤
問題 76	①	②	③	④	⑤
問題 77	①	②	③	④	⑤
問題 78	①	②	③	④	⑤
問題 79	①	②	③	④	⑤
生活支援技術					
問題 80	①	②	③	④	⑤
問題 81	①	②	③	④	⑤
問題 82	①	②	③	④	⑤
問題 83	①	②	③	④	⑤
問題 84	①	②	③	④	⑤
問題 85	①	②	③	④	⑤
問題 86	①	②	③	④	⑤
問題 87	①	②	③	④	⑤
問題 88	①	②	③	④	⑤
問題 89	①	②	③	④	⑤
問題 90	①	②	③	④	⑤
問題 91	①	②	③	④	⑤
問題 92	①	②	③	④	⑤
問題 93	①	②	③	④	⑤
問題 94	①	②	③	④	⑤

(1)
p.265
「人間の尊厳と自立」との合計点

/ 12

(2)
p.265
「人間関係とコミュニケーション」との合計点

/ 10

(4)

/ 26

問題番号	解答番号				
問題 95	①	②	③	④	⑤
問題 96	①	②	③	④	⑤
問題 97	①	②	③	④	⑤
問題 98	①	②	③	④	⑤
問題 99	①	②	③	④	⑤
問題 100	①	②	③	④	⑤
問題 101	①	②	③	④	⑤
問題 102	①	②	③	④	⑤
問題 103	①	②	③	④	⑤
問題 104	①	②	③	④	⑤
問題 105	①	②	③	④	⑤
介護過程					
問題 106	①	②	③	④	⑤
問題 107	①	②	③	④	⑤
問題 108	①	②	③	④	⑤
問題 109	①	②	③	④	⑤
問題 110	①	②	③	④	⑤
問題 111	①	②	③	④	⑤
問題 112	①	②	③	④	⑤
問題 113	①	②	③	④	⑤
総合問題					
問題 114	①	②	③	④	⑤
問題 115	①	②	③	④	⑤
問題 116	①	②	③	④	⑤
問題 117	①	②	③	④	⑤
問題 118	①	②	③	④	⑤
問題 119	①	②	③	④	⑤
問題 120	①	②	③	④	⑤
問題 121	①	②	③	④	⑤
問題 122	①	②	③	④	⑤
問題 123	①	②	③	④	⑤
問題 124	①	②	③	④	⑤
問題 125	①	②	③	④	⑤

(5)

/ 8

(11)

/ 12

第 32 ～ 34 回　解答用紙

（コピーしてお使いください。）

配点：1問1点
総得点 ／125

〔1〕～〔11〕の科目群すべてにおいて得点があり、かつ総得点の 60％程度を基準に問題の難易度で補正した点数以上の得点があった者が合格です。合格基準点は、第 34 回は p.113、第 33 回は p.163、第 32 回は p.215 にそれぞれ記載しています。

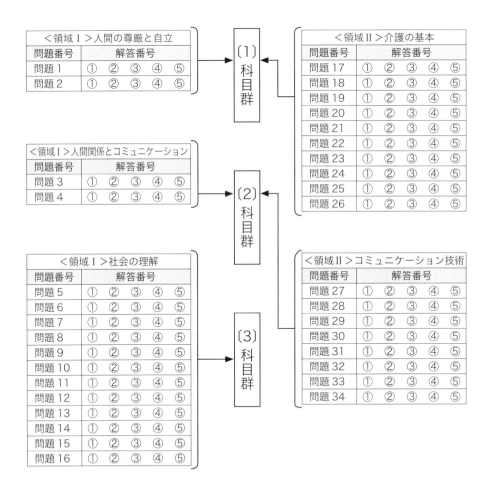

＜領域Ⅰ＞人間の尊厳と自立

問題番号	解答番号				
問題 1	①	②	③	④	⑤
問題 2	①	②	③	④	⑤

→〔1〕科目群

＜領域Ⅱ＞介護の基本

問題番号	解答番号				
問題 17	①	②	③	④	⑤
問題 18	①	②	③	④	⑤
問題 19	①	②	③	④	⑤
問題 20	①	②	③	④	⑤
問題 21	①	②	③	④	⑤
問題 22	①	②	③	④	⑤
問題 23	①	②	③	④	⑤
問題 24	①	②	③	④	⑤
問題 25	①	②	③	④	⑤
問題 26	①	②	③	④	⑤

＜領域Ⅰ＞人間関係とコミュニケーション

問題番号	解答番号				
問題 3	①	②	③	④	⑤
問題 4	①	②	③	④	⑤

→〔2〕科目群

＜領域Ⅱ＞コミュニケーション技術

問題番号	解答番号				
問題 27	①	②	③	④	⑤
問題 28	①	②	③	④	⑤
問題 29	①	②	③	④	⑤
問題 30	①	②	③	④	⑤
問題 31	①	②	③	④	⑤
問題 32	①	②	③	④	⑤
問題 33	①	②	③	④	⑤
問題 34	①	②	③	④	⑤

＜領域Ⅰ＞社会の理解

問題番号	解答番号				
問題 5	①	②	③	④	⑤
問題 6	①	②	③	④	⑤
問題 7	①	②	③	④	⑤
問題 8	①	②	③	④	⑤
問題 9	①	②	③	④	⑤
問題 10	①	②	③	④	⑤
問題 11	①	②	③	④	⑤
問題 12	①	②	③	④	⑤
問題 13	①	②	③	④	⑤
問題 14	①	②	③	④	⑤
問題 15	①	②	③	④	⑤
問題 16	①	②	③	④	⑤

→〔3〕科目群

〔1〕科目群

問題 1 ～ 2 と 問題 17 ～ 26	（得点） ／12

〔2〕科目群

問題 3 ～ 4 と 問題 27 ～ 34	（得点） ／10

〔3〕科目群

問題 5 ～ 16	（得点） ／12

〔4〕科目群

<領域Ⅱ>生活支援技術					
問題番号	解答番号				
問題35	①	②	③	④	⑤
問題36	①	②	③	④	⑤
問題37	①	②	③	④	⑤
問題38	①	②	③	④	⑤
問題39	①	②	③	④	⑤
問題40	①	②	③	④	⑤
問題41	①	②	③	④	⑤
問題42	①	②	③	④	⑤
問題43	①	②	③	④	⑤
問題44	①	②	③	④	⑤
問題45	①	②	③	④	⑤
問題46	①	②	③	④	⑤
問題47	①	②	③	④	⑤
問題48	①	②	③	④	⑤
問題49	①	②	③	④	⑤
問題50	①	②	③	④	⑤
問題51	①	②	③	④	⑤
問題52	①	②	③	④	⑤
問題53	①	②	③	④	⑤
問題54	①	②	③	④	⑤
問題55	①	②	③	④	⑤
問題56	①	②	③	④	⑤
問題57	①	②	③	④	⑤
問題58	①	②	③	④	⑤
問題59	①	②	③	④	⑤
問題60	①	②	③	④	⑤

問題 35 ～ 60	(得点) /26

〔5〕科目群

<領域Ⅱ>介護過程					
問題番号	解答番号				
問題61	①	②	③	④	⑤
問題62	①	②	③	④	⑤
問題63	①	②	③	④	⑤
問題64	①	②	③	④	⑤
問題65	①	②	③	④	⑤
問題66	①	②	③	④	⑤
問題67	①	②	③	④	⑤
問題68	①	②	③	④	⑤

問題 61 ～ 68	(得点) /8

〔6〕科目群

<領域Ⅲ>発達と老化の理解					
問題番号	解答番号				
問題69	①	②	③	④	⑤
問題70	①	②	③	④	⑤
問題71	①	②	③	④	⑤
問題72	①	②	③	④	⑤
問題73	①	②	③	④	⑤
問題74	①	②	③	④	⑤
問題75	①	②	③	④	⑤
問題76	①	②	③	④	⑤

問題 69 ～ 76	(得点) /8

〔7〕科目群

<領域Ⅲ>認知症の理解					
問題番号	解答番号				
問題 77	①	②	③	④	⑤
問題 78	①	②	③	④	⑤
問題 79	①	②	③	④	⑤
問題 80	①	②	③	④	⑤
問題 81	①	②	③	④	⑤
問題 82	①	②	③	④	⑤
問題 83	①	②	③	④	⑤
問題 84	①	②	③	④	⑤
問題 85	①	②	③	④	⑤
問題 86	①	②	③	④	⑤

問題 77 ～ 86	(得点) /10

〔8〕科目群

<領域Ⅲ>障害の理解					
問題番号	解答番号				
問題 87	①	②	③	④	⑤
問題 88	①	②	③	④	⑤
問題 89	①	②	③	④	⑤
問題 90	①	②	③	④	⑤
問題 91	①	②	③	④	⑤
問題 92	①	②	③	④	⑤
問題 93	①	②	③	④	⑤
問題 94	①	②	③	④	⑤
問題 95	①	②	③	④	⑤
問題 96	①	②	③	④	⑤

問題 87 ～ 96	(得点) /10

〔9〕科目群

<領域Ⅲ>こころとからだのしくみ					
問題番号	解答番号				
問題 97	①	②	③	④	⑤
問題 98	①	②	③	④	⑤
問題 99	①	②	③	④	⑤
問題 100	①	②	③	④	⑤
問題 101	①	②	③	④	⑤
問題 102	①	②	③	④	⑤
問題 103	①	②	③	④	⑤
問題 104	①	②	③	④	⑤
問題 105	①	②	③	④	⑤
問題 106	①	②	③	④	⑤
問題 107	①	②	③	④	⑤
問題 108	①	②	③	④	⑤

問題 97 ～ 108	(得点) /12

〔10〕科目群

<領域Ⅳ>医療的ケア					
問題番号	解答番号				
問題 109	①	②	③	④	⑤
問題 110	①	②	③	④	⑤
問題 111	①	②	③	④	⑤
問題 112	①	②	③	④	⑤
問題 113	①	②	③	④	⑤

問題 109 〜 113	(得点) /5

〔11〕科目群

総合問題					
問題番号	解答番号				
問題 114	①	②	③	④	⑤
問題 115	①	②	③	④	⑤
問題 116	①	②	③	④	⑤
問題 117	①	②	③	④	⑤
問題 118	①	②	③	④	⑤
問題 119	①	②	③	④	⑤
問題 120	①	②	③	④	⑤
問題 121	①	②	③	④	⑤
問題 122	①	②	③	④	⑤
問題 123	①	②	③	④	⑤
問題 124	①	②	③	④	⑤
問題 125	①	②	③	④	⑤

問題 114 〜 125	(得点) /12

MEMO

本書の正誤情報等は、下記のアドレスでご確認ください。
http://www.s-henshu.info/kfkm2405/

上記掲載以外の箇所で正誤についてお気づきの場合は、**書名・発行日・質問事項（該当ページ・行数・問題番号**などと誤りだと思う理由）**・氏名・連絡先**を明記のうえ、お問い合わせください。
・web からのお問い合わせ：上記アドレス内【正誤情報】へ
・郵便または FAX でのお問い合わせ：下記住所または FAX 番号へ
※電話でのお問い合わせはお受けできません。

［宛先］　コンデックス情報研究所
　　　　『詳解 介護福祉士過去 5 年問題集 '25 年版』係
　住　　所：〒 359-0042　埼玉県所沢市並木 3-1-9
　FAX 番号：04-2995-4362　（10:00 ～ 17:00　土日祝日を除く）

※**本書の正誤以外に関するご質問にはお答えいたしかねます。**また受験指導などは行っておりません。
※ご質問の受付期限は、2025 年 1 月の試験日の 10 日前必着といたします。
※回答日時の指定はできません。また、ご質問の内容によっては回答まで 10 日前後お時間をいただく
　場合があります。
あらかじめご了承ください。

監修：亀山　幸吉　淑徳大学短期大学部名誉教授、元介護福祉士試験委員。
　　　　日本介護福祉学会理事、東京都介護福祉士現任研修運営委員、社会福祉士試験委員等
　　　　を歴任。
改訂執筆代表：松永　繁　岩手県立大学社会福祉学部人間福祉学科講師
　　　　　　　　福田　明　松本短期大学介護福祉学科教授
　　　　　　　　丸山　順子　松本短期大学介護福祉学科教授
編著：コンデックス情報研究所
　　　　1990 年 6 月設立。法律・福祉・技術・教育分野において、書籍の企画・執筆・編集、大
　　　　学および通信教育機関との共同教材開発を行っている研究者・実務家・編集者のグループ。

詳解 介護福祉士過去5年問題集 '25年版

2024年 6 月20日発行

監　修　亀山幸吉（かめ やま こう きち）

編　著　コンデックス情報研究所（じょう ほう けん きゅう しょ）

発行者　深見公子

発行所　成美堂出版
　　　　〒162-8445　東京都新宿区新小川町 1 - 7
　　　　電話(03)5206-8151　FAX(03)5206-8159

印　刷　大盛印刷株式会社

'25 年版

詳解
介護福祉士
過去5年問題集

別冊

解答・解説編

矢印の方向に引くと
解答・解説編が取り外せます。

別冊
解答・解説編

成美堂出版

詳解　介護福祉士 過去 5 年 問題集　'25 年版
解答・解説編　目　次

本書は原則として 2024 年 4 月 1 日現在の情報に基づいて編集しています。ただし、編集時点で入手できた法令等改正情報はできるだけ反映しています。

(注 1)　①法令等改正により、選択肢の内容の正誤が変わり正答となる肢がなくなるなど、問題として成立しない問題→　問題番号に★をつけて、正解は出題当時のものを掲載し、解説は出題当時の法令等に基づいた解説をしたのち、※以下に、現在の法令等に照らした解説を加えました。

　　　②試験団体から「正解の選択肢が 2 つあったために 2 つのうちどちらかを選んでいれば得点」という扱いがされたもの→　問題番号に▲をつけて、2 つの選択肢が正解となった理由を解説に加えています。

　　　③試験実施団体から「問題の不備があったために全員に得点」という扱いがされたもの→　問題番号に◎をつけ、正解番号に代えて「正解なし (全員に得点)」とし、不備になった理由を解説に加えています。

(注 2)　現在、「障害」の表記を「障がい」あるいは「障碍」と改める動きがありますが、本書では法律上の表記に則り、「障害」を用いています。

┌ 凡例 ─
障害者総合支援法 …… 障害者の日常生活及び社会生活を総合的に支援するための法律
精神保健福祉法 ……… 精神保健及び精神障害者福祉に関する法律

第36回（令和6年1月）　介護福祉士試験 解答一覧

人間の尊厳と自立

問題番号	解答番号
問題1	⑤
問題2	②

人間関係とコミュニケーション

問題番号	解答番号
問題3	⑤
問題4	③
問題5	④
問題6	③

社会の理解

問題番号	解答番号
問題7	①
問題8	③
問題9	②
問題10	⑤
問題11	②
問題12	④
問題13	⑤
問題14	④
問題15	⑤
問題16	⑤
問題17	③
問題18	③

こころとからだのしくみ

問題番号	解答番号
問題19	⑤
問題20	①
問題21	③
問題22	①
問題23	④
問題24	②
問題25	⑤
問題26	⑤
問題27	③
問題28	②
問題29	①
問題30	④

発達と老化の理解

問題番号	解答番号
問題31	③
問題32	②
問題33	①
問題34	④
問題35	④
問題36	④
問題37	②
問題38	①

認知症の理解

問題番号	解答番号
問題39	②
問題40	①

問題番号	解答番号
問題41	④
問題42	③
問題43	⑤
問題44	③
問題45	③
問題46	④
問題47	①
問題48	②

障害の理解

問題番号	解答番号
問題49	①
問題50	③
問題51	②
問題52	③
問題53	④
問題54	④
問題55	①
問題56	②
問題57	③
問題58	④

医療的ケア

問題番号	解答番号
問題59	①
問題60	③
問題61	⑤
問題62	②
問題63	④

介護の基本

問題番号	解答番号
問題64	②
問題65	③
問題66	①
問題67	⑤
問題68	③
問題69	④
問題70	②
問題71	⑤
問題72	④
問題73	①

コミュニケーション技術

問題番号	解答番号
問題74	②
問題75	④
問題76	⑤
問題77	③
問題78	①
問題79	⑤

生活支援技術

問題番号	解答番号
問題80	①
問題81	①

問題番号	解答番号
問題82	④
問題83	②
問題84	⑤
問題85	④
問題86	⑤
問題87	③
問題88	⑤
問題89	①
問題90	②
問題91	①
問題92	④
問題93	②
問題94	⑤
問題95	⑤
問題96	①
問題97	②
問題98	④
問題99	④
問題100	②
問題101	⑤
問題102	③
問題103	⑤
問題104	⑤
問題105	①

介護過程

問題番号	解答番号
問題106	②
問題107	③
問題108	①
問題109	②
問題110	⑤
問題111	④
問題112	⑤
問題113	③

総合問題

問題番号	解答番号
問題114	①
問題115	①
問題116	④
問題117	⑤
問題118	①
問題119	②
問題120	③
問題121	②
問題122	①
問題123	③
問題124	②
問題125	③

介護福祉士試験 解答一覧

人間の尊厳と自立

問題番号	解答番号
問題1	②
問題2	③

人間関係とコミュニケーション

問題番号	解答番号
問題3	②
問題4	③
問題5	①
問題6	④

社会の理解

問題番号	解答番号
問題7	⑤
問題8	⑤
問題9	④
問題10	②
問題11	③
問題12	①
問題13	①
問題14	②
問題15	④
問題16	⑤
問題17	③
問題18	①

こころとからだのしくみ

問題番号	解答番号
問題19	④
問題20	②
問題21	③
問題22	①
問題23	⑤
問題24	④
問題25	⑤
問題26	⑤
問題27	①
問題28	②
問題29	②
問題30	⑤

発達と老化の理解

問題番号	解答番号
問題31	④
問題32	②
問題33	①
問題34	③
問題35	④
問題36	③
問題37	②
問題38	⑤

認知症の理解

問題番号	解答番号
問題39	②
問題40	①

問題番号	解答番号
問題41	②
問題42	③
問題43	④
問題44	④
問題45	①
問題46	②
問題47	③
問題48	③

障害の理解

問題番号	解答番号
問題49	①
問題50	②
問題51	④
問題52	④
問題53	④
問題54	③
問題55	②
問題56	④
問題57	④
問題58	①

医療的ケア

問題番号	解答番号
問題59	③
問題60	④
問題61	②
問題62	④
問題63	①

介護の基本

問題番号	解答番号
問題64	②
問題65	④
問題66	①
問題67	⑤
問題68	④
問題69	④
問題70	①
問題71	③
問題72	②
問題73	③

コミュニケーション技術

問題番号	解答番号
問題74	②
問題75	②
問題76	⑤
問題77	⑤
問題78	①
問題79	②

生活支援技術

問題番号	解答番号
問題80	①
問題81	①

問題番号	解答番号
問題82	②
問題83	④
問題84	②
問題85	④
問題86	①
問題87	③
問題88	⑤
問題89	③
問題90	④
問題91	①
問題92	④
問題93	②
問題94	⑤
問題95	②
問題96	③
問題97	④
問題98	⑤
問題99	⑤
問題100	④
問題101	①
問題102	②
問題103	⑤
問題104	②
問題105	①

介護過程

問題番号	解答番号
問題106	⑤
問題107	⑤
問題108	④
問題109	⑤
問題110	⑤
問題111	④
問題112	④
問題113	③

総合問題

問題番号	解答番号
問題114	④
問題115	②
問題116	①
問題117	②
問題118	②
問題119	①
問題120	③
問題121	④
問題122	②
問題123	①
問題124	①
問題125	①

人間の尊厳と自立

問題番号	解答番号
問題1	4
問題2	1

人間関係とコミュニケーション

問題番号	解答番号
問題3	5
問題4	2

社会の理解

問題番号	解答番号
問題5	2
問題6	4
問題7	4
問題8	1
問題9	3
問題10	5
問題11	3
問題12	3
問題13	1
問題14	2
問題15	1
問題16	1

介護の基本

問題番号	解答番号
問題17	3
問題18	1
問題19	5
問題20	3
問題21	3
問題22	2
問題23	4
問題24	2
問題25	5
問題26	2

コミュニケーション技術

問題番号	解答番号
問題27	1
問題28	5
問題29	2
問題30	5
問題31	4
問題32	3
問題33	2
問題34	4

生活支援技術

問題番号	解答番号
問題35	1
問題36	5
問題37	1
問題38	4
問題39	4
問題40	2
問題41	2
問題42	3
問題43	1
問題44	4
問題45	2
問題46	3
問題47	3
問題48	4
問題49	3
問題50	1
問題51	3
問題52	2
問題53	1
問題54	2
問題55	2
問題56	2
問題57	4
問題58	2
問題59	5
問題60	2

介護過程

問題番号	解答番号
問題61	1
問題62	4
問題63	3
問題64	2
問題65	2
問題66	3
問題67	1
問題68	4

発達と老化の理解

問題番号	解答番号
問題69	2
問題70	1
問題71	5
問題72	2
問題73	3
問題74	1
問題75	5
問題76	4

認知症の理解

問題番号	解答番号
問題77	4
問題78	4
問題79	2
問題80	5
問題81	2
問題82	3
問題83	4
問題84	3
問題85	1
問題86	2

障害の理解

問題番号	解答番号
問題87	1
問題88	1
問題89	3
問題90	4
問題91	3
問題92	3
問題93	4
問題94	5
問題95	5
問題96	2

こころとからだのしくみ

問題番号	解答番号
問題97	2
問題98	1
問題99	5
問題100	5
問題101	2
問題102	2
問題103	2
問題104	4
問題105	5
問題106	5
問題107	5
問題108	3

医療的ケア

問題番号	解答番号
問題109	1
問題110	4
問題111	3
問題112	5
問題113	2

総合問題

問題番号	解答番号
問題114	5
問題115	3
問題116	3
問題117	4
問題118	5
問題119	4
問題120	2
問題121	4
問題122	5
問題123	2
問題124	5
問題125	1

第33回 (令和3年1月) 介護福祉士試験 解答一覧

問題番号	解答番号	問題番号	解答番号	問題番号	解答番号
人間の尊厳と自立		問題41	③	問題84	③
問題1	①	問題42	③	問題85	①
問題2	③	問題43	③	問題86	②
人間関係とコミュニケーション		問題44	②	**障害の理解**	
問題3	②	問題45	①	問題87	①
問題4	④	問題46	①	問題88	②
社会の理解		問題47	④	問題89	④
問題5	②	問題48	④	問題90	①
問題6	①	問題49	①	問題91	②
問題7	④	問題50	④	問題92	④
問題8	②	問題51	④	問題93	③
問題9	③	問題52	②	問題94	②
問題10	④	問題53	①	問題95	①
問題11	②	問題54	①	問題96	②
問題12	⑤	問題55	④	**こころとからだのしくみ**	
問題13	③	問題56	②	問題97	①
問題14	①	問題57	③	問題98	④
問題15	⑤	問題58	③	問題99	②
問題16	④	問題59	③	問題100	③
介護の基本		問題60	②	問題101	⑤
問題17	⑤	**介護過程**		問題102	①
問題18	②	問題61	①	問題103	④
問題19	⑤	問題62	③	問題104	①
問題20	④	問題63	①	問題105	②
問題21	①	問題64	⑤	問題106	④
問題22	③	問題65	②	問題107	①
問題23	④	問題66	⑤	問題108	②
問題24	②	問題67	②	**医療的ケア**	
問題25	⑤	問題68	①	問題109	④
問題26	③	**発達と老化の理解**		問題110	⑤
コミュニケーション技術		問題69	④	問題111	②
問題27	⑤	問題70	①	問題112	②
問題28	②	問題71	③	問題113	①
問題29	④	問題72	④	**総合問題**	
問題30	④	問題73	③	問題114	①
問題31	③	問題74	①	問題115	④
問題32	①	問題75	②	問題116	正解なし
問題33	②	問題76	④	問題117	④
問題34	④	**認知症の理解**		問題118	①
生活支援技術		問題77	①	問題119	②
問題35	③	問題78	①	問題120	③
問題36	⑤	問題79	②	問題121	⑤
問題37	④	問題80	⑤	問題122	①
問題38	①	問題81	①	問題123	④
問題39	②	問題82	①	問題124	①
問題40	①	問題83	④	問題125	①

問題番号	解答番号
人間の尊厳と自立	
問題 1	③
問題 2	⑤
人間関係とコミュニケーション	
問題 3	②
問題 4	①
社会の理解	
問題 5	④
問題 6	⑤
問題 7	①
問題 8	④
問題 9	②
問題 10	③
問題 11	①
問題 12	⑤
問題 13	④
問題 14	②
問題 15	③
問題 16	③
介護の基本	
問題 17	①
問題 18	④
問題 19	③
問題 20	①
問題 21	⑤
問題 22	④
問題 23	③
問題 24	②
問題 25	⑤
問題 26	②
コミュニケーション技術	
問題 27	④
問題 28	④
問題 29	②
問題 30	③
問題 31	③
問題 32	③
問題 33	⑤
問題 34	①
生活支援技術	
問題 35	⑤
問題 36	③
問題 37	⑤
問題 38	②
問題 39	①
問題 40	④

問題番号	解答番号
問題 41	⑤
問題 42	②
問題 43	④
問題 44	③
問題 45	②
問題 46	①
問題 47	⑤
問題 48	③
問題 49	②
問題 50	①
問題 51	④
問題 52	③
問題 53	④
問題 54	④
問題 55	②
問題 56	②
問題 57	④
問題 58	③
問題 59	③
問題 60	①
介護過程	
問題 61	④
問題 62	①
問題 63	⑤
問題 64	②
問題 65	⑤
問題 66	③
問題 67	③
問題 68	⑤
発達と老化の理解	
問題 69	②
問題 70	①
問題 71	③
問題 72	②
問題 73	④
問題 74	②
問題 75	①
問題 76	⑤
認知症の理解	
問題 77	④
問題 78	①
問題 79	②
問題 80	②
問題 81	⑤
問題 82	④
問題 83	③

問題番号	解答番号
問題 84	②
問題 85	④
問題 86	⑤
障害の理解	
問題 87	①
問題 88	③
問題 89	⑤
問題 90	④
問題 91	③
問題 92	②
問題 93	④
問題 94	⑤
問題 95	①
問題 96	⑤
こころとからだのしくみ	
問題 97	③
問題 98	③
問題 99	⑤
問題 100	④
問題 101	①
問題 102	②
問題 103	④
問題 104	③
問題 105	⑤
問題 106	②
問題 107	③
問題 108	④
医療的ケア	
問題 109	①
問題 110	②
問題 111	③
問題 112	⑤
問題 113	①
総合問題	
問題 114	③
問題 115	④
問題 116	③
問題 117	⑤
問題 118	②
問題 119	④
問題 120	③
問題 121	①
問題 122	④
問題 123	②
問題 124	②
問題 125	③

第36回
（令和6年1月）

人間の尊厳と自立

問題1 正解 5

変形性膝関節症と診断された利用者に対する介護福祉職の対応についての設題である。

1 × Aさんは、膝に痛みがあり膝関節症と診断を受けているが、現時点で新たに介護ニーズが生じている状況では**ない**。よって、要介護認定を勧めるのは適切では**ない**。また、介護福祉職の業務範囲を**超えた**対応でもある。

2 × Aさんは、友人の入院や膝の痛みをきっかけとして生活への**不安**を抱いているのであり、友人のお見舞いを望んでいる**のではない**。

3 × 精密検査を勧める対応は、介護福祉職の業務範囲を**超えた**対応であるため適切では**ない**。

4 × Aさんは、友人の入院や膝の痛みをきっかけとして生活への**不安**を抱いているのであり、麻雀ができなくなったことで別の趣味活動を求めているの**ではない**。

5 ○ Aさんは、友人の入院や膝の痛みをきっかけとして生活への不安を抱いており、何が不安なのか、今後どうしていきたいのかなど、Aさん自身の生活に対する思いを聞く**本人主体**の対応が必要である。

問題2 正解 2

介護を必要とする人の自立についての考え方に関する設題である。

1 × 他者の支援を得て主体的に行動していくことも**自立**とされており、他者の支援を受けず、すべて自身で行うことのみが自立**ではない**。

2 ○ 精神的自立とは、生活の目標をもち、自らが**主体**となって物事を進めていくことである。

3 × 社会的自立とは、社会の構成員として社会活動に参加し、役割を担うなどの**社会参加**をしていることをいう。

4 × 身体的自立とは、生活を営むために必要な**身体**的動作を自分で行うことをいう。

5 × 経済的自立とは、**働く**ことができ、**働く**ことにより収入を得て生活を営むことをいう。

人間関係とコミュニケーション

問題3 正解 5

個別の介護目標をチーム全員で共有するという課題への取り組みについての設題である。

1 × **集団規範**とは、チームメンバーが共有する思考様式や判断にあたっての枠組みをいう。そのため、**集団規範**を形成する取り組みは、目標をチームで共有することにつなが**らない**。

2 × **同調行動**とは、自身と他の多数派の意見とが異なる場合に、自身の意見を変化させ他の者と合わせるようにすることをいう。そのため、**同調行動**を促す取り組みは、目標をチームで共有することにつなが**らない**。

3 × **内集団バイアス**とは、自分が所属する集団に好意的な態度をとることをいう。それを強化する取り組みは、目標をチームで共有するための課題解決にはつなが**らない**。

4 × **集団圧力**がかかると、人は多数派への同調行動をとりやすくなるが、目標をチームで共有するための課題解決につなが**らない**。

5 ○ **集団凝集性**とは、チームメンバーを集団にとどまらせようとする力をいう。この**集団凝集性**を高めていくことで、集団で課題解決していく動機づけも高まり、課題解決を容易にする。よって、目標共有の課題解決への取り組みとして適切で**ある**。

問題4 正解 3

介護福祉職の準言語を活用した対応についての設題である。

コミュニケーションは、言語によって行われる**言語**コミュニケーション、言語以外の手段によって行われる**非言語**コミュニケーションに分類され、**非言語**コミュニケーションの中に「**声の大きさや抑揚**」といった準言語がある。

1 × 強い口調は、相手に威圧感を感じさせてしまうため適切で**はない**。

2 × 抑揚のない話し方で伝えることで、相手に伝える側の気持ちが伝わり**にくく**、形式的な対応と受け取られる。

3 ○ 伝えたことをBさんがわからない要因として、話の内容の**理解**ができない、**聴力**に支障があることなどが考えられる。そのため、これらのBさんの状況に合わせた対応が求められる。また、この対応により、Bさんは、自身に対する気遣いを感じることもできる。

4 × 伝えたことがわからないBさんに対して、急かすように伝えても話の理解にはつなが**らない**。

5 × 伝えたことがわからないBさんに対して、早口で伝えることでさらに理解が**難しく**なる。

問題5 正解 4

感染症が流行した際の、介護福祉職の精神的健康を守るための組織的なマネジメントについての設題である。

1 × 緊急的な介護体制の中で、さらに感染防止対策を強化することで、介護福祉職の**精神的負担**が増加することが考えられる。

2 × 多職種チームの連携の強化は、感染対策のうえでは**有効**であるが、介護福祉職の精神的健康を守ることにはつなが**らない**。

3 × 利用者のストレスをコントロールすることは、介護業務においては**必要**であるが、組織的なマネジメントにおける取り組みには該当**しない**。

4 ○ **バーンアウト**とは、「仕事を熱心に行った後、突然、意欲の喪失や無気力となってしまうこと」をいう。感染対策への高い意識や積極的な行動が求められる状況下においてのリスクは**高く**、防止に向けた取り組みが**必要**である。

5 × 利用者家族の面会方法の見直しは、感染対策のうえでは**有効**であるが、介護福祉職の精神的健康を守ることにはつなが**ない**。

問題6 正解 1

施設における全体の指揮命令系統を把握するために必要なものについての設題である。

1 ○ **組織図**とは、組織のそれぞれの部門同士の関係や、組織内での正しい指揮命令系統を体系的に図式化したものである。

2 × **勤務表**とは、職員の出勤日、出勤時間、休日などを記載したものであり、その日に働く職員の人数を**管理**する役割をもつものである。

3 × **経営理念**とは、方針や経営上の意思決定など、経営に関する基準となる考

え方を表したものである。なお、社会的な使命や何を大切にしているかという価値観が表されているものを**組織理念**という。

4 ✕ これまで行ってきた事業や取り組み等の施設の歴史から、施設の**強み**や**得意**とすることなどを把握できる。

5 ✕ 資格保有者は、業務に必要な知識及び技能を修得した者であり、これらの者の人数を把握することで、施設における一定基準の**サービスの質**を保障していることを把握することにつながる。

社会の理解

問題7 正解 1

セルフヘルプグループの活動についての設題である。

セルフヘルプグループとは、同じ悩みや問題（障害、難病、依存症など）を抱える人たちが集まり、相互理解や支援をし合う**当事者**によるグループのことをいう。**患者会、家族会**などがある。

1 〇 断酒会とは、アルコール依存などのアルコールに関する課題を抱える当事者同士が自身の体験を語り合いながら飲酒の害から回復することを目的として活動を行っている当事者組織**である**。

2 ✕ 施設の社会貢献活動は、法人や事業所といった**公**的な組織活動として行われるものであり、当事者組織による活動**ではない**。

3 ✕ 子ども食堂とは、主に地域の**ボランティア**が運営し、子どもたち（地域住民を対象とする場合もある）に対し、無料又は安価で食事や団らんを提供する取り組みを行う。よって、当事者組織**ではない**。

4 ✕ 傾聴ボランティアとは、人の気持ちに寄り添い、その人の話を否定することなく、受容・共感しながら「聴く」ボランティアのことをいい、当事者組織で**はない**。

5 ✕ 町内会とは、町又は字の区域その他市町村内の一定の区域に住所を有する者の**地縁**に基づいて形成された団体をいう（地方自治法第260条の2第1項）。当事者組織で**はない**。

問題8 正解 3

特定非営利活動法人についての設題である。

1 ✕ 特定非営利活動法人は、**特定非営利活動促進法**に基づいて設置される。同法は、ボランティア活動をはじめとする市民が行う自由な社会貢献活動としての特定非営利活動の健全な発展を促進し、もって公益の増進に寄与することを目的としている（同法第1条）。

2 ✕ **都道府県知事**が認証を行う。ただし、その事務所が一の指定都市の区域内のみに所在する場合は、当該指定都市の長が認証を行う（同法第9条、第10条）。

3 〇 内閣府「NPO統計情報」によると、2023（令和5）年9月現在の特定非営利活動法人の法人数は50,111法人となっており、活動分野では、「**保健、医療又は福祉の増進を図る活動**」が29,636法人と最も多い。次に、「社会教育の推進を図る活動」が25,201法人となっている。

●特定非営利活動法人の活動分野別法人数
（2023〔令和5〕年9月現在）

活動の種類	法人数
保健、医療又は福祉の増進を図る活動	29,636
社会教育の推進を図る活動	25,201
子どもの健全育成を図る活動	25,116

4 ✕ 特定非営利活動の事業に支障がない限り、特定非営利活動法人の**収益**活動は認められている。ただし、「利益を生じたときは、これを当該特定非営利活

動に係る事業のために使用しなければならない」とされている（同法第5条第1項）。

5　×　同法第2条第2項第2号イにおいて、特定非営利活動法人の定義の一つに、「**宗教**の教義を広め、儀式行事を行い、及び**信者を教化育成**することを主たる目的とするものでないこと」と規定されている。

問題9　正解　5

地域福祉において、貧困地域への教育や援助を行った運動についての設題である。

1　×　世界保健機関（World Health Organization：WHO）は、「全ての人々が可能な最高の健康水準に到達すること」を目的として設立された**国連**の専門機関であり、多くの疾患(しっかん)に関する国際的なガイドラインなどを策定している。

2　×　福祉事務所とは、社会福祉法第14条に規定されている「福祉に関する事務所」をいい、**福祉六法**に定める援護、育成又は更生の措置(そち)に関する事務を司る機関である。なお、都道府県及び市（特別区を含む）は設置が**義務**であり、町村は**任意**となっている。

3　×　地域包括支援センターは、**市町村**が設置主体となり、**介護予防支援**及び**包括的支援事業**を行う機関である（介護保険法第115条の46）。保健師・社会福祉士・主任介護支援専門員等が配置されている。

4　×　生活協同組合とは、**消費生活協同組合法**に基づいて設立された法人で、組合員の生活の文化的経済的改善向上を図るため、組織される非営利団体である。

5　○　**セツルメント**運動とは、知識人たちが、スラム街などの地域へ**住み込み**、貧困者など社会的に弱い立場にある人たちの、生活向上や社会福祉の向上を図る活動である。

問題10　正解　5

社会福祉基礎構造改革についての設題である。

1997（平成9）年に「社会福祉事業等の在り方に関する検討会」によって提出された「社会福祉の基礎構造改革について」を出発点とし、2000（平成12）年の「社会福祉の増進のための社会福祉事業法等の一部を改正する等の法律」により、社会福祉事業法を始めとする関連の法律が改正された。これら一連のことを**社会福祉基礎構造改革**という。

1　×　上述の通り、社会福祉事業法は**社会福祉法**に改正・改称された。

2　×　社会福祉法では、措置制度から**利用契約**の制度に変更された。これにより、利用者はサービスを選択できるようになった。

3　×　社会福祉法では、**社会福祉法人**に限定せず、多様な提供主体の福祉サービスへの参入などの充実・活性化が図られた。

4　×　障害福祉分野でも、身体障害者福祉法の改正により、**相談支援**事業、**手話通訳**事業が法定事業に加えられたほか、知的障害者福祉法の改正に伴い知的障害者**デイサービス**事業が法定事業に加えられるなどした。

5　○　社会福祉法により、**地域福祉権利(けんり)擁護(ようご)事業**（現在の日常生活自立支援事業）が創設された。

問題11　正解　2

公的医療制度についての設題である。

1　×　国民健康保険制度は、原則、被用者保険等の適用者以外の国民すべてを被保険者としている。ただし、**後期高齢者医療制度**に該当する者は除くとされている（国民健康保険法第6条第8号）。

別冊 解答・解説

2 〇 75歳以上の者（一定の障害があると認定された65歳以上の者も含む）は、**後期高齢者医療**制度に加入し、医療給付等を受けることになる（高齢者の医療の確保に関する法律第50条）。Cさんは77歳であり、**後期高齢者医療**制度に該当する。

3 × **共済組合保険**とは、国家公務員、地方公務員、私学の教職員を被保険者とする医療保険制度である。（国家公務員共済組合法第37条、地方公務員等共済組合法第39条、私立学校教職員共済法第14条）。

4 × 育成医療とは、障害者総合支援法に基づいて児童福祉法に規定する**障害児**を対象に提供される医療である（障害者総合支援法施行令第1条の2第1号）。

5 × 更生医療とは、障害者総合支援法に基づいて**身体障害者**を対象に提供される医療である（同法施行令第1条の2第2号）。

問題12　正解　3

介護保険法に基づく、都道府県・指定都市・中核市が指定・監督を行うサービスについての設題である。

1 × 地域密着型介護サービスは、**市町村**が指定・監督を行う（介護保険法第78条の2第1項）。

2 × 居宅介護支援とは、居宅の要介護者の居宅サービス計画の作成や、サービス事業者等との連絡調整を行うもので、**市町村**が指定・監督を行う（同法第79条第1項）。

3 〇 施設サービスは、**都道府県・指定都市・中核市**が指定・監督を行う（同法第94条第1項、第107条第1項、第203条の2など）。

4 × 夜間対応型訪問介護は、地域密着型介護サービスのため**市町村**が指定・監督を行う（同法第78条の2第1項）。

5 × 介護予防支援とは、地域包括支援センターと居宅介護支援事業者が実施機関となり、介護予防サービス計画の作成等を行うもので、**市町村**が指定・監督を行う（同法第115条の22）。

	都道府県・指定都市・中核市が指定・監督を行うサービス	市町村が指定・監督を行うサービス
介護給付	〇居宅介護サービス ・訪問サービス（訪問介護等） ・通所サービス（デイサービス等） ・短期入所サービス（ショートステイ等） 　　　　　　　　など 〇施設サービス（介護老人福祉施設等）	〇地域密着型介護サービス （**夜間対応型訪問介護**、小規模多機能型居宅介護、認知症対応型共同生活介護等） 〇居宅介護支援
予防給付	〇介護予防サービス ・訪問サービス（介護予防訪問看護等） ・通所サービス（介護予防通所リハビリテーション等） ・短期入所サービス（ショートステイ等） 　　　　　　　　など	〇地域密着型介護予防サービス 〇**介護予防支援**

（出典：厚生労働省老健局「介護保険制度の概要」令和3年5月より作成）

問題13　正解　5

「障害者差別解消法」についての設題である。

1 × 同法第2条第1号では、障害者を「身体障害、知的障害、精神障害（発達障害を含む）その他の心身の機能の障害がある者であって、障害及び**社会的障壁**により継続的に日常生活又は社会生活に相当な制限を受ける状態にあるもの」と定義しており、これらの者が対象となっている。

2 × 同法第7条第2項では、合理的配慮は「実施に伴う負担が**過重**でない」場合に行わなければならないとされている。

3 × 同法第7条、第8条で行政機関等及び事業者における「障害を理由とする**差別の禁止**」は規定されているが、個

第36回

人による差別行為に関する**罰則規定**はない。
4　×　同法第1条において、法の目的として「障害を理由とする差別の**解消**を推進」し、「障害の有無によって分け隔てられることなく、相互に人格と個性を尊重し合いながら**共生**する社会の実現」が掲げられている。
5　○　障害者基本法の基本的な理念にのっとり、同法第4条の「**差別の禁止**」の規定を具体化したものである（障害者差別解消法第1条）。

問題14　正解　4
「障害者総合支援法」に規定された移動に関する支援についての設題である。
1　×　障害福祉サービスは、「障害福祉サービス」「地域相談支援」「地域生活支援事業」に分けられ、移動支援は、**地域生活支援**事業に位置付けられている（同法第77条第1項第8号）。介護給付費が支給されるサービスは、障害福祉サービスに位置付けられている（同法28条）。
2　×　行動援護は、**知的障害又は精神障害**により、行動する際に生じ得る危険の回避が困難な者を援護するサービスである（同法第5条第5項）。
3　×　同行援護は、**視覚障害**により、移動に著しい困難を有する者に対して、外出する際の必要な援護を行うサービスである（同法第5条第4項）。
4　○　重度訪問介護は、重度障害者を対象に、居宅における援助並びに**外出時**における移動中の介護等障害福祉サービスを総合的に供与する（同法第5条第3項）。
5　×　共同生活援助は、主として夜間において、共同生活を営むべき**住居**において相談、入浴、排泄又は食事の介護等の必要な日常生活上の援助を行うサービ

スであり、外出支援は行**わない**（同法第5条第17項）。

問題15　正解　4
認知症の利用者への、投資信託の電話勧誘についての設題である。
1　×　**公正取引委員会**とは、不当な取引制限の規制、不公正な取引方法の規制、独占的状態に係る規制等に関して、独占禁止法等を執行する機関である（私的独占の禁止及び公正取引の確保に関する法律第27条の2）。
2　×　**都道府県障害者権利擁護センター**とは、障害者虐待防止法に規定された機関であり、虐待に係る通報・届出の受理、関係機関との連絡調整、助言、啓発活動などを担う（同法第36条第2項）。
3　×　運営適正化委員会とは、福祉サービスに関する利用者等からの**苦情**の適切な解決をはかること等を目的に社会福祉法第83条にもとづき、全国の**都道府県社会福祉協議会**に設置される委員会である。
4　○　**消費生活センター**とは、事業者に対する消費者からの、相談、苦情及び処理のためのあっせん、消費者安全の確保のための情報を住民に対し提供することなどの役割を担う**機関**である（消費者安全法第8条第1項、第10条）。よって、長女が相談する機関として最も適切である。
5　×　**市町村保健センター**とは、地域保健法第18条に規定され、住民に対し、健康相談、保健指導及び健康診査その他地域保健に関し必要な事業を行うことを目的とする機関である。

問題16　正解　1
災害時の福祉避難所についての設題である。
1　○　内閣府「福祉避難所の確保・運営

ガイドライン（令和3年5月改定）」には、特別養護老人ホーム（介護老人福祉施設）等の入所者は、原則として指定福祉避難所の受け入れ対象と**しない**ことが明記されている。なお、受入対象者として、**高齢者**、障害者、**妊産婦**、乳幼児、病弱者等が挙げられている。

2 × **災害対策基本法**に基づいて指定される。市町村長は指定避難所を指定しなければならないとされており（同法第49条の7）、そのうち、要配慮者の円滑な利用や支援を受けることができる良好な生活環境が確保できる施設を福祉避難所として指定する（同法施行規則第1条の7の2）。

3 × 災害対策基本法によれば、要配慮者として「その他の特に配慮を要する者」とあり（同法第8条第2項第15号）、同ガイドラインでは、**難病患者**、**医療的ケア**を必要とする者が該当するとされている。

4 × 同ガイドラインによれば、指定福祉避難所におけるホームヘルパーの派遣は**福祉各法**により実施をするとされている。

5 × 同ガイドラインによれば、指定福祉避難所におけるホームヘルパーの派遣等、福祉各法による在宅福祉サービス等の提供は、災害救助法による救助には基づ**かず**、**福祉各法**による実施を想定している。

問題17 正解 3

「感染症法」に基づく、結核を発症した人への訪問や指導の業務を行う機関についての設題である。

1 × **基幹相談支援センター**とは、地域の相談支援の拠点として総合的な相談業務（身体障害・知的障害・精神障害）と成年後見制度利用支援事業等の業務を行う機関である（障害者総合支援法第

77条の2）。

2 × **地域活動支援センター**とは、利用者が地域において自立した日常生活又は社会生活を営むことができるよう、利用者を通わせ、創作的活動又は生産活動の機会の提供及び社会との交流の促進を図ることを目的とした障害者総合支援法上の施設である（同法第5条第27項）。

3 ○ 感染症法第53条の14に保健所長は、「保健師又はその他の職員をして、その者の家庭を訪問させ、処方された薬剤を確実に服用する指導その他必要な指導を行わせる」と家庭訪問指導等について規定されている他、医療費の申請業務についても**保健所**の業務として規定されている（同法第37条の2）。

4 × **老人福祉センター**とは、無料又は低額な料金で、老人に関する各種の相談や健康の増進、教養の向上及びレクリエーションのための便宜を総合的に供与することを目的とする施設である（老人福祉法第20条の7）。

5 × **医療保護施設**とは、生活保護法にもとづく保護施設の一つであり、医療を必要とする要保護者に対し、医療の給付を行う施設である（生活保護法第38条）。

問題18 正解 2

一人暮らしでひきこもりの状態にある人が生活に困っている際の相談先の機関についての設題である。

1 × **地域包括支援センター**は、住民の保健医療の向上及び福祉の増進を包括的に支援することを目的として、介護予防支援及び包括的支援事業を行う機関である（介護保険法第115条の46第1項）。よって、金銭面での課題に対応する機関ではない。

2 ○ **福祉事務所**は、生活保護法に関する業務を担う機関である（社会福祉法第14条）。よって、金銭面での課題を有す

るＥさんの弟が相談する<u>機関</u>として適切である。

3　×　**精神保健福祉センター**は、精神保健の向上及び精神障害者の福祉の増進を図ることを目的として、精神障害者の福祉に関する相談、自立支援医療（精神通院医療）及び精神障害者保健福祉手帳の判定などを行う機関である（精神保健福祉法第6条）。

4　×　**公共職業安定所**は、職業紹介、職業指導、雇用保険事業等に関わる業務などを無料で実施する機関である（職業安定法第8条）。

5　×　**年金事務所**は、年金の加入や住所変更の手続き、社会保険の適用や徴収、年金給付に関する相談や給付手続きなどを行う機関である（日本年金機構法第27条、第29条）。なお、**日本年金機構**が運営している。

こころとからだのしくみ

問題19　正解　3

マズローの欲求階層説での成長欲求に関する設題である。

1　×　承認欲求は、**欠乏**欲求である。

2　×　安全欲求は、**欠乏**欲求である。

3　○　自己実現欲求は、マズローの欲求階層説の唯一の**成長**欲求である。

4　×　生理的欲求は、**欠乏**欲求である。

5　×　所属・愛情欲求は、**欠乏**欲求である。

第32回問題97の図も参照。

問題20　正解　1

交感神経の作用に関する設題である。

1　○　血管の収縮は**交感神経**の作用である。

2　×　心拍数の減少は、**副交感神経**の作用である。

3　×　気道収縮は、**副交感神経**の作用である。

4　×　消化促進は、**副交感神経**の作用である。

5　×　瞳孔収縮は、**副交感神経**の作用である。

問題21　正解　3

骨粗鬆症の進行を予防するための支援に関する設題である。

1　×　リハビリテーションを少なくすることは、予防に**ならない**。

2　×　繊維質の多い食事は、便秘の予防に**なる**。

3　○　日光浴によって、紫外線を吸収し、**ビタミンD**を形成する。**ビタミンD**は、骨にカルシウムの吸収を促進する作用がある。

4　×　**運動**や**歩く**ことが骨粗鬆症の進行を予防するので、車いすで移動するよりも**歩く**方が良い。

5　×　ビタミンAは、**目**や**肌**の健康維持に効果がある。

問題22　正解　1

中耳にある耳小骨に関する設題である。

1　○　耳小骨は、**ツチ骨・キヌタ骨・アブミ骨**の3つの骨からなる。

2　×　蝶形骨は、**頭蓋骨**の真ん中にあり、蝶々の形をしている。眼窩（目のくぼみ）の奥を形成し、脳につながる血管・リンパ・神経が通っている重要な骨である。

3　×　前頭骨は、**額**の部分の骨である。

4　×　頬骨は、**眼窩**の下部から頬の隆起を形成している骨である。

5　×　上顎骨は、**歯**を支えている骨のうち、上の**歯**を支えている骨である。

問題23　正解　1

成人の爪に関する設題である。

1　○　爪の主成分は、**タンパク質のケラ**

チンである。

2　×　爪は、1日に**0.1 mm**程度伸びる。

3　×　爪床は、爪の**内側**にある。爪床には、爪に必要な水分や栄養分を供給する**毛細血管**がある。

4　×　正常な爪は、薄い**ピンク色**でつやのある状態である。

5　×　爪半月は、**角質化していないやわ**らかな部分である。

問題24　正解　4

食物が入り、誤嚥が生じる部位に関する設題である。

食物は、**口腔**⇒**咽頭**⇒**食道**の順に通り、胃に至る。これを嚥下という。この嚥下は、5期に分けることができる。誤嚥は、誤って食物や液体が気管に入ることをいう。

1　×　扁桃は、咽頭の粘膜にある**リンパ節**の集合体をいう。

2　×　食道では、嚥下で食物が食道入口部から胃まで移送される。第5期「**食道期**」にあたる。

3　×　耳管は、**中耳**と咽頭をつなぐ管である。

4　○　気管は呼吸による空気が通る器官である。第4期「**咽頭期**」で咽頭から食道に食物が通る時に、**喉頭蓋**により気道をふさぐことで食物が気道に入らないようにしている。誤嚥は、食物が気道に入ってしまうことで起こる。

5　×　第4期「**咽頭期**」は、食物が口腔から**咽頭**を通る時期である。咽頭までは、呼吸による空気と食物が通る器官で誤嚥は起こらない。

問題25　正解　5

唐揚げを口に入れたあとに喉をつかむようなしぐさをして苦しんでいる状態に関する設題である。

1　×　心筋梗塞は、**冠動脈**（心臓の血管）がつまって、血液が送れずに心筋に壊死

を生じる状態。激しい胸痛が特徴。高齢になるほど、痛みをあまり感じない人もいる。

2　×　蕁麻疹は、皮膚の一部に**発疹**ができ、かゆみを伴うものをいう。数時間から1日くらいで消失する。

3　×　誤嚥性肺炎は、誤って食べ物や水分が**肺**に入ってしまい、炎症を起こした状態をいう。発熱や咳などが症状として挙げられる。

4　×　食中毒は、**細菌**や**ウイルス**等によるもので、消化器症状（下痢・嘔気・嘔吐・腹痛など）がある。

5　○　窒息では、喉に物がつまって苦しい時に、自分の**首**をつかむ状態（**チョークサイン**）になることがある。

問題26　正解　4

浴槽に入った時、体が軽くなる作用に関する設題である。

1　×　静水圧作用とは、入浴の深さによって、**圧力**が体にかかる作用のことである。

2　×　温熱作用とは、入浴の温熱により**毛細血管**や皮下の**血管**が拡張し、血行が良くなる作用のことである。

3　×　清潔作用とは、**皮膚の機能**（保護・防御・保湿・体温調節作用など）を**正常化**することである。感染等の予防につながる。

4　○　浮力作用とは、入浴により、体重が**9分の1**くらいになり体が軽くなる作用のことである。

5　×　代謝作用とは、温熱作用により、**発汗**作用が増し、**代謝**が促進されることである。

問題27　正解　2

男性に比べて女性に尿路感染が起こりやすい要因に関する設題である。

1　×　普通は、子宮の圧迫による影響はないが、子宮筋腫等の疾患や妊娠中など

子宮が大きくなると**膀胱**を圧迫して頻尿になることもある。

2　○　尿道は、成人男性の約 16 〜 20cm に比べて成人女性は約 **4cm** と**短い**ため、女性に尿路感染が起こり**やすい**。

3　×　腹筋が弱いのと尿路感染は、直接的に関係**はない**。

4　×　女性ホルモンの作用と尿路感染は、直接的に関係**はない**。

5　×　尿道括約筋の弱さにより、**尿もれ**が発生する。

問題 28　正解　2

眠りが浅くなる原因に関する設題である。

1　×　抗不安薬で**緊張**を和らげると眠気が**誘発される**。

2　○　就寝前の飲酒により寝つきは**良く**なるが、多量の飲酒により、眠りが**浅く**なる。

3　×　抗アレルギー薬の副作用に、**眠気**がある。

4　×　抗うつ薬を服用すると、**抑うつや不安**が和らぎ、眠気が**誘発される**。

5　×　足浴は、血行が良くなり、**副交感神経**が働くことで**睡眠促進**効果がある。

問題 29　正解　5

概日リズム睡眠障害に関する設題である。

1　×　早朝に目覚めるのは、**早朝覚醒**という。

2　×　睡眠中に下肢がピクピクと動くことは、**周期性四肢運動障害**という。

3　×　睡眠時に呼吸がとまるような無呼吸状態が頻回に起こる状態を、**睡眠時無呼吸障害**という。

4　×　睡眠中に突然大声を出したり身体を動かしたりするのは、**レム睡眠行動障害**という。

5　○　**概日リズム障害**は、睡眠と覚醒のリズムが乱れることで、夕方に強い眠気が出て、深夜に目覚めることなどをいう。

問題 30　正解　4

鎮痛薬としてモルヒネを使用している人について、医療職と連携する留意点に関する設題である。

1　×　モルヒネの副作用には、**眠気、めまい**、発汗など神経症状がある。

2　×　モルヒネの副作用には、**便秘や嘔気**、嘔吐、食欲不振などの消化器症状がある。

3　×　モルヒネにより、痛みが落ち着いていれば、脈拍に影響**がない**。

4　○　モルヒネの副作用には、**呼吸抑制**があり、**呼吸**の回数が少なくなることがある。

5　×　モルヒネの作用と体温の関連**はない**。

発達と老化の理解

問題 31　正解　3

スキャモンの発達曲線に関する設題である。

1　×　神経系の組織は、**4 歳頃までに**急速に発達する。

2　×　筋骨格系の組織は、**乳幼児までは**急速に発達し、その後緩やかになり**第 2 次性徴期**頃に再び急速に発達する。

3　○　生殖器系の組織は、**第 2 次性徴期の 12 歳頃から**急速に発達する。

4　×　循環器系の組織は、2 と同様に**乳幼児まで**は急速に発達し、その後緩やかになり**第 2 次性徴期**頃に再び急速に発達する。

5　×　リンパ系の組織は、生後すぐから急速に発達し、**思春期あたりの免疫力がピーク**となり、そこから徐々に下がっていく。

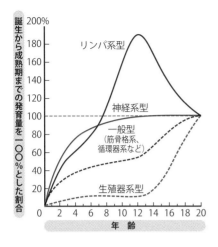

誕生から成熟期までの発育量を一〇〇％とした割合

リンパ系型

神経系型

一般型
（筋骨格系、
循環器系など）

生殖器系型

年齢

0 2 4 6 8 10 12 14 16 18 20

問題32　正解　2

広汎性発達障害のある子どもがパニックになった時の対応に関する設題である。

1　×　広汎性発達障害の特徴のこだわりや限定的なパターンなどが、突然できなければパニックになることがある。事前にわかっていることは伝えながら**予測**できない事態にならないようにする。「台風が来ること」の対応は、何ができないかが想像ができない。

2　○　砂場を使えないことが告げられることで、砂だんごが作れないことが**想像**できればよい。

3　×　本人が、おだんご屋さんのつもりで作製しているかが**不明**であり、なぜ砂だんごが作れないか**理由**がわからず納得できないと思われる。

4　×　当日に伝えるのは、直前に砂場を使えないことはわかるが、突然思うようにいかない分**パニック**に陥りやすい。

5　×　選択肢**3**、**4**の解説より適切で**ない**。

問題33　正解　5

生理的老化に関する設題である。

1　×　生理的老化は、環境因子によって

起こるもので**はない**。

2　×　生理的老化は、**不可逆的**（元に戻らない）なので、訓練によって回復で**きないもの**である。

3　×　生理的老化は、生物にとって**不利**な現象である。

4　×　生理的老化は、**生命体全て**において起こる現象である。

5　○　生理的老化は、すでに**遺伝**的にプログラムされている現象である。

問題34　正解　1

エイジズムに関する設題である。

1　○　エイジズムは、バトラーが提唱した、高齢者を一つの型にはめ**差別**をすることである。

2　×　高齢者になっても生産的活動をするのは、高齢者として一つの型にはまっておらず、エイジズムで**はない**。

3　×　高齢になることを嫌悪することは、**本人の意思**でありエイジズムで**はない**。

4　×　加齢に抵抗して、健康的に生きることは**本人の意思**でありエイジズムで**はない**。

5　×　加齢を受容して、活動的に生きようとすることは**本人の意思**でありエイジズムで**はない**。

問題35　正解　4

高血圧と高コレステロール血症を指摘されて発症した疾患に関する設題である。

1　×　喘息は、慢性的に気道が炎症を起こし狭くなる。**呼吸苦**や**咳**などの症状がある。

2　×　肺炎は、病原性微生物（ウイルス・細菌など）により**肺**が急性炎症を起こしている状態である。**発熱**、咳・痰・呼吸苦などの症状がある。

3　×　脳梗塞は、脳血管疾患として脳内の血管が詰まってしまう状態である。発症時には、**頭痛・吐き気・意識障害**等が

ある。

4 ○ 心筋梗塞は、心臓の周囲の血管が詰まってしまう状態であり、高血圧・高コレステロール等が原因となる**生活習慣病**の一つである。30分以上の激しい**胸痛**を生じ緊急を要するので、救急車を呼ぶ。

5 × 逆流性食道炎は、胃酸が逆流し食道に炎症を生じた状態で、**胸やけや喉の痛み**などがある。

問題36　正解　5

健康寿命の説明に関する設題である。

1 × 0歳児からの平均余命のことを**平均寿命**という。

2 × 65歳時の平均余命は、**平均寿命**から65を引いた年数である。

3 × 65歳時の平均余命から介護期間を差し引いたものは、65歳時の**健康寿命**である。

4 × 介護状態に至らぬ状態で死亡する人の平均寿命は、統計が**ない**。

5 ○ 健康寿命の厚生労働省による定義**である**。なお、令和6年度からの国民健康づくり運動である「健康日本21（第三次）」では、基本的な方向の1つとして「健康寿命の延伸と健康格差の縮小」を掲げている。

問題37　正解　3

前立腺肥大症に関する設題である。

1 × 抗利尿ホルモンは、尿量を調整し、体液の**水分**バランスをはかるホルモンである。

2 × 前立腺肥大症が進むと尿が膀胱にあるのに排尿困難として**残尿**があり、尿閉のための**溢流性尿失禁**等になる。

3 ○ 前立腺肥大症の初期には、夜間頻尿となり、**残尿感**はあっても残尿はない。

4 × 進行すると透析療法になるものには、**腎不全**が該当する。

5 × 骨盤底筋訓練での回復が期待できるのは、**尿失禁**である。特に、女性に多い**腹圧性尿失禁**は回復が期待できる。

問題38　正解　4

高齢期に多い筋骨格系の疾患に関する設題である。

1 × 骨粗鬆症は、**女性**に多い。

2 × 変形性膝関節症では、**O脚**に変形する。

3 × 関節リウマチは、自己免疫疾患の**膠原病**として、関節内の炎症が関節の軟骨を破壊し変形させ、痛みを生じる疾患である。

4 ○ 腰部脊柱管狭窄症では、**下肢のしびれ**が生じ、重度になると**歩行困難**が起き、しばらく休むと歩けるという**間欠的跛行**がみられる。

5 × サルコペニアは、加齢に伴う骨格**筋量減少**と骨格**筋力**の低下をいう。

認知症の理解

問題39　正解　1

高齢者の自動車運転免許に関する設題である。

1 ○ **75歳**から免許更新時の認知機能検査が義務づけられている（道路交通法第101条の4第2項）。

2 × **75歳**以上で過去**3年**間に一定の違反があった場合、免許更新時の運転技能検査が義務づけられている（同法第101条の4第3項）。

3 × 軽度認知障害（MCI）は、健常者と認知症の中間点で**認知症ではない**とされている。したがって、運転免許取消し**にはならない**。

4 × サポートカー限定免許は、普通免許を持って**いるが**運転に不安がある高齢者が申請すれば得られるもので、安全支

援装置が搭載されたサポートカーのみ運転できる（同法第91条の2第1項）。認知症のある人は、運転免許の**自主返納**、取消し、**停止**がなされるため、使用でき**ない**（同法第103条第1項第1号のニ）。

5 × 運転経歴証明書は**自主返納**をした人や更新を受けずに**失効**した人に発行されるが、認知症による免許取消し後は、交付され**ない**（同法施行令第39条の2の5）。

問題40　正解　1

認知症の行動・心理症状（BPSD）であるアパシーに関する設題である。

1 ○ **意欲**や**自発性**がない状態をアパシーという。したがって、感情の起伏が**ない**。

2 × 将来に希望がもてないような悲観的思考は、**うつ状態**の特徴である。

3 × 気持ちが沈むことは、**うつ状態**の特徴である。

4 × 理想どおりにいかずに悩むことは、アパシーには該当し**ない**。

5 × 自分を責めることは、アパシーには該当し**ない**。

問題41　正解　4

認知症の人にみられるせん妄に関する設題である。

1 × せん妄は、**一時**的な状態である。**夜間**に発症して、**翌朝**には消失する。

2 × せん妄は、**意識障害**を生じる。

3 × せん妄は、**注意障害**があり、呼びかけてもいつもの反応ではなく、簡単な声かけに応じた行動ができない。

4 ○ せん妄は、**脱水**、**便秘**、発熱、疼痛など身体の異変が誘因となる。

5 × せん妄は、**夜間**に多くみられる。

問題42　正解　2

レビー小体型認知症にみられる歩行障害に関する設題である。

1 × しばらく歩くと足に痛みを感じて、休みながら歩くのは**間欠性跛行**であり、**腰部脊柱管狭窄症**などにみられる。

2 ○ レビー小体型認知症には、**パーキンソン様症状**があり、**最初の一歩**が踏み出しにくく**小刻み**に歩く。

3 × 動きがぎこちなく、酔っぱらったように歩くのは酩酊歩行で、**小脳性運動失調**などである。

4 × 下肢は伸展し、つま先を引きずるように歩くのは**痙性歩行**で、脳血管障害など脳の疾患で多い。

5 × 腰を左右に振りながら歩くことを、**動揺性歩行**といい、**進行性筋ジストロフィー**や多発性筋炎などにみられる。

問題43　正解　5

若年性認知症の特徴に関する設題である。

1 × 高齢者の認知症より、進行が**速い**傾向にある。

2 × 女性よりも**男性**に発症が多い。

3 × 有病率は、**30**代より**50**代のほうが高く、年齢が**高い**ほうが高い。

4 × 特定健康診査は、40〜74歳を対象にした**生活習慣病**の予防のための**メタボリックシンドローム**に着目した健康診査である。よって、若年性認知症が発見されることが多いと**はいえない**。

5 ○ 高齢者の認知症に比べて、就労支援が必要になることが**多い**。

問題44　正解　3

アルツハイマー型認知症の人の妄想に関する設題である。

1 × 誤認とは、誤ってそれを認めることで、認知症の場合、**人物誤認**が起こりやすくなる。

2　✕　観念失行とは、その物の名前や用途はわかるのに、慣れているものの**使用**や**一連の動作**を順序正しくできないことをいう。

3　〇　嫉妬妄想は、ある人への異様な**嫉妬**感情で、認知症の場合、配偶者などが浮気をしているという感情になることが多い。

4　✕　視覚失認とは、視覚を通してそのものを間違えることをいう。例えば、食事の時に**お皿の模様**を食べ物と間違えて箸でつまもうとするなどである。

5　✕　幻視は、そこに無い人物や動物などが見えると訴えることである。**レビー小体型認知症**に多く、実際に何かのものを見間違える**錯視**も多いという。

問題45　正解　3

認知機能障害による生活への影響に関する設題である。

1　✕　自宅がわからないのは、目的をもって出かけたが忘れて自宅がわからないなど、視空間**認知**障害や場所の**見当識**障害による。

2　✕　出された食事を食べないのは、**失認**として食事を理解できない、失行して**食べ方**がわからない、行動・心理症状（BPSD）としての**拒食**等がある。

3　〇　目の前の家族がわからないのは、人物の**見当識**障害で、さっき会った相手が誰であるかわからない**相貌失認**でもある。

4　✕　今日の日付がわからないのは、時間の**見当識**障害である。

5　✕　うつ状態になりやすいのは、行動心理症状にある**アパシー**という状態である。

▲

問題46　正解　4、5

バリデーションに基づく認知症の人の動きや感情にあわせるコミュニケーション技法に関する設題である。

1　✕　センタリングは、自分の精神を**集中**して利用者に向き合うことである。

2　✕　リフレージングは、利用者と同じ言葉（キーワード）を同じトーンやスピードで**反復**することである。

3　✕　レミニシングは、利用者の昔の話をして、大事にしている**価値観**や心残りになっている未解決の課題に向き合うことである。

4　〇　ミラーリングは、利用者と同じ動き（姿勢・表情・呼吸など）をして感情を**分かち合う**ことである。

5　〇　カリブレーションは、利用者の感情に一致し、**共感**することである。

問題47　正解　1

認知症対応型共同生活介護（認知症高齢者グループホーム）で入居後に起こった状況への検討に優先すべきことに関する設題である。

1　〇　利用者の**訴え**は、今の状況を**アセスメント**するために一番に優先すべき内容**である**。

2　✕　利用者の日中の過ごし方も変化した**状況を分析**するために必要な情報である。しかし、Ｍさんの介護を検討するときに優先することで**はない**。

3　✕　他の利用者が落ち着かなくなったことに関して、Ｍさんが落ち着けば、他の利用者**も落ち着くかもしれない**ので、Ｍさんの対応を行ってみる。

4　✕　対応に困ったことは、利用者の訴えを検討する際に重要な情報ではあるが、Ｍさんの介護を検討するときに優先することで**はない**。

5　✕　薬が効かなかったのか作用が強すぎたのかを判断するのは**医師**であるので、利用者の状況について報告、相談する。

問題48 正解 2

介護者が入院をすることになった場合の利用者の介護サービスに関する設題である。

1 × 認知症対応型通所介護（認知症対応型デイサービス）は、**自宅**より通うことになる。在宅での介護が困難になっているので、適切で**はない**。

2 ○ 短期入所生活介護（ショートステイ）は、利用者が在宅で生活するが、介護者の心身機能の維持や家族の**身体的・精神的負担**の軽減の目的のためにあり、設問の内容に適し**ている**。

3 × 認知症対応型共同生活介護（認知症高齢者グループホーム）は、認知症の人の家庭的な**共同生活**の場としてあるが、設問は、**短期**的な介護サービスが必要なので2のほうが適切である。

4 × 特定施設入居者生活介護は、**有料ホーム**やケアハウスなどの施設である。設問の内容には適し**ていない**。

5 × 介護老人福祉施設は、原則として要介護3以上の常に介護を必要としている人を対象にしているので、設問の内容には適し**ていない**。

障害の理解

問題49 正解 1

ノーマライゼーションの原理を盛り込んだ法律（1959年法）を制定した国に関する設題である。

1 ○ デンマークの**バンク - ミケルセン**（Bank-Mikkelsen, N.）はノーマライゼーションを提唱し、それをベースとして1959年法が制定された。

2 × イギリスは、1601年に**エリザベス救貧法**を制定した。その後、1834年には**新救貧法**を制定し、セツルメント運動や慈善組織協会（COS）など社会福祉

国家として発展していた。

3 × アメリカは、1970年代より**自立生活運動（IL運動）**が展開され、障害者自身の選択による自己決定の尊重がうたわれ、1990年には障害を持つアメリカ人法（ADA）が制定された。

4 × スウェーデンは、**ニィリエ**（Nirje, B.）のノーマライゼーションの原理に基づき、雇用を確保しながら**福祉国家**となっていった。

5 × ノルウェーは、**スウェーデン**と同様に**福祉国家**として発展した。

問題50 正解 2

法定後見制度における、成年後見人等を選任する機関等に関する設題である。

1 × 法務局は、成年後見制度・成年後見人の**登記**に関する役割を担っている（後見登記等に関する法律第2条第1項）。

2 ○ 認知症、知的障害、精神障害等における成年後見人等を選ぶのは、**家庭裁判所**である（民法第7条）。

3 × 都道府県知事は、後見人等を選任する機関等に**は含まれない**。

4 × 市町村長は、本人や家族が**申立て**を行うことが難しい場合などに、**申立て**を行うことができる（老人福祉法第32条など）。

5 × 福祉事務所は、**社会福祉法**に規定されている、**福祉六法**に定める援護・育成・更生の措置に関する事務を司る社会福祉行政機関である（社会福祉法第14条第1項）。

問題51 正解 5

障害を受容した心理的段階に関する設題である。

1 × 障害があるという自覚がないのは、発生直後で心理的なショックを受け、現実を実感することが困難な**ショック期**である。

2 ✕ 周囲に不満をぶつけることは、回復への期待が難しいことを自覚して受け入れられず周囲にあたったり、交流を避けたりするなど**回復への期待期（否認期）**である。

3 ✕ 自分が悪いと悲観するのは、障害を受け入れられず、罪悪感など悲嘆を生じたり、自分自身や自分以外に攻撃的となる**混乱と苦悩期**である。自分自身に向けられた場合、無気力になり希望を失うことも多い。

4 ✕ 価値観が転換し始めるのは、障害を受け入れ始め、前向きな姿勢が生まれてくる**適応への努力期**である。

5 ○ できることに目を向けて行動できるのは、障害を**受容**した**適応期**の段階である。

問題52　正解　2

統合失調症の特徴的な症状に関する設題である。

1 ✕ 振戦せん妄は、**アルコール依存症**の離脱時に震えが起きるせん妄である。

2 ○ 妄想は、**統合失調症**の特徴的な症状である。**陽性症状**として事実でないことを事実であることと思い込み修正ができないことが多い。

3 ✕ 強迫性障害は、自分の意思に反した**強迫観念**が起こってしまい、その**強迫観念**を振り払うために**強迫行為**を繰り返して行うことで日常生活に影響を生じてしまう障害である。

4 ✕ 抑うつ気分は、**統合失調症の陰性**症状として意欲の低下の中に含まれるが、特徴的な症状ではない。

5 ✕ 健忘は、**記憶障害**のことで、一般的にはもの忘れから記憶喪失までをいう。統合失調症の症状である認知機能の障害の一つとして記憶力の低下が挙げられるが、特徴的な症状ではない。

問題53　正解　4

糖尿病性網膜症で視覚障害と末梢神経障害がある人に対する留意点に関する設題である。

1 ✕ 水晶体の白濁は、**白内障に特徴的**な症状である。

2 ✕ 口腔粘膜や外陰部の潰瘍は、**ベーチェット病**に特徴な症状である。

3 ✕ 振戦や筋固縮は、**パーキンソン病**の特徴的な症状である。

4 ○ 足先の傷や壊疽などの病変は、末梢血管や神経が障害されていく**糖尿病**の特徴的な症状である。

5 ✕ **感音性難聴**は、内耳から脳の聴覚に障害がある難聴である。

問題54　正解　3

筋萎縮性側索硬化症（ALS）が進行している人が、在宅生活で電動車いすと特殊寝台を使用している状態に関する設題である。

1 ✕ 進行すると球麻痺のために**嚥下障害**が起こりやすいので、現在の状態には該当**しない**。

2 ✕ 進行すると球麻痺のために舌が動きにくく言葉が**不明瞭**になるので、現在の状態には該当**しない**。

3 ○ 進行しても現れにくい障害として**眼球運動障害、膀胱直腸障害、感覚障害、褥瘡**がある。したがって、身体の痛みは感じることは**可能**で、現在の状態に**該当する**。

4 ✕ 進行すると球麻痺のために喉の筋肉が弱まり、痰の喀出が**困難**になるので、現在の状態には該当**しない**。

5 ✕ 進行すると随意筋を支配する神経が作用しなくなるので、箸などは持ち**にくく**なり、現在の状態には該当**しない**。

問題55　正解　3

一人暮らしでお金の管理が苦手な療育

手帳を所持している人にお金の管理の支援をする障害者総合支援法の事業に関する設題である。

1　×　障害者相談支援事業とは、相談窓口でもあるが、**サービス等利用計画**を前提としたものでもある。設問の事業で**はない**（障害者総合支援法第5条第18項、第22項）。

2　×　自立生活援助事業は、障害者が、施設等から**一人暮らし**に移行した際に安心して地域で生活することができるよう支援する事業のことをいう。設問の事業で**はない**（同法第5条第16項）。

3　○　日常生活自立支援事業は、都道府県・指定都市社会福祉協議会が行う**判断能力**が不十分な人に対して**福祉サービス**の利用援助を行う事業であり、**生活費**の管理や定期的な訪問による**生活変化**の察知をする事業である（社会福祉法第2条第3項第12号）。

4　×　成年後見制度利用支援事業は、地域生活支援事業の**必須**事業で、成年後見制度を利用するにあたって**費用**面で援助する制度である（障害総合支援法第77条第1項第4号）。設問の事業で**はない**。

5　×　日常生活用具給付等事業は、地域生活支援事業の**必須**事業で日常生活用具給付または貸与に関する事業であり、設問の事業で**はない**（同法同項第6号）。

問題56　正解　2

障害の特性に応じ柔軟な対応で障害者の権利を確保する考え方に関する設題である。

1　×　全人間的復権は、**リハビリテーション**の理念である。

2　○　合理的配慮は、**障害者差別解消法**の内容である。

3　×　自立生活運動（IL運動）は、1970年代に**アメリカ**より起こった。

4　×　意思決定支援は、厚生労働省より2017（平成29）年に出された「障害福祉サービス等の提供に係る意思決定支援ガイドライン」のもと行われる**支援**のことをいう。

5　×　共同生活援助は、障害のある人の**グループホーム**等のことであり、地域の中の住まいで暮らすことをいう。

問題57　正解　5

障害者総合支援法においてサービス等利用者計画案を作成する事業所に必置の専門職に関する設題である。

1　×　介護支援専門員（ケアマネジャー）は、**介護保険**におけるケアプランの作成等を行う（指定居宅介護支援等の事業の人員及び運営に関する基準第13条第1号など）。

2　×　社会福祉士は、日常生活を営むのに支障がある者の**福祉に関する相談・助言・指導・福祉サービス等の連絡・調整**を行う（社会福祉士及び介護福祉士法第2条第1項）。

3　×　介護福祉士は、日常生活を営むのに支障がある者につき**心身の状況に応じた介護**を行い、その者及びその介護者に介護に関する指導を行う（同法同条第2項）。

4　×　民生委員は、**厚生労働大臣**から委嘱され、地域において**住民**の立場に立って相談に応じて必要な援助を行う（民生委員法第1条、第5条第1項）。

5　○　相談支援専門員は、**サービス等利用者計画案**を作成する専門職である（障害者総合支援法に基づく指定計画相談支援の事業の人員及び運営に関する基準第15条第1項）。

問題58　正解　4

家族の介護力をアセスメントする時の視点に関する設題である。

1 ×　障害者個人のニーズも必要ではあるが、**家族の生活**の実態を情報収集する必要がある。

2 ×　家族のニーズも重要ではあるが、利用者の状況をアセスメントするために**家族の生活**の状況も必要である。

3 ×　家族構成員の主観の共通部分は把握しつつも、**利用者の主観**も大事にする。

4 ○　家族の個人と家族全体の生活状況を知ることにより、介護力の**アセスメント**ができる。

5 ×　支援者の視点や価値観について知ることも必要であるが、基準**とはしない。**

医療的ケア

問題59　正解　5

喀痰吸引等を実施する訪問介護事業所が登録時に行うことに関する設題である。

1 ×　登録は、事業者ごとに**登録喀痰吸引等事業者（登録特定行為事業者）**として都道府県に申請する（社会福祉士及び介護福祉士法第48条の3）。

2 ×　安全委員会を設置するのは**事業所長**で、医師及び介護職の指導に当たる看護師を含む関係者で構成する（同法施行規則第26条の3第2項第3号）。

3 ×　喀痰吸引等計画書の作成は、医師や看護職員との連携の下に、**事業所**が作成する（同法施行規則第26条の3第1項第3号）。

4 ×　**医師**の文書による指示を受ける（同法施行規則第26条の3第1項第1号）。

5 ○　実施中に対象者の状態が**急変**する場合もあるので、**医療関係者**との連携体制を確保しておく（同法施行規則第26条の3第1項第5号）。

問題60　正解　4

呼吸器官の部位に関する設題である。

1 ×　**右肺**は、上葉・中葉・下葉に分かれている。

2 ×　**気管支**は、左右に分かれている。

3 ×　**食道**は、食べ物の通り道である。

4 ○　**気管**は、空気の通り道である。

5 ×　肺は、**胸腔**内にある。

問題61　正解　1

喀痰吸引の準備に関する設題である。

1 ○　吸引器は、適切な**陰圧**になることを確認する。

2 ×　吸引びんは、洗浄して**消毒**をしたものを使う。

3 ×　吸引チューブは、事前に**医師**や**看護師**がその**部位**やその**人**に合ったものを指定する。

4 ×　洗浄水は、口腔・鼻腔内吸引は**水道水**を、気管カニューレ内吸引は**滅菌精製水**等を使う。

5 ×　清浄綿は、次亜塩素酸ナトリウムに**浸さない**。拭いたら必ず1回ごとに**廃棄**する。

問題62　正解　2

経管栄養で起こるトラブルに関する設題である。

1 ×　チューブの誤挿入は、**肺**に栄養剤が入る可能性もあり、**誤嚥性肺炎**となる場合がある。

2 ○　注入が速いと、胃内より**嘔吐**や**下痢**を起こす可能性がある。

3 ×　注入物の温度の調整不良は、**下痢**などの消化器症状を起こす可能性がある。

4 ×　注入物の濃度の間違いは、**下痢**などの消化器症状を起こす可能性がある。

5 ×　注入中の姿勢の不良は、嘔吐を誘発し、誤って気管に入り、**誤嚥性肺炎**を起こす可能性がある。

問題63　正解　3

　胃ろうの注入中に体調の違和感を訴えられた場合の、看護職に報告前に行うことに関する設題である。

1　×　嘔気（おうき）・嘔吐（おうと）はないが、腹部圧迫感は、その前兆かもしれない。**体位で圧迫**していないか確認した後、変わりがなければ注入速度を**ゆっくり**にするか、**止めて**看護職に相談する。

2　×　仰臥位にすると、**逆流**する可能性があり、**誤嚥**（ごえん）などのトラブルになることもある。

3　○　まずは、腹部の**圧迫**がないか確認する。

4　×　注入速度を速めることは、**消化器**症状を起こす可能性を高める。

5　×　栄養剤の注入の終了を介護職が勝手に判断をして**はいけない**。看護師に相談する。

介護の基本

問題64　正解　5

　介護を取り巻く状況に関する設題である。

1　×　ダブルケアとは、**育児**と**介護**を同時に両方とも担（にな）わなければならない状況をいう。**幼児を育て**つつ、認知症に罹患（りかん）した**親を介護**している場合もダブルケアとなる。

2　×　要介護・要支援の認定者数の推移をみると、介護保険制度が施行された2000（平成12）年3月末時点が256.2万人であったのに対し、2021（令和3）年3月末時点では689.6万人に達している（厚生労働省「介護保険事業状況報告」）。この20年余りで要介護・要支援の認定者数は2倍以上に**増加**している。

（右段の表参照）

●要介護・要支援の認定者数の推移（年度末現在）

2000（平成12）年	256.2万人
2005（平成17）年	432.3万人
2010（平成22）年	506.2万人
2015（平成27）年	620.4万人
2020（令和2）年	681.8万人
2021（令和3）年	689.6万人

3　×　1898（明治31）年に施行された**家制度**は、一家の長である戸主が家族を統率する家族制度であった。**家制度**は、家族介護を支えていた面もみられた一方、戸主による支配と監視の下、結婚や居住の自由が奪われたり、女性への差別が生じたりするという問題を抱えていた。第2次世界大戦後にGHQ（連合国軍最高司令官総司令部）からの指摘もあり、1947（昭和22）年の**日本国憲法**の施行と**民法**の改正によって**廃止**された。一方、**地域包括ケアシステム**とは、要介護状態となっても、住み慣れた地域で自分らしい生活を送れるよう、医療・介護・予防・住まい・生活支援を一体的に提供する仕組みを指す。

4　×　要介護・要支援の認定者のいる**三世代**世帯の構成割合をみると、2001（平成13）年が32.5％であったのに対し、2022（令和4）年は10.9％となっている（厚生労働省「国民生活基礎調査の概況」）。この20年余りで約3分の1まで**減少**している。

●要支援・要介護の認定者のいる三世代世帯の構成割合（単位：％）

2001（平成13）年	32.5
2010（平成22）年	22.5
2016（平成28）年	14.9
2022（令和4）年	10.9

5　○　**家族機能**の低下に加え、要介護者の増加、介護期間の長期化等に伴い、すでに**家族**だけでは介護を担（にな）うことが難し

い状況にある。そのため、国は**介護保険法**を2000（平成12）年度から施行させる等、これまで家族が担ってきた介護の役割を**社会**で代替し、**社会**全体で支える「**介護の社会化**」の推進を図っている。

問題65　正解　5

介護福祉士に関する設題である。
1　×　傷病者に対する療養上の世話又は診療の補助を業とするのは**看護師**である（保健師助産師看護師法第5条）。
2　×　介護福祉士が喀痰吸引等を行うための手続きは2種類ある。①登録研修機関で喀痰吸引等の講義・演習・実地研修を受講した場合は、その修了証を発行してもらい、**都道府県**に申請する。②**介護福祉士養成施設**で喀痰吸引等の講義・演習を修了した場合は、就業先の登録喀痰吸引等事業所で実地研修を行って修了証を発行してもらい、**社会福祉振興・試験センター**に届出を行う。
3　×　介護福祉士は**名称独占**の国家資格である。社会福祉士及び介護福祉士法には「介護福祉士でない者は、**介護福祉士**という**名称**を**使用**してはならない」と明記されている（第48条第2項）。
4　×　介護福祉士の資格には有効期限が**ない**ため、更新は**不要**である。一方、2006（平成18）年4月から**介護支援専門員**には更新制が導入され、**5年**ごとに研修を受講しなければ、**介護支援専門員**として継続して業務に就くことができなくなっている（介護保険法第69条の8）。
5　○　社会福祉士及び介護福祉士法には、介護福祉士は、介護福祉士の信用を傷つけるような行為をしてはならない（第45条）と**信用失墜行為**の禁止を明記している。

問題66　正解　3

施設利用者の個人情報の保護に関する設題である。
1　×　組織内でパスワードを**共有**した場合、個人情報が**漏洩**する危険性が高まる。
2　×　個人情報を記載した書類を新聞紙と一緒に捨てた場合、第三者に個人情報が渡ってしまい、その情報が**漏洩**し、トラブルにつながるおそれがある。ここでいう第三者とは、その個人情報に該当する**本人**やそれを管理する**施設・事業所**以外の人を指す。
3　○　厚生労働省「医療・介護関係事業者における個人情報の適切な取扱いのためのガイドラインに関するQ&A（事例集）」（2005年3月）には、個人情報保護法に関して施設・事業所が継続的に取り組むべきこととして、職員への**教育・研修**を挙げている。施設は利用者や家族の個人情報を得る立場にあるため、個人情報を適切に**管理**する方法に加え、万が一、個人情報が漏洩した際の対応手順等について定期的に**研修会**を行い、職員の共通認識を深めておく必要がある。
4　×　職員への**守秘義務**の提示は、退職時ではなく、**採用時**に**書面**で行う。
5　×　個人情報には特定の個人を識別できる氏名、生年月日、写真、文書、映像、個人識別符号（指紋、マイナンバー、基礎年金番号等）等のほか、**音声情報**も含まれる。よって、利用者の音声情報を使用する際は、事前に使用目的等を**説明**して**同意**を得る（個人情報の保護に関する法律第2条第1項）。

問題67　正解　2

個別性や多様性を踏まえた介護に関する設題である。
1　×　その人らしさは、その人の**嗜好**、

思い、特技、生活習慣や生活経験、**生活歴**等から形成されるため、それらの情報を踏まえて総合的に判断する。一方、**障害特性**は、その人の障害の状況を知る上では有用な情報となるが、その人らしさを判断することは難しい。

2 ○ その人がこれまで生活してきた**環境**は、その人の生き方や生活習慣にも影響を与える。その際、生活してきた環境は人それぞれ異なるため、結果的に**生活習慣**も人によって多様であることを理解しておく。

3 × **生活歴**は、その人が生まれてから今日までどのように生きてきたのかを記録したもので、家族の状況や既往歴、学歴や職歴等が含まれる。よって、生活歴では、**出生**から**現在**に至るまでの情報を収集する。

4 × **生活様式**はライフスタイルとも呼ばれ、その人の考え方や価値観、生活習慣や生活環境等によって形成される。人によって起床する時間や好みの服装、趣味活動が異なるように、生活様式は人によって**異なる**ため、同居する家族と同一にする必要は**ない**。

5 × 好みの服装は人によって**異なる**。こうした**個別性**を踏まえ、それぞれの利用者が**好きな衣服**を選んで着ることができるように支援する。

問題68 正解 3

若年性認知症の利用者の家族の話を聞いた介護福祉職の対応に関する設題である。

1 × 若年性認知症の親がいた場合、その子どもに与える精神面の影響は大きい。この事例においても、**若年性認知症**のＡさんの長女は、まだ高校1年生であるため、その長女の**思い**に寄り添った支援が求められる。長女からは「掃除や洗濯の方法を教えてほしい」というよう

な要望は**出されていない**。

2 × 介護する家族には安易な**励まし**をせず、寄り添う支援が基本となる。若年性認知症のＡさんを支えている夫に対しても、「家族でもっと頑張るように」と励ますことは、かえって夫に無理をさせ、精神的に**追い詰めてしまう**おそれがある。

3 ○ Ａさんの長女は「今の状況をわかってくれる人がいない」と涙を流している。つまり長女は、自分の母親が若年性認知症であること、母親のことが心配で部活動を諦めて学校が終わるとすぐに帰宅していることを聞いてくれる存在、そうした状況を**わかってくれる**存在を求めている。よって、**若年性認知症家族会**のように、Ａさんの長女と同じような**体験**をしている人と交流できる場について情報を提供することが望まれる。

4 × 要介護1のＡさんは介護老人福祉施設への入所を希望して**いない**。さらに介護老人福祉施設には原則要介護**3**以上でなければ入所できない。よって、介護老人福祉施設への入所の申込みを勧めるのは**不適切**である。

5 × Ａさんは家族と過ごすことを希望し、**小規模多機能型居宅介護**で通いを中心に利用を始めている。現状、Ａさん、夫、長女のいずれからも、サービスを変更したいという希望は**出されていない**。よって、本人と家族が希望して**いない**にもかかわらず、介護支援専門員は勝手に介護サービスの**変更を提案**してはならない。

問題69 正解 4

浴槽からの立ち上がりが困難な利用者へのサービス提供責任者の対応に関する設題である。

1 × 自立生活援助は、**障害者総合支援法**における訓練等給付によるサービスの

１つである。具体的には、**障害者支援施設や共同生活援助（グループホーム）**等を退所し、**一人暮らしを希望する者を**対象に、定期的な訪問や随時の対応により自立した日常生活の実現に必要な支援を行う（同法第５条第16項）。Ｂさんは**介護保険制度**による訪問介護を利用しながら自宅で妻と生活している。よって、自立生活援助はＢさんには該当し**ない**。

２　×　**居宅介護住宅改修費**では①**手すり**の取付け、②**段差の解消**、③**滑りの防止**および移動の円滑化等のための**床または**通路面の**材料の変更**、④開き戸から**引き戸**等への扉の取替え、⑤和式便器から**洋式便器**等への便器の取替え、⑥その他①～⑤の住宅改修に**付帯**して必要な工事が対象となる。これら①～⑥の中に浴室を広くするための工事**は入っていない**。

３　×　**行動援護**は、**障害者総合支援法**における介護給付によるサービスの１つである（同法第５条第５項）。具体的には、**障害支援区分**が３以上の**知的障害**または**精神障害**により行動上著しい困難があり、常時介護が必要な人を対象に、危険を回避するために必要な支援や**外出支援**を行う。Ｂさんは**介護保険制度**で訪問介護を利用していること、知的障害または精神障害は**ない**ことから、行動援護はＢさんには該当し**ない**。

４　〇　事例には「自宅での入浴が好きで、妻の介助を受けながら、毎日入浴している」こと、「浴槽から立ち上がるのがつらくなってきた」ことが記されている。よって、**特定福祉用具販売**で浴槽内いすや浴槽用手すりを購入し、それらを活用しながら自宅での入浴が継続できるよう支援する。具体的には浴槽内から立ち上がる際、**浴槽内いす**に座った状態から立ち上がれば、**膝への負担が軽減**する上、**健側の右手で浴槽用手すり**をつかめば、

さらに立ち上がりやすくなる。

５　×　Ｂさんは**自宅での入浴**が好きで、妻の介助を受け、毎日入浴しているため、今後も自宅での入浴が継続できるように支援することが求められる。よって、**デイサービス**センター等に通って入浴する**通所介護**の利用を勧めるのは不適切である。

問題70　正解　1
民生委員に関する設問である。

１　〇　民生委員法第１条によれば、**民生委員**は、**社会奉仕**の精神をもって、常に**住民の立場**に立って相談に応じ、必要な援助を行い、**社会福祉の増進**に努めるものとしている。

２　×　**生活相談員**は、主に**介護老人福祉施設**（特別養護老人ホーム）や通所介護等に配置され、利用者やその家族の生活上の**相談**に応じたり、サービスを利用する際の連絡調整を行ったりする。

３　×　**訪問介護員**は、利用者の**居宅**を訪問してサービスを提供するホームヘルパーとして、主に介護保険制度では**訪問介護**、障害者総合支援法では**居宅介護**を担う職種である。具体的には利用者に対して入浴・排泄・食事等の**身体介護**や調整・掃除・洗濯等の**生活援助**を行う。

４　×　**通所介護職員**は、主にデイサービスセンターに通う利用者に対して食事・入浴等の介護やレクリエーション等のサービスを提供する。

５　×　**介護支援専門員**はケアマネジャーとも呼ばれ、居宅介護支援事業所や介護保険施設（介護老人福祉施設、介護老人保健施設、介護医療院）等に配置され、**居宅サービス計画**や**施設サービス計画**等のケアプランを作成するほか、関係機関との連絡調整等を行う。

問題71　正解　3

「洪水・内水氾濫」を表すマークと介護福祉職がとるべき行動に関する設題である。

1　×　設問の図記号は「洪水・内水氾濫」を表す防災標識で、大雨による洪水や河川からの水の氾濫等によって建物が水に浸かる危険性を示している。警戒レベル3が発令された場合、情報として**大雨警報**、**洪水警報**、キキクル（危険度分布）で「警戒」（赤）、**氾濫警戒情報**等が出される。こうした状況で玄関のドアを開けたままにすれば、施設内に水が入り込み、**浸水被害**の拡大に加え、利用者が**溺水**する危険性も高まる。

2　×　設問の図記号は火災を表示しているわけではないため、消火器での初期消火は**不適切**である。

3　○　警戒レベル3が発令された場合、浸水による被害や溺水を避けるため、より**上の階**に避難する。3階建ての介護老人福祉施設の場合は、1階から**2**階、2階から**3**階へというように上の階に利用者を避難誘導する**垂直避難誘導**を速やかに実施する。

4　×　警戒レベル3が発令された場合、危険な場所から高齢者等を避難させなければならない。よって、利用者の家族に**安否情報**を連絡するタイミングは、利用者の避難誘導を**終え**、安全の確保が確実に行えた**後**とする。

5　×　テレビやタンス、本棚等が倒れて負傷しないよう、転倒の危険性がある物は、警戒レベルが発令されてからではなく、**事前に固定**しておく。

（右段の図参照）

「洪水・内水氾濫」を示す図記号
JIS Z8210：2022

問題72　正解　4

介護における感染症対策に関する設題である。

1　×　**固形石鹸**は他の人と使いまわすため、石鹸自体が汚れてしまう。そのため、**液体石鹸**よりも**細菌**が繁殖しやすく、感染を起こしやすい。よって、手洗いの際は**液体石鹸**を使用し、使い捨てのペーパータオルでしっかりと拭く。

2　×　くしゃみが出て、口元を手でおさえた場合、手にウイルスが付くほか、その手で触った物にもウイルスが付着し、感染が拡大してしまう。くしゃみや咳による感染症を防ぐため、**マスク**の着用や**手洗い**、換気等を徹底する。

3　×　嘔吐物を処理する際は、感染症予防を図るため、使い捨ての**手袋**とマスク、エプロン等を着用する。さらにこれらを着用していても、嘔吐物や排泄物を処理した後には必ず**手洗い**を行う。

4　○　感染症予防を図るため、ベッド上でのおむつ交換等、排泄の介護では使い捨ての手袋を着用する。その際は、**利用者**ごとに手袋を**交換**する。

5　×　物を介しての感染を回避するため、コップやタオル等は**共用にしない**。利用者がそれぞれ**個人専用**のコップやタオルを使用するか、**使い捨て**の紙コップやペーパータオルを使用する。

問題73　正解　5

介護福祉士が行う服薬の介護に関する

設題である。

1　×　服薬時間は薬の種類で**異なる**ため、食後に統一するのは**不適切**である。具体的に食前は食事をする**30分前**、食後は食事した**後30分**程度の間、食間は食事と食事の間で食事をしてから**約2時間後**、就寝前は**寝る30分前**にそれぞれ服薬する。また、**頓服**は熱や痛み等の症状がある時に**一時的**に服用する。いずれも医師や薬剤師の指示に従って服薬する。

2　×　薬が服用できずに残った場合は、**医師**や**薬剤師**に報告する。介護福祉士の判断で処分**しない**。

3　×　多種類の薬を1袋ずつにまとめて一包化する際は、**医師**の指示が必要である。その上で病院や薬局で**薬剤師**が一包化する。介護福祉士が薬を一包化すること**はできない**。

4　×　内服薬の用量は、その日の体調で決めるのではなく、**医師の処方を遵守**する。ただし、体調が悪化し、服薬が難しい場合は担当の**医師（主治医）**に速やかに相談する。内服薬の用量を守らなければ、危険を伴う。例えば、糖尿病の利用者が自己判断で血糖降下薬の用量を減らした場合、血糖コントロールができなくなる。逆に飲む量を増やせば、低血糖を起こすおそれもある。

5　○　服薬の介護を行う際は、**副作用**の知識をもっている必要がある。例えば、高齢者は解毒作用や排出作用が低下するため、薬の副作用が出やすい。また、睡眠薬は**ふらつき**が生じて**転倒**の危険性が増す。抗認知症薬は**嘔気**（吐き気）や嘔吐、**下痢**が起きやすい。認知症の行動・心理症状（BPSD）に対して抗精神病薬を用いた場合は、**パーキンソニズム**が生じて**誤嚥**の危険性が高まる。

コミュニケーション技術

問題74　正解　2

意図的に非言語コミュニケーションを用いた対応に関する設題である。

1　×　**言語的**コミュニケーションは言葉を使ったコミュニケーションを指し、**会話や筆談、手紙**等が含まれる。「『よかったですね』と紙に書いて渡した」は**手紙**となるため、**言語的**コミュニケーションである。

2　○　事例には「共感的理解を示すために、意図的に非言語コミュニケーションを用いて対応した」とある。共感的理解を示すためには、相手の感情を読みとり、適切に表現して伝える必要がある。非言語（的）コミュニケーションは言葉以外の方法によるコミュニケーションを指し、**視線、表情、うなずき**等が含まれる。よって、D介護福祉職のCさんへの対応として「目元を意識した笑顔を作り、大きくうなずいた」は適切**である**。

3　×　「『お孫さんの絵が届いて、うれしかったですね』と耳元で話した」は**会話**となるため、**言語的**コミュニケーションである。

4　×　「『私もうれしいです』と、ゆっくり話した」は**会話**となるため、**言語的**コミュニケーションである。

5　×　「『えがとてもじょうずです』と五十音表を用いて伝えた」は**筆談**となるため、**言語的**コミュニケーションである。**五十音表**の活用は慣れなければ時間がかかる上、平仮名を用いるため、かえって伝わりにくくなる。五十音表は、うまく話すことができない**構音障害**のある利用者が活用する場面が多い。

問題75　正解　3

利用者の家族との信頼関係の構築を目

的としたコミュニケーションに関する設題
である。

1 × 家族は様々な**思い**を抱いている。
そうした**家族**の思いを聴かずに家族に介
護技術を教えても**信頼関係**は形成しにく
い。さらに「介護技術を教えてほしい」
というニーズがない家族にとっては**一方
的な対応**となり、**不信感**を抱かせるおそ
れもある。

2 × 信頼関係を形成するには、相手の
感情に関心を持ち、**受容的かつ共感的
な態度**で接する。そうした対応をとらず、
家族に介護をしている当事者の会への参
加を提案することは、家族に「自分たち
との関わりを**敬遠された**」と思わせてし
まうおそれがある。さらに当事者の会へ
の参加を望んでいない家族にとっては**迷
惑**となる。

3 ○ 対象者と援助者との信頼関係を**ラ
ポール**と呼ぶ。**ラポール**形成では援助
者が対象者の話を**丁寧**かつ共感的に聴
くことが大切である。家族と**信頼関係を**
構築する際、介護福祉職は家族から介
護の体験を**共感的に聴く**ことが求められ
る。その際は、家族による介護方法を**否
定せず**、介護のつらさを**受容**する。

4 × 家族と信頼関係を構築する際は、
家族の思いを聴く中で家族が無理をして
いないかを確認し、家族の気持ちに**寄り
添い**、家族を**ねぎらう**姿勢が求められる。
家族に介護を続ける強い気持ちがあるか
を質問するのは、失礼な上、家族を精神
的に**追い詰めるおそれ**もある。

5 × 家族との信頼関係を構築するため
には、まず、しっかりと家族の**話**を聴き、
家族の**思い**の把握に努める。介護保険
制度の説明等、サービスの説明・提案や
利用者の状況を踏まえた支援は、信頼関
係が構築され**た後で**行う。

問題76 正解 2

文章がうまく理解できない利用者への介
護福祉職の対応に関する設題である。

1 × **運動性失語症**のように、うまく話
ができない場合、自分の考えや思いを伝
えなければならない**開かれた**質問をされ
ると困惑してしまう。Eさんも話したい
ことをうまく言葉に言い表せないため、
「何がわからないのか教えてください」
等、「はい」または「いいえ」で答えら
れ**ない開かれた**質問は不適切である。

2 ○ 事例には「**単語はだいたい理解で
きる**が、単語がつながる**文章**になるとう
まく理解できない」とあるため、「お風呂」
「あした」という**単語**を使って「お風呂、
あした」と**短い**言葉で伝える。

3 × 事例には介護福祉職の「お風呂は、
今日ではなくあしたですよ」について「理
解できない様子だった」と記されている
上、Eさんは「今日、お風呂に入りたい」
というような**発言はしていない**。よって、
介護福祉職が「今日、お風呂に入りたい
のですね」と勝手に**判断してはならない**。
確かめる場合も「～ですね」と念を押し
た言い方ではなく、「**～ですか**」と尋ね
たほうがよい。

4 × Eさんは、単語がつながる文書に
なるとうまく理解できない。たとえ**言い
換えた**としても、それが「あしたがお風
呂の日で、今日は違いますよ」といった
文章であれば、Eさんはまた**理解**するこ
とができない。

5 × Eさんは日常会話で使用する**単語**
はだいたい理解できるため、1音ずつ言
葉を区切って伝えるのは**不適切**である。
「お・ふ・ろ・は・あ・し・た」という
ように1音ずつ区切って伝えた場合、か
えって**わかりにくい**。

問題77 正解 2

抑うつ状態にある利用者の発言に対する

介護福祉職の言葉かけに関する設題である。

1 × 抑うつ状態のFさんに対し、「落ちこんだらだめですよ」と否定するような声かけを行った場合、さらにFさんを精神的に追い詰めてしまう。抑うつ状態かどうかにかかわらず、利用者の発言を否定してはならない。

2 ○ 「もう死んでしまいたい」という抑うつ状態のFさんの発言に対し、介護福祉職は「とてもつらいのですね」と声をかける等、受容的・共感的な態度で接することが望ましい。

3 × 「どうしてそんなに寝てばかりいるのですか」という問いかけは、Fさんを責め立てることになる。

4 × 抑うつ状態のFさんは「もう死んでしまいたい」とつぶやいたのに対し、「食堂へおしゃべりに行きましょう」と関連のない返答をするのは、Fさんの気持ちを無視することになる。

5 × 抑うつ状態にある場合は気分が強く落ち込み、憂うつになり、やる気がでないため、安易に励ますのは逆効果である。Fさんの場合も「元気を出して、頑張ってください」と励ますことは、かえってFさんを精神的に追い詰めてしまうことになる。

問題78 正解 1
夜盲がある利用者に対するH介護福祉職の受容的な対応に関する設題である。

1 ○ Gさんは、まず「びっくりした」と返答したため、それを受けて「驚かせてしまいましたね」というように受容的な対応をとる。また、夜盲があり、暗い場所では見えにくいため、転倒や壁への衝突の危険性がある。よって「一緒に歩きましょうか」とGさんが安心して歩けるような声かけも行う。

2 × 暗い廊下を歩いていたGさんに対

し、「明るいところを歩きましょう」と伝えることは、Gさんにとって自分の行動を否定されたような言い方となる。さらにGさんには夜盲があり、暗い場所では見えにくいため、「電気をつけたほうがいいですよ」と言われても、どこに電気のスイッチがあるのか、暗くて探すことができない可能性もある。

3 × 点字は主に視力がない場合に用いるコミュニケーション手段である。Gさんには夜盲があり、暗い場所では見えにくいものの、視力がないわけではない。よって「一緒に点字の練習を始めましょう」は不適切である。

4 × 白杖（盲人安全杖）は主に視力に障害がある人が歩いて移動する際に用いる。Gさんには夜盲があり、暗い場所では見えにくいものの、視力がないわけではない。さらに「びっくりした。見えにくくて、わからなかった…」と暗い表情をしたGさんに対し、「白杖があるかを確認しておきます」という対応では、Gさんの気持ちを受容したことにならない。

5 × 暗い表情をしたGさんに「暗い顔をしないでください」と声かけすることはGさんを否定することにつながる。さらに「頑張りましょう」と励ますことはGさんを精神的に追い詰めてしまうおそれもある。この場合、介護福祉職には受容的な対応が求められているため、暗い表情をしたGさんの気持ちを受け止め、Gさんが安心できる声かけを行う。

問題79 正解 4
事例検討の目的に関する設題である。

1 × 介護計画を実施する前に、介護福祉職は利用者や家族に対して介護計画を説明して同意を得る。ただし、このプロセスは介護過程で行われるものであり、事例検討の目的ではない。

2 × 利用者に対して新たな支援を行った場合や苦情・トラブル・事故等が起きた際には、すぐに**上司**に報告する。つまり、上司に利用者への対応の結果を伝え、了解を得ることも**報告**の一環であり、事例検討の目的で**はない**。

3 × 事例検討の一環として介護計画の検討を行うこともある。その場合、個人では気づけなかった**情報**をチームで共有したり、個人では考えつかなかった**支援**をチームとして導き出せたりする効果が期待できる。つまり、介護計画の検討は利用者へのより良い支援につながる。一方、介護計画を通してチームの交流を深めることは事例検討の主な目的**とはいえない**。

4 ○ 事例検討の主な目的は、利用者への支援内容・方法等を**振り返った**上で、チームとして課題を**共有**し、その課題の**解決策**を見出すことである。事例検討を通して個人の気づきが高まる上、チームとしても新たな気づきを得られる。

5 × 事例検討の主な目的は、利用者への**理解**を深め、より良い支援につなげることである。そのため、事例検討では各職種がそれぞれ**専門的な視点**から意見を交わし、その**利用者**に適した支援を検討する。各職種の日頃の悩みを共有することは事例検討の主な目的で**はない**。

生活支援技術

問題80　正解　3

介護老人福祉施設におけるレクリエーション活動に関する設題である。

1 × レクリエーション活動に参加するかどうかは、利用者の**自己選択・自己決定**を重視する。その際は、利用者が**意思決定**しやすいよう、どういう内容を、誰と、どう行うか等を事前にわかりやすく説明する。

2 × 施設には**認知症**等の影響で**生活環境**の変化に適応できない利用者もいる。毎回、異なるプログラムを企画すれば、その**変化**に対応できず、不安や疲れを感じてしまう利用者も出てくる。ただし、毎回同じ内容のレクリエーション活動では、マンネリ化で飽きてしまう等のマイナス面があることも忘れてはならない。

3 ○ レクリエーション活動では、利用者の心身の**活性化**や生活の**楽しさ・喜び**につながるプログラムが求められる。そのため、利用者の**希望**や**嗜好**（好きなこと・物）、生活歴、地域とのつながり等を考慮し、ゲームや手芸、歌、園芸等のほか、**調理**で郷土料理をつくったり、外出して**買い物**したりする機会も取り入れる。

4 × 利用者の**生活歴**や好きなことを踏まえ、過去の**趣味**をプログラムに取り入れれば、**過去**を思い出し、それをきっかけにコミュニケーションの促進が図れる。レクリエーション活動を企画する際は、利用者が**したいこと**（思い・希望）、**できること**（能力）、**好きなこと**（嗜好）、**得意なこと**（長所）等の**ストレングス**（強み）を活用する。

5 × レクリエーション活動では**地域**とのつながりも考慮する。例えば、日々の趣味活動や施設の夏祭り、敬老会等に地域の**ボランティア**が参加すれば、利用者の交流の幅が広がる。

問題81　正解　1

関節リウマチで関節の変形や痛みがある人への住まいに関する設題である。

1 ○ 関節リウマチでは手指関節に変形や**痛み**が生じやすいため、握る動作は控える。この場合、手すりは握らずに利用できる**平手すり**を勧める。

2 × 関節リウマチでは膝関節にも**変形**

や痛みが生じやすいため、**立ち座り**の動作に負担が生じる。特に座面の高さが**低いいす**からの立ち上がりは、**膝への負担**が大きい。この場合、膝の負担を軽減し、立ち上がりやすくするため、いすの座面の高さは**高め**のものを勧める。その際は、足が床につかず、宙に浮く状態とならないようにする。

3　×　関節リウマチでは手指関節や膝関節に変形や痛みが生じ、**床に座ったり**、床から立ち上がったりする動作に**負担**がかかる。この場合、**関節への負担軽減**を図るため、**床に布団を敷く**より、**ベッド**で寝るように勧める。

4　×　関節リウマチでは膝関節に変形や痛みが生じやすい。さらに**開き戸**を開閉する際は前後に身体を動かす必要があるため、バランスを崩して**転倒**する危険性が高くなる。この場合、**前後**の重心移動を少なくし、**膝関節への負担**を軽減するため、部屋のドアは**引き戸**を勧める。

5　×　居室とは食事や就寝、娯楽等を営むために継続的に使用する部屋を意味する。そのため、居室を２階とした場合、１階から２階に**上がらなければならない**頻度が増える。さらに外出する際は２階から１階に**下りなければならない**。こうした上下移動は、関節リウマチのある人にとって、膝関節への負担を**重くする**ことになる。よって、この場合、居室は**１階**にすることを勧める。

問題82　正解　4

心身機能が低下した高齢者の住環境の改善に関する設題である。

1　×　心身機能が低下した高齢者の場合、**砂利道**や**坂道**、**ぬかるみ**等は足をとられ、バランスを崩し、転倒につながる危険性が高い。よって、コンクリートから砂利敷きにするのは**不適切**である。

2　×　関節リウマチや握力の低下がある

場合、手で握らなければならない**丸いドアノブ**では、開閉が困難となる。一方、**レバーハンドル**は握らなくても軽い力で押したり引いたりできる形状であるため、**関節リウマチ**や**握力**の低下等がみられる高齢者にも使いやすい。

3　×　**視力低下**がある場合、階段の段差が認識しにくく、足を踏み外したり、つまずいたりするおそれがある。この場合、階段の足が乗る板（**踏面**）と板の先端部分（**段鼻**）は**反対色**にして**コントラスト**をつけ、注意を促す。

4　〇　畳の上を車いすで走行した場合、摩擦抵抗が**強く**、車いすの前輪（**キャスター**）がスムーズに動かないほか、畳を傷つけてしまう。よって、車いすを使用する居室の床は、摩擦抵抗が低く、移動しやすい板製床材（**フローリング**）とする。

5　×　浴槽には①和式、②洋式、③和洋折衷式の３種類がある。①深さがある**和式**は肩まで浸かれるものの、その分、静水圧作用の影響で身体が収縮し、**心臓**や肺に負担がかかる。また、浴槽への**出入りがしにくい**。②浅くて長い**洋式**は静水圧作用の影響を受けにくく、足を伸ばして入浴できるものの、人によっては、つま先が浴槽の壁に届かず、**浮力作用**で身体が浮いてしまい、安定した姿勢で入浴できない場合もある。③和式と洋式の中間に位置づけられる**和洋折衷式**は比較的出入りしやすく、和式よりは**静水圧作用**の影響も受けにくい。また、**つま先**が浴槽の壁に届き、浴槽内で安定した**姿勢**を保持できる。よって、心身機能が低下した**高齢者**には和洋折衷式が適している。

問題83　正解　2

ギャッチベッドの背上げを行う前の介護に関する設題である。

1 × 電動ベッドで**ギャッチアップ**して上体を起こしていくと少しずつ**ズレ**が生じ、背中の**皮膚**が引っ張られてしまう。そこで**背上げ**をした後は、背中の皮膚にかかる力を除くため、背部の**圧抜き**を行う。具体的には利用者を支えて、**背中を**ベッドから一旦**離す方法**か、**スライディンググローブ**（マルチグローブ）を活用する方法がある。

2 ○ 仰臥位（背臥位）から半座位（ファーラー位）になる場合、**臀部**より上の上半身（**上体**）を起こす。また、電動ベッドで背上げを行う場合は、ベッドの**中央部**が曲がる。よって、背上げを行う前に**臀部**をベッド**中央部**の曲がる部分に合わせる必要がある。

3 × ベッドの高さは①介護する際は介護福祉職が**介護しやすい**高さ、②利用者が立ち上がる際は端座位になった時に**足底**が床につく高さ、③ベッドが高くて眠る時に利用者が不安な場合は**最も低く**する等、その時の状況に応じて調整する。例えば、ギャッチアップする前にベッドの高さを介護福祉職が**介護しやすい**高さに調整しておけば、**背上げ**を行っている間も適切な位置で利用者を見守れるほか、背上げ後に行う背部の**圧抜き**も実施しやすい。一方、ベッドの高さを**最も低く**した場合、背部の圧抜きが**行いにくい**等、介護しづらくなる。

4 × 電動ベッドは、ベッドが曲がって**背上げ**する位置や**膝上げ**する位置が決まっている。そのため、ギャッチアップする際、利用者はベッドの左右・上下に偏ることなく、ベッドの**中央**に位置する。仮に利用者の足がフットボードに付くまで下がった状態でギャッチアップした場合、背中や腰、足等に**負担がかかり**、痛みが生じるおそれもある。

5 × ベッドに対して利用者を斜めにした場合、ギャッチアップ時にベッドから**ず**り落ちるおそれがある。さらに背上げや膝上げする**位置**が合わず、身体に**痛み**が生じる可能性が高い。よって、ギャッチアップする前に利用者がベッドの左右・上下に**偏ることなく**、ベッドの**中央**に位置しているかを確認する必要がある。

問題84　正解　5
左片麻痺の利用者がベッドで端座位から立位になる時の介護方法に関する設題である。

1 × 片麻痺の利用者が立ち上がる際、介護福祉職は利用者の**麻痺側**（患側）に位置し、転倒等を防ぐ必要がある。よって、左片麻痺の場合、利用者の**左側**に介護福祉職は立つ。

2 × ベッドに深く座った場合、臀部とベッドの**摩擦力**が強くなる上、健側の足を後ろに引きにくく、立ち上がりづらくなる。よって、左片麻痺の利用者がベッドから立ち上がる際は、臀部とベッドの**摩擦力を減らす**とともに、健側の足を後ろに引きやすくするため、ベッドに**浅く**座るように促す。

3 × 端座位から立位になる際、利用者は**前傾姿勢**をとり、徐々に重心を**前方**から移しながら立ち上がる。この立ち上がり動作に反し、背筋を伸ばして真上に立ち上がろうとしても、**重心移動**はうまくできない上、健側の足にも力が入りにくく、立ち上がるのは**困難**である。

4 × 力の入らない**麻痺側**（患側）に荷重がかかれば、そのまま**麻痺側**（患側）のほうに転倒してしまう。よって、左片麻痺の場合、麻痺側（患側）の左側に荷重がかかるようにするのは**不適切**である。

5 ○ 片麻痺の利用者がベッドで端座位から立位になる際、**麻痺側**（患側）の膝が勝手に曲がり、転倒するおそれがある。こうした**膝折れ**を防ぐため、左片麻痺の

利用者が端座位から立位になる際は、利用者の**左**の**膝頭**に介護福祉職が手を当てて保持する。

問題85　正解　4

標準型車いすを用いた移動の介護に関する設題である。

1　×　すばやく進んだ場合、利用者に**恐怖感**を与えてしまう。急な上り坂は車いすを**前向き**にし、しっかりと支えながら**ゆっくり進む**。

2　×　急な下り坂の場合、車いすを**前向き**して進めば、転落の危険性がある。よって、急な下り坂では特に後方の状況を確認しながら、車いすを**後ろ向き**にして進む。

3　×　踏切を渡る際は、駆動輪（後輪）を上げて前輪（キャスター）のみで進んだ場合、レールの溝（みぞ）に**前輪（キャスター）**が挟み込まれる危険性がある。よって、踏切を渡る際は、車いすの前輪（キャスター）を**上げ**、駆動輪（後輪）のみでレールを越えて進む。

4　○　エレベーターに乗る時は車いすを**前向き**にし、正面から**まっすぐ**に進む。降りる時はエレベーターの中で車いすを移動させ、**前向き**で出る。エレベーターが狭かったり混んでいたりする場合は、後方に注意しながら**後ろ向き**で降りる。その際、エレベーターに**鏡**が備わっていれば、**鏡**も活用して**後方**の安全を確認する。

5　×　段差を降りる際、前輪（キャスター）から下りれば、転落の危険性がある。よって、段差を降りる際は、車いすの**駆動輪（後輪）**から下りる。

問題86　正解　5

医学的管理の必要がない高齢者の爪の手入れに関する設題である。

1　×　乾燥している爪は**硬い**ため、切っ

た時に**割れ**やすい。一方、入浴**後**は爪が**水分**を含んで柔らかくなり、切りやすい。よって、爪は入浴の**後**に切る。

2　×　爪の先の白い部分が残らないように切ると**深爪**につながる。深爪は細菌に感染しやすい上、**巻き爪**の原因にもなる。巻き爪が進行すれば、爪の端が巻いて指の肉に食い込み、激しい痛みが生じる。よって、深爪を避けるため、爪の先端の白い部分は**1mm**程度残して切る。

3　×　爪を一度にまっすぐ横に切ると、爪の**割れ**や欠けの原因となる。よって、爪は**少しずつ**切る。その際、**バイヤス切り**のように、爪の端を切りすぎると巻き爪の原因となるため、注意する。

4　×　角の鋭い**スクエア**のように、爪の両端を切らずに残した場合、何かに**引っかかったり**、誰かを**傷つけたり**するおそれがある。爪は、四角い形で両端を丸く整えるように切る**スクエアオフ**が望ましい。

5　○　皮膚を傷つけたり、爪が割れたりするのを防ぐため、爪切り後は、**やすり**をかけて滑らかにする。その際は、**一定方向**にかける。**中央**から端に向かってかけると、爪の**両端**が削られすぎて**バイヤス切り**になるおそれがある。

問題87　正解　3

左片麻痺（ひだりかたまひ）の利用者が端座位（たんざい）でズボンを着脱する時の介護に関する設題である。

1　×　片麻痺の場合、**脱健着患**（だっけんちゃっかん）に基づき**健側**から脱ぎ、**患側**から着る。よって、左片麻痺の場合、最初に**健側**の**右側**の腰を少し上げて脱ぐように促す。

2　×　端座位はベッド等の端に足を下ろして座った状態を指し、**背もたれがない**可能性が高い。背もたれがない状態で右膝を高く上げて脱ごうとすれば、重心が**後方**に移り、**後方**に倒れてしまう。また、右膝を高く上げた場合、**脱ぎにくい**。健

側である右側のズボンは、右膝を**曲げな がら**、右手でズボンを下ろす。

3 ○ ズボンを通す時は床から足を上げる。しかし、左片麻痺があれば、左足を上げることができない。そこで左片麻痺の利用者が左足にズボンを通す際は、健側の**右手**で患側の**左足**を持ち上げ、**右**の**大腿**（だいたい）の上にのせ、左足にズボンを通すように促す。

4 × ズボンを上げやすいよう、立ち上がる前にズボンは**膝上**まで上げるように促す。

5 × 左片麻痺の場合、**患側の左側**に倒れないよう、利用者の**左側**に介護福祉職は立つ。

問題88 正解 5
嚥下（えんげ）機能の低下している利用者に提供するおやつに関する設題である。

1 × **クッキー**や**ラスク**のように、**水分**が少なく、**パサパサ**している食べ物は嚥下しにくい。

2 × **カステラ**や**食パン**のように、口腔（こうくう）内に**とどまりやすい**食べ物は嚥下しにくい。

3 × **もなかの皮**や**海苔**のように、口の中に**貼りつきやすい**食べ物は嚥下しにくい。また、もなかは皮の部分と中のあんこの部分で硬さやまとまり具合が**異なる**。こうした食品の硬さや凝集性、付着性といった性状（**テクスチャー**）の異なるものが混ざった食べ物は誤嚥（ごえん）しやすい。

4 × **餅**（もち）のように、粘りがあり、喉（のど）に引っかかりやすい食べ物は嚥下しにくい。餅は誤嚥だけでなく、**窒息**（ちっそく）の危険性もあるため、特に嚥下機能の低下している場合には注意が必要である。

5 ○ **プリン**や**ゼリー**等、やわらかくて口の中で変形しやすく、スムーズに喉を通過する食べ物は嚥下しやすい。よって、嚥下機能が低下している場合でも、**プリ**

ンは誤嚥しにくい食べ物となる。

問題89 正解 1
介護老人福祉施設の介護福祉職と管理栄養士との連携に関する設題である。

1 ○ 管理栄養士は健康の保持増進のため、栄養学的な側面から**献立作成**や必要な**栄養**指導を行う（栄養士法第1条第2項）。利用者の食べ残しが目立つ際、介護福祉職は**管理栄養士**と連携し、**食べ残し**の原因を把握し、必要な栄養が摂取できるように支援する。

2 × 介護老人福祉施設において経管栄養をしている利用者が嘔吐（おうと）した場合、介護福祉職は**医師**や**看護師**に速やかに報告する。

3 × 利用者の食事中の姿勢が不安定である場合は、他の**介護福祉職**と連携し、食事姿勢を整えるように支援する。利用者の状況によっては、**医師**や**理学療法士**、**作業療法士**、**言語聴覚士**等と連携して、その利用者に適した食事姿勢を検討する場合もある。

4 × 利用者の義歯がぐらついている場合は、利用者・家族の許可を得た上で、**歯科医師**に診（み）てもらう。

5 × **言語聴覚士**は、言語障害、摂食・嚥下（えんげ）障害、聴覚障害に対する検査や訓練を行う（言語聴覚士法第2条、第42条）。よって、利用者の摂食・嚥下の機能訓練が必要な場合は、**言語聴覚士**と連携する。

問題90 正解 2
血液透析を受けている利用者への食事の介護に関する設題である。

1 × 血液透析や腹膜（ふくまく）透析といった人工透析（透析療法）が必要な利用者は**腎機能**に障害があり、余分な**塩分**が排出されず、体内に蓄積され、**高血圧**や心不全の危険性が高まる。よって、血液透析

を受けている場合は、**塩分**の摂取を制限する。

2　○　人工透析を受けている利用者は**腎機能に障害がある**ため、余分な**カリウム**を尿と一緒に排出できず、**高カリウム血症を引き起こすおそれがある。高カリウム血症**になった場合、脱力感、しびれ感、動悸、不整脈等、様々な症状が現れる。そのため、**カリウム**が多く含まれる**生野菜**や果物の摂取は控える。ただし、**温野菜**にすれば、**カリウム**の量を大幅に減らすことができる。よって、血液透析を受けている場合は、**ゆでこぼした野菜をとる**ように勧める。

3　×　人工透析を受けている利用者は**腎機能に障害がある**ため、余分な**リン**を尿と一緒に排出できず、**高リン血症を引き起こすおそれがある。高リン血症**となった場合、骨がもろくなる、関節の変形、身体の痛み、かゆみ等、様々な症状が現れる。そのため、**リン**が多く含まれる**乳製品**のとりすぎには注意する。

4　×　人工透析を受けている利用者は**腎機能に障害がある**ため、**水分や老廃物**が排出されにくい。体内に余分な**水分**が溜まれば、**体重増加**に加え、人工透析の際に**除水量**を増やさなければならず、その分、身体に**負担**がかかる。よって、**水分の過剰摂取を避け**、医師の指示に基づく**水分摂取量を遵守**する。

5　×　血液透析を受けている利用者は**腎機能に障害がある**ため、**たんぱく質**の代謝によって作られる老廃物が排出されず、体内に蓄積され、尿毒症を引き起こすおそれがある。よって、**たんぱく質**が含まれる**魚や肉**を使った料理の過剰摂取は避ける。

問題91　正解　3
一般浴で右片麻痺の利用者が移乗台に座った状態から入浴するための助言に関す

る設題である。

1　×　浴槽に入る際、片麻痺がある場合は**健側の足から入れる**。よって、右片麻痺の場合は、まずは健側の**左足**から浴槽に入れる。次に健側の**左手**で患側の**右足**をすくうように持ち上げ、浴槽に入れる。

2　×　湯に浸かった際、浮力作用で**患側**の膝が浮いたり、膝折れしたりする場合がある。よって、湯に浸かる時、右片麻痺であれば、**患側の右膝**に手をついてゆっくり入るように助言する。

3　○　入浴中は**浮力作用**が働き、身体が浮くおそれがあるため、**足で浴槽の壁を押す**ようにして姿勢を安定させる。

4　×　浴槽内で後ろの壁に寄りかかり、足を伸ばそうとした場合、重心が頭側に移って**ずり落ちる**ほか、場合によっては顔が沈んで**溺れる**おそれもある。そうした状況を避けるため、入浴中は**前かがみ**の姿勢をとる。

5　×　右片麻痺の利用者が浴槽から出る時は、**健側の左膝**を立てて、**左の踵**を臀部に引き寄せるとともに、**左手**で手すりをつかんで**前傾姿勢**をとり、臀部を浮かせて立ち上がる。真上方向に立ち上がろうとした場合、**重心移動**がうまくできない上、健側の**左足**に力が入らず、立ち上がることは困難である。

問題92　正解　3
椅座位で足浴を行う介護方法に関する設題である。

1　×　足浴は膝から下の部分を湯に入れるため、ズボンを脱がす必要は**ない**。裾をたぐり寄せて**膝上**まで上げておけば、足浴は可能である。

2　×　湯の温度は、まず**介護福祉職**が適温であるかどうかを確認する。その結果、適温であれば、今度は**利用者**にも確認してもらう。

3 ○ 椅座位とは、**椅子**に座った状態を指す。つまり、椅座位での足浴は椅子に座って行う足浴を意味する。**安定した座位姿勢**で足浴を行うためには、利用者の**足底**が足浴用容器の底面にしっかり付いていることを確認する必要がある。

4 × 石鹸の成分が皮膚に残った場合、皮膚を刺激して**かゆみ**や**かぶれ**等の皮膚トラブルの原因につながる。よって、足に付いた石鹸の泡は、しっかりと**洗い流す**。その際は、**片足ずつ行う**。

5 × 足に水分が残ったままでは、**雑菌**が繁殖し、感染症を引き起こすおそれがある。また、皮膚が濡れたままでは、気化熱によって体温が**下がり**、寒気を感じる。よって、足浴用容器から足を上げた後は、**乾いたタオル**で速やかに**水分**を拭き取る。その際は足の指（**足趾**）も拭き残しがないように行う。

問題93 正解 2

ストレッチャータイプの特殊浴槽を利用する時の入浴介護の留意点に関する設題である。

1 × 仰臥位でストレッチャーに乗った後、まずは**洗髪**から実施する。その後、シャワーを心臓に遠い**足先**からかけ、**洗身**を行う。その際、介護福祉職のうち1名が利用者の**身体**を支え、もう1名が**洗う**。

2 ○ ストレッチャーの上に**仰臥位**となったままでは背中や臀部を洗うことができない。よって、背部を洗う時は、**側臥位**にする。その際、片麻痺がある場合は、**健側**を下にする。

3 × 固定ベルトはストレッチャーからの**転落**を防ぐとともに、入浴時の浮力作用で身体が**浮かない**ようにするために装着する。**体幹**と**下肢**を固定するが、腕までベルトをする必要は**ない**。また、手指に支障がなく、腕を動かせれば、ストレッチャーに装備されている**手すり**をつかみながら入浴できるため、安心感が増す。よって、固定ベルトは両腕の**下**を通して装着する。

4 × 首や肩まで湯に浸かった場合、**静水圧作用**の影響で血圧の**上昇**や呼吸数の**増加**を招きやすい。特に**循環器**や呼吸器の疾患がある場合は、首や肩まで浸からず、**胸**くらいまでとし、**心臓**や**肺**への負担が大きくならないようにする。

5 × 個人差はあるものの、入浴は**体力**を消耗するため、実際に湯に浸かる時間は5分程度とする。

問題94 正解 4

尿意がある認知症の利用者の尿路感染症を予防する介護に関する設題である。

1 × 尿の性状（色、におい、混濁の有無等）を観察することは、感染症や疾病の疑いを含めて身体の状況を把握する1つの指標となる。例えば、尿が**白色**で混濁していれば、**腎盂腎炎**や**膀胱炎**等による尿路感染症が疑われる。ただし、尿の性状を観察することが**尿路感染症**の直接的な**予防**につながるわけではない。

2 × **体温**の変化を観察することは、感染症や疾病の疑いを含めて身体の状況を把握する1つの指標となる。例えば、尿路感染症で**腎盂腎炎**となった場合、**38℃以上の発熱**を伴うことが多い。ただし、体温の変化を観察することが尿路感染症の直接的な**予防**につながるわけではない。

3 × 陰部洗浄は、入浴ができない場合やおむつを使用している場合に行う。しかし、事例にはJさんが入浴できないとは記されていない。また、Jさんが自宅で終日おむつを使用していたのは夫の介護負担の**軽減**のためである。Jさんは要介護3で尿意があるため、介護老人福祉施設ではおむつを**使用せず**、**トイレに**

誘導することが尿路感染症の予防となる。陰部洗浄も尿路感染症の予防につながるものの、Jさんは施設ではおむつを使用しないため、**陰部洗浄**の回数を検討することが、Jさんの尿路感染症を**予防**する介護として最も適切とはいえない。

4 ○ 夫の**介護負担**を軽減するため、Jさんは自宅で終日おむつを使用し、その結果、**尿路感染症**を繰り返したと推察できる。しかし、Jさんは要介護3で**尿意**がある。よって、尿感染症を予防するためにも、介護老人福祉施設では**おむつ**を使わず、尿意を感じたら、速やかに**トイレに誘導する**。

5 × 膀胱留置カテーテルは**尿閉**や**前立腺肥大**等によって自力での排尿が困難となった場合に適用される。Jさんには尿意があり、自力での**排尿**ができるため、膀胱留置カテーテルの使用を提案するのは**不適切**である。

問題95　正解　5

夜間、自宅のトイレでの排泄が間に合わずに失敗してしまう高齢者への助言に関する設題である。

1 × 水分摂取量を減らせば、**脱水症状**を引き起こすおそれがある。

2 × **リハビリパンツ**は、トイレでの排泄が間に合わないことがある場合や尿意はあるが時々尿漏れする場合に使用する。問題文にはトイレでの排泄が間に合わずに失敗してしまうのは**夜間**とあるため、**終日**、リハビリパンツを使用するように勧めるのは不適切である。リハビリパンツの使用には**抵抗感**がある高齢者もいるため、使用する際は事前の**丁寧な説明**と本人の**同意**が必要である。

3 × 睡眠薬は医師が処方するため、**介護福祉職**が睡眠薬の服用を勧めてはならない。仮に睡眠薬が処方された場合、ぐっすり眠れるかもしれないが、夜間トイレに行かなくなる分、失禁につながるおそれもある。また、睡眠薬の副作用として**注意力**の低下や**ふらつき**もあるため、転倒にも注意が必要となる。

4 × 主な尿失禁には①咳やくしゃみ等で腹部に圧力がかかった場合に起きる**腹圧性**尿失禁、②尿意を感じて我慢できずに漏れてしまう**切迫性**尿失禁、③前立腺肥大等が原因で尿が少しずつ漏れ出る**溢流性**尿失禁、④認知機能や身体機能の低下によってトイレに間に合わない**機能性**尿失禁がある。これらのうち夜間のみ**トイレ**に間に合わない状況を踏まえれば、④の**機能性**尿失禁が原因である可能性が高い。①～③の尿失禁であれば**泌尿器科**の受診も有効となるが、④の**機能性**尿失禁の場合はトイレの**場所**をわかりやすくする、トイレまでの**距離**を近くする、トイレまで**誘導**する等、**介護者**による支援で改善する可能性が高い。

5 ○ 尿失禁のうち**機能性**尿失禁では、認知機能の低下でトイレの場所が**わからなかったり**、**身体機能**の低下でトイレまでの移動に**時間**がかかったりしてトイレに間に合わなくなる。夜間、トイレでの排泄が間に合わなくなるのは、この**機能性尿失禁**が原因と予測できる。具体的には**視力**や**歩行能力**の衰えによって**夜間**は日中以上にトイレに行くまでに時間がかかり、間に合わなかったと考えられる。よって、夜間は**移動距離**が短くなるよう、**ポータブルトイレ**の使用を提案するのもよい。

問題96　正解　1

市販のディスポーザブルグリセリン浣腸器を用いた排便の介護に関する設題である。

1 ○ 浣腸液は、**直腸温**（直腸の温度）の37.5～38℃よりもやや高い**39～40℃**にすることで適度に腸を刺激でき

第36回

る。一方、浣腸液の温度が**高すぎれば**、腸粘膜（ちょうねんまく）の損傷や炎症を起こし、逆に**低ければ**、腸の毛細血管が**収縮**して**血圧**の上昇や**寒気**（さむけ）を起こすおそれがある。

2 × 浣腸液を注入する際、**立位では肛門の位置が確認しにくく、チューブの先端が直腸の壁にあたって穴があく直腸穿孔**（ちょくちょうせん・こう）を引き起こす危険性がある。肛門を見えやすくし、浣腸液を注入しやすくするためには、**側臥位**（そくがい）をとる。その際、直腸やS状結腸、下行結腸（かこうけっちょう）は**左側**にあるため、可能であれば**左側臥位**をとると、直腸から入った浣腸液が腸の走行に沿って下行結腸に到達しやすくする。

3 × すばやく注入した場合、**排便反射**が起こり、浣腸液がすぐに排泄されてしまう。逆にゆっくり注入しすぎると利用者が**我慢**できない。グリセリン浣腸液の注入速度は、目安として 50ml であれば **15 秒程度**かけて注入する。

4 × 浣腸液を注入したら、腸に刺激を与えて**蠕動**（ぜんどう）運動を促すため、できるだけ**我慢する**。目安として **3～10 分程度我慢**し、便意が十分に強まってから排便する。浣腸液を注入後、すぐに排便した場合、**浣腸液**だけが排出されてしまう。

5 × 市販の浣腸器を用いた浣腸は利用者に異常がなく、専門的な管理が必要でない場合のみに**介護福祉職**も行うことができる。一方、浣腸液を注入しても排便がない場合は、異常が認められるため、介護福祉職は新しい浣腸液を再注入**せず**、速やかに**医師**に報告する。

問題97　正解　1

訪問介護員が行う見守り的援助に関する設題である。

1 ○ 介護保険制度の訪問介護は入浴・食事・排泄等の**身体介護**と調理・洗濯・掃除等の**生活援助**に大別される。このうち**身体介護**に位置づけられる**見守り的援**助では訪問介護員がすべて行うのではなく、**安全**を確保した上で、利用者と**一緒に**掃除や調理、洗濯等を実施する。例えば、訪問介護員が単独でゴミを分別せず、ゴミの分別ができるように利用者に声をかけることも**見守り的援助**に含まれる。

2 × 訪問介護では洗濯やそれを干すことは**生活援助**に含まれる。

3 × 訪問介護では被服の補修は**生活援助**に含まれる。よって、着られなくなった服を訪問介護員が作り直すのは、**生活援助**に該当する。

4 × **見守り的援助**では、訪問介護員が利用者と一緒に取り組むことが求められる。よって、調理したものを盛り付け、食事を提供するのは、**生活援助**に該当する。

5 × **賞味**期限は「おいしく食べることができる期限」を指すため、それを過ぎても、すぐに食べられなくなるわけではない。よって、**利用者**に相談することなく、賞味期限が切れた食品を勝手に捨ててはならない。本来であれば、**見守り的援助**により利用者と一緒に冷蔵庫の中を**整理**し、賞味期限が切れた食品を捨てるかどうかも利用者と一緒に**相談して決める**必要がある。

問題98　正解　5

高齢者が靴下・靴（くつした・くつ）を選ぶ時の介護福祉職の対応に関する設題である。

1 × 指つきのきつい靴下は**窮屈**（きゅうくつ）で履き（は）にくい上、履き心地が**悪い**。さらに締め付けられて**痛み**が生じるおそれもある。

2 × 底面に滑り止めがある靴下を履けば、足の踏ん張りが効く上、足を滑らせて転倒するおそれも低くなる。ただし、足を十分に上げられず、**すり足**で歩く場合は、かえって滑り止めで足が**引っかかり**、躓き（つまずき）や**転倒**につながるおそれもある。

3 × 床面からつま先までの高さが小さ

い靴は、地面からの**衝撃**を受けやすいため、足に**負担**がかかりやすい。

4 × **踵**(かかと)のない靴は安定性が低く、**脱げやすい**。そのため、脱げないように**すり足**で歩く結果、**躓**きや**転倒**につながりすい。

5 ○ 靴の中で足の指先を**圧迫**せず、動かせるようにするため、先端部に 0.5 ～ 1cm の余裕のある靴を勧める。

問題99 正解 4

Kさん夫婦の相談に対する訪問介護員の発言に関する設題である。

1 × Kさん夫婦は「健康食品が毎月届いてしまい、**高額**の支払いが発生して困っている」と相談しているものの、それらを処分してほしいという発言をしていない。よって、健康食品の処分を訪問介護員が勝手に決めるのは**不適切**である。

2 × **クーリング・オフ**とは、消費者が**訪問販売**や**電話勧誘**販売、**連鎖販売取引**（マルチ商法）等で**契約**をした場合でも、契約日から**一定期間内**であれば、無条件で契約を**解除**できる制度を指す。ただし、**店舗**での販売のほか、テレビショッピング、**カタログ**通販、**インターネット**通販等の**通信販売**は、原則、クーリング・オフの**対象外**となっている。Kさんは健康食品を**テレビショッピング**で購入しているため、クーリング・オフは適用され**ない**。

3 × 「買い物は夫がするようにしましょう」という発言は、Kさんの買い物に**問題**があるから夫に買い物を頼むことにしたとも受け取れ、Kさんを**責める**ことになる。さらに買い物をする楽しみをKさんから奪う発言でもある。

4 ○ Kさん夫婦は「テレビショッピングで購入した健康食品が**毎月**届いてしまい、高額の支払いが発生して困っている」と相談しているため、その**契約内容**をK

さん夫婦と一緒に**確認**する必要がある。

5 × Kさん夫婦は「高額の支払いが発生して困っている」と相談しているものの、テレビショッピングでの買い物をやめたいというような発言をしてい**ない**。よって「テレビショッピングでの買い物はやめましょう」と訪問介護員が勝手に決めて発言するのは**不適切**である。

問題100 正解 2

消化管ストーマを造設した利用者への睡眠の介護に関する設題である。

1 × ストーマから出血がある場合は、勝手に軟膏(なんこう)を塗布(とふ)せず、**速やかに医師**に報告する。なお、**ストーマ**とは、手術によって腹部に作られた便や尿の排泄口を指し、**消化管**ストーマ（人工肛門）と**尿路**ストーマ（人工膀胱(ぼうこう)）がある。

2 ○ **パウチ**（ストーマ袋）は便や尿を採集する袋を指す。消化管ストーマの場合、パウチに便が溜(た)まると重くなる上、満杯(まんぱい)になれば便が**漏れる**おそれもある。よって、**寝る前**や**外出前**にはパウチが空となるよう、溜まっていた便を捨てる。

3 × ストーマ装具を新しいものに交換する場合、腸の蠕動(ぜんどう)運動が活発となって便が出やすくなる**食後**は避ける。例えば夕食が 18 時 30 分に済み、20 時からストーマ装具を交換した場合、排便のタイミングと重なる可能性もある。よって、ストーマ装具は排便の少ない**起床直後**や**食事前**に交換する。

4 × おむつを強く巻いたり、ベルトをきつく締めたりすると、消化管ストーマから**便**がパウチにうまく落ちなかったり、消化管ストーマを**損傷**させたりするおそれがある。消化管ストーマの部分には**痛み**を感じる神経がなく、こうした状況になっても利用者自身が気づけない場合もあるため、介護福祉職が消化管ストーマを**圧迫**していないかどうかを確認す

る。夜間、パウチの上からおむつを巻く場合は、**圧迫しないようにゆとりを持たせる**。

5 × 睡眠の妨げにならないように注意しつつ、パウチの**観察**を行う。その際、便の漏れやパウチの膨張を防ぐため、一定量（**3分の1〜2分の1**）の便がパウチに溜まっていたら**捨てる**。

問題101 正解 5

介護福祉職が利用者の睡眠時の状態について収集すべき情報に関する設題である。

1 × 枕が高すぎると顎を引いた状態となり、**呼吸しにくい**ため、睡眠を妨げる。よって、その利用者に適した**枕**の高さとする。ただし、そうした内容は事例には記されていない。

2 × 下肢筋力の低下や膝の痛みがある場合、腰が深く沈む柔らかいマットレスは**起き上がりにくく、立ち上がりにくい**。さらに腰に負担がかかる。逆にマットレスが硬すぎると背部等に痛みが生じてしまう。よって、その利用者に適した**マットレスの硬さ**を考慮する。ただし、そうした内容は事例には記されていない。

3 × 個人差はあるものの、掛け布団が重いほうが**安心感**を得られて熟眠できる利用者もいる。逆に掛け布団が重いと圧迫感があって**寝返り**が打ちにくく、よく眠れない利用者もいる。よって、その利用者に適した**掛け布団の重さ**を考慮する。ただし、そうした内容は事例には記されていない。

4 × 不眠の原因の1つに**レストレスレッグス**症候群（**むずむず脚**症候群）がある。具体的には脚が**むずむず**するような異常感覚が夕方から深夜にかけて起こるものの、脚を動かすと一時的に症状が治まる。そのため、**レストレスレッグス**症候群の疑いがある時は、睡眠中の脚の

動きを観察する。ただし、そのような症状はLさんにはみられない。

5 ○ Lさんは睡眠中に大きな**いびき**をかくことが多く、いびきの音が途切れることもあるため、**睡眠時無呼吸症候群**の疑いがある。**睡眠時無呼吸症候群**では大きないびきをかき、そのいびきをかいていない時に呼吸が止まり、一時的に**低酸素状態**となってしまう。その結果、**熟眠**できず、すっきり起きられなかったり、日中、**集中力**を欠いたりする。よって、Lさんの睡眠中の**呼吸状態**を確認する必要がある。

問題102 正解 3

終末期が近い利用者について介護福祉職が確認すべき内容に関する設題である。

1 × 医師からはMさんが「**終末期が近い状態であるといわれている**」ため、主治医の今後の**見通し**については、ある程度、情報が得られている。ただし、Mさんの経口摂取に対する主治医の見解等、Mさんが今後の生活を検討する上で必要な**情報**については**主治医**にさらに確認する。

2 × Mさんは**誤嚥性肺炎**で入退院を繰り返しているため、誤嚥性肺炎の発症時の**入院先**については、ある程度、情報が得られている。

3 ○ Mさんが経口摂取を継続したいかどうかについては確認できてい**ない**。よって、経口摂取に対するMさん本人の**意向**を確認する必要がある。

4 × 家族の意向も大切ではあるものの、人生の最終段階である終末期をどのようにして過ごしたいかは**利用者**が決め、周囲の人たちには、その決定を最大限に**尊重**することが求められる。よって、家族ではなく、**Mさん本人**の意向を優先して確認すべきである。

5 × 延命治療するか否か、どこで、ど

のような形で人生の最終段階を迎えたいか等については、**アドバンス・ケア・プランニング（ACP）**に基づき、本人や家族、医師、看護師、介護福祉士等が繰り返し話し合う中で**本人**が決める。ただし、本人から意思確認ができない場合は、家族が本人の意思を**代弁**する場合もある。現時点では、Mさんは**意思疎通**が困難な状態ではないと推察できるため、**延命治療**に関しても、家族ではなく、**Mさん本人**の意向を優先して確認すべきである。

問題103　正解　4

デスカンファレンスの目的に関する設題である。

1　× 例えば**キューブラー・ロス**（Kübler-Ross, E.）が提唱した死の受容過程については、**職場内研修**のほか、**Off-JT**（Off the Job Training）として**職場外研修**で学んだり、**SDS**（Self Development System：**自己啓発援助制度**）を活用して**自己学習**したりするものである。

2　× 終末期を迎えている利用者の介護については、主に**ケアカンファレンス**で検討する。**ケアカンファレンス**では、介護福祉職や看護師等が利用者へのより良い支援を目的に、利用者に関する**情報**や生活課題を共有したり、利用者の思いや状況に応じたケアの**内容・方法**を検討したりする。

3　× 利用者の家族に対して、死が近づいた時の身体の変化については、主に**医師**が**インフォームドコンセント**（informed consent）の一環として**説明**する。**インフォームドコンセント**とは、利用者や家族が支援者（医師や介護福祉職等）から**わかりやすい十分な説明**を受け、それを理解・納得した上で**同意**することである。

4　○ **デスカンファレンス**の主な目的は、亡くなった利用者の事例を関わった**職員**が振り返り、今後の介護に**活用**することである。このほか、**デスカンファレンス**には、その利用者へのケアを**振り返る**中で職員同士が悲しみを共有する**グリーフケア**としての意味合いも含まれる。

5　× 死生観を統一することがデスカンファレンスの目的ではない。むしろ、デスカンファレンスで亡くなられた利用者へのケアを振り返る中で、利用者や家族によっても死生観が**異なる**こと、そうした**個別性**を尊重するケアが重要であることに気づく機会となる。

問題104　正解　2

福祉用具を活用する時の基本的な考え方に関する設題である。

1　× 利用者の居住環境によっては、**福祉用具の活用**と**住宅改修**をセットで検討する。例えば、車いすを**貸与**（レンタル）して自走しようとしても、廊下と居室に段差があれば、それは難しい。そこで、廊下と居室を車いすで自走できるよう、**車いすの貸与**に加え、**住宅改修**で段差の解消を図る。

2　○ 複数の福祉用具を使用する際は、状況に合わせた**組合せ**を考える。例えば、要介護4の利用者が移動用リフトを使用する場合は、**福祉用具貸与**で**移動用リフト**の本体を貸与（レンタル）するだけでは使えない。同時に**特定福祉用具販売**で移動用リフトの**吊り具**を購入する必要がある。

3　× **福祉用具**の選択に迷う時は、介護福祉士や社会福祉士、福祉用具専門相談員等に相談する。社会福祉士に**相談**すること自体は問題ないが、社会福祉士に福祉用具の選択を**依頼**するのは適切とはいえない。他のサービスと同じく、福祉用具についても最終的には**利用者**

が自分に適した福祉用具を自分で**選択**する。その際は**説明**を受けるだけでなく、実際に**試用**も行って検討する。なお、**福祉用具専門相談員**は福祉用具貸与・販売事業所に2名以上の配置が義務付けられている。**介護福祉士**や**社会福祉士**等も福祉用具専門相談員の業務にあたることができる。

4 × 福祉用具を選択する際は、**家族介護者**の負担軽減も考慮する。ただし、最も優先すべきは、利用者の**生活課題**の改善や利用者の**望む生活**の実現に向けて、**利用者**の思い・希望や身体状況等に応じた福祉用具を選ぶことである。

5 × 福祉用具貸与・販売事業所は**福祉用具サービス計画**を利用者ごとに作成し、その利用状況の把握（**モニタリング**）を定期的に行う。利用者の心身や家族の状況等が**変化**する可能性もあるため、福祉用具が**目的**どおりに使えているか、**身体**に適しているか、家族の負担**軽減**につながっているか等をモニタリングする。

問題105 正解 3

握力の低下がある利用者が使用する杖(つえ)に関する設題である。

1 × T字杖(じつえ)は介護保険制度の福祉用具貸与の**対象外**であり、手指や関節に障害が**ない**利用者に適している。**T字杖**はT字の握り部を人差し指（示指）と中指で挟み込むように握って使用する。

2 × オフセット型杖は、体重を杖の軸の上に移動させることができるため、T字杖よりも**下肢(かし)**への負担を軽減できる。そのため、**握力**には問題ないものの、**変形性膝関節症(けいせいしつかんせつしょう)**や**変形性股関節症(へんけいせいこかんせつしょう)**等がある利用者に適している。**オフセット型杖**は、一般的にアルミニウム製で長さ調節が可能である。

3 ○ **ロフストランドクラッチ**（前腕固定型杖(ぜんわんこ)(ていがたつえ)）は、握力の**低下**がある利用者や片麻痺(かたまひ)の利用者等に適している。**カフ**と呼ばれる輪の中に前腕を通すことで、手指だけでなく、**前腕**も活用して体重を支えることができる。ただし、持ち手（**グリップ**）を握るため、手指や手関節に変形や痛みがある**関節リウマチ**のある利用者等には不向きである。

4 × **多脚杖**（多点杖・四点杖(たきゃくづえ)(たてんづえ)(よんてんづえ)）は、手指や握力に問題は**ない**が、**立位**が不安定な利用者に適している。杖の支持基底面(めん)が**広い**分、T字杖やオフセット型杖よりも**安定性**がある。ただし、凹凸(おうとつ)のある場所や階段等の接地面が**狭い**箇所では使いにくい。

5 × **ウォーカーケイン**（歩行器型杖(ほこうきがたつえ)）は、手指や握力に問題は**ない**が、立位・歩行ともに**不安定**な利用者に適している。杖の**支持基底面**がT字杖やオフセット型杖、多脚杖よりも**広い**分、より**安定性**がある。ただし、ほかの杖に比べて重量があるため、上肢(じょうし)の力も必要となる。

介護過程

問題106 正解 2

介護福祉職が初回の面談で情報収集する際の留意点に関する設題である。

1 × 用意した項目を次から次に質問することは、利用者が**尋問(じんもん)**を受けているように感じたり、**疲労**を感じたりする。

2 ○ 初回の面談では利用者との**信頼関係**の形成に向けて、利用者の**思い**や考え、希望等を把握する必要がある。介護福祉職は、そうした**目的**を意識しながら話を聴く。

3 × ほかの利用者が同席する状況で質問することは、**個人情報**の保護に配慮しておらず、不適切である。**プライバシー**に関する情報を収集する際は、**利用者本人**との面談を基本とする。

4 × 初回の面談では利用者と介護福祉職との信頼関係がまだ十分に形成されてはいない。そうした状況で最初に経済状態に関する質問をすれば、利用者が介護福祉職に対して**不信感や警戒心を抱き**やすい。

5 × 家族の要望も重要であるものの、それを中心に話を聴いた場合、情報が**偏**り、利用者の思いや希望等を適切に把握することが難しくなる。

問題107　正解　4

介護過程の評価に関する設題である。

1 × 介護過程の評価には、介護計画で**設定した日に行う定期的な評価**に加え、利用者の身体状況等が変化した際にその都度実施する**随時の評価**がある。例えば、これまで杖歩行で生活していた利用者が転倒して車いすでの生活となった場合、定期的な評価の日を**待たず**、速やかに利用者のもとに訪れ、その生活状況を**評価**しなければならない。

2 × サービス担当者会議は**介護支援専門員**が関係者を招集して開催され、**居宅サービス計画**等の内容について参加者に意見を求めたり、サービスの利用状況について確認したりする。介護福祉職が展開する介護過程の評価を行う場では**ない**。

3 × 介護過程ではアセスメント、介護計画の作成、実施について、**介護福祉職が評価を行う**。一方、**相談支援専門員**は、障害者総合支援法に基づき、サービス等利用計画を作成し、その利用状況等を評価する。

4 ○ 介護過程では、利用者への支援・介護の効果、長期目標・短期目標の**達成度**、利用者の**生活状況**等に加え、利用者の**満足度**も踏まえて総合的に**評価**する。例えば、介護計画に基づいて介護が実施されていたとしても、利用者が満足

していなければ、実施した介護の内容・方法のどこに課題があるのかを評価して探る必要がある。

5 × 介護計画の実施中ではなく、**事前に**評価基準を定めてから介護計画を実施する。例えば「**多脚杖を使って**バランスよく20m歩くことができる」というように、具体的な**数値**を用いて短期目標を設定すれば、**評価基準**が明確となり、評価しやすくなる。

問題108　正解　1

多職種連携によるチームアプローチを実践する時に介護福祉職が担う役割に関する設題である。

1 ○ 介護老人保健施設において介護福祉職は利用者の日常生活上の支援を継続的に担う等、**利用者**にとって身近な存在であると同時に利用者の**心身**の状況の変化に気づきやすい立場でもある。よって、介護福祉職には利用者の生活状況の**変化**に関する情報を他の職種に提供することが求められる。

2 × 介護老人保健施設では、**介護支援専門員**が利用者の思い・希望や家族の要望等に加え、医師や看護師、介護福祉職、理学療法士、作業療法士、管理栄養士等の各職種からの情報に基づき、総合的な支援の方向性を定め、それを**施設サービス計画**に記載している。

3 × サービス担当者会議は、**介護支援専門員**が関係者を招集して開催する。

4 × 介護老人保健施設には常勤の**医師**が配置され、その**医師**によって必要な**検査**が指示される。

5 × 介護福祉職は、他の職種が担う貢献度を評価する**立場にない**。介護福祉職は、医療・保健・介護といった職種の垣根を越え、同じ**チーム**の一員として、利用者への支援を展開する立場にある。その上で、他の職種の**役割**を理解し、他

の職種とコミュニケーションを密にとりながら**連携**を図る。

問題109 正解 3

大正琴クラブが終わった後のＡさんの行動を解釈するために必要な情報に関する設題である。

1 × Ａさんの行動を解釈するために必要な情報が問われているため、介護職員の声かけのタイミングではなく、Ａさん自身が話した**内容**やＡさんの**表情**等、Ａさんから得られる**情報**に着目する。

2 × 事例では、Ａさんが大正琴を演奏した**時間**について気にする様子はみられない。例えば「大正琴をもっと演奏したい」「演奏する時間が短い」というような要望をＡさんは**述べていない**。

3 ○ Ａさんは大正琴クラブが終わった後、「あの子たちが待っているの」と**強い口調**で言っている。これは、Ａさんが「介護職員に伝えたい」「介護職員にわかってほしい」という**思いの強さ**の表れであると推察できる。よって、Ａさんが部屋に戻らず、エレベーターの前に立ち止まっている意味を探るためには、「あの子たちが待っているの」というＡさんの**発言**をどのように**解釈**するかが重要となる。

4 × 事例からはＡさんがほかの利用者と一緒に楽しく大正琴クラブに参加している様子がうかがえるものの、クラブに参加した利用者の**人数**を気にする様子はみられない。

5 × 事例には「部屋に戻らずに、エレベーターの前で立ち止まっていた」と記されているものの、居室とエレベーターの**位置関係**を表す記述はみられない。

問題110 正解 5

Ａさんへの新たな支援の方向性に関する設題である。

1 × 事例には介護職員との関係に問題があること等は記されていない。よって「介護職員との関係を改善する」は適切ではない。

2 × 事例には「身体機能に問題は**ない**」とある上、身体機能が低下してきている様子も記されていない。よって「身体機能を改善する」は適切で**はない**。

3 × 事例には「Ａさんがうまく演奏できなくて困る」等の記載は**ない**。むしろ、Ａさんが楽しく大正琴の演奏をしている様子がうかがえる。よって「演奏できる自信を取り戻す」は適切で**はない**。

4 × 事例には「身体機能に問題は**ない**」とある。また「エレベーターの前で立って待つのがつらい」等の記載も**ない**。よって「エレベーターの前に座れる環境を整える」は適切で**はない**。

5 ○ 「Ａさんは施設の大正琴クラブに自ら進んで参加し、演奏したり、ほかの利用者に大正琴を**笑顔で**教えたりして」いるほか、「70歳まで地域の子どもたちに**大正琴を教えていた**」経験もある。こうしたＡさんの**強み**（ストレングス）や**生活歴**を生かし、ほかの利用者以外の人たちにも大正琴を教える役割をもつことが重要である。例えば、施設に地域の子どもたちを招き、Ａさんが大正琴を**教える機会**を設けることも新たな支援の方向性となる。

問題111 正解 4

Ｂさんが大声を出した理由を解釈する視点に関する設題である。

1 × 事例には「ほかの利用者との人間関係も**良好**」とある。よって「ほかの利用者との人間関係」が理由でＢさんが大声を出した**わけではない**と考えられる。

2 × Ｂさんは生活支援員に対して「将来は手先を使う仕事に就きたい」と話し

ている。「以前は大工で、手先が器用だった」とも述べており、そうした自分自身の**生活歴**や強み（**ストレングス**）を生かした将来の希望は適切な判断であり、その方向性に問題はない。生活支援員が新たに製品の組立て作業を提案した際も、Bさんは**喜んで**受け入れていたことからも、Bさんの将来の**希望**自体が大声を出した理由で**はない**と考えられる。

3 × Bさんは製品を箱に入れる単純作業については、毎日の作業目標を**達成**していた。つまり、製品を箱に入れる毎日の作業については問題なく行え**ていた**ことになる。よって「製品を箱に入れる毎日の作業量」が理由で大声を出した**わけではない**と考えられる。

4 ○ 高次脳機能障害の症状には、新しいことを覚えにくい**記憶障害**、物事を順番に沿って計画的に実行することができない**遂行機能障害（すいこうきのうしょうがい）**、感情のコントロールができず、興奮して大声を出したり、攻撃的になったりする**社会的行動障害**等がある。**高次脳機能障害**があるBさんも、これらの症状が影響し、「途中で何度も手が止まり、完成品に不備が見られた」とあるように、**新たに**始めた製品の**組立て作業**が思うようにできなかったと推察できる。そのため、自分の**感情**を抑えられず、「こんなの、できない」と大声を出したと解釈することが**できる**。

5 × 事例には「**左片麻痺（ひだりかたまひ）**に合わせた作業台で、毎日の作業**目標**を達成していた」とあるため、「左片麻痺に合わせた作業台」が理由でBさんが大声を出した**わけではない**と考えられる。

問題112 正解 3

Bさんへの見直した支援内容に関する設題である。

1 × Bさんが新たに始めた製品の組立て作業が1人ではうまくできなかったの

は、高次脳機能障害による**記憶障害**や**注意障害**、**遂行機能障害（すいこうきのうしょうがい）**が影響したと考えられる。これらの症状は反省を促すだけでは改善できない。さらに完成品の不備を出すことへの反省を促せば、Bさんを**責める**ことになり、将来の希望を抱いていたBさんの**意欲**までも低下させるおそれがある。

2 × Bさんは**左片麻痺（ひだりかたまひ）**のほか、**高次脳機能障害**もあるため、視力に問題はないものの、**左側**にある物に注意が向かず、認識しにくくなる**左半側空間無視**の症状にも注意する必要がある。よって、認識しにくい**左側**に部品を置いて作業するように促すのは不適切である。

3 ○ 高次脳機能障害の症状の1つに、物事を順番に沿って計画的に実行することができない**遂行機能障害**がある。高次脳機能障害のあるBさんも**遂行機能障害**の影響で製品を組立てる際、次の作業内容がわからなくなり、途中で何度も手が止まってしまったと考えられる。そこで、製品の組立て作業の順番を書いた**手順書**を用意し、それに沿って作業を行えるように練習する等、Bさんが自分ひとりで作業ができるよう、製品の完成までの手順を**理解**できる支援が求められる。

4 × 作業内容を指示することも時には必要であるが、生活支援員が横に座り続けて作業内容を指示した場合、「右手を使い、作業を自分**ひとり**で行える」という短期目標は達成できない。Bさんも初日に「ひとりで頑張る」と発言しているため、Bさんが**ひとり**で製品の組立て作業を行えるように支援を行い、Bさんの**意欲の維持・向上**を図る必要がある。

5 × 高次脳機能障害の症状の1つに、同時に**2つ以上**のことをすると混乱してしまう**注意障害**がある。よって、高次脳機能障害のあるBさんが、製品の**組立て作業**と製品を**箱に入れる**単純作業を

同時に行えば、**ミス**が増え、さらに**混乱**してしまう。

問題113　正解　1

　事例研究を行う時に遵守（じゅんしゅ）すべき倫理的配慮に関する設題である。

1　○　事例研究を行う際の倫理的配慮として、研究目的・内容・方法等をわかりやすく丁寧（ていねい）に**説明**し、事例対象者の**同意**を得る必要がある。

2　×　事例研究では、倫理的配慮として、個人が特定でき**ないよう**、氏名をAさん、Bさん、Cさん……というように**匿名化**（とくめいか）して記載する。

3　×　研究終了後、得られたデータをすぐに破棄（はき）した場合、後でその研究が適切なものであったかどうかを**検証**することができなくなってしまう。日本学術会議では、研究データの**保存**期間について①文書や数値データ、画像、アンケート調査資料、聞き取り資料等が論文発表後**10年間**、②実験試料や標本等が論文発表後**5年間**としている。

4　×　**著作権**への配慮として、たとえ一部であったとしても、研究においても論文等の文献を利用する際は、その著者・名称・出版社等の引用元を明示**する**。

5　×　事例研究に限らず、いずれの研究においても、事実を拡大解釈することも、事実を勝手に変更することも**できない**。

総合問題（総合問題1）

問題114　正解　1

　Cさんが八百屋でとった行動から考えられる状態に関する設題である。

1　○　前頭側頭型（ぜんとうそくとうがた）認知症の症状の1つに自らの**感情**を抑えることができず、**万引き**等、社会のルールから逸脱（いつだつ）した行動をとる**脱抑制**（だつよくせい）がある。前頭側頭型認知症と

診断されたCさんはおとなしい性格であったが、最近怒りやすくなった上、八百屋で代金を支払わずに商品を持っていく万引きを行っていたことから、**脱抑制**が考えられる。

2　×　記憶障害では新しいことを**覚えられない**。一方、Cさんが八百屋でとった行動は、代金を支払わずに商品を持っていった万引きとなるため、記憶障害よりも**脱抑制**が該当すると考えられる。

3　×　感情失禁では突然泣いたり、**怒ったりする**等、自分で抑えられないほど喜怒哀楽の**感情**が激しく表出する。一方、Cさんが八百屋でとった行動は、代金を支払わずに商品を持っていった万引きとなるため、感情失禁には該当**しない**と考えられる。

4　×　見当識障害では**時間・場所・人物**がわからなくなる。一方、Cさんが八百屋でとった行動は代金を支払わずに商品を持っていった万引きとなるため、見当識障害には該当**しない**と考えられる。

5　×　遂行機能障害（すいこうきのうしょうがい）では段取りを立てて**計画的**に物事を進めることができない。一方、Cさんが八百屋でとった行動は、代金を支払わずに商品を持っていった万引きとなるため、遂行機能障害には該当**しない**と考えられる。

問題115　正解　1

　Cさんの介護保険制度の利用に関する設題である。

1　○　介護保険制度の第2号被保険者は**40歳以上65歳未満**で**医療保険**に加入している人を指す（介護保険法第9条第1項第2号）。Cさんは59歳で専業農家を営んでいるため、第2号被保険者に該当する。第2号被保険者の場合、介護保険サービスの利用者負担割合は所得に関係なく、一律**1割負担**となる。また、第2号被保険者が保険給付

（サービス）を受けるためには老化によって生じる**特定疾病**（しっぺい）が原因で要介護状態等となっている必要がある（同法第7条第3項第2号）。59歳のCさんは前頭側頭型認知症があるため、**特定疾病**のうち**初老期**における認知症に該当し、介護保険制度の利用が**可能**である。

2　×　Cさんは59歳で専業農家を営んでいるため、介護保険制度の第2号被保険者に該当する。第2号被保険者の介護保険料は、第2号被保険者が加入している医療保険の各保険者が**医療保険**と**同時**に徴収する。一方、第1号被保険者（65歳以上の人）のうち年金額が年額**18万円**以上の場合は、介護保険料が**年金**から天引きされる（差し引かれる）**特別徴収**となる（同法施行令第41条）。

3　×　要介護認定は、原則として申請から**30日**以内に結果が通知される（介護保険法第27条第11項）。ただし、早急に介護保険サービスを利用しなければならない場合は、要介護認定の**申請時点**から介護保険サービスを利用することができる（同法同条第8項）。その際は、判定される要介護度の見込みで**暫定ケア**（ざんてい）**プラン**を作成する必要がある。

4　×　介護保険サービスを利用するには、保険者である**市町村**に申請し、**要介護認定**を受ける必要がある（同法同条第1項）。その際、申請および要介護認定の利用者負担は**発生しない**。

5　×　介護保険サービスの費用は、訪問介護や通所介護等のように利用した**サービス**の量（利用**時間・回数**等）に応じて利用料が**変わる**場合と、定期巡回・随時対応型訪問介護看護や看護小規模多機能型居宅介護等のように月毎の**定額**となっている場合がある（同法第41条第4項など）。

問題116　正解　4

訪問介護員が意図したCさんへの関わりとICF（国際生活機能分類）に関する設題である。

1　×　**個人因子**は**年齢**、**生活歴**、**趣味**、**思い**等、利用者個人に関わる特性を指す。健康状態には**疾病**、**ケガ**、**ストレス**等が含まれる。訪問介護員は外出が制限されることへの影響を意図し、これからもCさんが外出できるよう、八百屋への働きかけをアドバイスしている。この場合、外出は**参加**、八百屋は**環境因子**にそれぞれ該当する。

2　×　健康状態には**疾病**、**ケガ**、**ストレス**等が含まれる。心身機能は**精神**や**身体**の働きを指す。この場合、外出は**参加**、八百屋は**環境因子**にそれぞれ該当する。

3　×　活動には**移動**、**食事**、**入浴**、**排泄**、**洗濯**、**掃除**等の行為が含まれる。身体構造は**身体**の一部分の状態を指す。外出は状況に応じて**活動または参加**となるが、この事例では、Cさんが外出して八百屋の店員等と**関わる**ため、**参加**に位置づける。八百屋は**環境因子**に該当する。

4　○　**外出**を制限されたCさんは不穏となったため、外出してこれまでのように**八百屋**に行けるように支援する必要がある。外出して買い物を行い、他の人と関わることは**参加**に該当する。一方、八百屋での対応は**環境因子**となる。よって、訪問介護員が意図したCさんへの関わりは**参加**への影響を意図して、**環境因子**に働きかけることである。

5　×　環境因子は本人**以外の人**、**物**、**制度**、**サービス**等を指す。個人因子は**年齢**、**生活歴**、**趣味**、**思い**等、利用者個人に関わる特性となる。この場合、外出は**参加**、八百屋は**環境因子**にそれぞれ該当する。

総合問題（総合問題2）

問題117　正解　4

Dさんが提案を受けた施設に関する設題である。

1　×　養護老人ホームは**環境上**の理由や**経済的**理由により、**家庭**で支援を受けることが困難な65歳以上の利用者を主な対象としている（老人福祉法第11条第1項第1号）。Dさんは妻と二人暮らしで、退院後も妻と一緒に**自宅**で生活することを望んでいる。また、養護老人ホームにはリハビリテーション専門職の配置義務が**ない**。よって、Dさんが提案を受けたのは養護老人ホーム**ではない**。

2　×　軽費老人ホームでは、主に**家庭**環境や**住宅**事情等の理由により、**自宅**で生活することが困難な**60**歳以上の利用者に対し、**低額**な料金で日常生活上の支援を行う（軽費老人ホームの設備及び運営に関する基準第13条）。Dさんは妻と二人暮らしで、退院後も妻と一緒に**自宅**で生活することを望んでいる。また、軽費老人ホームにはリハビリテーション専門職の配置義務が**ない**。よって、Dさんが提案を受けたのは軽費老人ホーム**ではない**。

3　×　介護老人福祉施設は、原則要介護3以上の利用者を対象に、**施設サービス計画**に基づいて入浴・排泄・食事等の介護やアクティビティ・サービス、健康管理等を実施する（介護保険法第8条第27項）。利用者の状況に応じて、**終身**利用することも可能である。一方、Dさんは妻と二人暮らしで、退院後も妻と一緒に**自宅**で生活することを望んでいる。よって、Dさんが提案を受けたのは介護老人福祉施設**ではない**。

4　○　介護老人保健施設は、要介護1〜5の利用者を対象に、**居宅（自宅等）**への復帰を目的として、施設サービス計画に基づいて必要な看護や医学的管理下における介護、**リハビリテーション**等を実施する（介護保険法第8条第28項）。そのため、介護老人保健施設には**理学療法士**や作業療法士等の**リハビリテーション**専門職が配置されている。事例には「在宅**復帰**を目的に、一定の期間、リハビリテーション専門職がいる施設」と記されているため、Dさんが提案を受けたのは介護老人保健施設**である**。

5　×　介護医療院は、主に**長期**にわたり療養が必要な要介護1〜5の利用者を対象に、施設サービス計画に基づいて**療養上**の管理、看護、医学的管理下における介護等を行う（介護保険法第8条第29項）。Dさんは**自宅**での生活を希望していること、要介護3で長期療養を必要とするような状態で**はない**と判断できることから、Dさんが提案を受けたのは介護医療院**ではない**。

問題118　正解　3

居宅介護住宅改修費の支給限度基準額に関する設題である。

1, 2, 4, 5　×、3　○

居宅介護住宅改修費の支給限度基準額は、要介護度にかかわらず、**20**万円である。つまり、対象となる**住宅改修**を行った場合、20万円を上限に、その改修費用の**9**割（一定以上の所得がある場合は**8**割または**7**割）が**支給**（償還払い）される。一方、特定福祉用具販売費の支給限度額は1年間（4月〜翌3月）で**10**万円となる。つまり、対象となる福祉用具を購入した場合、**10**万円を上限に、その購入費の**9**割（一定以上の所得がある場合は**8**割または**7**割）が**支給**（償還払い）される。

問題119　正解　5

Dさんへの生活上の留意点を記載した冊子の内容に関する設題である。

1 × 脊髄損傷では**対麻痺**が現れるものの、**上肢**はすべて動かせる。よって、第4胸髄節まで機能が残存しているDさんの場合、手指も含めて上肢は**動く**ため、食事の際、スプーンを自助具で手に固定する必要は**ない**。

2 × 背もたれの部分を後ろに倒せるリクライニング式車いすは、**四肢麻痺**で体幹を支える力がない、体力の低下が著しく**寝たきり**の状態にある、**呼吸機能障**害がみられる等、要介護状態が重い利用者が使用することが多い。第4胸髄節まで機能が残存しているDさんの場合、**対麻痺**はあるが、要介護度も3で、**寝たきり**の状態ではない。よって、移動の際は、**リクライニング式**車いすではなく**標準型**車いすを使用するのが適切である。

3 × エアーマットは自力では**寝返り**が打てず、**寝たきり**の状態で、**褥瘡**になる危険性が高い利用者が使用することが多い。第4胸髄節まで機能が残存しているDさんの場合、**対麻痺**があるものの、要介護度も3であり、**寝たきり**の状態ではない。よって、寝具をエアーマットにする必要は**ない**。

4 × ボタンエイドとは、**手指**に障害がある人が**ボタン**を留める際に使用する自助具である。第4胸髄節まで機能が残存しているDさんの場合、**対麻痺**はあるものの、手指も含めて上肢はすべて**動かせる**ため、更衣の際にボタンエイドを使用する必要は**ない**。

5 ○ Dさんは第4胸髄節まで機能が残存しているため、**第5胸髄**に損傷があることになる。例えば、第5胸髄から第8胸髄が損傷した場合、**対麻痺**が生じるほか、**体幹**のバランスが一部分で不安定となるため、移動には**車いす**が必要である。よって、外出する際は、**車いす**使用者でも使いやすい**広さ**と設備を備えた**多機能トイレ**の場所を確認する。

総合問題（総合問題3）

問題120　正解　5

Eさんに今後、引き起こされる可能性が高いと考えられる二次障害に関する設題である。

1 × 変形性股関節症は加齢に伴って発症する可能性が高く、長年の負担やケガが原因で股関節の軟骨が擦り減り、股関節の骨が**変形**する病気である。事例にはEさんの股関節に負担がかかっているような記述はみら**れない**。

2 × 廃用症候群（生活不活発病）はベッド上で寝て過ごす時間が長くなる等、過度に**安静**を保った生活を続けた結果、意欲・筋力・心肺機能の低下等、**心身**の機能が低下した状態を指す。Eさんは食事後、ベッドに横になる時があるものの、廃用症候群（生活不活発病）を引き起こすような長期間の**臥床**や運動不足は確認**できない**。

3 × 起立性低血圧では、臥位や座位の姿勢から急に**身体**を起こした時に**血圧**が下がって脳に十分な血液が運ばれず、**めまい**や**立ちくらみ**等の症状が発生する。Eさんは食事後、ベッドに横になる時があるものの、起立性低血圧を引き起こすような急な立ち上がりや起き上がりは確認**できない**。

4 × 脊柱側弯症は**背骨**が左右に異常に**曲がった**状態を指し、**先天性**（生まれつき）の背骨の異常や**外傷**等が原因で発症する。事例には脊柱側弯症を引き起こすような記述はみら**れない**。

5 ○ 頚椎症性脊髄症の場合、首の部分の脊椎である**頚椎**が加齢等によって変形することで神経が**圧迫**され、主に首、肩、手指にかけて**痛み**や**しびれ**が発生する。**首**を過度に前後に倒したり回したりすれば、頚椎症性脊髄症の発症リスクが**高ま**

るおそれがある。Ｅさんは、特に食事中、首の**不随意運動**（ふずいい）が強く、食事後は「首が痛い、しびれる」と訴えており、首に過度の**負担**がかかっている。よって、二次障害として、頚椎症性脊髄症が引き起こされる可能性が**高い**と考えられる。

問題121　正解　2

Ｅさんがお茶を飲む時の介護福祉職の対応に関する設題である。

1　×　吸い飲みはベッド上で**寝たきり**の状態にある人や**コップを使えない**人への水分補給の際に用いることが多い。Ｅさんは、すでに取っ手つきのコップを**使用**していること、「自分のことは**自分**でやりたい」と考えていることから、吸い飲みへの変更は適切で**はない**。

2　○　Ｅさんは、お茶を飲む時に**取っ手**つきのコップで飲んでいるが、コップを口元に**運ぶ**までにお茶がこぼれてしまう。よって、口元まで**コップ**を運ばなくても済むよう、**ストロー**つきコップに変更する。

3　×　事例には「コップを口元に運ぶまでにお茶がこぼれる」とある。にもかかわらず、重いコップに変更した場合、さらに**コップを運びにくくなり**、余計に**お茶をこぼしてしまう**ことが予測される。

4　×　事例には「取っ手つきのコップが持ちにくい」等の記載は**ない**ため、コップを**両手**で持つ必要はないと考えられる。また、コップを口元に運ぶまでにお茶がこぼれてしまうため、仮にコップを両手で持ったとしても、また運ぶ最中に**お茶がこぼれてしまう**可能性がある。

5　×　Ｅさんは、お茶をこぼしてしまうことがあるものの、取っ手つきのコップを使ってお茶を**自分**で飲んでいる。さらに日頃からＥさんは「**自分のことは自分でやりたい**」と考えている。よって、全介助で**はなく**、Ｅさんの**残存能力**を活用

しつつ、Ｅさんの**思い**を尊重した対応が求められる。

問題122　正解　3

Ｅさんが隣町の油絵教室に通うために利用するサービスに関する設題である。

1　×　自立生活援助では**障害者支援施設**や**共同生活援助**（グループホーム）等を退所し、**一人暮らし**を希望する者を対象に、定期的な訪問や随時の対応により自立した日常生活の実現に必要な支援を行う（障害者総合支援法第5条第16項）。Ｅさんは、特別支援学校の高等部を卒業後、すでに生活介護を利用しながら**自宅**で生活しているため、自立生活援助は該当**しない**。

2　×　療養介護では**医療**と**常時介護**が必要な**重度**の障害者に対し、主に昼間、**医療機関**において機能訓練や療養上の管理、看護、医学的管理下での介護等を行う（同法第5条第6項）。Ｅさんは、**生活介護**を利用しながら自宅で生活しているため、療養介護は該当**しない**。

3　○　障害者総合支援法における**地域生活支援事業**の中にある移動支援では、外出時に移動の支援が必要な障害者等に対し、**社会生活上必要な外出**のほか、**余暇活動**等の**社会参加**のための外出の際に、ヘルパーが付き添って移動の支援を行う（同法第5条第26項）。よって、Ｅさんが隣町の油絵教室に通うために利用するサービスとして、移動支援が**適切となる**。

4　×　自立訓練は、自立した日常生活や社会生活が送れるよう、一定期間、**身体機能**または**生活能力**の向上のために必要な訓練を行うもので、通所、宿泊、自宅への訪問による訓練がある（同法第5条第12項）。よって、Ｅさんが隣町の油絵教室に通うために利用するサービスとして、自立訓練は該当**しない**。

5 × 同行援護では**視覚障害**で移動に著しい困難を有する人に対し、移動に必要な情報を提供するとともに、移動の援助等の**外出**支援を行う（同法第5条第4項）。Eさんには**視覚障害**が**ない**ため、同行援護は該当**しない**。

総合問題（総合問題4）

問題123　正解　4

Fさんが自宅に帰った時の状態に関する設題である。

1 × 学習障害（LD）とは、全般的な知的発達の遅れはないが、聞く・話す・読む・書く・計算する・推論する能力のうち、**特定のもの**の習得と使用に著しい**困難**を示す状態である。よって、かみつきや頭突きをするFさんの状態は学習障害（LD）には該当**しない**と考えられる。

2 × 注意欠陥多動性障害（ADHD）は、①活動に集中できない**不注意**、②じっとしていられない**多動性**、③思いついたらすぐに行動する**衝動性**を特徴とする。よって、かみつきや頭突きをするFさんの状態は注意欠陥多動性障害（ADHD）には該当**しない**と考えられる。

3 × 高次脳機能障害の症状の1つに感情のコントロールができず、興奮して大声を出したり、攻撃的になったりする**社会的行動障害**がある。ただし、先天性（生まれつき）の脳の機能障害が原因と考えられている**自閉症スペクトラム障害**とは異なり、高次脳機能障害は脳卒中（脳血管障害）や**交通事故**等によって脳に損傷を受けて生じる。Fさんには脳に損傷を受けた既往歴はない。よって、かみつきや頭突きをするFさんの状態は高次脳機能障害による社会的行動障害には該当**しない**と考えられる。

4 ○ **自閉症スペクトラム障害**の症状の1つに強度行動障害がある。強度行動障害では自分で頭をたたく等の**自傷行為**、他の人へのかみつきや頭突き等の**他害行為**、物を壊す、強いこだわり等の症状がみられ、周囲の人々を困惑させる。よって、かみつきや頭突きをするFさんの状態は強度行動障害に該当**する**と考えられる。

5 × 気分障害は気分の変動によって日常生活に支障をきたす疾患の総称を指す。具体的には長期間にわたって気分が落ち込む**うつ状態**、過度に気持ちが高ぶる**躁状態**、その両方がある**双極性障害**が含まれる。Fさんは、そのような精神疾患に罹患して**いない**ため、Fさんの状態は気分障害には該当**しない**と考えられる。

問題124　正解　3

Fさんの姉への介護福祉職の対応に関する設題である。

1 × 「今は、弟を見捨てたようで、申し訳ない」と話す姉に対し、「これからもFさんのお世話をしっかり行ってください」と伝えることは、姉の思いを**受容**せず、むしろ姉を**責める**ような対応で**失礼**である。

2 × Fさんが障害者支援施設に入所することになった経緯は、からだが大きくなり、力も強くなったFさんの行動（かみつきや頭突き等）を姉と母親が止めることが困難となったからである。「Fさんは落ち着いていて、自傷他害行為があるように見えませんね」という発言は、こうした背景を**無視**し、これまでの姉や母親の苦労を**否定**することになる。

3 ○ 姉は「小学生の頃から、学校が終わると友だちと遊ばずにまっすぐ家に帰り、母親に代わって、弟の世話をしてきた」等と話している。これまでの姉の状況に理解を示すため、介護福祉職は「お

りをしてきたのですね」と**受容**する声か
けを行うことが大切である。また、姉の
言葉を**繰り返す**ことで、姉に対して、しっ
かりと**話を聴いている**ことを示すこと
もできる。

4 × 　姉は「今は、弟を見捨てたようで、
申し訳ない」と話しているが、月1、2
回は施設を訪ね、Fさんの世話をしてい
る。このことから姉は、今でもFさんの
ことを思い、**気にかけている**ことがうか
がえる。「訪問回数を減らしてはどうで
すか」という発言は、こうした姉の気持
ちに寄り添ったもの**ではなく**、むしろ**不
快**にさせる原因となる。

5 × 　Fさんが障害者支援施設に入所す
ることになった経緯は、からだが大きく
なり、力も強くなったFさんの行動（か
みつきや頭突き等）を姉と母親が止める
ことが困難となったからである。「施設
入所を後悔しているのですね。もう一度
在宅ケアを考えましょう」という発言は、
こうした背景を**理解せず**、姉や母親の思
いや決断を**否定**することになる。

問題125　正解　2

　Fさんの支援を修正する時に利用するサー
ビスに関する設題である。

1 × 　地域定着支援では、居宅で**一人暮
らし**を送る障害者に対して常時の連絡体
制の確保や緊急事態時の相談支援を行
う（障害者総合支援法第5条第21項）。
当面、Fさんが**障害者支援施設**で安定し
た生活を送れるように検討するため、地
域定着支援は該当し**ない**。

2 ○ 　計画相談支援では、施設入所支援
等の**障害福祉サービス**を利用する際に
必要な**サービス等利用計画**の作成やそ
の修正を行う（同法第5条第18項、第
22項、第23項）。事例には「当面、施
設で安定した生活を送れるように検討し

た」とあるため、これからもFさんは**障
害者支援施設**での生活を継続すること
がわかる。その際は、**施設入所支援**の
サービス等利用計画を修正する必要があ
る。よって、Fさんの支援を修正する際
に利用するサービスは計画相談支援とな
る。

3 × 　地域移行支援では、**障害者支援施
設**に入所している障害者や**精神科病院**
に入院している精神障害者に対して**住居**
の確保や**地域生活**に移行するための相
談支援を行う（同法第5条第20項）。
当面、Fさんが**障害者支援施設**で安定し
た生活を送れるように検討するため、地
域移行支援は該当し**ない**。

4 × 　障害者総合支援法において**基幹相
談支援センター**はあるが、「基幹相談支
援」という言葉は存在しない。基幹相談
支援センターでは身体障害・知的障害・
精神障害に関する**相談業務**や**成年後見
制度利用支援事業**を行っている（同法第
77条の2）。基幹相談支援センターは、
地域における**障害福祉**に関する総合的な
相談窓口ともいえるが、当面、**障害者支
援施設**で生活するFさんへの支援を**修
正**する際に利用するサービスとしては適
切で**はない**。

5 × 　基本相談支援では、障害者やその
家族等の相談に応じ、**情報提供**や**助言**
に加え、市町村や障害福祉サービス事業
者との**連絡調整**を行う（同法第5条第
19項）。ただし、**施設入所支援**等の障害
福祉サービスを利用するために必要とな
る**サービス等利用計画**を作成する計画
相談支援は**除かれる**。よって、Fさんの
支援を修正する際に利用するサービスと
して、基本相談支援は適切**とはいえない**。

第35回
（令和5年1月）

人間の尊厳と自立

問題1　正解　4

利用者の生活の質を高めるための介護実践についての設題である。

1　×　日常生活動作（ADL：Activities of Daily Living）は、日常生活を送るために必要な日常的な動作（食事、更衣、排泄、整容、入浴、移動など）である。これらは生活の質（QOL）と深くつながるものであり、その向上を図ることは有意義であるが、QOLは身体的な要素だけでなく**精神**的要素、**社会**的要素、**経済**的要素などが影響し合うものであることから、ADLの向上がQOLを高めるために必須であるとはいえない。

2　×　利用者の主観的評価では、**介護福祉職**の意向を重視するのではなく、**利用者自身**の思いや意向を尊重することが大切である。

3　×　利用者のQOLを高める介護実践は、**家族**のニーズでなく**利用者**のニーズに応じて行う。ただし、**家族**のニーズを踏まえることは必要である。

4　○　福祉用具は、QOLを高めるために大きな役割を果たす。活用については、**利用者**の希望を聞いた上で、**相談**しながら進めることが原則である。

5　×　価値の基準は人によって**異なる**ものであり、QOLを高めるための介護実践では、利用者**一人ひとり**に応じたものを用いる。

問題2　正解　3

同行援護の利用者に対する介護福祉職の対応についての設題である。

1　×　合唱コンクールへの参加を諦めるように話すことは、Aさんの希望を**尊重**しない**不適切**な対応である。

2　×　合唱サークルの仲間に移動の支援を依頼することは、同行援護を担当する介護福祉職として**不適切**である。また、Aさんに対して仲間に依頼するように伝えることは、Aさんの気持ちに寄り添っていない**不適切**な対応である。

3　○　Aさんと**一緒**に交通経路や会場内の状況を確認することは、当日の安全確認のみならず、Aさんの**不安**な気持ちに寄り添った**適切**な対応である。

4　×　合唱コンクールへの参加は成人であるAさんの希望が**優先**されるものであり、母親に判断してもらうように促すことは**不適切**な対応である。

5　×　日常生活自立支援事業は社会福祉協議会が行うもので、**判断能力**が不十分な人（**認知症**高齢者、**知的障害者**、**精神障害者**など）に対して、さまざまな手続きや契約、**預金**の出し入れ、年金や預金通帳の管理などのサポートを行う。Aさんは日常生活自立支援事業の対象者に該当**しない**。

人間関係とコミュニケーション

問題3　正解　2

ストレス対処行動のうち、問題焦点型コーピングに関する設題である。

ストレスコーピングは一般に、大きく、①問題焦点型、②情動焦点型、③ストレス解消型の3つに分類される。

1　×　趣味の活動をして気分転換することは**ストレス解消型コーピング**であり、ストレスを感じた後に、そのストレスを

発散して気分をリセットすることでストレスを軽減させる方法である。

2 ○ トラブルの原因に働きかけて解決しようとする行動は、**問題焦点型**コーピングに当てはまる。ストレスの原因（**ストレッサー**）となっている人間関係や環境に直接アプローチし、問題を**根本的**に解決する方法である。

3 × 運動して身体を動かしストレスを発散することは、**ストレス解消型**コーピングである。

4 × 好きな音楽を聴いてリラックスすることは、**ストレス解消型**コーピングである。

5 × 「トラブルも良い経験だ」と自己の意味づけを変える行動は、**情動焦点型**コーピングに含まれる**認知的再評価型**コーピングである。平易に言えばいわゆるポジティブシンキングで、ストレッサーを前向きにとらえることでストレスの軽減を図る方法である。

問題4 正解 3

利用者との信頼関係の形成における介護福祉職の対応についての設題である。

1 × 信頼関係（**ラポール**）を形成するためには、**自発**的な関わりを持つことが必要である。

2 × C介護福祉職が真正面に座る「対面型」をとると、Bさんを**緊張**させてしまう可能性がある。Bさんとはこの日が**初対面**であることからも適切な対応とは**いえない**。

3 ○ C介護福祉職が自分から進んで自己紹介をすることによって、Bさんは**安心**し、施設での新しい生活を**受け入れる**ことにつながっていく。

4 × 人と人との間には安心して対することができる**パーソナルスペース**がある。終始、手を握りながら話をすることは、Bさんの安心感につながる可能性も

あるが、**初対面**で急速に距離を縮めようとすることは、信頼関係を築く上で適切で**あるとはいえない**。

5 × Bさんは80歳の女性で世間一般からみれば「**おばあちゃん**」だが、C介護福祉職の祖母ではない。孫のような口調で語りかけることは、親しみを込めたつもりであってもBさんにとって**失礼**であり、また、**混乱**を招きかねないことからも適切な対応とは**いえない**。

問題5 正解 4

PDCAサイクルのアクション（Action）に関する設題である。

PDCAサイクルとは、Plan（**計画**）→ Do（**実行**）→ Check（**評価**）→ Action（**改善**）を繰り返すことで**課題**を洗い出し、継続的な業務改善を図る手法である。

1 × 寄せられた苦情は**違法駐車**に関するものであり、騒音については言及されていない。

2 × 苦情を寄せた住民に話を聞きに行くことは、「現状の分析」であり、**Plan**（**計画**）に当たる。

3 × 夏祭りの感想を利用者から聞くことは、**Check**（**評価**）に当たる。

4 ○ 来客者用の駐車スペースを確保することは、**Action**（**改善**）に当たる。

5 × 事前に周辺の交通量を調べることは、**Plan**（**計画**）に当たる。

問題6 正解 3

介護福祉職に対して行うOJTに関する設題である。

OJT（On The Job Training）は職務を通じた教育訓練を意味する。

1 × 専門書の購入を勧めることは職務を通じた教育訓練**ではなく**、OJTとして適切で**はない**。

2 × 外部研修の受講は職務を**離れた**教育訓練であり、**Off-JT（Off The**

Job Training）である。

3 ○　先輩職員が移乗の介護に**同行して**行う指導は、**OJT** として最も適切である。

4 ×　職場外の専門家に相談することは職務を通じた教育訓練で**はなく**、OJT として適切で**はない**。

5 ×　苦手な業務をサポートすることも**教育**であり、控えるように指示することは OJT として適切で**はない**。

●介護福祉職に対して行う OJT と Off-JT の長所・短所

	長所	短所
OJT	・学びと仕事の**ずれ**が小さい ・**即戦力**を育てられる ・特別な**費用**がかからない	・**体系的・網羅的**に学べない ・指導者によって内容にばらつきが生じる ・**指導者の負担**が大きい
Off-JT	・**体系的・網羅的**に学べる ・**一斉**に、集中して行える ・通信教育や e-ラーニングでも行える	・テキストなど**費用**がかかる ・そのためだけの**時間**がとりにくい ・**実践**とのずれが生じやすい

社会の理解

問題7　正解　5

社会福祉法に基づく、自治体において地域福祉の推進を図ることを目的とする団体に関する設題である。

1 ×　特定非営利活動法人（NPO 法人）は、NPO のうち、**特定非営利活動促進法**に基づいて法人格を取得した法人である。

2 ×　隣保館は、**社会福祉法**（第2条第3項第11号）に基づく隣保事業を実施する施設で、特に**福祉的配慮**を要する地域住民を対象に、無料または低額な料金で**福祉サービス**を提供し、住民の生活の改善及び向上を図るための各種の事業を行う。

3 ×　地域包括支援センターは、**介護保険法**（第115条の46）に基づき**市町村**が設置するもので、地域住民の心身の健康の保持及び生活の安定のために必要な援助を行うことにより、その保健医療の向上及び福祉の増進を**包括的**に支援することを目的としている。

4 ×　基幹相談支援センターは、**障害者総合支援法**（第77条の2）に基づき**市町村**が設置できるとされるもので、地域の相談支援の拠点として総合的な相談業務（身体障害・知的障害・精神障害）及び**成年後見制度**利用支援事業などを実施している。

5 ○　社会福祉協議会は、**営利を目的**としない民間組織で、**社会福祉法**（第109条、第110条、第111条）において「**地域福祉の推進**を図ることを目的とする団体」として位置づけられている。

問題8　正解　5

人と人、人と社会とがつながり、地域や社会を創るという考え方に関する設題である。

1 ×　ナショナルミニマムは、国が**憲法**第25条に基づき全国民に対し保障する「健康で文化的な**最低限度の生活**」水準である。

2 ×　バリアフリー社会は、**多様な人**が**社会**に参加する上で障壁（バリア）となるものが取り除かれた（フリー）社会を意味する。

3 ×　介護の社会化とは、高齢者の介護を家庭内（**家族**）だけではなく、**社会全体**で担っていくという考え方である。

4 ×　生涯現役社会とは、意欲と能力を持つ高齢者を**社会資源**とみなして活用する社会をいう。

5 ○　地域共生社会は、制度や分野ごとの**縦割り**や、支え手・受け手という関係を超えて、地域住民や地域の多様な主

体が**我が事**として参画し、人と人、人と資源が世代や分野を超えて**丸ごと**つながることで、住民一人ひとりの暮らしと**生きがい**、地域をともに創っていく社会をいう。

問題9　正解　2

「社会保障制度に関する勧告」（1950年）に関する設題である。

1　×，2　○，3　×，4　×，5　×

1950（昭和25）年に社会保障制度審議会が出した「社会保障制度に関する勧告」は、**憲法**第25条の意義を具体化し、わが国で初めて**社会保障**の体系づけを行ったもので、一般に「1950年勧告」と呼ばれることもある。

日本国憲法（昭和21年）第25条
第1項　すべて国民は、健康で文化的な**最低限度**の生活を営む権利を有する。
第2項　国は、すべての生活部面について、社会福祉、**社会保障**及び公衆衛生の向上及び増進に努めなければならない。

この勧告をもとに、わが国の社会保障は、**社会保険、公的扶助、社会福祉、保健医療・公衆衛生**の4部門から成り立つものとなった。

問題10　正解　1

要介護認定区分変更の申請に関する設題である。

1　○　介護老人福祉施設（特別養護老人ホーム）は、原則として要介護3以上の者を対象としている。現在、Eさんは要介護2であるが、認知症が進行したことから、区分変更により要介護度が上がれば、介護老人福祉施設への入所を申し込むことができる。家族が区分の変

更を申請する場合は、介護保険の**保険者（市町村）**に申請する（介護保険法第29条第1項）。

2　×　後期高齢者医療広域連合は、**75歳以上**の高齢者を対象とした後期高齢者医療制度の運営主体で、**都道府県**単位の特別地方公共団体である（高齢者の医療の確保に関する法律第48条）。

3　×　介護保険審査会は、**保険者（市町村）**が行った介護保険における保険給付や要介護（要支援）認定などに係る**行政処分**に対する不服申立て（**審査請求**）の審理・裁決を行う第三者機関で、**各都道府県**に設置されている（介護保険法第184条）。

4　×　国民健康保険団体連合会は、**国民健康保険**の保険者（都道府県、市町村及び国民健康保険組合）が共同して国民健康保険事業を健全に運営するために、**国民健康保険法**に基づいて設置された公法人である（同法第83条第1項）。

5　×　運営適正化委員会は、福祉サービスについての利用者等からの**苦情**の適切な解決に努めるために設置された公正・中立な第三者機関で、**社会福祉法**に規定されている（同法第83条）。

問題11　正解　4

聴覚障害者への合理的配慮に関する設題である。

1　×　試験は**筆記**によるものであるため、聴覚障害のあるFさんに対して受験時間を延長することは、合理的配慮として適切で**はない**。

2　×　Fさんには**視覚障害**があるという記載はないため、試験問題の文字の拡大は合理的配慮として適切で**はない**。

3　×　テキストの持ち込みを許可することは、合理的配慮**とはいえない**。

4　○　Fさんは試験監督者が**口頭**で説明する内容を聞き取ることができないた

め、内容を書面にして渡すことは、合理的配慮として適切で**ある**。

5　×　Fさんは視覚ではなく聴覚に障害があるため、問題を読み上げることは、合理的配慮として適切で**はない**。

問題12　正解　4
障害者基本法の改正（平成23年）で新たに法律上に規定されたものに関する設題である。

1　×　自立支援医療（精神通院医療）は、**精神障害者福祉法**第5条に規定する者に対し、その通院医療に係る自立支援医療費の支給を行う（障害者総合支援法第5条第24項、第52条）もので、2006（平成18）年に開始された。

2　×　共同生活援助（グループホーム）は、**障害者総合支援法**第5条第1項に規定された障害福祉サービスのひとつで、2006（平成18）年に制度化された。

3　×　成年後見制度は、1999（平成11）年の**民法**改正により従来の**禁治産**制度に代わって制定され、翌年、**介護保険**制度と同時にスタートした。2016（平成28）年には「成年後見制度の利用の促進に関する法律」が制定された。

4　○　2011（平成23）年に改正された**障害者基本法**では、「**社会的障壁**」を法律上に新たに規定し（同法第2条第2項）、「障害がある者にとって**日常生活又は社会生活**を営む上で障壁となるような**社会**における事物、制度、慣行、観念その他一切のもの」と定義した。

5　×　東京2020パラリンピック競技大会は、2015（平成27）年に成立した「令和3年**東京オリンピック競技大会・東京パラリンピック競技大会**特別措置法」に規定された。

問題13　正解　1
「障害者総合支援法」の介護給付の利用手続きに関する設題である。

1　○　障害者総合支援法の介護給付を利用するとき、利用者は最初に市町村に**支給申請**の手続きを行う。

2　×　認定調査は、認定調査員が自宅などへ訪問し、心身の状況について本人や家族などから聴き取りながら、80項目の**基本調査**、**勘案事項**調査などを行う。

3　×　基本調査に基づきコンピュータによる一次判定を経た後、**医師の意見書**と勘案事項調査を元に、**審査会**を開催し、二次判定が行われる。

4　×　審査会の審査により、**障害支援区分**が判定（認定）される。

5　×　障害支援区分の認定が終わると、申請者への結果の通知→サービス利用意向の聴取→**サービス等利用計画案**の提出・勘案→**支給決定**と進む。その後、サービス担当者会議を開催して**サービス等利用計画**が作成され、利用者と事業者が**契約**を結びサービスが提供される。

●利用手続きのおおまかな流れ

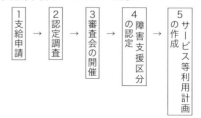

問題14　正解　2
「障害者総合支援法」の居宅介護の利用者負担に関する設題である。

1　×，2　○，3　×，4　×，5　×
利用者は原則として利用したサービス費用の1割を負担するが、所得段階に応じた**負担限度額**が設定されており、**生活保護受給**世帯や**市町村民税非課税**世帯では負担はない。したがって、考え方としては選択肢2の「利用者の**負担能力**に応じて負担する」が最も適切である。

問題15　正解　4

「個人情報保護法」に基づくプライバシー保護に関する設題である。

1　✕　電磁的記録は、個人情報に**含まれる**。電磁的記録とは、電磁的方式（電子的方式、磁気的方式その他人の**知覚**によっては認識することができない方式）で作られる記録をいう（個人情報保護法第2条第1項）。

2　✕　個人識別符号は、同法第2条第2項に定義された**個人情報**である。具体的には、指紋、DNA、顔の骨格などの身体の特徴データや、**マイナンバー**、パスポート、運転免許証の番号など、個々人に対して割り当てられる**公的な番号**が該当する。

3　✕　個人情報保護法を踏まえた「医療・介護関係事業者における個人情報の適切な取扱いのためのガイダンス」（厚生労働省）によれば、学生の実習への協力は、介護事業者の通常の業務で想定される利用目的に含まれ**ている**。よって、施設が事前にこの項目を施設内掲示等で公表している場合には、施設職員が実習生に利用者の生活歴などを教えることが**できる**。

4　〇　個人情報を第三者に提供するときは、原則として**本人の同意**が必要である（同法第27条第1項）。なお、2022（令和4）年の改正法施行により、第三者提供記録が本人による**開示請求**の対象となった。

5　✕　非営利の活動を行っている団体であっても、個人情報データベース等を利用している場合は、**個人情報取扱事業者**に該当し得る（NPO法人、**自治会**、町内会、同窓会、PTAのほか、サークルやマンション管理組合など）。したがって、自治会の長が**本人の同意**を得ずに個人情報を入手することはできない。

問題16　正解　4

「高齢者虐待防止法」に関する設題である。

1　✕　高齢者虐待防止法に規定される高齢者虐待は、養護者による虐待（**家庭**）、養介護施設従事者等による虐待（**施設**）の2つである（同法第2条第3項）。

2　✕　同法第2条第1項において、この法律における高齢者は、65歳以上の者とされている。よって、**すべての65歳以上の者への虐待が対象**となるため、介護保険制度の施設サービス利用者に限定されて**はいない**。

3　✕　**緊急やむを得ない**場合を除き、身体を拘束し、自分で動くことを制限することは身体拘束に当たる。徘徊しないように車いすに固定することは、**緊急やむを得ない**場合とはいえず、身体拘束に当たる。

4　〇　養介護施設従事者等は、養介護施設従事者等による高齢者虐待を受けたと思われる高齢者を発見した場合は、速やかに**市町村**に通報**しなければならない**（同法第21条）。

5　✕　虐待の認定は、**市町村**が行う（同法第9条、第24条）。

問題17　正解　1

発達障害の男性に対する介護福祉職の助言についての設題である。

1　〇　Gさんの母親は65歳で、介護保険の第1号被保険者であることから、地域包括支援センターで**介護保険サービス**の情報を得ることを勧めることは最も適切な対応で**ある**。

2　✕　Gさんが正規雇用を望んでいるという記載や経済的に困窮しているという訴え**もない**ため、正規に雇用されるようにハローワークに相談に行くことを勧めることは適切で**はない**。

3　✕　Gさんは発達障害と診断されてい

るものの、母親の介護やアルバイトを続けることができている。家庭生活や社会生活に著しい障害が生じているわけで**は**ないため、現段階で、新たにクリニックで治療を受けることを勧めることは適切で**はない**。

4　×　Gさんはこれからも母親と二人で暮らし続けたいと考えているため、母親に介護老人福祉施設を紹介することは適切で**はない**。また、介護老人福祉施設は原則として要介護3以上の者を対象としているが、母親の要介護度についての情報はない。

5　× 精神科病院への入院は**医師**が判断するものであり、介護福祉職が勧めることは適切で**はない**。

問題18　正解　1
「生活困窮者自立支援法」に関する設題である。

1　○ 生活困窮者自立支援法の対象となる**生活困窮者**とは、就労の状況、心身の状況、地域社会との関係性その他の事情により、**現**に経済的に困窮し、**最低限度**の生活を維持することができなくなる恐れのある者をいう（第3条第1項）。

2　× 就労自立給付金は**生活保護法**に規定されるもので、被保護者が安定した職業に就いたことその他の事由により保護を必要としなくなったと認めたものに対して支給される（生活保護法第55条の4第1項）。

3　× 生活困窮者自立支援法には、医療費の支給に関する規定**はない**。

4　× 子どもへの学習支援は、「子供の学習・生活支援事業」として行われる**任意**事業である（生活困窮者自立支援法第7条第2項第2号）。

5　× 生活困窮者自立支援制度は、**社会保険**制度や**労働保険**制度など（第1のセーフティーネット）と**生活保護**（第3のセーフティーネット）との間において、生活保護に至る前の段階から早期に支援を行う第2の**セーフティーネット**と位置づけられている。

こころとからだのしくみ

問題19　正解　4
ライチャードによる老齢期の性格類型に関する設題である。

1　× 自責型は、過去の失敗や失望を振り返って、自分自身を**責める**傾向にある。**不幸感**が増してくるので、事例に相当し**ない**。

2　× 防衛型は、老化への不安を活動することで**自己防衛**する傾向にある。事例には相当**しない**。

3　× 憤慨型は、自分の過去や老化を受け入れず、その失望を**他人のせい**にする傾向がある。事例には相当**しない**。

4　○ 円熟型は、老化をありのままに受け入れ、**社会参加**や建設的に暮らすようにしている。事例に相当**する**。

5　× 依存型は、老化や自分の現状を受け入れているが、他人に**依存**して受け身的な傾向がある。事例に相当**しない**。

問題20　正解　1
大脳の後頭葉にある機能局在に関する設題である。第32回問題98の図も参照。

1　○ 視覚野は、**後頭葉**にある。

2　× 聴覚野は、**側頭葉**にある。

3　× 運動野は、**前頭葉**にある。

4　× 体性感覚野は、**頭頂葉**にある。

5　× 感覚性言語野（ウェルニッケ野）は、**側頭葉**にある。

問題21　正解　3
立位姿勢を維持するための筋肉（抗重力筋）に関する設題である。

1 × 上腕二頭筋は、上腕部の前面にあり、**肘関節**の屈曲を主動する筋肉である。

2 × 大胸筋は、前胸部から上腕にかけてあり、物を胸の前に抱きかかえるなど、上腕を**胸部**に近づける時に働く。

3 ○ 大腿四頭筋は、大腿の前面にあり、膝を伸展する時に働くので、**立位を維持するための筋肉（抗重力筋）**である。**抗重力筋**は、体の前側には、頸部屈筋、腹直筋、腸腰筋、大腿四頭筋、前脛骨筋、体の背部には、脊柱起立筋、大殿筋、ハムストリングス、下腿三頭筋がある。

4 × 僧帽筋は、脊柱から肩にかけてあり、**肩**をすくめたり、**胸**を張ったりする時に働く。

5 × 三角筋は、肩を被うようにあり、上腕を**横**に上げる（外転）時に働く。

問題22　正解　1

　廃用症候群に関する設題である。廃用症候群は、生活不活発病ともいい、活動の低下や不活動によって身体や精神に起こる悪影響をいう。

1 ○ うつ状態は、**廃用症候群**である。

2 × 高血圧は、**生活習慣病**に属する。

3 × 関節炎は、原因が多岐にわたる関節の炎症を示す総称で、廃用症候群で**はない**。

4 × 徘徊は、**認知症**のある人の心理行動症状で、廃用症候群で**はない**。

5 × 下痢は、原因が多岐にわたる**消化管**の症状で、廃用症候群で**はない**。

問題23　正解　4

　褥瘡の好発部位に関する設題である。

1 × 側頭部は、**骨の突出**部がないため、褥瘡はでき**にくい**。

2 × 頸部は、体重に**圧迫されにくい**部分のため、褥瘡はでき**にくい**。

3 × 腹部には、**骨の突出**部がないため、褥瘡はでき**にくい**。

4 ○ 仙骨部は、臀部にあり、仰臥位で褥瘡が最も発症し**やすい**。

5 × 足趾部とは、足の**指**の部分であり、褥瘡はでき**にくい**。

問題24　正解　3

　口臭の原因に関する設題である。

1 × 唾液は、**自浄作用**等があり、増加することで口臭は発生し**にくい**。

2 × 義歯の装着は、口臭の原因と**はならない**。しかし、義歯の汚れが落ちていないと口臭の原因に**なる**。

3 ○ 歯周病は、歯周ポケットに**細菌**が入り、代謝の過程で**悪臭**を産生する。それが**口臭**となる。

4 × 顎関節症は、咀嚼筋の痛み、顎関節雑音、開口障害等があり、口臭と関係が**ない**。

5 × 低栄養状態は、口臭の原因で**はない**。

問題25　正解　2

　誤嚥予防のための対応に関する設題である。

1 × まず、食事の**姿勢**を直すことが第一選択なので、今の状態では、食事回数の調整は**必要ない**。

2 ○ 車いすよりずり落ちて、首が**後屈**になることで、誤嚥をしやすい体位となっている。車いすでの座位姿勢が、首が**前屈**になるように調整することが必要となる。

3 × 使用食器の変更が生じる状況は、誤嚥予防よりも、食べ物をうまくすくえない時等食事**動作**に関連する場合である。

4 × 誤嚥予防として、食事**形態**を工夫することが必要になってくる。今の状態では、食事の量の調整は**必要ない**。

5 × 誤嚥予防と食事場所を変更することは、直接的に関係が**ない**。

第35回

問題26　正解　5

誤嚥しやすい高齢者の脱水予防のために確認することに関する設題である。

1　×　義歯の装着状態は、**咀嚼状態**の確認に必要である。脱水予防の確認には関連し**にくい**。

2　×　上肢の関節可動域は、脱水予防の確認には関連し**ない**。

3　×　睡眠時間は、脱水予防の確認に関連し**ない**。脱水による**せん妄**の場合は、睡眠状態の確認が必要である。

4　×　夜間の咳込みは、脱水予防の確認には関連し**ない**。

5　○　摂取している水分の形状は、誤嚥との関連が**ある**。サラサラした液体だと、**むせたり誤嚥**しやすい。

問題27　正解　5

上行結腸の次に内容物（便）が通過する部位に関する設題である。

1　×　S状結腸を便が通過するのは、大腸の部位である上行結腸、**横行結腸**、**下行結腸**の次である。

2　×　回腸は、**小腸**の部位で、上行結腸の**前**に便が通過する。

3　×　直腸は、**S状結腸**の次に便が通過する部位である。

4　×　下行結腸は、**上行結腸**、**横行結腸**の次に便が通過する部位である。

5　○　横行結腸は、**上行結腸**の次に便が通過する。

　　回腸（小腸）→上行結腸→横行結腸→下行結腸→S状結腸→直腸

問題28　正解　2

高齢者の睡眠薬の使用に関する設題である。

1　×　睡眠薬を服用することにより、**依存性**が生じることもある。

2　○　高齢者は、肝臓や腎臓の代謝能力が**低下**するため、睡眠薬が翌朝まで残る

ことがある。

3　×　睡眠薬の多くが、服用後すぐに効果が表れるため、**寝る前**に服用する。

4　×　アルコールと睡眠薬と併用すると、催眠作用が**強くなる**。

5　×　睡眠薬の服用により、眠気やふらつき等が生じて転倒の原因に**なる**。

問題29　正解　2

大切な人を亡くした後の家族などの精神的・身体的反応に関する設題である。

1　×　認知症は、**脳の病気や障害**によって認知機能が低下し、**日常生活**に支障が出てくる状態をいう。

2　○　グリーフとは、**悲嘆**を意味する。大切な人を亡くした時の悲嘆を緩和するケアを、**グリーフケア**という。

3　×　リビングウィルとは、利用者が、死期が間近に迫った人生の**最終段階**で、**延命治療**の希望の有無を、判断能力が十分なうちに主治医や家族に示す意思のことをいう。

4　×　スピリチュアルとは、霊的な、**宗教**的な、**精神**的な、という意味である。福祉・医療では、利用者が、終末期に、**死や死後**を考えるなかで感じる空虚感などの苦痛を、スピリチュアルペインとよび、そのケアが重要視されている。

5　×　パニック障害とは、突然**理由もなく**パニック発作（動悸やめまい、発汗、窒息感、手足の震え等）を起こし、そのために生活に支障が出る状態をいう。

問題30　正解　5

死が近づいている時の身体に関する設題である。

1　×　瞳孔は、生理的に光があると**縮小**し（対光反射）、光がないと**散大**する。死の3大兆候（亡くなった時の状態）の一つとして、瞳孔の**散大**（対光反射の消失）がある。

2 × 筋肉の硬直は、死に近づいている時は、**あまり目立たない**。**死後の体の変化**として、見られる現象である。

3 × 発汗は**みられない**。飲水は**少なく**、体温も代謝も**低下**している。

4 × 結膜の充血は**しない**。死に近づくにつれ循環が**低下**するため、末梢への血管に血液が行き渡り**にくくなる**。

5 ○ 喘鳴は、**死前喘鳴**ともいわれ、**死が近づいている**時に喉の奥に分泌物が溜り、自分で出せないので、ゼロゼロなどの音を発しながら**呼吸**することである。

発達と老化の理解

問題31 正解 4

乳幼児の事例で信頼できる大人との関係性の行動に関する設題である。

1 × 自己中心性は、わがままということでなく、幼児期に**乳児自身**の視点を中心に見て理解していることをいう。他者の視点に立つことが難しく、他者も同じように見えていると思っている。

2 × 愛着理論は、ボウルビィが唱えた理論で、養育者と接触者との関係の快さが**情緒の安定**や養育者との関係性を形成し、後の社会性の発達に影響を及ぼすという理論である。

3 × 向社会的行動とは、**相手のために**思いやって行う行動をいう。

4 ○ 社会的参照とは、**1歳頃**に事例のような**視覚的**な戸惑いや経験のない状況があった時に、信頼できる大人の**表情や反応**をみて、行動を決めることができることをいう。

5 × 原始反射は、乳児にみられる刺激に対して**意思**とは関係なく引き起こされる反射行動で、吸啜反射やモロー反射などがある。生命を維持したり、危険を回避したりするために、生まれつき備わ

っており、生後より**3、4か月**頃まで続く。

問題32 正解 5

コールバーグによる道徳性判断のうち、最も高い段階を示すものに関する設題である。コールバーグの道徳性判断には、**3水準6段階**の発達段階がある。

1 × 権威に服従することは、水準1の前慣習的水準の中の第1段階の**罰と服従**志向である。

2 × 罰を回避することは、水準1の前慣習的水準の中の第1段階の**罰と服従**志向である。

3 × 多数意見を重視して判断することは、水準2の慣習的水準の中の第3段階の**対人関係の調和**あるいは「**良い子**」志向である。

4 × 損得で判断することは、水準1の前習慣的水準の中の第2段階の**道具的相対的主義者**志向である。

5 ○ 人間の権利や平等性などの倫理に従って判断することは、水準3の脱慣習的水準の中の第6段階の**普遍的な倫理観原理**志向の段階である。最も**高い発達**段階で、達しにくい段階といわれている。

問題33 正解 1

標準的な発育をしている子供の体重が出生時の約2倍になる時期に関する設題である。厚生労働省が実施している乳幼児身体発育調査（平成22年調査）による平均体重は以下のようになる。

1 ○ 生後3ヶ月～4ヶ月では、男児**6.63kg**、女児**6.16kg**である。出生時は男児**2.98kg**、女児**2.91**kgであるので、生後3ヶ月は約2倍の体重となる。

2 × 生後6ヶ月～7ヶ月では、男児**8.01kg**、女児**7.52kg**である。

3 × 生後9ヶ月～10ヶ月では、男児**8.73kg**、女児**8.20kg**である。

4 × 1歳では、男児**9.28**kg、女児

8.71kg であり、出生時の約 3 倍となる。
5　×　2 歳では、男児 **12.03**kg、女児 **11.39**kg である。

問題 34　正解　2

ストローブとシュトによる悲嘆モデルの死別へのコーピング（喪失志向と回復志向）の中で喪失志向のコーピングに関する設題である。コーピングとは、**ストレス**を評価し、対処しようとすることを意味する。
1　×　しばらく連絡していなかった旧友と交流を深めることは、**回復志向**のコーピングである。
2　○　悲しい気持ちを語ることは、**喪失志向**のコーピングである。
3　×　新たにサークル活動に参加を申し込むことは、**回復志向**のコーピングである。
4　×　ボランティア活動に励むことは、**回復志向**のコーピングである。
5　×　新しい生活に慣れようとすることは、**回復志向**のコーピングである。

問題 35　正解　5

加齢の影響を受けにくい認知機能に関する設題である。
1　×　エピソード記憶は、個人的な経験の記憶であり、加齢により低下し**やすい**。
2　×　作業記憶は、ワーキングメモリーといい、特定の作業を完了するまでの**短期間**しか保存されない記憶である。加齢により低下**する**。
3　×　選択的注意とは、複数の情報の中から、選択的に注意を向けることをいう。加齢により低下**する**。
4　×　流動性知能は、その場で新しい問題を**解決**する能力をいう。加齢により低下**する**。
5　○　意味記憶は、言葉の意味や様々な知識の記憶で、全般的には、加齢により低下し**にくい**。

問題 36　正解　3

高齢期の腎・泌尿器系の状態や変化に関する設題である。
1　×　高齢期では、免疫機能の低下により**尿路感染症**を起こしやすくなる。
2　×　**腎盂腎炎**の症状として、発熱、患側腰部の痛み、尿の混濁はあるが、頭痛はみられない。
3　○　高齢期では、尿の濃縮力の**低下**により、尿回数が**増加**することがある。
4　×　**前立腺肥大症**で起こるのは、排尿困難、残尿感などであり、尿道の痛みは起こらない。
5　×　高齢になると、薬物の排泄能力は**低下**するので、排泄される時間は**長く**なる。

問題 37　正解　2

老年期の変形性膝関節症に関する設題である。
1　×　変形は、**内反型（O 脚）**になることが多い。
2　○　**女性**の方が**男性**よりも 1.5 〜 2 倍高いといわれている。
3　×　患部は、**温める**ほうが良い。
4　×　長時間の正座は、膝関節の**負担**になる。
5　×　肥満のある人に積極的に階段を利用することを勧めると、膝関節の負担が増し**悪化**することがある。

問題 38　正解　5

高齢者の脱水に関する設題である。
1　×　高齢者は、感覚機能の**低下**により若年者よりも口渇感を感じ**にくい**。
2　×　高齢者は、細胞内の水分量が**減って**しまうので、体内水分量は若年者よりも**少ない**。
3　×　高齢になると血圧を調整するはたらきが**低下**するので、起立時に血圧が**下がる**ことがある。

4 × 下痢は、高齢者の**脱水**の原因の一つで、**頻繁**におこる。

5 ○ 脱水は、体内の水分量が**減る**ため、体重が**減る**。

認知症の理解

問題39 正解 2

認知症施策推進大綱の5つの柱に関する設題である。

①普及啓発・本人発信支援、②予防、③医療・ケア・介護サービス・介護者への支援、④認知症バリアフリーの推進等、⑤研究開発・産業促進・国際展開を5つの柱としている。

1 × 市民後見人の活動推進への体制整備は、**認知症施策推進総合戦略（新オレンジプラン）**において進められた。

2 ○ 上記①を参照。

3 × 若年性認知症支援ハンドブックの配布は、**認知症施策推進総合戦略（新オレンジプラン）**で行われた。

4 × 認知症初期集中支援チームの設置は、**認知症施策推進総合戦略（新オレンジプラン）**において始められた。

5 × 認知症カフェ等の全市町村への普及は、**認知症施策推進総合戦略（新オレンジプラン）**において進められた。

問題40 正解 1

見当識障害に関する質問についての設題である。選択肢1〜5は、質問式認知症評価における内容となっている。

1 ○ 「どこですか」は、場所を表す。**見当識障害**は、場所・物・人物がわからなくなるという状態をいう。質問内容は、質問式認知症評価におけるHDS－R；長谷川式認知症スケール、MMSE；ミニメンタルステート検査にある。

2 × 「100から7を引いてください」は、

計算問題である。HDS－R、MMSEの質問内容である。

3 × 覚えた言葉をもう一度復唱するのは、**短期記憶**を試すものである。HDS－R、MMSEの質問内容である。

4 × 図形を写す質問は、MMSEの質問項目で**動作性**の認知機能を試す。

5 × 折り紙の折り方を指定して渡すことは、聞いた**言葉**を理解したうえで**動作**を行うという高度な内容である。MMSEの質問項目である。

問題41 正解 2

アルツハイマー型認知症のもの盗られ妄想に関する設題である。

1 × 説明をすれば自身の考え方の誤りに気づくことができるのは、認知機能が**良い**状態である。

2 ○ もの盗られ妄想は、本人の**不安**から生じることが多い。

3 × 現実に存在しない人が犯人とされることの幻覚については、**精神病性・心因性・薬理性**等にみられることがある。

4 × 主に幻視が原因であるものは、**レビー小体型認知症**にみられる。

5 × 抗精神病薬が有効なのは、**幻覚**や**易怒性**や**過活動**などの時である。

問題42 正解 3

慢性硬膜下血腫に関する設題である。

1 × 慢性硬膜下血腫では、ふらつく、片麻痺の状態で**運動機能障害**のようになることがある。

2 × 慢性硬膜下血腫では、頭蓋骨骨折にまで至ること**はない**。

3 ○ 抗凝固薬は、血液を**サラサラ**にして血が止まりにくい状態になるため慢性硬膜下血腫の発症や悪化の**原因**となり、使用は**リスク**となる。

4 × 転倒後、**数週間後**にぼーっとしたり、ふらついたりするなどの症状があら

われる。

5　×　血液を抜く手術を受けることが第一選択である。

問題43　正解　4

アルツハイマー型認知症であり、一人暮らしで訪問介護を利用している人への訪問介護員の対応に関する設題である。

1　×　家庭裁判所が受付窓口となるのは、**成年後見人**の申込みなどである。日常生活自立支援事業の申込み受付窓口は、市町村の**社会福祉協議会**である。

2　×　年金の振込口座の名義を、息子の名義にすることは**できない**。

3　×　利用を希望する本人が契約内容を理解できない場合は、本事業を利用**できない**。

4　○　日常生活自立支援事業は、①福祉サービスの利用援助、②**日常的金銭管理**（公共料金・年金・医療費・預金の出し入れや解約等）、③書類等の預かりサービスを行う事業である。生活支援員に水道代の支払いを代わりに行ってもらうことは**できる**。

5　×　利用後に苦情がある場合は、都道府県が設置する**福祉サービス運営**適正化委員会が受付窓口となる（社会福祉法第83条）。

問題44　正解　4

認知症ケアの技法ユマニチュードに関する設題である。

1　×　「見る」とは、対象者と**目線**を合わせて、対象者を大切に**想っている**ことを伝えながら話すことである。

2　×　「話す」とは、対象者との安定した関係性をつくるために**大きすぎない声**量を意識する、**前向きな言葉**を選んで話すことである。

3　×　「触れる」とは、コミュニケーションとして注意が必要であり、**手の広い面**積で**優しく触れる**、**ゆっくり手を動かす**などを行う。

4　○　「立つ」とは、立位をとる**機会**を作り、骨に荷重をかけて**強くする**、筋力**低下**を防ぐ、血液の循環が**良くなる**等の効果をねらうことである。

5　×　「オートフィードバック」とは、対象者から言葉の反応がない時、介護者が今行っている行為をそのまま**言葉**にすることで、対象者が自分自身の存在を**認識する**ことである。

問題45　正解　1

認知症サポーターに関する設題である。

1　○　2019年より**チームオレンジ**の仕組みができ、認知症施策推進大綱でも整備が掲げられている。近隣のチームによる認知症の人や家族に対する外出支援や見守り、声掛けなど、**生活**面の早期からの支援を行う。

2　×　2023（令和5）年12月末までに約**1,511**万人の認知症サポーター（キャラバン・メイトを含む）が誕生している。自治体が計画的に養成している。

3　×　**認知症施策推進大綱**で整備されている。

4　×　認知症サポーターは、養成講座を受けた**地域住民・企業**や**小中高校生**などである。

5　×　国が養成講座をオレンジプランに盛り込んだが、実施主体は、**全国キャラバン・メイト連絡協議会**、自治体、職域団体である。

問題46　正解　3

認知症ケアパスに関する設題である。

1　×　**市町村**が作成する。

2　×　**認知症施策推進大綱**の5つの柱の1つの施策である普及啓発・本人発信支援のなかに含まれている。

3　○　認知症ケアパスは、認知症の人の

状態に応じた**サービス提供の流れ**のことである。

4　×　レスパイトケアは、認知症の人の家族が一時的に**休息**することである。

5　×　**認知症地域支援推進員**が作成する。

問題47　正解　3

認知症ライフサポートモデルに関する設題である。

1　×　各専門職が、認知症ケアの基本的考え方や医療と介護とを含む総合的な生活支援に対する共通理解をもつために、チーム内で**共通**した目標を設定する。

2　×　認知症ライフサポートモデルとは、認知症の人への医療・介護を含む統合的な**生活支援**をいう。認知症の**ケアモ**デルである。

3　○　本人がどのように暮らしたいのか、その望みを支援することが大切であるという考え方によるので、本人の**自己決定**を支える。

4　×　**本人の力を最大限に使って暮らす**ことの支援を行い、介護サービスに任せるプランを**作成しないで**、チームとして支える。

5　×　認知症の人の、**住み慣れた地域**での継続性のある暮らしを支える。

問題48　正解　5

アルツハイマー型認知症であるMさんにとっての裁縫についての記憶に関する設題である。

1　×　作業記憶は、**ワーキングメモリー**といい、特定の作業を完了するまでの**短期間**しか保存されない記憶であり、Mさんの裁縫の記憶**とは異なる**。

2　×　展望的記憶は、これから先の**未来**に予定されていることについて、いつ何をするのか覚えておくことであり、Mさんの裁縫の記憶**とは異なる**。

3　×　短期記憶は、比較的**短い**期間、頭

の中に保持される記憶をいう。Mさんの裁縫の記憶**とは異なる**。

4　×　陳述記憶は、**言語やイメージ**として意識上に想起できて、その内容を陳述できる（言葉にする）ことをいう。Mさんの裁縫の記憶**とは異なる**。

5　○　手続き記憶は、**体が覚えている記憶**で、言語で表す（陳述記憶）ことが**できない**記憶である。Mさんが、以前行っていた裁縫ができたという記憶に**あてはまる**。

障害の理解

問題49　正解　1

ストレングスの視点に基づく利用者支援の説明に関する設題である。

1　○　ストレングスは、強さ、能力などを意味する。福祉での**利用者支援**は、支援の必要な人がもつ能力や意欲、希望や長所などを生かすことである。

2　×　日常生活の条件をできるだけ障害のない人と同じにすることは、**ノーマライゼーション**の説明である。

3　×　全人間的復権を目標にすることは、**リハビリテーション**の説明である。

4　×　権利を代弁・擁護して、権利の実現を支援することは、**権利擁護（アドボカシー）**の説明である。

5　×　抑圧された権利や能力を取り戻して、力をつけることは、**エンパワメント**の説明である。

問題50　正解　3

1960年代のアメリカにおける自立生活運動（IL運動）に関する設題である。

1　×　障害があっても障害のない人と同じ生活を送るのは**ノーマライゼーション**の理念である。多くの人権運動や障害者施策の基本理念となっている。

2　×　一度失った地位、名誉、特権など
を回復するというのは、**リハビリテーシ
ョン**の本来の意味である。

3　○　自分で意思決定をして生活するこ
とを主張した**自立生活運動（IL 運動）**
により、障害者自身が運営し、障害者の
権利擁護や地域でのサービスを供給す
る**自立生活センター**が設立されることに
なった。

4　×　**理学療法士、作業療法士、言語聴
覚士**などが機能回復訓練を行う。

5　×　障害者の社会への完全参加と平等
を促進するのは、国連の**国際障害者年**
（1981 年）の取り組みである。

問題51　正解　4
障害者虐待防止法における、障害者に対
する著（いちじる）しい暴言が当てはまる障害者虐待
の類型に関する設題である（同法第2条
第6項、第7項、第8項）。

1　×　身体的虐待とは、**暴力**による外傷
が生じ、もしくは生じる恐れのある状態、
身体拘束などをいう。

2　×　放棄・放置とは、**ネグレクト**ともい
い、**長時間の放置**や著しい減食などをい
う。

3　×　性的虐待とは、**わいせつな行為**を
することやさせることなどをいう。

4　○　心理的虐待とは、著しい**暴言、拒
絶的**な対応、不当な**差別的**な言動などで
著しい**心理的外傷**を与えることをいう。

5　×　経済的虐待は、財産を不当に**処分**
したり、不当に財産上の**利益**を得たりす
ることをいう。

問題52　正解　5
上田敏の障害受容モデルの受容期に関
する設題である。

1　×　受傷直後の時期は**ショック**期とい
い、治療をすれば回復すると思っている。

2　×　障害の状態を否認する時期は、**否**

認期といい、障害があることを打ち消す
拒否の適応規制がはたらく時期である。

3　×　リハビリテーションによって機能
回復に取り組むことは、**行動**である。そ
のときの心理は、**否認期、混乱期、適応
への努力**期などと考えられる。

4　×　障害のために何もできないという
状態は、**混乱期**における障害を容認する
ことができず、攻撃の適応規制が働くこ
とが多い段階をいう。攻撃が内側（自分）
に向けられた場合、何もできないという
ような**抑うつ**状態になることもある。

5　○　障害に対する価値観を転換し、積
極的な生活態度になるのは、**受容期**とし
て、新しい価値観を持って生きていく段
階をいう。

問題53　正解　3
四肢麻痺（ししまひ）を伴う疾患や外傷に関する設
題である。

1　×　右脳梗塞には、**左片麻痺**や**左側空
間無視**などの後遺症が残る可能性があ
る。

2　×　左脳梗塞には、**右片麻痺**や**言語障
害**などの後遺症が残る可能性がある。

3　○　頸髄損傷（けいずいそんしょう）には、**四肢麻痺**の後遺症
が残る可能性がある。

4　×　腰髄損傷には、**対麻痺**の後遺症が
残る可能性がある。

5　×　末梢神経損傷（まっしょうしんけいそんしょう）には、損傷の程度に
より様々な症状がでる。例えば、橈骨（とうこつ）神
経損傷では**下垂手**、尺骨神経損傷では
ワシ手、正中神経損傷では**サル手**になる。

問題54　正解　1
学習障害の特徴に関する設題である。

1　○　**学習障害**の特徴は、読む、書く、
計算するなどの習得に困難がある。

2　×　注意力が欠如しているのは、**注意
欠陥多動性障害**の特徴である。

3　×　じっとしているのが難しいのは、

注意欠陥多動性障害の特徴である。

4　×　学習障害は、何らかの脳の機能障害が**ある**。

5　×　学習障害は、親のしつけや愛情不足によるもので**はない**。

問題55　正解　2

脊髄小脳変性症の症状に関する設題である。

1　×　運動麻痺は、手足等の動きに障害がある状態であり、脊髄小脳変性症の症状で**はない**。

2　○　運動失調は、身体のふらつき、ろれつが回らない等、脊髄小脳変性症の症状で**ある**。

3　×　関節拘縮は、**脳梗塞**など運動機能障害により関節が拘縮することなので、脊髄小脳変性症の症状で**はない**。

4　×　筋萎縮は、**筋肉の疾患によって**筋肉のやせとなる。脊髄小脳変性症の症状で**はない**。

5　×　筋固縮は、筋肉の動きがぎこちなくなるなど**パーキンソン病**の特徴で、脊髄小脳変性症の症状で**はない**。

問題56　正解　5

通院して治療しながら自宅で暮らしている統合失調症の人の就労に向けて、介護福祉職が支援するにあたっての留意点に関する設題である。

1　×　あいまいな言葉での説明は、理解するのが**難しい**。

2　×　代理で手続きを進めるのではなく、Bさんの**意思決定**を支え、手続きを進めていく。

3　×　介護福祉職が正しいと考えても、本人の**意思**が合わなければ就労することは難しい。

4　×　意欲をもつように強く指示しても、本人の**意思**がなければ就労ができても続かない。

5　○　Bさん自身が、自分で物事を決めて実行できる**意思決定**支援や自立支援を行うことが適切である。

問題57　正解　3

地域におけるサービスの不足解決のために、市（自立支援）協議会に期待される機能・役割に関する設題である。

1　×　困難な事例や資源不足について情報の発信も必要ではあるが、地域におけるサービス不足の解決には最も必要なもので**はない**。

2　×　権利擁護に関する取り組みも必要ではあるが、地域におけるサービス不足の解決に最も必要なもので**はない**。

3　○　地域に利用したいサービスがないことを訴えていたので、社会資源の開発は最も必要なもので**ある**。

4　×　構成員の資質向上は必要ではあるが、地域におけるサービス不足の解決に最も必要なもので**はない**。

5　×　市（自立支援）協議会は、地域の障害者等への支援体制の**課題の共有**など整備を行うもので、基幹相談支援センターの運営評価の役割はない。

問題58　正解　5

自宅で暮らす右片麻痺と言語障害がある男性の、障害福祉サービスの利用を前提とした多職種連携による支援に関する設題である。

1　×　介護支援専門員（ケアマネジャー）は、介護保険制度においてケアプランの作成や介護事業者との調整を行う。Eさんは、38歳のため**介護保険サービス**の対象者ではない。

2　×　医師は、**障害支援区分**のための意見書を作成する。

3　×　基幹相談支援センターの職員は、障害者の**相談支援・権利擁護・虐待防止**等を行う。障害福祉計画は、**市町村で**

作成する。

4　×　地域包括支援センターの職員は、**包括的支援事業**や**介護予防支援**などの実施を行う。**認定調査**は行わない。また、地域包括支援センターは**介護保険**に関する事業である。

5　○　**相談支援専門員**は、サービス等利用計画を作成し、サービス担当者会議を開催する。

医療的ケア

問題59　正解　3
消毒と滅菌に関する設題である。

1　×　**消毒**は、病原性の微生物を死滅させること、または、弱くすることをいう。なお、**滅菌**は、すべての微生物を死滅させることをいう。

2　×　消毒薬を混ぜると**化学反応**を起こすことがあるため、**危険**である。

3　○　滅菌物には、有効期限が**ある**。

4　×　家庭での熱水消毒には家庭用の食器洗浄機を利用する。80℃程度の熱水で10分ほどすすぐことにより、細菌やウイルスの**消毒**にも期待ができる。

5　×　手指消毒には、**塩化ベンザルコニウム・塩化ベンゼトニウム**が速乾式手指消毒液として用いられている。**次亜塩素酸ナトリウム**は、経管栄養セットなどの器具や器材の消毒に用いる。

問題60　正解　1
成人の正常な呼吸状態に関する設題である。

1　○　正常な呼吸状態は、**胸腹式呼吸**であり、一定のリズムで**胸腹部**が膨らんだり縮んだりする。

2　×　ゴロゴロとした音が鳴るのは、痰や分泌物で空気の通りが**悪くなる**状態なので、正常な呼吸状態で**はない**。

3　×　爪の色が紫色になるのは、**チアノーゼ**といい、十分な酸素が末梢にない状態で、正常な呼吸状態で**はない**。

4　×　正常な呼吸数は、1分間に約**12～18**回程度である。40回は正常な呼吸状態で**はない**。

5　×　下顎を上下させて呼吸しているのは、下顎呼吸といい、**死期**が間近になっている状態の呼吸である。正常な呼吸状態で**はない**。

問題61　正解　2
喀痰吸引を行う準備に関する設題である。

1　×　医師の指示書の確認は、原則**毎回**実施前に行う。

2　○　利用者への吸引の説明は、**毎回**の吸引時に行う。

3　×　腹臥位での姿勢は、吸引し**にくく**利用者に負担が**かかる**。ベッドを10～15度挙上して行うと、吸引しやすいといわれている。

4　×　吸引時は、同室の利用者から**見えない**状態にする。

5　×　**吸引実施者**は、手指消毒、流水による手洗いが必要である。

問題62　正解　4
胃ろうによる経管栄養での生活上の留意点に関する設題である。

1　×　基本的には、ベッド上で過ごす必要は**ない**。栄養剤を注入後、嘔吐や食道への逆流を防ぐために、**30分から1時間程度**は上体を起こしておくことが良いとされている。

2　×　夜寝るときは、**上体を起こさなくてもよい**。本人の**安楽**な体位でよい。

3　×　腸蠕動の**低下**により便秘になる可能性もあるし、注入速度、栄養剤の濃度等により**下痢**になることもある。

4　○　口から食べないと唾液の分泌が**低下**し、自浄作用も**低下**するため細菌感染

しやすい。誤嚥性肺炎等の予防のためにも、口腔ケアは必要である。

5 × 経管栄養の注入直後を除けば、入浴してもよい。

問題63 正解 5

経管栄養の注入15分後に利用者が嘔吐した時、看護職員が来るまでの介護福祉士の対応に関する設題である。

1 × 室内の換気も必要だが、緊急時は、利用者の安全確保が優先である。

2 × ベッド上の嘔吐物も片付けたいが、緊急の場合、利用者の安全確保が優先である。

3 × 介護福祉士は、酸素吸入を実施できない。医師の指示のもと、看護師が実施する。

4 × 心臓マッサージは、意識のない状態の救急蘇生時に行う。

5 ○ 看護師を待つ間、再び嘔吐する恐れもあるので、誤嚥を防ぐため顔を横に向け、状態を観察する。

介護の基本

問題64 正解 3

利用者主体の考えに基づいた訪問介護員の対応に関する設題である。

1 × 室内の汚れた空気を新鮮な空気と交換するためにも換気は重要である。ただし、利用者の意向や身体状況等を確認しないまま、訪問介護員の判断だけで窓を開けたままにする行為は、利用者主体の支援とはいえない。特に外の気温が低い場合、トイレ内の温度も下がり、周囲との温度差からヒートショックが生じる危険性もある。

2 × 「認知症の人が包丁を持つのは危険だ」と勝手に判断した場合、認知症の人が包丁を持って野菜等の食材を切るこ

とが一律に許されなくなってしまう。「認知症の人」と一括りにするのではなく、「○○さん」というように個別性のある存在としてとらえ、その利用者が包丁を使って調理したいか、どのくらい包丁を使えるか等を把握する必要がある。こうした利用者の意向や残存能力等を踏まえ、一緒に調理を実施できるかを検討する。仮に訪問介護員と一緒に調理を行う場合は、見守り的援助の考え方から生活援助ではなく、身体介護に含まれることになる。

3 ○ 訪問介護員の好みで食材の切り方を決めるのではなく、利用者主体・利用者本位の視点から、その利用者が好む（好きな）切り方を確認し、それに基づき食材を切る必要がある。

4 × 「糖尿病のある利用者には、買い物代行で菓子の購入はしない」と勝手に判断すると、糖尿病のある利用者は菓子を買うことが一律に許されなくなってしまう。「糖尿病のある利用者」と一括りにするのではなく、利用者のAさん、Bさんというように個別性のある存在としてとらえる必要がある。その上で、その利用者の意向や経済力、担当の医師（主治医）の意見等を踏まえ、菓子の購入を検討する。

5 × 自宅のどこに掃除機を置くかは、利用者ごとによって異なる。よって、利用者主体・利用者本位の視点から、訪問介護員の判断で次回の掃除のために使いやすい場所に掃除機を勝手に置くのではなく、どこに掃除機を置けばよいのか、その利用者に確認する。

問題65 正解 5

「求められる介護福祉士像」で示された内容に関する設題である。

1 × 「求められる介護福祉士像」の10項目には、「地域や社会のニーズにかかわらず、利用者を導く」との記載はない。一方「制度を理解しつつ、地域や社会のニ

ーズに対応できる」と明記されている。

2 × 「求められる介護福祉像」には、「身体的な支援**だけでなく、心理的・社会的支援も**展開できる」との記載がある。

3 × 「求められる介護福祉像」には、「地域の中で、施設・在宅にかかわらず、**本人**が望む生活を支えることができる」と明記されている。

4 × 「求められる介護福祉像」には、「専門職として**自律的**に介護過程の展開ができる」と明記されている。**介護過程**は介護福祉職以外の他職種ではなく、**介護福祉職**が自らの専門性に基づいて展開する利用者支援の方法として重視されている。

5 ○ 「求められる介護福祉像」には、**介護福祉士**が「介護職の中で**中核的な役割を担う**」ことが明記されている。

● 「求められる介護福祉士像」の10項目

1. **尊厳**と**自立**を支えるケアを実践する。
2. 専門職として**自律**的に介護過程の展開ができる。
3. 身体的な支援だけでなく、**心理的・社会的支援**も展開できる。
4. 介護ニーズの複雑化・多様化・高度化に対応し、本人や家族等の**エンパワメント**を重視した支援ができる。
5. QOL（生活の質）の維持・向上の視点を持って、介護予防からリハビリテーション、看取りまで、対象者の状態の変化に対応できる。
6. 地域の中で、施設・在宅にかかわらず、**本人**が望む生活を支えることができる。
7. 関連領域の基本的なことを理解し、多職種協働による**チームケア**を実践する。
8. 本人や家族、チームに対する**コミュニケーション**や、的確な記録・記述ができる。
9. 制度を理解しつつ、地域や社会のニーズに対応できる。
10. 介護職の中で**中核**的な役割を担う。

問題66　正解　2

社会福祉士及び介護福祉士法に規定されている資質向上の責務に関する設題である。

1 × 地域生活支援事業その他の支援を総合的に行うことは、**障害者総合支援法**（障害者の日常生活及び社会生活を総合的に支援するための法律）に規定されて

いる。

2 ○ 社会福祉士及び介護福祉士法第47条の2には、**資質向上の責務**として「社会福祉士又は**介護福祉士**は、社会福祉及び介護を取り巻く環境の変化による業務の内容の変化に適応するため、相談援助又は介護等に関する**知識及び技能**の向上に努めなければならない」と明記されている。

3 × 肢体の不自由な利用者に対して必要な訓練を行うのは、主に**理学療法士**や**作業療法士**の役割である（理学療法士及び作業療法士法第2条）。

4 × **介護保険法**第4条第2項には「国民は、**共同連帯**の理念に基づき、介護保険事業に要する費用を公平に負担するものとする」と明記されている。

5 × 常に心身の健康を保持して、社会的活動に参加するように努めることは、**老人福祉法**第3条第1項に規定されている。

● 社会福祉士及び介護福祉士法に規定されている介護福祉士の義務等

誠実義務	個人の**尊厳**を保持し、自立した日常生活を営めるよう、常に利用者の立場に立って**誠実**に業務を行わなければならない。
信用失墜行為の禁止	介護福祉士の信用を傷つけるような行為をしてはならない。
秘密保持義務	正当な理由がなく、業務で知り得た人の**秘密**を漏らしてはならない（介護福祉士ではなくなった後も同様）。
連携	利用者の認知症等の状況に応じ、福祉サービス等が総合的かつ適切に提供されるよう、福祉サービス関係者等との**連携**を保たなければならない。
資質向上の責務	環境の変化等による業務内容の変化に適応するため、**相談援助**または介護等に関する知識・技能の向上に努めなければならない。

問題67　正解　4

意思決定支援を意識した訪問介護員の対応に関する設題である。

1 × Aさんは「夫とは仲が悪いので**話**

したくない」と不安な様子で話していることから、話し合いの場に初めから**夫**に同席してもらうのは不適切である。仮に夫が同席した場合、Aさんの**意向**（いこう）を無視することになり、結果的にAさんと訪問介護員との**信頼関係（ラポール）**に溝が生まれる恐れもある。

2　×　**意思決定支援**とは決断を急ぐことではなく、利用者の思いや考え等を引き出して確認したり、必要な情報を提供したりする中で、その利用者が最善の選定・決定を行えるように支援することを指す。仮にサービス変更の決断を急ぐように伝えた場合、Aさんがサービス変更を希望している**理由**を確認できない上、Aさんを**焦らせる**結果となり、サービス変更についてAさんが十分な検討を行えなくなってしまう。

3　×　Aさんは「夫とは仲が**悪いので話したくない**」と不安な様子で話しているため、Aさんと話す前に相談内容を勝手に**夫**に話してはならない。仮にAさんのことを夫に伝えなければならない際は、**事前**にAさんにその旨を**説明**して**同意**を得ておく。

4　○　事例において、Aさんは「受けているサービスをほかのものに変更したい」と発言しているが、その理由は語っ**ていない**。訪問介護員は、なぜサービスを変更したいと思っているのか、Aさんの**意思**を確認する必要がある。

5　×　意思決定支援では利用者自身の**思いや考え**等を引き出し、それを確認することが基本である。その上で最善の利益が得られるように利用者の**自己選択・自己決定**を支援していく。よって、Aさんがサービス変更を希望する**理由**を確認しないまま、訪問介護員が勝手にサービス変更を決断するのは、**利用者主体・利用者本位**の視点からも**不適切**である。

問題68　正解　1

ユニバーサルデザインに関する設問である。

1　○　ユニバーサルデザインとは、**すべての人が最初から使いやすい**ように製品や建物等をデザインすることである。よって、すべての人が暮らしやすい社会の実現に向けて、どこでも、誰でも、自由に、使いやすくという考え方を表すのは**ユニバーサルデザイン**となる。

●ユニバーサルデザインの7原則

① 誰でも**公平**に使える。
② 使い方の**自由度**が高い。
③ 使い方が**簡単**で、すぐにわかる。
④ 必要な**情報**が、すぐにわかる。
⑤ ミスがあっても、**危険**につながらない。
⑥ 無理な**姿勢**をとることなく、弱い**力**でも使える。
⑦ 利用するための十分な大きさと**空間**が確保されている。

2　×　**インフォームドコンセント**とは、患者や利用者が支援者（医師や介護福祉職等）から分かりやすい十分な**説明**を受け、それを理解・納得した上で**同意**することである。

3　×　**アドバンス・ケア・プランニング（ACP）**とは、本人や家族、医師、看護師、介護福祉士等が繰り返し話し合う中で、どこで、どのような形で人生の**最終段階（終末期）**を迎えたいか等について本人の**意思決定**を支援するプロセスを指す。ACPは「**人生会議**」とも呼ばれる。

4　×　**リビングウィル**とは、終末期医療における**事前指示書**のことで、自分が望む医療やケア等について事前に意思表示し、それを書面に残すことである。

5　×　**エンパワメント**とは、利用者の**潜在能力**や可能性を引き出し、利用者自身の**課題解決力**を高めることである。

問題69　正解　4

認知症対応型共同生活介護に入居する利用者に対する介護福祉職の声かけに関

する設題である。

1 ✕ アルツハイマー型認知症と診断された B さんには、家で仕事をしてきたという**生活歴**がある。そのため、B さんが夕方になると「家に帰らないといけない」と訴えた理由の１つとして、家で仕事をしなければならないという思いがあったと考えられる。よって「仕事はないですよ」という声かけは、B さんの生活歴の一部や B さんの思いを**否定**することにつながる。

2 ✕ B さんは認知症対応型共同生活介護に入居し、自宅との**環境**の違いから、「ここが自分の家ではない」と感じ、その結果、「家に帰らないといけない」と訴えた可能性も考えられる。こうした場合、「ここが家ですよ」と声かけすることは、認知症対応型共同生活介護に入居している B さんに**嘘をつく**上、「ここが家ではない」と思っている B さんを**混乱**させることになる。

3 ✕ B さんは「私、家に帰らないといけない」と何度も訴えている。それにもかかわらず、「外に散歩に行きますか」と関係のない声かけをすれば、B さんとの会話が**かみ合わない**上、B さんの思いを**無視**することになる。

4 〇 B さんは認知症対応型共同生活介護に入居したものの、家で仕事をしてきたこと、夫や子どもと過ごした家の手入れは毎日欠かさず行っていたことから、**家（自宅）**のことが気になり、夕方になると「私、家に帰らないといけない」と何度も訴えたと考えられる。このように B さんの訴えに関しては、**パーソン・センタード・ケア**の考え方に基づき、アルツハイマー型認知症、性格、生活歴、人間関係、環境といった様々な要素が互いに関連し合う中で引き起こされたと**解釈**することが重要である。その上で介護福祉職には B さんの訴えに対し、「家のこ

とが気になるんですね」等と**受容的・共感的**な態度で声かけすることが求められる。

5 ✕ 事例を読む限り、B さんの子どもが「ここにいてください」とは発言して**いない**。よって、介護福祉職が勝手に「子どもさんが『ここにいてください』と言っていますよ」と声かけすることは B さんを**騙す**ことになる。こうした嘘は B さんに加え、B さんの子ども達との関係性も**悪化**させる恐れがある。

問題 70　正解　1
聴覚障害者標識（聴覚障害者マーク）に関する設題である。

1 〇 このマークは、**聴覚障害者標識**である。具体的には道路交通法に基づく標識の１つで「聴覚障害者マーク」とも呼ばれ、**聴覚障害**であることを理由に免許に条件を付されている人は、運転する自動車に聴覚障害者標識を**表示**しなければならない。聴覚障害者標識を付けた車の運転手には聴覚障害があるため、**手話**や**筆談**を用いてコミュニケーションを図る必要がある。

2 ✕ 運転手には**歩行**の不安要素はないため、杖の用意は不適切といえる。

3 ✕ 運転手には**視力**低下を確認できないため、拡大読書器の使用は不適切といえる。

4 ✕ 自力で移動できず、**移動用リフト**が必要な人を確認できないため、移動用リフトの用意は不適切といえる。

5 ✕ 運転手は**視覚障害**のある人ではないため、携帯用点字器の用意は不適切といえる。

問題 71　正解　5
介護保険施設における専門職の役割に関する設題である。

1 ✕ 利用者の栄養ケア・マネジメント

は、**管理栄養士**が中心となって行う。その際は管理栄養士が単独で**栄養ケア・マネジメント**を実施するのではなく、医師、歯科医師、看護師、介護支援専門員、**言語聴覚士**等の関連職種と**多職種連携・多職種協働**を展開する。**薬剤師**は病院や薬局で薬を調合するほか、利用者に対して服薬指導を実施する。

2 × 認知症の診断と治療は、**医師**が行う。**作業療法士**は応用的な動作の回復等を目指し、**日常生活動作（ADL）**や調理等の訓練、手芸や園芸等のアクティビティ・サービス等を実施する。

3 × 利用者の療養上の世話や診療の補助は、**看護師**が行う。**社会福祉士**はソーシャルワーカーとして利用者や家族等への**相談援助**を行い、各サービス事業者と連絡調整を図りながら支援を展開する。

4 × 日常生活を営むのに必要な身体機能改善や機能訓練は、主に**理学療法士**や作業療法士が行う。**歯科衛生士**は、**歯科医師**と連携・協働して、利用者への口腔ケアの指導等を行い、歯科疾患の予防や口腔衛生の向上に努めている。

5 ○ **介護支援専門員**はアセスメントを行い、施設サービス計画や居宅サービス計画等の**ケアプラン**を作成する。その上で各サービス事業者と連絡調整を図る中で、利用者の**ニーズ（生活課題）**に応じたサービスを利用者が適切に受けられるよう、**ケアマネジメント**に基づく継続的な支援を展開していく。

問題72 正解 2
介護の現場におけるチームアプローチに関する設題である。

1 × チームメンバーが得た情報は、メンバー間で**共有**し、利用者への支援に活用する。ただし、利用者や家族等の**個人情報**を使用する際は、**事前**に利用者や家族等にその旨を**説明**して**同意**を得る等の

必要な手続きを行っておく。

2 ○ 介護福祉職チームでも、多職種連携・多職種協働を展開するチームでも、役割分担が明確でなければ、誰が何を担えばよいのかがわからず、**チームメンバー**の中に戸惑いや不安が生じて、チームとして最大限の力を発揮することが難しくなる。**チームマネジメント**の視点からもチームメンバーの役割分担を明確にすることは重要である。

3 × **利用者主体・利用者本位**の視点からも家族や医師、看護師、介護支援専門員、相談員、理学療法士、管理栄養士、介護福祉士等に加え、**利用者本人**をチームの一員として位置づけ、多職種連携・多職種協働を図れるようにする。その上で、その利用者の**思い**や**希望**等を大切にしながら支援を展開できるチームを形成していく。

4 × チームアプローチにおけるチームといった場合、その構成メンバーは医師だけでなく、**利用者**や家族、関係職種等が含まれる。よって、医師が勝手にチームの方針を決めるのではなく、利用者の思いや希望等を尊重した上でチームとして支援方針を決定する必要がある。その際は利用者や家族、医師、看護師、介護支援専門員、相談員、理学療法士、管理栄養士、介護福祉士等の関係者が**対等**な関係性の中で一緒に検討する。

5 × **介護福祉職チーム**であっても、**多職種連携・多職種協働**を展開するチームであっても、その利用者を支援する関係者を中心に**チームメンバー**が構成される。介護の現場では、その施設・事業所で利用者への支援にあたって**リーダーシップ**を発揮する職員が中心となってチームメンバーを招集するのが基本である。チームメンバーは家族が指名するものでは**ない**。

問題73　正解　3

利用者の危険を回避するための介護福祉職の対応に関する設題である。

1　×　車いすの利用者がスプーンを拾おうとして前傾姿勢になった場合、前方への転落の危険性がある。よって、目視で確認するだけでなく、介護福祉職はその利用者のもとに速やかに駆け寄り、姿勢を安定させるとともに、その利用者の許可を得た上で、利用者に代わってスプーンを拾う。

2　×　利用者が廊下をふらつきながら歩いている場合、転倒の危険性がある。よって、黙って通り過ぎるのではなく、介護福祉職はその利用者のもとに速やかに駆け寄り、いすに座って休むように促す、歩行中に見守る、歩行中に身体を支える等、転倒防止策を図る。

3　○　利用者の姿勢が傾いてきた場合、安定した姿勢で食事することができず、ずり落ちや誤嚥の危険性が高くなる。よって、姿勢を直し、適切な食事姿勢とする。

4　×　下肢筋力が低下した場合、歩行時に足が上がりにくく、すり足になりやすい。靴下は滑りやすい上、足が物に衝突した際にケガにつながる恐れがあるが、スリッパも滑りやすい上、脱げやすい。さらに脱げないように歩こうとすれば、すり足歩行となり、躓く危険性が高くなる。よって、歩行時の安定性が高く、歩きやすい踵と足背（足の甲）が覆われた靴を履く。

5　×　フットサポートは車いすの利用者の足を支える役割がある。一方、フットサポートを下げたままの状態で立ち上がろうとした場合、フットサポートに荷重がかかり、車いすごと前方に転倒・転落する等、危険性が高くなる。また、フットサポートを下げたまま、利用者がまたごうとすれば、足がフットサポートにぶつかって負傷したり躓いて転倒したりする恐れもある。よって、車いすから立ち上がる際や車いすへの乗降時には、フットサポートを必ず上げておく。

コミュニケーション技術

問題74　正解　1

閉じられた質問に関する設題である。

1　○　閉じられた質問は「はい」か「いいえ」または簡単な単語で答えられる質問である。よって「この本は好きですか」は「はい」か「いいえ」で回答できるため、閉じられた質問となる。

2　×　「午後はどのように過ごしますか」は、「はい」か「いいえ」では答えられないため、閉じられた質問には該当しない。この質問の場合、「読書をして過ごします」や「スポーツをして過ごします」等、様々な回答ができるため、開かれた質問となる。

3　×　「困っていることは何ですか」は、「はい」か「いいえ」では答えられないため、閉じられた質問には該当しない。この質問の場合、「足が痛くて困っている」や「調理ができなくて困っている」等、様々な回答ができるため、開かれた質問となる。

4　×　「どのような歌が好きですか」は、「はい」か「いいえ」では答えられないため、閉じられた質問には該当しない。この質問の場合、「演歌が好きです」や「童謡が好きです」等、様々な回答ができるため、開かれた質問となる。

5　×　「なぜそう思いますか」は、「はい」か「いいえ」では答えられないため、閉じられた質問には該当しない。この質問は、個々人によって様々な回答が可能であるため、開かれた質問となる。

問題75　正解　2

利用者の家族と信頼関係を形成するための留意点に関する設題である。

1　×　家族の希望を確認する必要はあるが、**利用者主体・利用者本位**の考えから**利用者**の希望を優先する。

2　○　利用者だけでなく、その家族との**信頼関係（ラポール）**を形成する上でも、話し合いの機会を丁寧にもち、利用者に加え、家族の意向も確認する。

3　×　信頼関係（ラポール）は変わらずに継続するもので**はない**。利用者や家族に嘘をつく、面談の時間に遅刻する、利用者や家族の立場になって考えない等、利用者や家族に対して**誠実**な対応ができなければ、一度形成された**信頼関係（ラポール）**はすぐに崩れる。それを防ぐためにも、社会福祉士及び介護福祉士法にも明示されている**誠実義務**を遵守する。

4　×　家族との信頼関係（ラポール）を形成する際、利用者に加え、**家族の思い**も聴く。仮に家族の**思い**を確認しないまま、「こうすれば良い」と指示を出した場合、それは**一方的**な対応となり、家族に「私の気持ちをわかってもらえない」というような負（マイナス）の**感情**を抱かせてしまう恐れもある。

5　×　家族と話し合う中で、どの部分を介護福祉職が介護すべきなのか、どの部分は家族の**役割**として尊重していくのか等を明確にする。その上で家族と**連携**しながら介護福祉職は利用者への支援を展開していく。その際は家族が無理をしていないか、家族に**負担**がかかっていないか等を確認しつつ、家族を**ねぎらう**等、家族の気持ちに**寄り添う**姿勢が求められる。

問題76　正解　1

老人（加齢）性難聴がある利用者との1対1のコミュニケーションの方法に関する設題である。

1　○　老人（加齢）性難聴の場合、音が聞き取りづらくなるため聴覚だけに頼るのではなく、**視覚**等を活用することがコミュニケーションを図る上で重要である。両耳に難聴があるＣさんの場合、相手の口の動きや**表情**等が確認できるよう**正面**で向き合って話すとよい。

2　×　老人（加齢）性難聴の場合、**高い**音から聞こえにくくなる。両耳に難聴があるＣさん対して「**高音域の声を使って話しかける**」のは適切で**ない**。

3　×　老人（加齢）性難聴は**感音性難聴**の1つで、**音**が歪んで響き、**大声**で話されると余計に何を言っているのか認識できなくなる。よって、適切で**ない**。

4　×　事例を読むとＣさんには難聴があるものの「なんとか相手の話を聞き取ることができる」とある。一方、Ｃさんが「手話を使える」というような記載は**ない**。よって、適切で**ない**。

5　×　話しかける前に突然、身体に触れる行為は失礼といえる。加えて**驚かせる**、**不安**に感じさせる恐れもある。よって、適切で**ない**。

問題77　正解　3

重度のアルツハイマー型認知症がある利用者とのコミュニケーションに関する設題である。

1　×　日本でも主に**認知症ケア**の1つとして注目されているものにユマニチュードがある。**ユマニチュード**は、フランスのイヴ・ジネスト（Yves Gineste）とロゼット・マレスコッティ（Rosette Marescotti）が提唱したケア技法であり、「**見る**」「**話す**」「**触れる**」「**立つ**」を4つの柱に位置付けている。このユマニチュードの考え方からすれば、自発的な発語が少なくなったＤさんに対して「**話す**」だけでなく、本人の様子を「**見る**」、身

体に「**触れる**」、「**立つ**」時間を設ける等を含めた包括的なコミュニケーションを行う必要がある。

2 × ユマニチュードの考え方によれば、利用者の身体に触れないようにするのではなく、むしろ手掌(手のひら)全体で優しくゆっくり背中に手を添える等、適切な方法で身体に「**触れる**」ことが重要である。これによりDさんは緊張がほぐれ、安心感を得られる。

3 ○ Dさんは自発的な発語が少なくなってきているため、コミュニケーションを図る上で言葉を中心とした言語的コミュニケーションだけでは限界がある。介護福祉職には言語的な情報に加え、表情やしぐさ等の**非言語的メッセージ**も確認しながら、Dさんの感情の理解に努めることが求められる。

4 × 視線が合わないから会話を控えるのではなく、**介護福祉職**のほうから視線を合わせて会話する。これにより介護福祉職の**存在**をDさん自身が感じ、コミュニケーションをとりやすい状況となる。認知症ケアの1つであるユマニチュードの考え方からも、利用者の**正面**から近づき、同じ**目線**で利用者の**表情**や**しぐさ**等の非言語メッセージを見ながら話すことが重要である。

5 × ユマニチュードは、知覚・感情・言語による**包括的なコミュニケーション**に基づくケア技法で、「触れる」「見る」等に加え、「**話す**」ことも重要となる。よって、自発的な発語がないからといって、話す機会を減らすのではなく、Dさんの反応を見ながら、**声のトーン**は優しく、穏やかに丁寧に話しかける等、**会話**も重視する。

問題78　正解　4

介護実践の場で行われる勤務交代時の申し送りの目的に関する設題である。

1 × 申し送りとは、一般的にその施設・事業所での業務が滞りなく継続して行われるよう、前任者から後任者に業務を**引き継ぐ**ことである。介護実践の場で行われる勤務交代時の申し送りは、例えば夜勤の介護福祉職から日勤の介護福祉職に業務を引き継ぐ際に行われる。翌月の介護福祉職の勤務表を検討することで**はない**。

2 × 勤務交代時の申し送りは、業務を次の勤務の人に引き継ぐために行われる。利用者のレクリエーション活動は、行事等のように施設・事業所の企画として検討したり、**介護過程**の中の介護計画の作成のように個々の利用者に応じた内容が検討されたりする。勤務交代時の申し送りでレクリエーション活動を計画することは**ない**。

3 × 勤務交代時の申し送りは、業務を次の勤務の人に引き継ぐために行う。利用者の問題解決に向けた事例検討は**ケアカンファレンス**や**事例検討会**等で実施される。

4 ○ 勤務交代時の申し送りは、次の**シフト**の職員に適切な形で業務を引き継ぐために行われる。例えば、日勤の介護福祉職から夜勤の介護福祉職に**利用者**の状況や支援の**留意点**等を伝え、利用者へのケアの**継続性**を保持している。

5 × 勤務交代時の**申し送り**は、業務を次の勤務の人に引き継ぐために行われる。利用者とケアの方針を共有することは、その利用者との**面接**や**ケアカンファレンス**等で実施される。

問題79　正解　5

ケアカンファレンスでの介護福祉職による利用者の状況についての報告に関する設題である。

1 × 認知機能の低下は、**医師**により診断される。Eさんの**認知機能**の状況を介護福祉職が勝手に判断して報告**しない**。

2 × 事例には、Eさんが誰かに怒っている様子は記載されて**いない**。「誰かに怒っていました」と介護福祉職が勝手に判断して報告**しない**。

3 × もの盗られ妄想があるかどうかは医師により**診断**される。「私の財布が盗まれた」というEさんの発言だけで「もの盗られ妄想があります」と介護福祉職が勝手に判断して報告**しない**。

4 × タンスの引き出しの奥から財布が見つかったことは事実であるものの、Eさん自身は「財布が見つかって、安心しました」というような発言をしていない。よって、介護福祉職が「財布が見つかって、安心していると思います」と勝手に判断して報告**しない**。

5 ○ 報告では**客観的**な情報を**正確**に伝える。よって「Eさんは、財布が盗まれたと言って、ベッドの周りをうろうろしていました」というように**事実**を報告する。

生活支援技術

問題80 正解 5

利用者に対するレクリエーション活動の計画作成で留意すべき点に関する設題である。

1 × Gさんは「気分転換に**台所**を借りて、自分でおやつを作ってみたい」と希望している。それにもかかわらず、**居室**で行うようにした場合、Gさんの意向が**無視された**ことになる。

2 × 介護福祉職は利用者主体・利用者本位の考え方に基づき自立支援を展開する。自立支援とは利用者が**自己選択・自己決定**し、**主体的**な生活や社会参加ができるように支援することである。おやつのメニューはGさんの**意向**を尊重して検討し、最終的に**Gさん自身**が決める。

3 × レクリエーション財とは、その施設・事業所で行っているレクリエーションの**プログラム**や**素材**等を意味する。仮にその施設のレクリエーション財に「調理のプログラムがない」「調理で必要な道具が揃っていない」といった理由で、**おやつ作り**を行えないのであれば、Gさんの「気分転換に台所を借りて、自分でおやつを作ってみたい」という思い・希望が叶わなくなる。施設のレクリエーション財に利用者を合わせるのではなく、**利用者の意向**に基づき**レクリエーション活動**を企画・実施する。

4 × Gさんから集団でのおやつ作りの希望は出されて**いない**。集団で行うことを優先することを、介護福祉職が勝手に判断しない。

5 ○ 居室でテレビを見て過ごす時間が長いGさんは、自分でおやつを作ることを希望している。よって、**おやつ**作りを行い、それをきっかけにGさんが施設生活に**楽しみ**がもてるように支援する。

問題81 正解 1

高齢者の安全な移動に配慮した階段の要件に関する設題である。

1 ○ 高齢者が安全に移動するため、階段には両側に**手すり**を設置する。片側しか手すりを取り付けられない場合は、下りる時に**健側**または**利き手**で持てるようにする。

2 × 高齢者が安全に移動するため、階段の一段の高さ（蹴上げ）は**11～16cm**程度とする。階段の一段の高さ（蹴上げ）が25cm以上では**高すぎ**、足腰の弱い高齢者では足を上げ**られず**、躓きや転落の危険性**が高まる**。

3 × 高齢者が安全に移動するため、階段の足をのせる板の奥行（踏面）は**30～33cm**程度とする。階段の足をのせる板の奥行（踏面）が15cm未満では

狭すぎ、足を踏み外し、転倒・転落する危険性が**ある**。

4　×　**間接照明**とは、光源からの光を直射せず、壁面（へきめん）や天井等で反射させてから室内等を照らす方法である。階段が暗いと躓（つまず）きや転落の危険性が増すため、常夜灯や人感センサーによる照明のほか、**足元灯（フットライト）**を設置するとよい。足元灯（フットライト）は、夜間に足元を**直接照らす**ため、間接照明ではない。

5　×　毛の長いじゅうたんは歩きにくい上、躓（つまず）いたり、じゅうたんの縁（ふち）に足を引っかけたりする恐れがある。また、じゅうたん自体が**滑って移動**してしまう等、転倒・転落の危険性が**高くなる**。

問題82　正解　4

介護予防教室で介護福祉職が行う安定した歩行のための助言に関する設題である。

1　×　歩幅を**狭く**した場合、歩行のバランスが崩れる、段差等に躓（つまず）く、下肢筋力の低下につながる等の恐れがある。介護予防の観点からは、歩幅を**広げて**ゆっくり歩くように助言する。

2　×　腕の振りを**小さく**すれば歩幅が**狭**くなり、歩行のバランスが崩れやすい。逆に腕の振りを**大きく**すれば歩幅が**広く**なり、安定した歩行につながる。

3　×　足元だけを見ていると**周囲の状況**を把握できず、段差や溝等を避けて歩くことができなくなり、転倒・転落や衝突の危険性が高まる。歩行する際は足元だけでなく、**周囲の状況**も確認する。

4　○　歩行時の足の動きは、一般的に踵（かかと）から着地して重心移動しながら**つま先**で地面を蹴って踏み出すという流れになる。

5　×　一般的には踵から足をつける。踵にかかる衝撃を抑えるため、**足の裏（足底（てい））全体**で地面に足をつくのもよい。

問題83　正解　5

T字杖を用いて歩行する左片麻痺（ひだりかたまひ）の利用者が溝（みぞ）をまたぐ時の介護方法に関する設題である。

1　×　杖は**健側**の手で持つ。よって、左片麻痺の場合、**健側**の**右手**で杖を持つ。

2　×　杖は溝や段差の**向こう側（奥）**につく。

3　×　段差と溝の違いはあるものの、基本的に段差も溝も越える際は**杖→患側の足→健側の足**の順となる。左片麻痺の場合、溝は**患側の左**からまたぐ。

4　×　溝をまたぐ際は、**溝**に落ちないよう**足元**や溝の周辺をしっかりと見る。

5　○　溝や段差を越える際は**杖→患側の足→健側の足**の順に出し、健側の足は患側の足に**そろえる**。その際、足は**杖**よりも前に出さない。**足が杖**よりも前にあると後方に重心が移り、**後方**への転倒につながる恐れがある。

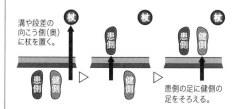

溝や段差の向こう側（奥）に杖を置く。

患側の足に健側の足をそろえる。

問題84　正解　2

総義歯（ぎし）（全部床（しょう）義歯）の取扱いに関する設題である。

1　×　健側から脱ぎ、患側から着るという**脱健着患（だっけんちゃっかん）**を参考とし、総義歯（全部床義歯）は動く**下顎（かがく）（下の顎（あご））**から先に外す。装着する際は動かない**上顎（じょうがく）（上の顎）**から入れる。

2　○　**毎食後**、義歯を外し、**流水下**で義歯専用ブラシを用いて洗う。

3　×　義歯は、**義歯専用ブラシ**を使用して洗う。

4　×　義歯を**熱湯**につけると変形する恐れがあるため、**熱湯**は使用しない。

5 × 義歯の**乾燥**はひび割れや変形の原因となる。義歯を保管する際は**乾燥**を防ぐため、義歯**全体**を清潔な**水**に漬けたり、除菌消臭効果のある漬け置きタイプの**洗浄液**を使ったりする。

問題85 正解 5

利用者の親指の状態を確認した訪問介護員の対応に関する設題である。

1 × 利用者の爪が伸びて両端が皮膚に食い込んで赤くなり、触ると熱感がある場合、爪に異常があることがわかる。よって、訪問介護員は、その状況を訪問介護事業所の責任者で**訪問介護計画**を作成する**サービス提供責任者**に報告する。Hさんの親指に訪問介護員が自己判断で**絆創膏**を巻いて**はならない**。

2 × 爪が伸びて両端が皮膚に食い込んで赤くなり、触ると熱感があるからといって、訪問介護員が自己判断でHさんの家にある**軟膏**を使って**はならない**。軟膏には様々な種類があり、塗ることで病状が悪化する危険性もある。

3 × 爪が伸びて両端が皮膚に食い込んで赤くなり、触ると熱感がある場合、**陥入爪**の可能性が考えられる。陥入爪のほか、**巻き爪**、**爪白癬**、**糖尿病**で専門的なケアが必要な場合等の爪切りは、いずれも**医行為**となる。よって、たとえ蒸しタオルで爪を柔らかくしたとしても、爪にこのような**異常**が認められるのであれば、介護福祉職はその爪切りを行って**はならない**。

4 × 爪の周囲の皮膚に**炎症**や**化膿**等の異常がある場合、その処置は**医行為**となるため、**爪やすり**をかけることを含め、その爪を切る行為を介護福祉職は行って**はならない**。

5 〇 訪問介護員は、**サービス提供責任者**が作成した訪問介護計画に基づいて利用者へのサービスを提供している。ま

た、Hさんの爪の周囲には**異常**が認められ、その爪切りは**医行為**となる可能性が高い。医行為であれば、それを介護福祉職が行うことはできない。これらを踏まえ、訪問介護員はHさんの爪を自己判断で切って**はならず**、まずは親指の状態を**サービス提供責任者**に報告する必要がある。

問題86 正解 3

左片麻痺（ひだりかたまひ）の利用者がベッド上で臥床（がしょう）したまま前開きの上着の交換を行う時の介護に関する設題である。

1 × 片麻痺の利用者に対するベッド上での前開きの上着の着脱介護では、利用者を**側臥位**（そくがい）にする。その際、**患側**ではなく、**健側**を下にする。また、**脱健着患**（だっけんちゃっかん）の原則から**患側**ではなく、**健側**のほうから衣服を脱ぐ。以上を踏まえ、**ベッド上**で着脱介護を行う場合、介護福祉職は利用者の**健側**に立つ。左片麻痺の場合、介護福祉職は利用者の**健側**である**右側**に立つ必要がある。

2 × 脱健着患の原則から利用者の**健側**から衣服を脱ぐため、新しい衣服を**健側**に置いておくと**邪魔**（じゃま）になる。また、**患側**から衣服を着るため、**患側**に新しい衣服を置くほうが動作に無駄がない。以上を踏まえ、左片麻痺の場合、新しい衣服は**患側**の**左**（ひだり）側に置く。

3 〇 ベッド上での前開きの上着の着脱についても、**脱健着患**の原則に基づき**健側**から**脱ぐ**。その際、脱ぎやすいよう、**患側**の上肢の**肩口**（かたぐち）を広げておく。左片麻痺の場合、**健側**の**右上肢**が脱ぎやすいよう、**患側**の**左上肢**の肩口を広げ、**健側**の**右側**に衣服が移動しやすい状態をつくっておく。

4 × **脱健着患**の原則に基づき、まず**健側**の袖（そで）を脱ぐ。その上で脱いだ上着は**丸めて**、身体の下に入れ、**健側**を下とした

側臥位をとり、**脱いだ衣服を引き出し**、**患側の袖を脱ぐ**。よって、左片麻痺の場合、まずは**健側の右側の袖から脱ぐ必要**がある。

5　×　患側を下にした側臥位とした場合、血液の**循環障害**が生じやすい、負傷してもすぐに**気づけない**等の危険性がある。よって、側臥位にする際は、健側を下にする。左片麻痺の場合は健側の**右側臥位**とし、脱いだ上着を引き出す。

問題87　正解　5

利用者が食事中にむせ込んだ時の介護に関する設題である。

1　×　上を向いた場合、**気道確保**の姿勢となり、**誤嚥**する危険性が高まる。

2　×　むせ込んでいる時にお茶を飲むことは**できない**上、**誤嚥の恐れ**もある。

3　×　深呼吸をすると息とともに食べ物が**気管**に入り、誤嚥する恐れがある。

4　×　むせ込んでいる時は、**気管に食べ物等が入らない**よう、食べ物等を体外に出そうとしている状況にある。その反応を無視して、口の中のものを飲み込もうとすれば、**誤嚥や窒息**の危険性を高める結果となる。

5　○　咳は食べ物や埃、細菌、ウイルス等の異物を体外へ**排出**し、それらが**気管や肺**に入らないようにする防御反応である。よって、**誤嚥**を防ぐためにも、食事中にむせ込んだ際は、しっかりと**咳**を続ける。

問題88　正解　1

テーブルで食事の介護を行う時の留意点に関する設題である。

1　○　一般的に食事の姿勢は摂食・嚥下の行いやすさを考え、やや前傾姿勢とする。一方、車いすの**フットサポート**に足を乗せたままの状態であると身体の重心を**前方**に移動させることが難しくなり、

食べづらいため、食事の際は、フットサポートから足を下ろし、**足底**を床にしっかりとつけ、**前傾姿勢**をとりやすくする。

2　×　片麻痺がある時は、患側の手指と前腕を**テーブル**の上に置き、上体を安定させ、食事しやすい姿勢を保持する。患側の上肢を膝の上にのせた場合、食事中、**患側のほうに姿勢が傾く恐れ**がある。

3　×　**下顎**（下の顎）を上げた場合、首・頭が後屈して**気道確保**の姿勢となり、誤嚥する危険性が増す。誤嚥を予防するためにも、食事の際、顎は**軽く引き**、やや**前傾姿勢**をとる。

4　×　食事の時間に利用者に声をかけるタイミングは、食べ物を口に入れる**前**か、食べ物を飲み込んだ**後**とする。仮に食べ物を口に入れてから声をかけた場合、その声かけに利用者が食べながら返答しようとし、**誤嚥や吐き出し**につながる恐れがある。

5　×　食事の際、大きな音でテレビをつけておくと、食べることに**集中**できなくなる。食事が進まず、食事時間が長くなるほか、不注意から**誤嚥**につながる恐れがある。

問題89　正解　3

逆流性食道炎の症状がある利用者への助言に関する設題である。

1　×　**逆流性食道炎**は、食道に逆流した**胃酸**によって食道に炎症が起きる疾患である。脂肪を多く含む食品は**胃酸の分泌**を**増加**させるため、逆流性食道炎の症状を悪化させる恐れがある。

2　×　酸味の強い果物は胃酸の**酸性度**を強くして分泌量を**増やす**ため、逆流性食道炎の症状が悪化する恐れがある。

3　○　1回の食事の量を**減らす**ことで、胃酸の量を**減らす**ことができる。

4　×　食事の際、腹圧をかけるような前

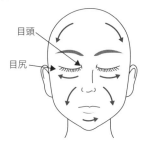

傾姿勢をとった場合、**胃酸の逆流**が起こりやすく、逆流性食道炎が発症したり、その症状を悪化させたりする恐れがある。

5 × 食後すぐに仰臥位（背臥位）や側臥位になると、**胃酸が逆流**して逆流性食道炎が発症したり、その症状を悪化させたりする恐れがある。特に逆流性食道炎がある場合は、**食道癌**になるリスクを高める恐れもあるため、できれば食後１〜２時間程度は座位姿勢をとる。

問題90 正解 4

ベッド上で臥床している利用者への洗髪に関する設題である。

1 × 利用者のからだ全体をベッドの端に移動した場合、ベッドから**転落**する危険性が生じる上、利用者自身に恐怖感を与える恐れもある。ベッドの**対角線上**やベッドの**中央**に身体を移動させて洗髪を行うとよい。

2 × 安定した姿勢を保つため、利用者の両下肢の**膝を曲げ**、そこにクッション等を挿入するとよい。

3 × 洗髪の際は、髪の**生え際**から**頭頂部**に向けて指の腹を使って洗う。

4 〇 シャンプーの泡が**目**に入らないよう、すすぎ湯を流す前にタオルで余分な**泡を拭き取って**おく。

5 × ドライヤーの温風を頭皮に直接当てた場合、頭皮を傷めたり、火傷につながったりする恐れがある。ドライヤーは頭皮から**20cm**程度離し、常に**動かし**ながら使う。

問題91 正解 1

目の周囲の清拭の方法に関する設題である。

1 〇, 2 ×, 3 ×, 4 ×, 5 ×
目の周囲の清拭は、**感染予防**のため、**目頭**から**目尻**に向かって拭く。そのような清

拭の方法を示しているのは、図の**A**である。

目頭

目尻

問題92 正解 4

アルツハイマー型認知症がある利用者の入浴時における訪問介護員の対応に関する設題である。

1 × **認知症**や**高次脳機能障害**によって運動麻痺がないにもかかわらず、衣服を正しく着ることができなくなる症状を**着衣失行**という。Ｊさんにはアルツハイマー型認知症があり、ズボンの上に下着を着る行為がみられていることから、**着衣失行**があると考えられる。この場合、脱いだ衣服を着る衣服の隣に並べると、どちらの衣服を着てよいか**わからず、脱いだ衣服をまた着てしまう**恐れがある。

2 × Ｊさんは「時間をかければ一人で洗身、洗髪も**できる**」とある。それにもかかわらず、訪問介護員が行えば、Ｊさんのできる行為を奪い、**残存能力や意欲**の低下を招く恐れがある。

3 × 利用者が安心して**リラックス**できるよう、入浴中も**声かけ**を行う。

4 〇 アルツハイマー型認知症があるＪさんは、ズボンの上に下着を着る行為がみられるため、着衣失行があると考えられる。**着衣失行**は、**認知症**や**高次脳機能障害**にみられる症状の１つで、**身体機能に問題がない**にもかかわらず、衣服の上下・前後・着る方法がわからなくなり、**衣服を正しく着ることができなくなる**。この場合、訪問介護員は衣服を着る**順番**に応じて**声かけ**をしながら、１つず

つ着衣に向けた動作を本人と**一緒に**確認するとよい。
5　×　Jさんにはアルツハイマー型認知症があること、ズボンの上に下着を着る行為がみられたことから、**着衣失行**があると考えられる。ただし、Jさんが衣服の着脱が全くできないわけではない。「ズボンの上に下着を着る」ことができたのであれば、Jさんはズボンや下着の着脱自体は**できる**ことになる。よって、ズボンの着脱を訪問介護員が行うのは、**残存能力の活用**や**自立支援**の観点からも適切で**ない**。

問題93　正解　2
胃・結腸反射を利用して生理的排便を促すための支援に関する設題である。
1　×　歩行は腸の**蠕動**運動を促し、**便秘予防**につながる。ただし、これは胃・結腸反射を利用して排便を促す方法で**はない**。
2　○　胃・結腸反射とは、摂食・嚥下により**胃**の中に食べ物が入ると、その信号を受けて**大腸**が蠕動運動を引き起こし、便をS状結腸から**直腸**へと送り出すことである。例えば、起床後に冷水を飲み、大腸の蠕動運動を促すことも、胃・結腸反射を利用して生理的排便を促す方法で**ある**。
3　×　腹部のマッサージは大腸の**蠕動**運動を促し、便秘予防につながる。具体的には**上行**結腸→**横行**結腸→**下行**結腸→S状結腸の順に**時計**回りに「の」の字を描くように行う。ただし、これは胃・結腸反射を利用して排便を促す方法で**はない**。
4　×　便座に誘導した上で、**腹圧をかけ**やすい前傾姿勢で座ることで排便しやすくなる。ただし、これは胃・結腸反射を利用して排便を促す方法で**はない**。
5　×　離床する時間を増やせば、身体を

動かす時間も増える。その結果、腸の蠕動運動が促進され、便秘予防にもつながる。ただし、これは胃・結腸反射を利用して排便を促す方法で**はない**。

問題94　正解　3
利用者の便失禁を改善するための介護福祉職の対応に関する設題である。
1　×　認知症で**トイレ**の場所がわからず、トイレを探しているうちに間に合わずに便失禁してしまうことを**機能性便失禁**という。この場合、トイレの場所がわかれば、トイレに行って排泄できるため、トイレに**誘導**したり、トイレの場所をわかりやすくする**目印**をつけたりする等の支援が必要である。ポータブルトイレは、夜間等、**トイレまでの移動**が難しい場合に使用することが多い。
2　×　**下肢**筋力の低下等で移動に時間がかかる場合、トイレの**近く**に居室を移動する等、トイレまでの移動時間が**短く**なるように支援する。安易な**おむつ**の使用は**意欲低下**や**うつ状態**、寝たきり状態等を引き起こす恐れもある。
3　○　水分等を摂取して胃を刺激し、その信号を受けて大腸が蠕動運動を引き起こし、便を直腸へと送り出す**胃・結腸反射**は、睡眠の後の**朝食後**に特に起こりやすい。よって、便意がはっきりしていない人には、**朝食後**に時間を決めて**トイレへ誘導**するとよい。
4　×　下剤を内服している利用者の場合、**医師の指示**で下剤が処方されている。よって、介護福祉職の判断で勝手に下剤の内服を中止するのは適切で**ない**。
5　×　便失禁の種類を検討しないまま、「便失禁の回数が多い」という理由だけで食事の提供量を減らせば、**脱水症状**や**筋力低下**、**低栄養**状態等につながる恐れがある。まずは、腹部に力を入れた時に生じやすい**腹圧性**便失禁なのか、急

に便意を催して間に合わない**切迫性**便失禁なのか、自分の意思とは関係なく便が漏れ出てしまう**溢流性**便失禁なのか、歩行の衰えやトイレの場所がわからないことでトイレに間に合わない**機能性**便失禁なのか、その便失禁の種類を把握する。その上で腹圧性便失禁の場合は肛門を閉める骨盤底筋を鍛える**骨盤底筋**訓練、切迫性便失禁の場合は**下痢**を改善すること、溢流性便失禁の場合は下剤等を用いて便を**出し切る**こと等、それぞれの便失禁に応じた支援が求められる。

問題95 正解 4

女性利用者のおむつ交換をする時に行う陰部洗浄に関する設題である。

1 ✕ 陰部洗浄では**38〜39℃**程度の**ぬるま湯（微温湯）**を使用する。その際、温度計を使用するとともに、介護福祉職の**前腕内側**で熱くないか、冷たくないかも確認する。手のひら（手掌）は陰部よりも表皮が**厚い**ため、**手のひら（手掌）**で湯温を確認した場合、温度調節したつもりでも実際に陰部にかけた時には**熱く**感じる恐れがある。一方、前腕内側は皮膚の感度が高いため、**陰部洗浄での湯温の確認に適している。**

2 ✕ 陰部の**皮膚や粘膜は薄く傷つきやすい**ため、洗いすぎに注意する。例えば、石鹸を使用した陰部洗浄は1日1回程度を基本とする。皮膚の表面は**弱酸性**に保たれ、バリア機能が働き、細菌の繁殖を抑えている。一方、石鹸には**弱アルカリ性**のものが多い。そのような石鹸を使った**過度**の陰部洗浄は皮膚に刺激を与えるとともに皮膚の**自浄**作用を弱めさせ、皮膚トラブルの原因となる。

3 ✕ 陰部の皮膚や粘膜は**傷つきやすい**ため**こすり取る**ように洗わない。**泡立てた石鹸でなでる**ように優しく洗う。

4 ◯ 女性利用者の陰部洗浄では**感染予**

防のため、**尿道口**から洗い、最後に**肛門部**を洗う。

5 ✕ 陰部の皮膚や粘膜は薄いため、**蒸しタオル**で拭き取ると熱くて**火傷**する恐れがある。洗浄後は**拭き取り用ペーパー**や**おしり拭き**等を使用し、優しく**押し当てる**ように拭く。陰部の皮膚や粘膜は傷つきやすいため**こすらない。**

問題96 正解 4

日中の排尿回数が増えている利用者への介護福祉職の最初の対応に関する設題である。

1 ✕ 日中の排尿回数が増えているという理由だけで、水分摂取量を控えれば、**脱水**症状につながる危険性がある。1日の水分摂取量と排尿量は変わらないが、排尿回数が増えている要因の1つとして、加齢に伴い**膀胱**の弾力性が失われ、蓄えることができる**尿量**が減ったことが考えられる。適切な治療により症状の改善がみられることもある。

2 ✕ 事例には、Kさんがトイレに間に合わず失禁し、その後、トイレの近くで過ごすことが多くなり、趣味活動に参加することが少なくなったとある。ただし、この情報のみで不安や緊張等を緩和する**抗不安薬**の処方ができないかを看護師に相談するのは適切で**ない**。またKさんから「不安を緩和する薬がほしい」というような訴えは**ない**。

3 ✕ Kさんは日頃から「排泄は最期まで他人の世話にならない」と言い、自分でトイレに行って排泄している。介護福祉職がトイレに同行することは、Kさんの**思いを無視する**ことになる。

4 ◯ Kさんはトイレに間に合わず失禁した後、トイレの近くで過ごすことが多くなり、趣味活動への参加が少なくなっている。その要因として「また失禁しないか」というような**不安**をKさんが抱い

ている可能性がある。ここでは、介護福祉職の**最初**の対応が問われているため、「排泄について不安に感じていることはないか」をＫさんに**聞く**ことが適切といえる。

5　×　Ｋさんはトイレに間に合わず失禁した後、趣味活動に参加することが少なくなっている。そこで趣味活動に参加することが少なくなったＫさんの**思い**を把握することが重要となる。それを行わないまま、積極的に趣味活動に参加するように勧めた場合、Ｋさんに無理をさせ、かえってＫさんを**精神的**に追い詰める恐れがある。

問題97　正解　3

ノロウイルスによる感染症の予防のための介護福祉職の対応に関する設題である。

1　×　ノロウイルスによる感染症を予防するには、**二枚貝**等の食品の中心部温度が**85〜90℃以上**で**90秒間以上**加熱する。

2　×　ノロウイルスが含まれる嘔吐物（おうとぶつ）が乾燥した場合、ノロウイルスを含んだ埃が空気中に飛び散り、**飛沫**（ひまつ）感染する危険性が高まる。嘔吐物は、乾燥**前**に、**次亜塩素酸ナトリウム**を染み込ませたペーパータオルを用いて**速やか**に拭き取り、ビニール袋に入れて**密閉**し、所定の場所に廃棄する。

3　〇　嘔吐物を処理する際は、**感染症**予防を図るため、使い捨ての**マスクと手袋、エプロン**等を着用する。

4　×　ノロウイルスは様々な消毒剤に対して高い抵抗力があるため、例えば、アルコールの一種である**エタノール**を用いても除菌効果は得られない。ノロウイルスによる感染症の予防を図るには、**次亜塩素酸ナトリウム**を用いる。

5　×　ノロウイルスは**熱**に弱い一方、水やぬるま湯では消毒の効果が発揮されな

い。よって、感染症予防のため、嘔吐物のついたシーツは、ノロウイルスが飛び散らないように嘔吐物を拭き取り、**次亜塩素酸ナトリウム**が含まれた希釈液（きしゃくえき）に浸（ひた）した後、**85℃以上**で**1分間以上**の**熱水洗濯**を行う。

問題98　正解　5

弱視で物の区別がつきにくい人の調理と買い物の支援に関する設題である。

1　×　弱視で物の区別がつきにくい場合、**ガイドヘルパー**と一緒に買い物に行く。その際、何をどの店に買いに行くのか等の**要望**をガイドヘルパーに伝える。店では、その人が実際に商品を手に取る等、**本人**が自分で買う物を選択・決定できるように支援する。

2　×　**弱視**で物の区別がつきにくいため、貨幣（硬貨）（かへい（こうか））と紙幣（お札）（しへい）の**区別**がつきやすいよう、それぞれ**分けて**財布に収納する。貨幣（硬貨）は500円、100円、50円、10円、1円等、紙幣は10000円、5000円、1000円等というように**種類別**（しゅるいべつ）に収納することで必要な金額を取り出しやすくなる。

3　×　弱視で物の区別がつきにくい場合、包丁を調理台の手前に置くと誤って手を切ってしまう危険性がある。よって、安全に配慮するため、包丁は調理台の**奥**に**刃**（は）を向こう側にして置く。

4　×　弱視で物の区別がつきにくいため、まな板は食材と**異なる**色とし、**コントラスト**を付ける。例えば、白い野菜を切る際は、まな板の色を黒にする。

5　〇　弱視で物の区別がつきにくい場合、必要な調理器具をすぐに取り出せるよう、よく使う調理器具は、いつも**同じ**場所に収納する。

問題99　正解　3

関節リウマチのある人が少ない負担で家

事をするための介護福祉職の助言に関する
設題である。

1 × 関節リウマチがある場合、**朝**に手
足の**こわばり**が生じやすいので、**早朝**に
掃除を勧めるのは適切で**はない**。

2 × 関節リウマチは**寒い**時期に病状が
悪化したり、**冷水**や**冷気**によって痛みが増
したりする。食器を洗う際は、**お湯**を使う。

3 ○ **関節リウマチ**がある場合、関節の
保護を重視する。手指関節に負担をかけ
ないため、テーブルを拭く際は**手掌基部**
を使う。

手掌基部

4 × 瓶やペットボトルの蓋を開閉する
場合、手指関節に大きな負担がかかる。
関節リウマチがある場合や手指の筋力が
低下している場合、**キャップ（ボトル）
オープナー**を使用する。

キャップ（ボトル）オープナー

5 × 片手だけで物を持つよりも、両手
で物を持った時のほうが関節への負担が
軽減する。よって、洗濯かご等を運ぶ際
は**両手**で持つ。

問題100 正解 4

睡眠の環境を整える介護に関する設題で
ある。

1 × 下肢筋力の低下や膝の痛みがある
利用者が、腰が深く沈む柔らかいマット

レスを使用すると、ベッドからの起き上
がりや**立ち上がり**が困難になる恐れがあ
る。マットレスは柔らかすぎず硬すぎな
い、その人に**適した**物を使う。

2 × 頸部が前屈する高さに枕を調整し
た場合、気道が狭くなりやすく、**息苦し
さ**を感じる恐れがある。個人差はあるも
のの、枕は頸部の緊張を取り除き、自然
な呼吸が行えるよう、**15**度くらい首の
角度が**上がる**高さに調整する。

3 × 寝床内の温度が**20**℃では寒すぎ
て熟眠できないため、**33**℃程度に調整
する。なお、個人差はあるものの、睡眠
の環境として、室温は夏が**25**℃前後、
冬が**20**℃前後、湿度は年間を通して
50 ～ 60％に調整する。

4 ○ 臭気がこもると臭いが気になって
心地よく睡眠できないため、新鮮な**空気**
を入れて気分よく睡眠できるよう、寝室
の**換気**をする。その際は、事前にそのこ
とを利用者に伝え、**許可**を得る。

5 × 寝室のドアを開けたままにするこ
とは**プライバシー**の侵害につながる。

問題101 正解 1

利用者の入眠に向けた介護福祉職の助
言に関する設題である。

1 ○ 足浴や手浴は**副交感神経**を優位に
してリラックス効果を引き出し、心地よ
い睡眠につなげられる。よって、**入眠**に
向けた助言として適切である。

2 × 昼光色（**青白い光**）を浴びると自
然な睡眠を促す**メラトニン**の分泌が抑制
され、脳が活性化する。よって、こうし
た脳を刺激するような**昼光色（青白い光）**
は避け、メラトニンが増加しやすい**電球
色（オレンジの光）**を寝室の照明として
使用するとよい。その際、寝室は**30**ル
クス未満の暗めに設定する。

3 × 睡眠時、短く浅い呼吸を繰り返す
と、身体に十分な**酸素**が送られず、睡眠

不足や慢性疲労につながる危険性がある。また、短く浅い呼吸の際は交感神経が優位となり、身体をゆっくりと休ませることができない。睡眠時は深い呼吸を行い、副交感神経を優位にし、リラックスした状態でしっかりと身体を休ませる。

4　×　寝る前にトイレに行く、寝る前に好きな音楽を聴く等、個々の利用者がいつも就寝前に行う入眠への習慣があれば、その入眠儀式を尊重する。

5　×　寝る前に汗をかく運動や激しい運動を行った場合、交感神経が優位となり、心拍数が上がり、心身が興奮した状態となり、寝付けなくなる恐れがある。寝る前に運動を行うのであれば、就寝する30分〜1時間前までにストレッチといった軽めの運動を行う。これにより体温が適度に上がり、就寝する頃に体温が下がり始め、入眠しやすくなる。

問題102　正解　2

終末期（人生の最終段階）で終日臥床している利用者に対する介護福祉職の対応に関する設題である。

1　×　終末期（人生の最終段階）の利用者が肩まで湯に浸った場合、静水圧作用で心臓に負担がかかるとともに肺が圧迫され、呼吸が苦しくなる。利用者の状態・状況や医師の判断等に応じて、身体への負担が少ない清拭または半身浴を行う。

2　○　半座位（ファーラー位）は、上半身を約45度起こした体位のことで、仰臥位に比べて呼吸しやすい。よって、終末期（人生の最終段階）で臥床している利用者が息苦しさを訴えた場合は、半座位（ファーラー位）にするとよい。

3　×　終日、窓を閉めたままでは空気が室内にとどまりやすいため、適度に窓を開けて換気する。

4　×　終末期（人生の最終段階）であっても利用者との会話は重要である。死期

が近づき意識が低下した状態でも、聴力は最期まで残るとされているため、利用者への声かけは継続的に行う。

5　×　排便時に息を止めて腹に力を入れる行為は、血圧の急上昇や息苦しさにつながる。特に終末期（人生の最終段階）で終日臥床している利用者には大きな負担を強いる。

問題103　正解　5

介護老人福祉施設に入所する利用者の看取りにおける介護福祉職による家族への支援に関する設題である。

1　×　介護福祉職は、家族が希望すれば負担がかからない範囲で一緒に利用者の介護を行う等、家族が利用者と最期の時を一緒に過ごせるように支援する。ここでの介護は、利用者とのコミュニケーションや清拭等を指す。

2　×　意識が低下した状態等でも、聴力は最期まで残るとされている。たとえ利用者の反応がない場合でも、声をかけることは重要である。

3　×　利用者の死後、遺族がその悲しみから立ち直れるように支援することをグリーフケアと呼び、その視点からも、利用者が亡くなられた後、家族の悲しみや不安が強くなりすぎていないか等を面談や電話等で確認することは重要である。ただし、家族にはそれぞれの都合があるため、毎日電話した場合、かえって迷惑をかける恐れもある。

4　×　家族への軽率な励ましは、「私は悲しんでいるのに、なぜわかってもらえないのか」というように家族の思いとのズレを生じさせ、家族を精神的に追い詰める恐れがある。

5　○　グリーフケアでは、利用者と死別した家族や友人等の思いや感情の表出を促し、心のケアを行っていく。家族が「悔いが残る」等と発言した場合、その

家族の話を**傾聴**し、思いに寄り添ってねぎらう姿勢が求められる。

問題104　正解　2

利用者の障害特性に適した福祉用具の選択に関する設題である。

1　×　ストッキング（ソックス）エイドは、プラスチック製の本体にストッキングやソックスをかぶせ、つま先を入れながら両脇の紐を引き上げ、ストッキングやソックスに**足**を通す自助具である。主に**関節リウマチ**や腰痛等で深い**前傾**姿勢をとったり、足元まで**手**を伸ばしたりすることが困難な利用者が使う。

ストッキング（ソックス）エイド

2　○　全盲の利用者は目が見えないため、視覚機能以外の**聴覚**や**触覚**、**嗅覚**、味覚を活用する。例えば、調理をする際は、調理温度や調理時間、注意事項等を音声で伝えてくれる**音声ガイド付き電磁調理器**を使用するとよい。

3　×　床置き式手すりは、床に置くタイプの手すりのことで、工事を伴わずに設置でき、介護保険制度では**福祉用具貸与**の対象となる。主に**立ち上がり**が困難な利用者が使用する。

4　×　交互型歩行器は、左右の握り手（グリップ）を交互に動かしながら前に進むタイプの歩行器であるため、**両手を使える**ことが使用条件となる。**片麻痺**のある利用者には不向きである。

5　×　体圧分散クッションは、主に**車いす**に乗っている時間や**座位姿勢**の時間が長い利用者が使用する。

問題105　正解　1

福祉用具等を安全に使用するための方法に関する設題である。

1　○　車いすを**たたむ**際や**止める**際、ベッドから車いすに**移乗**する時等は、必ず**ブレーキ**をかける。ブレーキをかけ忘れた場合、**車いす**が勝手に動き出して人にぶつかったり、車いすから**転落**したりする危険性が高くなる。

2　×　入浴用介助ベルトは、入浴介護における介護福祉職の負担軽減を図るとともに利用者の立ち上がりを補助する福祉用具である。シャワーチェア等から**立ち上がる**際は、利用者が**前傾**姿勢をとり、徐々に重心を**前方**に移して立ち上がれるよう、入浴用介助ベルトを使用する。

入浴用介助ベルト

3　×　差し込み便器は、トイレやポータブルトイレでの排便が困難な場合に**仰臥位**で使用する。便器は**肛門**が便器の**中央**に位置するように入れる。また、**腹圧**をかけやすくするため、ベッドをギャッジアップして上体を少し**起こす**ことも重要である。

4　×　移動用リフトで吊り上げる際は、利用者の身体が回転したり、利用者が不安になったりしないよう、**声かけ**を行いながら利用者の身体を**手**で支える。その

際、介護福祉職は**周囲の状況**に加え、利用者の**表情**も確認する。

5　×　スロープは**段差**に伴う移動の困難さを解消し、**車いす**等による移動をスムーズにする福祉用具である。簡易スロープは、一般的に埋め込み等の工事が**不要**で、置くだけで使用できる。介護保険制度では、**工事が必要な場合は住宅改修**、不必要であれば**福祉用具貸与**(たいよ)の対象となる。

介護過程

問題106　正解　5

介護過程を展開する目的に関する設題である。

1　×　介護過程では、利用者の**望む生活**や**より良い生活**の実現、**生活課題**の解決、**QOL（生活の質）**の向上等が目的となる。これらの内容からも明らかなように、介護過程は、業務効率を優先するために行うもの**ではない**。

2　×　介護過程では、医師との連携も重要となるが、医師だけでなく、利用者や家族、同じ介護福祉職、関連職種等、多くの関係者と**多職種連携・多職種協働**を図ることが求められている。

3　×　介護過程は**アセスメント→介護計画の作成→実施→評価**という流れで行われ、介護福祉職は**介護計画**を作成する。一般的にケアプランは**ケアマネジャー（介護支援専門員）**が作成する。

4　×　介護過程の目的の１つとして、一人ひとりの利用者に応じた**個別ケア**の展開が挙げられている。画一的な介護を実現することではない。

5　○　介護過程では、利用者が望む生活の実現に向けて、**根拠**(こんきょ)に基づいた支援を展開する。それは、根拠を明確にし、その支援をなぜ行うのか、利用者や家族等

への**説明責任（アカウンタビリティ）**を果たすためにも重要となる。

問題107　正解　5

介護過程を展開した結果を評価する項目に関する設題である。

1　×　介護過程の**評価**は利用者へのより良い支援を目指して行われる。よって、実施に要した日数よりも、実施した**結果**やそれに付随(ふずい)する利用者の**満足度**や短期目標の**達成度**、介護福祉職の支援内容・方法の**妥当性**(だとうせい)等のほうを評価する項目として優先する。

2　×　介護過程では実施した結果に加え、**アセスメント**や**介護計画**の作成を含め、一連の介護過程がどうであったかを利用者の視点から評価する。このうち、アセスメントに対する**評価**では情報収集に要した時間よりも、**情報収集**は適切に行えたか、収集した情報に基づき見出した**生活課題**は適切であったか等を評価する内容として優先する。

3　×　介護過程は**アセスメント→介護計画の作成→実施→評価**という流れで展開されるため、評価の前にあるアセスメントと介護計画の作成と実施に関する**評価**が主に行われる。評価に要した時間は評価する項目として優先順位が高い**とはいえない**。

4　×　介護過程は、**利用者の望む生活の実現**や利用者の**自己決定**の尊重等を目的として展開される。介護福祉職チームよりも支援を受けた**利用者の満足度**を評価する項目として優先する。

5　○　長期目標を達成するために設定した段階的な目標が**短期目標**である。その**短期目標**の達成に適した支援内容・方法を**介護計画**として作成し、実施につなげていく。こうしたプロセスに基づき、介護過程では**短期目標**の達成度はどうであったか、介護計画の内容・方法は適切で

あったか、支援を受けた**利用者**の満足度はどうであったか等を**評価**する。その際、複数ある**短期目標**は集約して評価せず、**それぞれの短期目標**に対して評価する。

問題108　正解　4

居宅サービス計画と訪問介護計画の関係に関する設題である。

1　×　介護支援専門員は、ケアマネジメントの中のアセスメントによって見出された利用者の**生活課題（ニーズ）**に基づいて**居宅サービス計画**を作成する。訪問介護計画は、訪問介護事業所のサービス提供責任者が作成する（指定居宅サービス等の事業の人員、設備及び運営に関する基準第24条第1項）。

2　×　介護支援専門員が作成した**居宅サービス計画**に基づき**訪問介護事業所**のサービス提供責任者が訪問介護計画を作成するため、双方の計画は**連動**している。居宅サービス計画の目標が変更された場合、その目標の達成に向けて訪問介護計画の内容・方法も見直す。

3　×　訪問介護計画は訪問介護事業所の**サービス提供責任者**が作成するため、**介護支援専門員**が作成する居宅サービス計画と同じ内容を訪問介護計画に転記するのは適切で**はない**。また、訪問介護計画に基づき**訪問介護員**が実際にサービスを提供するため、訪問介護計画には居宅サービス計画の内容以上に利用者への支援内容・方法や支援上の留意点等を**具体的**に記載する。

4　○　介護支援専門員が作成した居宅サービス計画と訪問介護事業所の**サービス提供責任者**が作成した訪問介護計画は**整合性**がなければならない。よって、**居宅サービス計画**に沿って訪問介護計画を作成する必要がある。

5　×　介護支援専門員は、ケアマネジメントに基づき**居宅サービス計画**の原案を作成し、その中身について利用者や家族に**説明**して同意を得る。その後、**介護支援専門員**が必要なサービスを利用者が利用できるよう、各サービス事業所と連絡調整を図る。よって、**居宅サービス計画**を作成後、**訪問介護計画**を作成するのが基本である。

問題109　正解　2

軽度の認知症の利用者が急に立ち止まった行動の解釈に関する設題である。

1　×　買い物ツアー時間の延長の要求をLさんは発して**いない**。急に立ち止まった行動を買い物ツアー時間の延長の要求として解釈するのは**難しい**。

2　○　「ここはどこなの。どこに行くの」と**不安**そうにLさんは言っている。よって、Lさんが急に立ち止まった行動は、自分のいる**場所**がわからない不安があると解釈するのが適切といえる。

3　×　Lさんから「疲れた」「休みたい」等の訴えは**ない**。よって、急に立ち止まった行動を「休憩したい」という訴えとして解釈するのは**難しい**。

4　×　事例には買い物ツアー当日「介護福祉職と**笑顔**で買い物をする様子が見られた」とある。よって、店での**介護福祉職**の支援に対してLさんが不満を抱いたとは考え**にくい**。

5　×　「一人で帰りたい」等の訴えをLさんは発して**いない**。よって、「一人で帰りたい」という訴えがあるとは考え**にくい**。

問題110　正解　1

短期目標と支援内容を見直すカンファレンスで介護福祉職が提案する内容に関する設題である。

1　○　軽度の認知症があるLさんは、自宅近くで保護された時に「ここはどこなの」と言っていたこと、買い物の後にも

「ここはどこなの」と不安そうに言ったことから、**見当識障害**があると予測できる。つまり、見当識障害によって、**場所**がわからなくなり、Lさんには「帰れなくなるのではないか」といった**不安**があると考えられる。よって、Lさんに対しては外出先から帰れなくなる不安への対応を優先する。

2　×　Lさんには軽度の認知症があり、**見当識障害**があると予測できる。例えばLさんが発した「ここはどこなの」は見当識障害によって場所が**わからない**ことが影響していると考えられる。よって、不安等で表情がかたくなった時に帰り道を変更したとしても、Lさんが**場所**を認識できるようになるわけではない。行きと帰りの道が異なることでかえってLさんが混乱してしまう。

3　×　Lさんは「近くのスーパーへの買い物ツアーに参加**したい**」と希望したことから、すでに外出する**意欲**はあると考えられる。

4　×　Lさんは要介護1で**身体機能**の問題がなく、外出ができている。歩行時の躓（つまず）きやバランスの崩れ等の記載もみられ**ない**ため、歩くための身体機能の改善は**不適切**といえる。

5　×　事業所に馴染めない等の言動をLさんから確認することはできない。よって、事業所をなじみの生活空間にするという提案は適切と**はいえない**。

問題111　正解　3
脳性麻痺（のうせいまひ）がある利用者の発言から個別支援計画を立案するために把握すべき情報に関する設題である。

1　×　障害福祉サービスでは、利用者に作成される介護計画にあたるものを**個別支援計画**と呼ぶ。個別支援計画を作成するにあたっても、介護計画と同様、利用者の**したい**ことや**好きなこと**等、利用者の関心事や**ストレングス（強み）**に着目することは重要である。事例を読む限り、競技で使われているボールの種類に関してMさんは発言をして**いない**。一方、Mさんはパラリンピックのテレビ中継を見て「ボール投げるの、おもしろそう」と話していることから、Mさんはボールの種類ではなく、ボールを使った**競技**に関心があることがうかがえる。

2　×　障害福祉サービスで作成される個別支援計画も介護計画と同じく、**ICF（国際生活機能分類）**等に基づきながら利用者に関する情報収集を行い、利用者の**生活課題**を見出す。よって、話を聞いた介護福祉職の感想ではなく、利用者の思いや希望等、利用者が自ら発した情報の把握のほうが重要である。

3　○　障害福祉サービスで作成される個別支援計画も介護計画と同様、その立案にあたっては可能な限り利用者本人の**思いや希望**等を反映する。なぜ「ボール投げるの、おもしろそう」と話したのか、その競技を今後行いたいと思っているのか等、競技に対するMさんの**意向**を把握することが重要である。

4　×　障害福祉サービスで作成される個別支援計画の中身も介護計画と同様、家族ではなく、**利用者**が望む生活の実現に向けて検討される。Mさんの**個別支援計画**を立案するため、母親ではなく、Mさん**自身**のパラリンピックの関心度に着目しながらMさんの情報収集を行うことのほうが重要である。

5　×　テレビ中継を見ていた時間ではなく、Mさんが何を思って「ボール投げるの、おもしろそう」と話したのか等、Mさん自身の**思いや考え**等を把握することのほうが重要である。

問題112　正解　4
利用者の思いを聞いた介護福祉職の対

応に関する設題である。

1 × 事例を読む限り、「脳性麻痺による筋緊張から回復する訓練をしたい」というようなMさんの意向(いこう)を確認することは**できない**。

2 × Mさんは軽度の知的障害があるものの、自分の**意思**を伝えることができる。また、パラリンピックのテレビ中継を見てスポーツに関心を抱いたのはMさん自身であるから、**Mさん自身**が通いたいスポーツクラブを**自己選択・自己決定**できるように支援する。

3 × 「このスポーツクラブが近いから」という1つの情報だけで十分な検討もせずに入会してしまった場合、「こんなはずではなかった」と後で**後悔**(こうかい)する恐れもある。この場合、まずは、そのスポーツクラブではどのような競技が行えるのか、電動車いすでも出入りできる施設設備となっているか等、Mさんがスポーツクラブを選ぶにあたって必要と思われる**情報**を提供する。

4 ○ Mさんは「このスポーツクラブが近いから、入会前に体験したい」と伝えている。ただし、場所が近いという理由だけではスポーツクラブの適切な**選択**につながらない。Mさんが**したい**ことが本当にそのスポーツクラブで行えるか、電動車いすでも出入りできる施設設備となっているか、スタッフの人数は何人か、費用はどのくらいか等、Mさんの**意思決定**に必要な情報をしっかりと提供する。

5 × **相談支援専門員**は利用者の意向等を確認しながらサービス等利用計画を作成する。Mさんの**サービス等利用計画**の総合目標には「やりたいことに挑戦し、生活を充実させる」とあるため、すでに相談支援専門員はMさんの**したい**ことを尊重している。よって、スポーツクラブに入会するかどうか、どのスポーツクラブにするか、どのようなスポーツを行うか等について相談支援専門員に**相談**するのは問題ないが、その都度許可を得る必要は**ない**。

問題113 正解 3

介護福祉職が事例研究を行う目的に関する設題である。

1 × 施設・事業所の**介護の理念**とは、その施設・事業所がどのような考えに基づき利用者への介護を展開するのかを示した基本的な方針・姿勢を示す。よって、介護福祉職の能力を調べることは、介護福祉職が事例研究を行う主たる目的と**はいえない**。

2 × 介護福祉職が事例研究を行う主な目的は、利用者への支援を振り返る中で実践の**根拠**を明確にしたり、より良い支援方法を**提案**したりすることである。介護福祉職が事例研究を行う主たる目的と**はいえない**。

3 ○ 介護福祉職が事例研究を行う主な目的は、介護福祉職が利用者に行った介護福祉実践を**振り返る**中で疾患(しっかん)・障害別に応じた支援内容・方法や**困難事例**への対応方法等を明らかにすること、**新たな介護福祉実践を提案すること、介護福祉の原理原則を導き出すこと等である。

4 × **介護報酬**(ほうしゅう)とは施設・事業者が利用者にサービスを提供した際に、その対価として施設・事業所に支払われる報酬である。介護福祉職が事例研究を行う主たる目的と**はいえない**。

5 × 介護福祉職が事例研究を行う目的には、介護過程から**利用者**への介護福祉実践を振り返ることに加え、**介護福祉職チーム**や多職種との連携方法のあり方を明らかにすること、**教育・研修**の一環として成長する機会になること等も挙げられる。よって、介護福祉職自身の満足度の充足は、介護福祉職が事例研究を行う主たる目的と**はいえない**。

総合問題（総合問題１）

問題114　正解　4

アルツハイマー型認知症がある利用者の脳に萎縮が顕著にみられる部位に関する設題である。

1　×　Aは前頭葉である。主に思考や感情、理性、人格、意欲等のコントロールをつかさどる。

2　×　Bは頭頂葉である。主に位置・方向等の視空間認識をつかさどる。

3　×　Cは後頭葉である。脳の視覚野の大部分を占め、主に色・形等の視覚をつかさどる。

4　○　Dは海馬である。「医師から、脳の記憶をつかさどる部分が顕著に萎縮した」とあるように脳の中で記憶をつかさどる海馬の部位を示したDが、最も適切となる。なお、海馬が短期記憶の保存に関与しているのに対し、大脳皮質は長期記憶の保存に関与している。

5　×　Eは小脳である。主に運動の調節や平衡感覚をつかさどる。

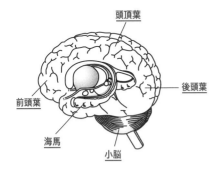

問題115　正解　2

地域包括ケアシステムの互助に関する設題である。

1　×　自助とは、自分の力で生活したり、自分の力で健康管理（セルフケア）したりする等、自らの力で課題への対応を行うことである。Aさんの雪かきの課題に対して「近所の人たちが雪かきをしてくれることになった」とあるため、これは自助ではない。

2　○　互助とは、近隣住民による支援や住民組織による活動、ボランティアによる支援等、地域福祉向上のための住民同士による支え合いのことである。Aさんの雪かきの課題に対して「近所の人たちが雪かきをしてくれることになった」とあるため、互助に該当する。

3　×　地域包括ケアシステムでは、様々な生活上の課題を解決するにあたって、自助、互助、共助、公助の連携が重要である。介助は入っていない。

4　×　地域包括ケアシステムでは、様々な生活課題を解決するにあたって、自助、互助、共助、公助の連携が重要である。扶助は入っていない。

5　×　公助とは、自助・互助・共助では対応できない生活困窮等に対し、税による公の負担で対応を行うことである。例えば生活保護や一般財源による高齢者福祉事業、人権擁護・虐待対策が公助に含まれる。近所の人たちによる雪かきは住民同士による支え合いに該当するため、公助ではない。

問題116　正解　3

アルツハイマー型認知症がある利用者の薬の飲み忘れを防止するための対応に関する設題である。

1　×　薬の一包化とは、朝食後・昼食後・夕食後というように服薬するタイミングが同じ薬や1回に複数の薬を服薬する場合に、それらを1袋ずつにまとめてパックすることである。この一包化によって薬の飲み忘れや飲み間違い、錠剤等の紛失を防ぐことにつながる。アルツハイマー型認知症があるAさんの場合、物忘れ（記憶障害）があるため、薬の一

包化を行わなければ、飲まなければならない薬がバラバラになり、どの薬を飲んだか、どの薬を飲んでいないかを忘れる可能性が高い。

2　×　Ａさんが薬を飲み忘れないように、娘のほか、雪かき等に来てくれた**近所の人たち**がＡさんの服薬状況を確認する方法も考えられる。こうした家族や近隣住民といった**インフォーマル**な社会資源の活用も含めて、Ａさんの薬の飲み忘れを防止する方策を検討する。

3　○　**お薬カレンダー**とは、例えば○月○日○時と記載されたカレンダーにポケットが付いており、そこに薬を入れ、日付順に忘れずに服薬していけるようにするものである。Ａさんは日時に関する**見当識**には問題がないため、お薬カレンダーの使用は可能である。

4　×　残薬が確認されたものの、Ａさんはそれ以外の**薬**は飲めている。よって、Ａさんは、薬の飲み忘れがあるものの、薬自体は一人でも**飲める**ため、一人で薬を服用しないように伝えるのは適切で**はない**。ここでは、Ａさんの薬の飲み忘れの防止に焦点を当てつつも、Ａさんが**できる**ことを減らすのではなく、Ａさんができることを**維持・拡大**するにはどうすればよいかという視点が重要となる。

5　×　薬の飲み忘れに気がついた際、訪問介護員が勝手に２回分を服用するように伝え**てはいけない**。こうした場合、訪問介護員は**サービス提供責任者**に連絡し、連絡を受けたサービス提供責任者はＡさんを担当する**医師**や**薬剤師**等に報告して対応方法を検討する。

総合問題（総合問題２）

問題117　正解　2

右片麻痺がある利用者の四点杖歩行（よんてんづえ）を見守る時に介護福祉職が立つ位置に関する設題である。

1　×，2　○，3　×，4　×，5　×

片麻痺（かたまひ）のある利用者が杖歩行する際、麻痺（ひ）（患）側**後方**または**麻痺**（患）側**斜め後方**に転倒する危険性が高い。Ｂさんには右片麻痺があるため、四点杖歩行する際は、**麻痺**（患）側の**右側後方**または**麻痺**（患）側の**右斜め後方**で見守る。

問題118　正解　5

うまく話せないこともある利用者とコミュニケーションをとるための方法に関する設題である。

1　×　補聴器は**難聴**のある人の聴力を補う福祉用具である。事例には「他者の話を聞き取って理解することは、問題なくできていて」とあるため、Ｂさんには難聴が**ない**と考えられる。

2　×　五十音表の活用は、発声や発音がうまくできなくなる**構音障害**（こうおん）のある人が、相手に自分の意思を伝える際に有効である。一方、五十音表を活用した場合、仮名（かな）を指しながら言葉を伝えるため、慣れていないと**時間**と労力がかかる上、何を伝えたいのかをかえって相手が読み取りづらくなる。さらに言葉の理解は比較的**できる**が、うまく**話す**ことができない**運動性失語**のある人は漢字よりも**仮名**のほうが理解しにくい。事例からはＢさんが75歳で高齢であること、**運動性失語**がある可能性が高いことがわかるため、Ｂさんには五十音表の活用が適切と**はいえない**。

3　×　手話は**聴覚障害**のある人とコミュニケーションを図る１つの手段である。

「他者の話を聞き取って理解することは、問題なくできていて」とあるため、Bさんには聴覚障害はないと考えられる。

4　×　事例には「他者の話を聞き取って理解することは、問題なくできていて」とあるため、Bさんに難聴はないと考えられる。よって、大きな声で話しかける必要はない。仮に大きな声で話しかければ、うるさく聞こえ、それが苦痛につながる。

5　○　運動性失語では言葉の理解は比較的できるが、うまく話せない。Bさんは、うまく話すことができないが、他者の話を聞き取って理解することはできているため、Bさんには運動性失語があることが予測できる。運動性失語のある利用者とコミュニケーションを図る際には、閉じられた質問や絵・写真等の活用が有効となるため、Bさんには「はい」か「いいえ」または簡単な単語で回答できる閉じられた質問を用いる。

問題119　正解　1
Bさんの現在の希望に沿った介護計画の見直しに関する設題である。
1　○　Bさんには「四点杖で一人で歩けるようになりたい」という希望があるため、歩行能力を高められるよう、生活場面の中で歩行する機会を増やす。
2　×　Bさんの状況はどうか、短期目標の達成度はどうか、Bさんの満足度はどうか、新たな課題が生じていないか等、介護計画の実施前に評価すべき内容を介護福祉職同士で確認し、あらかじめ評価日を設定しておく。これにより介護福祉職チームとして組織的に評価することが可能となる。
3　×　Bさんには「居室から食堂まで、四点杖で一人で歩けるようになりたい」という希望がある。よって、他の利用者と一緒に実施できる内容ではなく、まず

は歩行に焦点を当てる必要がある。
4　×　Bさんは「他者と交流したい」等の発言をしていない。一方、Bさんには「居室から食堂まで、四点杖で一人で歩けるようになりたい」という思いがあるため、その内容に関連した目標を設定する必要がある。
5　×　自己決定の尊重という視点から、歩行練習を行う時間は、介護福祉職と相談する中で最終的にBさん自身が決める。その上で歩行練習を行う時間帯や場所、内容・方法、留意点等について介護計画に記載し、それらをBさんに説明して同意を得る必要がある。

総合問題（総合問題3）

問題120　正解　3
脳梗塞の後遺症で左片麻痺等がある利用者にみられた失行に関する設題である。
1　×　構成失行は、高次脳機能障害の症状の1つで、対象の位置関係を把握できない、目でとらえた形から空間を認識できないのが特徴である。そのため、図形を模写できなかったり、積み木で指定された形を作ることができなかったりする。
2　×　観念失行は、高次脳機能障害の症状の1つで、道具等の物の名前はわかっているものの、それを使った一連の流れに基づく動作ができないのが特徴である。例えば、手紙はわかっているものの、その手紙を封筒に入れて封をするはずが、手紙を入れずに封をしてしまう。また、急須はわかっているものの、急須の中に湯を入れるはずが、急須に蓋をしたまま、ポットから湯を入れようとする。
3　○　着衣失行は、高次脳機能障害や認知症でみられる症状の1つで、身体機能に問題がないにもかかわらず、ズボン

を頭に入れようとする等、**衣服の上下・前後・着る方法**がわからなくなり、**衣服**を正しく着ることができなくなる。Dさんは、上着の袖に頭を入れようとし、「どうすればよいかわからない」と答えているため、Dさんにみられた失行は、着衣失行である。

4 × **顔面失行**は、高次脳機能障害による症状の１つで、口や舌、頬等の顔の動作が反射的には行えるものの、口や舌、頬等を**意識**して動かそうとした場合、動かすことができないのが特徴である。例えば、口から舌を意識的に出そうとした場合、出すことができない。

5 × **観念運動失行**は、高次脳機能障害の症状の１つで、自発的な動作や意識せずに行っている動作は行えるが、他の人からの**指示に従って**の動作や他の人の動作をまねる**模倣**等ができない。

問題121 正解 5

脳梗塞の後遺症で左同名半盲等がある利用者への食事の支援に関する設題である。

1 × 事例にはDさんが肥満傾向で食事量を制限する必要がある等の情報は記載されて**いない**。それにもかかわらず、食事の量を少なくすれば、身体を動かすために必要な**エネルギー**が十分に得られず、集中力や**筋力**の低下等、心身に悪影響を及ぼす恐れがある。

2 × 事例には食事の際、テーブルが低いため、**食事姿勢**が崩れている等の情報は記載されていない。それにもかかわらず、テーブルを高くすれば、適切な姿勢で食事をすることができなくなる。その結果、**上肢**が動かしづらくて食器を落としたり、**顎**が上がることで**誤嚥**の危険性が高まったりする。

3 × Dさんは左側にある食べ物を残すことはあるものの、食事はスプーンを使

用して自分で**食べる**ことができる。また、スプーンを持つ手を介助してほしいというような発言はして**いない**ため、**残存能力**の活用や自立支援の観点から、スプーンを持つ手を介助する必要は**ない**。

4 × バネつき**箸**は、**関節リウマチ**等で手指に拘縮がある、痛みや筋力低下で握力が弱いといった理由で通常の箸が上手く**使えない**場合に使用する自助具である。Dさんは、食事は**スプーン**を使用して自分で食べていること、スプーンではなく、箸を使いたいというような要望は出されて**いない**ことから、バネつき箸に替える必要は**ない**。

5 ○ **同名半盲**とは、右側か左側のどちらか半側しか見えない状態のことである。Dさんには左同名半盲があるため、**左側**は見えず、**右側**しか見えない。そのため、Dさんは「左側が見づらい」と話し、左側にある食べ物を残すことがある。よって、食事が見えるようにDさんから見て**右寄り**に配膳する。

問題122 正解 2

利用者の発言内容に合う障害福祉サービスに関する設題である。

1 × **就労継続支援**では、一般企業等での就労が困難な人を対象に、働く場を提供するとともに、その知識や能力の向上のために必要な訓練を行う。**雇用契約**を結んで利用する場合はA型となる。Dさんは人と交流する**機会**を増やしたいと望んでいるが、**契約を結んで働きたい**といった発言は**していない**。

2 ○ 障害者総合支援法に位置付けられている地域活動支援センターには障害者等が通い、そこで**創作的活動**や**生産活動**を行ったり、社会との**交流**を図ったりする。Dさんは38歳で障害支援区分3であり、「人と交流する**機会**を増やしたい」「生産活動ができるようなところに

行きたい」と希望している。よって、D
さんの希望を叶える障害福祉サービスと
して、地域活動支援センターの利用が最
も適し**ている**。

3 × 療養介護では、**医療**と**常時**の介護
を必要とする障害者等に、主に昼間、医
療機関で機能訓練や療養上の管理、看
護、介護、日常生活上の援助を行う。D
さんは医療と**常時**の介護を希望していな
い上、そもそも**医療機関**で療養しなけれ
ばならない状態ではない。

4 × 就労定着支援では、**就労移行支援**
等を経て一般企業等での就労に移行し
た人を対象に、就労に伴う生活面の課題
を把握するとともに、就職先や関係機関
との**連絡調整**等の支援を行う。Dさんは
週3回、居宅介護を利用しながら妻と
二人で生活しており、一般企業等で就労
し**ていない**。

5 × 相談支援事業には、①障害者やそ
の家族等からの相談に応じ、情報提供や
助言等を行う**基本**相談支援、②精神科
病院から地域生活に移行したり、単身で
生活を送ったりするために必要な相談を
行う**地域**相談支援、③サービス等利用計
画の作成等の相談に応じる**計画**相談支
援がある。このうち①と②を担うのが**一
般相談支援事業**、①と③を担うのが**特定
相談支援事業**となる。例えば、一般相談
支援事業を利用してDさんの発言内容
に合う障害福祉サービスを検討すること
も可能である。ただし、すでに「人と**交
流**する機会を増やしたい」「**生産活動**が
できるようなところに行きたい」といっ
た具体的な希望がDさんから出されて
いること、設問の選択肢の中にDさんの
希望と合致する「**地域活動支援センタ
ーの利用**」が明記されていることから、
相談支援事業の利用が最も適切と**はい
えない**。

総合問題（総合問題4）

問題123 正解 2

　自閉症スペクトラム障害があるEさんの
ストレングス（strength）に関する設題で
ある。

1 × ストレングス（strength）とは利
用者の意欲（～したい）、能力（～できる）、
嗜好（～好き）等の**強み**を指す。Eさん
は、予定外の行動や集団行動は**とりづら
い**。よって「行動力があり、すぐに動く」
ことは得意と**はいえず**、Eさんのストレ
ングスに該当し**ない**。

2 ○ 事例によれば「毎日のスケジュー
ルを**決め**、規則や時間を守ってプログラ
ムに**参加**している」ことがEさんの**強み**
として読み取れる。これは「自分で決め
たことを継続する」というストレングス
に該当**する**。

3 × 事例にはEさんが「新しいことを
思いつく」といった内容が記載されてい
ない。むしろEさんは「毎日のスケジュ
ールを決め、規則や時間を守ってプログ
ラムに参加している」が「予定外の行動
や集団行動はとりづらい」とあるため、
新たな取り組みや変化への適応が**苦手**
であると考えられる。

4 × Eさんは「話すよりも絵や文字を
示したほうが伝わりやすい」とあるため、
Eさんは会話のみによるコミュニケーシ
ョンが**苦手**であると考えられる。よって、
コミュニケーション力が高いと**はいえ
ず**、Eさんのストレングスに該当し**ない**。

5 × Eさんは、周りの人や物事に関心
が向**かない**。よって、いろいろなことに
興味がもてると**はいえず**、Eさんのスト
レングスに該当し**ない**。

問題124 正解 1

　自閉症スペクトラム障害がある利用者の

特性を考慮して実施する避難訓練に関する設題である。

1 ○ 自閉症スペクトラム障害がある場合、**ジェスチャー**から意味を読み取ることが苦手であるため、言葉による説明に加え、**絵やメモの活用**が有用となる。Eさんの場合も絵や文字を示したほうが伝わり**やすい**。よって、Eさんの特性を考慮し、避難訓練の際は、災害時に使用する意思伝達の**イラスト**を用意する。

2 × 自閉症スペクトラム障害があるEさんは、**集団**行動がとりづらいため、**対人関係や社会的な交流**が苦手であると考えられる。よって「食事等の日課を集団で行えるようにする」のは、Eさんの特性を考慮して**いない**。

3 × 自閉症スペクトラム障害があるEさんは、**予定外**の行動がとりづらいため、突然の予定変更等の**変化**への適応が苦手であると考えられる。よって「予告せずに避難訓練を行う」のは、Eさんの特性を考慮して**いない**。

4 × 災害発生時、配慮が必要な利用者はEさんだけではなく、避難するのもEさんだけ**ではない**。よって、避難訓練は災害発生時を想定し、Eさん以外の利用者や職員を含めて**施設全体**で行う。その際、近隣住民の協力を得る等、**地域**との連携も重要である。

5 × 自閉症スペクトラム障害があるEさんは**予定外**の行動がとりづらいことから、**変化**への適応が苦手であると考えられる。よって、避難訓練の際、援助する人によってEさんへの対応を変えた場合、Eさんが**混乱**してしまう。Eさんへの対応方法を事前に確認し合い、避難を援助する人によってEさんへの対応が**変わらない**ようにする。

問題125　正解　1

障害者支援施設が災害発生に備えて取り組む活動に関する設題である。

1 ○ 一般的に障害者支援施設は介護老人福祉施設や介護老人保健施設等とともに**福祉避難所**に指定される。福祉避難所の場合、**要配慮者**とその家族が避難対象者となる（福祉避難所の確保・運営ガイドライン（内閣府））。それを踏まえ、V障害者支援施設は、災害発生に備え事前に**受け入れ対象者**を確認しておく。

2 × 災害派遣医療チーム（DMAT：Disaster Medical Assistance Team）は、災害時に主に重症患者に対して救急医療を行う医療チームを指し、専門の訓練を受けた医師、看護師、薬剤師等から構成される。災害発生に備え、都道府県はDMAT運用計画を策定し、**医療機関**との協定の締結を行い、災害時に計画に基づきDMATを運用できるようにしておく。つまり、DMATは指定された**病院**等を拠点とし、障害者支援施設を拠点として活動しているわけではない。一方、障害者等の要配慮者が避難する福祉避難所には主として**災害派遣福祉チーム**（DWAT：Disaster Welfare Assistance Team／DCAT = Disaster Care Assistance Team）が派遣され、相談援助や食事・入浴・排泄等の介護、エコノミークラス症候群を予防する運動指導といった福祉的要素が強い支援が行われる。

3 × 施設には、災害が発生した場合であっても、すべての利用者にサービスが安定的・継続的に提供できるよう、**事前に**対応方針や対応手順、職員体制等を示した**BCP**（Business Continuity Plan：業務継続計画）の作成が求められている。BCPに基づき災害発生時の職員の役割分担も**事前に**決めておき、それに沿った避難訓練等を実施する必要がある。

第35回

4　×　サービス等利用計画は、障害者総合支援法で**介護給付**や**訓練等給付**といった障害福祉サービスを利用する場合に作成するものであり（同法第 5 条第 22 項）、障害者支援施設が災害発生に備えて要配慮者に作成するもので**はない**。

5　×　要配慮者とは、**自力での避難**が困難な高齢者や障害のある人、乳幼児、妊産婦、傷病者、難病患者等、災害発生時に特に配慮や支援が必要となる人を指す。こうした要配慮者は自分で避難することが**できない**ため、援助する人による支援が必要である。

解答・解説

第34回
（令和4年1月）

人間の尊厳と自立

問題1　正解　4

『ケアの本質－生きることの意味』を著した人物に関する設題である。

1　×　神谷美恵子は、日本における**ハンセン病**医療に尽力した精神科医・著述家で、著書『**生きがいについて**』で、**苦しみや悲しみの底にあっても朽ちない希望や尊厳**について述べた。

2　×　戦災孤児と知的障害児の施設「**近江学園**」を創立した糸賀一雄は、「**この子らを世の光に**」という言葉を通して、人間尊重の福祉の取り組みを展開した。

3　×　フローレンス・ナイチンゲールは、著書『**看護覚え書**』において、「**看護はすべての患者に対して生命力の消耗を最小限度にするよう働きかけることを意味する**」と述べた。

4　○　ミルトン・メイヤロフは、著書『**ケアの本質－生きることの意味**』の中で「**一人の人格をケアするとは、最も深い意味で、その人が成長すること、自己実現することを助けることである**」と述べた。

5　×　ベンクト・ニィリエは、バンク・ミケルセンが提唱した**ノーマライゼーション**の理念を整理・成文化し「**ノーマライゼーションの8原理**」として定義づけた。

問題2　正解　1

利用者が家族から暴力を受けていることを知った訪問介護員の対応に関する設題である。

1　○　高齢者虐待防止法では、「**養護者による高齢者虐待を受けたと思われる高齢者を発見した者は、速やかに、これを市町村に通報するよう努めなければならない**」と規定している（第7条第2項）。この事例ではAさん本人からの訴えのほか、からだに複数のあざがあり強く虐待が疑われるため、上司に報告し、市町村に**通報する**ことが最も適切である。なお、高齢者の生命又は身体に重大な危険が生じている場合は、速やかに市町村に**通報しなければならない**（第7条第1項）。

2　×　長男が無職であるからといってハローワークを紹介することは、介護福祉職の業務として**不適切**である。また、Aさんは、訪問介護員がいない時間帯は長男に**頼って**生活をしていることからも適切な対応と**はいえない**。

3　×　Aさんは「あとで何をされるかわからない」から長男には言わないでほしいと言っているのであり、その状況を解決するためにも**行動を起こすこと**が必要である。何もしないことがAさんの気持ちを大切にすることではない。

4　×　すぐに長男を別室に呼んで事実を確認する行為は、Aさんの**身の安全**のためにも適切な対応と**はいえない**。まずは**市町村に通報する**ことが大切である。

5　×　家庭内の暴力について本人の了承も得ずに近所の人に確認することは**不適切**である。また、プライバシーや個人情報保護の観点からも**適切ではない**。

人間関係とコミュニケーション

問題3　正解　5

利用者の家族からの相談対応に関する設題である。

1　×　「心身共に疲れてきた」と言うBさんに「お母さんに施設に入所してもら

うことを検討してはどうですか」と提案することは必ずしも不適切ではないが、具体的な提案の前に、まずはBさんの気持ちを**受け止める**ことが適切である。
2 ×　共感することは大切であるが、自分が疲れていることと利用者家族の疲れを一緒にする考え方は**不適切**である。
3 ×　「認知症の方を介護しているご家族は、皆さん疲れていますよ」という発言には、「あたりまえのこと、仕方ないこと」というニュアンスもあり、Bさんの気持ちに**寄り添っていない**。
4 ×　事例にはBさんが近所の人の助けを希望しているという**記載はない**。また、近所に助けを求める前に、介護の**専門職**としてできることを考えるべきである。
5 ○　「お母さんのために頑張ってきたんですね」はBさんの気持ちを**受け止めて受容する**返答であり**最も適切**である。

問題4　正解　2

　利用者とのコミュニケーション場面で行う自己開示の目的に関する設題である。
1 ×　「ジョハリの窓」は、下図のような4つの窓を通して**自己への気づき**を促し、コミュニケーションの円滑化を図る心理学のモデルである。自己開示のためには、ジョハリの窓の「開放された窓（部分）」を「秘密の窓」の方に向けて**広げる**。

●ジョハリの窓

	自分は知っている	自分は知らない
他者は知っている	開放された窓 **自己開示** ↓　　↓	盲点の窓
他者は知らない	秘密の窓	未知の窓

2 ○　自己開示は、自分自身についての情報（考えや気持ちも含む）を他者（相手）に知らせることをいい、介護場面で

は利用者との**信頼関係**を形成するために行う。自分をよく見せることを目的とした「**自己顕示**」とは異なり、**ありのまま**を語ることがポイントとなる。
3 ×　利用者が自分自身の情報を開示することは、**介護福祉職**が行う自己開示の目的**とはならない**。
4 ×　利用者との信頼関係を「**形成**」することは介護福祉職が行う自己開示の目的であるが、利用者との信頼関係を「**評価**」することは目的ではない。
5 ×　自己を深く分析して客観的に理解することは、自己開示を行う上で大切であるが、自己開示の**目的**ではない。

社会の理解

問題5　正解　2

　「ニッポン一億総活躍プラン」等の社会政策等に関する設題である。
1 ×　日本型福祉社会は**1970**年代に提示された**家庭**を基盤として福祉社会の構築を図る社会モデルであった。
2 ○　**2016**（**平成28**）年に閣議決定された「**ニッポン一億総活躍プラン**」では、「地域共生社会の実現」として「**我が事・丸ごとの地域づくり**」が盛り込まれた。制度や分野ごとの縦割りや支え手・受け手の関係を超え、地域住民などの多様な主体が「**我が事**」として参画し、人と人、人と資源が世代や分野を超えて「**丸ごと**」つながることで地域をともに創っていく社会を目指す内容である。
3 ×　「健康で文化的な最低限度の生活の保障」は、**日本国憲法**第25条に規定された生存権である。
4 ×　「社会保障と税の一体改革」は、社会保障の充実・安定化と、そのための安定財源確保と財政健全化の同時達成を目指すものとして、**2012**（**平成24**）

年に成立した**関連8法**の改正をいう。

5　×　「**皆保険・皆年金体制**」は**1961**（**昭和36**）年に実現し、これによって、体系的な日本の**社会保障制度**が確立した。

★
問題6　正解　2

2019（平成31、令和元）年の日本の世帯に関する設題である。

1　×　厚生労働省「令和元年 国民生活基礎調査」によると、平均世帯人員は**2.39**人で、3人を**超えていない**。なお、2022（令和4）年の同調査では**2.25**人である。

2　○　同調査によると、世帯数で最も多いのは**2人世帯**（**1,657万9千世帯**）で、**単独**世帯（**1,490万7千世帯**）、**3人世帯**（**1,021万7千世帯**）と続く。※なお、2022（令和4）年の同調査では**単独世帯**（**32.9％**）が最も多く、次が、**2人世帯**（**32.3％**）となっている。よって、**現在では誤りの選択肢**となる。

3　×　同調査によると、「**単独世帯**」（**1,490万7千世帯**）に対し、65歳以上の者がいる世帯の単独世帯総数は**736万9千**世帯で、高齢者世帯が最も多いと**はいえない**。なお、2022（令和4）年同調査でも、単独世帯1,758万2千に対し高齢者の単独世帯は873万で**同様**である。

4　×　同調査によると、母子世帯数（64万4千）と父子世帯数（7万6千）を合算すると72万で、高齢者世帯数（**1,487万8千世帯**）を超えて**はいない**。なお、2022（令和4）年の同調査でも、母子世帯数（56万5千）と父子世帯数（7万5千）を合算すると64万で、高齢者世帯数（1,693万1千）を超えて**はいない**。

5　×　同調査によると、全国の世帯総数は**5,178万5千**で、7千万を超えて**はいない**。なお、2022（令和4）年の同調査でも5,431万で、**同様**である。

問題7　正解　4

2015（平成27）年以降の日本の社会福祉を取り巻く環境に関する設題である。

1　×　「**人口推計**（**令和3年8月確定値**）」によれば、日本の総人口は、2015（平成27）年には1億**2,710**万人であったが、2020（令和2）年には1億**2,615**万人と、**減少傾向**にある。なお、同調査の2023（令和5）年9月確定値では1億**2,434**万8千人で、**減少傾向**は続いている。

2　×　総務省「**労働力調査**（**詳細集計**）」によれば、共働き世帯数（夫婦ともに非農業雇用者の世帯数）は、2015（平成27）年には**1,120**万であったが、2020（令和2）年では**1,247**万と、**増加傾向**にある。なお、2023（令和5）年は**1,278**万で、**増加傾向**は続いている。

3　×　「**労働力調査年報**（**令和4年**）」によると、非正規雇用労働者（非正規の職員・従業員）は、2015（平成27）年には**1,986**万人（**37.4％**）であったが、2020（令和2）年には**2,100**万人（**37.1％**）と**増加傾向**にあった。なお、2021（令和3）年には**2,075**万人と前年より**減少**したが、2022（令和4）年には**2,101**万人となり、再び**増加傾向**にある。

4　○　生産年齢人口とは、生産活動の中心にいる**15**歳以上**65**歳未満の人口をいう。「**人口推計**」によれば、2015（平成27）年には**7,728**万2千人であったが、2022（令和4）年では**7,420**万8千人と、**減少傾向**にある。なお、2023（令和5）年では**7,401**万5千人となり、**減少傾向**は続いている。

5　×　日本の国民負担率（国民所得に対する**租税**負担と**社会保障**負担の割合）は、2015（平成27）年以降、42.3〜48.4％で推移している。2021（令和3）年は、OECD加盟36か国中で**22**位と、比較的**下位**にある。

問題8　正解　3

2020（令和2）年の社会福祉法等の改正に関する設題である。

1　×，2　×，3　○，4　×，5　×

「地域共生社会の実現のための社会福祉法等の一部を改正する法律」は、「社会福祉法」「介護保険法」「老人福祉法」「医療介護総合確保推進法」「社会福祉士及び介護福祉士法等の一部を改正する法律」の5つの法律の一部を改正するものであり、次の5つの措置が講じられた。①**市町村の包括的**な支援体制の構築の支援（社会福祉法、介護保険法）、②**地域の特性**に応じた**認知症**施策や介護サービス提供体制の整備等の推進（介護保険法、老人福祉法）、③医療・介護の**データ基盤**の整備の推進（介護保険法、医療介護総合確保推進法）、④**介護人材**確保及び業務効率化の取組の強化（介護保険法、老人福祉法、社会福祉士及び介護福祉士法等の一部を改正する法律）、⑤**社会福祉連携推進法人制度**の創設（社会福祉法）。

問題9　正解　4

利用者の状況に応じた転居先（住まいの場）に関する設題である。

1　×　認知症対応型共同生活介護（認知症高齢者グループホーム）は、**認知症（急性を除く）**の**要介護**高齢者を対象としている。**認知症**でなく要支援1であるCさんは、入所の対象と**ならない**。

2　×　Cさんが転居を望む理由は、階段の上り下りが負担になってきたことである。介護付有料老人ホームへの入居は可能ではあるが、Cさんは**自炊**を楽しんで生活しており、また、介護付有料老人ホームへの入居は**経済的**な負担も大きいことから、最も適切であると**はいえない**。

3　×　軽費老人ホームは老人福祉法に規定される老人福祉施設で、A型、B型、ケアハウスの3種類がある。A型は居宅で生活することが困難な高齢者のための施設で、**食事**が提供される。Cさんは自炊を楽しんで生活していることから、最も適切である**とはいえない**。

4　○　サービス付き高齢者向け住宅は、高齢者住まい法に基づく高齢者向けの賃貸住宅で、安否確認や生活相談などのサービスを提供している。**バリアフリー**構造であることが登録の要件で、また、キッチン付きの施設もあることから、Cさんの住まいの場として**最も適切である**。

5　×　養護老人ホームは、身体的・精神的または**経済的**な理由などで、自宅での日常生活が困難な高齢者を対象とする。Cさんは膝の具合はよくないが**自炊**を楽しんでおり、また月額19万円の公的年金を受給しているため、対象**とはならない**。

問題10　正解　5

介護保険制度の保険給付の財源構成に関する設題である。

1　×，2　×，3　×，4　×，5　○

介護保険制度の保険給付の財源は、**公費、第一号保険料、第二号保険料**から構成される。第9期（令和6〜8年度）では、**公費**50％、**保険料**50％（**第一号保険料**23％、**第二号保険料**27％）となっている。

●介護保険制度の財源構成（第9期）

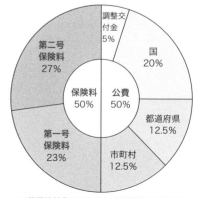

※施設給付費は国15％、都道府県は17.5％

問題11 正解 3

「2016年（平成28年）生活のしづらさなどに関する調査（全国在宅障害児・者等実態調査）」（厚生労働省）における身体障害、知的障害、精神障害の近年の状況に関する設題である。

1 × 同調査の障害者手帳所持者数等の推計値より、最も多いのは、**身体障害者**手帳所持者（以下「**身体障害者**」とする）で428万7千人である。次いで、**療育**手帳所持者（以下「**知的障害者**」とする）96万2千人、**精神障害者保健福祉**手帳所持者（以下「**精神障害者**」とする）84万1千人となっている。

2 × グループホーム等の施設入所者の割合は、**身体**障害者が2.4％、**知的**障害者が14.9％、**精神**障害者が4.4％と、**知的障害者が最も多い。**

3 ○ 在宅の身体障害者のうち、65歳以上の割合は**72.6％で7割**を超えている。

4 × 知的障害者の推移をみると、前回の2011（平成23）年調査と比較して約34万人**増加**しており、大幅な**増加**傾向にある（同上）。

5 × 精神障害者保健福祉手帳を所持しているのは精神障害者の約**19.3**％で、約**2割**である。

問題12 正解 4

知的障害がある人が一人暮らしをするために利用するサービスに関する設題である。

1 × 行動援護（えんご）は、自己判断力が制限されている人が行動する際に、危険を回避するために必要な支援、**外出支援**を行う。

2 × 同行援護は、**視覚**障害で移動に著しい困難を有する人に**外出時**に必要な情報や介護を提供する。

3 × 自立訓練（機能訓練）は、自立した日常生活や社会生活ができるよう、**一定期間**、**身体機能の維持・向上**のために必要な訓練を行うサービスである。

4 ○ 自立生活援助は、**一人暮らしに必要**な理解力・生活力等を補うため、定期的な**居宅訪問**や随時の対応により日常生活の課題を把握して必要な支援を行うもので、Eさんが安心して一人暮らしをするためのサービスとして適切で**ある。**

5 × 就労継続支援にはA型とB型がある。A型は一般企業での雇用が困難であって雇用契約に基づく就労が**可能**である者に対して、**雇用契約**の締結等による就労の機会の提供及び生産活動の機会の提供を行い、B型は、一般企業での雇用が困難であって雇用契約に基づく就労が**困難**である者に対して、就労の機会の提供及び生産活動の機会の提供を行う。

問題13 正解 1

重度訪問介護のサービス内容に関する設題である。

1 ○ 外出時における**移動中**の介護は、重度訪問介護のサービス内容に含まれる。このほか、重度訪問介護では、**居宅**のサービスとして、入浴・排せつ・食事等の介護、調理・洗濯・掃除等の家事、その他生活全般にわたる援助がある。

2 × 重度訪問介護の対象者は、「重度の肢体不自由者又は重度の**知的**障害若しくは**精神**障害により行動上著しい困難を有する者であって、常時介護を要する障害者」である。

3 × 日常的に重度訪問介護を利用している最重度の障害者が**医療機関**に入院した場合、入院中の**医療機関**においても、利用者の状態などをよく知るヘルパーを引き続き利用し、そのニーズを的確に医療従事者に伝達する等の**支援**ができる。

4 × 重度訪問介護は障害福祉サービスの1つで、訪問看護は介護保険サービスの1つである。障害福祉サービスと介護保険サービスでは、原則として**介護保険サービス**が優先されるが、それだけで

は補えないような支援や介護が必要な場合は、障害福祉サービスとの併用が**認められている**。よって、訪問看護の利用者は重度訪問介護の**対象になる**。

5 × 重度訪問介護を利用できるのは、障害支援区分**4**以上に該当し、次の①②のいずれかに該当するものである。①**二肢以上に麻痺**等がある者であって、障害支援区分の認定調査項目のうち、歩行・移乗・排尿・排便の**いずれもが**「支援が不要」以外に認定されている者、②障害支援区分の認定調査項目のうち行動関連項目等の合計点数が**10点以上**である者（行動関連項目には視覚障害に伴う項目はない）。障害が視覚障害のみの場合はどちらにも該当**しない**ため、重度訪問介護は**利用できない**。

問題14　正解　2

成年後見人等の職種に関する設題である。

1 ×、2 ○、3 ×、4 ×、5 ×

「成年後見関係事件の概況（令和2年1月～12月）によると、親族以外の成年後見人の職種では、**司法書士**が37.9％と最も多く、次いで弁護士（26.2％）、社会福祉士（18.4％）、社会福祉協議会（4.9％）、**行政書士**（3.6％）、**税理士**（0.2％）、**精神保健福祉士**（0.1％）と続く。なお、令和5年の同調査では、**行政書士以降は社会保険労務士、精神保健福祉士、税理士**と続く。

問題15　正解　5

保健所に関する設題である。

1 × 保健所の設置は、**地域保健法**によって定められている。

2 × 保健所は、**都道府県、政令指定都市、中核市**、その他指定された**市（保健所政令市）、特別区**（東京23区）に設置義務がある（地域保健法第5条第1項）。なお市町村は、同法第18条により、市町村**保健センター**を設置できる。

3 × 保健所の運営主体は、**設置主体と**同じく、**都道府県、政令指定都市、中核市**、その他指定された**市（保健所政令市）、特別区**（東京23区）である。

4 × 地域保健法施行令第4条第1項により、保健所の所長は**医師**でなければならない。ただし、同第4条第2項により、**医師**を充てることが著しく困難なときは、2年以内に限り、①厚生労働大臣が、公衆衛生行政に必要な医学に関する専門的知識に関し**医師と同等以上の知識**を有すると認めた者、②5年以上公衆衛生の実務に従事した経験がある者、③**養成訓練課程**を経た者を所長に充てることができるとされている。

5 ○ 保健所は、エイズ、**結核**、性病、伝染病その他の疾病の予防に関する事項について必要な事業を行う（地域保健法第6条第12号）。

問題16　正解　1

生活保護制度に関する設題である。

1 ○ 生活保護の給付方法には、金銭を直接支給する**金銭給付**と、医療の利用やサービス提供などの方法で給付する**現物給付**がある。原則、医療扶助及び介護扶助は**現物給付**、それ以外は**金銭給付**である。

2 × 生活保護申請は、原則として**要保護者、その扶養義務者又はその他の同居の親族**の申請に基づいて開始する（生活保護法第7条）。

3 × 生活保護法は、日本国憲法第**25**条「すべて国民は、**健康で文化的な最低限度の生活**を営む権利を有する」の理念に基づいている。

4 × 生活保護を担当する職員は、社会福祉法第18条、第19条に規定する**社会福祉主事**であることが必要である。**社会福祉主事**になるには、社会福祉主事任用資格を備えたうえで、さらにその行

政機関（市の場合は市長）から**任命**される必要がある。なお、社会福祉士は**社会福祉主事**になる資格を有している。
5 × 生活保護の費用は、国が **3/4**、地方自治体が **1/4** を負担する。

介護の基本

問題17 正解 3

性同一性障害がある利用者からの入所の相談への対応に関する設題である。
1 × 心と身体の性別が一致しない性同一性障害の場合、その人が日頃から使っている**通称名**を居室の表札にする等の配慮が求められる。
2 × 「多床室になる場合がありますよ」という応答は訪問介護員の憶測でしかない。さらに性同一性障害がある場合でも、個室か多床室か、**自己選択・自己決定**できることが重要である。個室ならば、同室の他の利用者を気にせずに済むが、利用料金が**高い**。あくまでも利用者本人の**希望**を尊重する。
3 ○ 施設入所について初めて相談したFさんに、訪問介護員は一方的に自らの考えを伝えるのではなく、まずは Fさんが感じている施設での生活における心配事等を**確認**することが求められる。
4 × 「トイレや入浴については問題がありますね」という応答は、Fさんには性同一性障害であるためトイレや入浴に問題があると、訪問介護員が**勝手に決めつけている**と感じられる。さらに「問題がありますね」という発言は、初めて施設入所について相談したFさんを**不安**にさせてしまう恐れもある。
5 × 一般的に同性による介護とは女性利用者の介護を女性の介護福祉職、男性利用者の介護を男性の介護福祉職が担当することをいう。性同一性障害である

Fさんは心と身体が**一致しない**ため、戸籍上は男性であるが、本人は女性と認識している。そのため、戸籍上は男性という理由で、男性の介護福祉職がFさんに介護を行うのは、**安易な対応**となり、さらに女性の心を持つFさんに**羞恥心**を抱かせてしまう恐れもある。まずは、施設において、誰からどのような介護を受けたいのか等、Fさん本人の**希望**や思いを確認する。

問題18 正解 1

利用者主体の考えに基づいた介護福祉職の対応に関する設題である。
1 ○ 利用者主体とは、利用者が主体となって自分自身の生活のあり方を**選択・決定**し、自らの能力を発揮しながら**主体的な生活**を営んでいくことである。よって、1人で衣服を選ぶことが難しい利用者に、毎日の衣服を自分で選べるように声かけすることは、**利用者主体**の考えに基づく介護福祉実践となる。
2 × 食べこぼしが多いからといって全介助をしてしまうと、利用者が自分の力やペースで食べる機会を**奪って**しまう。さらに本人の**意思**を確認しないで、介護福祉職が一方的に全介助と決めることも利用者主体の考え方に**反する**。なぜ、食べこぼしが多いのか等を検討し、利用者と**改善**に向けて取り組む。
3 × 認知症の有無にかかわらず、尿意や便意といった排泄の感覚がある場合、定時に加え**随時**の排泄介護が必要である。利用者が「排泄したい」と思った時は**その都度**、トイレ誘導や排泄介護を行う。定時のみだと**我慢をさせて**しまう。
4 × 「転倒しやすい」「事故防止」という理由で立ち上がらないように声をかけることは、その利用者の「立ち上がりたい」という思いを**無視する**ことになる。また、立ち上がらないことは下肢筋力等の**低下**にもつながる。介護福祉職は利用

者の行動を**制限**するのではなく、安全を確保した上で、その利用者の**能力**に応じて立ち上がりを支援し、多脚杖や歩行器等の**福祉用具**を活用したり歩行介助を行ったりする中で、その利用者が移動する**権利**を尊重していく。

5 × 利用者が主体的な生活を送るためにも、介護福祉職が一方的に「集団での入浴とする」と決めつけることは**避ける**。入浴が自立しているのであれば、個別浴か、集団での入浴かを利用者自身が**選択・決定**できるように支援する。

問題19 正解 5

利用者の自立支援に関する設題である。

1 × 自立支援では、利用者が**自己選択・自己決定**できるように支援する。よって、利用者がどのような形で最期を迎えたいかについても、**家族**ではなく**利用者自身**が決められるように支援する必要がある。

2 × 利用者の名前を愛称で呼ぶことは、自立支援とは**関係ない**上、利用者に対して**失礼**であり、**尊厳**の保持から考えても**不適切**な対応である。

3 × 重度の障害があっても、誰かの支援を受けながら、自らの人生を自分の意思で選択・決定し、主体的な生活を営むことができれば、その人は**自立**していると考える。利用者が自分でできないことは、できるまで見守るのではなく、介護福祉職等が**支援**する必要がある。一方、利用者が自分でできることについては、自分で行えるように見守る。

4 × 自立支援は、利用者の自己選択・自己決定に基づく**主体的な生活**を自立と考え、支援する。利用者の生活スケジュールを決めるのは**利用者自身**である。

5 ○ 利用者が**自己選択・自己決定**し、主体的な生活を営めるように支援することが自立支援である。よって、利用者の意見や**希望**を取り入れて介護を提供す

ることも自立支援となる。

問題20 正解 4

利用者の状況をICF（国際生活機能分類）で考えた場合の参加制約の原因となっている環境因子に関する設題である。

1 × パーキンソン病は、**病気の１つ**である。こうした病気は、ICF（国際生活機能分類）の健康状態に該当する。

2 × 不安定な歩行は、**移動の状況**を示している。こうした移動は、ICF（国際生活機能分類）の**活動**に該当する。

3 × **本人以外の人、物、建物、制度、サービス等**はICF（国際生活機能分類）の**環境因子**であるため、息子と二人暮らしは、**環境因子**となる。ただし、息子との二人暮らしが地域住民と交流できていない理由とは記載されて**いない**。よって、これが**参加制約の原因**とはいえない。

4 ○ 自宅周辺の坂道や段差は、自宅周辺の**環境**を示しており、ICF（国際生活機能分類）の**環境因子**に該当する。「自宅周辺は坂道や段差が多くて移動が難しく、交流ができない」と明記されているため、**環境因子**である**自宅周辺の坂道や段差**が参加制約の**原因**である。

5 × 車いすは福祉用具の１つで、ICF（国際生活機能分類）の**環境因子**だが、車いすが地域住民と交流できていない理由として記載されて**いない**。よって、車いすが参加制約の原因と**はいえない**。

問題21 正解 3

祖母の生活を支えている孫への介護福祉職の対応に関する設題である。

1 × 家族の介護やケア、身の回りの世話を担う18歳未満の子どもは**ヤングケアラー**と呼ばれており、心身の負担を抱えながら生活しているケースが目立つ。Hさんの孫もHさんの食事を作る等の機会が増え、**負担**が増していると予測で

110

きる。そうしたHさんの孫に、「今までお世話になったのですから、今度はHさんを支えてください」と話すと、さらに**負担感**を強めさせ、精神的に**追い込んでしまう恐れ**がある。

2 ✕ Hさんは通所リハビリテーションを利用しながら孫と自宅で二人暮らしをしており、現時点で介護老人福祉施設への**入所**の希望は聞かれていない。Hさんの**意向**を確認しないまま、介護福祉職が勝手に介護老人福祉施設の入所を勧めることは**してはいけない**。

3 ○ ヤングケアラーの中には、自分の家のことを他の人に相談してよいのかどうかを迷っている人や、誰に**相談**したらよいのかがわからない人もいる。Hさんの孫は、**家事や勉強**への不安がある。Hさんは要介護2で日常生活が難しくなり、孫が**食事を作る**等の支援を担っているため、そうした不安が軽減できるよう、**介護支援専門員（ケアマネジャー）**や**高校**の先生等と相談する。

4 ✕ Hさんは、関節疾患があって通所リハビリテーションを利用しているが、自宅でもリハビリをしたい意向は**確認できない**。よって、介護福祉職が孫に「家でもリハビリテーションを一緒にしてください」と頼むのは**不適切**な上、**負担感**をさらに強めさせる恐れがある。

5 ✕ Hさんは自宅で孫と二人で暮らしてきたこともあり、近所の人を自宅に入れたくないという思いがあるかもしれない。孫も近所の人の力を借りることに**抵抗**があるかもしれない。それらを**確認**しないまま、介護福祉職が「近所の人に家事を手伝ってもらってください」と発言するのは**不適切**である。

問題22 正解 1

介護保険制度のサービス担当者会議に関する設題である。

1 ○ サービス担当者会議の招集は、**介護支援専門員（ケアマネジャー）**が行う。

2 ✕ サービス担当者会議の開催場所は、利用者の自宅と**は限らない**。利用者が入院している**病院**や入所している**介護老人保健施設**等でも開催可能である。

3 ✕ サービス担当者会議は、月に何回以上開催しなければならないとする義務規定は**ない**。主な開催時期は、①新規に**ケアプラン**（居宅サービス計画等）に基づくサービスを開始する**前**、②利用者の身体状況等に**変化**が生じた時、③何かしらの**問題**が発生した時となる。

4 ✕ サービス担当者会議の目的は、主に①利用者の状況等に関する**情報共有**を図る、②ケアプラン（居宅サービス計画等）の内容について**検討**するため、参加者から意見等を求める、ことである。

5 ✕ サービス担当者会議には、**利用者**や家族も参加できるため、利用者の匿名化の必要は**ない**。

●サービス担当者会議

目的	・利用者の状況等に関する**情報共有**を図る。 ・**ケアプラン**（居宅サービス計画等）の内容について参加者から意見等を求める。
招集者	・担当の**介護支援専門員（ケアマネジャー）**
参加者	・利用者、**家族**、利用者を支援する介護支援専門員・各専門職・担当者
開催時期	・新規に**ケアプラン**（居宅サービス計画等）に基づくサービスを利用する前 ・利用者の身体状況等に**変化**が生じた時 ・何かしらの問題が発生した時　等 ※開催頻度の義務規定は**ない**。
開催場所	・利用者の自宅 ・利用者が入院している病院 ・利用者が入所している**介護老人保健施設**　等

問題23 正解 5

社会資源としてのフォーマルサービスに関する設題である。

1 ×, 2 ×, 3 ×, 4 ×, 5 ○

フォーマルサービスは、**行政**によるサービスや**公的**サービスを提供する民間法人によるサービス等、**制度化**された社会資源を意味し、介護保険制度によるサービスや障害者総合支援法によるサービス等に加え、**地域包括支援センター**も含まれる。一方、**インフォーマルサポート（インフォーマルサービス）**は、家族、友人、知人、地域住民、ボランティア等、制度化されていない**社会資源**のことである。以上から、選択肢5は**フォーマルサービス**、選択肢1～4は**インフォーマルサポート（インフォーマルサービス）**に該当する。

●社会資源

フォーマルサービス	・行政によるサービスや公的サービスを提供する民間法人によるサービス等、制度化された社会資源 例：介護保険サービス、障害福祉サービス
インフォーマルサポート（インフォーマルサービス）	・制度化されていない社会資源 例：家族、友人、知人、近隣住民、ボランティア

問題24　正解　2

介護福祉士の職業倫理に関する設題である。

1 × 日本介護福祉士会は、1995（平成7）年11月に介護福祉専門職としての倫理基準・行動規範を示した**日本介護福祉士会倫理綱領**を定めており、**地域**で生じる介護問題を解決していくために、専門職として常に積極的な態度で**住民**と接していくとする「**地域福祉の推進**」を記している。よって、介護福祉士として地域住民との連携は**重要である**。

2 ○ 日本介護福祉士会倫理綱領には、すべての人々が将来にわたり安心して質の高い介護を受ける権利を享受できるよう、介護福祉士に関する教育水準の向上と後継者の育成に力を注ぐとする「**後継**

者の育成」が明記されている。

3 × 日本介護福祉士会倫理綱領には、利用者に最適なサービスを総合的に提供していくとする「**総合的サービスの提供**」が記されている。総合的サービスを提供する際は画一的ではなく、**個々**の利用者に応じた実践が求められる。

4 × 日本介護福祉士会倫理綱領の中には、**プライバシー**を保護するため、職務上知り得た個人の情報を守るとする「**プライバシーの保護**」が明記されている。よって、利用者に関する情報を業務以外で公表して**はならない**。

5 × 日本介護福祉士会倫理綱領の中には、**利用者本位**の立場から**自己決定**を最大限尊重し、自立に向けた**介護福祉サ**ービスを提供していくとする「利用者本位・自立支援」が記されている。よって、介護福祉士の価値観ではなく、**利用者**の価値観を尊重し支援していく必要がある。

問題25　正解　4

施設における利用者の個人情報の安全管理対策に関する設題である。

1 × 介護福祉職が個人所有するスマートフォンの居室（きょしつ）への持ち込みを**制限**しなければ、それを使って利用者の個人情報が撮影され、外部に**流出**することも考えられる。利用者の個人情報の漏洩（ろうえい）防止のためにも、介護福祉職個人が所有する機器を施設で活用する際は、その**使用目的**や**使用場所**等を制限する必要が**ある**。

2 × 施設は、不要な個人情報については、復元が**できない**よう、遅滞なく**消去**（ちたい）するよう努めなければならない。

3 × ケース記録等の個人情報について**インデックス**を用いて五十音順や生年月日順等で**整理**・分類しておけば、利用者からの照会にも速（すみ）やかに応じることができる。ただし、こうした**個人情報データベース**を取り扱う施設では、その適正な

使用を確保するため、**安全管理**対策や**苦情処理**の措置等を自主的に講じておく必要がある。

4 ○ 施設は、利用者や家族が苦情や要望等を伝えやすい環境を整備することに努める必要がある。例えば、個人情報に関する**苦情対応体制**について、施設の**掲示板**の活用やポスターの掲示、広報紙等で利用者や家族に**周知徹底**する。

5 × 職員の休憩室に監視カメラを設置した場合、休憩中の職員個人の行動が監視され、**プライバシー**が侵害される。職員に無断で監視カメラを設置した場合には、**肖像権**(しょうぞうけん)の侵害にもなる。個人情報の盗難を防ぐためには、① USB フラッシュメモリに利用者のデータを入れて自宅に持ち帰らない等、記録は施設の外に**持ち出さない**、②パソコン等で個人情報を管理する際は、特定されないよう、複雑な**パスワード**を使用する、③個人情報が記載された書類を机上(きじょう)等に放置せず、**鍵**のかかる所定の場所で保管する等の対策が必要となる。

問題26　正解　2

　介護福祉職が利用者や家族からハラスメントを受けた時の対応に関する設題である。

1 × 「後ろから急に抱きつかれた」は**セクシュアル**ハラスメントに該当する。こうしたハラスメントが発生した際は、個人で**黙って耐える**のではなく、**上司**に相談した上で、**組織として**対応していく。例えば、管理者が書面に基づき説明したり、担当職員を変更したりする。

2 ○ 「暴力を受けた」は**身体的暴力**に該当する。こうした**身体的暴力**を含め、ハラスメントは**許されない**行為である。個人として「やめてください」と注意した上で、**上司**にも相談し、職場組織としてハラスメントの防止策を図っていく。

3 × 「性的な話の繰り返し」は**セクシュアル**ハラスメントに該当する。こうし

たハラスメントが発生した際は、苦痛を我慢したり、笑顔で聞いたりしてはならない。利用者によっては、職員が受け入れてくれたと**勘違い**してしまう恐れもある。この場合、性的な話は**苦痛**であることを担当の訪問介護員が正直に利用者に**伝える**とともに、上司にも相談し、職場組織として対応していく。

4 × 「家族からの暴言」は**精神的暴力**に該当する。利用者だけでなく、**家族**からのハラスメントもあってはならない行為のため、担当であったとしても、そのままの状況を**放置**してはならない。個人的な対応とならないよう、ハラスメントを受けた際は、**早期に**上司に相談し、早期に職場組織として対応する。

5 × 「怒鳴(どな)られた」は**精神的暴力**に該当する。こうしたハラスメントは個人で解決しようと**はしない**。例えば、職場組織として契約範囲外のサービスが強要されないよう、庭の草むしり等を頼まれた場合は訪問介護のサービス**外**であることを改めて**説明**して理解してもらう。

コミュニケーション技術

問題27　正解　1

　利用者とコミュニケーションをとる時の基本的な態度に関する設題である。

1 ○ イーガン（Egan,G.）が提唱したコミュニケーションをとる時の基本的な態度をそれぞれの頭文字を合わせて SOLER（ソーラー）と呼ぶ。上半身を少し利用者のほうへ**傾けた**姿勢で話を聞くのは、SOLER における **Lean** に該当する。ただし、**近づき**すぎると、威圧感(いあっかん)を与える恐れがあるため、注意する。

2 × 利用者の正面に立って話し続ける態度は、利用者に**緊張感**を与えてしまう。SOLER における **Squarely** を参考とし、

利用者とまっすぐに向き合いながらも、利用者が**緊張**しないように**斜め前**に位置して話す等の配慮をする。

3 ✕ 腕を組むと利用者を拒絶している印象や利用者に**威圧感**を与えてしまう恐れがある。SOLERにおける**Open**に基づき、利用者とのコミュニケーションでは、腕や足を組んだり、利用者に背を向けたり**しない**。

4 ✕ 利用者の目を見つめ続けると、**監視**されている印象を利用者に与えてしまう恐れがある。SOLERにおける**Eye contact**に基づき、凝視せず、利用者と適度に**視線**を合わせるようにする。

5 ✕ 介護福祉職が緊張しすぎると、利用者にその緊張が伝わり、利用者自身も**緊張**してしまう恐れがある。SOLERにおける**Relaxed**に基づき、**リラックス**して話を聴くようにする。

● SOLER

S (Squarely)	利用者の**斜め前**に位置し（直角法）、利用者の心とまっすぐに向かい合う。
O (Open)	利用者に対して**開いた姿勢**をとる。
L (Lean)	やや**前傾姿勢**をとる等、利用者のほうへ少し身体を**傾ける**。
E (Eye contact)	凝視せず、利用者と適度に**視線**を合わせる。
R (Relaxed)	緊張せず、**リラックス**して話を聴く。

問題28 正解 5

介護福祉職によるアサーティブ・コミュニケーションに関する設題である。

1 ✕，2 ✕，3 ✕，4 ✕，5 〇

アサーティブ・コミュニケーション（assertive communication）とは、より良い人間関係を築くため、相手を**尊重**しながら自分の**意思**や意見を相手に適切に伝えるコミュニケーション方法であり、アサーション（Assertion）と呼ばれることもある。「主張」「断言」という意味があるものの、実際には自分の**思い**を把握し、自らの**感情**をコント

ロールしながら、言葉を選びつつ、相手に**配慮**しながら伝えていくことになる。よって、介護福祉職によるアサーティブ・コミュニケーションとしては、選択肢5が適切である。

問題29 正解 4

先天性の全盲である利用者への共感的理解を示す対応に関する設題である。

1 ✕ Jさんの発言にうなずくこと自体に問題はないが、Jさんは全盲で**視力**がなく、目の前の人や物等が**見えない**状態のため、介護福祉職のうなずきも**見えていない**。よって、うなずくことによる介護福祉職の共感的な態度はJさんには**伝わっていない**。

2 ✕ 沈黙のままでは、**無視**されたとJさんが思ってしまうかもしれない。Jさんは「私はここでやっていけるでしょうか」と話してきたため、介護福祉職は**返答**する必要がある。その際、Jさんは全盲のため、うなずきや表情だけでは**伝わらない**ため、**言葉で返答する**。

3 ✕ Jさんは「私はここでやっていけるでしょうか」と介護福祉職に話してきた。つまり、ここで問われているのは、Jさんの話の内容を短くまとめて伝えることではなく、Jさんの**問いかけ**に対して介護福祉職が**返答**することである。

4 〇 共感的な態度とは、利用者の視点に立って、その利用者の**感情**を推し測り、それを**共有**しようと努める姿勢を意味する。ただし、Jさんは全盲で視力がないため、うなずきや**表情**だけでは共感的な態度は伝わらない。よって、全盲であるJさんには、**共感的理解を言葉でも表現**して伝える必要がある。

5 ✕ 共感的理解で大切なのは、その利用者の**思い**を察しようと努めることである。Jさんを**励ます**のではなく、「ここでやっていけるでしょうか」という不安な気持ちを**察し**、それを共有しようとする

姿勢が**共感的理解**につながる。

問題30 正解 4

先天性の全盲である利用者の不安な気持ちを軽くするための介護福祉職の対応に関する設題である。

1 × 全盲の場合、周囲に誰がいるのか**見えない**ため、介護福祉職から**名乗って**声かけする。仮にJさんに対し、挨拶をする前に肩に触れた場合、誰か知らない人から肩を触られたという**不安感**や抵抗感、恐怖感を抱かせてしまう恐れがある。

2 × 全盲の場合、周囲の状況を把握することが**できない**。よって、動き出す時や停止する時、階段の手前にさしかかった時、曲がる時等の**声かけ**に加え、**周囲の状況**についても**可能な限り**イメージできるように伝える必要がある。

3 × 「こちら」と方向を伝えられても、全盲であるJさんには、どちらに向かってよいのかが**わからない**。全盲の場合、「これ」「それ」「あれ」「どれ」等の「こそあど」言葉の使用は**避ける**。

4 ○ 全盲であるJさんは周囲の状況を**把握**できない。よって、「**こそあど**」言葉は使用せず、**情報**を整理して周囲の状況をわかりやすく伝えるとともに、実際にトイレや食堂等を**歩きながら確認**する。

5 × 好きなところに座るように伝えられても、Jさんは全盲であるため、食堂の座席がどのように配置されているのか等を把握**できない**。食堂や座席の様子が**イメージ**できるよう、情報を整理して具体的にわかりやすく**説明**したり、一緒に**歩きながら確認**したりする必要がある。その上でJさんの**意向**を確認し、座りたい場所に**誘導**していく。

問題31 正解 5

高次脳機能障害で興奮している利用者とコミュニケーションをとるための方法に関

する設題である。

1 × 「感情のコントロールが難しく、興奮すると大声をあげて怒りだす」というKさんの状態は、高次脳機能障害による**社会的行動障害**の症状だと考えられる。**社会的行動障害**で感情のコントロールが難しい時に、興奮している理由を詳しく聞こうとすると、本人は**責め立てられている**ように感じる等、かえって興奮を**助長**させる恐れがある。

2 × Kさんは高次脳機能障害による**社会的行動障害**の影響で興奮していると考えられるため、「興奮することはよくない」と説明するのは、Kさんの障害や症状のことを**考慮していない**対応となる。また、「よくない」と否定的に説明すると、かえってKさんの感情を**逆なで**し、**興奮が強まる**危険性もある。

3 × 高次脳機能障害の**社会的行動障害**によって興奮している最中に冷静になるよう説得したとしても、感情をコントロールする力が低下している状況にあるため、冷静になることは**難しい**。また「説得する」という姿勢が、かえってKさんの興奮を**助長**する恐れもある。

4 × 高次脳機能障害による**社会的行動障害**の影響で感情の**コントロール**が難しく、興奮している時に日課表に沿って活動してもらうことは**難しい**。また、そのようなパターン化された生活をKさんに強いることは、**その人らしい生活**を奪うことにもつながる。

5 ○ 高次脳機能障害による**社会的行動障害**の影響で感情のコントロールが難しく興奮している時は、**場所を移動**して話題を変える等、Kさんが落ち着きを取り戻せる**環境設定**が重要となる。

問題32 正解 3

利用者の長男に対する訪問介護員の対応に関する設題である。

1 × 長男はKさんの介護に専念してきたものの、顔色が悪く、介護による**疲労**を訴えている。その長男に対し、意向を変える必要はないと励ますことは、かえって長男に**無理**をさせ、**介護負担**をさらに高めさせる恐れがある。

2 × Kさんの意向が不明だからといって、長男の希望は通らないと否定しては**ならない**。Kさんの思いに加え、「介護を続けて、母を自宅で看取りたい」という長男の強い思いも**受容**する。

3 ○ 会社を早期退職し、Kさんの介護に専念してきた長男に対しては、これまでの介護を**ねぎらう言葉かけ**等が重要となる。また、顔色が悪く、介護による疲労を訴えているにもかかわらず、「介護を続けて、母を自宅で看取りたい」という強い希望を長男は持っているため、その**理由**を尋ねる必要がある。

4 × Kさんの介護に専念してきた長男は、顔色が悪く、介護による**疲労**を訴えているが、それだけで訪問介護員が勝手に自宅での生活を継続するのは限界だと**説明してはならない**。長男は、そうした状況でも「介護を続けて、母を自宅で看取りたい」という強い**希望**を持っているため、訪問介護員として、その希望を受容するとともに、介護支援専門員等と**連携**する中で、長男の**介護負担**が軽減される方策を検討していく。

5 × 長女は長男の様子を心配してKさんの施設入所の手続きを進めたいという意向を示しているものの、そこには**Kさん自身**が今後どのような生活を送りたいのかという思いや「介護を続けて、母を自宅で看取りたい」という**長男の希望**が反映されていない。

問題33　正解　2

利用者の家族から苦情があった時の上司への報告に関する設題である。

1 × 利用者の家族から苦情があった場合は、その**苦情**の内容について、**すぐに**上司に報告しなければならない。その際は、**要点**を押さえながら伝える。

2 ○ 苦情があったこと等はすぐ上司に報告し、その後、**文書**でも報告する必要がある。その際は、介護福祉職の感情や価値観に基づく**主観的**な意見は可能な限り避け、事実に基づく**客観的**な情報を正確に伝えるようにする。

3 × 「いつもの苦情です」では、いつ、どこで、誰から、どのような苦情があったのか等が**曖昧**になるため、**5W1H**（When：いつ、Where：どこで、Who：誰が、What：何を、Why：なぜ、How：どのように）に基づき**具体的**に、かつ要点を押さえ、まず結論から伝える。

4 × 苦情のほか、**事故やトラブル**があった時も、**すぐに上司に報告**し、**職場組織**として対応しなければならない。**同僚**に伝えただけでは、苦情や**事故、トラブル**等の解決には至らず、かえって問題を**大きくしてしまう**恐れもある。

5 × 苦情があった際は、その内容を**すぐに上司に伝える**。翌日に報告した場合、更なる苦情につながる恐れがある。

問題34　正解　3

利用者の自宅で行うケアカンファレンスに関する設題である。

1 × 利用者の自宅で行うケアカンファレンスの際は、家族や近隣住民、ボランティア等の**インフォーマルサポート**のほか、介護保険制度での訪問介護や通所介護等または障害者総合支援法での居宅介護や生活介護等の**フォーマルサービス**も含めて検討する。

2 × ケアカンファレンスは、利用者へのより良い支援を目的に、**利用者**に関する情報や生活課題を共有したり、利用者視点から提供するケアの内容・方法を検

討したりする。介護福祉職の介護への**批判**を中心に進める場で**はない**。

3 ○ ケアカンファレンスでは、チームの一員として**利用者本人**や家族の参加を促し、利用者の意向をケア方針に反映させることが重要である。仮に利用者や家族が参加できない場合においても、事前に**利用者**や家族の**思い**や希望等を確認しておき、ケアカンファレンスの場で**代弁**できるようにしておく。

4 × ケアカンファレンスで意見が分かれた時は、多数決で決定**しない**。利用者へのより良い支援を軸に**話し合い**、利用者や家族も含め関係者が納得できる方向性で最終的に**調整**を図っていく。

5 × 利用者を支える同じチームの一員として、各専門職が**議論**を交わすことは重要である。例えば、他の専門職に**敬意**を払いつつも、利用者へのより良い支援について介護福祉職として考えた場合、他の専門職の意見に対して**反論**しなければならない場合もある。その際は、介護福祉の専門的な立場から**根拠**に基づいた反論が求められる。

生活支援技術

問題35 正解 1
老化に伴う機能低下のある高齢者の住まいに関する設題である。

1 ○ 老化に伴う機能低下といった場合、下肢筋力の**低下**、それによる**歩行能力**の低下等が想定できる。よって、尿意・便意を感じた際に負担や**時間**をかけず、無理なくトイレに行けるよう、寝室はトイレに**近い**場所が望ましい。トイレまでの移動距離が**短い**ことは安心感にもつながる。

2 × 例えば、2階建ての住まいで玄関が1階の場合、寝室を玄関と別の階にすると、寝室は2階となる。そうなれば、

移動距離が**長く**なる上、**階段**の昇降も行わなければならない。こうした環境は、老化に伴う機能低下で歩行能力が衰えている高齢者等にとって**負担**が重く、**転倒・転落**の危険性も高める。

3 × 一般的に人は音の大きさを表すdB(デシベル)が**70dB**以上になると「うるさい」と感じる。例えば、電車の車内、救急車の**サイレン**の音は80dBとなり、睡眠できる環境**ではない**。睡眠するためには**40dB**以下の環境がよい。

4 × 照明の真下にベッドを配置した場合、直接**目**に照明の光が降り注ぎ、**まぶしさ**を感じ、脳を**刺激**し、**安眠**を妨げる恐れがある。夜間の安眠を促すには、**間接照明**によって**目**に光が直接降り注がないようにするとともに、**やわらかな**光を灯す等、脳が**リラックス**できる明るさに調節することが重要である。

5 × 老化に伴う機能低下で**視力**低下が起きることも想定できる。視力が低下した状態で同色の壁紙と手すりを見た場合、見えにくく、壁紙と手すりを**識別**することが難しくなる。よって、壁紙と手すりは**異なる**色とし、**コントラスト**を変化させ、手すりが目立つようにする。

問題36 正解 5
第7胸髄節(Th7)を損傷した利用者が1人で浴槽に入るための福祉用具に関する設題である。

1 × 段差解消機は、人と車いすが乗るテーブルが垂直方向に昇降して段差を解消する。一般的に**浴室内**には設置せず、庭の掃き出し窓や玄関の上がりがまちの**段差**が1m以内で、**スロープ**の使用が困難な場合に使用する。

2 × ストレッチャーは、歩行や車いすでの移動が困難な人、負傷している人等を運ぶ移動用の寝台を指す。**機械浴槽**(**特殊浴槽**)での入浴時に使用した場合、

座位保持が困難で重度の障害がある利用者であっても、介護福祉職の介護によって**ストレッチャー**に寝たままの状態で入浴ができる。Lさんは車いすを利用すれば1人で日常生活ができ、寝たきりの状態で**はない**。よって、ストレッチャーを使用することは**ない**。

3　×　すべり止めマットは、1人で浴槽に入るための福祉用具で**はない**。浴槽内または浴槽外に設置するタイプがあり、いずれもすべって**転倒**することを防ぐ効果がある。浴槽内に設置するタイプは、浴槽の中から**立ち上がる**際にも役立つが、第7胸髄節（Th7）を損傷したLさんの場合、膝や足の力を使って浴槽から出るのは**困難**である。

4　×　第7胸髄節（Th7）を損傷した場合、下肢を自力で動かすことが**できない**。さらに四点歩行器を使用するには**立位**バランスも必要となるため、Lさんには**四点歩行器**の使用が困難である。

5　○　入浴するには立位で浴槽縁（よくそうふち）をまたぐ方法もあるが、**移乗台**を使用すれば、座位のまま**浴槽縁**をまたげる。第7胸髄節（Th7）を損傷した場合、**下肢**は動かせないものの、体幹（たいかん）は安定し、**上肢**は自由に使え、プッシュアップもできる。よって、Lさんが1人で浴槽に入るには、**移乗台**を活用する。その際は浴槽内への出入りを円滑にするため、移乗台を**浴槽縁と同じ高さ**にして設置するほか、**浴槽設置式リフト（浴槽内昇降機・バスリフト）**も活用するとよい。

問題37　正解　1

耳の清潔に関する介護福祉職の対応に関する設題である。

1　○　耳を清潔にする際は、耳掃除をすることの**説明**と同意に加え、始める前に耳の中の様子をよく**観察**する。その結果、耳垢（じこう）が溜まって耳の穴を塞（ふさ）いでいる場合

は**耳垢塞栓**（じこうそくせん）の可能性が高い。その場合、無理に耳垢をとろうとせず、**耳鼻科（耳鼻咽喉科）**の医師に相談する。

2　×　**耳垢**の原因となる物質を分泌（ぶんぴつ）する**耳垢腺**（じこうせん）は、**外耳道の入口**から**1.0～1.5cm**辺りの場所にある。よって、外耳道の入口から**1cm**程度まで**綿棒**を入れ、耳垢をやさしく除去する。

3　×　耳掃除の際は、耳介を少し**後方**に引くと奥まで見えやすくなり、耳垢の除去が行いやすい。

4　×　耳垢が溜まって耳の穴を塞いでいる耳垢塞栓の除去は**医行為**となるため、介護福祉職は実施でき**ない**。耳垢塞栓の状態で無理に耳垢を除去しようとすると、耳の奥に耳垢をさらに押し込めてしまう危険性がある。また、耳垢が乾燥している場合は、**ベビーオイル**等を綿棒につけ、耳垢を柔らかくしてから除去する。

5　×　耳掃除を行いすぎると、耳の中を傷つけたり、**中耳炎**（ちゅうじえん）を起こしたりする危険性がある。個人差はあるものの、耳掃除は**2週間に1回**程度を目安に行う。

問題38　正解　4

歯ブラシを使用した口腔ケアに関する設題である。

1　×　加齢に伴い、歯を守っている**エナメル**質が減少するため、毛が硬い歯ブラシを使い続けると歯が**傷つく**。特に高齢者の場合は毛が**柔らかめ**の歯ブラシの使用が望ましい。

2　×　強い力で磨けば、**歯垢（プラーク）**が効果的に除去できるわけではない。さらに歯肉（しにく）（歯茎（はぐき））が下がったり、歯の表面が削れたり、**知覚過敏**になったりする恐れもある。よって、歯や歯肉を傷つけないためにも、強い力でブラッシング**しない**ように注意する。

3　×　細菌の塊（かたまり）である歯垢（プラーク）は、虫歯（う蝕（しょく）・う歯）や**歯周病**等の原

因となる。歯垢は、ブクブクうがい（洗口）や洗口剤の使用だけでは除去できない**ため、ブラッシングが重要となる。歯垢は、歯と歯肉の**境目**にも付着しやすい。よって、歯ブラシの毛先が歯と歯の間だけでなく、歯と**歯肉**の境目にも行き届くように**ブラッシング**する。

4 ○ 「ゴシ、ゴシ」と歯ブラシを大きく動かしても、歯と歯の間の汚れや歯垢（プラーク）を十分に除去できない**。効果的にブラッシングするには、歯ブラシの**毛先**が歯と歯の間や歯と歯肉の境目に入っていることを意識しながら、**軽い力**で**小刻み**に動かす。

5 ✕ 歯ブラシの持ち手である柄の部分を上にしてコップに入れて保管すると、歯ブラシの**毛**がコップに触れる。その際、コップに付着している**雑菌**が歯ブラシの毛に移って繁殖してしまう。使用後の歯ブラシは**流水**でよく洗い、ペーパータオル等で水気を拭き取り、風通しのよい場所で、歯ブラシの毛がコップ等に**触れない**ように保管する。

問題39 正解 4

右片麻痺がある利用者の上着の着脱の介護に関する設題である。

1 ✕ 片麻痺がある場合、**脱健着患**の原則に基づき衣服は健側から**脱ぎ**、患側から**着る**。Mさんは右片麻痺があるため、健側の**左**上肢から服を脱ぐ。

2 ✕ 利用者は麻痺側の痛さを感じられないため、麻痺側を強くつかんだり、引っ張ったりした結果、利用者が知らないうちにその部分を**負傷**する恐れもある。尊厳の保持の観点からも、麻痺の有無にかかわらず、利用者を強い力でつかんだり、引っ張ったりし**ない**。

3 ✕ Mさんには右片麻痺に加え、右上肢の**屈曲拘縮**もある。よって、右肘関節を伸展する際は、無理に力を加えて負傷

させないよう、**ゆっくり**と動かせる範囲内（**関節可動域**）で動かす。

4 ○ Mさんは右片麻痺があるため、右肘に袖を通す際は、介護福祉職は前腕を**下**から支え保護する。その上で左肩関節周囲の痛みの程度によっても異なるが、**自立支援**の観点から、できる限りMさんが健側の**左手**を使って自分の力で右肘に袖を通せるよう支援していく。

5 ✕ 肩関節や肘関節に**拘縮**や痛みがある場合、かぶり式の衣服の着脱は難しい。Mさんの場合、右上肢の屈曲拘縮に加え、1週間ほど前から左肩関節周囲の痛みも生じているため、**前開き**式の衣服の選択が望ましい。

問題40 正解 2

経管栄養を行っている利用者への口腔ケアに関する設題である。

1 ✕ 口腔ケアの際、スポンジブラシに水を大量に含ませて使用した場合、その水で誤嚥する危険性がある。スポンジブラシの水分はよく**絞って**から使用する。

2 ○ 口腔の手前から奥に向かって口腔ケアした場合、口腔内の唾液や汚れが**喉**に入り、**誤嚥**する恐れがある。誤嚥予防のため、口腔の**奥**から**手前**に向かって清拭する。

3 ✕ 経管栄養の栄養剤注入後すぐに口腔ケアを実施すると、その刺激で、**嘔吐**したり、その嘔吐物によって誤嚥したりする危険性がある。よって、経管栄養**実施後すぐ**の口腔ケアは控える。

4 ✕ 経管栄養の場合、口から食事を摂取していないため、**咀嚼**回数の減少→**唾液**分泌の減少→口腔内の**乾燥**→細菌の繁殖→**誤嚥性肺炎**の危険性という流れになりやすい。よって、誤嚥性肺炎を予防するため、口腔ケアの仕上げにジェルタイプの保湿剤を塗布し、口腔内の乾燥**を防ぐ**必要がある。スポンジブラシ等を

第34回

使い、**保湿剤をうすく伸ばして塗布する**。
5　×　経管栄養が終わってすぐに口腔ケアを行った場合、嘔吐や誤嚥の危険性がある。よって、経管栄養を行っている場合は、**空腹時**に口腔ケアを行う。

問題41　正解　2

スライディングボードを用いたベッドから車いすへの移乗の介護に関する設題である。
1　×　ベッドから車いすへの移乗の際、スライディングボードを使用するには、アームサポートが**跳ね上がる（取り外せる）**タイプの車いすを準備する。なお、スライディングボードは座ったままの状態で臀部を滑らせながら移動するため、利用者の臀部に褥瘡やケガがないことも使用条件の1つとなる。
2　○　スライディングボードを使用すれば、**座位**のまま移乗でき、移乗時の**介護**負担の軽減を図ることができる。その際は**重力**による滑り落ちる力を活用するため、**高低差**をつける。例えばベッドから車いすへの移乗では、ベッドを移乗先である車いすの座面より少し**高く**する。逆に車いすからベッドに移乗する際は、移乗先であるベッドを車いすの座面より少し**低く**しておく。
3　×　ベッドと車いすの間を大きくあけた場合、**スライディングボードをベッドと車いすの座面（シート）に安定した状態で置くことが難しい**。仮に置けても、移乗の距離が長くなる分、利用者の不安が強まったり、**転落**の危険性を高めたりする。よって、使用の際はベッドと車いすの距離をできる限り**近づける**。
4　×　スライディングボード上で利用者の臀部を素早く移動させた場合、利用者が**恐怖**や不安を感じてしまうため、**ゆっくりと**移動する。
5　×　座位姿勢のままでは、臀部とスライディングボードの**摩擦**抵抗が強いため、スライディングボードを抜くことが

難しい。身体を**傾け**、臀部とスライディングボードの間に**隙間**をつくると、容易に抜くことが可能となる。

問題42　正解　3

トルクの原理を応用した仰臥位から側臥位への体位変換に関する設題である。
1　×　利用者とベッドの接地面を広くした場合、安定する一方、摩擦抵抗が**強く**なり、**体位**変換しづらい。摩擦抵抗を少なくして体位変換しやすくするには、利用者の身体を**小さく**まとめる。
2　×　下肢を交差させ、ベッドとの摩擦抵抗を少なくする方法もあるが、これはトルクの原理を応用した介護方法で**はない**。また、利用者の**両膝**を曲げたほうがベッドとの摩擦抵抗をより**少なく**することができ、体位変換しやすい。
3　○　仰臥位から側臥位へ体位変換する際、**回転**する力が必要となる。回転させるには、回転軸に近いほど**大きい力**が必要となる一方、回転軸から離れているほど**少ない力**ですむ。この**トルクの原理**を応用した場合、仰臥位の利用者の**両膝**を立てて体幹との距離をとった上で、腰と肩を支えながら**回転**させ、側臥位にする。
4　×　滑りやすいシートとして**スライディングシート**を利用する施設・事業所が多い。具体的にはベッド上の利用者の身体の下に**スライディングシート**を敷き、滑らせながら**水平移動**や**上方移動**、体位変換を行う。これは、トルクの原理を応用した介護方法で**はない**。
5　×　利用者に近づき、お互いの**重心**を近づけることで、より**小さい力**で体位変換ができる。これは、トルクの原理を応用した介護方法で**はない**。

問題43　正解　1

視覚障害のある利用者の外出に同行する時の支援に関する設題である。

1 ○ 視覚障害のある利用者は、外出先のトイレの状況把握が難しい。よって、「これ」「それ」等の「こそあど」言葉の使用は避け、具体的にトイレ内の情報を提供する。状況を把握できれば、利用者の安心感にもつながる。

2 × 視覚障害のある利用者へのガイドヘルプでは、支援者の肘の上を視覚障害のある利用者に握ってもらい、利用者よりも半歩前で支援者が誘導する。階段を上る際も、この基本姿勢での誘導となる。階段の前ではいったん停止し、これから階段を上るのか、下るのかを支援者は利用者に説明しなければならない。

3 × ガイドヘルプで狭い場所を歩く際、支援者は腕を身体の後ろにまわし、視覚障害のある利用者が支援者の真後ろに入り、一列になって移動する。

4 × タクシーや自動車に乗る時は、視覚障害のある利用者が先に乗る。一方、バスや電車に乗る際は支援者が先に乗って誘導する。

5 × 視覚障害のある利用者へのガイドヘルプでエスカレーターを使うと乗降のタイミングが難しく、転倒・転落の危険性がある。よって、エレベーターの使用を勧める。

問題44 正解 4
嚥下障害のある利用者の妻に対する訪問介護員の助言に関する設題である。

1 × いすに浅く座った場合、仙骨座りになりやすく、食事姿勢が崩れ、誤嚥の危険性が増したり、消化の効率が低下したりする。いすからの転落の危険性もあるため、いすには深く座る。

2 × 会話をしながら食事をした場合、食べ物が気管に入りやすくなり、誤嚥の危険性が増す。食事中には会話せず、食事の前や後などに会話をする等、食事に集中できる環境を整える。

3 × 嚥下を促進し、誤嚥を防止するため、嚥下体操は食事前に行う。なお、「嚥下体操」といっても実際には嚥下だけに焦点を当てるのではなく、摂食・嚥下を含めた口腔機能全体の維持・向上を図る体操となるため、最近では「口腔体操」と呼ぶことが多い。

4 ○ 嚥下障害で飲み込みが難しい時があるAさんには、食べ物の通過を良くするため、肉や野菜、魚等は軟らかく調理する。嚥下障害がさらに進行した際は、プリンやゼリー等のほか、調理した肉や野菜、魚等をミキサーにかけ、それをゼラチン等で固め、元の形に近い形状に再現したソフト食を摂取できるようにする。

5 × おかずを細かく刻むと見た目が悪くなる上、食べた時に口の中でバラバラとまとまりにくくなって食塊を形成しづらく、かえって飲み込みにくくなり、誤嚥の危険性が高まる。

問題45 正解 2
慢性腎不全の利用者の食材や調理方法に関する設題である。

1 × 慢性腎不全がある場合、たんぱく質の摂取量を制限するため、エネルギー不足になるおそれがある。そうならないために、調理の際には、植物油などの油脂類をうまく利用するとよい。エネルギーが不足してしまうと、体重や筋力量の減少だけでなく、有害な老廃物の増加につながり、かえって腎臓への負担が増すため、注意が必要である。

2 ○ 慢性腎不全がある場合、塩分の排出機能が低下し、高血圧や心不全の危険性が高まるため、塩分を制限する。レモンや香辛料を使用して、美味しく食べられるように調理方法を工夫する。

3 × 慢性腎不全がある場合、たんぱく質の代謝により作られる老廃物が排出されず、体内に蓄積され、尿毒症等を引き

起こす恐れもあるため、肉や魚等のたんぱく質は**制限**する。

4 × 慢性腎不全がある場合、植物油等の**脂質**に加え、砂糖やハチミツ等の**糖質**も摂取し、必要な**エネルギー**を十分に確保することが重要である。よって、砂糖を控えた味付けにする必要は**ない**。

5 × 慢性腎不全がある場合、腎機能が**低下**しているため、身体に余分な**カリウム**を排出することが難しくなり、血液中の**カリウム**が増えて**高カリウム血症**になりやすい。よって、**カリウム**を多く含む**生野菜**や果物は控える。また、**カリウム**は水に溶けやすい性質があるため、野菜を食べる時は、切って**茹でる**。**茹でる**ことで野菜に含まれる**カリウム**を大幅に減らせる。

問題46 正解 3
利用者の食事支援に関して介護福祉職が連携する職種に関する設題である。

1 × 言語聴覚士は、失語症や難聴等の**コミュニケーション障害や摂食・嚥下機能**の低下に対しての**リハビリテーション**を中心に行う。スプーンや箸がうまく使えない時は、食事動作の訓練を**作業療法士**に依頼する。

2 × 作業療法士は、主に**応用的な動作**の回復を目指し、食事等の**ADL**（日常生活動作）や調理等の訓練、手芸や園芸等の**アクティビティ・サービス**等を実施する。咀嚼障害がある時は、義歯の調整を**歯科医師**に依頼する。その上で義歯の作製や加工、修理が必要な場合には、歯科医師が**歯科技工士**に指示を出す。

3 ○ 理学療法士は、主に**基本的な動作**の回復を目指し、**関節可動域（ROM）**訓練や体幹訓練、**歩行訓練**、温熱・電気等による**物理療法**等を実施する。よって、座位保持が困難な際、**体幹訓練**を**理学療法士**に依頼する。

4 × 義肢装具士は、医師の指示のもと、

義肢（義手・義足）や装具（上肢装具、体幹装具、短下肢装具等の下肢装具）の採寸・採型、製作、身体への適合調整を実施する。摂食・嚥下障害がある時は、嚥下訓練を**言語聴覚士**に依頼する。

5 × 社会福祉士は、**ソーシャルワーカー**として介護保険施設や障害者支援施設等で利用者・家族等からの**相談**に応じ、各サービス事業者と**連絡調整**を図りながら支援する。一方、管理栄養士は口からの食事や**低栄養状態**の改善・予防等を目的に栄養学的な側面からの**献立作成**や必要な**栄養指導**を行う。よって、食べ残しが目立つ時は、献立や調理方法の変更を**管理栄養士**に依頼する。

問題47 正解 2
入浴の介護に関する設題である。

1 × **利用者主体・利用者**本位の考え方から、着替えの衣服は**利用者**が選ぶ。

2 ○ 入浴には清潔保持や血行促進等の効果がある一方、**体力**を消耗させる。空腹時に入浴すると、脱水や**血糖値の低下**によって、ふらつきやめまいが生じる恐れがある。

3 × 入浴にはリフレッシュ効果等があるが、汗をかく等、体内の**水分**を奪う側面もある。水分摂取を控えた場合、入浴時に**脱水**症状を引き起こす危険性が高いため、入浴前にも水分を摂取する。

4 × 食後1時間以内に入浴した場合、皮膚への血流量が**増加**する一方、内臓への血液量は**減少**して胃腸の血液循環が悪くなり、結果として食べ物の**消化吸収**が悪くなる。よって、食後1時間以内の入浴は控える。

5 × 一般的に45℃の湯温では、熱すぎて入ることが**困難**である。また、高温湯は**心臓**への負担が大きい上、周囲との温度差が大きくなり、**ヒートショック**の危険性が増す。浴槽内の湯温は**38～**

40℃程度に設定することが望ましい。

問題48 正解 4

シャワー浴の介護に関する設題である。

1 × シャワーの湯温は、**介護福祉職が**先に確認する。その上で熱ければ温度を下げる等、利用者が心地よいと感じられる湯温に**調整**する。

2 × **心臓**への急な刺激を避けるためにも、シャワーをかける時には利用者の身体の末梢（足部）から中枢（心臓）に向けてかけていく。

3 × 熱いシャワーをかけると血圧が**急上昇**し、心臓に**負担**をかける。また、熱い湯と周囲の温度によって**温度差**が生じ、ヒートショックを起こす恐れも高まるため、利用者が寒さを訴えたからといって、熱いシャワーをかけることは**危険**である。

4 ○ 利用者が陰部を洗う時は、利用者の**羞恥心**に配慮し、介護福祉職は背部で見守る等の対応をとる。これは**プライバシー**保護の観点からも重要である。

5 × 身体に水分が残っていると、その水分が蒸発する際に**気化熱**によって体温を**低下**させてしまう。湯冷めしないためにも、シャワー浴の後は**すぐに**タオルで水分をしっかり拭きとる。

問題49 正解 3

左片麻痺のある利用者が浴槽内から一部介助で立ち上がる方法に関する設題である。

1 × 片麻痺のある利用者が浴槽内から立ち上がる際は、まず**健側の膝を立てて**健側の踵を臀部に引き寄せる。左片麻痺の場合は、利用者が健側の**右膝**を立てて右の踵を臀部に引き寄せる。

2 × 浴槽内から立ち上がるには、**健側**下肢に加え、健側**上肢**も活用する。左片麻痺の場合、健側の右下肢に力を入れるとともに、健側の**右手**で手すりをつかむ。浴槽の底面に両手を置いても、立ち

上がる力としては作用**しない**。

3 ○ 浴槽内から立ち上がる際は、利用者が健側の**右膝**を立てて、右の踵を臀部に引き寄せるとともに、右手で**手すり**をつかんで**前傾姿勢**をとり、臀部を浮かせる。その際、介護福祉職は倒れやすい**患側（麻痺側）**の左側を**支え**、立ち上がりを支援する。

4 × 浴槽内から**一部**介助で立ち上がる際は、利用者は健側である右上肢と右下肢を活用し、介護福祉職は患側（麻痺側）の**左側**を支える。両腋窩に手を入れて支えるのは、**全介助**で浴槽内から立ち上がる際にとられる方法の１つである。

5 × 素早く立ち上がるように促した場合、利用者は慌ててしまい、滑りやすい浴槽内で**転倒**する恐れもある。利用者の身体の動きをよく見ながら、利用者の**ペース**を尊重する。また、促すだけでなく、「健側の右膝を立てて踵を臀部に引き寄せる」「前傾姿勢をとる」等の具体的な**説明**がなければ、利用者はどのように立ち上がってよいのかわからず、戸惑ってしまう。

問題50 正解 1

入浴関連用具の使用方法に関する設題である。

1 ○ **シャワー用車いす**は、脱衣室や浴室の使用に適した車いすで、自分で浴室までの移動が困難な利用者が使用する。通常の車いすより、キャスターや駆動輪（後輪）は**小さい**。車輪が小さいほど段差の乗り越えが**難しく**、段差に接した際の衝撃も強いため、段差に注意して移動する。可能であれば、**浴室内すのこやスロープ**を設置し、段差の解消を図る。

2 × 座位姿勢のまま、移乗台から浴槽縁に円滑に移動できるよう、移乗台は、浴槽と**同じ**高さに設定する。

3 × 昇降することで浴槽内での立ち座りを補助する**浴槽設置式リフト**（浴槽内

昇降機・バスリフト）は、浴槽縁に設置し、**座位の状態で使用する**。ただし、リフトの設置で浴槽が浅くなり、肩まで浸かれない場合は配慮が必要となる。

4　×　入浴時の移乗介護での負担を軽減する**入浴用介助ベルト**は、利用者の**腰部**に装着する。

5　×　ストレッチャーで機械浴槽（特殊浴槽）に入る際は、**転落防止に加え、浮力**でバランスを崩すことによる**溺水**（溺れること）や誤飲等を防ぐため、ベルトを必ず**装着する**。

問題51　正解　3

便秘の傾向がある高齢者に自然排便を促すための介護に関する設題である。

1　×　朝食、昼食、夕食を毎日決まった**時間**に摂取することで**大腸**の活発化につながる。特に朝食後は、摂食・嚥下により胃の中に食べ物が入ると、その信号を受けて大腸が蠕動運動を引き起こし、便をＳ状結腸から**直腸**へと送り出すという**胃・結腸反射**が起こりやすい。よって自然排便を促すためにも、**朝食を抜いてはならない**。

2　×　**オリーブオイル**やゴマ油等の油には便の滑りを良くして排便しやすくする**滑腸**作用や腸を刺激して蠕動運動を**促す**作用がある。よって、便秘傾向がある場合は、**油の摂取が有効**である。

3　○　自然排便を促すには、腸の**蠕動**運動を高める必要があるため、散歩をする等、適度な**運動**を行う。

4　×　身体を温め、血行を良くしたり、老廃物の排出を促したりする**温罨法**によって腹部を温めると、**大腸**の動きが促進され、自然排便を促す。一方、ぎっくり腰といった**急性腰痛**の場合、腰部は熱を伴った**炎症**状態となっているため、**冷やして痛みを緩和する**。

5　×　朝食後は、胃・結腸反射によって

排便しやすい状態にある。よって、たとえ便意を感じなくても、習慣として**朝食後**にトイレに座るようにする。

問題52　正解　5

認知機能の低下による機能性尿失禁のある利用者への対応に関する設題である。

1　×　機能性尿失禁は認知機能の低下のほか、**身体機能の低下**によっても生じる。例えば、下肢筋力の低下で歩行に時間がかかり、**トイレ**に間に合わずに失敗してしまう場合である。こうした**身体機能**の低下による**機能性**尿失禁に対しては、歩行能力が**向上**してトイレに**間に合う**よう、**足上げ**運動等を行う。

2　×　手指の**巧緻性**や握力の低下、関節**拘縮**等によってズボンを下ろすのに**時間**がかかり、間に合わず、失敗してしまう場合もある。こうした身体機能の低下による機能性尿失禁に対しては、ズボンの**ゴムひも**を緩いものに変える等、ズボンを**下ろしやすくする**工夫を行う。

3　×　急な尿意があっても少し我慢し、少しずつ排尿間隔を長くする中で膀胱の容量を大きくしていく**膀胱**訓練は、突然強い尿意を感じ、我慢できずに失敗してしまう**切迫性**尿失禁で行われる対応の1つである。

4　×　排泄してしまう場所に入れないようにすることは、利用者の移動の**権利**を奪う行動**制限**となる。介護福祉職として**アセスメント**する中で、なぜ、トイレではない場所で排尿するのか、その**理由**を把握し、その上で適切に対応することが重要である。

5　○　**認知**機能の低下による機能性尿失禁の場合、トイレの場所が**わからなくなって**、迷っている間に間に合わなくなり、失敗をしてしまう。よって、照明をつけて、ドアを開けておく等、トイレの場所を**わかりやすくする**。それでもトイレの

場所がわからない場合は**誘導**する。

問題53 正解 1

排泄物で汚れた衣類をタンスに隠してしまう認知症の利用者への対応に関する設題である。

1 ○ 利用者には、排泄で失敗した**恥ずかしさ**や情けなさを**隠したい**という思いがあると予測できる。**衛生**面への配慮に加え、利用者の思いを**尊重**することを考えれば、タンスの中に汚れた衣類を入れられる場所を確保するのは**適切**な対応である。

2 × 排泄で失敗した恥ずかしさや**情けなさ**を隠したいという思いが利用者にはあると考えられる。そうした利用者の**自尊心**に配慮せず、「汚れた衣類は入れないように」とタンスに貼紙をするのは、利用者を一方的に**責める**行為で**不適切**である。

3 × トイレに行く際に同行して近くで監視するのは、利用者の**プライバシー**や**羞恥心**に配慮していない。

4 × つなぎ服（介護衣）を着せることは**身体拘束**に該当するため、原則禁止されている。

5 × 認知症の利用者は、認知機能の低下による**機能性**尿失禁で排泄を失敗することもある。失敗したくて失敗している**わけではなく**、その失敗で**恥ずかしさ**や情けなさを感じている。そうした利用者の羞恥心や**自尊心**を傷つけないため、注意したり、責めたり、叱ったりしては**ならない**。そうすることは、かえって利用者を精神的に**不安定**にさせてしまう。

問題54 正解 5

次亜塩素酸ナトリウムを主成分とする衣類用漂白剤に関する設題である。

1 × 次亜塩素酸ナトリウムを主成分とする**塩素系**漂白剤の場合、白物の衣類に

は使用**できる**が、色柄物には使用**できない**。ただし、白物でも、その中に**色柄**が混じっている衣類もあるため、**すべての**白物の漂白には使用できない。

2 × 次亜塩素酸ナトリウムを主成分とする衣類用漂白剤は、**塩素系漂白剤**に該当する。**塩素系漂白剤**は、強い**脱色**効果があるため、**色柄物**の漂白には適さない。

3 × 次亜塩素酸ナトリウムを主成分とする**塩素系**漂白剤を熱湯で薄めた場合、その成分が分解され、**漂白**効果がなくなる。さらに塩素ガスを多量に発生させるため、**危険**である。塩素系漂白剤には**熱湯**を使用してはならない。

4 × 次亜塩素酸ナトリウムを主成分とする**塩素系**漂白剤は、**アルカリ**性が強いため、皮膚につけば**肌荒れ**、目に入れば**失明**する恐れもある。使用の際は**ゴム手袋**をはめ、皮膚や目に触れないようにし、誤って付着した場合は、応急処置としてすぐに**流水**でしっかり洗う。

5 ○ 次亜塩素酸ナトリウムを主成分とする**塩素系**漂白剤は、他の漂白剤より、脱色効果が**強く**、**除菌**効果も大きい。

問題55 正解 5

ズボンの裾上げの縫い目が表から目立たない手縫いの方法に関する設題である。

1 × **なみ縫い**は、表と裏を等間隔で縫い進める方法で、手縫いの**基本**となる。

2 × **半返し縫い**は、針を半分返しながら縫う方法で、なみ縫いよりも**丈夫な**縫い方となる。

3 × **本返し縫い**は、ひと針縫ったら、ひと針戻るというように、ひと針ずつ返しながら針目の間をあけずに縫う方法で、半返し縫いよりもさらに**丈夫な**縫い方となる。

4 × **コの字縫い**（コの字とじ）は、2枚の布を折り山で縫い合わせる方法で、裏地つきの袋物の**返し口**を閉じる時等に用いる。

5　○　まつり縫いは、縫い目が**表**から目立たないように縫い合わせる方法で、ズボンの**裾上げ**やワッペン、ゼッケン等を縫いつける時に用いる。

問題56　正解　2

心地よい睡眠環境を整備するためのベッドメイキングに関する設題である。

1　×　シーツを外す時は、**感染**予防の観点から、汚れた面が**外側**に出ないよう、内側に丸める。これは、**埃**等の飛び散り防止にも効果がある。

2　○　**ベッドメイキング**では、シーツに**しわ**やたるみが生じないよう、シーツの角を**対角線**の方向に伸ばして整える。

3　×　袋状の枕カバーの端を入れ込んで使用する時は、布の折り込み側が**下**になるように置く。折り込み側を**上**とした場合、しわや**たるみ**、**型崩れ**が発生しやすい上、その部分に頸部や頭部を置くため、触れ心地が**悪く**、違和感を覚える等、快適な睡眠を**阻害**する原因となる。また、枕カバーの**タグ**や縫い目が頸部に**当たらない**よう気を付けて置く。

4　×　ゆるみを作らずに掛け毛布をシーツの足元に押し込むと、利用者の**足**が圧迫され、苦痛を感じる。リラックスして睡眠できるよう、足元には**タック**（折り返し）を作る等、足が自由に**動かせる**ようにする。また、重度の身体障害で臥床状態が多い利用者の場合は、足元に空間を作ると**尖足**予防にもなる。

5　×　利用者によっては、あえてその位置に物品を置いている場合もある。また、介護福祉職は使いやすい位置と思っていても、その**利用者**からすれば使いにくい位置もある。よって、利用者の**許可**なく、勝手に利用者の物品の位置を**変えてはならない**。利用者の物品を動かした際は、元の位置に**戻しておく**。

問題57　正解　4

夜勤のある施設職員が良質な睡眠をとるための生活習慣に関する設題である。

1　×　日勤に比べて夜勤は職員数が**少ない**こともあり、心身の負担が大きい。夜勤前に仮眠をとらなかった場合、**疲労**が強まり、集中力が欠け、ミスを起こす危険性が高まる。さらに、そうした疲労感は夜勤後の**生活リズム**や**睡眠**にも支障を及ぼす恐れがあるため、疲労感を軽減するためにも、夜勤前には**仮眠**をとるようにする。

2　×　寝る前にスマートフォンでメールをチェックすると、画面の明るさや文字を読むことで脳が刺激を受け、寝つきが**悪く**なる。さらに光を夜に浴びると、自然な眠りを誘うホルモンである**メラトニン**の分泌量が抑制される。

3　×　朝食、昼食、夕食の1日3食をそれぞれ決まった時間に規則正しく食べることで、夜になると眠くなるという**体内時計**が整い、睡眠の質が**高まる**。一方、朝食と夕食の開始時間を日によって変えた場合、生活習慣が乱れ、睡眠の質にも**悪影響**を及ぼす。例えば、睡眠**直前**に夕食をとると、消化活動によって良質の睡眠が**妨げられる**。食事をしてから消化が落ち着くまでは最低でも3時間かかるため、就寝3時間前には食事を済ませておく習慣が大切となる。

4　○　夜勤後の帰宅時に**日光**を浴びると体内時計が乱れ、寝つきを悪くする恐れがある。また、日光のような強い光は脳を刺激し、**覚醒**を促す作用もある。よって、夜勤後の帰宅時には**サングラス**をかける等、日光を避けるとよい。

5　×　休日に寝だめをして長時間の睡眠をとった場合、かえって生活習慣が**乱れ**、睡眠にも**悪影響**を及ぼす。仮に睡眠不足が続いた場合も日々の睡眠の質が重要であり、寝だめ**では解決しない**。

問題58 正解 5

死が極めて近い状態にある利用者の看取りに必要な情報に関する設題である。

1 × 人生の最終段階（終末期）における身体的変化の1つとして、摂食・嚥下機能や食欲の**低下**で経口からの水分・栄養摂取が徐々に困難となり、**体重が減少**する。Bさんは、1週間前から経口摂取が困難となっており、体重が減少していくのは**自然な**経過として受け止める。よって、看取りに必要な情報として最も適切と**はいえない**。

2 × 終末期の身体的変化の1つとして、**傾眠**状態が続き、徐々に意識や反応が低下してくることが挙げられる。Bさんは、すでに1日の大半は目を閉じ、臥床状態が続いているため、あえて夜間の睡眠時間を看取りに必要な情報として挙げる必要**はない**。

3 × 本人の**意思**確認ができる場合、延命するか否か、どこで、どのような形で人生の最終段階を迎えたいか等については、**アドバンス・ケア・プランニング**（ACP）に基づき、本人や家族、医師、看護師、介護福祉士等が**繰り返し**話し合う中で**本人**が決める。一方、本人の意思確認が**できない**場合は、**家族**が本人の意思を代弁したり、本人にとっての最善の方針をとったりする。Bさんは、1日の大半は目を閉じ、臥床状態が続いているため、すでに意思確認ができる状態で**ない**と考えられる。Bさんの家族は「施設で看取りたい」と希望しており、介護老人福祉施設では延命治療が**できない**ことも考えれば、この時点で延命治療の意思を確認することが適切と**はいえない**。

4 × Bさんは1週間前から経口摂取が**困難**となり、医師から「老衰により死期が近い」と診断されている。死が極めて近い状態にあるBさんに対し、無理に食事摂取させる必要は**ない**。さらに1日の

大半は目を閉じ、臥床状態が続いているため、意識状態の低下も考えられる。この状況で食事摂取させた場合、**誤嚥**や窒息の危険性が高くなる。よって、嚥下可能な食形態が看取りに必要な情報では**ない**。

5 ○ 人生の最終段階（終末期）における身体的変化の1つとして、**呼吸のリズム**が不規則となり、回数も徐々に減少していくことが挙げられる。特に肩を上下させる**肩呼吸**、口をパクパクさせるように動かす**下顎呼吸**、呼吸の増加と減少と停止を繰り返す**チェーンストークス**呼吸がみられた場合は、死が極めて**近い**状態にある。

問題59 正解 3

介護老人福祉施設における終末期の利用者の家族支援に関する設題である。

1 × 家族の状況によるが、緊急連絡先は、**複数（2つ以上）**設定した上で**優先**順位をつけ、利用者の急変時には家族に必ず**連絡**がとれる体制を整えておく。

2 × 面会を控えるように伝えることは、利用者と家族のつながりを**軽視**する対応である。人生の最終段階（終末期）を利用者と家族が少しでも長く**一緒に過ごす**ため、個室等の**プライベート**空間を確保し、**面会しやすい**環境を整える。

3 ○ 家族ができる限り**不安**にならないよう、徐々に食事摂取が**困難**になる、尿量が**減少**する、体温や血圧が**低下**する、喉からゴロゴロする音が聞かれる（**死前喘鳴**）等、死に至る過程で生じる**身体的**変化を**説明**して理解を得る。

4 × 死後の衣服は、**施設側が提案する**のではなく、生前に本人が**希望**した衣服、または生前に本人が好んでよく着ていた衣服の中から**家族**が選ぶとよい。

5 × 「亡くなる瞬間に立ち会うことが一番重要」と伝えても、家族それぞれの都

合もあり、必ずしも家族全員が亡くなる瞬間に立ち会えるわけではない。また、亡くなる瞬間を**見たくない家族**もいる。家族の負担が心身ともに増えないよう、日頃から**情報交換**し、それぞれの家族の**希望**や状況を考慮した対応をする。

問題60　正解　2

死亡後の介護に関する設題である。

1　×　死後硬直は、死後に筋肉が硬くなる現象で、死後2〜4時間程度で現れる。死後硬直が現れてからでは身体を動かし**にくく**衣服の着替え等が**困難**となるため、死亡後の介護は死後硬直の**前**に行う。

2　○　介護福祉職には**最期**まで利用者の**尊厳**を守る役割がある。亡くなられた利用者に**敬意**を払い、生前と同じように**声**をかけながら丁寧に介護を行う。

3　×　義歯を口腔内にとどめると、顔が**整いやすい**。審美性の観点からも、口腔ケア後、義歯は**装着**しておく。

4　×　死亡後、髭剃りによって髭だけでなく、皮膚の表面（**表皮**）も削られ、そこが**乾燥**して硬くなり、**黒く変色**する**革皮様化**がみられることもある。これを防ぐため、髭剃り前にはシェービングフォームやオイル等を塗って皮膚への負担を軽減し、髭剃り**後**は**保湿クリーム**を塗って被膜をつくり、乾燥から皮膚を守る。

5　×　手首をしばる行為は身体拘束で**禁止**されている。同様に死後も**行ってはならない**。手首が**圧迫**され、皮膚が**傷つく**上、それを見ている家族にも**つらい思い**をさせてしまう。**胸の上**に楽に置くか、身体に沿わせて置く。

介護過程

問題61　正解　1

介護過程を展開する意義に関する設題である。

1　○　介護過程を展開する意義としては、利用者への個別ケアや根拠に基づいた支援等のほか、**多職種連携・協働**による支援が展開できることも挙げられる。多職種連携・協働も**チームアプローチ**の1つに含まれる。

2　×　直感的な判断に基づく介護ではなく、介護過程では**根拠**に基づく介護を展開することができる。

3　×　介護過程では、利用者の望む生活の実現に向けて、今までの**生活経験**を大切にする必要がある。例えば、長年パティシエとして働いていたという生活歴に基づき、その利用者が他の利用者や介護福祉職と一緒におやつをつくるのも、生活の**つながり**を意識した取り組みとなる。

4　×　介護過程においても利用者の**尊厳**の保持や**自己決定**の支援が含まれている。そのため、誰かに管理されるような生活ではなく、利用者が**自分らしい生活**を送れるように支援していく。

5　×　介護過程では、利用者の**望む生活**の実現や利用者のより良い生活の実現、利用者の**QOL**（生活の質）の向上に向けて、利用者が実施したいことや好きなこと等を行えるように支援していく。

問題62　正解　4

介護過程における情報収集に関する設題である。

1　×　介護過程では、利用者の日常生活の困難な部分といった**マイナス**面だけでなく、利用者が**できること**（能力）、**したいこと**（意思）、**好きなこと**（嗜好）、長所等の**プラス**面も含め情報収集する。

2　×　情報収集では、利用者との会話は、解釈せずに、**そのまま記載**する。

3　×　他の専門職が記載した記録は、**間接的**な情報として扱う。

4　○　介護過程の主な目的は、利用者の

望む生活の実現や利用者のより良い生活の実現、利用者のQOL（生活の質）の向上を図ることである。そのため、利用者の**生活**に対する思いを大切にしながら情報収集することが介護福祉職には求められる。その際、介護福祉職の固定観念や**先入観**で情報を判断しない。

5 × 情報収集は**アセスメント**の中で実施される。一方、モニタリングは**ケアマネジメント**のプロセス（過程）の1つで、利用者の状況や支援の実施状況等を**確認**することである。**モニタリングを評価**の一部としてとらえる場合もある。介護過程は**アセスメント→介護計画の作成→実施→評価**という流れで展開されるため、モニタリングの実施後に情報収集を行うのは**不適切**である。

問題63　正解　5

介護過程における生活課題に関する設題である。

1 × 生活課題を解決するのは**利用者自身**となるため、生活課題を表記する際は利用者を**主語**としなければならない。「効率的な支援を提供する」の主語は利用者ではなく、**介護福祉職**となる。ただし、無駄のない効率的な支援の提供であっても、その内容や方法が利用者の生活課題の解決に結びつくものでなければ意味がない。

2 × 生活課題は、家族ではなく、**利用者の望む生活**を送るために解決すべきことである。そのため、生活課題は「**〜したい**」「**〜できるようになりたい**」と表記されることが一般的である。

3 × 生活課題を解決・緩和したり、満たしたりするのは**利用者本人**となるため、生活課題は利用者を**主語**とした表現とする。また、実践困難な課題とした場合、その課題の解決・緩和に向けた実践が難しく、課題として不適切ととらえることもできてしまう。

4 × 介護過程では、単なる勘や経験、思いついたことに頼らず、**根拠**に基づき生活課題を見出す。その上で**介護計画**に基づき生活課題の解決に向けて計画的に取り組んでいくことになる。

5 ○ 生活課題は生活上の課題や生活全般における解決すべき課題、**ニーズ（needs）**等とも呼ばれ、利用者が**望む生活**に向かうために取り組むべき課題としてとらえられている。この生活課題や介護計画の中の**長期目標**と短期目標について表記する際は、利用者を**主語**とする。

問題64　正解　5

介護過程における目標の設定に関する設題である。

1 × **長期目標**の期間は、**生活課題が解決する時期**やニーズ（生活課題）が満たされる時期を予測して設定する。そのため、利用者ごとに長期目標の期間は異なる。一般的には**6か月〜1年**程度の期間を長期目標として設定することが多いが、あくまでも、その利用者に応じた**期間**を設定することが望ましい。

2 × 長期目標は**生活課題**が解決した状態または**ニーズ（生活課題）**が満たされた状態を表す。よって、長期目標は**生活課題ごとに**設定する必要がある。

3 × 生活全般の課題（生活課題）が解決した状態を表現するのは**長期目標**である。一般的に「**〜できる**」「**〜する**」「**〜の状態になる**」と表現する。

4 × 短期目標は**具体的**な内容で表現する。抽象的な内容では短期目標が達成されたか、達成されていないか等の**評価**が行いづらくなってしまう。例えば「多脚杖を使用して施設内をバランスよく20m歩くことができる」というように、**数値**を用いると評価しやすくなる。

5 ○ 短期目標は、**長期目標**を達成するために設定する**段階的**な目標である。一

般的に1つの**長期目標**に対して複数（2つ以上）の短期目標が存在する。

問題65　正解　3

介護計画における介護内容に関する設題である。

1　×　介護計画は、利用者の**能力**を把握した上で、その利用者が**達成可能**な計画とする。効率性を重視したあまり、利用者に負担を強いたり、そもそも実施が不可能であったりするような計画とならないように注意する必要がある。

2　×　介護計画は、利用者本人や関係者等と相談しながら、**5W1H**に基づき「いつ」「どこで」「誰と」「何を」「どのように」行うのか等がわかるように**具体的**に記載する必要がある。よって、時間の設定を省略して**はならない**。

3　○　介護計画は他の介護福祉職が読んでも、**同じ支援**が行えるよう、5W1Hに基づき具体的に記載するとともに、介護を行う上での**注意点**も明記しておく。介護計画の内容・方法、留意点は利用者それぞれで**異なる**ことを忘れてはならない。

4　×　介護計画は、利用者の生活課題の解決や利用者の望む生活の実現に向け、利用者の**意思**を尊重して作成する。介護福祉職の考えを優先して**はならない**。

5　×　介護計画は、介護福祉職だけでなく、誰が読んでもわかるよう、できる限り**専門用語**を使用せずに記載する。また、「安全に歩く」といった抽象的な表現ではその内容を**理解しにくい**ため、「四点杖_{よんてんづえ}を使用して転ばないようにバランスよく歩く」等の**具体的**な記載とする。

問題66　正解　2

利用者の入所時に介護福祉職が行うアセスメントに関する設題である。

1　×　Cさんは要介護3で左片麻痺があり、自力での歩行が**困難**となっている。よって、自力で歩行ができるのかを確認するのは**不適切**である。

2　○　長男からの「トイレが自分でできるようになってから自宅に戻ってほしい」との要望を受け、Cさんはリハビリテーションを目的に介護老人保健施設に入所した。Cさんも「リハビリテーションを頑張りたい」と意欲を見せており、自宅復帰に向けて、**トイレ**での排泄が自分で行えることを目指していることがわかる。このことから、**排泄**に関連した動作について確認することが、最も優先すべき内容といえる。

3　×　入所時、Cさんは「孫と一緒に過ごしたいから」と笑顔で話しているため、孫と面会する頻度について希望を聞くこと自体に問題はない。ただし、ここで問われているのは入所時のアセスメントで最も優先すべきもので、長男からの「トイレが自分でできるようになってから自宅に戻ってほしい」との要望を受け、Cさんはリハビリテーションを目的に介護老人保健施設に入所し、「リハビリテーションを頑張りたい」と意欲を見せている。よって、施設でのリハビリテーションが効果的に行えるよう、トイレでの**排泄**に向けた情報を得るほうが優先度は**高い**といえる。

4　×　リクライニング車いすは、要介護度が**高く**、座位保持が**不安定**な利用者が使用することが多い。一方、Cさんは要介護3で自力での歩行は困難であるが、手すりにつかまれば自分で**立ち上がれる**。さらに健側を使って**車いす**で移動することも**できる**ため、リクライニング車いすはCさんには**不必要**である。

5　×　Cさんからも長男からも住宅改修についての要望は聞かれて**いない**。よって、住宅改修に必要な資金があるのかを確認するのは**不適切**である。

問題67　正解　3

再アセスメントに関する設題である。

1 × 「お茶を配ると席に座った」とあるため、Dさんはすでにお茶を配ることが**できている**。改めてお茶を配る能力の分析は**必要ない**。

2 × 「配膳された料理を見て、ため息をついた」とあるため、ため息の段階ではまだ料理を**食べていない**。また、食事中は**談笑**し、食事も**完食**していること、料理の味に関する記載が**ない**ことを踏まえれば、ため息の意味を料理の味が悪いと解釈（かいしゃく）するのは**不適切**である。

3 ○ **再アセスメント**は順調に経過している時ではなく、**目標**の達成度が低い場合や**拒否**されて介護計画を実施できなくなった場合、利用者の心身の状況が変化した場合に実施する。特に拒否されて実施できなくなった（参加していない）場合は拒否が始まった（参加していない）前後の情報を収集し、拒否される前と後で何か**変化**はなかったかという点に注視しながら検討する必要がある。Dさんの場合、配膳された料理を見て、ため息をついた後から短期目標の食事の準備には参加せず、早く来て様子を見ているようになっている。こうしたDさんの変化に注目すれば、早く来て様子を見ている**理由**を再アセスメントで分析することが重要である。

4 × 「食事中は談笑し、食事も完食している」とあるため、食事中はすでに**安心**して食事ができていると推察できる。よって、改めて分析する必要**はない**。

5 × 「盛り付けの見た目が…」「料理を皿に盛り付けるEさんの手元を見ていた」「配膳された料理を見て、ため息をついた」とあるため、料理の盛り付けとため息には関連があると推察できる。ただし、現時点でEさんに料理の盛り付けを学びたいという意向をDさんからは確認できて**いない**。よって、これらの情報だけで介護福祉職が、DさんがEさんに料理の盛り付けを学びたいと考えている

と解釈するのは**不適切**である。

問題68　正解　4

カンファレンスで介護福祉職が提案する内容に関する設題である。

1 × 事例には「盛り付けの見た目が…」「料理を皿に盛り付けるEさんの手元を見ていた」とあること、食器へのDさんの思いに関する記述は**ない**ことから、Dさんは食器自体を気にしている**わけではない**ことが推察できる。

2 × Dさんは、配膳された料理を見て、ため息をついた後から短期目標の「食事の準備に参加する」ことができていない。昼食時だけというように計画の実施回数を減らしたとしても、その他の計画の内容・方法が同じままでは、引き続きDさんは食事の準備に参加することが**できない**可能性が高い。**再アセスメント**の結果を受けて、Dさんの介護計画の**内容・方法**を見直す必要がある。

3 × Dさんは、食事中は談笑しているため、食事中、他の利用者や介護福祉職との関わりを楽しんでいる様子がわかる。認知症対応型共同生活介護の場合、居室は**個室**のため、居室での食事に変更してしまうと、他の人たちとの談笑というDさんの**楽しみ**を奪ってしまう。

4 ○ Dさんは、自分の盛り付けの見た目を**気にしている**こと、Eさんのように料理を盛り付けることができないことから、食事の準備に参加しなくなったと推測できる。一方、短期目標の「食事の準備に参加する」はDさん本人の**同意**に基づき設定していることから、食事の準備に抵抗があったわけではなく、むしろ**意欲**があったと推察できる。よって、Dさんと相談する中で食事の準備の役割を見直すことが求められる。

5 × 短期目標の「食事の準備に参加する」はDさんの同意に基づき設定したこ

と、お茶を配ることができたこと、盛り付けの見た目を気にしていること、食事中は談笑して食事も完食していることから、Dさんは食事の準備や食事することに関心があると推察できる。よって、この時点で食事以外の短期目標を設定するのは適切とはいえない。

発達と老化の理解

問題69　正解　1

ストレンジ・シチュエーション法における安定型の愛着行動に関する設題である。ストレンジ・シチュエーション法とは、乳児の愛着療法の**個人差**を観る方法である。見知らぬ部屋で養育者から**離れたり**、見知らぬ人が**関わったり**し**不安**が高まった時の行動と再度養育者に会った時の行動の**個人差**を観る。

1　○　**安定型**という。養育者がいなくなると泣き出したり、探したりする。再会すると喜び（泣いて寂しさを示し）、再度遊ぶという行動である。

2　×　**抵抗型**という。養育者がいなくなると不安であるが、再会しても、**機嫌**が直らず、叩くなど怒りを示す。

3　×　**無秩序型**という。愛着行動に一貫性がない状態を示す。静かにしていたが急に泣き出す、しがみついたり、回避したり、怒りを示したり、目を合わせないようにしたりする。

4　×　**回避型**という。養育者がいなくても関係なく遊んでいて、再会し養育者が近づくと避けようとする。

5　×　**無秩序型**の原因として、子どもの愛情形成が**難しい**状況がある。母親が精神疾患で虐待をする場合等である。

問題70　正解　3

乳幼児期の言語発達に関する設題であ

る。

1　×　**1歳前後**に初語を発するようになる。例えば「まま」「まんま」「ブーブー」などである。

2　×　**6か月頃**に喃語を発するようになる。例えば、「だーだー」「ばーばー」などである。

3　○　語彙爆発とは、**1歳半**ごろになり急激に単語数が増加することである。

4　×　**1歳前後**の初語から**1歳半**頃に一語文を話すようになる。例えば、「だっこ」「ねんね」などがある。

5　×　**1歳半**頃から**二語文**を話すようになる。例えば、「まま　行く」「わんわん来た」などがある。

問題71　正解　5

2019年（平成31年、令和元年）における寿命と死因に関する設題である。

1　×　健康寿命とは、健康上の問題で日常生活が制限されることなく生活できる期間をいう。男性**72.68**歳、女性**75.38**歳で、平均寿命（男性**81.41**歳、女性**87.45**歳）よりも**短い**（厚生労働省「健康寿命の令和元年値について」）。

2　×　人口全体の死因順位は、第1位が**悪性新生物**、第2位が**心疾患**、第3位が**老衰**、第4位が**脳血管障害**、第5位が**肺炎**であった（厚生労働省「令和元年人口動態統計の概況」）。なお、2022（令和4）年の同資料でも**同順位**である。

3　×　同資料によれば、死因で最も多いのは、**悪性新生物**であった。なお、2022（令和4）年の同資料でも**同様**である。

4　×　平均寿命は、男性**81.41**歳、女性**87.45**歳（肢1を参照）であるため、75歳**以上**である。なお、「令和4年簡易生命表の概況」によれば、男性81.05歳、女性87.09歳で、75歳**以上**である。

5　○　90歳女性の平均余命は、**5.71**年で、90歳男性の平均余命は、**4.41**年

である（厚生労働省「令和元年簡易生命表の概況」）。なお、2022（令和4）年の同資料では、女性が **5.47** 年、男性が **4.14** 年である。

問題 72　正解　2

パーキンソン病の利用者に生じている適切な適応（防衛）機制に関する設問である。

1　× **投影**は、自分自身に認めたくない衝動や欲求が、他人の中にあるように考えることであり適切**ではない**。
2　○ **退行**は、発達の未熟な段階に戻り、依存的になること。事例の場合も、できる着替えも職員に**依存**している。
3　× **攻撃**は、他者や物に対して、感情をぶつけたり乱暴したりすることであり適切**ではない**。
4　× **抑圧**は、自分の認めたくない感情を押し込めることで適切**ではない**。
5　× **昇華**は、すぐにできない欲求を、価値ある行為に置きかえることで、適切**ではない**。

問題 73　正解　2

記憶に関する設問である。

1　× **エピソード記憶**は、これまでの経験や出来事の記憶であり、**陳述記憶（宣言的記憶）**という言語的な記憶で、**長期**記憶である。
2　○ **意味記憶**は、言葉の意味やさまざまな知識の記憶であり、**陳述記憶（宣言的記憶）**という言語的な記憶で、**長期**記憶である。
3　× **手続き記憶**は、**技能**の記憶（例えば、自転車に乗るなど）である。さらに、**非陳述**記憶（非宣言的記憶）で、言葉によらない**長期**記憶である。
4　× **エピソード記憶**は、老化に影響を**うけ、低下しやすい**といわれている。
5　× **意味記憶**は、わかっているけれど単語や名称がでてこないこと（**TOT現**象）はあるものの老化に影響され**にくい**。

問題 74　正解　1

老化に伴う感覚機能・認知機能の変化に関する設問である。

1　○ 老化により**聴覚機能**は、低下する。大きすぎる声は、聞き**にくい（補充現象）**ことがあり、はっきりゆっくりと話すことの方が有効である。
2　× 老化によって**注意機能**は、低下する。運転のように複数の注意を**分散**させていくことが難しくなってくる。従って、会話をすることで、さらに注意を払うことになり、安全性が低下する。
3　× 老化で**視覚機能**は低下する。水晶体の変性により、白や黄色は**彩度（鮮やかさの度合い）**が低く、くすんでみえて区別し**にくい**。赤は彩度が高いため、白赤の組み合わせの方が区別し**やすい**。
4　× 老化により聴覚機能は、聞こえに**くいだけではなく、音がゆがんではっ**きりと聞こえなくなる（**感音性難聴**）。特に**高い音**は聞こえ**にくい**。
5　× 老化により視覚機能は、暗いところでの見えにくさや**暗順応**の低下をきたす。よって薄暗いところは、見え**にくい**ので作業し**にくい**。

問題 75　正解　4

高齢者の睡眠に関する設問である。

1　× 加齢で**体内時計**の変化がおき、睡眠に関わる体温やホルモン分泌などの生体機能リズムが早い時間にずれるので、高齢者は**早寝早起き**の傾向になる。
2　× 高齢者は、深い**ノンレム睡眠やレム睡眠**の時間が減り、中途覚醒の時間が増える。そのため、刺激を与えると起きてしまうことが多い。
3　× 高齢者は、就床時間は長いが、**入眠障害**や浅い眠りによる**中途覚醒**や**早期覚醒**により、睡眠の満足度は**低い**。

4 ○ **メラトニン**は、睡眠を誘導するホルモンで、高齢になると、**メラトニン**の分泌が減り、不眠の原因の１つとなる。

5 × **睡眠時無呼吸症候群**は、高齢者のかかりやすい睡眠障害である。他にも、**レストレスレッグス症候群、周期性四肢運動障害・レム睡眠行動障害**などがある。

問題76 正解 4

高齢者の肺炎に関する設題である。

1 × 高齢になると、一般的な肺炎の症状がみられなくても、**食欲不振、全身のだるさ、意識障害、脱水症状**などが肺炎によるものということもある。

2 × 高齢になると、咳や発熱などの顕著な症状が**出にくい**こともある。

3 × **換気**や**ガス交換**ができにくい状態のため、呼吸は頻呼吸になることが**多い**。

4 ○ 高齢になると嚥下機能が低下し、**誤嚥性肺炎**を起こしやすい。

5 × 肺炎の特徴的な症状には、**発熱、咳、痰、呼吸困難**等がある。

認知症の理解

問題77 正解 3

認知症ケアにおける「ひもときシート」に関する設題である。ひもときシートは、認知症の方の言動に対する**背景要因**を探るためのツールをいう。

1 × 「ひもときシート」では、最初に**評価的理解**を行う。

2 × 認知症の人の言動の意味は**本人**の視点でとらえる。

3 ○ 「**ひもときシート**」で認知症の人の言動を分析することで、「困った人」（**介護者**の視点）から「困っている人」（**認知症の人**の視点）にリフレーミング（視点の転換）を行い、介護計画を実践することで**生活課題**が解決できるようになる。

4 × **分析的理解**では、背景要因として潜在化ニーズを重要視する。

5 × **分析的理解**では、8つの要因で言動を分析する。

問題78 正解 4

レビー小体型認知症の幻視の特徴に関する設題である。

1 × レビー小体型認知症の幻視は、**はっきりしており**、実際にはそこにいない人物や動物などが見える。

2 × 幻視は、**覚醒している時**にみられる。**睡眠時**には、**レム睡眠行動障害**として、悪夢などを見て、大きな声で寝言を言ったり、暴れたりする等がみられる。

3 × レビー小体型認知症の人の物忘れは**軽い**ため、繰り返し丁寧に幻視であることを説明することによって、理解してもらうことが**可能である**。

4 ○ 幻視は、**環境**の影響で、見えなくなることがある。例えば、電気をつけて**明るくする**、シンプルなカーテン・壁紙に変える、部屋を**整理整頓**して陰になる部分を減らす等すると効果がある。

5 × 抗精神病薬による治療は、使わないと精神症状が**抑えられず**困る場合などに、**慎重**に用いられる。

問題79 正解 1

軽度認知障害に関する設題である。

1 ○ 軽度認知障害（MCI）とは、本人や家族から**記憶低下**の訴えがあり、日常生活に支障がない状態をいう。

2 × 脳に無症状の器質的な変化が**20年程度**続いた後に、軽度認知障害（MCI）の状態が数年続くと**アルツハイマー型認知症**が発症するといわれる。

3 × CDRは、**臨床的認知症尺度**といい、認知症の重症度を評価するスケールである。軽度認知障害（MCI）では、「認知症の疑い（CDR0.5）」が相当する。

4 × 軽度認知障害の定義として、日常生活能力は**正常範囲内**である。

5 × 薬物療法は、基本的に行い**にくい**。軽度認知障害（MCI）が**認知症**に進行した時点で、**保険適用**になる。

問題80 正解 5

若年性認知症に関する設題である。

1 × **65歳未満**に発症するものを若年性認知症という。

2 × 若年性認知症の方が、高齢者の認知症より進行が**早い傾向**にある。

3 × 若年性認知症の診断は**難しくて**、うつ病などと**間違われる**場合もある。

4 × 原因疾患で多い順に、**アルツハイマー型認知症、血管性認知症**である。

5 ○ 不安や抑うつを伴う場合が**多く**、早期診断も**難しい**。

問題81 正解 2

認知症の行動・心理症状（BPSD）に対する抗精神病薬の副作用に関する設題である。抗精神病薬の副作用には、**眠気、意欲の低下、ふらつき、立ちくらみ、歩きにくさ**、飲み込みにくさ、口の渇き、食欲不振、便秘などがある。

1 × ふらつき、歩きにくさにより、歩幅は**狭く**、前傾姿勢やバランスがとりにくくなって、転倒しやすくなる。

2 ○ 食事をうまく飲み込むことができにくくなるので、**誤嚥**につながる。

3 × 意欲低下、歩きにくさにより、**不活発**な状態になる。

4 × 筋肉の緊張が緩むという副作用は、**抗不安薬**などでおきる。

5 × 認知症の行動・心理症状（BPSD）の暴言・暴力・易怒性に抗精神病薬を用いるため、作用として**穏やか**になる。

問題82 正解 2

軽度の認知症の人に日付、季節等を会話

で伝える認知症ケアに関する設題である。

1 × ライフレビューは、**過去の思い出**を話して楽しみながら、それが人生にどのような影響があったのかを振り返り、**自己満足感**を高める。

2 ○ リアリティ・オリエンテーションは、**現実見当識訓練**ともいい、見当識障害に対し、**現実認識を深める**ための方法で、**日付、季節、天気、場所**などの情報を会話の中で伝えて認識してもらう。

3 × バリデーションは、**アルツハイマー型認知症**や**類似の認知症**の高齢者とのコミュニケーション法である。

4 × アクティビティ・ケアは、その人の喜びや楽しみを見出し、心身の**活性化**をする活動をいう。

5 × タッチングは、**相手の身体**に触れることで、**受容感や安心感**を与える。

問題83 正解 4

中等度の認知症の利用者が弄便をした事例に関する設題である。入所した翌朝であるので、トイレもわからず混乱のまま、排泄物の不快感からどうにかしようと思った行為であると考える。また、排泄ケアは**自尊心**を傷つけない言葉を使う。

1 × 「臭い」は、適切で**はない**。

2 × 「汚い」は、適切で**はない**

3 × 「トイレではありません」は、適切で**はない**。

4 ○ 「手を洗いましょう」は、これからの指示であるため、適切で**ある**。

5 × 「こんなに汚れて困ります」は、適切で**はない**。

問題84 正解 3

アルツハイマー型認知症の妻の、もの盗られ妄想に困っている夫の対応に関する設題である。もの盗られ妄想は、自分の大事な物を「盗られた」と思い込み、訴える行為である。

1　×　興奮する背景には、**不安や喪失感**がある。まずは、**環境調整**を行う。

2　×　Ｃさんからも夫からも施設入所の希望は**ない**ため、適切で**ない**。

3　○　一緒に探すことは、ものを盗られたという思いを**否定**されないため、適切な対応**である**。

4　×　盗難ではなく、しまい忘れ等なので、警察への通報は適切で**ない**。

5　×　アルツハイマー型認知症は、**自覚**がない場合も多いため、認知症であることを説明するのは適切で**はない**。

問題85　正解　1

認知症の人に配慮した施設の生活環境に関する設題である。

1　○　認知症の人は、記憶障害があるため不安が大きいので**安心感**がもてる対応は適切で**ある**。

2　×　私物の場所がわからないと**不安**になるため、適切で**ない**。

3　×　新しい生活体験は、**精神的負担**が大きく、**混乱**するため適切で**ない**。

4　×　同系色の表示は、**わかりにくいため**適切で**ない**。

5　×　日中に１人で過ごすと、本人の**不安**が高まるので、適切で**ない**。

問題86　正解　2

認知症初期集中支援チーム（以下、支援チーム）に関する設題である。

1　×　支援チームは、本人や**家族**の**自宅**を訪問して、アセスメント、家族支援などの**初期**の支援を包括的、集中的（おおむね**6か月**）に行い、**自立生活**をサポートする。

2　○　支援チームのメンバーは、認知症の医療や介護における専門知識や経験をもつ**医師**、保健師、看護師、社会福祉士、介護福祉士等のほか、認知症ケア、在宅ケアの実務、相談業務に３年以上の経験がある者などである。

3　×　対象者の多くは、未受診の人や介護保険サービスにつながっていない人なので、**初回の訪問時にアセスメント**を行い、必要な医療や介護の導入、調整などの対応方針を決定する。

4　×　支援チーム員は、「**認知症初期集中支援チーム員研修**」を受ける。ただし、やむをえない場合の救済措置もある。

5　×　支援チームは、対象者の認知症の早期発見・早期治療の一環とするので、訪問によって支援方針を決め、その後に**認知症疾患医療センター**に紹介する。

障害の理解

問題87　正解　1

障害者の法的定義に関する設題である。

1　○　身体障害者手帳の交付を受けた**18歳以上**が、身体障害者福祉法における対象者の定義である（同法第4条）。

2　×　知的障害者福祉法など日本の法律には、知的障害者の定義規定が**ない**。厚生労働省は、「知的機能の障害が発達期（おおむね**18歳**まで）にあらわれ、**日常生活**に支障が生じているため、何らかの特別の**援助**を必要とする状態にあるもの」としている。

3　×　精神保健福祉法における障害者の定義は、**統合失調症**、精神作用物質による急性中毒又はその依存症、**知的障害**、精神病質その他の精神疾患を有する者である（同法第5条）。

4　×　障害者基本法における障害者の定義として、身体障害、知的障害、精神障害（**発達障害を含む**）、その他の心身機能の障害がある者であって、障害及び**社会的障壁**により継続的に日常生活又は社会生活に**相当**な制限を受ける状態にある者である（同法第2条）。

5　×　障害児は、児童福祉法における身

体に障害のある児童、知的障害のある児童、精神に障害がある児童（発達障害者支援法第2条第2項に規定する発達障害児を含む）等である（同法第4条第2項）。

問題88　正解　1

半側空間無視に関する設題である。

1　○　半側空間無視は、脳の損傷と反対側の**空間**が認識しにくい。食事の時は、片側に**食べ残し**がみられる。

2　×　半盲は、脳の疾患や外傷により視野の**半分**が見えなくなった状態をいい、見えていないという自覚が**ある**。半側空間無視は、自覚が**ない**ため、介護方法は**異なる**。

3　×　半側空間無視は**失認**の1つである。

4　×　本人は、半側空間無視ということに気付いて**いない**。

5　×　半側空間無視のある人の歩行は、認識が**できる**方向に歩く傾向にある。

問題89　正解　2

知的障害者の事例で意思決定支援に関する設題である。

1　×　母親の意思を知ると、気を遣い本当の意思を**言えなくなる**こともある。

2　○　共同生活援助の生活について、**本人**と話し合い、適切な情報、環境、認識の下で本人の意思が**形成**されていくことを支援する。

3　×　職員の考えを伝えることで、本人の意思が**言えなくなる**可能性もある。

4　×　具体的に選択肢を用意するのは良いことであるが、まず、**適切な情報**を時間をかけて提供していく。

5　×　本人の意思決定を最大限**尊重**しつつも、**リスク**を考えて**本人**にも説明した上で、対応について検討しておく。

問題90　正解　4

筋萎縮性側索硬化症（ALS）では出現しにくい症状に関する設題である。

1　×　四肢の運動障害は、出現し**やすい**。

2　×　構音障害は、出現し**やすい**。

3　×　嚥下機能障害は、出現し**やすい**。

4　○　感覚障害は、出現し**にくい**。他にも、排尿障害が出現し**にくく**、視力、聴力、**内臓機能**などは正常である。

5　×　呼吸障害は、出現し**やすい**。

問題91　正解　4

交通事故による頸髄損傷で重度の四肢麻痺になり、周囲に強くあたるようになった利用者への対応に関する設題である。

1　×　重度の四肢麻痺であるので、歩行は**難しい**状況である。

2　×　トラブルになるからと近寄らないと、Fさんは**より不安定**な感情になる。

3　×　利用者は、どうしようもない思いを支援者に**理解**して欲しい。支援者が厳しく注意すると、利用者は、**理解**が得られないと思うので、適切で**ない**。

4　○　障害があっても、自分で**できる**ことに気づくことで、自分の望む**人生**が考えられるようになるため、適切で**ある**。

5　×　介護福祉職がFさんの自立を支援することで、Fさんは自分の**状況**を受け入れ、生きていく**活力**を得ることができる。よって、障害が重いからといって、できることを手伝うことは、適切で**ない**。

問題92　正解　5

パーキンソン病で歩行中に停止や向きの変更が困難となる症状に関する設題である。

1　×　安静時振戦は震えで、水を飲む等何かをしようとすると症状が消える。

2　×　筋固縮とは、腕や足の筋肉が**硬く**なり、**スムーズ**に動かせない状態である。

3　×　無動は、筋肉が**硬く**なり、動きにくくなっている状態である。

4　×　寡動は、身振りが**少なく**、**ゆっくり**となる、動作が始まるまで時間が**かかる**という状態である。

5 ○ 姿勢保持障害とは、体の**バランス**が調整できない状態である。歩く動作では、**ふらつきや止まりにくさ、方向転換**の難しさを感じるほか、姿勢がまっすぐに保てない等の症状がある。

問題93　正解　2
エコマップが表すものに関する設題である。エコマップは、利用者本人と家族、友人、関係者などの**社会資源との関係**をネットワークとして描いた図で、障害者の理解を深めるためのアセスメントツールである。
1 × 家族との関係を示すには**ジェノグラム**という家族関係図が適切で**ある**。
2 ○ 障害者への理解のためには、**社会**とどのような関係をもって生活しているかを、**客観的**にとらえる必要がある。
3 × 認知機能は、**HDS-R** や **MMSE** を用いて評価される。
4 × 機能の自立度は、エコマップが表す情報として適切で**ない**。
5 × 日常生活動作は、エコマップが表す情報として適切で**ない**。

問題94　正解　5
「障害者総合支援法」で定める協議会に関する設題である。
1 × 当事者・家族は、協議会に参画**する**。それにより、当事者・家族等の地域への課題や支援に**近づけられる**。
2 × 療育手帳の交付は、**児童相談所又は知的障害者更生相談所**が行う。
3 × 相談支援専門員は、**サービス等利用計画**の作成者である。配置しなければならない事業所は、**指定一般相談支援事業所、指定特定相談支援事業所、指定障害児相談支援事業所**などである。
4 × 協議会は、**市町村**が設置する。
5 ○ 協議会は、地域における障害者等への支援体制に関する課題について**情報を共有**し、地域の実情に応じた支援体制について協議を**する**（同法第89条の3第2項）。

問題95　正解　3
障害福祉サービス利用のために相談支援専門員が作成する計画に関する設題である。
1 × 地域福祉計画は、住み慣れた地域において実情に応じて**行政・保健・福祉**等の関連機関と**住民**が一体になって支えあう地域の仕組みづくりのための行政計画であり、**市町村**で策定される。
2 × 個別支援計画は、障害福祉サービス事業所の**サービス管理責任者**が、利用者の意向や適性・特性を踏まえ、提供するサービスの支援内容を検討する。
3 ○ サービス等利用計画は、障害福祉サービス利用者を支援するための**総合的な計画（トータルプラン）**である。
4 × 障害福祉計画は、障害者総合支援法に基づき**市町村・都道府県**が作成する。
5 × 介護サービス計画は、**ケアプラン**といい、介護保険法に基づき、**介護支援専門員または利用者本人**が作成する。

問題96　正解　1
障害者支援施設で自立訓練を受けている利用者の家族の将来に不安を抱く妻への対応に関する設題である。
1 ○ JさんはHさんの退院から2か月が過ぎ、激動した日常に混乱している。不安な気持ちに寄り添い、今後の課題を一緒に整理し考えることが適切で**ある**。
2 × 利用者のHさんの気持ちを**差し置いて**、妻のJさんの気持ちを最優先することは、適切で**ない**。
3 × Jさんは仕事をしながら子育てしているため、訓練の様子を知らせるため頻繁に施設に来てもらうのは**難しい**。
4 × 家族が困っていても、あくまでも**家族**主導で行う。
5 × 介護者が一時的な休息をとるレス

パイトケアを取り入れる段階で**はない**。まずは、家族の気持ちに**寄り添う**。

こころとからだのしくみ

問題97 正解 1

アルツハイマー型認知症の人の妄想の事例に関する設題である。

1 ○ もの盗られ妄想は、**アルツハイマー型認知症**で記憶障害に起因する。**行動・心理症状（BPSD）**の１つである。

2 × 心気妄想は、**病気**でないのにもかかわらず、**病気**になっていると思い込む状態である。**うつ病**によくみられる。

3 × 貧困妄想は、**お金がなくなること**に過剰な不安を抱く。**うつ病**に多い。

4 × 罪業妄想は、自分の言動を罪深く思い自分を**責める**状態で、**うつ病**に多い。

5 × 嫉妬妄想は、認知症の**行動・心理症状（BPSD）**の１つで、配偶者が**浮気**をしていると思い込む状態である。

問題98 正解 1

事例の状況において体温が上昇した原因を考えることに関する設題である。

1 ○ 夏の午後にエアコンのない室内で、さらに布団をかぶっていると、**熱中症**になり、体温が**上昇**する恐れがある。

2 × 発汗し、その汗が**蒸発**する時に**気化熱**を利用して体温は**下がる**。

3 × 食事と体温の関係では、食事をとることで、体温が**上昇**する。空腹は、体温上昇に関係が**ない**。

4 × 睡眠と体温の関係では、眠る前には、皮膚温が**高く**なり、**発汗**にて深部体温が**低く**なるので良眠できる。

5 × 便秘による体温上昇は、**子ども**ではみられるが、**大人**ではみられない。

問題99 正解 3

老化に伴う視覚機能の変化に関する設題である。

1 × 水晶体は、老化に伴い**白濁し**、進行すると**黄変**する。

2 × 老化に伴い、老視になり、手元が見にくくなるが、遠くのものが見えやすく**なるわけではない**。

3 ○ 老化に伴い、**明暗順応が低下する**。特に、**明るい**所から**暗い**所に移動したときに、目が慣れるのに時間がかかる。

4 × 老化に伴い、老視になるので、目の調整が**難しく**、**ピント**が合わせにくい。

5 × 老化に伴い、涙腺が萎縮し、涙の量が**少なく**、**ドライアイ**になりやすい。

問題100 正解 5

言葉の発音が不明瞭になる原因に関する設題である。

1 × 唾液の分泌の増加で、舌や口が動き**やすく**なり、発音は**明瞭**になる。

2 × 舌運動が活発化することにより、発音は**明瞭**になりやすい。

3 × 口角が上がるということは、口輪筋や表情筋が動き**やすく**なり、発音は**明瞭**になりやすい。

4 × 調整することにより、義歯は口腔内に**固定**され、発音は**明瞭**になる。

5 ○ 唇が閉じにくくなることにより、発音は**不明瞭**になる。

問題101 正解 1

骨に関する設題である。

1 ○ 骨を構成する成分は、カルシウム、マグネシウムなどの他、**たんぱく質**であるコラーゲンからできている。

2 × カルシウムは、老化に伴い、骨に取りこみ**にくく**なるため、**減少**する。

3 × 骨は負荷がかかるほうが**強く**なる。

4 × 骨は**破骨細胞**によって壊される。

5 × 骨のカルシウムは、ビタミンDに

よって吸収が促進される。

問題102　正解　1
　介護者が効率的かつ安全に介護を行うためのボディメカニクスの原則に関する設題である。
1　〇　支持基底面を広くすることで、介護者は**安定**し、介護し**やすく**なる。
2　×　介護者の全身に負担がかからないように、利用者の重心を**近づける**。
3　×　腰がねじれた姿勢をとると、腰に**負担**がかかる。脊柱は**まっすぐ**にする。
4　×　安定した姿勢を保つためには、重心を**低く**する。
5　×　介護者の全身に負担がかからないように、摩擦面は**小さく**する。

問題103　正解　2
　三大栄養素の成分に関する設題である。
1　×　水分は、栄養素に**ならない**。
2　〇　炭水化物、たんぱく質、脂質が**三大栄養素**である。
3　×　ビタミンは、**五大栄養素の１つ**である。
4　×　ナトリウムは、五大栄養素の**無機質（ミネラル）**の１つである。
5　×　カルシウムは、五大栄養素の**無機質（ミネラル）**の１つである。

問題104　正解　3
　コントロール不良の糖尿病で高血糖時にみられる症状に関する設題である。
1　×　手指の振戦（ふるえ）は、**低血糖症状**にみられる症状である。
2　×　発汗は、**低血糖症状**にみられる症状である。
3　〇　高血糖時の症状として、**口渇・多飲・多尿・倦怠感・体重減少**等がある。
4　×　乏尿は、高血糖の症状で**はない**。
5　×　動悸は、**低血糖症状**にみられる。

問題105　正解　5
　長時間の入浴でふらつきがみられた事例の原因に関する設題である。
1　×　入浴により体温は**上昇**するが、ふらつきの原因で**はない**。
2　×　入浴により呼吸数は**増加**するが、ふらつきの原因で**はない**。
3　×　入浴により心拍数は**増加**するが、ふらつきの原因で**はない**。
4　×　動脈血酸素飽和度は、**心肺の疾患**が無ければ、原則的に入浴による低下は**みられない**。
5　〇　長時間の入浴は、自律神経の副交感神経が**優位**となり、血管が**拡張**する。その後、急に立ち上がると血管の**収縮**が遅れて**起立性低血圧**を起こし、**ふらつく**。

問題106　正解　5
　ブリストル便性状スケールの普通便に関する設題である。ブリストル便性状スケールは、便の形状と硬さを、タイプ１～７に分類して表している。
1　×　水様便は、タイプ７で**固形物を含まない液体状**の便で**下痢**とされる。
2　×　硬い便は、タイプ２で**短く固まった**便であり、**便秘**とされる。
3　×　泥状便は、タイプ６で**形のない泥**のような便で、**下痢**とされる。
4　×　コロコロ便は、タイプ１で**硬くウサギの糞に似た**便で、**便秘**とされる。
5　〇　やや軟らかい便は、タイプ５で**半分固形**の便であり、**普通便**とされる。

問題107　正解　5
　熟睡できない原因を日常生活の中に見出す事例に関する設題である。
1　×　コーヒーは、カフェインを含み、**覚醒作用**や**リラックス効果**がある。朝食のコーヒーは、活動を始めるのに適切だが、夜は寝つきが**悪く**なったり、夜間に**トイレ**にいきたくなったりしてしまう。

2　×　昼寝は、20〜30分程度、午後の**早い**時間に行うと日中の適度な**休息**となり、作業効率を**改善**するとされている。

3　×　散歩は、**適度**な運動となる。太陽の光で**体内時計**も整うので、**良眠**できる。

4　×　音楽を聴くことは、睡眠の**質**と関係がある。テンポがゆっくりした音楽は、副交感神経が**優位**になり入眠に**有効**だが、アップテンポや高揚感がある音楽は、交感神経が**優位**になり、眠り**にくい**。

5　○　就寝前に夜食を満腹になるまで食べると、胃腸の活動が**活発**になり、寝つきが**悪く**なって熟睡でき**なくなる**。就寝前3時間は、食事を**控える**とよい。

問題108　正解　3

死のとらえ方の事例で希望する死に関する設題である。

1　×　脳死は、**法律**的な死である。**大脳**と**脳幹**の機能が完全に停止して戻ることの無い状態をいう。医師が、「**脳死の判定基準**」による診断を行う。

2　×　突然死は、それまで健康的に日常生活を送っていた人が、**急速**な経過で死に至ることをいう。

3　○　尊厳死は、死期の迫った段階では**延命**だけを目的とした治療を受けずに、人としての**尊厳**を保ちながら自然に死を迎えることをいう。

4　×　積極的安楽死は、医師が**薬物**で意図的に死に至らせる。日本では、**違法**である。

5　×　心臓死は、心臓の**永久**的な機能停止によってもたらされる死をいう。

医療的ケア

問題109　正解　4

法的に介護福祉士が実施できる経管栄養に関する設題である。

1　×　栄養剤の種類の変更は、処方を行った**医師**が行う。

2　×　栄養剤の注入速度は、**医師**が決定し、その指示のもとで行う。

3　×　経鼻経管栄養チューブの胃内への留置は、**医師**が行う。その診療補助として、**看護師**が行うこともある。

4　○　経管栄養の栄養剤の注入は**喀痰吸引等（医療的ケア）**の資格のある**介護福祉士**が行うことができる。その際医師の**指示書**が必要である。

5　×　胃ろうカテーテルの定期交換は、**医師**または**看護師**が病院で行う。

問題110　正解　3

気管カニューレ内吸引が長時間になった場合の注意点に関する設題である。

1　×　体温は吸引後に注意すべき項目で**はないが**、感染の徴候として注意する。

2　×　血糖値は、吸引後に注意すべき項目で**はない**。

3　○　動脈血酸素飽和度は、動脈の血液中の酸素量を測った時の値で、**呼吸状態**を観察する。気管カニューレを挿入している利用者は、**呼吸機能が低下している**ため、**呼吸状態**に特に注意する。

4　×　痰の色は、吸引の観察項目で、**色**、**性状**により対応が必要な場合がある。

5　×　唾液の量は、吸引後に注意すべき項目で**はない**。しかし、利用者の**全身**状態として観察していく必要がある。

問題111　正解　4

呼吸器官の換気とガス交換に関する設題である。

1　×　換気とは、体外から**酸素**を取り込み、体外に**二酸化炭素**を排出する働きをいう。

2　×　呼吸運動は、**呼吸筋**である**肋間筋**と**横隔膜**が**胸腔**を伸縮することで行われる。

3 × 1回に吸い込める空気の量は、加齢で呼吸機能の**衰え**が進むため**減少**する。

4 ○ ガス交換は、**肺胞内の空気**と**血液**の間で、酸素や二酸化炭素の受け渡しをする機能である。

5 × 筋萎縮性側索硬化症（ALS）は、全身の**筋力低下**により**呼吸**筋が動かなくなるので、主に**換気**ができなくなる。

問題112　正解　3
経管栄養の半固形タイプの栄養剤の特徴に関する設題である。

1 × 半固形タイプの栄養剤は、液体より硬いため、経鼻経管栄養では注入が**難しく**、**胃ろう・腸ろう**での注入が適切である。

2 × 半固形タイプは、液状タイプより粘稠度が**大きい**（ドロドロしている）。

3 ○ 液体の栄養剤の場合、胃から**逆流**して**誤嚥性肺炎**を起こしてしまう場合がある。半固形タイプは、**誤嚥性肺炎**の予防や長時間同一体位により**褥瘡**ができやすい人に有効である。

4 × 半固形タイプは、**仰臥位（背臥位）**で栄養剤を注入すると、逆流する恐れがあるため、上半身を**半座位（30～45度）**にして、腹部の緊張をとる。

5 × 半固形タイプは、食事をするように**速く**注入できるため、注入時間は、液状タイプより**短い**。

問題113　正解　2
経管栄養の手順で白湯を注入する理由に関する設題である。

1 × 白湯は、水を**90℃以上**に沸騰させて**不純物**を除去したものである。チューブを消毒することは**できない**。

2 ○ 白湯は、栄養剤による経管栄養チューブ内の**詰まり**や残渣物の**腐敗**や細菌繁殖等の**感染**を防ぐ目的で、栄養剤を**洗い流す**際に使用される。

3 × 白湯の注入の目的は、原則栄養剤を**洗い流す**ためである。ただし、状態により、**水分補給**を兼ねる場合もある。

4 × 人間は、**恒常性（ホメオスタシス）**であるので、白湯で胃内を温める必要が**ない**。白湯は、人肌程度に**冷ます**と、腸管の運動の**刺激**にならずに良い。

5 × 白湯は、栄養剤に直接入れて濃度を調整するもの**ではない**。また、介護福祉士が判断をして、白湯で栄養剤を薄めることは**してはいけない**。

総合問題（総合問題1）

問題114　正解　5
事例の利用者に対する訪問介護計画書の短期目標に関する設題である。

1 × 目標（長期目標・短期目標）は**実現**可能なものとすることが基本である。Cさんは**アルツハイマー型認知症**と診断され、その影響から部屋を片付けることができなくなった。この状況を考慮すれば、Cさんが1人で掃除機を利用して掃除することは**困難**である。

2 × 電気湯沸しポットの使い方やお茶を入れる順番もわからなくなったのは、認知症の中核症状の1つである**実行機能障害（遂行機能障害）**によるものと考えられる。**実行機能障害（遂行機能障害）**では、計画を立てて、その**順番**に沿って行動することができなくなる。Cさんの実現可能性を考慮した際、今後も電気湯沸しポットを使い、1人でお茶を入れることは**難しい**。

3 × 生活課題を解決するのは利用者で、目標（**長期目標・短期目標**）を達成するのも**利用者**である。よって、生活課題や目標（**長期目標・短期目標**）を記載する際の主語は**利用者**とする。「Cさんの残存機能に着目して支援する」は主語が**介護福祉職**となり、**不適切**である。

4 × 目標（長期目標・短期目標）は**利用者**自身が達成するもので、一般的に「〜できる」「**〜できるようになる**」と記載する。「週2回、息子にCさんの自宅を訪問してもらう」は、**息子に期待する役割だけを記している上、「〜してもらう」**という表現も**不適切**である。

5 ○ 電気湯沸しポットの使い方やお茶入れの順番がわからなくなったことから、Cさんには認知症の**中核症状**の1つである**実行機能障害（遂行機能障害）**があると考えられる。Cさんは要介護1で**身体機能の課題は記載がないため、実行機能障害（遂行機能障害）**があっても、次は**どこを掃除するのかを伝え、隣で掃除を行う動作を示す等を行えば、一緒に掃除することが可能**といえる。

問題115 正解 3

「電気湯沸しポットが壊れている」と訴える利用者の状態に該当するものに関する設題である。

1 × **空間認知障害**は、視力には問題が**ないが**、対象（人・物・建物等）の**位置**や方向、対象と対象の**距離**等について適切な把握ができなくなる。事例には空間認知障害に関する情報**はない**。

2 × **視覚認知障害**は、「96」を「69」と読む、左右反転した**鏡文字**を書く等、通常とは**異なる**見え方になる。事例には視覚認知障害に関する情報**はない**。

3 ○ **遂行機能障害**は、お茶を入れる順番や電気湯沸しポットで湯を出す手順がわからない等、自分で**計画**を立てて、その順番に沿って物事を行うことができなくなる。**実行機能障害**とも呼ばれ、認知症の**中核症状**の1つであること、Cさんにはアルツハイマー型認知症があることを踏まえれば、Cさんの状態は遂行機能障害（実行機能障害）に**該当する**。

4 × **失認**は、認知症の**中核**症状の1つ

で、視力等の感覚に問題がないにもかかわらず、その対象（人・物・建物等）が何かを認識**できなくなる**状態を指す。Cさんは「電気湯沸しポットが壊れている」と訴えており、ポット自体は**認識できて**いるため、失認は該当**しない**。

5 × **観念運動失行**は、自発的な動作や意識せずに行っている動作は**行える**が、他の人からの**指示**に従っての動作や他の人の動作をまねる**模倣**等ができない。**失行**の1つで、認知症のほか、**高次脳機能障害**でみられることもある。事例には観念運動失行に関する情報**はない**。

問題116 正解 2

介護保険制度の訪問介護で対応可能な支援に関する設題である。

1 × 訪問介護は**身体介護**（入浴・排泄・食事等の介護や通院時の外出支援等）と**生活援助**（掃除・洗濯や日用品の買い出し等）に大別され、**利用者**の生活支援が目的となる。よって、利用者不在の**留守**時の対応は訪問介護の対象**外**である。

2 ○ 病院や薬局での薬の受け取りは、訪問介護の**対象**で生活援助に含まれる。

3 × 地域のお祭り等に一緒に行くことは日常的な生活支援の範囲を**超える**と判断され、訪問介護の対象外である。

4 × 部屋の壁紙の張り替えや家屋の修繕等は、日常の生活支援の範囲を**超える**と判断され、訪問介護の対象**外**である。

5 × 訪ねて来た親戚にお茶を入れることは、利用者の生活支援に直接関係**ない**ため、訪問介護の対象外である。

総合問題（総合問題2）

問題117 正解 4

医療保護入院の制度に関する設題である。

1 ✕ 医師が入院治療の必要性を判断した際、本人の**同意**によって入院することは**任意**入院である。

2 ✕ 精神保健指定医**2**名以上の診察の結果が、入院させなければ**自傷他害**の恐れがあると一致した場合の入院は、**措置**入院である。

3 ✕ 精神保健指定医**1**名が診察し、入院させなければ**自傷他害**の恐れがあると判断した場合、**72**時間以内に制限した入院は、**緊急措置**入院である。

4 〇 精神保健指定医**1**名が診察し、Dさんの同意が得られず、さらに**家族**等**1**名の**同意**がある入院は、**医療保護**入院である。

5 ✕ 精神保健指定医**1**名が診察し、Dさんの同意が得られず、さらに**家族**等の同意が得られ**ない**ため**72**時間以内に制限した入院は、**応急**入院である。

問題118 正解 1

利用者の退院先の候補となる施設に関する設題である。

1 〇 **養護老人ホーム**は**65**歳以上で、環境上や**経済的**理由により、居宅で養護を受けることが困難な人に対し、入所での支援を行う。**特定施設**として、介護保険制度で**要介護1〜5**と認定された利用者への入所支援も可能である。Dさんは**70**歳で**生活保護**を受給、見守りがなければ整容、入浴、排泄、食事、移動は**できない**、**要介護1**の認定を受けている等から退院先の候補として養護老人ホームが**適切**といえる。

2 ✕ **老人福祉法**に基づく老人福祉センターは、地域の高齢者に対して各種の相談に応じ、健康増進や教養の向上、レクリエーションのための便宜を総合的に提供する。無料または低額な料金で利用できるが**入所**できる施設ではない。

3 ✕ **生活保護法**に基づく保護施設の1つである更生施設は、心身の理由で養護や生活指導を必要とする要保護者が入所して**生活扶助**を受ける施設となる。Dさんは生活保護を受給しているが、要介護認定で**要介護1**と認定されたこと、整容、入浴、排泄、食事、移動に**見守り**が必要なこと、年齢が70歳で**高齢**であること、今後の生活のことを考慮すれば、**更生施設**ではなく、介護保険制度の**特定施設**の1つである**養護老人ホーム**への入所を検討するほうが適切で**ある**。

4 ✕ 地域生活定着支援センターでは、**矯正施設**（きょうせい）（刑務所、少年刑務所、拘置所（こうち）（しょ）等）を退所する高齢者や障害者が地域の中で円滑に障害者手帳の取得や施設への入所等の福祉サービスを受けられるよう、保護観察所や関連機関と協働して**社会復帰**を支援する。Dさんは、犯罪歴がなく矯正施設へも入所していない。

5 ✕ **介護保険法**に基づく介護老人福祉施設は、原則要介護**3**以上でなければ、入所できな**い**。**虐待**が疑われる等の場合は要介護1・2も入所対象となるが、Dさんにはそのような事情がない上、要介護1であるため、退院先の候補として介護老人福祉施設は**不適切**である。

問題119 正解 4

利用者の発言に対して介護福祉職が行ったコミュニケーション技術に関する設題である。

1 ✕ あいづちは、関心をもって聴いていることを相手に伝えるため、相手の話にうなずき、調子を合わせる。事例に介護福祉職があいづちを打った記載は**ない**。

2 ✕ 言い換えは、相手が話した内容を**別の言葉**を使って返す技法である。介護福祉職は、Dさんの発した内容を「施設入所がうれしくて、早く準備をしたかったのですね」とDさんと**同じ言葉**で返しているため、言い換えで**はない**。

3 × 要約は、相手が話した内容やその意味、利用者の思い等を**整理**し、相手が理解できるよう、端的に**まとめて伝える**技法である。介護福祉職は、Dさんと同じ言葉で返しており、**要約**ではない。

4 ○ 繰り返しは、相手が語った言葉を**繰り返して伝える**ことである。介護福祉職は、Dさんの発した内容を同じ言葉を使って**繰り返している**ため、これに該当**する**。①**関心**をもって聴いていることを利用者に伝えられる、②利用者は自らの発した言葉の内容を**確認**できる、③互いに感情等の情報を**共有**できる等のメリットがある。

5 × 閉じられた質問は、「**はい**」または「**いいえ**」で答えられる質問、または簡単な**単語**で短く回答できる質問を指し、**事実**を確認する時等に用いる。介護福祉職はDさんの発した内容を繰り返し伝え、思いに寄り添う姿勢がみられるため、**閉じられた質問**ではない。

総合問題（総合問題3）

問題120　正解　3

Eさんが病院を受診するきっかけになった症状に関する設題である。

1 × 対麻痺は、両上肢または両下肢の麻痺を意味するが、一般的には**両下肢**の麻痺を指す。事例には、当初の症状として対麻痺に関する記述が**ない**。

2 × 単麻痺は、右手首の麻痺等、四肢のどれか**1つ**に麻痺が出現する状態を指す。事例には、単麻痺の記述が**ない**。

3 ○ 球麻痺は、脳幹の一部である**延髄**に麻痺が生じた状態を指し、**口・舌・喉**の運動障害によって、呂律が回らない等の**構音**障害や食べ物の飲み込みが悪くなる**嚥下**障害が起きる。Eさんは当初「**ろ**れつが回らず、食べ物の飲み込みが悪くなり、体重の減少がみられた」とあるた

め、球麻痺が該当**する**。

4 × 安静時振戦は、身体を**安静**にしている時に**手**や足が震える症状で、**パーキンソン**病でよく現れる。Eさんに安静時振戦に関する症状の記述は**ない**。

5 × 間欠性跛行では、一定の距離を歩くと下肢に痛みや**しびれ**が発生し、少し休むと**痛み**等がとれるものの、また一定の距離を歩くと痛み等が出現するという症状を**繰り返す**。**腰部脊柱管狭窄症**や腰椎椎間板**ヘルニア**、**閉塞性動脈硬化症**でよくみられる。事例には、症状として間欠性跛行に関する記述が**ない**。

問題121　正解　3

今後、筋萎縮性側索硬化症（ALS）のある利用者が家族とコミュニケーションをとる時に使う道具に関する設題である。

1 × 「**ペンを持つ**のが難しくなってきた」「発話や字を**書く**ことは困難」とあるため、文字等を書いて情報を伝え合うホワイトボードの使用は適切**でない**。

2 × 絵や写真を用いてのコミュニケーションでは、それを補足する言葉・文字も必要となる。しかし、Eさんは発話や字を書くことが**困難**なため、その絵や写真を見せる理由等について説明**できない**。よって、絵や写真の提示だけでは、Eさんの意思の把握は**難しい**。

3 ○ 透明文字盤は、五十音が並んだ**透明**な板で、利用者が見つめる**文字**でコミュニケーションを図る**ツール**（道具）である。発話が困難となった**筋萎縮性側索硬化症（ALS）**のある利用者が使用することが多い。全身の**筋肉**が徐々に萎縮して筋力低下を起こす進行性の**難病**で、やがて**自発**呼吸もできなくなるが、**眼球**運動障害は起こらない。Eさんも発話は困難となったが、目は動いているため**透明文字盤**の使用が適している。

4 × Eさんは**発話**が困難なため、音声

第34回

を拡大する拡声器の使用は適切**でない**。

5　×　事例を読む限り、Eさんが難聴である等の情報は記載されて**いない**。よって、補聴器の使用は**不適切**である。

問題122　正解　5

障害支援区分6となったEさんが利用するサービスに関する設題である。

1　×　**育成医療**は、18歳未満の身体障害のある子どもが、その身体障害の軽減・回復の治療を受ける場合に入院や手術、外来通院等の**医療費**の一部を**公費**負担する制度である。Eさんは35歳で、**育成医療**の対象外となる。

2　×　**就労定着支援**は、**一般就労へ移行**した障害のある人に対し、就労に伴う課題の把握や支援、企業や関係機関との連絡調整などを行う。Eさんは一般就労して**いない**ため、対象外となる。

3　×　**共同生活援助**（グループホーム）は、主に夜間、**共同生活**を営む住居で相談や日常生活上の支援を行う。Eさんは**自宅**での生活を希望し、両親も最期まで**自宅**で介護を行うことを望んでおり、共同生活援助の利用希望はない。

4　×　行動援護では、**知的障害や精神障**害により行動上著しい困難があり、常時介護が必要な人に対し、危険回避のために必要な支援や**外出**支援を実施する。Eさんには知的障害または精神障害が**ない**ため、行動援護は対象外となる。

5　○　**重度訪問介護**では、**重度**の肢体不自由者または重度の知的障害もしくは精神障害により行動上著しい困難を有する障害者（障害支援区分**4以上**）で、常時**介護**が必要な人に対し、**居宅**（自宅等）で身体**介護**や家事援助、相談支援、**外出**時における移動中の介護等を総合的に実施する。Eさんは障害支援区分6で**自宅**での生活を希望し、その両親も最期まで**自宅**でEさんの介護を行うことを希望

しているため、Eさんが利用するサービスとして適切で**ある**。

総合問題（総合問題4）

問題123　正解　2

利用者の脳性麻痺の特徴に関する設題である。

1　×　脳性麻痺のうち、強い**筋緊張**から四肢の**突っ張り**が強いのは**痙直型**である。Fさんに**はあてはまらない**。

2　○　Fさんには**アテトーゼ型**の脳性麻痺がある。自分の意思とは**無関係**に手足や首が動いてしまう**不随意**運動が生じ、運動のコントロールが困難となる。

3　×　文字の**読み**の不正確さがあり、読んだ内容を**理解しにくい**のは、読字の障害を伴う限局性**学習障害**（ディスレクシア）等でみられる症状である。

4　×　動作は緩慢で、表情が乏しくなるのは、**パーキンソン病**の無動・寡動でみられる症状である。

5　×　着衣失行は**失行**の1つで、運動機能に問題が**ない**にもかかわらず、衣服を正しく着ることが**できなくなる**。主に**認知症**や**高次脳機能障害**でみられる。

問題124　正解　5

障害者支援施設に入所が可能となった利用者の短期目標に関する設題である。

1　×　Fさんには四肢・**体幹**機能障害があること、自宅内の移動以外の日常生活は母親から**全面的**に介護を受けていたこと、長期目標に「自分に適した**介護**を受けながら」と記載があることから、「入浴時に自分でからだを洗えるようになる」という短期目標は適切で**ない**。

2　×　「言語障害があり、慣れた人でないと言葉が聞き取りにくい」とあるが、市の障害福祉課との相談でも特に問題

146

点は指摘されてい**ない**ため、慣れれば F さんの**言葉**を聞き取ることが**可能**といえる。また、F さんには**四肢・体幹機能障害**があり、日常生活のほとんどに全面的な**介護**が必要であるため、字を書き、筆談するのは**困難**である。

3 × 「自宅内の移動以外の日常生活については、母親から全面的に介護を受けて生活」とあり、自宅内での移動は、F さんが車いすに乗って**足で床を蹴って移動**している。よって、F さんは、施設**内**であれば、自分の足で車いすを動かすことが**できる**。

4 × F さんには言語障害に加え、3 年前に**誤嚥性肺炎**で入院したこともあるため、**食事や口腔ケアの際、誤嚥しないよう注意が必要**である。ただし、「嚥下が困難になった」等の記載は**ない**ため、「経管栄養で食事がとれるようになる」という短期目標は**不適切**である。

5 ○ **短期**目標は、**長期**目標を達成するために設定する段階的な目標であるため、**長期**目標との**関連性**を重視する。「日中活動として外出や興味のあるグループ活動に参加する」という**短期**目標は、**長期**目標の中にある「様々な**生活経験を積む**」に**つながる**目標である。

問題 125　正解　1

社会福祉協議会が行う金銭管理に関する設題である。

1 ○ 日常生活自立支援事業では、認知症や**知的障害**、精神障害等で判断能力が**不十分**な人に対し、福祉サービスを利用する際の手続きや契約、預金の出し入れ、生活に必要な利用料等の支払い手続き、年金や預金通帳等の管理を支援する。都道府県**社会福祉協議会**と指定都市**社会福祉協議会**が実施主体で、認知症の診断や「障害者手帳」の所持を要件と**せず**、自宅だけでなく、**施設**に入

所している利用者や病院に入院中の患者も利用できる。F さんは、亡くなった母親が長年金銭管理を行ってきたため、現在も**金銭管理**ができない状況であり、「自分でお小遣いを使えるようになりたい」と希望している。**社会福祉協議会**が行う**金銭管理**と F さんの状況から、日常生活自立支援事業が**適切**となる。

2 × 生活福祉資金の貸付制度では、**低所得者**や障害者、高齢者等の生活を**経済的**に支えるため、それぞれの**世帯**の状況に応じた必要な資金（**生活福祉資金**）の貸付を行う。都道府県**社会福祉協議会**が実施主体、市区町村**社会福祉協議会**が窓口となり生活福祉資金を**貸付**しているが、金銭管理**ではない**。

3 × 自立訓練（機能訓練・生活訓練）では、障害のある人が**自立**した日常生活や社会生活を営むことができるよう、一定期間、**身体機能**または**生活**能力の維持・向上のために必要な**訓練**を実施する。このうち、**生活訓練**では生活リズムや服薬等、**金銭**についても利用者が**自分**で管理する訓練を行う。

4 × 生活困窮者家計改善支援事業は、**生活困窮者自立支援**制度による事業の 1 つで、**家計**の状況を「見える化」して家計の**改善**意欲を高めたり、生活に必要な資金の貸付の斡旋を行ったりする。対象は**借金**に頼っている人等、現に経済的に困窮し、**最低限度**の生活を維持することができなくなる恐れのある**生活困窮者**で、F さんは該当し**ない**。

5 × 自発的活動支援事業では、障害者等が**自立**した日常生活・社会生活を営むことができるよう、**孤立**防止活動やボランティア活動、災害対策等、障害者・家族・地域住民による地域での**自発**的な取り組みを支援する。**障害者総合支援法**に基づき**市町村**が実施する**地域生活支援事業**の必須事業の 1 つである。

第33回
（令和3年1月）

人間の尊厳と自立

問題1　正解　1

　人権や福祉の考え方に影響を与えた人物に関する設題である。

1　○　**リッチモンド**は、アメリカにおけるソーシャルワーカーの先駆者で、『ソーシャル・ケース・ワークとは何か』をまとめ、後に「ケースワークの母」と呼ばれるようになった。

2　×　『種の起源』は、**ダーウィン**が著した進化論に関する書籍である。後に**優生思想**を唱える人々により、進化論の一部が利用された。

3　×　人間の無意識の研究を行って『精神分析学入門』をまとめたのは、**フロイト**である。**マルサス**はイギリスの経済学者で、『人口論』を著した。

4　×　『看護覚え書』の中で「療養上の世話」を看護の役割として示したのは、**ナイチンゲール（Nightingale,F.）**である。『看護覚え書』は、現在でも看護教育の場で広く読まれている。**ヘレン・ケラー**は、視覚と聴覚の重複障害を持ちながらも世界各地を歴訪し、障害者の教育・福祉の発展に尽くした。

5　×　『人口論』の中で貧困原因を個人の人格の問題としたのは、**マルサス**である。**ダーウィン**は、『種の起源』をまとめた。

問題2　正解　3

　利用者の家族から相談を受けた介護福祉職の職業倫理に基づく対応に関する設題である。

1　×　医療的なことについて発言することは介護福祉職として適切と**はいえない**が、「発言できません」と言って突き放すのではなく、胃ろうを増設した場合の生活の仕方について話すなど、**寄り添う姿勢**が大切である。

2　×　長男が納得していない状態であり、「医師に従うのが良い」と決めつけるのは、適切な対応と**はいえない**。

3　○　Aさんの**尊厳**を保持するために、まずは、Aさん本人の考えや希望を聞き出すことが重要である。

4　×　妻と息子のどちらの気持ちが優先されるかは、介護福祉職が決めることでは**ない**。

5　×　二人は会うたびに口論になる状態であるので、医師の話を聞く以前に、十分な**話し合い**を持ち、お互いの考えや気持ちを整理する必要がある。

人間関係とコミュニケーション

問題3　正解　2

　人間関係における役割葛藤（かっとう）に関する設題である。

1　×　誰（だれ）かの期待に応えようと作業態度をまねることは、役割葛藤の例として適切で**ない**。

2　○　役割葛藤とは、一人の人が複数の**役割**を担うときに直面するジレンマであり、家族介護者が「仕事と介護の両立」を期待され、期待に応えられるかどうか悩むことは、役割葛藤の例として適切で**ある**。

3　×　誰かの役を演じることは、役割葛藤の例として適切で**ない**。

4　×　採用面接の模擬訓練中にふざけて冗談を言うことは、役割葛藤の例として適切で**ない**。

5　×　家族に代わって孫の遊び相手にな

ることは、役割葛藤の例として適切で**ない**。

問題4　正解　4
　言語メッセージと非言語メッセージに関する設題である。
1　×　言葉では「大丈夫」と答え（**言語メッセージ**）ながらも、不安そうな表情（**非言語メッセージ**）を見せていることから、言語メッセージと**異なる**内容を非言語メッセージで伝えている。
2　×　言語で伝えた「大丈夫」という内容を不安そうな表情（**非言語メッセージ**）で**否定**している。
3　×　「大丈夫」は**言語メッセージ**であり、非言語だけでなく、**言語**と非言語の**両方**でメッセージを伝えている。
4　○　言語メッセージは「大丈夫」であっても、不安そうな表情（**非言語メッセージ**）であり、言語メッセージと**矛盾**する内容を非言語メッセージで伝えている。
5　×　**非言語メッセージを用いて不安な心**を表している。

社会の理解

問題5　正解　2
　家族の変容（2015年以降）の動向に関する設題である。
1　×　国民生活基礎調査によると、2015（平成27）年以降の動向として、1世帯当たりの人数は、3.5人を超えて**いない**。なお、2022（令和4）年の同調査では、**2.25**人となっている。
2　○　同調査により、核家族世帯のうち「ひとり親と未婚の子（のみ）」の世帯の2015（平成27）年以降の動向をみると、2016（平成28）年では364万、2017（平成29）年では364万5千、2018（平成30）年では368万3千、2019（令

和元）年では361万6千となっている。2019（令和元）年で前年より減少しているものの、**増加**傾向にあるため、選択肢の中では最も**適切**であるといえる。なお、2022（令和4）年では366万6千となっている。
3　×　国立社会保障・人口問題研究所「人口統計資料集」によると、2015（平成27）年における50歳時の未婚割合は、男性**24.77**％、女性**14.89**％で、**女性**よりも**男性**のほうが高い。なお、2020（令和2）年では男性28.25％、女性17.81％となっており、どちらも**増加**している。
4　×　国民生活基礎調査によると、2015（平成27）年以降の動向として、65歳以上の人がいる世帯で最も多いのは「**夫婦のみの世帯**」で、次に多いのが「**単独世帯**」である。なお、2022（令和4）年の同調査では、「**夫婦のみの世帯**」が32.1％、「**単独世帯**」が31.8％である。
5　×　結婚して20年以上の夫婦の離婚は**増加**しており、2019（令和元）年人口動態統計月報年計（概数）によると、4万組を超えている。なお、2020（令和2）年の同調査では38,981件、2021（令和3）年では38,968件と減少したが、2022（令和4）年では**38,990**件と再び**増加**している。

2015（平成27）年以降の離婚件数（同居期間20年以上のもの）

2015（平成27）年	38,648件
2019（令和元）年	40,396件
2020（令和2）年	38,981件
2021（令和3）年	38,968件
2022（令和4）年	**38,990**件

問題6　正解　3
　セルフヘルプグループに関する設題である。
1　×　**町内会**は**居住地（住所）**によって区分されたコミュニティであり、自発的

な結びつきであるセルフヘルプグループ
ではない。

2　×　学生自治会は、**学生**によって組織
される自発的・自治的な組織であるが、
学生生活を維持向上するための集団で
あり、セルフヘルプグループ**ではない**。

3　○　セルフヘルプグループとは、生き
ていく上で何らかの困難・問題・悩みな
どを抱えた人同士が相互に**援助**しあうた
めに**自発的**に結びついた集団であり、同
じ病気を抱えた患者同士のコミュニティ
である患者会は、それに該当**する**。

4　×　専門職団体は、それぞれの専門職
の倫理を定め、質の維持・向上などのた
めに啓発、研修、研究などの活動を行う
職能団体であり、セルフヘルプグループ
ではない。なお、介護福祉士の専門職団
体として、日本介護福祉士会がある。

5　×　ボランティア団体は自発的な集ま
りではあるが、**必要とする人**に対して援
助を行うものであり、相互に援助しあう
セルフヘルプグループ**ではない**。

問題7　正解　4

福祉六法に関する設題である。
福祉六法とは次の6つをいう。

福祉六法
福祉三法
① **児童福祉法**（1947年）
② **身体障害者福祉法**（1949年）
③ **生活保護法**[1]（1950年）
＋
④ **知的障害者福祉法**[2]（1960年）
⑤ **老人福祉法**（1963年）
⑥ **母子及び父子並びに寡婦福祉法**[3]（1964年）

1) 旧生活保護法（1946年）は廃止された。
2) 成立当時の名称は精神薄弱者福祉法であった。
3) 成立当時の名称は母子福祉法であった。

1　×　社会福祉法は、社会福祉事業法
（1951年）として制定され、2000年に
社会福祉法に改正されたもので、福祉六
法に**は含まれない**。

2　×　地域保健法は、保健所法（新：
1947年）が1994年に改正されたもの
で、福祉六法に**は含まれない**。

3　×　介護保険法は1997年に公布され、
2000年に施行されたもので、福祉六法
に**は含まれない**。

4　○　老人福祉法は、福祉三法に続いて
1963年に制定された**福祉六法**の1つで、
老人（高齢者）の福祉を図ることを目的
とし、高齢者の健康保持や生活の安定の
ために必要な措置について定めている。

5　×　障害者基本法は、心身障害者対策
基本法（1970年）が1993年に改称さ
れたもので、福祉六法に**は含まれない**。

問題8　正解　3

2017（平成29）年度の社会保障給付費
に関する設題である。

1　×　2017（平成29）年度の国の一般
会計当初予算は97兆4,547億円で、社
会保障給付費の総額（120兆2,443億
円）を**下回**っている。なお、2021（令
和3）年度の国の一般会計予算は106
兆6,097億円で、同じく社会保障給付
費の総額（138兆7,433億円）を**下回**
っている。

2　×　2017（平成29）年度の介護対策
の給付費は**8.4**％（10兆1,030億円）で、
全体の30％を超えて**はいない**。なお、
2021（令和3）年度の介護対策の給付
費は**8.1**％（11兆2,117億円）で、同
じく全体の30％を超えて**はいない**。

3　○　2017（平成29）年度の年金関係
の給付費は**45.7**％（54兆8,349億円）
で、全体の40％を超えて**いる**。なお、
2021（令和3）年度の年金関係の給付
費は**40.2**％（55兆8,151億円）で、同

じく全体の40%を超えて**いる**。

4　×　2017（平成29）年度の医療関係の給付費は39兆4,243億円で、2016（平成28）年度の38兆8,174億円より**増加**している。なお、2021（令和3）年度の医療関係の給付費は47兆4,205億円で、さらに**増加**している。

5　×　2017（平成29）年度の福祉その他の給付費は25兆8,098億円で、2016（平成28）年度の25兆1,154億円より**増加**している。なお、2021（令和3）年度では35兆5,076億円で、大きく**増加**している。

問題9　正解　2

介護保険法の保険者に関する設題である。

1　×　社会保険診療報酬支払基金は、保険医療機関に対して**診療報酬**等の支払業務を行う民間法人であり（社会保険診療報酬支払基金法第1条、第2条）、介護保険の保険者で**はない**。

2　○　介護保険の保険者は、**市町村及び特別区（東京23区）**である（介護保険法第9条）。保険者は介護保険を運営する責任主体であり、被保険者を把握・管理し、保険料を徴収し、保険給付を行う。

3　×　国民健康保険団体連合会は、国民健康保険に係る診療報酬の審査・支払等を行うために**都道府県**単位に設けられた団体であり（国民健康保険法第85条の3）、介護保険事業関係の事務も行っているが、介護保険の保険者で**はない**。

4　×　厚生労働省は**介護保険**制度を管轄する省庁であるが、介護保険の保険者で**はない**。

5　×　日本年金機構は、日本年金機構法に基づき**公的年金**に係る運営業務を行う特殊法人であり（日本年金機構法第1条、第3条）、介護保険の保険者で**はない**。

問題10　正解　4

介護保険制度の利用に関する設題である。

1　×　要介護認定を受けるためには、**介護保険被保険者証**を添えて市町村に申請することになっている（介護保険法第27条）。被保険者証は、第1号被保険者（65歳以上）については、65歳になった人すべてに交付される。第2号被保険者（40～64歳）については、被保険者証の交付を申請した人に対して交付される（介護保険法施行規則第26条）。

2　×　要介護認定の一次判定は、市町村の面接による認定調査と**主治医**の意見書によって行われるため（介護保険法第27条第4項）、**必要**である。

3　×　要介護認定の審査・判定は、市町村に設置された**介護認定審査会**が行う（同法第14条）。

4　○　要介護度によって受けられるサービスや回数が異なるため、居宅サービス計画の作成は、原則として要介護認定の**後**に行う。

5　×　要介護者の施設サービス計画の作成は、施設の**介護支援専門員（計画担当介護支援専門員）**が行う（指定介護老人福祉施設の人員、設備及び運営に関する基準第12条、介護老人保健施設の人員、設備及び運営に関する基準第14条）。

問題11　正解　2

入居時にグループホームの介護支援専門員が行うことに関する設題である。

1　×　グループホーム入居後は認知症対応型共同生活介護が提供されるため（指定地域密着型サービスの事業の人員、設備及び運営に関する基準第89条）、訪問介護は**中止**される。

2　○　グループホームで介護を行うためには、認知症対応型共同生活**介護計画**

を作成しなければならない（同基準第98条第1項）。

3 ×　Cさんのケアプランは、グループホームの**計画作成担当者**が作成する（同基準第98条第1項）。事業所に共同生活住居が2つ以上ある場合は、計画作成担当者のうち1人以上は**介護支援専門員**でなければならない（同基準第90条第7項）。

4 ×　認知症対応型共同生活介護計画の作成に当たっては、内容について利用者や家族に対して説明し、利用者の**同意**を得るとともに（同基準第98条第4項）、計画を作成した際には当該介護計画を利用者に交付しなければならない（同基準第98条第5項）。判断が困難な利用者については、家族や後見人に対して説明同意をとり、利用者が署名困難な場合は代筆者が利用者名を署名し、続柄を含む代筆者の署名を得る。

5 ×　グループホームの入居者に対しては、認知症対応型共同生活介護が行われる（同基準第89条）。地域の行事に参加するなど地域との交流の機会をもつことは重要であるが、通所介護（デイサービス）の利用をケアプランに入れることは適切で**はない**。

問題12　正解　4
ノーマライゼーションに関する設題である。

1 ×　福祉、保健、医療の分野から総合的なサービスを提供することは、**介護保険制度**の目的であり、介護計画（ケアプラン）に基づいて展開される。

2 ×　家族、近隣、ボランティアなどによる支援は**インフォーマルサポート**（informal support）であり、ネットワークによって、より機能を発揮する。

3 ×　利用者自身が問題を解決していく力を獲得していくことは、**エンパワメン**

ト（empowerment）である。

4 ○　障害があっても**地域社会**の一員として生活が送れるように条件整備をすることは、**ノーマライゼーション**である。**ノーマライゼーション**は、デンマークのバンク - ミケルセン（Bank-Mikkelsen, N.E.）によって提唱された。

5 ×　利用者の心身の状態やニーズを把握することは、**アセスメント**（assessment）である。

問題13　正解　3
共生型サービスに関する設題である。

1 ×　2018（平成30）年度に創設された共生型サービスは、**介護保険**と**障害福祉**のサービスを同じ事業所で一体的に提供するもので、障害者サービスを利用しているDさんは、65歳以降も同じ事業所において介護サービスを利用することが**できる**（介護保険法第72条の2）。

2 ×　障害者の場合は、**65歳**になると介護保険サービスに移行する。

3 ○　今64歳のDさんが65歳になっても現在利用しているサービスを継続して利用することが**できる**（同法第72条の2）と伝え、Dさんの不安を取り除く対応は適切で**ある**。

4 ×　Dさんの利用する居宅介護事業所は共生型サービスの対象で、65歳以降も継続して利用することが**できる**（同法第72条の2）ため、65歳になった後で検討すると伝えるのは**不適切**である。

5 ×　Dさんは「障害支援区分4」であることから、常時介護を必要とする**要介護者**であるといえる。介護予防通所介護は**要支援者**を対象とした介護サービスであり、Dさんは対象と**ならない**。

問題14　正解　1
「障害者総合支援法」の障害者の定義に関する設題である。

「障害者総合支援法」の障害者の定義は、同法第4条に規定されている。

> **（定義）**
> **第4条** この法律において「障害者」とは、身体障害者福祉法第4条に規定する身体障害者、知的障害者福祉法にいう知的障害者のうち18歳以上である者及び精神保健及び精神障害者福祉に関する法律第5条第1項に規定する精神障害者（発達障害者支援法第2条第2項に規定する発達障害者を含み、知的障害者福祉法にいう知的障害者を除く。）のうち18歳以上である者並びに治療方法が確立していない疾病その他の特殊の疾病であって政令で定めるものによる障害の程度が厚生労働大臣が定める程度である者であって18歳以上であるものをいう。

1　○　第4条のとおり、障害者は、18歳以上の者である。18歳未満の者は障害児として、児童福祉法第4条に規定されている。
2　×　第4条に、65歳未満など年齢の上限についての記述はない。
3　×　第4条において、難病患者（治療方法が確立していない疾病その他の特殊の疾病であって障害の程度が厚生労働大臣が定める程度である者）も障害者として定義されている。
4　×　第4条において、発達障害者は精神障害者に含むものとして障害者であると明記されている。
5　×　精神作用物質（アルコール、薬物など）による依存症の者は、精神障害者に含まれる（精神保健及び精神障害者福祉に関する法律第5条）。

問題15　正解　5
　障害支援区分を判定する組織に関する設題である。
1　×　身体障害者更生相談所は「身体障害者福祉法」第11条に規定され、身体障害者本人やその家族からの相談に応じ、専門的な指導や判定業務などを行う機関であり、都道府県及び政令指定都市に設置される。
2　×　協議会は障害者等への支援の体制の整備を図るために設置される組織で、「障害者総合支援法」第89条の3において、地方公共団体は協議会を置くよう努めなければならないとされている。
3　×　基幹相談支援センターは地域における相談支援の中核的な役割を担う機関であり、同法第77条の2において、市町村は基幹相談支援センターを設置することができるとされている。
4　×　居宅介護事業所は、指定居宅介護の事業を行う者として同法第5条に規定されている。
5　○　障害支援区分の判定は、市町村審査会（介護給付費等の支給に関する審査会）が行う（同法第15条）。市町村審査会の委員の定数は条例で定める数とし、障害者等の保健または福祉に関する学識経験をもつ者のなかから市町村長が任命する（同法第16条）。

問題16　正解　1
　「高齢者虐待防止法」に関する設題である。
1　○　「高齢者虐待防止法」第2条第3項において、「高齢者虐待」とは養護者による高齢者虐待及び養介護施設従事者等による高齢者虐待と規定されている。
2　×　虐待の類型は、同法第2条第4項・第5項において、①身体的虐待、②養護を著しく怠ること（ネグレクト）、③心理的虐待、④性的虐待、⑤経済的虐

待の5つがあげられている。

3 × 養介護施設従事者等による虐待を発見した者は、同法第21条第1項・第2項・第3項の規定により、速やかに**市町村**に通報しなければならない。なお、同法同条第7項には、「第1項から第3項までの規定による通報をしたことを理由として、解雇その他不利益な取扱いを受けない」と明記されている。

4 × 立ち入り調査を行うときは、**市町村**の職員（地域包括支援センターの職員その他の高齢者の福祉に関する事務に従事する職員）が行い（同法第11条）、市町村長が管轄する警察署長に援助を求めた場合は所属の警察官が同行することができるが、義務づけられたもので**はない**（同法第12条）。

5 × 通報は、虐待を受けたと思われる高齢者を発見した場合に行うとされており（同法第7条第1項・第2項、第21条第1項・第2項・第3項）、虐待の事実確認は必要と**しない**。

介護の基本

問題17 正解 1

「2016（平成28）年国民生活基礎調査」（厚生労働省）における同居の主な介護者の悩みやストレスに関する設問である。

1 ○、2 ×、3 ×、4 ×、5 ×

「2016（平成28）年国民生活基礎調査」（厚生労働省）によれば、同居の主な介護者の悩みやストレスの原因として、「**家族の病気や介護**」が男性73.6%、女性76.8%と最も多く、次いで「**自分の病気や介護**」が男性33.0%、女性27.1%となっていた。なお、2019（平成31）年の同調査でも、「**家族の病気や介護**」が男性68.5%、女性77.7%と最も多く、次いで「**自分の病気や介護**」が男性30.6%、女性

23.4%であった。2022（令和4）年の同調査では、総数に対して「**家族の病気や介護**」が79.6%、「**自分の病気や介護**」が27.2%を占めた。

問題18 正解 2

「価値のある社会的役割の獲得」を目指すソーシャルロール・バロリゼーション（Social Role Valorization）を提唱した人物に関する設問である。

1 × デンマークのバンク-ミケルセン（Bank-Mikkelsen, N.）は、知的障害者の親の会の運動に関わる中で**ノーマライゼーション**を初めて提唱した人物である。**ノーマライゼーション**とは障害のある人や高齢者等も他のすべての人々と同じように普通（ノーマル）の生活が送れるように環境整備を目指す考え方である。

2 ○ アメリカのヴォルフェンスベルガー（Wolfensberger, W.）は、ノーマライゼーションをアメリカに広め、独自に理論化して発展させた人物である。特に1983年にはノーマライゼーションの理念から独自に見出した**ソーシャルロール・バロリゼーション（Social Role Valorization：価値のある社会的役割の獲得）**を提唱している。**ソーシャルロール・バロリゼーション**とは、社会的にみて低い役割しか与えられていない障害のある人等が価値のある社会的役割を獲得し、それを維持できる能力を高めるように促すという考え方である。

3 × アメリカのメイヤロフ（Mayeroff, M.）は、その著書 "On Caring"（1971年）の中で**ケアリング**という用語を初めて用いた人物である。**ケアリング**とはケアする人とケアされる人の相互作用によって、両者がともに人として成長する関係性を示したものである。

4 × イギリスのトム・キットウッド（Kitwood,T.）は、認知症のケアの理念

154

として**パーソン・センタード・ケア**を提唱した人物である。**パーソン・センタード・ケア**では認知症の人を一人の人として尊重し、常にその人を中心にして考え、その人らしさを支えるケアを重視する。

5　×　スウェーデンのニィリエ（Nirje, B.）は、バンク‐ミケルセンが提唱した**ノーマライゼーション**の理念を整理し、**ノーマライゼーション**の８つの原理を提唱した人物である。**ノーマライゼーション**の８つの原理では①１日のノーマルなリズム、②１週間のノーマルなリズム、③１年間のノーマルなリズム、④ライフサイクルでのノーマルな経験、⑤ノーマルな要求の尊重、⑥異性との生活、⑦ノーマルな生活水準、⑧ノーマルな環境水準の実現を位置づけている。

問題19　正解　5

ICF（国際生活機能分類）における環境因子を表す記述に関する設問である。

1　×　「アルツハイマー型認知症である」は疾病（しっぺい）に該当するため、ICFの**健康状態**となる。

2　×　「糖尿病がある」は疾病に該当するため、ICFの**健康状態**となる。一方「服薬をしている」は服薬管理とも言い換えることができ、買い物や洗濯、掃除等とともにIADL（手段的日常生活動作）に該当する。よって、「服薬をしている」はICFの**活動**となる。

3　×　「医者嫌いである」は本人の思い・考えで、過去の出来事や生活歴等の影響を受けた可能性が大きい。よって、「医者嫌いである」はICFの**個人因子**となる。

4　×　「町内会の会長を務めていた」という経歴は生活歴、社会的背景、過去の経験等に該当するため、ICFの**個人因子**となる。

5　○　「娘が近隣に住み、毎日訪問している」は本人以外の人に該当するため、

ICFの**環境因子**となる。**環境因子**には**人的環境**（本人以外の家族、親族、知人、仲間、ボランティア、介護福祉職等とその人たちの態度）のほか、**物的環境**（階段、段差、建物、福祉用具等）や**制度的環境**（介護保険制度、障害者総合支援法、生活保護法等）がある。

参考までにICFの６つの構成要素を整理すると以下のとおりとなる。

健康状態	疾病、ケガ、ストレス　等
心身機能・身体構造	精神や身体の働き、身体の一部分の状態　等
活動	ADLやIADL　等
参加	社会的な出来事への関与、生活上の役割　等
個人因子	年齢、生活歴、趣味、思い、希望、価値観　等
環境因子	本人以外の人、物、建物、制度、サービス　等

問題20　正解　4

利用者の自立生活支援・重度化防止のための見守り的援助に関する設問である。

1　×　「ごみの分別がわからない」という理由のみで、利用者の代わりに介護福祉職がごみの分別を行えば、「わからなければ、他の人に任せる」という考え方につながる。これでは利用者の**自己選択・自己決定**に基づく自立生活支援にはつながらない。自立生活支援・重度化防止を図るためには、介護福祉職が利用者と**一緒に**ごみを分別し、ごみ出しのルールを理解してもらったり、思い出してもらったりするような支援が重要である。

2　×　「利用者の自宅の冷蔵庫の中が片づいていない」という理由のみで、介護福祉職が整理整頓（せいとん）を行えば、その利用者が自分で冷蔵庫を片づける機会を失うことになる。このことは利用者の**残存能力**の低下にもつながる。よって、介護福祉職は利用者と**一緒に**冷蔵庫の中を片づけ、利用者の生活上の役割を奪わない

ように配慮する。

3 × 尿パッドを介護福祉職が無言で取り替えるのではなく、利用者が自分で尿パッドを取り替えるかどうか等、**本人の意向**を十分に確認・尊重する。特に排泄介護では利用者が羞恥心を伴いやすいため、できるだけ利用者が**自分で**尿パッドを交換して後始末できるように支援することが望ましい。

4 〇 訪問介護の**身体介護**には食事・排泄・入浴等の介護に加え、利用者の自立生活支援・重度化防止を図る**見守り**的援助がある。**見守り**的援助とは介護福祉職がすべて行うのではなく、安全に配慮した上で、利用者と**一緒に**行う支援を意味する。例えば介護福祉職が服薬させるのではなく、利用者が自分で適切に服薬できるよう、そばで確認することも**見守り**的援助に含まれる。

5 × 介護福祉職が洗濯物を畳めば、業務上の時間短縮につながる可能性はあるが、それでは利用者の**残存能力**を活かす機会を奪うことになる。自立生活支援・重度化防止を図るためには利用者と**一緒に**洗濯物を畳み、その利用者の有する能力を活用していく必要がある。

問題21　正解　1

高齢者のリハビリテーションに関する設題である。

1 〇 一般的に高齢者は体力が低下し、疲れやすい。よって、機能訓練は1回の量を**少なくし**、**複数回**に分けて行う。仮に無理して1回の量を多くすれば、身体的な負担が増す上、リハビリテーションへのやる気を低下させる恐れもある。

2 × 基本的な動作を行う訓練は、物理療法ではなく**作業療法**で、**作業療法士が**実施する。一方、物理療法は、温熱や電気刺激等によるリハビリテーションで、**理学療法士**が実施する。

3 × 関節障害がある場合、関節に**負担**をかけてはならない。よって、積極的ではなく、動く範囲で関節を動かし、筋力維持を図る。その際、痛みが生じるようであれば、無理に動かさない。

4 × パーキンソン病の場合、**筋固縮で**腕や足、体幹の筋肉が強張って固くなり、動かしづらくなる。よって、日頃から上肢の上げ下げや、**体幹**をゆっくりねじる（前後左右に曲げ伸ばす）等、身体の柔軟性を維持する訓練が重要となる。

5 × 関節リウマチの場合、関節の**腫脹**や**疼痛**に加え、**朝**のこわばりの症状がある。よって、**朝**の動かしづらい時間帯のリハビリテーションは避け、その他の時間帯で痛みが残らない程度に関節の曲げ伸ばしを行う。

問題22　正解　5

施設利用者の多様な生活に配慮した介護福祉職の対応に関する設題である。

1 × 居宅で過ごすか、施設で過ごすかに関係なく、これまでの利用者の**生活習慣**を踏まえ、本人が望む生活を実現できるように支援することが重要である。よって、夜型の生活習慣がある人に施設の就寝時刻に合わせてもらう対応は、これまでの本人の**生活習慣**を考慮しておらず、**不適切**である。

2 × 国が示した「求められる介護福祉士像」（全10項目）の中には「尊厳と自立を支えるケアを実践する」以外にも「地域の中で、施設・在宅にかかわらず、本人が**望む**生活を支えることができる」等の項目がある。よって、シーツが汚れるため、化粧を毎日していた人に化粧をやめてもらうのは施設側の都合を押し付け、本人の**望む**生活を奪うことになる。

3 × 「本に囲まれた生活をしてきた」という生活歴を踏まえると、その人は「本が好き」であることが予測できる。その

156

人の嗜好（〜が好き）や思い（〜したい）等の**ストレングス（強み）**を尊重して活用することは重要である。よって、散乱している本を捨ててもらう**のではなく**、その利用者に対し、本を通して、どのような支援が展開できるのかを検討して実行する必要がある。

4　×　施設で生活する利用者を一括りにとらえるのではなく、Ａさん、Ｂさん、Ｃさん……というように個性のある存在として認識し、それぞれの**個別性**に応じた支援を展開する必要がある。よって、自宅で畳に布団を敷いて寝ていた人には、ベッドではなく、畳で寝られるように支援する。

5　○　その人らしさは、これまでの経験や社会的背景、**生活習慣**等によって形成され、一人ひとり異なる。そのため、介護福祉職は、その個性を尊重し、一人ひとりの利用者が自分らしく生活できるように支援する必要がある。よって、自宅で夜間に入浴をしていた人には、その**生活習慣**を尊重し、施設でも夕食後に入浴できるように配慮する。

問題23　正解　3
介護医療院に関する設題である。

1　×　介護医療院に入所できるのは要介護1〜5の利用者である。原則要介護3以上でなければ入所できないのは**介護老人福祉施設**となる。

2　×　介護医療院を開設するには、**都道府県知事**の許可が必要である（介護保険法第107条）。

3　○　**介護医療院**では入浴・排泄・食事等の介護に加え、**レクリエーションや行事**を行うように努める必要がある（介護医療院の人員、施設及び設備並びに運営に関する基準第24条）。その際は、施設サービス計画に基づいた支援を展開するとともに、地域住民やボランティ

ア団体等との連携が求められる（同基準第17条第2項）。なお、介護医療院は介護療養型医療施設（2024（令和6）年3月31日で廃止）等における長期療養のための**医療機能**を引き継ぎつつ、日常生活を送る上での**生活支援**機能も兼ね合わせた介護保険施設の1つで、2018（平成30）年4月に創設された。

4　×　入所者1人当たりの床面積を比べた場合、介護老人福祉施設が**10.65m²**以上（指定介護老人福祉施設の人員、設備及び運営に関する基準第3条第1項第1号ロ）であるのに対し、介護医療院は**8.0m²**以上（介護医療院の人員、施設及び設備並びに運営に関する基準第5条第2項第1号ロ）となっている。つまり、入所者1人当たりの床面積は介護医療院よりも介護老人福祉施設のほうが**広い**ことになる。

5　×　介護医療院には**介護支援専門員**を1名以上配置する必要がある（同基準第4条第1項第7号）。一方、サービス管理責任者は療養介護や行動援護、生活介護、就労移行支援、共同生活援助（グループホーム）等、**障害福祉**サービスを提供する事業所への配置が義務づけられ（「障害者総合支援法」に基づく指定障害福祉サービスの事業等の人員、設備及び運営に関する基準第50条第1項第4号、他）、個別支援計画の作成や相談・助言、連絡調整等を行っている（同基準第58条第1項、他）。

問題24　正解　4
利用者の思いに添ったサービスの提案に関する設題である。

1　×　訪問介護の**身体介護**であれば、訪問介護員が利用者と一緒に食事の用意を行える場合もある。しかし、**生活援助**の場合、訪問介護員が調理を行うため、Ｅさんの「食事の用意をしたい」という

希望を実現**できない**（訪問介護における
サービス行為ごとの区分等について（平
成12年3月17日老計第10号厚生省
老人福祉局老人福祉計画課長通知））。

2 ✕　Eさんは「食材を自分で選び、購
入し、食事の用意をしたい」と思ってい
る。それなのに、配食サービス利用を提
案するのはEさんの思いを**無視**している。

3 ✕　都道府県・指定都市の社会福祉協
議会が実施主体の日常生活自立支援事
業は認知症や知的障害、精神障害等で
判断能力が不十分な人を対象としている
（日常生活自立支援事業実施要領4（1）
ア）。そして生活支援員は、その人たち
に福祉サービスの**利用援助**や書類等の
預かりサービス、日常的金銭管理を行っ
ている（同要領4（1）イ）。一方、Eさ
んには、そうした**判断能力**の不十分さを
確認できないだけでなく、「食材を**自分
で選び、購入したい**」という思いがある
ため、生活支援員による日常的金銭管理
等の活用の提案は、Eさんの思いに添**わ
ない**。

4 ○　事例には「要介護1」「夫の介助
があれば、外出は可能」「最近Eさん宅は、
玄関、トイレ、浴室に手すりを設置」と
記されている。つまり、Eさんは歩行可
能であるものの、屋外では夫の介助がな
ければ、安定した歩行が難しい。よって、
歩行の**安定性**を高める四輪歩行車の利
用を提案するのは**適切**である。四輪歩行
車の場合、歩行器のように持ち上げる必
要はなく、小さな力で動かせる上、座面
やカゴがあるタイプは外出時の休憩や買
った物を入れる際にも役立つ。

5 ✕　事例より、Eさんは歩行が可能で、
自宅内の浴室を利用して入浴しているこ
とが推測できる。また、通所介護での入
浴サービスの利用も希望して**いない**。

問題25　正解　2

介護施設におけるプライバシーの保護に
関する設題である。

1 ✕　ユニットケアでは全室個室を基本
とし、利用者一人ひとりの状況に応じた
個別ケアや利用者のプライバシーを尊重
した支援が行われる。一方、食事や趣味
活動等は共有スペースを利用し、他の利
用者や介護福祉職等と一緒に家庭的な
雰囲気の中で行えるようになっている。
居室と共有スペースのどちらで食事する
かは施設側が勝手に決めるのではなく、
利用者本人の**意思**を尊重する。

2 ○　個人情報の取扱いを定めた**個人情
報の保護に関する法律**（**個人情報**保護
法）では、利用者の同意を得ずに**個人情
報を第三者に漏らしてはならない**として
いる。生活歴も個人を特定できる**個人情
報**に該当するため、ルールに従って適切
に情報共有するほか、内容が改ざんされ
たり、第三者に情報が漏れたりしないよ
うに細心の注意を払って管理する。

3 ✕　個人情報記録のファイルを閲覧し
やすいように机の上に置いたままにする
のはプライバシーの保護に配慮して**いな
い**。さらに個人情報が施設に出入りする
ボランティアや清掃業者等、**第三者**の目
に触れる恐れもある。

4 ✕　介護福祉職をはじめ施設職員は利
用者の尊厳を保持し、**プライバシー**を保
護しなければならない。トイレのドアを
開けたままで排泄の介護を行うのは**プラ
イバシー**の侵害にあたる。

5 ✕　家庭内の出来事や会話の内容も、
利用者の生活課題の抽出や介護計画の
作成、生活の質（QOL）の向上を図る支
援等に役立つ情報となるため、**プライバ
シー**の保護に配慮した上で記録する。

問題26　正解　3

ハインリッヒ（Heinrich, H.）の法則に

関する設問である。

1　×　機能障害、能力障害、社会的不利で障害をとらえる分類は、1980年にWHO（世界保健機関）が定めた**国際障害分類（ICIDH）**の中で示された。なお、**国際障害分類（ICIDH）**は、2001年に改訂され、国際生活機能分類（ICF）となっている。

2　×　人間の欲求を①生理的欲求、②安全の欲求、③所属と愛の欲求、④承認の欲求、⑤自己実現の欲求というように5つの階層で示したものは、**マズローの欲求階層説**である。第32回問題97の解説の図も参照。

3　○　アメリカの**ハインリッヒ（Heinrich, H.）**は約5000件の労働災害を調査し、1つの**重大**事故の背後には29件の**軽微**な事故があり、その背景には300件の**ヒヤリハット**が存在することを明らかにした。これを**ハインリッヒの法則**と呼ぶ。

4　×　患者が余命を知らされてから死を受容するまでの心理的プロセスを①否認、②怒り、③取り引き、④抑うつ、⑤受容の5つに分けて説明したものとして、**キューブラー・ロス**による**死の受容過程**がある。

5　×　生活課題を抱えた人の支援をする上で必要な7つの原則を示したものとして、**バイステックの7原則**がある。具体的には①個別化、②自己決定、③受容、④非審判的態度、⑤意図的な感情表現、⑥統制された情緒的関与、⑦秘密保持がある。

コミュニケーション技術

問題27　正解　5

介護福祉職が利用者と信頼関係を形成するためのコミュニケーション技術に関する設問である。

1　×　コミュニケーションは一方的な情報伝達ではなく、利用者から介護福祉職へ、介護福祉職から利用者へというように**双方向**の意思の交流を伴う。よって、介護福祉職は利用者の意見を**受け止めた**上で、その意見に賛成できない場合は、その理由も含めて介護福祉職自身の考えを言葉や態度で利用者に**返す**ようにする。

2　×　利用者に対して礼儀正しく、**尊敬**の気持ちを持って関わることが基本である。「○○ちゃん」と呼び合うことが必ずしも親しみや信頼関係につながるわけではない。むしろ子ども扱いされているように感じ、不快に思う利用者や家族がいることも忘れてはならない。

3　×　コミュニケーションは情報のやり取りである。よって、質問をせずに受け身の姿勢で聞くのではなく、介護福祉職は利用者が発する情報の意味を考え、確認すべきことがあれば、利用者に質問する等、**能動的**な態度でコミュニケーションを図る。

4　×　介護福祉職の価値判断に従ってもらうのは、一方的で、双方向の意思疎通を図るという**コミュニケーション**の役割を果たしていない。また、利用者の考えや価値観の無視にもつながる。

5　○　介護福祉職は**自己覚知**を通して自らの感情の動きを意識した上で、自分自身の考えや価値観等を利用者に押し付けないようにする。

問題28　正解　2

利用者の娘と関係を構築するために介護

福祉職がとる対応に関する設問である。

1 × 初対面にもかかわらず、友人のような口調で話すことは、Ｆさんの娘に対して失礼である。介護福祉職として利用者はもちろん、その家族に対しても礼儀正しく、**敬意**を持って接する必要がある。

2 ○ 初対面のため、Ｆさんの娘は緊張し不安を感じている可能性もある。よって、会話が続かないからといって矢継ぎ早に質問するのではなく、表情を確認しながら、娘のペースを**尊重**する。

3 × Ｆさんの娘は「介護福祉職の問いかけに応えるまで時間がかかり、また、あまり多くを語ることはなかった」とあるように、**沈黙**の時間が確認できる。**沈黙**は初対面で緊張している、考えをまとめている、悲しみを感じている、過去を振り返っている、今後どうすればよいか迷っている時に生じやすい。よって、沈黙しているからといって会話が途切れないように積極的に話すのではなく、介護福祉職には相手の表情を確認しつつ、相手が話し出すのを**待つ**姿勢が求められる。

4 × 一般的に密接距離は**15 〜 45cm**程度を指す。親密な間柄であれば、密接距離（あいだがら）で関わることも可能といえるが、特に初対面の家族との場合、密接距離をとれば相手の緊張を高める上、不快感や警戒心も生まれる恐れがある。

5 × 初対面のＦさんの娘に対し、身体を触る（さわ）スキンシップを用いながら話すことは、馴れ馴れ（な）（な）しい態度で**失礼**である。

問題29 正解 5
利用者の娘の発言に対する介護福祉職の共感的な言葉かけに関する設問である。

1 × 「心配しなくても大丈夫ですよ」は、Ｆさんと離れて暮らすことになる娘の寂しさに**共感**していない。

2 × 娘は施設に入所するＦさんと離れて暮らすことに寂しさ（さび）を抱いている。一

方、介護福祉職は施設に入所するＦさんと今後、関わりを深めていく立場にある。つまり、娘と介護福祉職の立場は**異なっており**、「私も寂しい気持ちは一緒です」という介護福祉職の発言には違和感を覚える。

3 × 「元気を出して、お母さんの前では明るく笑顔でいましょう」は、Ｆさんと離れて暮らすことに寂しさを抱いている娘の思いを**受け止め**ていない上、娘に無理を強いる言葉かけでもある。

4 × Ｆさんの娘の状況も考慮せず、「お母さんに毎日会いに来てください」と発言することは、娘への**負担感**を高め、かえって娘を疲れさせてしまう恐れがある。

5 ○ **共感的態度**を示すには相手の言葉から、その人の感情とその感情の原因をとらえ、相手に返す方法がある。例えば「お母さんと離れて暮らすと寂しくなりますね」はＦさんと離れて暮らすことに寂しさを抱いている娘の感情を表現しており、**共感的な言葉かけ**となる。

問題30 正解 1
利用者の家族がサービスの利用をやめたいと言った背景にある理由を知るためのコミュニケーションに関する設問である。

1 ○ 開かれた質問は悩み、心配、不安、ストレス、意向（いこう）等の中身について**自由に**回答できる。相手が「なぜ、そう思ったのか」等の**理由**を知りたい場合にも開かれた質問を用いる。Ｇさんの場合は、例えば「お父様の通所介護の利用をやめたいと考えている理由を教えていただけますか」と問いかける。

2 × 「はい」または「いいえ」で回答あるいは簡単な単語で短く回答できる質問は**閉じられた質問**である。**閉じられた質問**は、例えば「お父様の通所介護の利用をやめたいと考えているのですか」というように事実を確認する際に有効であ

るものの、その理由を知るためには**開かれた質問**を用いる必要がある。

3 × 利用者だけでなく、家族とコミュニケーションを図る際にも、介護福祉職は自分のペースではなく、**相手の様子を確認**しながら、**相手のペース**に合わせる。

4 × 訂正しながら聞けば、相手は話しづらくなり、「利用をやめたい」と言った背景にある思いや考えを介護福祉職には伝えなくなる恐れがある。家族が仮に事実と異なることを発言したとしても、その場で訂正せず、まずは相手の話を傾聴し、相手の思いや考え、感情等を**受容**することが介護福祉職には求められる。

5 × 父親の通所介護の利用をやめたいと思っている理由についてＧさんはすぐに回答してくれない可能性もある。だからといって、介護福祉職が、その理由を推測して判断した場合、実際のＧさんの思いと**ズレ**が生じる恐れもある。

問題31　正解　3

利用者と家族の意向が対立する場面で介護福祉職が両者の意向を調整する際の留意点に関する設題である。

1 × 利用者と家族の意向が対立する場合、両者に緊張感が生まれやすく、話しづらい状況になりやすい。よって、介護福祉職は利用者や家族がそれぞれの思いを話し出せるきっかけとなる**問いかけを行う**とともに、両者が話しやすい**雰囲気・場**づくりを心がける。それでも対話が成立しない場合には、介護福祉職が利用者や家族の意向を**代弁**して両者の意向を調整する方法もある。

2 × 利用者と家族の意向が対立する場合、どちらかに従わせるのではなく、介護福祉職は、話し合いを進める中で、両者の共通点や妥協点を見出し、最終的にお互いが納得できる方向性で意向の**調整**を図る。

3 ○ 利用者と家族の意向が対立する場合、どちらかの意見を聞くのではなく、**それぞれ**の意見を聞いて確認する。

4 × 家族の介護負担の軽減も重要であるものの、それ自体を目的とすれば、利用者よりも家族を重視することになる。利用者と家族の意向調整の目的は**利用者**の望む生活や**利用者**のより良い生活の実現を目指し、**利用者**だけでなく、家族の意向も確認する中で、**両者が互いに協力し合える関係を形成する**ことにある。

5 × 利用者と家族を支援する際は、介護福祉職チームによる連携・協働だけでなく、医師、看護師、介護支援専門員、理学療法士、作業療法士、管理栄養士等の他職種とも連携・協働する。つまり、利用者と家族の意向が対立する際は、介護福祉職だけで解決しようとせず、**他職種**にも相談し、**多職種連携・協働**の中で解決していく。

問題32　正解　1

運動性失語症のある人とコミュニケーションを図る際の留意点に関する設題である。

1 ○ 運動性失語症の場合、他の人が話す内容はおおむね理解できるが、うまく話せない。よって、**閉じられた質問（閉ざされた質問）**を用いたり、絵や写真を使って反応を引き出したりする。

2 × 運動性失語症の場合、聴力は**低下**しないため、大きな声で話す必要は**ない**。また、他の人が話す内容はある程度理解できるため、1音ずつ区切って話されるとかえって**わかりづらく**なる。

3 × 手話は**聴覚障害**のある人とコミュニケーションを図る1つの手段である。

4 × 運動性失語症の場合、漢字よりも**仮名**を間違えやすい。例えば「学校」「職場」と漢字で示すよりも、「がっこう」「しょくば」とひらがなで示すほうがわかりづらい。また、運動性失語症が重度にな

るにつれ、文章を組み立てて伝えることが難しくなるため、五十音表でひらがなを指してもらうのは**不適切**である。
5　×　運動性失語症の場合、うまく話せない。よって、「はい」または「いいえ」で回答あるいは簡単な単語で短く回答できる**閉じられた質問（閉ざされた質問）**を活用する。

問題33　正解　3
介護記録を書く時の留意点に関する設題である。
1　×　介護記録は先延ばしにせず、**記憶**が確かなうちに書く。
2　×　観察や確認されたありのままの事実としての**客観**的事実と介護福祉職の考えや判断、推測等に基づく**主観**的情報は区別して書く。
3　○　他から得た情報についても5W1H（When：いつ、Where：どこで、Who：誰が、What：何を、Why：なぜ、How：どのように）の要素を取り入れ、いつ、どこで、誰から、何の情報を、どのように得たのか等、その**情報源**を書く。
4　×　介護福祉職は、利用者の気持ちを推測して書いた**主観**的情報だけでなく、その推測の根拠となった利用者の言動や表情、出来事等の**客観**的な事実も介護記録に明記する。
5　×　介護福祉職の意見を中心に書くのではなく、利用者の状況や出来事等の**客観**的事実を中心に記載する。その際、そこから導き出した介護福祉職の意見や判断等の**主観**的情報とは区別して書く。

問題34　正解　4
報告者と聞き手の理解の相違をなくすための聞き手の留意点に関する設題である。
1　×　聞き手が報告を受ける際は、受け身の姿勢で**はなく**、うなずく、メモをとる、「～ということですね」というように

報告された内容をフィードバックする等、**意識的・能動的**に聞く。
2　×　腕組みは、相手に**威圧感**や不快感、拒否感を与えやすいため、結果的に近寄りがたく、報告しづらい雰囲気をつくってしまう。報告を聞く際は、腕組みをしない等、相手が報告しやすい雰囲気をつくる必要がある。
3　×　「はい、そうですね」というように同調しながら報告を聞いた場合、報告内容の**矛盾**点や**疑問**点に気づけない恐れもある。聞き手として「いつ」「どこで」「誰が」「どうなったか」等の**客観**的事実を冷静に確認するとともに、その内容に矛盾点がないかどうかも含めて意識的に聞く。疑問点がある場合は、質問して確認することも必要である。
4　○　報告の内容に不明な点や疑問点がある場合は、相手に質問して**確認**する等、わからないままにしない。
5　×　他の業務をしながら報告を聞いた場合、集中して聞けず、報告内容を**聞き逃す**恐れがある。報告を受ける場合は、一旦業務の手を止め、集中して聞ける時間を確保する。

生活支援技術

問題35　正解　3
古い住宅で暮らす高齢者がヒートショックを防ぐために必要な環境整備の方法に関する設題である。
1　×　一般的に古い家は**気密性**が低く、風通しが良いため、特に冬は冷えやすい。その結果、例えば浴室は暖かいにもかかわらず、居室が寒いといった**温度差**が生じ、それが原因でヒートショックを引き起こす恐れがある。仮に居室の室温を低くすれば、さらに浴室との**温度差**が大きくなり、ヒートショックの危険性が**増して**しまう。

2　×　ヒートショックは各部屋の**温度差**が原因で発生するため、その予防には各部屋の**温度差**を小さくすることが求められる。脱衣室の照明を明るくすることは転倒予防に役立つものの、ヒートショックの予防とは関連**しない**。

3　○　ヒートショックは脱衣室と浴室、トイレと居室というように**温度差**が生じやすい場所で発生しやすい。特にトイレは寒さに加え、排泄時（はいせつじ）の力み（りき）によっても血圧が急激に上昇しやすい。よって、居室等との**温度差**を小さくするため、冷えやすいトイレにパネルヒーターを置くのはヒートショックの予防に**有効**である。

4　×　一般的に 60℃であれば約 5 秒で**低温火傷**（やけど）を起こすとされている。よって、入浴直前に浴槽の湯温を 60℃に設定するのは**危険**である。

5　×　新築住宅やマンション等は**気密性**が高いため、自動的に室内の空気の入れ替えが行える 24 時間換気システムが導入されている。24 時間換気システムは**シックハウス**症候群の予防に効果があるものの、ヒートショックの予防に**はつながらない**。

問題 36　正解　5

高齢者にとって安全で使いやすい扉の工夫に関する設題である。

1　×　仮にトイレ内で高齢者が倒れた場合、内開きでは倒れた高齢者にぶつかって扉を開けられない危険性がある。よって、トイレの扉は**引き戸**が望ましいが、やむを得ず開き戸とする場合は、緊急時の救出に備え、**外開き**とする。

2　×　開き戸は開閉時に身体を前後に移動しなければならず、バランスを崩しやすい。特に杖（つえ）の使用者にとって開き戸の開閉は**転倒**につながりやすい。よって、転倒防止を図るためにも、高齢者には開き戸ではなく、**引き戸**が望ましい。

3　×　引き戸は開閉スペースが少なくて済む上、開き加減等の調節も行いやすく、高齢者であっても、その人のペースで**開閉**できる。さらに引き戸クローザーを用いれば開閉速度が調整でき、より少ない力で開閉することも可能となる。

4　×　アコーディオンドアは収納仕切り（しゅうのう）や間仕切り（まじきり）等として用いられ、開き戸や引き戸に比べ、気密性が**低い**。

5　○　引き戸の取っ手を棒型にすることで、握りやすく、力のない高齢者でも開閉し**やすくなる**。

棒型の取っ手がついた引き戸

問題 37　正解　4

下肢の筋力低下で、つまずきやすくなった高齢者に適した靴（くつ）に関する設題である。

1　×　靴底の溝（みぞ）が浅い靴は、歩行時に滑りやすい。日頃から靴底の溝を確認し、浅くならないうちに新しい靴と交換する等、転倒防止を図るようにする。

2　×　靴底が薄く硬い靴を履いた場合、つま先が曲がり（まがり）づらい、踵（かかと）が安定しない、地面からの衝撃を受けやすいため、バランスよく歩けなくなる。その結果、不自然な歩き方となり、身体の負担や疲れ、転倒の危険性が**増す**恐れがある。

3　×　足の指が固定される靴を履いた場合、足の指での蹴り出しや**体重移動**がうまく行えず、不自然な歩き方となる。その結果、身体の負担や疲れ、転倒の危険性が**増す**。

4　○　スリッパ等に比べ、踵と足背（そくはい）（足

第33回

の甲）が覆われた靴のほうが歩き**やすく**、安定性も**高い**。よって、つまずきやすくなった高齢者は踵に加え、足背もしっかりと覆われた靴を選ぶようにする。足背を覆う際は調節しやすく、留めやすいマジックテープの活用が望ましい。なお、スリッパ等は脱げやすい上、床をすって歩くため、つまずきやすく転倒しやすい。

5　×　重い靴を履くと疲れ**やすい**上、歩行時に足が上がりにくく、すり足となり、**転倒**につながる恐れがある。高齢者の場合、軽い靴を履くことが望ましい。

問題38　正解　1

介護が必要な利用者の口腔ケアに関する設題である。

1　○　ブラッシングの際は、その前にブクブクうがい（洗口）を行って口腔内の食物残渣を取り除くとともに、口腔内を湿らせる。するとブラッシングが行いやすくなり、効果的な口腔ケアにつながる。

2　×　誤嚥防止のため、食事介助と同様、歯磨き等の口腔ケアを行う際も利用者の顎を軽く引き、頭部を**前屈**させる。

3　×　部分床義歯（局部床義歯）のクラスプ部分は汚れが溜まり**やすく**、細菌が繁殖し**やすい**ため、クラスプ用ブラシや義歯用ブラシを使用して丁寧に**ブラッシング**する。その際、力を入れ過ぎるとクラスプが変形したり傷ついたりする恐れがあるため、注意が必要である。

4　×　全部の歯がない無歯顎の利用者の場合、ブクブクうがい（洗口）に加え、粘膜用ブラシやスポンジブラシで粘膜に付いた汚れや細菌を取り除き、口腔内を清潔に保つようにする。硬い毛のブラシは口腔内の粘膜を傷つける恐れがある。なお、清潔な口腔内環境の保持は**誤嚥性肺炎**のリスクを低下させる。

5　×　**誤嚥予防**のため、舌の清拭は**奥から手前**に向かって行う。舌の清拭には舌

ブラシやスポンジブラシ等を用いる。

問題39　正解　4

口腔内が乾燥している人への助言に関する設題である。

1　×　口腔内が乾燥している場合、唾液の分泌量が少なくなっている可能性がある。よって、**レモン**等の酸味のある食べ物を勧める、よく噛んで食べる等、唾液の分泌を促す助言が必要である。

2　×　睡眠時に口を開けていびきをかく人は口腔内が乾燥しやすいため、口を開けていびきをかかないよう睡眠時の体位を工夫する。例えば、**仰臥位（背臥位）**では舌が喉に落ち込んで上気道が狭くなり、口を開けたいびきが発生しやすい。一方、**側臥位**ではそのような状態になりにくいため、**側臥位**での睡眠を勧める。また、頭側を**上げて**寝たほうがいびきをかきにくいため、**枕**の高さも調整する。

3　×　脱水が原因で口腔内が乾燥する場合もあるため、**水分**補給は重要である。たとえ脱水が原因でなかったとしても口腔内が乾燥すれば、唾液による自浄作用が低下し、細菌が繁殖しやすい口腔内環境をつくってしまう。よって、口腔内の清潔と保湿のためにも口腔ケアに加え、誤嚥に留意しながら**水分**を摂取するように促すことは必要である。

4　○　口腔内の乾燥は**唾液**の分泌量の低下も意味するため、**唾液腺**マッサージを行って**唾液**の分泌を促すようにする。特に唾液腺の中でも耳下腺、顎下腺、舌下腺を指でマッサージすれば、より多くの**唾液**の分泌を促すことができる。

5　×　ジェルタイプの保湿剤を前回塗った上に重ねて塗ると、前回塗った保湿剤の表面に付着した**細菌**が閉じ込められ、新たな感染源になる恐れがある。さらにジェルタイプの保湿剤の重ね塗りは口腔内の**粘つき感**を強め、誤嚥の危険性を高

める恐れもある。よって、前回塗った保湿剤を粘膜用ブラシやスポンジブラシ等で**取り除いた**後、新しい保湿剤を塗るように助言する必要がある。

問題40　正解　1

仰臥位（背臥位）から側臥位への体位変換に関する設題である。

1　○, 2　×, 3　×, 4　×, 5　×

利用者を仰臥位（背臥位）から側臥位へ体位変換する時、介護福祉職は利用者の**肩**（図の**A**）と**膝**（図の**C**）を手で支えながら行う。具体的には利用者の**膝**を立て、**膝頭と肩峰**を支え、**膝**を**対面法**では手前、**背面法**では奥に倒していけば、自然と腰、肩もそれに合わせて動いてくる。仰臥位から側臥位への体位変換では、こうした**体軸回旋運動**の誘発を利用した**トルクの原理**を活用することになる。

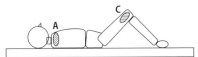

問題41　正解　3

標準型車いすを用いた移動の介護に関する設題である。

1　×　急な上り坂では、車いすが下がらないようにしっかりと支えながら、**ゆっくり**進む。

2　×　急な下り坂では、周囲、特に後方の状況に注意しながら、**後ろ**向きで進む。

3　○　踏切を渡る時、レールの溝に前輪（キャスタ）が挟み込まれる危険性がある。よって、**前輪（キャスタ）**を上げたまま、**駆動輪（後輪）**のみでレールを越えて進む。なお、踏切は危険性が高く、実際に車いす使用者の死亡事故も発生しているため、可能であれば踏切を渡らず、他の道を通ることが望ましい。

4　×　段差を上がる時は、**前輪（キャス**

タ）を上げ、**駆動輪（後輪）**が段差に**接する**まで前進する。その後、段上に**前輪（キャスタ）**を下ろし、グリップを押し上げながら段上に**駆動輪（後輪）**を乗せるようにする。

5　×　砂利道では、揺れや衝撃を軽減させるため、**前輪（キャスタ）**を持ち上げたまま、**駆動輪（後輪）**のみで進む。

問題42　正解　5

第6胸髄節（Th6）を損傷した利用者の身体機能に応じた車いすの特徴に関する設題である。

1　×　頭を支えるヘッドサポートが必要となるのは**頸髄損傷**の一部である。Hさんは「第6胸髄節（Th6）を損傷した」とあるため、脊髄損傷のうち胸髄損傷に該当し、標準型車いすの操作が可能であるため、ヘッドサポートは**不要**となる。

2　×　胸髄損傷の場合、両上肢をすべて動かせるため、自走用の標準型車いすを主な移動手段として用いることができる。よって、第6胸髄節（Th6）を損傷したHさんの場合も、車いすには手で操作するための**ハンドリム**を装着しておく必要がある。

3　×　胸髄損傷の場合、上肢がすべて使えるため、レバーが長いブレーキを装着する必要は**ない**。一方、**片麻痺**の場合、通常のレバーブレーキでは健側のほうはかけられるが、**患側**のほうは**かけにくい**ため、**患側**のほうのレバーブレーキの長さを延長することが多い。

4　×　Hさんは第6胸髄節（Th6）を損傷したものの、片方の手が動かせないというような情報は見当たらない。よって、車いすを両手で操作できるよう、**両方の**タイヤにハンドリムを備えておく。一方、脳卒中（脳血管障害）の後遺症による片麻痺等、片方の上肢しか動かせない場合には片手で駆動できるハンドリムを装

着しておく必要がある。

5　〇　頸髄損傷の場合、**背部**までのバックサポートを装着している車いすを使用していることが多い。一方、胸髄損傷の場合、上肢は動かせるものの、**体幹**は不安定、下肢は麻痺している（対麻痺）ため、少なくとも**腰部**までのバックサポートがなければ、実用的で安全な車いすの使用は難しい。

問題43　正解　3

加齢による機能低下が疑われる利用者が食事をする際の介護福祉職の対応に関する設題である。

1　×　食事の基本姿勢は足底を床につけ、通常のいすに体幹を後方に**傾けず**、**まっすぐに座った**状態となる。Jさんは要介護3で、リクライニング車いすの使用も確認できないため、通常のいすを用いた基本姿勢で食事する必要がある。

2　×　Jさんは飲み込みにくくなっているため、**嚥下**機能が低下している状況にある。よって、パン、もち等の**嚥下**しにくい食事はできるだけ控える。一方、食材をやわらかく、口の中でまとまりやすいように調理したり、飲み物や汁物等にとろみをつけたりする等、**嚥下**しやすくなる工夫を行う。事例を読む限り、低栄養や体重の減少等の記載はないため、栄養価の高い食事の準備は必要**ない**。

3　〇　「加齢による機能低下が疑われる」という医師の診断結果を踏まえ、**嚥下体操**や**唾液腺**マッサージ、アイスマッサージ等を行い、**誤嚥**を防ぐとともに食べる機能の維持・向上を図るようにする。特にそれらを**食前**に行えば、食べる前の準備となり、適切な飲み込みに有効である。

4　×　食事の際、飲み込みにくく、時間がかかっているJさんに対し、具体策を講じることなく、ただ自力で全量を摂取

できるように促すだけでは、かえってJさんにプレッシャーを与え、心身ともに負担をかけることになる。介護福祉職はJさんの食事状況をアセスメントし、改善に向けた**介護計画**を作成し、それを実行・評価していく必要がある。

5　×　細かく刻んだ食事は見た目が悪い上、食べた時に口の中でバラバラとなって食塊を形成しづらく、かえって**誤嚥**の危険性を高める。

問題44　正解　5

慢性閉塞性肺疾患（COPD）のある利用者の食事に関する設題である。

1　×　胃が膨れると横隔膜が圧迫され、呼吸し**づらい**。よって、呼吸機能が**低下**する慢性閉塞性肺疾患の場合、胃が膨れるような繊維質が多い芋類等**は控える**。

2　×　炭酸飲料の摂取は胃を膨らませ、横隔膜の運動を制限し、呼吸し**にくくさ**せる。よって、慢性閉塞性肺疾患の場合、ビールやコーラ等の炭酸飲料は**控える**。

3　×　慢性閉塞性肺疾患の症状には息切れ、咳、痰等がある。痰には水分と**たんぱく質**が含まれるため、痰が多く出る場合には水分に加え、**たんぱく質**の多い食事を意識して摂取する。

4　×　慢性閉塞性肺疾患の場合、息切れで呼吸にエネルギーを使うほか、咳や痰が多く出る等、体力を消耗し**やすい**。よって、**高カロリー**の食事を摂取する。

5　〇　慢性閉塞性肺疾患の場合、一気に食事すると胃が膨れ、呼吸し**づらくなる**。また、食事の時間が長くなると**体力を消耗**してしまう。よって、1回の食事量を**減らし**、回数を**増やす**ようにする。

問題45　正解　2

入浴の身体への作用を踏まえた介護福祉職の対応に関する設題である。

1　×　食後すぐの入浴は**温熱**作用で全身に血液が流れるため、本来であれば消化するために胃腸に集まるはずの血液量が減少し、消化不良を起こしやすい。よって、**温熱**作用を踏まえ、食後すぐの入浴は避け、食後1時間以上経過してから入浴する。

2　○　浮力作用では体重が**9分の1程**度となり、筋肉や関節への負担が**軽減**されるため、リラックスできたり、身体を動かしやすくなったりする。よって、浮力作用を踏まえ、入浴中に関節運動を促すのは**有効**である。

3　×　静水圧作用とは、入浴時に身体に水圧がかかり、血液やリンパの流れがよくなることをいう。しかし、入浴後に水分補給が必要となるのは、**温熱**作用があるからで、静水圧作用が原因ではない。**温熱**作用では内臓機能を活発にするほか、新陳代謝の促進によって老廃物を排出しやすくしたり、発汗作用を高めたりする。よって、**温熱**作用を踏まえ、入浴前後の水分補給が重要となる。

4　×　静水圧作用の影響によって利尿作用が**高まる**。ただし、静水圧作用だけが利尿作用を高めるのではなく、**温熱**作用も腎臓（じんぞう）の働きを活発にし、利尿作用を促す。つまり、入浴前にトイレに誘導するのは静水圧作用だけでなく、**温熱**作用の身体への影響も踏まえた結果と考える必要がある。

5　×　温熱作用には新陳代謝（しんちんたいしゃ）や血行の促進、リラックス効果等がある一方、血圧変動や発汗等で身体への負担を高めることもあるため、長湯には注意する。ただし、だからといって、一律にお湯に浸（つ）かる時間を短くするのではなく、高血圧や心疾患、呼吸器疾患のある利用者には短くしたり、半身浴にしたりする等、利用者の**個別性**に応じた支援が求められる。

問題46　正解　3

四肢麻痺（ししまひ）の利用者の手浴に関する設題である。

1　×　仰臥位（ぎょうがい）（背臥位（はいがい））で手浴を行う場合、洗面器の縁に手首が当たりやすかったり、寝具（しんぐ）を濡らしやすかったりする。また、臥床（がしょう）時間を減らし、心身機能の維持・向上を図るためにも、臥床はできるだけ避け、**座位**の姿勢で手浴を行うことが望ましい。

2　×　個人差があるものの、手指は5〜10分程度お湯に浸（ひた）す。

3　○　四肢麻痺の場合、利用者が自分で手を動かすことができないため、介護福祉職が洗う側の**手関節**を支えながら洗う必要がある。

4　×　指間は汚れが溜（た）まりやすいものの、強く洗うと皮膚が傷つく恐れがある。よって、指間は、石鹸（せっけん）やウォッシュクロスを使って**優しく丁寧に**洗う。

5　×　指間に水分が残っていると**細菌**が繁殖し、感染症を引き起こす恐れがある。よって、指間に水分が残らないようにタオルで丁寧に**拭（ふ）く**。

問題47　正解　2

利用者の状態に応じた清潔の介護に関する設題である。

1　×　乾燥性皮膚疾患がある場合、**弱酸性**の石鹸（せっけん）で洗う。

2　○　人工透析をしている場合、**かゆみ（掻痒感（そうようかん））**を訴えることがある。しかし、だからといって、強くこすると皮膚が傷つき、かゆみや刺激にかえって過敏になってしまう。よって、皮膚を保護するためにも、**柔らかいタオルで優しく**洗う。

3　×　褥瘡（じょくそう）がある場合、しっかりと泡立てた洗浄剤を用いて褥瘡周囲の皮膚の汚れを浮かし、褥瘡部（じょくそうぶ）は**こすらない**。

4　×　ナイロンたわしで洗うと皮膚が**傷つきやすい**。糖尿病性神経障害がある場

合、特に足への刺激に対する感覚が低下しているため、ナイロンたわしによる足の傷に**気づかない**恐れもある。

5　×　浮腫のある部位は**軽くさする**ように洗う。

問題48　正解　5

利用者が自宅のトイレで排泄を実現するために必要な情報に関する設題である。

1　×　事例には便意・尿意に関する記載はないため、便意・尿意には問題が**ない**と考えられる。

2　×　事例には飲食に関する記載はないため、飲食の状況には問題が**ない**と考えられる。

3　×　事例には衣服の着脱に関する記載はないものの、「**トイレ動作は自立している**」ため、衣服の着脱には問題が**ない**と考えられる。

4　×　事例には家族介護者に関する記載はない。また「退院後も自宅のトイレでの排泄を希望している」とあるため、Kさんは家族の力を借りてではなく、**自分**の力で自宅のトイレで排泄したいと考えていることがわかる。

5　○　Kさんは入院中「**手すりを使って移動**」している。また、一般的に病院の廊下には段差はない。よって、自宅のトイレでの排泄を実現するためには、病院と比較する中で、**手すり**が設置してあるか、途中に**段差**がないか等、自宅のトイレまでの通路の状況に関する情報が必要となる。

問題49　正解　1

自己導尿を行っている利用者に対する介護福祉職の対応に関する設題である。

1　○　自己導尿は腹圧をかけやすくするため、利用者が**座位**姿勢で行うのが基本である。仮に**座位**が不安定な時には利用者の許可を得て、**プライバシー**に配慮し

た上で利用者の身体を支える。

2　×　利用者が自己導尿を行っている間、介護福祉職がそばにいるのは羞恥心への**配慮**に欠ける行為である。座位が不安定な場合については利用者の許可を得た上で身体を支えるようにする。

3　×　自己導尿は、**利用者**が自らの手でカテーテルを尿道から入れて尿を体外に排出する方法である。

4　×　自己導尿のカテーテルには1回ずつの使い捨てタイプと再利用できるタイプがある。再利用のカテーテルの場合、使用後は水道水で内外をしっかりと洗った後、**消毒液**入りの専用ケースに入れて**保管**する。

5　×　尿の量・色・性状等の尿の観察は**介護福祉職**が行い、尿量の減少や尿の混濁、血尿等の異常が確認された時には**医師**や**看護師**に速やかに報告する。

問題50　正解　4

立位に一部介助が必要な車いすの利用者がトイレで排泄をする際の介護に関する設題である。

1　×　便座が低いと下肢への負担が増し、立ち上がり**づらい**。便座の高さは利用者の膝より少し**高く**なるよう調整する。

2　×　車いすのバックサポートに寄りかかったままでは摩擦が強く、重心移動が行い**づらい**上、足の力も入り**にくい**。車いすから便座に移乗する際は、その前に車いすに**浅く座る**、**トイレの手すり**を持つ、前傾姿勢になる等の準備をしておく。

3　×　車いすから便座に移乗する際、浅く座った利用者は**トイレの手すり**を持って立ち上がる。この時、介護福祉職は立ち上がりやすいよう、利用者の**腰部**、特に仙骨の上あたりを支える。

4　○　利用者が便座に移乗したら、介護福祉職は**足底**が床についているか、バランスよく座れているか等、**座位姿勢**の安

定を確認する。

5　×　便座から立ち上がる前に、下着と
ズボンを**大腿部**まで上げておく。

問題51　正解　4

洗濯表示の記号の意味に関する設題である。

1　×,　2　×,　3　×,　4　○,　5　×

まず「数字」は洗濯する際の「液温の上限」を示すため、「30℃を**上限**」としている。次に「**洗濯**」の記号をみると「手」の図は示されていないため、「手洗い」ではなく、「**洗濯機**」による洗濯であることがわかる。また、洗う「強さ」を示す横線は**1本のみ**であるため、「**弱い**」洗濯となる。よって、設問の図は「液温は30℃を**上限**とし、**洗濯機で弱い洗濯ができる**」ことを意味する。

JIS L0001：2014

問題52　正解　2

衣服についたバターのしみを取るための処理方法に関する設題である。

1　×　油を含んでいるバターは水に溶け**にくい**ため、水で洗い流すだけでは、バターのしみを取ることは**難しい**。

2　○　油を含んでいるバター、マヨネーズ、ミートソース等のしみには**洗剤が有効**である。まず、しみに**洗剤**を浸み込ませる。次に、ゴシゴシ擦ると生地が傷むため、布の上に置いてトントンと**叩いて**汚れが布に移るようにする。

3　×　**泥はね**の場合は、泥を乾かした後、ブラッシングする。

4　×　**ガム**が付着した場合は、氷で冷やして剝がす。

5　×　**墨汁**の場合は、歯磨き粉をつけてもみ洗いする。

問題53　正解　3

食中毒の予防に関する設題である。

1　×　鮮度を保つため、鮮魚や精肉は買い物の**最後**に購入し、早めに持ち帰る。

2　×　食品を隙間なく詰めると冷気の循環が滞り、冷蔵庫内の温度を**上げて**しまう。よって、冷気が循環するよう冷蔵庫に入れる食品は**7割**程度にとどめる。

3　○　作って保存しておく食品は、より早く**冷える**よう、**広く浅い**容器に入れ、その後すばやく冷ます。

4　×　再加熱する時は、中心部温度が**75℃で1分**間以上行う。

5　×　使い終わった器具はすぐに洗い、**熱湯**をかけて消毒する。

問題54　正解　1

喘息のある利用者の自宅の掃除に関する設題である。

1　○　喘息の場合、最初に掃除機をかけると空気中に**埃**等が舞い、それらを吸って**咳込む**恐れがある。よって、掃除機をかける**前**に吸着率の高いモップで床を拭き、**埃**等が舞い上がらないようにする。

2　×　埃等は上から下に向かって落ちる。よって、効率的に掃除するためにも、掃除は**高い**所から**低い**所へ進める。

3　×　往復拭きは埃等を舞い上げたり、かえって汚れを全体に広げてしまったりする。よって、拭き掃除の際は、**一方向**または**ジグザク**になるように拭く。

4　×　掃除機の吸い込み口をすばやく動かすとかえって埃等が**飛び散って**しまう。よって、掃除機の吸い込み口は一定の幅で**ゆっくり動かす**ようにする。

5　×　部屋の出入口から奥に向かって掃除すると、最初に掃除した場所を踏んで、そこに埃やゴミ等を落とす場合がある。二度手間とならないためにも、掃除は部屋の**奥**から**出入口**へ向かって進める。

問題55　正解　5

ベッドに比べて畳の部屋に布団を敷いて寝る場合の利点に関する設題である。

1　×　畳は吸水性が高く、湿気を吸い込む。よって、畳の上に敷いた布団にも湿気がこもり**やすい**。一方、ベッドは床からの距離があるため、畳に比べれば、湿気がこもり**にくい**。

2　×　ベッドに比べ、畳や床からの立ち上がり動作は足や膝、腰等への負担が**大きい**。

3　×　本人だけでなく、介護者についても、ベッドに比べ、畳のほうが立ち座りに伴う身体的な負担が**大きい**。特に低い位置での介護となるため、腰痛には注意が必要である。

4　×　畳の場合は、直接音や振動が伝わり**やすい**。一方、ベッドは床からの距離があるため、その分、畳に比べて音や振動が伝わり**にくい**。

5　○　畳の部屋に布団を敷いて寝る場合、転落の不安**はない**。一方、ベッドは床からの距離があり、転落の危険が**ある**。

問題56　正解　2

睡眠の環境を整える介護に関する設題である。

1　×　寝具は清潔で乾燥しており、**保温**性に優れ、身体に負担をかけない重さのものを優先する。

2　○　低温火傷を起こす危険性があるため、湯たんぽを使用する時は皮膚に直接**触れない**ようにする。

3　×　睡眠に適した寝室の温度には個人差があるものの、夏は**25℃**前後、冬は**16 〜 19℃**程度とし、湿度は**50％**程度に調整することが望ましい。

4　×　個人差があるものの、枕は頸部の緊張を取り除くとともに寝返りに影響しないよう、**15**度くらい首の角度が上がる高さに調整することが望ましい。

5　×　人は入眠する前に体温を**上げ**、睡眠に入ると体温を**下げる**。よって、寝る前に電気毛布で布団を暖めて入眠しやすくする一方、就寝中はタイマー機能を使って電気毛布のスイッチを**切り**、良質な睡眠ができるように環境を調整する。

問題57　正解　3

不眠で困っている利用者への介護福祉職の対応に関する設題である。

1　×　Lさんは短期入所療養介護を利用し始めてから「夜、眠れなくて困っている」と訴えているため、自宅との環境の**違い**が不眠をもたらす要因になっている可能性がある。また、すでに入所して3日間が経過しているため、施設の起床時間や消灯時間は把握していると考えられる。よって、夜間の安眠につなげるためには、施設の起床時間や消灯時間を伝えるのではなく、自宅におけるLさんの起床時間や就寝時間等を把握する必要がある。その上で短期入所療養介護を利用中もこれまでのLさんの**生活習慣**を尊重する姿勢が求められる。

2　×　「夜、眠りたい」という思いがLさんにあるからこそ、「夜、眠れなくて困る」という訴えにつながる。眠りたいのに眠れないLさんに、眠ろうとする意志が大切だと説明するのは、プレッシャーやストレスとなり、かえって**眠れなく**なる。

3　○　Lさんは短期入所療養介護を利用し始めてから「夜、眠れなくて困っている」と訴えているため、自宅との環境の**違い**が不眠をもたらす要因になっている可能性がある。よって、自宅での**就寝**時間や**起床**時間、就寝前の習慣（就寝儀式）等、自宅での普段の睡眠の状況について確認する必要がある。

4　×　「夜、眠れなくて困っている」は「夜、眠りたい」と言い換えられる。つまり「夜、眠りたい」と思っているLさ

んに対し、日中の睡眠の必要性を伝えることはＬさんの意向に**合わない**。

5　×　睡眠薬の服用の検討は**医師**が行う。また、睡眠薬には副作用もあるため、睡眠薬に頼るのではなく、安眠できる環境を調整する必要がある。

問題58　正解　3

アドバンス・ケア・プランニング（ACP）を踏まえた介護福祉職の言葉かけに関する設題である。

1　×　人生の最終段階を迎えようとする人の生活上の悩みごとは本人やその家族だけで抱え込まず、医師や看護師、介護職員等の医療・ケアチームと一緒に検討していく。なお、地域包括支援センターとは**市町村**が設置主体となり、保健師・**社会福祉士**・主任介護支援専門員を配置し、この３職種のチームアプローチによって地域住民の健康保持や生活の安定を図ることを目的とした施設である（介護保険法第115条の46）。

2　×　今後の医療とケアは、家族だけでなく、**本人**、医療職、介護職員等も交え、繰り返し話し合う中で**本人**が選択・決定していくことが基本である。

3　○　アドバンス・ケア・プランニング（ACP：Advance Care Planning）に基づき、**本人**をはじめ家族や医師、看護師、介護職員等が一緒にその都度繰り返し話し合っていく中で、どこで、どのような形で人生の最終段階（終末期）を迎えたいか等、**本人**の意思決定を支援していくことが重要である。

4　×　口から食べることができなくなった場合は、経管栄養法（胃ろう、腸ろう、経鼻経管栄養）を選択するかどうかも含め、**医師**と相談する。

5　×　意思を伝えられなくなった場合、**事前指示（アドバンス・ディレクティブ：advance directive）**に基づく対応を

とる。この場合、意思を伝えられなくなる前に、どこで、どのような形で人生の最終段階（終末期）を迎えたいか等の希望をリビングウィル（living will：終末期医療における事前指示書）として書面に残す方法がある。なお、成年後見制度とは認知症のある人や知的障害者、精神障害者等、**判断能力**が不十分で意思決定が困難な人たちの権利を守る制度である。

問題59　正解　3

死期が近づいた時の介護に関する設題である。

1　×　死期が近づいた時の食事はカロリー摂取に重点を置くのではなく、本人が**食べたいもの**を無理のない範囲で摂取することが重要である。

2　×　チアノーゼは心肺機能の低下によって全身に十分な血液が送れなくなった結果、口唇や爪、皮膚が**暗紫色**となり、手足の指先が**冷たく**なる状態を指す。チアノーゼが出現した際は末梢を保温するため、低温火傷に注意して湯たんぽによる**温罨法**を行ったり、さすったりする。

3　○　介護福祉職には利用者の状態・状況に応じた入浴・清潔保持の支援が求められる。特に死期が近づいた際には本人の負担軽減や苦痛の緩和が重要となる。全身倦怠感が強い場合は、無理して入浴や全身清拭を行わず、**部分清拭**に切り替えるようにする。

4　×　死期が近づくと日中でもウトウトしたり、意識が低下したりする。ただ、そうした傾眠傾向や意識低下の状態であっても**聴力**は最期まで残るとされているため、**声かけ**を行うことは重要である。

5　×　口腔内乾燥がある時は**少量の水**で口腔内を湿らす。可能であれば**小さな氷**を口に含ませるのもよい。アイスマッサージは食べた物を**飲み込み**やすくするた

め、舌を刺激する方法であり、死期が近づいた人には**負担**となる。

問題60　正解　2

高齢者施設で利用者の死後に行うデスカンファレンス（death conference）に関する設題である。

1　× デスカンファレンスには、その利用者と家族に関わった**介護福祉職や看護師、介護支援専門員等、施設の職員**が参加する。

2　○ デスカンファレンスには、その利用者へのケアを振り返り、今後のケアの向上に活かすという目的だけでなく、職員同士で**悲しみを共有して支え合う**というグリーフケアとしての意味もある。

3　× デスカンファレンスは利用者の死後のケアや家族への対応**の後**、他の業務にも支障が**ない**時間帯に行う。

4　× デスカンファレンスには個人の責任や反省点を追及せず、他の人の意見を**尊重**するとともに今後の支援につなげるという**前向きな**姿勢が求められる。

5　× デスカンファレンスは、その利用者へのケアの振り返りに加え、**グリーフケア**としての機能もあるため、自分の感情を抑える必要は**ない**。具体的には一人ひとりの職員が亡くなられた利用者に対する感情を**言葉**に出す中で互いの悲嘆感情を共有し、ともに支え合う姿勢を再確認することが大切となる。

介護過程

問題61　正解　5

介護過程の目的に関する設題である。

1　× 介護過程の目的の１つに利用者の**生活課題**の解決がある。

2　× 介護過程とは、**利用者が**望む生活の実現に向けて、場当たり的で思いつきの介護ではなく、意図的な（個別性に応じた計画的で根拠に基づいた）介護を展開するためのプロセスである。介護福祉職の介護観の変容を図るものでは**ない**。

3　× 介護過程では他職種との役割の分化では**なく**、介護福祉職同士に加え、介護福祉職と医師や看護師、理学療法士、介護支援専門員等、利用者に関わる様々な職種による**多職種連携・協働**が重要となる。

4　× 家族の介護負担の軽減も重要であるものの、介護過程は**利用者**の個別性に着目し、個々の**利用者**の尊厳の保持や自己決定の尊重、自立支援を図る取り組みであることを忘れてはならない。

5　○ 介護過程の目的の１つに**利用者**の**生活の質**（QOL）の向上がある。

問題62　正解　1

介護福祉職の情報収集に関する設題である。

1　○ 利用者と直接関わる際は特に視覚、聴覚、触覚、嗅覚、味覚といった**五感**を活用した観察を通しての情報収集が重要となる。

2　× 介護過程における情報収集は１つの場面に限定して行うのでは**なく**、その利用者の生活の全体像を把握できるよう、**様々な**生活場面で行うようにする。

3　× 利用者との信頼関係（ラポール）が形成されなければ、踏み込んで情報を集めることは**難しい**。例えば初対面の場合、利用者は介護福祉職に警戒心を抱いているため、そこで無理に情報を集めようとすれば、その警戒心がさらに強まり、結果的に利用者の本心が**聞けなくな**る恐れもある。

4　× 興味のある個人情報を集めた場合、情報に**偏り**が生じる。さらに興味本位で情報を集めることは利用者に対して失礼である。

5 ×　介護過程における情報収集は**アセスメント**の一環であり、生活課題を見出すために行う。そして導き出した生活課題の解決に向けて介護計画を作成し、支援を展開していくことになる。つまり、実践したい支援に沿った情報収集は、まだ利用者の生活課題が抽出されていないにもかかわらず、介護福祉職が勝手に支援内容を先に決めて行うものであり、介護過程のプロセスと**異なる**。こうした「支援内容先にありき」は利用者本位の支援とはいえない。

問題63　正解　5

介護過程の展開におけるアセスメントに関する設題である。

1 ×　支援内容を説明して同意を得るのは介護計画の**立案**の中で行われる。さらに介護計画の**実施**の際にも改めて支援内容・方法を説明し、利用者やその家族から同意を得る必要がある。

2 ×　具体的な支援計画を検討するのは介護計画の**立案**の中で行われる。

3 ×　達成できる目標を設定するのは介護計画の**立案**の中で行われる。

4 ×　支援の経過を評価するのは介護過程の**評価**の中で行われる。

5 ○　介護過程の展開におけるアセスメントは利用者の**生活課題**を明確にするために行う。

問題64　正解　3

短期目標の設定に関する設題である。

1 ×　長期目標も短期目標も介護福祉職が一方的に決めるのではなく、**利用者の**意思を反映させる等、**利用者**の視点で設定する。

2 ×　短期目標を適切に評価するためには、多様な解釈ができるといった曖昧な目標設定で**はなく、具体的**な目標設定が必要となる。例えば「居室から食堂まで

の30mを一人で歩行器を使って歩くことができる」「1日に1,500mlの水分を摂ることができる」というように**数字を**用いる等、**観察**可能な目標を設定することが望ましい。

3 ○　長期目標と短期目標はともに**実現**可能な目標とする。このうち短期目標については長期目標の達成に向けて**段階的**な設定が必要となる。

4 ×　**長期**目標の達成を目指した段階的な目標が**短期**目標となるため、短期目標は長期目標と**関連づけて**設定する。

5 ×　最終的に実現したい生活像を目標として設定する場合や最終到達目標を示す場合は**長期**目標となる。

問題65　正解　2

利用者の再アセスメントに関する設題である。

1 ×　再アセスメントは順調に経過している時で**はなく**、目標の達成度が**低い**場合や利用者に**拒否**されて介護計画を実施できなくなった場合、利用者の心身の状況が変化した場合に実施する。特に拒否されて実施できなくなった場合は拒否が始まった**前後**の情報を収集し、拒否される前と後で何か変化はなかったかという点に注視しながら検討する必要がある。

2 ○　浴室を出ようとした時に足を滑らせ、それ以降、Mさんは入浴に「行きたくない」と拒否している。それまでは順調であったことを考えれば、足を滑らせたことと、入浴に「行きたくない」という発言を踏まえた上で、Mさんの「怖いから」という思いを**解釈**していく必要がある。

3 ×　介護過程は**利用者の**望む生活の実現や生活の質（QOL）の向上を図るために行われ、「**利用者主体**」「**利用者本位**」を重視している。よって、入浴を断られた介護福祉職の思いではなく、入浴を拒

否したMさんの思いを理解することが求められる。

4 × Mさんは浴室を出ようとした時に足を滑らせ、それ以降、入浴に「行きたくない」と発言している。さらに入浴に誘った介護福祉職に対してMさんは小声で「怖いから」と返事をしている。それまでは順調であったことを考えれば、入浴時間ではなく、浴室内で足を滑らせたことと、「怖いから」というMさんの発言に注視して検討していく必要がある。また、Mさんは入浴自体を拒否しているため、入浴時間を変更しただけでは問題は解決しない。

5 × 介護福祉職が居室(きょしつ)を訪ねて入浴に誘った際、Mさんは「怖いから」と小声で言っている。つまり、Mさんは入浴の際に足を滑らせ、それが恐怖心として残っているため、入浴に「行きたくない」との発言につながったと推測できる。入浴を面倒に思っているわけではない。

問題66　正解　2

再アセスメントによって見直した支援の方向性に関する設題である。

1 × Mさんは浴室を出ようとした時に足を滑らせ、それ以降「行きたくない」と強い口調で拒否し、入浴していない。入浴はもちろん、まだ浴室に行くこともできていないMさんに対し、「湯船につかる」という内容の支援はMさんの思いとかけ離れている。

2 ○ Mさんは浴室を出ようとした時に足を滑らせ、それ以降「行きたくない」と強い口調で拒否し、入浴していない。また、介護福祉職に「怖いから」と返事をしている。つまり、浴室内で足を滑らせた恐怖心が入浴拒否につながっている可能性がある。よって、浴室内の移動の不安を取り除く支援が求められる。

3 × Mさんが足を滑らせたのは浴室の

外や廊下ではなく、浴室を出ようとしたときである。よって、浴室まで安全に移動できる支援も重要となるが、より重視すべきはMさんが浴室内で不安を感じずに歩くことができる支援である。

4 × 事例を読む限り、Mさんから入浴の代わりに「足浴をしたい」という希望は出されていない。支援の方向性を見出す際も利用者の意向(いこう)を重視する。

5 × Mさんは浴室を出ようとした際に足を滑らせたものの、転倒はせず、受診結果も問題はなかった。一方、Mさんは「怖いから」と言っている。つまり、Mさんの場合は、身体機能の改善よりも、まずは「また滑るかもしれない」というような恐怖感を取り除く精神面への支援が重要である。

問題67　正解　2

介護福祉職が利用者について主観的に記録したものに関する設題である。

1 × 医師による診断結果である「パーキンソン病と診断されている」は客観的な記録である。

2 ○ 「帰宅願望から、レクリエーションの参加を拒否した」は、「レクリエーションには参加したくない」と発言したAさんの拒否理由を介護福祉職が「帰宅願望」と勝手に決めつけているため、介護福祉職の主観的な記録となる。

3 × 「家族に迷惑をかけたくない」はAさんの話した内容を介護福祉職が聞いた事実、「できることは自分で行っていた」は介護福祉職が観察して得られた情報であるため、客観的な記録となる。なお、利用者の視点で考えた場合、「家族に迷惑をかけたくない」は利用者の主観的情報となる。

4 × 「週3回、通所介護を利用している」は事実なので、客観的な記録である。

5 × 「昼食時にむせることが多く、食

事を残している」は介護福祉職が観察して得られた情報、「娘に報告した」は事実であるため、**客観**的な記録となる。

問題68　正解　1

短期入所生活介護における利用者の生活課題に関する設題である。

1　○　最近、Ａさんは昼食時にむせることが多い。「むせる」ということは食道ではなく、気管に誤って食べ物が入りそうになっていることを意味する。食事は朝、昼、おやつ、夕に加え、水分補給の時間も加えれば、その頻度は高い。つまり、このままでは**誤嚥**の危険性の頻度が高く、**誤嚥性肺炎**になる恐れもある。また、Ａさんは「食事を残している」ため、このままでは身体に必要な栄養素が不足し、**低栄養状態**になる恐れもある。よって、「食事を安全に摂取できる」といった生活課題を優先する。

2　×　Ａさんはパーキンソン病であるため、医師の指示に基づく服薬は必須である。自宅では介護者である娘が服薬を管理していたため、短期入所生活介護利用中の服薬管理をどうするかは重要な課題の１つとなる。ただし、この場合、短期入所生活介護の**看護師**等が中心となって、必要時に服薬できる準備を行える。また、薬には飲み薬もあるため、「むせる」「食事を残している」ことから導き出せる食事面の生活課題が解決しなければ、結果的に薬の服用も難しくなることが予測される。

3　×　短期入所生活介護におけるＡさんの生活課題であるため、**短期入所生活介護利用中**にどのような生活課題を解決するかを主軸とする必要がある。よって「通所介護の利用を再開できること」の優先順位は**高く**はない。

4　×　Ａさんは通所介護利用中、「なじみの友人と話すことを楽しみにしてい

た」ことから短期入所生活介護利用中に「なじみの友人ができること」も重視すべき生活課題である。しかし、仮に「むせる」「食事を残している」ことに対して何も行わなければ、Ａさんは**誤嚥性肺炎や低栄養状態**になる恐れもある。そうなれば、なじみの友人をつくるどころの話でない。このように考えれば、なじみの友人をつくることよりも**食事面**の生活課題のほうが緊急性は高い。

5　×　一般的に生命の危険性や苦痛・苦悩が強い内容は緊急性が高いため、生活課題の優先順位も高くなる。よって、地域の活動に参加していたＡさんにとって「地域の活動に参加できること」も重要ではあるものの、「むせる」「食事を残している」ことから導き出せる**食事面**の生活課題のほうが優先順位は高い。

発達と老化の理解

問題69　正解　4

発達障害のある小学生に関する設題である。

1　×　自閉症スペクトラム障害は、社会的な**コミュニケーション**の困難さやこだわりなど限定・反復された行動が特徴的な発達障害である。

2　×　愛着障害は、大人との間で親密で情緒的な**関係**がうまく形成されなかった状態をいう。

3　×　注意欠陥多動性障害は、**不注意・多動・衝動性**を特徴とした発達障害である。

4　○　事例の通り、学習障害は、**聞く・話す・読む・書く・推論する・計算する**能力のうち、特定のものの習得に困難がある発達障害である。

5　×　知的障害は、おおむねIQが**70**未満で、発達期（**18歳未満**）に生じた

者をいう。

問題70　正解　5

医療や福祉の法律で年齢に関する設題である。

1　×　老人福祉法における老人福祉施設のうち、入所できる施設には、老人短期入所施設、養護老人ホーム、特別養護老人ホーム（介護老人福祉施設）、軽費老人ホームがあるが、原則35歳で入所できる**ない**。老人短期入所施設と養護老人ホーム、特別養護老人ホーム（介護老人福祉施設）は原則**65**歳以上、軽費老人ホームは原則**60**歳以上の年齢要件がある（指定介護老人福祉施設等の入所に関する指針について（平成26年12月12日付厚生労働省高齢者支援課長通知2）など）。

2　×　介護保険の第一号被保険者は、**65**歳以上である（介護保険法第9条）。

3　×　医療保険での前期高齢者とは、**65**歳以上**75**歳未満の高齢者を指す（高齢者の医療の確保に関する法律第32条）。

4　×　介護保険の第二号被保険者は、**40**歳以上**65**歳未満の医療保険加入者である（介護保険法第9条）。

5　○　後期高齢者医療の被保険者は、**75**歳以上（寝たきり等の場合は**65**歳以上）の高齢者のことである（高齢者の医療の確保に関する法律第50条）。

問題71　正解　3

高齢者の喪失体験と悲嘆に関する設題である。

1　×　喪失体験は、**心理的**な喪失である。

2　×　悲嘆過程とは、ハグマンによると失った後も感情の変容はしながらも**悲嘆**が続いていくことである。

3　○　喪失に対する思いを受容することだけでなく、生活の立て直しをすることにより、今後の**自分の人生**を見出すこと

ができる。

4　×　ボウルビィの悲嘆過程には、**4**段階あり、①無感覚・情緒の危機②否認・抗議の段階③断念・絶望の段階④離脱・再建というように順序が**ある**。

5　×　身近な人を失って病的な反応がみられる人には、亡くなった人に向けていた愛着をほかに向けさせる**のではなく**、それがその人の今後の人生でも**価値が**あることと考えて**自分の人生**を見出せるように支援をしていく。

問題72　正解　4

加齢による味覚の変化に関する設題である。

1　×　味を感じる味蕾（みらい）は、加齢とともに**減少する**。

2　×　味覚への影響は、**薬剤**の他、**唾液**（だえき）の減少、口腔内の清潔状態、喫煙、疾患などがあげられる。

3　×　唾液の**減少**で、味覚が影響される。

4　○　加齢による味蕾の**減少**で、**濃い味**を好むようになる。

5　×　口腔（こうくうない）ケアは、**味覚**に関係がある。口腔内の汚れは、**味覚を鈍らせる**原因となる。

問題73　正解　2

意欲が低下した高齢者の動機づけに関する設題である。動機づけとは、行動を起こし、目標に向かって継続させる心理的な過程のことである。

1　×　最初から高い目標を掲げると、達成が**難しい**ため、達成するための動機付けは**低下する**。また、他者が掲げた目標では、動機付けが強まると**はいえない**。

2　○　自分で決めた目標が具体的に何をすればよいのかわかると達成し**やすい**。

3　×　興味がある目標は、動機づけが**強まる**。

4　×　小さな目標達成を積み重ねると、

動機づけが**続く**。

5　✕　自分でできそうであると思う目標は、動機づけが**強まる**。

問題74　正解　1

高齢者の便秘に関する設題である。

1　○　大腸がんは、大腸の病気であるので器質性便秘の原因に**なる**。

2　✕　高齢者は、大腸のぜん動運動が弱くなって生じる弛緩性便秘が**多い**。

3　✕　けいれん性便秘は、精神的ストレス等が原因で、便秘や下痢を繰り返しやすく、便秘の場合、**コロコロ**とした便になりやすい。

4　✕　直腸性便秘は、便意を**我慢**することで排便反射が起こり**にくくなり**便秘になる。

5　✕　抗うつ剤や喘息やパーキンソン病の治療に使用される抗コリン薬などの薬剤を服用すると、大腸のぜん動運動が**阻害**されて便秘が起こり**やすくなる**。これを**薬剤性便秘**という。

問題75　正解　2

高齢者の転倒に関する設題である。

1　✕　令和4（2022）年国民生活基礎調査によると、介護が必要となった原因の1位は**認知症**、2位脳血管疾患（脳卒中）、3位**骨折・転倒**となっている。

2　○　副作用に転倒と記載されている薬剤は、**睡眠鎮静剤**、アルツハイマー型認知症治療薬、抗精神薬、抗パーキンソン薬等である。

3　✕　高齢者に多い骨折は、**大腿骨頸部**骨折、**脊椎圧迫骨折**、橈骨遠位端骨折、上腕骨頸部骨折等である。

4　✕　「救急搬送データからみる高齢者の事故」（東京消防庁）の令和3年のデータによれば、高齢者の「ころぶ」事故の発生場所で最も多いのは、住宅等居住場所で、なかでも**居室・寝室等**が多い。

5　✕　認知障害、筋力低下、バランス能力の低下等が原因であると、転倒を**繰り返す**ことが多い。

問題76　正解　5

高齢者の糖尿病に関する設題である。

1　✕　糖尿病は、**インスリン**の作用不足が原因である。

2　✕　ヘモグロビンA1c（HbA1c）は、過去1〜2ヶ月の平均的な血糖値を反映している。日本糖尿病学会と日本老年医学会により定められた「高齢者糖尿病の血糖コントロール目標値」（HbA1c値）では、年齢や健康状態、治療内容などで区切り、個々の状態に合わせて安全で効果的に治療を行えるようにした。その値は、若年者と同じ、または**高い**値である。

3　✕　高齢者は、若年者に比べ自覚症状に**乏しい**ため、口渇感も若年者より強く感じ**ない**。

4　✕　高齢者の状況で無理をしない程度の安全な運動療法が**良い**とされている。

5　○　高齢者の場合、低血糖の時に自律神経症状である「汗をかく」「ドキドキする」「手がふるえる」等の症状がはっきり**出ない場合**がある。

認知症の理解

問題77　正解　1

うつ病による仮性認知症と比べて認知症に特徴的な事柄に関する設題である。先に仮性認知症がでてくるので気をとられがちであるが、認知症の特徴を問う設題である。仮性認知症は、**うつ状態**で**記憶**機能が低下している状態である。**うつ状態**が良くなると**記憶障害**もなくなる。

1　○　認知機能の障害であるので、認知された内容を分析して意思の決定や行動をする**判断**能力に障害があらわれる。

2　×　不眠を訴えるのは、認知症もあるが、うつ病による**仮性認知症**に特徴的な事柄である。

3　×　**仮性認知症**では、認知機能の低下に自覚や深刻さがあり、反応として誇張的になる。

4　×　希死念慮とは、漠然と死にたいと思うことである。これは、**仮性認知症の**特徴である。

5　×　抗うつ薬が有効なのは、**仮性認知症**である。

問題78　正解　1

　認知症の原因疾患別の患者数に関する設題である。厚生労働科学研究費補助金認知症対策総合研究事業「都市部における認知症有病率と認知症の生活機能障害への対応」平成23年度〜24年度の統計によると、認知症の原因疾患で最も多いのは、アルツハイマー型認知症（67.6％）である。

1　○　血管性認知症は19.5％で、アルツハイマー型認知症の**次**に多い原因疾患である。

2　×　前頭側頭型認知症は、1.0％で**5**番目に多い。

3　×　混合型認知症は、3.3％で**4**番目に多い。

4　×　レビー小体型認知症は、4.3％で**3**番目に多い。

5　×　アルコール性認知症は、0.4％で**6**番目に多い。

認知症の原因疾患（平成23〜24年度統計）

アルツハイマー型認知症	67.6％
血管性認知症	19.5％
レビー小体型認知症	4.3％
混合型認知症	3.3％
前頭側頭型認知症	1.0％
アルコール性認知症	0.4％

問題79　正解　2

　日本の認知症の傾向に関する設題である。

1　×　認知症の患者数は、アルツハイマー型認知症**も含め全体的に**増加している。新オレンジプランによれば、2012年で約462万人であったものが、2025年には約700万人になるとされている。

2　○　認知症は、アルツハイマー型認知症を含め、年齢が5歳上がるごとに有病率は倍増する。95歳以上の8割は認知症である。平均寿命から90歳以上は**女性**が多いことから、有病率も女性が**高い**。

3　×　有病率からみて、年齢が**高い**ほど認知症になりやすい。

4　×　生活習慣病と脳血管障害は関連がある。従って、血管性認知症は、生活習慣病と関係が**ある**。

5　×　運動は、身体機能が向上し、生活の質も上がるために認知症の予防や改善に効果が**ある**ことがわかっている。

問題80　正解　5

　認知症初期集中支援チームに関する設題である。

1　×　認知症初期集中チームは、病院への入院や施設への入所をするべきであるという考えに**基づいてはいない**。本人・家族など周囲の人々の生活の危機を防ぎ、**早期の発見と早期の対応を基本とし**ようという考えに基づいて構成されたチームである。メンバーは、医師、保健師、看護師、作業療法士、精神保健福祉士、社会福祉士、介護福祉士などである。

2　×　対象者は、40歳以上で在宅生活をし、かつ認知症が疑われている人又は認知症の**診断を受けている**人で医療介護サービスを受けて**いないか中断**している人等である。

3　×　認知症の人や疑いの人を医療介護サービスにつなげるので、**本人・家族**支援を目的としている。

4　×　支援期間は、おおむね**6ヶ月**であ

る。

5 ○ **初回訪問後**にチーム員会議を行い、アセスメントや医療や介護が必要か**マネジメント**する。また、初期集中**支援計画**を立案する。

問題81 正解 2
クロイツフェルト・ヤコブ病に関する設題である。
1 × 有病率は、100万人に1人程度といわれている。
2 ○ **プリオン**病という病気の1つである。**指定難病**である。
3 × 進行が**早く**、発症から**1〜2年**で**死に至る**予後不良の病気である。
4 × 有効な治療法はなく、致死率は**100％**である。
5 × 症状が進行していく中で、不随意運動が**出現する**。

問題82 正解 5
レビー小体型認知症に関する設題である。
1 × 脳梗塞が認知症と関連しているのは、**血管性認知症である**。
2 × 記憶障害が初期に特徴的にみられるのは、**アルツハイマー型認知症である**。
3 × 認知症には、けいれんの症状はみられない。**レビー小体型**認知症で手足の振戦というパーキンソン症状がある場合もある。
4 × 人格変化が特徴的な認知症は、**前頭側頭型認知症である**。
5 ○ **レビー小体型**認知症では、さまざまな症状があり、現れ方には個人差がある。**嚥下**障害が現れて誤嚥性肺炎をおこす場合がある。

問題83 正解 4
アルツハイマー型認知症の利用者家族への訪問介護員の対応の事例に関する設題である。最近、受診後、傾眠傾向でふらつきがあることに着目して対応することが大切である。
1 × 横になって過ごしたほうがよいと勧めることは、日中うとうとしているための対応であるが、日中の眠気の根拠を考えて**いないため適切な発言とはいえない**。
2 × リハビリの提案は、事例文にあるふらつきに対応しているが、最近になってふらつきがあった根拠を考えて**いない**ため適切な発言**ではない**。
3 × 飲水時にむせていることから嚥下障害の症状がみられるが、**医師**ではないのに嚥下障害が起きていると診断することは適切で**はない**。
4 ○ まずは、情報収集を行う。1週間前に受診しているので、薬が変わったことによる**副作用**があるのか**医師**に相談する。
5 × 認知症が進行したかどうかは、**医師**ではないため正しい判断ができないので、安易に発言してはいけない。

問題84 正解 3
頭部打撲により硬膜下に血腫が生じた慢性硬膜下血腫の有用な検査に関する設題である。
1 × 血液検査は、**他の疾患**との鑑別のために行われる。
2 × 脳血流検査は、**アルツハイマー型**認知症や**血管性**認知症などに有用である。
3 ○ 頭部CT検査やMRI検査は、**硬膜下血腫を発見できる**ため、有用**である**。
4 × 脳波検査は、**てんかん**等に有用である。
5 × 認知機能検査は、**認知症の疑い**のある人に用いる検査である。

第33回

問題85　正解　1

認知症の注意障害に関する設題である。
1　○　食事中に物音がすると集中できなくなることを、**注意障害**という。
2　×　毎日、同じ時間に同じ行動をするというのは、**常同行動**という。
3　×　旅行の計画を立てることが難しい状態は、**遂行機能障害**という。
4　×　話そうとすることを言い間違えるというのは、**失語**（この場合、**ウェルニッケ失語症**）という。
5　×　説明を覚えていないのは、**記憶障害**という。

問題86　正解　4

施設入所している終末期の認知症の利用者に関する設題である。
1　×　終末期は、利用者の状況によっては、**離床**したり、**体位変換**をし、**安楽な**体位をとる。しかし、Cさんは、要介護5で重度のアルツハイマー型認知症のうえ、死が極めて近い状態のため、離床することは**困難**だと考えられる。
2　×　終末期は、意味のある会話にならないことも多く、希望を聞くには工夫が必要なため、適切な対応**とはいえない**。
3　×　終末期には、本人の状況により事前指示書が作成**できない**場合も多い。認知症が重度になる前に意思を確認しておく方が良い。
4　○　終末期では、本人の安楽が大事になってくる。発語もないことがあるので、苦痛がないかどうか**情報**収集や**状態**の観察を行う必要がある。
5　×　終末期には、本人が好きな食事を用意することが好ましいが、この場合、経口摂取が困難となっているので食事がとれない可能性が**大きい**。

障害の理解

問題87　正解　3

ICFの社会モデルに基づく障害のとらえ方に関する設題である。
1　×　個人の問題としてとらえるのは、**医学**モデルである。
2　×　病気・外傷から直接的に生じるのは、**医学**モデルである。
3　○　さまざまな環境との相互作用によって生じるのは、**社会**モデルである。
4　×　治療してできるだけ回復させることを目的とするのは、**医学**モデルである。
5　×　医療などによる援助を必要とするのは、**医学**モデルである。

問題88　正解　1

リハビリテーションに関する設題である。
1　○　リハビリテーションの語源は、「再び**適したもの**にすること」である。
2　×　ニィリエが定義したのは、**ノーマライゼーションの8つの原理**である。
3　×　リハビリテーションは、一般的に**医学的・社会的・教育的・職業的**リハビリテーションの4つの分野があり、医療だけ**でなく**、福祉や教育等にもわたっている。
4　×　1960年代の**自立生活運動（IL運動）**により、リハビリテーションの主体は**障害者本人**であることが強調された。
5　×　機能回復訓練は、**医学的リハビリテーション**である。**社会的リハビリテーション**は、身体・精神障害のある人が社会の中で生活する力を身につけるための支援をすることである。

問題89　正解　5

Nothing about us without us（私たち抜きに私たちのことを決めるな）というスローガンのもとになっている法律に関する

設題である。

1 ×　優生保護法は、1948（昭和23）年に施行された法律である。イギリスのゴルトンが「知的に優秀な人間を創造すること」の考えをもとに、産児制限・人種改良・遺伝子操作などを唱えたことが背景にある。1996（平成8）年の法改正により、**母体保護法**となった。

2 ×　国連総会は、1981年を**国際障害者年**とした。「完全参加と平等」をテーマにしたさまざまな取り組みにより、ノーマライゼーション、リハビリテーションの考え方が広まった。

3 ×　知的障害者福祉法は、1960（昭和35）年施行の法律である。**社会福祉六法**の1つで、知的障害者の自立や社会経済活動への参加を促進するために、知的障害者を援助・保護することが目的とされている。

4 ×　身体障害者福祉法は、1950（昭和25）年に施行された。**身体障害者**の日常生活や社会生活への支援、自立や社会経済活動を促進するための法律である。

5 ○　障害者の権利に関する条約は、2006（平成18）年に国連総会で採択された。上記のスローガンのもとに、**障害者**自身が**障害者**のための法律の作成に関わっており、社会モデルの概念がとり入れられている。日本は、2014（平成26）年に批准している。

問題90　正解　5

脊髄損傷による対麻痺の利用者が車いすでの生活になるときに褥瘡の発生しやすい場所に関する設題である。褥瘡ができやすい場所は、仰臥位、側臥位、座位によって違うが、この場合、車いすで生活するので、**座位**で最も発生しやすい場所を選ぶ。

1 ×　頭部の中でも、後頭部は、四肢麻痺で**仰臥位**時にできやすい。

2 ×　上腕部は、褥瘡ができ**にくい**。

3 ×　背部は、**仰臥位**で肩甲骨部に褥瘡ができやすい。

4 ×　腹部は、褥瘡ができ**にくい**。

5 ○　坐骨結節部は、**座位**の場合に褥瘡ができやすい。

問題91　正解　2

脊髄の完全損傷で、プッシュアップが可能となる最上位のレベルに関する設題である。問題123（p.192）の解説図も参照。

1 ×　頚髄（C1〜C3）では、呼吸障害があり、四肢麻痺の状態のため、全介助が必要で**ある**。

2 ○　頚髄（C7）では、肘を伸ばす力（プッシュアップ）が**可能**になる最上位レベルとなる。

3 ×　胸髄では、上肢全体が動き、体幹がしっかりしてくるので、**必要に応じて**介助を行う。

4 ×　腰髄では、**座位**姿勢がしっかりととれて、歩行は受傷位置の状態による。

5 ×　仙髄では、足関節の動きが不十分である。おおむね介助は必要**としない**。

問題92　正解　5

筋ジストロフィーに関する設題である。

1 ×　筋ジストロフィーでは、網膜の変性**は無く**、眼瞼下垂や眼球運動の障害が現れる。

2 ×　筋ジストロフィーは、運動神経が変性するので**なく**、**筋の機能障害**が起こる。

3 ×　自己免疫疾患は、筋ジストロフィーの病態が生じる原因で**はない**。

4 ×　**パーキンソン病**等は、中脳の黒質が病変となる。

5 ○　筋ジストロフィーは、**筋線維**に変性が生じ、運動障害以外にも**呼吸機能**の低下、咀嚼・嚥下・構音機能の低下等の症状を引き起こす。

問題93　正解　3

「障害者虐待防止法」の心理的虐待に関する設題である。

1　×　身体に外傷が生じるおそれのある暴行は、**身体的虐待**に相当する。

2　×　わいせつな行為は、**性的虐待**に相当する。

3　○　著しい暴言や著しく拒絶的な対応は、**心理的虐待**に相当する。

4　×　衰弱させるような著しい減食、長時間の放置は、**放置・放棄（ネグレクト）**に相当する。

5　×　財産を不当に処分することは、**経済的虐待**に相当する。

問題94　正解　2

心臓機能障害のある人に関する設題である。

1　×　塩分**過多**は、循環血液量が増えて心機能が悪化し、浮腫や呼吸困難等につながるため、塩分制限が必要で**ある**。

2　○　特に、**左心不全**の場合は、呼吸困難や息切れが顕著である。

3　×　活動制限は、**抑うつ**になりやすい。日常生活の外出は、医師の指示のもと状態をみて**行う**。

4　×　ペースメーカーの装着は、身体障害者手帳の交付対象と**なる**。

5　×　活動が制限されることにより、精神的ストレスに陥り**やすく**、それが心機能の悪化につながること**もある**。

問題95　正解　3

発達障害児の母親への支援に関する設題である。

1　×　Eさんの母親は、一生懸命子どものことを理解しようとしているため、現状を受け入れるような説得は**必要ない**。

2　×　レスパイトケアとは、介護者や養育者が、一時的に養育や介護から離れて**休息**するための支援である。現在、Eさ

んの母親は、子育てに自信をなくし、どうしてよいのかわからずに一人で悩んでいる状態なので、まずは**悩みを解決**するべきである。

3　○　ペアレント・メンターは、**発達**障害児等を育てた経験があり、一定のトレーニングを受けた親で、同じように**発達**障害児を持つ親に、子育てや医療・福祉サービスの利用に対する共感的なサポートを行う。よって、現在子育てに悩んでいるEさんの母親には、ペアレント・メンターの紹介が最も適切で**ある**。

4　×　今、Eさんの母親に必要なのは、話を聞いてもらいどうすれば良いのかを相談する場であるので、Eさんへの発達支援を強化することは**少し早い**。

5　×　介護支援専門員（ケアマネジャー）は介護保険法に基づく相談業務を行う専門職である（介護保険法第7条第5項）。障害児・者の場合、障害者総合支援法に基づく**相談支援専門員**が相談業務を行う（「障害者総合支援法」に基づく指定計画相談支援の事業の人員及び運営に関する基準第15条第1項第1号）。

問題96　正解　4

「2016年（平成28年）生活のしづらさなどに関する調査」で身体障害者手帳所持者の日常的な情報入手手段に関する設題である。

1　×　家族・友人・介助者は、65歳未満では48.6％、65歳以上では48.7％であり2番目に多かった。

2　×　パソコンは、65歳未満では、31.5％であり5番目に多かったが、65歳以上では9.6％であり6番目であった。

3　×　携帯電話は、65歳未満では、28.3％であり6番目、65歳以上では22.1％であり5番目に多かった。

4　○　テレビは、65歳以上では、77.7％、65歳未満では、75.8％でありともに**最**

も多かった。

5　×　ラジオは、65歳未満では26.2%であり**7番目**、65歳以上では27.8%であり**4番目**に多かった。

身体障害者手帳所持者の日常的な情報入手手段
（総数の上位7位まで）

	65歳未満	65歳以上
テレビ	75.8%	77.7%
家族・友人・介助者	48.6%	48.7%
一般図書・新聞（ちらしを含む）・雑誌	35.7%	45.2%
ラジオ	26.2%	27.8%
携帯電話	28.3%	22.1%
パソコン	31.5%	9.6%
スマートフォン・タブレット端末	34.1%	4.9%

こころとからだのしくみ

問題97　正解　1
心的外傷後ストレス障害（posttraumatic stress disorder：PTSD）に関する設題である。

1　○　繰り返しよみがえる記憶は、**苦しく辛い体験**であり、無意識のなかに閉じ込めておくことができず、意識に侵入してきてしまう。

2　×　症状が、**1か月以上**にわたって**続く**場合が多い。

3　×　通常ではありえない**大きな苦痛**（災害、事故、犯罪など）が原因となる。

4　×　回避症状として、その出来事に関連することを回避することはあるが、被害妄想とは関連が**ない**。

5　×　精神的には、恐怖感、気分の落ち込み、不安、悲しさ等**ネガティブ**な（**陰性的**）感情がおこり、楽しさ、嬉しさ等**ポジティブ**な（**陽性的**）感情を感じにくくなる。

問題98　正解　4
健康な人の体温に関する設題である。

1　×　高齢者は、代謝活動が低下して体温は**低く**、小児は、代謝活動が盛んなので体温は37℃前後と**高め**である。

2　×　体温は生理的な生体リズムによって1日のうちに約**0.5℃**の変動がある。一般的に午前2～6時に**最低**となり、午後3～8時ごろに**高く**なる。

3　×　体温は、身体の**内側**（深部温）＞身体の**外側**（皮膚温）である。従って、口腔温＞腋窩温である。

4　○　体温調節の中枢は、間脳にある**視床下部**にある。

5　×　体温は、**環境**の影響を受ける。外気温が上昇すると血管が**拡張**したり、発汗したりして熱を放出し、体温調整を行う。

問題99　正解　2
義歯を使用した時の影響に関する設題である。

1　×　義歯の使用によって、唾液分泌量は増え**ない**。なお、高齢になることや噛む回数が減ることで唾液の分泌量は、**低下**する。

2　○　特に前歯がないと空気が漏れて、言葉が不明瞭になるため、義歯を使用したほうが言葉は**明瞭**になる。

3　×　義歯の使用によって、舌の動きは悪く**ならない**。なお、加齢などで口の周りや舌の筋力が低下すると、動きが悪くなる場合がある。

4　×　歯がないことにより、口の周りの支えがなくなりしわが**増える**。

5　×　義歯の使用により、味覚の変化は、**起こらない**。加齢による**生理**的現象として**起こる**。

問題100　正解　3
1週間の臥床における筋力の低下に関す

第33回

る設題である。臥床において通常、1日で 1.0 ～ 1.5 ％、1 週間で 10 ～ 20 ％、筋力が低下するとされている。

1　×　1 ％は、1 日の臥床における筋力低下の程度である。

2　×　5 ％は、3 ～ 5 日間の臥床における筋力低下の程度である。

3　〇　15 ％は、**約 1 週間**の臥床における筋力低下の程度である。

4　×　30 ％は、約 2 ～ 3 週間の臥床における筋力低下の程度である。

5　×　50 ％は、3 ～ 5 週間の臥床における筋力低下の程度である。

問題 101　正解　5

栄養素の働きに関する設題である。

1　×　エネルギー源となるのは、糖質、たんぱく質、脂質である。中でも最大のエネルギー源となるのは、**脂質**である。

2　×　ビタミン D は、骨の形成に必要な**カルシウム**を吸収する働きをする。

3　×　カリウムは、**心臓**の働きを正常に保つ。

4　×　ビタミン B1 は、**糖質**の代謝や神経の働きを整える。

5　〇　ナトリウムは、**塩分**に含まれている。**塩分**は、浸透圧を調整する働きがあり、浮腫や血液の循環量に影響を及ぼし、**血圧**の調整に関わる。

問題 102　正解　1

食事をとるプロセスに関する設題である。第 32 回問題 109（p.229）の図も参照。

1　〇　先行期は、食べ物の**形状**、**色**、においなどを認知する時期である。F さんは、眼鏡がない状態のため、**視覚的**にわかりにくかったと考える。

2　×　準備期は、食べ物を口腔に**取り込み**、食塊を整える時期である。

3　×　口腔期は、食塊を形成し、**口腔**から咽頭に移動をする時期である。

4　×　咽頭期は、食塊が**咽頭**を通る時期である。

5　×　食道期は、食塊が**食道入口部**から**胃**に移行する時期である。

問題 103　正解　4

入浴の適温（38 ～ 41 ℃）の効果に関する設題である。

1　×　適温によって、脳は、**リラックス**する。

2　×　適温によって、副交感神経が優位となり、筋肉は**弛緩**する。

3　×　適温によって、副交感神経が優位となり、血管が広がり血圧は**下降**する。

4　〇　適温によって、副交感神経が優位となり、腎血流量が**増え**、腎臓の働きを**促進**する。

5　×　適温によって、副交感神経が優位となり、腸は消化が**促進**されて動く。

問題 104　正解　2

尿失禁に関する設題である。

1　×　機能性尿失禁は、排尿機能自体は正常であるが、認知症や脳血管障害の後遺症のように、**排泄**動作ができない、トイレの場所がわからずトイレで**排泄**ができない、といった場合や、身体運動機能の低下により、トイレまで間に合わないといった場合の尿失禁をいう。

2　〇　腹圧性尿失禁は、咳やくしゃみなどで**腹圧**が高まったことで尿失禁がある場合である。

3　×　溢流性尿失禁とは、尿がうまく出せず、じわじわと**少量ずつ**尿が出てくる状態である。**男性**に多く、前立腺肥大や脊髄損傷、糖尿病などにみられる。

4　×　反射性尿失禁とは、尿が溜まっても排尿コントロールができず、**反射的**に尿が出る状態で脊髄損傷などに起こる。

5　×　切迫性尿失禁は、急に尿がしたくなりこらえきれずに**失禁**してしまう状態

である。膀胱炎や脳血管障害、パーキンソン病などに起こる。

問題105 正解 5

便秘の原因に関する設題である。

1 × 炎症性腸疾患は、クローン病、潰瘍性大腸炎が代表的な疾患で、**下痢**と**腹痛**の症状がある。

2 × 経管栄養は、経管栄養を受ける人の状況や栄養剤の種類や方法等により、**便秘**や**下痢**になることがある。

3 × 消化管切除では、術後は、腸のぜん動が弱く便秘になる。また、切除した部位により**下痢**や**便秘**等排便コントロールが必要な場合がある。

4 × 感染性腸炎は、細菌、ウイルス、寄生虫などが病原体で**下痢**など消化器症状を起こす。ノロウイルス感染症や腸管出血性大腸炎（O157）などである。

5 ○ 長期臥床により、腸管のぜん動運動が低下し、**栄養の吸収の低下**や**便秘**になりやすい。

問題106 正解 4

高齢者の睡眠の特徴に関する設題である。

1 × 深い眠りが**減少**し、中途覚醒が**増える**ため、熟睡感は**低下**する。

2 × 深い眠りが**減少**し、中途覚醒が**増える**ため、深睡眠は**低下**する。

3 × 夜間の睡眠時間は、一般的には**短く**なる傾向がある。

4 ○ 夜中に何度も目覚めるために、睡眠周期は**不規則**となる。

5 × 一般的に入眠まで時間が**かかる**。

問題107 正解 1

睡眠に関する設題である。

1 ○ **レム**睡眠は、身体の眠りで脳は起きている状態であるので夢をみる。

2 × 睡眠は、まず**ノンレム**睡眠から始

まり、脳の眠りで深い眠りに入る。

3 × **ノンレム**睡眠時は、身体はある程度緊張している。

4 × 速い眼球運動がみられるのは、**レム**睡眠である。

5 × 高齢者の場合、深い**ノンレム**睡眠が少なくなり、全体的に浅くなる。また、**ノンレム**睡眠から**レム**睡眠に移行せず、**ノンレム**睡眠から目覚めたり、**レム**睡眠が少なくなり睡眠周期が不規則になったりする場合がある。

問題108 正解 2

死斑が出現し始める時期に関する設題である。

1 × 死後5分以内では、顕著な変化は**見られない**。体温は、徐々に低下し（死体の冷却）、7～8時間で冷たくなる。

2 ○ 死後20～30分から**死斑**が出現し始める。

3 × 死後3時間位で**死後硬直**が始まる。

4 × 死後8～12時間で**死斑**が最も強くあらわれる。

5 × 死後48時間位で**死後硬直**が緩んでくる。

医療的ケア

問題109 正解 1

経管栄養の注入量を指示する者に関する設題である。

1 ○ 経管栄養法は、**医行為**である。従って、経管栄養の種類、注入量、注入時間等は、**医師**の指示のもとで、研修を修了した介護福祉職が行う。

2 × 介護職員が行う医療的ケアは、医療職との連携のもとで行う。看護師は、介護職員の身近にいる医療職であり、利用者の状態を観察して**医療的**ケアの実

施の可否等の役割を担う。よって、経管栄養の注入量の指示は**できない**。

3　×　訪問看護事業所の管理者は、保健師または看護師である（指定居宅サービス等の事業の人員、設備及び運営に関する基準第61条第2項）。よって、経管栄養の注入量の指示は**できない**。

4　×　訪問介護事業所の管理者は、資格要件はない。よって、経管栄養の注入量の指示は**できない**。

5　×　介護支援専門員（ケアマネジャー）は、介護保険法に規定された専門職で（介護保険法第7条第5項）、主に介護サービス計画（ケアプラン）の立案を担っている。よって、経管栄養の注入量の指示は**できない**。

問題110　正解　5
気管粘膜のせん毛運動に関する設題である。

1　×　痰の粘度が高いと痰がかたくなり、せん毛運動の機能が**低下**し、痰が喀出しにくい。

2　×　吸入した空気中の塵や微生物等をとらえた分泌物を**痰**という。せん毛運動は、痰を体から外部に排出するはたらきである。

3　×　咳は、気道内に貯留した痰を喀出しようとしておこる**反射**運動によるものである。気管粘膜のせん毛運動**とは別の**はたらきによる体の防御反応である。

4　×　せん毛運動は、気管内部が**湿って**いて痰に適度な**湿度**がないとうまく働かない。

5　○　せん毛運動とは、気道の粘膜にあるせん毛が一定方向に動き、痰などの分泌物を口腔の方に**排出**する運動をいう。

問題111　正解　2
介護職員が実施する喀痰吸引における、口腔内と気管カニューレ内吸引に関する設

題である。

1　×　吸引チューブは、太さや材質・先端の孔の数など様々ある。吸引チューブは、部位や利用者の状況によって**医師**や**看護師**が選択する。

2　○　気管カニューレ内吸引は、吸引チューブの挿入部分には菌がつかないように清潔保持をしなければならない。従って、**滅菌**された洗浄水を使用する。

3　×　気管カニューレ内吸引では、気管カニューレの部位が見え**やすく**、清潔にチューブを挿入でき、なおかつ利用者が**安楽**な位置にベッドを挙上する。

4　×　吸引時間は、**医師**の指示による。吸引時間が長い場合、利用者の体内の酸素量が減るので吸引時間を守る。

5　×　吸引圧は、**医師**の指示による。吸引圧が高い場合、粘膜を傷つけてしまうことがあるので気をつける。

問題112　正解　4
在宅での経管栄養法を導入した利用者の対応に関する設題である。

1　×　胃ろうの挿入部に感染がなければ、そのまま保護せずに入浴することが**可能**である。

2　×　排泄時には、胃ろう部を圧迫**しない**ように気をつける。

3　×　**座位**でやや前かがみが排泄しやすい。事例の男性は、やや便秘気味であるため、**座位**の姿勢で行うほうが排泄しやすい。

4　○　日常生活は、胃ろうを造設しても普通に過ごす。歩行は、体力の**維持**と**便秘予防**のためにも行うほうが良い。

5　×　栄養剤の増減は、**医師**が状態を診て判断する。

問題113　正解　1
経管栄養の実施に関する設題である。

1　○　準備前の**手洗い**は、感染予防のた

186

め必須である。

2 × 栄養剤は、消費期限があり、期限が短いものから使うとストックの栄養剤を消費期限中に使い切ることができる。

3 × 注入開始前に胃ろうや腸ろうの周囲の皮膚については、原則として何も行わない。もし、皮膚トラブルがある場合は、看護師に報告する。

4 × カテーテルチップシリンジは、栄養剤の終了後に白湯を注入する時に使用する。使用後は、食器用洗剤で洗い流し、次亜塩素酸ナトリウム等の消毒液の中に浸して消毒後、水洗い後に乾燥させて再使用する。

5 × 口腔ケアは、感染予防のために基本的には毎回の食後に行う。

総合問題（総合問題1）

問題114　正解　1

利用者に心配される病態に関する設題である。

1 ○ フレイル（frailty）は加齢とともに心身の活力（運動機能や認知機能等）が低下し、複数の慢性疾患の影響もあり、生活機能が障害され、心身の脆弱性が出現した状態を指す。Jさんは変形性膝関節症で1か月ほど前から膝の痛みが悪化し、散歩にも行かなくなり、食事量も減って痩せ、一日中座ってテレビを見て過ごしている。このままでは心身の活力の低下がさらに進み、日常生活への支障も大きくなる等、フレイルが心配される。

2 × 不定愁訴は原因となる病気や異常はないにもかかわらず、疲れやすい、頭が重い、何となく調子が悪い、よく眠れない等の症状が現れる状態を指す。Jさんの食事量が減って痩せてきたのは散歩に行かなくなったためであり、散歩に行かなくなったのは膝の痛みが悪化したた

めであり、膝の痛みが悪化したのは変形性膝関節症が原因である。つまり、Jさんの場合は症状の原因が明確であるため、不定愁訴ではない。

3 × 寛解は病気が治癒して完全に治ったわけではないが、その病気による症状が軽くなったり、消えたりした状態を指す。Jさんの場合は変形性膝関節症による膝の痛みがむしろ悪化したため、寛解ではない。

4 × 不穏とは気分が不安定で穏やかではない状態を指す。事例を読む限り、Jさんに不穏はみられない。

5 × せん妄は意識障害の一種で突然症状が現れ、錯覚や幻覚、妄想、不安、興奮等、認知症と似た症状を伴う。発症原因には脳梗塞、高熱、脱水、栄養失調、薬物の副作用、施設入所による環境の変化等が挙げられる。事例を読む限り、Jさんにせん妄はみられない。

問題115　正解　4

通所初日に、車で迎えに行った時の介護福祉職の利用者への言葉かけに関する設題である。

1 × Jさんは「心配だからやっぱり行くのはやめようかしら」と介護福祉職に言い、玄関の前からなかなか動かない。通所初日で、これからどのような場所に行くのか、そこには誰がいるのか等、Jさんには様々な心配があると予測できる。その心配を受け止めず、「急ぎましょう。すぐに車に乗ってください」と伝えることはJさんを慌てさせ、かえって混乱を招く恐れがある。

2 × 第一号通所事業（通所型サービス）を初めて利用するため、Jさんには様々な心配があると予測できる。しかし、だからといって「心配なようですから、お休みにしましょう」と伝えれば、Jさんの心配は消えないばかりか、本当に第一

号通所事業（通所型サービス）に行かなくなる恐れもある。

3　×　Jさんは要支援2で「家の中ではつかまり歩きをしていた」とあるため、歩行は**可能**である。よってJさんに「歩けないようでしたら、車いすを用意しましょうか」と伝えるのは失礼である。

4　○　「心配だからやっぱり行くのはやめようかしら」と介護福祉職に伝えていることからも、Jさんは第一号通所事業（通所型サービス）を初めて利用するにあたり、様々な心配ごとがあると予測できる。まずは「初めてだから心配ですね」とJさんの気持ちを受け止め、**共感的な**態度を示すことが大切である。その上で「私もそばにいるので一緒に行きませんか」とその心配な気持ちを**軽減**するとともに初めての利用を促す言葉かけが重要となる。

5　×　利用者が抱える課題は似たようなものがあったとしても、誰一人として同じ課題は存在しないため、個別に対応する必要がある。このことはバイステックの7原則の**個別化**にも当てはまる。一方「Jさんが行かないと、皆さん困ってしまいますよ」はJさんを脅すような言葉かけであるとともに、他の人が困ることを強調し、Jさんの課題に個別に向き合おうとしていない。

◎

問題116　正解なし（全員に得点）
　利用者に合った杖を使った歩き方に関する設題である。※問題文からは、選択肢1と3のいずれも正答となる余地があり、「最も適切なものを1つ」選ぶことができないため、問題として成立しない旨が、試験実施後発表された。
1　○、2　×、3　○、4　×、5　×
　杖歩行の方法には2動作歩行と3動作歩行がある。一般的に2動作歩行は杖と患側→健側、3動作歩行は杖→患側→健側の順となる。3動作歩行よりも2動作歩行のほうが**速く**歩ける一方、2動作歩行よりも3動作歩行のほうが歩行時の**安定性**が優れている。
　Jさんは変形性膝関節症で右膝に痛みが出ているため、右足を患側と位置付ける。この場合、2動作歩行であれば選択肢3の杖と**右足→左足**、3動作歩行であれば選択肢1の杖→**右足→左足**となる。それ以外の選択肢2、4、5は誤った方法である。つまり、選択肢1と3は、Jさんの杖歩行の方法としては間違っていない。

総合問題（総合問題2）

問題117　正解　4
　介護福祉職が企画した活動の手法についての設題である。
1　×　リアリティ・オリエンテーション（reality orientation）は**見当識**障害のある人に対し、月日や季節、場所、名前等を繰り返し伝える等の方法を日常生活の中に取り入れ、現実認識を高めようとするものである。事例を読む限り、リアリティ・オリエンテーションはM介護福祉職が企画した活動に該当**しない**。
2　×　ピアカウンセリング（peer counseling）は同じ認知症の人同士、同じ障害のある人同士というように、**同じよう**な境遇や背景を持つ人同士が対等な立場でお互いの話を聞く中で、共感し合ったり、解決策を導き出したりしていくことである。事例を読む限り、ピアカウンセリングはM介護福祉職が企画した活動に該当**しない**。
3　×　スーパービジョン（supervision）は新人介護福祉職等（**スーパーバイジー**）が主任介護福祉職等の上司（**スーパーバイザー**）から教育・指導を受ける

ことである。職員の教育・指導方法の1つであるため、M介護福祉職が企画した活動には該当**しない**。

4 〇 **回想法**は他の人と**過去の思い出を**語り合う中で、自分らしさを再確認したり、心の安定を図ったりする方法である。Kさんは「自分が学校に通っていた頃の話や、子どもの頃に歌っていた歌については生き生きと話す」と記されているため、回想法は、M介護福祉職が企画した活動に該当**する**。

5 × **社会生活技能訓練**はSST（Social Skills Training）とも呼ばれ、精神障害のある人等が**ロールプレイング**等を通して他の人とのコミュニケーションや買い物、調理等、社会で生きていくために必要な知識・技術を習得することなどに導入されている。事例を読む限り、社会生活技能訓練（SST）はM介護福祉職が企画した活動に該当**しない**。

問題118 正解 1
角化型疥癬と診断された利用者への介護福祉職の対応に関する設題である。

1 〇 疥癬は**ヒゼンダニ**による皮膚感染症のことを指し、通常疥癬と感染力が非常に強い角化型疥癬に大別できる。角化型疥癬と診断された場合は治療に加え、ヒゼンダニが他の衣類や布団等に付着しないよう、入浴後の洗濯物はビニール袋に入れる等、感染防止策を徹底する。さらにヒゼンダニは熱に弱いため、衣類や布団、毛布等は大型乾燥機を用いて**熱**処理する。

2 × 角化型疥癬の原因であるヒゼンダニは剥がれ落ちた皮膚や罹患した人が使用した布団や毛布、シーツ等に存在し、それに**触れる**ことで感染する。つまり、角化型疥癬は、咳やくしゃみ等による**飛沫感染**ではないため、マスクを着けてもらう必要**はない**。

3 × 角化型疥癬はヒゼンダニの数が著しく多く、感染力が非常に**強い**ため、治療の期間中は**個室**対応とし、家族や他の利用者等との接触は避けるようにする。

4 × 角化型疥癬はヒゼンダニの数が著しく多く、感染力が非常に**強い**。よって、介護福祉職は感染防止のため、**手袋**や**予防衣（ガウン）**を着用して介護を行う。

5 × 角化型疥癬はヒゼンダニの数が著しく多く、感染力が非常に**強い**。よって、他の利用者に感染させないよう、感染者は**最後**に入浴する。

問題119 正解 2
利用者の要介護度に変更があった場合に影響があるものに関する設題である。

1 × 65歳以上の第1号被保険者の場合、保険者である市町村が**所得**に応じて支払うべき介護保険料を決めるため（介護保険法施行令第38条）、要介護度の変更は影響**しない**。

2 〇 認知症対応型共同生活介護費は要介護度別に**異なり**、要介護度が**高くなる**ほど費用も**高く**設定される（介護保険法第42条の2第2項第3号）。

3 × 介護サービスの利用者負担割合は原則**1割**で、一定基準以上の所得がある場合は**2割**または**3割**負担となる（同法第59条の2第1項、第2項）。要介護度の変更は影響**しない**。

4 × 介護保険制度では認知症対応型共同生活介護や介護老人福祉施設、介護老人保健施設、短期入所生活介護等の食費が保険給付の**対象外**となっている（同法第41条第4項、第42条の2第1項）。そのため、利用者は各施設・事業所が決めた食費を自己負担する必要がある。ただし、低所得で条件に該当する場合には支払いの負担限度額が設定され、それを超える分については介護保険制度から保険給付されることになる（同法第

51 条の 4）。要介護度の変更は影響し**な**
い。

5　×　介護保険制度では認知症対応型共
同生活介護や介護老人福祉施設、介護
老人保健施設、短期入所生活介護等の
居住費が保険給付の**対象外**となってい
る（同法第 42 条の 2 第 1 項）。そのため、
利用者は各施設・事業所が決めた居住
費を自己負担する必要がある。ただし、
低所得で条件に該当する場合には支払
いの負担限度額が設定され、それを超え
る分については介護保険制度から保険
給付されることになる（同法第 51 条の
4）。要介護度の変更は影響**しない**。

総合問題（総合問題3）

問題 120　正解　3

　利用者の障害の状態に該当するものに関
する設題である。

1　×　注意障害は**注意力**が散漫で**集中力**
が続かず、単純なミスが多くなることで
ある。道路に飛び出してしまうことは、
歩道を歩くことに集中できない注意障害
の影響と考えることもできる。ただし、
注意障害と断定するだけの十分な情報は
ないため、その判断は難しい。また、注
意障害は自閉症スペクトラム障害ではな
く、**高次脳機能障害**による症状の 1 つと
してとりあげられることが多い。

2　×　遂行機能障害は物事を計画的に**順
序立てて**行うことができなくなることで
ある。お金の使い方がわからないため、
好きなものをたくさん買おうとするの
は、お金の使い方の手順がわからなくな
った遂行機能障害の影響と考えることも
できる。ただし、遂行機能障害と断定す
るだけの十分な情報はないため、その判
断は難しい。また、遂行機能障害は自閉
症スペクトラム障害ではなく、**高次脳機**

能障害による症状の 1 つとしてとりあげ
られることが多い。

3　○　自閉症スペクトラム障害の症状の
1 つに強度行動障害がある。強度行動障
害は**急**に道路に飛び出す、危険の**判断**が
できない、感情の起伏が激しい、パニッ
クになる、騒ぎ出す、物を壊す、自分を
傷つける自傷行為がある、強いこだわり
がある等、周囲の人たちに影響を及ぼす。
A さんには、このような強度行動障害が
みられる。

4　×　記憶障害は何度も同じ質問をす
る、物の置き場所を忘れる等、**新しいこ
と**を覚えられないことである。お金の使
い方がわからないのはお金の使い方を忘
れた記憶障害の影響と考えることもでき
る。ただし、記憶障害と断定するだけの
十分な情報はないため、その判断は難し
い。さらに記憶障害は自閉症スペクトラ
ム障害ではなく、**高次脳機能障害**や**認知
症**による症状の 1 つとしてとりあげられ
ることが多い。

5　×　気分障害は気分が落ち込んだ**うつ**
状態や過度に気持ちが高ぶる**躁**状態、そ
の両方がある**双極性**障害等、気分の変
動によって日常生活に支障をきたす病気
の総称を指す。感情の起伏が激しいこと
や気持ちが高ぶると騒ぎ出すのは気分障
害の影響と考えることもできる。ただし、
気分障害と断定するだけの十分な情報は
ないため、その判断は難しい。さらに気
分障害は自閉症スペクトラム障害ではな
く、**精神疾患**や**精神障害**でとりあげられ
ることが多い。

問題 121　正解　5

　利用者が利用しているサービスに関する
設題である。

1　×　同行援護では**視覚障害**により移動
に著しい困難を有する人を対象に、**移動**
に必要な情報の提供（代筆・代読を含

む）、**移動**の援助等の外出支援を実施する。Ａさんは視覚障害でないため、同行援護は該当**しない**。

2　×　自立生活援助では障害者支援施設や共同生活援助（グループホーム）等を利用していた障害者で**一人暮らし**を希望する者を対象に、定期的な訪問や随時の対応を実施する。Ａさんはまだ10歳で特別支援学校に通っており、家族と一緒に暮らしているため、自立生活援助は該当**しない**。

3　×　自立訓練では**自立**した日常生活や社会生活が送れるよう、一定期間、身体機能または生活能力の向上のために必要な訓練を実施する。外出時の支援や移動中の危険回避といった内容に特化したサービスではないため、自立訓練は該当**しない**。

4　×　生活介護では障害者支援施設等で常時**介護**が必要な人を対象に、主に昼間、入浴、排泄、食事等の**介護**や創作的活動等を実施する。普段、Ａさんは母親の介護を受けており、日中、障害者支援施設等で介護を受けたり、創作的活動を行ったりはしていないため、生活介護は該当**しない**。

5　○　行動援護では**知的**障害や**精神**障害、**発達**障害により行動上著しい困難があり、常時介護が必要な人を対象に危険を回避するために必要な支援や外出支援を実施する。Ａさんは介護福祉職と一緒に散歩に行き、外出時のルールを覚えたり、移動中の危険回避等の支援を受けたりしているため、利用しているサービスは**行動援護**である。

問題122　正解　1

介護福祉職が特別支援学校に提案した支援の背景となる考え方に関する設題である。

1　○　エンパワメント（empowerment）

は利用者が本来持っている潜在的な**力**や可能性に着目し、その**力**を引き出して積極的に活用していくことである。よって、Ａさんがお菓子とお金に注目している様子から、その**力**を引き出す支援を特別支援学校に提案したのはエンパワメントの考え方に基づく。

2　×　アドボカシー（advocacy）は障害者や認知症のある人等、自らの権利を主張することが困難な人や判断能力が低下した人の代わりに主張や**代弁**を行い、その人の**権利**を守ることである。

3　×　ピアサポート（peer support）の「ピア」とは「仲間」「対等」を意味する。つまり、同じような立場にある**仲間**同士の支え合いのことである。

4　×　ノーマライゼーション（normalization）は障害のある人や高齢者等も他のすべての人々と同じように**普通（ノーマル）**の生活が送れるように環境や条件を整備するという考え方である。

5　×　インクルージョン（inclusion）には包み込むという「包摂」の意味がある。介護福祉の分野ではインクルージョンではなく、**ソーシャル・インクルージョン**（社会的包摂）として用いられることが多い。その意味は障害のある人だけでなく、高齢者や子ども、外国籍の人等、すべての人々を孤独や孤立、排除や摩擦から守り、健康で文化的な生活の実現につなげられるよう、同じ**社会**の構成員として包み支え合うことである。

総合問題（総合問題4）

問題123　正解　4

交通事故で頸髄を損傷し、第5頸髄節まで機能残存するための手術をした人の、今後の生活に関する設題である。

（次ページの図参照）

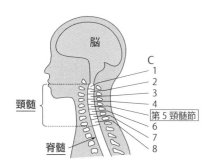

脳

頸髄

脊髄

C
1
2
3
4
第5頸髄節
5
6
7
8

1 ✕ 一般的に脊髄損傷では損傷した髄節から**下**の機能が障害される。頸髄損傷の場合、上部損傷では**四肢麻痺**、下部損傷では**対麻痺**に加えて上肢の一部等に麻痺が生じる。よって、頸髄損傷であるＢさんは自力歩行が**困難**である。

2 ✕ Ｂさんには頸髄損傷があり、**第5頸髄節**まで機能残存するための手術をしている。一般的に第5頸髄節まで機能が残存するC5レベルの頸髄損傷の場合、**肩**、**肘**、**前腕**の一部は動かせるものの、自走用標準型車いすを自分で操作することは**難しい**ため、**電動**車いすを使用することになる。

3 ✕ 一般的に頸髄損傷のうち第4頸髄節以下が損傷し、第1頸髄節から第3頸髄節まで機能が残存する場合（C1〜C3レベル）、目や首は動かせるものの、上肢・下肢・体幹の麻痺に加え、**呼吸障害**も発生するため、人工呼吸器が必要となる。Ｂさんは第5頸髄節まで機能が残存するC5レベルの頸髄損傷であるため、自発呼吸が**可能**である。

4 ◯ 一般的に第5頸髄節まで機能が残存するC5レベルの頸髄損傷の場合、自走用標準型車いすを自分で操作することは難しいが、**肩**、**肘**、**前腕**の一部は動かせるため、電動車いすを自分で操作することは**可能**である。

5 ✕ 一般的に第5頸髄節まで機能が残存するC5レベルの頸髄損傷の場合、**肩**、

肘、**前腕**の一部は動かせるが、**手関節を**曲げられないため、指を使った細かい作業は**困難**である。

問題124 正解 5
障害者支援施設に入所するために利用者が行う手続きに関する設題である。

1 ✕ 居宅サービス計画を作成するために、介護支援専門員（ケアマネジャー）に相談することは、**介護保険**制度の居宅サービス（訪問介護、訪問リハビリテーション、通所介護、通所リハビリテーション等）を利用する際に必要となる（指定居宅介護支援等の事業の人員及び運営に関する基準第13条第1項第1号など）。なお、居宅サービス計画は、利用者自身が作成することも可能である。

2 ✕ 要介護認定を受けるために、市町村の窓口に申請することは、**介護保険**制度によるサービスを利用する際に必要な手続きである（介護保険法第27条第1項）。

3 ✕ 施設サービス計画を作成するために、介護支援専門員（ケアマネジャー）に相談することは、**介護保険**施設（介護老人福祉施設、介護老人保健施設、介護医療院）でのサービスを利用する際に必要となる（指定介護老人福祉施設の人員、設備及び運営に関する基準第12条、他）。

4 ✕ 障害者支援施設への入所は障害者総合支援法における介護給付に該当する（同法第29条）。介護給付によるサービスを利用するには、まず**障害支援区分**の認定を受けなければならない。特に障害者支援施設に入所するためには障害支援区分**4**以上（50歳以上は**3**以上）が必要である。サービス等利用計画を作成するために相談支援専門員に相談するのは障害支援区分の認定**後**である。

5 ◯ 介護給付に含まれる障害者支援施

設への入所には障害支援区分**4**以上（50歳以上は**3**以上）の認定が必要となる。よって、まずは**障害支援区分**の認定を受けるために市町村の窓口に申請を行う。

問題125 正解 2

介護福祉職が連携する他職種とその業務内容に関する設題である。

1 × 看護師は療養上の世話や医師の診療の補助を行う（保健師助産師看護師法第5条）。一方、**作業療法士（OT）**は日常生活動作（ADL）や調理、手芸、工作等による訓練を通して応用的な動作ができるように支援する（理学療法士及び作業療法士法第2条第2項、第4項）。よって、工作等の作業を行いながら身体機能の回復を図る職種は、**作業療法士**となる。

2 ○ 理学療法士（PT）は基本的な動作能力の回復等を目的に**関節可動域訓練（ROM訓練）**や上肢の運動、電気刺激、マッサージ等を行う（同法第2条第1項、第3項）。よって、運動機能の維持・改善を図るために理学療法士と連携するのは適切**である**。

3 × 管理栄養士は健康の保持増進のため、栄養学的な側面からの献立作成や必要な栄養指導を行う（栄養士法第1条）。一方、**作業療法士（OT）**は日常生活動作（ADL）や調理、手芸、工作等による訓練を通して応用的な動作ができるように支援する（理学療法士及び作業療法士法第2条第2項、第4項）。よって、趣味活動を増やすことを目的に連携を図る職種は、**作業療法士**が望ましい。

4 × 義肢装具士は医師の指示のもと、義肢（義手・義足）・装具（上肢装具、体幹装具、短下肢装具等の下肢装具）の採型・採寸、製作、身体への適合を行う（義肢装具士法第2条第3項）。一方、**社会福祉士**はソーシャルワーカーとして利用者や家族等からの相談に応じるとともに各サービス事業者や民生委員、ボランティア等との連絡調整を図る（社会福祉士及び介護福祉士法第2条第1項）。よって、活用できる地域のインフォーマルサービスを検討するために連携する職種は、**社会福祉士**が望ましい。なお、インフォーマルサービスはインフォーマルサポートとも呼ばれ、家族や近隣住民、ボランティア等が含まれる。

5 × 社会福祉士はソーシャルワーカーとして利用者や家族等からの相談に応じるとともに各サービス事業者や民生委員、ボランティア等との連絡調整を図る（同法第2条第1項）。一方、**管理栄養士**は健康の保持増進のため、栄養学的な側面からの献立作成や必要な栄養指導を行う（栄養士法第1条第2項）。よって、栄養状態の面から健康増進を図るために連携する職種は、**管理栄養士**となる。

第33回

第32回
（令和2年1月）

人間の尊厳と自立

問題1　正解　3

　延命治療を選択する意思決定の計画書の変更に関する設題である。

1　×　延命治療をする意思決定の計画書は、医師や看護師などの医療職ではなく、**本人**が作成するものである。

2　×　計画書を作成したときから月日がたつと、病状も進展して、最期のときの迎え方についての考え方や気持ちは変化する場合もある。したがって、計画書は一度作成したら終わりというものではなく、個人の意向で、**いつでも変更されるべき**である。

3　○　本人の気持ちは変化するものであることから、意思決定のための話し合いは何度でも**できる**ことを伝えることは適切である。

4　×　Aさんは「最期の時を自宅で静かに過ごしたい」と思っていることから、特別養護老人ホームへの入所を提案することは**不適切**である。

5　×　延命治療をする意思決定の計画書は、病院における治療のみを想定したものでは**ない**。

問題2　正解　5

　利用者の意思を代弁することを表す用語に関する設題である。

1　×　インフォームドコンセント（informed consent）は「**説明と同意**」と訳され、治療方針などについて、利用者や家族に対して十分な**説明**を行った上で**同意**を得ることをいう。

2　×　ストレングス（strength）とは、本人のもつ**強み**を意味する。利用者のできないことや足りない部分に焦点を当てるのでなく、ストレングス（**強み**）に焦点を当ててかかわることによって、利用者のエンパワメントを引き出す。

3　×　パターナリズム（paternalism）は「**父権主義**」などと訳されるもので、強い立場にある者が弱い立場にある者の利益のためとして、本人の**意思**を問わずにその人の行動に介入・干渉したり、または支援したりすることを意味する。

4　×　エンパワメント（empowerment）は、本来その人が持つ潜在的な**能力**を引き出すことで問題解決能力を高めることや、その働きかけという意味で用いられる。

5　○　アドボカシー（advocacy）は、「**権利擁護**」「**代弁**」などと訳される。自らの権利を主張できない弱い立場にある人を**代弁**して権利を守るという意味で用いられる。

人間関係とコミュニケーション

問題3　正解　2

　自己覚知に関する設題である。

　自己覚知とは、一般には**自分自身**のものの考え方について自ら理解することをいう。援助の場面では、援助を受ける人に対して偏見などの先入観や思い込みなどを持って援助を行うことがないように、援助者が**自分自身**の考え方を理解しておくという意味で用いられる。

1　×　自己覚知では、自分の**弱み**に向き合うことが重視される。

2　○　自己の感情の動きとその背景を洞察することは、**自己覚知**の基本といえる。

3　×　自己の行動を、**主観**的ではなく客

観的に分析することが求められる。

4　×　自己覚知は自分自身の**内面**に入り込むことで自分を知るものであり、私生活を打ち明けることが適切であるとは**いえない**。

5　×　自己の価値観が他者の価値観と異なることを知ることは自己覚知で**ある**が、自分の価値観を他者に合わせることは適切で**はない**。

問題4　正解　1

高齢者とのコミュニケーションにおける配慮に関する設題である。

1　○　相手と視線の高さが合う位置で話すことは相手に**安心感**を与えるものであり、対面時のコミュニケーションの基本である。

2　×　座った状態の相手に対して立ったままで話すと、相手を見下ろす位置関係になり、威圧感（あっかん）を与えかねない。かがむなどして、目の高さを**同じ**にして話すことが好ましい。

3　×　初対面など、信頼関係が築かれていない状態で密着されると、相手は不安感を抱きやすい。信頼関係が築かれるまでは、適度な物理的**距離**を置くことが大切である。

4　×　相手の表情を観察することは、コミュニケーションの基本であり、表情の見えない薄暗い場所で話すことは**不適切**である。

5　×　高齢者は、一般に聴力が**衰えて**いることが多く、にぎやかな場所では話が聞き取り**にくい**。

社会の理解

問題5　正解　5

地域包括ケアシステムにおける自助・互助・共助・公助に関する設題である。

1　×　自助は、公助を利用**せず**、自ら生活を維持することをいう。具体的には、住み慣れた地域で自分の力で暮らすために、市場サービスを自ら購入したり、自らの健康に注意を払い介護予防活動に取り組んだり、健康維持のために検診を受けたり、病気のおそれがある際には受診を行うといった、**自発**的に自身の生活課題を解決する力のことである。

2　×　互助は、**近隣住民**同士の支え合いなどをいう。費用負担が制度的に裏付けられていない**自発**的な支え合いであり、住民同士のちょっとした助け合い、自治会など地縁組織の活動、ボランティアグループによる生活支援、NPO等による有償ボランティアなど、幅広い様々な形態がある。

3　×　共助は、**社会保障**制度に含まれ、被保険者による相互の負担で成り立つ。

4　×　共助は、社会保険のように**制度化**された相互扶助をいう。近隣住民同士の支え合いは、**互助**である。

5　○　公助は、自助・互助・共助では対応できない**生活困窮**等に対応するもので、一般財源による高齢者**福祉**事業、**生活保護**、人権擁護・虐待（ぎゃくたい）対策などがある。

問題6　正解　3

「働き方改革」の考え方に関する設題である。

1　×　長時間労働はこれまで日本社会の特質とされ、踏み込んだ対策はとられなかったが、近年では働き方を見直す動きが強まり、2018（平成30）年7月に「働き方改革関連法（働き方改革を推進するための関係法律の整備に関する法律）」が公布された。これに伴い労働基準法が改正され、**時間外労働（残業時間）**に法的な上限が設けられ、2019（平成31）年4月から施行されている。

2　×　「働き方改革」により、2019（平

成31）年4月から、**年次有給休暇**の取得が義務化された。会社は、継続勤務が6か月以上で年間10日以上の有休があるすべての労働者に対して最低5日の有休を取得させなければならず、違反した場合には罰金が科せられる。

3 〇 「働き方改革」は、働く人々の置かれた個々の事情やニーズに応じ、**多様な働き方**を選択できる社会を実現し、働く人一人ひとりがより良い将来の展望を持てるようにすることを目指している。

4 × 正規雇用労働者と非正規雇用労働者の待遇の格差については、不条理であると問題視される面があった。そこで、雇用形態にかかわらない公正な待遇の確保を図るため、「パートタイム・有期雇用労働法」「改正労働者派遣法」が施行され、2020（令和2）年4月より「**同一労働同一賃金**制度」が適用されている。

5 × 「働き方改革」は、大企業だけでなく中小企業も対象で**ある**。有給休暇取得などは一律に施行されたが、中小企業に対しては、制度の適用時期が遅く設定されるなどの配慮がなされている。

問題7　正解　3

生活困窮のため介護サービスをやめたいと相談を受けた生活指導員の対応に関する設題である。

1 × 本人の了解なしに介護支援専門員にサービスの利用中止を依頼することは、**不適切**な対応である。

2 × Aさんは、通所介護（デイサービス）が嫌でやめたいと思っているのではない。したがって、サービス担当者会議の場では、利用中止ではなく、**続けられる**ような支援について検討するべきである。

3 〇 福祉事務所では、生活保護、高齢者、児童、母子、身体障害、知的障害などに関する福祉サービスの相談に応じて

いる。Aさんに必要な支援につなげることができることから、福祉事務所に相談するように助言することは**適切**である。

4 × Aさんは、貯金が少なくなって家賃の支払いも困難な状況であることから、経済的な支援策を提示しないまま利用を続けるように説得することは、**不適切**な対応である。

5 × 無料で利用できる地域の通所型サービスを探すこと自体は不適切とは言い切れないが、適正に運営されているかなど安全面も心配されることから、まずは、**介護保険**制度に沿ったサービスの継続を検討するべきである。

問題8　正解　4

2015（平成27）年度以降の社会保障の財政に関する設題である。

1 × 後期高齢者医療制度の財政構造は、公費が約5割（国が25％、都道府県と市町村が12.5％ずつ）、現役世代からの支援金が約4割、後期高齢者の保険料が約1割となっており、**公費**の割合が最も大きい。

2 × 社会保障給付費の財源では、**社会保険料**の占める割合が最も大きく、次いで**公費（税金）**となっている。

3 × 生活保護費の財源は税（国が3/4を負担、自治体が1/4を負担）であり、社会保険料は**ない**。

4 〇 2024（令和6）年度一般会計予算（112兆5,717億円）における社会保障関係費は37兆7,193億円で、一般会計予算の**33.5％**を占めている。

5 × 社会保障給付費の給付額では**年金**の構成割合が最も大きく、次いで**医療費**となっている。

問題9　正解　2

介護保険制度の被保険者に関する設題である。

1　×　介護保険の加入は任意ではなく、40歳以上に加入が義務づけられている。

2　○　介護保険の第一号被保険者は、「市町村の区域内に住所を有する65歳以上の者」である。

3　×　介護保険の第二号被保険者は、「市町村の区域内に住所を有する40歳以上65歳未満の医療保険加入者」である。

4　×　第一号被保険者の保険料は、保険者である市町村が徴収する。

5　×　第二号被保険者の保険料は、第二号被保険者が加入している医療保険の各保険者が医療保険と同時に徴収する。

問題10　正解　5

介護予防・日常生活支援総合事業に関する設題である。

1　×　家族介護支援事業は、地域支援事業の任意事業に含まれる。

2　×　予防給付は、地域支援事業ではなく、介護保険サービスとして行われる。

3　×　介護給付は、地域支援事業ではなく、介護保険サービスとして行われる。

4　×　権利擁護事業は、地域支援事業の包括的支援事業に含まれる。

5　○　第一号訪問事業（訪問型サービス）は、介護予防・日常生活支援総合事業の介護予防・生活支援サービス事業に含まれる。

問題11　正解　1

障害福祉計画に関する設題である。

1　○　障害福祉計画の基本指針は厚生労働大臣が定めるものと規定されている（障害者総合支援法第87条）。

2　×　都道府県は、基本指針に即して「都道府県障害福祉計画」を定めると規定されている（同法第89条）。努力義務ではなく、義務である。

3　×　市町村は、基本指針に即して「市町村障害福祉計画」を定めると規定され

ている（同法第88条）。努力義務ではなく、義務である。

4　×　「障害児福祉計画」は「障害福祉計画」と一体のものとして作成することができるとされ、計画期間はそろって3年となっている。

5　×　文化芸術活動・スポーツの振興についての目標設定が掲げられているのは、障害者計画である。

問題12　正解　5

「障害者総合支援法」の障害福祉サービス利用開始の手続きに関する設題である。

1　×　障害福祉サービスの利用については、居住する市町村の障害者福祉課、または相談支援事業者に相談する（障害者総合支援法第20条第2項）。

2　×　障害者から申請を受けた市町村は主治医に「医師意見書」を依頼する（同法第21条第2項）。医師意見書は、市町村審査会による二次判定において、一次判定の補足資料として使用される。

3　×　原則として事業所との契約は、支給決定の後に行う（同法第29条第2項）。

4　×　市町村の審査会は、一次判定結果、医師意見書、特記事項の内容を踏まえて二次判定を行う合議体である（同法第21条第2項）。

5　○　障害福祉サービス（居宅介護）の支給申請は、居住する市町村の担当窓口で行う（同法第20条第1項）。

問題13　正解　4

共生型サービスに関する設題である。

1　×　訪問看護は、共生型サービスの対象ではない。

2　×　共同生活援助（グループホーム）は、共生型サービスの対象ではない。

3　×　同行援助は、共生型サービスの対象ではない。

4　○　共生型サービスの対象となるの

は、**通所介護（デイサービス）**、訪問介護（ホームヘルプサービス）、短期入所生活介護（ショートステイ）である。

5　×　通所リハビリテーションは、共生型サービスの対象で**はない**。

問題14　正解　2

<ruby>障害者虐待防止法<rt>しょうがいしゃぎゃくたいぼうしほう</rt></ruby>」の視点を踏まえた対応に関する設題である。

障害者虐待防止法は、虐待の防止、早期発見、保護、自立支援などを行うことにより、障害者の権利利益の擁護に資することを目的としている。

1　×　毎月購入している雑誌はEさんにとって大切なものである。「決まりですから捨てますよ」というのは、Eさんの気持ちが安定するような言葉かけで**はない**。

2　○　毎月購入している雑誌をすべてとっておくことは難しくても、「読みたい雑誌はとっておきましょう」と気持ちに**寄り添う**ことは、Eさんの気持ちが安定するような言葉かけであるといえる。

3　×　大切な雑誌が古紙にされるということは、捨てるということであり、Eさんにとっては辛いことである。介護福祉職は、再利用するから無駄にはならないと言いたいのかもしれないが、Eさんにとって**納得**できるものではない。

4　×　雑誌はEさんが購入したもので、所有権はEさんにあるため、「Eさんにこの雑誌をあげるわけにはいかない」は**不適切**である。

5　×　「次の新しい雑誌がきますよ」は、その場しのぎの対応である。Eさんは、新しい雑誌がきてもまた捨てられてしまうと思うかもしれず、**適切**とはいえない。

問題15　正解　1

成年後見制度に関する設題である。

1　○　「成年後見関係事件の概況－平成30年1月～12月－」によれば、最も

多い申立ては**後見**で約2万8,000件、次いで**保佐**が約6,300件、**補助**が約1,500件となっている。なお、令和5年1月～12月の同調査では、**後見**が2万8,358件、**保佐**が8,952件、**補助**が2,770件となっている。

2　×　同統計によれば、**親族以外**が約8割である。なお、令和5年も同様である。

3　×　介護は、成年後見人の役割では**ない**。

4　×　任意後見制度は、本人が契約の締結に必要な判断能力のあるうちに、**任意後見人を自らが**決めておくものである。

5　×　成年後見制度利用支援事業では、成年後見制度の利用にあたって費用を負担することが困難な人に対して、自治体が一定の要件のもとで、家庭裁判所への**申立費用**や後見人等に支払う**報酬**について**助成**を行う。

問題16　正解　4

生活保護法の「補足性の原理」に関する設題である。

生活保護法には、4つの「基本原理」と4つの「基本原則」が規定されている。

1　×　「国の責任において保護を行う」ことは、「**国家責任**による**最低生活保障**の原理」である（生活保護法第1条）。

2　×　「全ての国民に無差別平等な保護を行う」ことは、「**無差別平等**の原理」である（同法第2条）。

3　×　「健康で文化的な生活を維持できる保護を行う」ことは、「**最低生活保障**の原理」である（同法第3条）。

4　○　保護の**補足性**の原理として、法において「保護は、生活に困窮する者が、その利用し得る**資産、能力その他あらゆるもの**を、その最低限度の生活の維持のために活用することを要件として行われる」とされている（同法第4条）。

5　×　「個人または世帯の必要に応じて

保護を行う」ことは、「**世帯単位の原則**」である（同法第10条）。

生活保護法における基本原理と基本原則

基本原理	基本原則
国家責任による最低生活保障の原理	申請保護の原則
無差別平等の原理	基準及び程度の原則
最低生活保障の原理	必要即応の原則
保護の補足性の原理	世帯単位の原則

介護の基本

問題17　正解　1

訪問介護員（ホームヘルパー）から利用者の夫への助言に関する設題である。

1 ○ まず、夫に毎朝「コーヒーを入れなくちゃ」と言うＦさんの思いと**生活習慣**を尊重する必要がある。また夫の発言からは、Ｆさんを心配する様子が伝わってくる。よって、訪問介護員は、夫がＦさんのそばにいて、一緒にコーヒーを入れるという方向性で助言することが適切**である**。

2 × Ｆさんからは、喫茶店でコーヒーを飲みたいという意向がうかがえ**ない**。

3 × Ｆさんは、自らコーヒーを豆から挽いて入れるのが日課となっている。コーヒーを買ってきて飲むという対応は、Ｆさんの生活リズムを崩したり、毎日の役割を奪ったりするので、**不適切**である。

4 × Ｆさんは、最近、失敗が多くなったものの、毎朝、自分でコーヒーを入れることを日課としている。よって、訪問介護員は、Ｆさんからコーヒーの入れ方を教えてもらうのではなく、**Ｆさん自身**がコーヒーを今後も日課として入れるにはどうすればよいかを検討すべきである。

5 × Ｆさんは自分でコーヒーを入れることを望んでいる。新しいコーヒーメーカーを買った場合、「コーヒーを豆から挽いて入れてくれる」というＦさんの役割が喪失する恐れがある。

問題18　正解　4

ノーマライゼーションの考え方を踏まえた生活支援に関する設題である。

1 × ノーマライゼーションには障害のある人を変えるのではなく、障害のある人があるがままの状態で他の人と同じように**普通**の生活が送れるように条件整備を行うという意味がある。左片麻痺になったからといって、「長い髪を切る」という、以前の習慣を変えるような支援は適切で**はない**。

2 × ノーマライゼーションには障害のある人を変えるのではなく、周囲の生活環境を改善し、障害があるままで他の人と同じ普通の生活を送れるようにするという意味がある。よって「夕食は施設の時間に合わせてもらう」という対応は、Ｇさんのこれまでの生活習慣を変えてしまうため、**不適切**となる。

3 × Ｇさんは左片麻痺となる前は、活動的な生活を送っていた。落ち込んでいるからといって居室での生活を中心とすることは、他の利用者との関わりの減少や活動範囲の縮小等、本来のＧさんらしい生活とはかけ離れたものとなってしまう。ノーマライゼーションは障害のある人もない人と同じように**尊厳**をもって**普通**の生活を送ることを目指すため、落ち込んでいる**原因**を探り、どのような支援を行えば、以前のような生活を送れるかを検討することが必要となる。

4 ○ ノーマライゼーションでは障害のある人もない人と同じように**尊厳**をもって**普通**の生活を送ることを目指すため、周囲の**生活環境**を改善していくことが重要となる。Ｇさんは左片麻痺になる前、2週間に一度は美容院で長い髪をセットして、俳句教室に行くのを楽しみにしていた。よって、ノーマライゼーションの

考え方を踏まえれば、おしゃれをして、施設の俳句クラブに参加する等、可能な限り**以前のような生活**が送れるよう支援していくことが求められる。

5　×　Gさんには左片麻痺があり、身体を思うようにコントロールできないものの、車いすの使用を希望して**いない**。また、ふらつきがあるものの、歩行能力が残っているGさんを車いすの生活に変えることは、**あるがまま**の姿を受け入れていくというノーマライゼーションの考え方にも反する。

問題19　正解　5

ICF（国際生活機能分類）の視点に基づく環境因子と心身機能の関連を表す記述に関する設題である。

1　×　環境因子には**物的**環境（階段、段差、建物、福祉用具等）、**人的**環境（本人以外の家族、親族、知人、仲間、ボランティア、介護福祉職等とその人たちの態度）、**社会的**環境（介護保険制度、障害者総合支援法、生活保護法等）がある。このうち「電気スタンド」は**物的**環境に入るため、環境因子を表す。一方、個人因子には**年齢**、**性別**、**習慣**、生活歴、性格に加え、嗜好（しこう）や興味・関心等が含まれる。もともと読書が好きで、その読書を「楽しむ」という観点からみれば、「読書を楽しむ」ことは個人因子となるが、「読書」＝「読むこと」に重点を置けば、**活動**に該当する。

2　×　活動の中には福祉用具を用いての**移動**も含まれる。よって「車いすを使用して」は**活動**となる。「美術館に行く」は**地域社会への参加**となるため、**参加**を表す。

3　×　「聴力が低下する」は身体の働きに関連するため、**心身機能**を表す。一方、活動はADL（日常生活動作）やIADL（手段的日常生活動作）等、人が生きていく上で行う様々な生活行為を指し、コミュ

ニケーションも含まれている。「コミュニケーションがうまくとれない」は**活動**となる。

4　×　健康状態は疾病（しっぺい）やケガだけでなく、妊娠やストレス状態等を含む。よって「ストレスが溜（た）まる」は**健康状態**を表す。一方、「活力が低下する」は精神の働きに関連するため、**心身機能**となる。

5　○　環境因子には**物的**環境や**人的**環境、**社会的**環境がある。「床面の性状が柔らかい」は**物的**環境に入るため、環境因子を表す。一方、「バランスを崩す」は身体の動きに関連するため、**心身機能**に該当する。

問題20　正解　1

訪問介護員（ホームヘルパー）の利用者への対応に関する設題である。

1　○　介護福祉職は「**利用者**主体」「**利用者**本位」を念頭に支援を展開する必要がある。Hさんは「これまでの生活を続けていきたい」と希望し、訪問介護を利用することになったので、今までどおり畳で布団の使用を継続する等、Hさんの意向を確認・尊重し、今後も主体的に一人暮らしを行えるよう支援していく必要がある。

2　×　Hさんには「これまでの生活を続けていきたい」という意向があり、入浴後、手ぬぐいで体を拭いていた。訪問介護員は、これまでのように手ぬぐいを使って体を拭くというHさんの**生活習慣**を尊重する必要があるため、バスタオルに変更する対応は**不適切**である。

3　×　Hさんは「エプロンをつけたい」と希望しておらず、食事の際つけているという情報もみられないので、勝手にエプロンをつける対応は**不適切**である。

4　×　20年前に夫が亡くなってから、Hさんはずっと一人暮らしをしてきたため、掃除機等の生活用品をどこに配置す

るかは自分自身の決め方があると考えられる。また、「これまでの生活を続けていきたい」と希望しているので、たとえ整理整頓のためでも、Hさんの許可なく、勝手に掃除機を押し入れに片づけるのは**不適切**である。

5 × 20年前に夫が亡くなった後、一人暮らしをしてきたHさんにとっては、自宅は慣れ親しんだ環境といえる。Hさんは「これまでの生活を続けていきたい」と希望しているので、慣れ親しんだ環境を変えるような家具の配置換えは**不適切**である。

問題21 正解 5

「平成30年版高齢社会白書」(内閣府)で示された65歳以上の者の家庭内事故の発生割合が最も高い場所(屋内)に関する設題である。

1 ×, 2 ×, 3 ×, 4 ×, 5 ○

人が暮らす家(自宅等)の中で発生する事故を家庭内事故と呼ぶ。「平成30年版高齢社会白書」(内閣府)をみると、65歳以上の者の家庭内事故の発生割合が最も高い場所(屋内)は「**居室**」で45.0％となっている。以下「**階段**」18.7％、「**台所・食堂**」17.0％と続く。なお、参考として、「令和4年人口動態統計」(厚生労働省)によれば、家庭内事故で亡くなった人は1万5,673人で、そのうちの1万3,896人(88.7％)が65歳以上の人であった。65歳以上の家庭内事故死の原因をみると「**不慮の溺死及び溺水**」(44.8％)が最も多く、以下「その他の不慮の窒息」(22.1％)、「転倒・転落・墜落」(17.5％)と続いた。

問題22 正解 4

認知症対応型共同生活介護(認知症グループホーム)での介護に関する設題である。

1 × 認知症対応型共同生活介護は認知

症の症状がある要介護1以上の人が利用できる。なお、介護予防認知症対応型共同生活介護の場合は認知症がある要支援2の利用者が対象となる。認知症の利用者は記憶障害があり、新しい出来事を覚えることが**苦手**であるため、**不適切**である。

2 × 介護福祉職は、個々の利用者の価値観や生活習慣等、その人らしさを**尊重**した**個別ケア**を展開する必要がある。

3 × 一般的に認知症の利用者も含めて利用者の生活は、ICF(国際生活機能分類)に基づいて総合的に把握するべきものである。よって、**過去**の生活歴や生活習慣、趣味を大切にしながら、**現在**の身体的、精神的状態の把握や、家族関係等を**重視**するべきである。

4 ○ 認知症の利用者も含めて利用者には、なじみのある人や通い慣れた店等、一人ひとりにとっての**関係性**が存在する。

5 × 環境に慣れることと車いすでの移動は**別問題**として考える必要がある。仮に環境に慣れるまで車いすでの移動を勧めた場合、行動範囲が限られ、他の利用者との交流も減り、かえって環境に慣れず、**孤立**してしまうことも考えられる。

問題23 正解 2

訪問介護事業所のサービス提供責任者の役割に関する設題である。

1 × 居宅サービス計画書は居宅介護支援事業所の**介護支援専門員**が作成する(指定居宅介護支援等の事業の人員及び運営に関する基準第13条第1項第1号)。

2 ○ 訪問介護事業所のサービス提供責任者は訪問介護サービスを計画・運営する責任者であり、利用者の状況や希望を踏まえ、**訪問介護計画**を作成しなければならない(指定居宅サービス等の事業の

人員、設備及び運営に関する基準第24
条）。

3 × 利用者の要望を聞くことも、サー
ビス提供責任者の役割である（指定居宅
サービス等の事業の人員、設備及び運
営に関する基準第28条第3項第2号）
が、利用者の要望は**多様**であり、すべて
の要望に対応できると**は限らない**。

4 × 認知症、知的障害、精神障害等が
あって判断能力が不十分な人に対し、日
常的な金銭管理等を行う場合、都道府
県社会福祉協議会や指定都市社会福祉
協議会が実施主体の日常生活自立支援
事業を活用できる。その際、実際に日常
的な金銭管理等の援助を行うのは**生活
支援員**となる（厚労省　社会・援護局「日
常生活自立支援事業実施要領」）。

5 × 居宅サービス事業者等を招集し、
サービス担当者会議を開催するのは**介護
支援専門員**の役割である（指定居宅介
護支援等の事業の人員及び運営に関す
る基準第13条第1項第9号）。

問題24　正解　5

介護の実践における多職種連携に関する
設題である。

1 × 多職種連携は医師も含め、多くの
異なる専門職や異なる背景をもった人た
ちがともに**チーム**となって互いの役割を
果たしつつ、連携しながら利用者支援を
展開する。多職種連携では互いの専門職
等の「顔が見える関係」が重要であり、
医師が中心となる**わけではない**。

2 × 多職種連携には、医師や看護師、
介護福祉士等の専門職のほか、家族や
民生委員、**ボランティア**等も含まれる。

3 × 「医療と介護の連携」とは、一般
的に医師や看護師等の医療関連職と介
護福祉士等の介護福祉職が**日頃から**情
報共有し、互いに**連携**しながら利用者支
援を展開することを指す。

4 × 一般的に多職種連携は、利用者の
生活課題（ニーズ）の解決に向けて取り
組まれるもので、要介護度の改善を優先
する**わけではない**。

5 ○ 多職種連携では異なる専門性や背
景をもつ多職種や関係者が同じチームと
して、利用者のケアの方向性に関する情
報を共有し、連携を図りながら利用者の
生活課題（ニーズ）の解決に取り組む。

問題25　正解　3

介護福祉職の倫理に関する設題である。

1 × 介護福祉職は利用者の**要望**だけで
なく、疾病、ADL（日常生活動作）、生
活環境、生活歴等の情報も含めて**アセ
スメント**し、生活課題（ニーズ）を見出
し、それを解決するための方法の1つと
して介護技術を活用する。その際、適切
な介護技術が伴わなければ、生活課題
（ニーズ）を解決できないばかりか、利
用者に被害をもたらす恐れもある。

2 × 介護福祉職は医師法に規定されて
いる医行為を行って**はならない**ため、利
用者が求めた医行為も実施**できない**。

3 ○ 「日本介護福祉士会 倫理基準（行
動規範）」では、「プライバシーの保護」
において、介護福祉士は、利用者の個人
情報を収集または使用する場合、その都
度利用者の**同意**を得るとしている。

4 × 自室から出られないようにする行
為は、**身体拘束**となる。利用者への**身体
拘束**は原則禁止されている。

5 × 介護福祉職は利用者の**プライバシ
ー**の保護等、個人情報を適切かつ安全
に取り扱わなければならない。そのため、
利用者や家族、ボランティア、清掃の業
者等が行き交う施設の廊下で打合せを
行うのは**不適切**である。

問題26　正解　2

高齢者介護施設でMRSA（メチシリン耐

性黄色ブドウ球菌）の保菌者が確認された時の対応に関する設題である。

1 × MRSA（メチシリン耐性黄色ブドウ球菌）の保菌者については、特別な対応を必要と**しない**ため、入所者全員に対し、MRSA の保菌検査を行う必要は**ない**。

2 ○ MRSA（メチシリン耐性黄色ブドウ球菌）の感染経路は**接触**感染である。よって、**うがい**、**手洗い**、**手指**消毒等の**接触**感染予防策を実施する。

3 × MRSA（メチシリン耐性黄色ブドウ球菌）の保菌段階では治療の必要はなく、日常生活においても特別な配慮を必要と**しない**ため、レクリエーションへの参加を制限する必要は**ない**。

4 × 一般的に MRSA（メチシリン耐性黄色ブドウ球菌）の保菌者の入浴の順番については、特別な配慮の必要は**ない**といわれている。ただし、高齢者介護施設には慢性疾患のある利用者や人工透析を行っている利用者等、免疫力や抵抗力が弱い利用者もいるため、MRSA の保菌者については**最後**に入浴することが望ましい。

5 × MRSA（メチシリン耐性黄色ブドウ球菌）には、通常の消毒薬が**有効**である。

コミュニケーション技術

問題27　正解　1

直面化の技法に関する設題である。

1 ○ 直面化は、利用者の感情と行動の**矛盾点**を指摘したり、心の葛藤をうかがわせる態度について話題にしたりする中で、利用者が自分自身と**向き合う**機会を提供するコミュニケーション技法である。

2 × 適度なうなずきやあいづち等、非言語的コミュニケーションも用いて、主

体的に利用者の話に耳を傾け、利用者の話を促すコミュニケーション技法は**傾聴**である。

3 × 利用者が話した内容やその意味、利用者の思い等について整理して伝えるコミュニケーション技法は**要約**である。

4 × 利用者が話した内容を、別の言葉を使って簡潔に返すコミュニケーション技法は**言い換え**である。

5 × 「はい」や「いいえ」だけで答えられる質問は**閉じられた質問**である。

問題28　正解　4

意欲が低下した人とのコミュニケーションに関する設題である。

1 × 意欲低下には理由がある。それを把握しないまま、考え方を変えるように促すことは、かえって本人を精神的に**混乱**させてしまう恐れがある。

2 × 意欲低下には理由がある。その理由を把握しないまま、「早く元気を出すように」と安易に励ますことは、かえって本人の精神的な**負担**感を高める結果になる。

3 × 意欲低下には何かしらの理由があるが、それが時間の経過とともに消失するという根拠は**ない**。よって、意欲が自然に回復するまで待つという対応は**不適切**である。

4 ○ 意欲低下には理由があるので、介護福祉職は、まず、なぜ意欲低下したのか、その理由となる**背景**を把握することが必要である。

5 × 意欲が低下したからといって、自己決定の機会を奪うような対応は**不適切**である。意欲が低下した人も自己決定できる機会を**保障**することが求められる。

問題29　正解　2

構音障害のある利用者とのコミュニケーションに関する設題である。

第32回

1　×　言語障害の1つである構音障害は、言葉の理解には問題がないが、呂律が回らなくなる等、うまく発音できず、思うように話すことが**困難**になる。よって、「はい」または「いいえ」で答えられる**閉じられた質問**を活用するとよい。

2　○　構音障害の場合、発音が**不明確・不明瞭**になり、話の内容が聞き取れないこともあるので、聞き取れなかった箇所を再度言ってもらったり、筆談等で確認したりする必要が**ある**。

3　×　言語障害の1つである構音障害になると口唇や口腔、声帯等の発声・発語に関係する神経や筋肉の**障害**によって、呂律が回らなくなる等、明確な発音ができ**なくなる**。はっきりと発音するように促すことは**無理強い**となり、**不適切**である。

4　×　構音障害の場合、聴力が低下すること**はなく**、話の内容を**理解**することもできる。よって、耳元で大きな声で話しかける対応は**不適切**である。

5　×　構音障害の場合、言葉の理解には問題が**みられない**ので、話を聞き取れない際には、もう一度言ってもらうほか、筆談の活用も**有効**である。

問題30　正解　3

視覚障害者とのコミュニケーションに関する設題である。

1　×　視覚障害の有無にかかわらず、後ろから声をかけられると驚いてしまう。まずは視覚障害者の**正面**に立ち、気配を感じてもらってから、声かけする。

2　×　視覚障害者は視覚情報が得られない分、主に**聴覚**からの情報を頼りにして日常生活を送っている場合が多いため、介護福祉職から名乗って話しかけ、会話の中で必要な情報を伝えていく。

3　○　視覚障害者の場合、**聴覚**や**触覚**、**嗅覚**等を活用しながらコミュニケーションを図るとよい。

4　×　視覚障害者は相手の表情や態度等を確認することが**困難**であるため、声の強弱や長短、抑揚等の準言語の活用**も重要**となる。準言語を通して、相手の気持ちを推察し**やすく**なる。

5　×　視覚障害者に方向を示す際は「こちら」「そちら」「あそこ」「どこ」といった「こ・そ・あ・ど言葉」の使用は**避け**、「右を直角に曲がる」等、**具体的に**説明する。

問題31　正解　4

中度の知的障害を伴う自閉症の利用者に対する介護福祉職の最初の言葉かけに関する設題である。

1　×　Jさんは「社会的な善悪に照らして自分の言動を判断することが難しい」。また、自閉症の場合、注意や説明を**理解**できないこともある。よってJさんに「人を叩くのは許されません」と言葉かけしても、Jさんには、その意味が伝わらず、かえって**混乱**させてしまう恐れもある。

2　×　Jさんは「他者の感情を読み取ることや抽象的な言葉の理解は苦手」である。よって「相手の気持ちを想像しましょう」と言葉かけしても、Jさんには、その意味が理解できず、かえって**混乱**させてしまう。

3　×　Jさんは「他者の感情を読み取ることや抽象的な言葉の理解は苦手」とあるため、「反省しましょう」と言われても、それが何のことか理解できないだけでなく、自らの言動を振り返ることが**難しい**。かえって**混乱**させ、精神的に**追い込む**恐れがあり、**不適切**である。

4　○　自閉症の場合、抽象的な言葉の理解や過去を振り返ることが苦手なだけでなく、情報量が多いと**混乱**してしまう。よって、場所を個室に移したので、まずは「ここで話をしましょう」と簡潔に言

葉かけを行う必要がある。その上で、J
さんの思いを汲み取り、**代弁**していく行
動が介護福祉職には求められる。
5 × 自閉症の場合、なぜ、そのような
言動に至ったのか、**理由を言えないこと**
が多いため、**理由**を問いただすような声
かけを行うと、かえってJさんを責めた
て、**不安感**を高めてしまうことも考えら
れる。

問題32 正解 3

中度の知的障害を伴う自閉症の利用者を
叱った家族への介護福祉職の対応に関す
る設題である。
1 × 自閉症の場合、理由を問われても、
回答できないことが多い。また、Jさん
は「社会的な善悪に照らして自分の言動
を判断することが難しい」。つまり、家
族から叱られても、Jさんには、その意
味が伝わらないので、家族が叱ることが
正しいと**支持**することはできない。ただ
し、介護福祉職は、家族の**葛藤**や思いを
受け止める姿勢も求められるので、この
場面では家族が叱ることを**否定**してもい
けない。
2 × 介護福祉職はJさんに対する家族
の心情にも配慮する必要がある。その上
で介護福祉職には家族の対応を**否定**す
るのではなく、まずは家族が抱く葛藤や
思いを**受け止める**姿勢が求められる。
3 ○ Jさんを支援する上で家族の存在
は重要である。よって、Jさんと家族の**関
係性**を把握するためにも、これまで家族
がJさんとどのように関わってきたのか、
Jさんに対してどのような思いがあるのか
を家族から聴くことは**重要**である。
4 × 介護福祉職はJさんの支援のみを
行えばよいのではない。これまでJさん
と関わってきた家族の思いにも耳を傾け
つつ、Jさんと家族の関係性がより良い
ものになるよう、家族にも寄り添い、**働**

きかける役割がある。
5 × Jさんへの支援は介護福祉職だけ
でなく、**家族**も含めて行うものである。
介護福祉職が一方的に家族に指示を与
えるのではなく、Jさんに対する家族の
思いや対応方法を聴く等、介護福祉職
が家族とも**コミュニケーション**を図りな
がら、Jさんを支援していくことが求め
られる。

問題33 正解 5

介護福祉職が認知症対応型共同生活介
護の利用者の居室を訪問した際に最初にと
る対応に関する設題である。
1 × 認知症のKさんは「仕事は終わり
ました。家に帰ります」と伝え、「早く
家に帰らなくては…」と言いながらタン
スから衣類を取り出していた。このこと
から、Kさんにとって認知症対応型共同
生活介護の場は仕事場であり、仕事を終
えたから、Kさんは自宅に帰る準備をし
ていると推察できる。よって、衣類をタ
ンスへ戻すように促すことは、仕事を終
え、自宅に帰りたいKさんの思いを**無視**
することになる。介護福祉職は認知症の
人の言動の背景を推察し、その人自身の
世界を受け入れ、**尊重**していく姿勢が求
められる。
2 × 居室から出ないようにお願いする
ことは、「早く家に帰らなくては…」と
いうKさんの思いを受け止めないだけで
なく、行動範囲を**制限**することになる。
3 × Kさんは中等度の認知症のため、
記憶障害があると推測でき、認知症対応
型共同生活介護に入居したことを覚えて
いない可能性が高い。「ここに入居した
ことを覚えていないのか」と質問すれば、
Kさんが自分の状況を**理解**できず、**混乱**
してしまう恐れがある。
4 × 認知症のKさんにとって、認知症
対応型共同生活介護の場は仕事場であ

る。認知症の人と関わる際は、本人の言動を否定せず、**受け止める**姿勢が求められるため、Kさんの意見を否定することは、**混乱**させてしまう恐れがあり、**不適切**である。

5 〇 利用者への挨拶は介護福祉職の基本である。L介護福祉職が居室を訪問した際に「最初」にとる対応は、認知症のKさんに**挨拶**をすることで、そのうえで、Kさんの表情や行動を**観察**し、Kさんを**受け止め**ていく姿勢が求められる。

問題34 正解 1

認知症対応型共同生活介護の利用者の客観的事実を表す介護記録に関する設題である。

1 〇 利用者の思いや介護福祉職の判断といった**主観**的情報ではなく、事実つまり**客観**的情報をそのまま記録したものが客観的事実を表す介護記録となる。Kさんが16時頃に「仕事は終わりました。家に帰ります」と発言したことは事実であるため、**客観**的情報を表している。

2 × Kさんは「自宅のことが心配になって」とは発言していない。「早く家に帰らなくては…」というKさんの発言に対し、「自宅のことが心配になって」という理由を考えたのは**L介護福祉職**である。よって、「自宅のことが心配になって」は**主観**的情報となる。

3 × 「不安時に無断外出が心配されるため、様子の観察が必要と考える」と判断したのは**L介護福祉職**である。よって、これは**主観**的情報となる。

4 × 「認知症が悪化し、ここがどこなのかを理解していないようだ」と判断したのは**L介護福祉職**である。よって、これは**主観**的情報となる。

5 × 「特に問題はなかった」と判断したのは**L介護福祉職**である。よってこれは**主観**的情報となる。

問題35 正解 5

一戸建ての住宅に暮らす利用者の地震対策に関する訪問介護員（ホームヘルパー）の助言に関する設題である。

1 × 地震が発生して家具が転倒・転落しないためにも、あらかじめ家具はL型金具等で壁に**固定**しておく。キャスターをつけると、かえって家具が移動し**やすく**なり危険である。

2 × 地震に備え、重い物ほど**下部**に収納して重心を下げ、転倒・転落しにくくする必要がある。書棚の**上部**に重い物を収納すると、重心が上がり、書棚の転倒や物の転落が起こりやすくなり危険である。

3 × 食器棚はガラス扉を外すと、地震の際、食器棚の中身が**飛び出し**、ぶつかる恐れがあるため、ガラス扉を**閉めて**おく必要がある。さらに、扉の開き防止用のストッパーを付けておくとより安全性が高まる。

4 × 避難経路が1方向のみであると、そこが地震で倒れた家具等によって塞（ふさ）がれてしまった場合、避難することが**困難**となってしまう。よって、**複数**の避難経路を確保しておく必要がある。

5 〇 地震等の非常時に備え、日頃から持ち出す物は**リュックサック**にまとめておき、すぐ持ち出せるようにしておく。

問題36 正解 3

介護保険の住宅改修でトイレを改修する際の介護福祉職の助言に関する設題である。

1 × 開き戸を自動ドアに変更するのは、介護保険の住宅改修の給付**対象外**である。

2 × 介護保険制度の腰掛け便座にはポ

ータブルトイレ、据置式便座、補高便座、立ち上がり補助便座がある。それらの腰掛け便座は介護保険制度における**特定福祉用具販売（購入）**の対象となる。

3　○　滑りにくい床材に変更するのは、介護保険の住宅改修の給付**対象**である。

4　×　取り外しが可能な手すりの設置は、介護保険の**福祉用具貸与**の対象である。一方、手すりの設置に工事を伴う場合は介護保険の住宅改修の給付**対象**となる。

5　×　現在使用している洋式便器に洗浄機能や暖房機能を付加する場合は、介護保険の住宅改修の給付**対象外**となる。

問題37　正解　5

ユニバーサルデザインの7原則に関する設題である。

1　×，2　×，3　×，4　×，5　○

ユニバーサルデザインの7原則には、①誰でも公平に使える**公平性**、②使いやすいほうを選んで使える**柔軟性**、③使い方が簡単でわかりやすい**単純性**、④必要な情報がすぐに理解できる**分かり**やすさ、⑤うっかりミスが危険につながらない**安全性**、⑥無理な姿勢や強い力が必要でなく、楽に使える身体への**負担軽減**、⑦十分な大きさと空間を確保できる**スペース**の確保がある。このうち5の「誰にでも使える大きさと広さが確保されている」は⑦に該当する。

問題38　正解　2

高次脳機能障害による着衣失行のある人に対する着衣の介護に関する設題である。

1　×　「高次脳機能障害による着衣失行のある人」と記載してあるため、高次脳機能障害によって自分で衣類を着たり、脱いだりする動作ができなくなっていることがわかる。よって、着替えができない理由を本人に確認することは、本人を

悩ませ、プライドを傷つける。

2　○　高次脳機能障害のある人は、身体機能は保持されているが、物事の手順がわからなくなる**遂行機能障害**や2つ以上のことを同時に行えなくなる**注意障害**等が現れやすい。よって、左右の違いがわかるように目印を付ける等の間接的な支援が重要となる。

3　×　高次脳機能障害による着衣失行のある人に対し、着衣の前に全ての手順を口頭で指示しても、実際に着衣する際には**忘れてしまい**、うまく衣服を着ることはできない。口頭による説明だけでなく、着衣の手順を示したメモを渡し、それを見ながら着衣に向けた動作を1つずつ一緒に**確認**しながら行うとよい。

4　×　高次脳機能障害による着衣失行のある人に対し、衣服を畳んで渡しても、着衣の方法は**わからない**ままである。よって、介護福祉職が着衣する姿を見せながら、一緒に**手順**を追って着衣したり、着衣の手順を示したメモを渡し、それを見ながら着衣に向けた動作を1つずつ確認しながら行ったりする必要がある。

5　×　高次脳機能障害のある人には、わかりやすいように**同じ方法**で支援する。着衣の方法を毎回変えるように勧めることで、かえって**混乱**させてしまう。

問題39　正解　1

更衣のための介護に関する設題である。

1　○　手指の細やかな動作が難しい、つまり手指の巧緻性が**低い**利用者には、通常のボタンやファスナーの使用が難しいため、留めやすく、指でずらすだけで外せる**マグネット**式のボタンのほうが適している。

2　×　ボタンエイドは手指の巧緻性が**低下**している人が衣服のボタンを留める際にボタン穴に差し込み、ボタンを引き出して留める自助具である。認知症になる

と物の使い方がわからなくなる**失行**がみられるようになるため、ボタンエイドの使用方法がわからず、更衣の際、かえって**混乱**してしまう恐れがある。

3 ✕ 下肢の筋力低下がある場合、立位時にふらついたり、何かにつかまっていないと立位保持ができなかったりする。更衣の際は一般的に**両手**を使うことになるため、下肢の筋力低下のある利用者に立位で更衣をするように勧めることは、転倒の危険性を**高める**ことになる。

4 ✕ ソックスエイドは股関節や膝関節の疾患、腰痛等で足を思うように曲げられないため、手が足のつま先まで届かず、靴下をうまく履けない場合に用いる自助具である。視覚障害がある場合、ソックスエイドを使用して履こうとすると、周りが見えづらいため、靴下にソックスエイドをセットするだけで時間がかかってしまい、かえって着替えにかかる時間が**長くなる**可能性がある。

5 ✕ 片麻痺のある利用者には、伸縮しやすい生地で、袖ぐりが**大きい**着脱しやすい衣服が望ましい。

問題40　正解　4

介護老人保健施設の利用者の身じたくに関する専門職の役割に関する設題である。

1 ✕ 介護支援専門員（ケアマネジャー）は個々の利用者の**介護サービス計画（ケアプラン）**を作成したり、関係機関と連絡調整を行ったりする。洗面時の関節可動域の制限を改善するのは、主に**理学療法士や作業療法士**の役割である。

2 ✕ 支援相談員は介護老人保健施設において**相談援助**業務を行う専門職である。着脱に使用する福祉用具の選定は、主に**作業療法士や介護福祉士**の役割となる。

3 ✕ 栄養士は利用者の身体状況等に応じた**栄養指導**を担う。一方、破損した義歯は歯科医師が修理を行う。

4 ○ 糖尿病の場合、進行すると足の感覚が**鈍く**なり、ケガや火傷等に気づきにくく、化膿や壊死に至る場合もある。また、感染症も起こしやすい。そのため、糖尿病に伴う管理が必要な利用者の場合、爪切りは**医行為**となり、**看護師や医師**が行う必要がある。

5 ✕ 理学療法士は利用者に対して関節可動域訓練や平行棒内歩行訓練、温熱や電気刺激等の物理療法といった**リハビリテーション**を行う。利用者の身体状況に合わせて衣類を作り直すのは、主に**介護福祉士や作業療法士**の役割となる。

問題41　正解　1

ベッドから車いすへの移乗介護で最初に行うことに関する設題である。

1 ○ 一般的に介護福祉職が利用者に対して支援を行う際は、最初に挨拶および**説明**と**同意**が必要となる。よって、ベッドから車いすへの移乗介護で「最初」に行うことは、利用者に移乗の目的を**説明**して**同意**を得ることである。

2 ✕ ベッドから車いすへの移乗介護では、利用者に移乗の目的を説明して同意を得た後、**体調確認**を行い、車いすの**点検**等を行う。その後、車いすを**ベッド**に近づけ、利用者に移乗方法を説明し、実際にベッドから車いすへの移乗を行う。

3 ✕ 衣服を着替える際は、実際にベッドから車いすへの移乗を行う**前**に済ませておく。ただし、この場合も最初に行うべきことは利用者に移乗の目的を**説明**し**同意**を得ることである。

4 ✕ 車いすを介護しやすい位置に調整することは、車いすをベッドに**近づけた時**に行う。

5 ✕ ベッドの高さ調節は、車いすをベッドに近づけ、介護しやすい位置に**調整**した際に、必要があれば行う。

問題42 正解 2

立位をとり静止している利用者の重心線が点Xから点Yに移動した時に考えられるふらつきに関する設題である。

1 ×，2 ○，3 ×，4 ×，5 ×

左右の足の位置がそのままの状態で、重心が点Xから点Yに移動した場合、矢印が示すように、**右前方**へのふらつきが生じると考えられる。

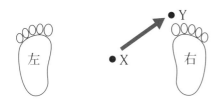

問題43 正解 4

右片麻痺の利用者が手すりを利用して階段を昇降する時の介護に関する設題である。

1 × 右片麻痺のため、患側（**麻痺側**）の**右手**を使って手すりをつかむことができない。よって、手すりが利用者の健側の**左側**になるように声をかける必要がある。

2 × 右片麻痺の利用者が階段を昇る時は、患側（麻痺側）**後方**への転落を防ぐため、介護福祉職は患側（麻痺側）の**右後方**に立つ必要がある。

3 × 片麻痺の利用者が階段を昇る時は①健側の手で手すりをつかみ、②健側の足、③患側（**麻痺側**）の足の順に昇っていく。よって、右片麻痺の利用者の場合は①健側の**左手**で手すりをつかみ、②健側の**左足**、③患側（麻痺側）の**右足**の順に出して階段を昇る必要がある。

4 ○ 右片麻痺の利用者が階段を降りる時は、患側（麻痺側）**前方**への転落を防ぐため、介護福祉職は患側（麻痺側）の**右前方**に立つ必要がある。

5 × 片麻痺の利用者が階段を降りる時は①健側の手で手すりをつかみ、②患側（**麻痺側**）の足、③健側の足の順に降りていく。よって、右片麻痺の利用者の場合は①健側の**左手**で手すりをつかみ、②患側（麻痺側）の**右足**、③健側の**左足**の順に出して階段を降りる必要がある。

問題44 正解 3

介護福祉職が食事バランスガイドを用いて摂取を勧める区分に関する設題である。

1 ×，2 ×，3 ○，4 ×，5 ×

WHO（世界保健機関）の基準によれば、体格指数（BMI）が**18.5**未満で低体重となる。一方、厚生労働省「日本人の食事摂取基準」（2015年版）によれば、70歳以上では体格指数（BMI）の目標値が21.5〜24.9となり（同基準2020年版でも同値）、**20**を下回ると低栄養のリスクが高まるとされる。つまり、Mさんは78歳で、この1年間で体重が2kg減少し、体格指数（BMI）が18.7であるため、低栄養のリスクがあると考えられる。よって、Mさんは特に身体のエネルギー源となる**主食**と**主菜**を摂取することが重要となる。ただし、Mさんは普段の食生活の中で、すでに**主食**となるお茶漬けやうどんといった炭水化物は摂取しており、また「最近、歩くのが遅くなり、疲れやすくなった」と言っている。以上を踏まえると、身体のエネルギー源となり、さらに血や筋肉をつくる**主菜**（肉、魚、豆腐等）の摂取をMさんには勧める必要がある。

問題45 正解 2

いすに座って食事をする利用者の姿勢を確保する介護に関する設題である。

1 × **顎**が上がった状態で食事すると、食物が気管に入りやすくなり、**誤嚥**の危険性を高める。**誤嚥**を避けるためにも、食事の際は顎を軽く**引き**、頭部がやや前傾となる姿勢を確保する。

2 ○ テーブルは高すぎず低すぎず、両肘がついた時、**自由**に動かせるものを用意する。テーブルの高さは腕を乗せて肘が **90** 度に曲がる程度が望ましい。

3 × テーブルと体の間を 30cm 離すのは**遠すぎ**て、背中が曲がったり、姿勢が崩れたりしやすくなる。そのような悪い姿勢で食事をすると消化器官が圧迫され、消化不良につながり、結果的に消化器官に**負担**をかけることになる。正しい姿勢で食事できるよう、テーブルと体の間は、**こぶし一つ分**程度の隙間とすることが望ましい。

4 × 食事の際、体幹を後方に傾けた状態では、食物を口へ運ぶまでの距離が長くなり、食べ**づらい**。さらに頸部も後ろに反りやすくなり、結果的に**誤嚥**の危険性を高めるため、食事の際は、やや**前傾**姿勢とすることが基本となる。

5 × いすに**浅く**座った状態では座位姿勢が**安定**せず、落ち着いて食事することが難しく、いすから滑り落ちる危険もある。よって、食事の際は安定した座位姿勢の確保のため、いすには足裏を床につけて**深く**座る必要がある。

問題 46 正解 1

高齢者の食生活に関する助言についての設題である。

1 ○ 骨粗鬆症の予防にはカルシウムのほか、サケ、ウナギ、サンマ、卵等に含まれる**ビタミン D** の摂取が重要となる。

2 × バナナ等の果物に含まれる**カリウム**は、体内の余分な塩分（ナトリウム）を体外に排出し、血圧を下げる作用がある。よって、高血圧症の予防として、果物を摂取することは**大切**である。

3 × 水分摂取量が少ないと便が**硬く**なり、便秘につながる。特に高齢者に多い弛緩性便秘は腸の**蠕動運動**の低下によって引き起こされる便秘であるため、腹

筋を使う運動や食物繊維を多く含む食品や水分を、**多め**に摂取するとよい。

4 × 柔らかい食物ばかり食べていると、咀嚼する（噛む）回数が少なくなるため、唾液の分泌量が**減って**口の中が**乾燥**し、かえって**ドライマウス**になってしまう可能性がある。予防のためには、ガムやスルメ等のよく咀嚼する（噛む）食物や梅干しやレモン等の酸っぱい食物など、唾液の分泌量を**増やす**ものをとることが好ましい。

5 × 食後すぐに臥床すると、食物が食道に**逆行**しやすく、場合によっては逆流性食道炎を引き起こす恐れもある。

問題 47 正解 4

左半側空間無視のある利用者の食事介護に関する設題である。

1 × 左半側空間無視は視力に問題はないものの、**左側**にある物に注意が向かず、**認識**しづらくなることである。よって、左半側空間無視のある利用者の**左側**にトレーを置いた場合、トレーの存在に気づかず、食事することができなくなってしまう。

2 × 左半側空間無視の場合、**左側**にある物に注意が向かず、認識しづらい。一方、**右側**にある物は認識できる。認識しづらい**左側**に注意を向けられるよう、トレーの**左側**に目立つ印をつける必要がある。

3 × クロックポジションは、主に**視覚**障害者が食事する際、どこに何が置いてあるかを時計の**文字盤**にたとえて説明する方法である。左半側空間無視は左側にある物に注意が向かず、認識しづらいものの、視力には問題が**ない**。

4 ○ 左側にある食物が残った場合には、食器を右側に移す等、介護福祉職は利用者が食べる様子を見ながら、適宜、食器の位置を**変える**ようにする。

5 × 左半側空間無視の場合、**左側**にあ

る物を認識しづらくなるため、**左側に注**意が向くような環境設定が重要となる。

問題48 正解 4
清拭の介護に関する設題である。
1 ×　目のまわりは、感染予防に配慮し、**目頭から目尻**に向けて拭く。
2 ×　片麻痺がある場合、**患側（麻痺側）**は循環障害を生じやすいが、自分で動かすことができないため、背部を拭く際は**健側**を下にして楽な姿勢にする必要がある。
3 ×　腹部は腸の**蠕動運動**を促進させるためにも、**上行結腸→横行結腸→下行**結腸の順に、「**の**」の字を描くように拭く。
4 ○　心臓への負担を軽減するため、両下肢や両上肢は**末梢**から**中枢（心臓）**に向かって拭く。また、筋肉の筋に沿って拭くので、マッサージ効果も期待できる。
5 ×　皮膚についた水分は、そのままにしておくと気化熱によって蒸発し、**体温**を奪っていく。よって、身体を冷やさないためにも、最後にまとめてではなく、**すぐに**拭いたほうがよい。

問題49 正解 3
利用者の状態に応じた入浴の介護に関する設題である。
1 ×　血液透析を受けている人は、シャントの針を刺した部分（穿刺部）からの**出血や感染**を防ぐため、血液透析を行った日の入浴は**避ける**。特に血液透析直後は、血圧が低くてふらつくため、入浴は控えなければならない。
2 ×　水圧より腹圧のほうが高いため、ろう孔から湯が入ること**はない**。よって、胃ろうを造設している人も入浴**可能**である。
3 ○　入浴の際、湯に肩まで浸かると静水圧作用で心臓への負担が**増す**。よって、心臓に負担をかけ**させない**ために、心臓

機能障害がある人には浴槽内の水位を心臓より**低く**した**半身浴**が望ましい。
4 ×　入浴は体力を**消耗**させ、酸素の必要量を**増加**させる。よって、酸素療法を行っている人が入浴する際は、酸素供給器に水がかからないように配慮し、医師の指示に基づく酸素量を鼻カニューレから**吸入**する必要がある。
5 ×　回腸ストーマの場合、食後1時間以内は便が出る可能性が**高い**ため入浴は**避ける**。なお、回腸ストーマとは小腸に造設される消化管ストーマのことである。

問題50 正解 2
右片麻痺のある利用者がベッドサイドでポータブルトイレを使用する時の設置場所に関する設題である。
1 ×, 2 ○, 3 ×, 4 ×, 5 ×
片麻痺がある場合、ポータブルトイレは、ベッドで寝た利用者の**健側**の**足元**に設置するとよい。よって、まず健側にも患側（麻痺側）にも該当しない**C**が不適切となる。次に右片麻痺のある利用者がベッドで仰臥位となった場合、**D**と**E**は**患側（麻痺側）の右側**となるため、ベッド柵（サイドレール）をつかむことが難しく、端座位にもなりにくい。よって、**D**と**E**も不適切となる。一方、**A**と**B**は**健側**の**左側**にある。その際、足元に位置するのは**B**となる。仮に**A**の位置にポータブルトイレを置いた場合は、ベッド柵（サイドレール）が移乗の妨げとなる。以上を踏まえ、右片麻痺のある利用者がベッドサイドでポータブルトイレを使用する時は、**B**の位置に設置するのが適切である。

問題51 正解 2
膀胱留置カテーテルを使用している利用者への介護福祉職の対応に関する設題である。

1 × 膀胱留置カテーテルの使用時は尿路感染症を起こし**やすい**。よって、尿道口周辺の清潔保持に加え、水分を**十分に**摂取して尿量を**増やし**、自浄作用を促進させることが重要である。

2 ○ カテーテルが折れていると**尿**が詰まって流れなくなる。よって、カテーテルが折れていないことを**確認**する必要がある。

3 × 採尿バッグは逆流防止のため、膀胱の位置よりも**低い**位置に置く。

4 × 膀胱留置カテーテルの尿漏れには様々な原因が考えられる。よって、尿漏れが見られた時は速やかに**医師**や**看護師**に報告する。

5 × 尿量や尿の色等の確認は看護師だけでなく、**介護福祉職**も行える。よって、尿量の確認は、看護師にその都度依頼するのではなく、**介護福祉職が自ら行っ**ていく必要がある。

問題52　正解　4
解熱を目的とした坐薬（座薬）の挿入に関する設題である。

1 × 坐薬（座薬）を挿入する際は、**横向きに寝ている状態（背面法による側臥位）で膝を曲げてもらい、片方の手に坐薬（座薬）を持ち**、もう片方の手で肛門を開くようにして挿入する。

2 × 腹式呼吸をすると腹圧がかかり、挿入した坐薬（座薬）が排出され**やすく**なる。肛門括約筋の緊張をとり、坐薬（座薬）を挿入しやすくするためには、**口呼吸**をするとよい。

3 × 坐薬（座薬）は、スムーズに挿入するため、先のとがって**いる**ほうから肛門に挿入する。

4 ○ 挿入後は坐薬（座薬）が排出され**ない**ことを確認する。排出され**ない**ために、可能な限り排便を**済ませて**から使用する。

5 × 手袋を着用したまま、衣服を整えた場合、手袋に付着した体液や排泄物等が衣服に付着する恐れがあるので、手袋は外し、**手洗い**や**手指消毒**等の手指衛生を行ってから、衣服を整える。

問題53　正解　1
肉入りのカレーを常温で保存し、翌日、加熱調理した時の食中毒の原因菌に関する設題である。

1 ○ ウエルシュ菌は加熱しても死滅せず、**カレーやシチュー**等を**常温**で保存すると大量に**増殖**し、食中毒を起こす恐れが高まる。

2 × カンピロバクターの原因となる主な食材は**鶏肉**で、少量の菌で食中毒を引き起こすため、肉の中心部の色が白く変わるまで**加熱調理**する必要がある。

3 × サルモネラ菌は潜伏期間が6～72時間程度あり、その原因となる主な食材は**鶏卵**、**鶏肉**、その他の食肉である。食中毒を防ぐためには、食品中心部を**75℃以上**で**1分以上**加熱する必要がある。

4 × 腸炎ビブリオの原因となる主な食材は生の**魚介類**である。真水でしっかり**洗浄**したり、加熱調理したりして予防する。

5 × 黄色ブドウ球菌は人や動物の皮膚、鼻粘膜等に**常在**しており、通常は無害であるものの、**皮膚**にケガをして不潔なままにしておくと**化膿**を引き起こす。手に傷がある場合、通常よりも多くの黄色ブドウ球菌が存在する可能性が高く、食品を触ると食中毒の危険性を高めてしまうので、調理用手袋やラップを使い、食品を**素手**で触らないようにする。

問題54　正解　4
ノロウイルスに感染した人の嘔吐物のついた衣服の処理に関する設題である。

212

1　×　ノロウイルスはカキ等の二枚貝を生のまま食べると感染する恐れがあるほか、ノロウイルスが含まれる嘔吐物や便に触れた手を介して感染する**接触**感染や嘔吐物の飛沫が空気中に飛び散って感染する**飛沫**感染がある。よって、嘔吐物を拭き取ったペーパータオルは、ビニール袋に**密閉**して所定の場所に廃棄する。なお、袋の中に**次亜塩素酸ナトリウム**を入れることが望ましい。

2　×　ノロウイルスは様々な消毒剤に対して高い抵抗力があるため、**アルコール**では除菌効果が得られない。**次亜塩素酸ナトリウム**を用いる必要がある。

3　×　ノロウイルスに汚染された部分を強くもみ洗いしても、除菌効果は**得られない**。そればかりか、手にノロウイルスが付着して**接触**感染したり、空気中に飛び散って**飛沫**感染したりする危険性がある。

4　○　嘔吐物を取り除いた後、汚染された衣服は、ノロウイルスの消毒に効果がある**次亜塩素酸ナトリウム**を含む水溶液につける必要がある。その後、十分にすすぎ、**高温の乾燥機**を使用するとよい。

5　×　ノロウイルスを加熱して消毒する場合は、**85℃以上**で**1分間以上**の熱水洗濯が必要である。

問題55　正解　2

訪問介護員から連絡を受けたサービス提供責任者が迅速にクーリング・オフの手続きを相談する相手に関する設題である。

1　×　行政書士は行政書士法に基づく国家資格である。具体的には**官公署**に提出する許認可等の**申請書類**の作成ならびに提出手続き代理、遺言書等の権利義務、事実証明および契約書の作成、行政不服申し立て手続き代理等を行う。

2　○　消費生活センターでは、商品やサービス等、消費生活全般に関する問い合わせや苦情に対して専門の相談員が公正な立場で対応しており、**クーリング・オフ**の手続きの相談にも応じている。

3　×　家庭裁判所では家族に関する事件や少年の保護事件等、家族関係から生じる**法律**問題を取扱っている。

4　×　保健所は地域における保健・衛生・生活環境等の**公衆衛生**の向上・増進を図る機関で、地域保健法で都道府県、政令で定める市、特別区に設置されている。

5　×　相談支援事業所は障害者総合支援法において障害福祉サービスの利用にあたって、**サービス等利用計画**の作成や関係機関との連絡調整等を図る機関である。

問題56　正解　1

眠れないと訴える高齢者に介護福祉職が行う助言に関する設題である。

1　○　起床時に日光を浴びることで、脳内では**セロトニン**という覚醒を促すホルモンが分泌され、「朝になった」というメッセージが全身に伝わり、体内時計がリセットされる。この結果、爽快な気分での目覚めにつながり、日中を活動的に過ごせる等、**睡眠**と**覚醒**のリズムが整い、夜間の質の良い睡眠につながる。

2　×　日中、長い昼寝をしてしまうと、体力の消耗が抑えられ、夜に眠って休むという**生活リズム**が乱れる恐れがある。夜の睡眠の質を低下させないためにも、日中の長い昼寝を勧めることは適切ではない。

3　×　食事後、消化が落ち着くまでは3時間程度かかるため、就寝の3時間前には食事を済ませておくことが望ましい。

4　×　緑茶やコーヒー等には覚醒作用がある**カフェイン**が含まれているため、就寝前に飲むように勧めることは適切でない。

5　×　一般的に就寝時間には決まりがな

第32回

いため、毎日、同じ時刻に寝る必要はない。基本的に極端に生活リズムが乱れていない限り、一人ひとりの高齢者の今までの**生活リズム**を尊重する姿勢が介護福祉職には求められる。

問題57　正解　5

施設における安眠を促すための環境に関する設題である。

1　×　個人差はあるが、安眠を促すための湿度は50〜60％程度とされている。仮に湿度が20％以下になった場合、目や喉の**乾燥**を感じるほか、ほこりやカビ、細菌、ウイルス等をガードする鼻腔内の線毛の動きが**低下**する恐れもある。

2　×　寝衣が体に密着していると、体への締め付け感や圧迫感が生じ、場合によっては寝苦しさを感じてしまうとともに、寝返りもし**づらい**。安眠を促すためにも、肌触りや通気性、吸湿性の良さに加え、ゆとりがあり、動き**やすい**寝衣を選ぶとよい。

3　×　冷暖房の風が体に直接当たると、体が**冷え**過ぎたり、喉や皮膚が**乾燥**したりして、寝つきを悪くし、安眠を妨げる。

4　×　夜間の照明が眩しすぎると、**脳に刺激**を与え、安眠の妨げになる。夜間の安眠を促すには、直接目に光が降り注がないようにした上で、間接照明によって居室にやわらかな光を灯す等、脳が**リラックス**できる明るさに調節する。

5　○　施設内で介護福祉職同士の会話が響くと、中には「うるさい」と感じたり、気にしたりする利用者もいて、安眠できない恐れもある。よって、介護福祉職は会話が響かないように**配慮**する必要がある。

問題58　正解　3

睡眠薬を服用している高齢者への介護福祉職の対応に関する設題である。

1　×　睡眠薬とアルコール（お酒等）を一緒に服用すると、酩酊状態となり、身体の**ふらつき**や記憶障害等が生じてしまう。よって、アルコール（お酒等）と一緒に睡眠薬を服用して**はならない**。

2　×　睡眠薬の種類によっても異なるが、服用後、しばらくすると眠気やふらつきが生じてくるため、転倒予防のためにも、睡眠薬は眠る**15〜30分**程度前に服用し、服用後は**速やか**に眠るようにする。睡眠薬の服用でせっかく眠気が生じたにもかかわらず、1時間は起きているように伝える対応は転倒の危険性を高めるだけでなく、利用者に苦痛を与えてしまう。

3　○　睡眠薬の副作用には頭痛、倦怠感、注意力の低下等のほか、**ふらつき**もある。日中、睡眠薬を服用している高齢者に**ふらつき**がみられた場合、介護福祉職は**医師**に対し、その旨を速やかに伝える。

4　×　睡眠薬も含め、その人に応じた薬の種類や使用回数、使用量等は**医師**が決める。

5　×　睡眠薬も含め、その人に応じた薬の使用量や服薬時間等は**医師の指示**に従う必要がある。介護福祉職の判断で服薬時間を変更してはならない。

問題59　正解　1

「呼吸が苦しそうだ」と言っている家族への介護に関する設題である。

1　○　死期が迫った人にみられる**死前喘鳴**では、呼吸のたびに痰がからんだような「ゴロゴロ」音や「ゼゼコ」音が聞かれるものの、これは亡くなる前にみられる自然な経過でもある。ただし、それを見守る家族にとっては「呼吸が苦しそうだ」等の心配につながりやすい。介護福祉職は家族に対して死前喘鳴が自然な経過であることを伝えるとともに、**体位**を工夫して、そうした呼吸音を

小さくするなどして家族を安心させる。

2 × 死前喘鳴が出現しているため、意識の低下は考えられるものの、「意識がない」と勝手に判断して家族に伝えることは**不適切**である。また、意識が低下した状態でも、**聴力**は最期まで残るとされているため、家族にはBさんに対して「隣にいるよ」等の声をかけてもらうとよい。

3 × 死前喘鳴は、喉(のど)の奥で唾液(だえき)が溜(た)まっていたり、気道に分泌物があったりすることで生じることが多く、痰が直接の原因では**ない**。そのため、死前喘鳴の段階で吸引しても、痰(たん)がほとんど取れないことが多く、「ゴロゴロ」音や「ゼコゼコ」音が消えることはない。かえって、痰の吸引が本人にとって苦痛になる恐れもある。

4 × 死期が迫った時にみられる死前喘鳴の段階では意識の低下が考えられる。しかし、意識が低下した状態であっても、**聴力**は最期まで残るとされているので、家族がBさんに声かけすることは重要である。「あと数日」と医師から言われているように、Bさんに「頑張って」と励ましても生き続けることはできないので、**安心**するように「そばにいるからね」等と声をかけたり、「ありがとう」と感謝の気持ちを伝えたりすることが望ましい。

5 × 人生の最終段階（終末期）における介護でも、本人や家族の**意思**を尊重することが基本となる。Bさんは、「最期はこの施設で迎えたい」と希望し、家族もそれを望んでいるため、「すぐに救急車を呼びましょう」という対応は、Bさんと家族の**意思**を無視することになる。

問題60 正解 5
高齢者施設において介護福祉職が行う死亡後の介護に関する設題である。

1 × 死亡後、ペースメーカーを取り除

くことができるのは**医師**である。

2 × 死亡後の介護では、故人の外見上の変化をできるだけ**目立たない**ようにする。そのため、口が閉じないからといって、安易に紐で顎(あご)を固定(ひも)することは、故人はもちろん、それを見た家族にも失礼にあたるだけでなく、顎に紐の跡が残る恐れもある。口が閉じない場合は、頭部を持ち上げて高さをつくる等の調節を行うとよい。

3 × 死亡後の介護でも、その人らしさを**尊重**することが求められている。よって、着衣がしやすい服ではなく、生前の本人の**希望**や家族の**希望**によって着る服を決めるようにする。

4 × 死亡後の全身清拭では、**アルコール**に浸(ひた)した脱脂綿で拭き清めるようにする。あるいは、水に湯を注いだ逆(ぎゃく)さ水(せいしき)(ぜんしん)を使用する場合もある。

5 ○ 家族が死亡後の介護に参加することは、大切な人の死を悲しみ、それを受け入れるために必要な過程である。しかし、中には一緒に行いたくない家族もいるため、それぞれの家族の**意向**を十分に確認した上で検討する。

介護過程

問題61 正解 4
介護過程の目的に関する設題である。

1 ×、2 ×、3 ×、4 ○、5 ×

介護過程とは、**利用者が望む生活の実現**に向けて、場当たり的で思いつきの介護ではなく、意図的な（**個別性**に応じた**計画**的で根拠に基づいた）介護を展開するためのプロセスである。介護過程の目的や意義をまとめると以下のようになる。

① **利用者**の望む生活・より良い生活の実現、QOL の向上

② 利用者一人ひとりに応じた個別支援（個別ケア）
③ 利用者の尊厳の保持、自己決定の尊重、自立支援
④ 根拠に基づく的確な支援
⑤ 多職種連携・協働による支援

選択肢のうち「価値観を変える」「療養上の世話をする」「経済的負担を軽減する」「生活習慣を改善する」は、上記①〜⑤に当てはまらない。一方4の「利用者の望んでいる、よりよい生活を実現する」は上記①に該当する。

問題62　正解　1
介護計画の作成に関する設題である。
1　○　介護計画は介護福祉職が利用者の**生活課題（ニーズ）**に基づき作成した利用者支援のための計画で、利用者ごとに作成するものである。具体的には、まず抽出された**生活課題（ニーズ）**を踏まえて**長期**目標を設定し、次にその長期目標を達成するための**短期**目標を設定する。その上で短期目標を達成するための具体的な支援内容・方法を記載することになる。
2　×　介護計画では長期目標・短期目標を達成するための具体的な支援内容・方法を記載する必要が**ある**。この支援内容と支援方法は、どちらか一方ではなく、必ず**両方とも**記載する。
3　×　介護計画等では**利用者**が主体であることを示す表現や利用者を尊重した表現を用いる。利用者に「〜させる」といった使役文は指示的・管理的な表現につながりやすいため、使用**しないほうがよ**い。
4　×　介護計画は利用者本人や家族に説明して**同意**を得てから実施するため、専門用語を多用すると、伝わり**づらく**なってしまう。よって、介護計画は、具体的

でわかりやすい表現とする。
5　×　介護計画は「立てっぱなし」にせず、計画の見直しの時期を**決めておく**。また、できていたことができなくなった場合等、利用者の状況に変化が起きた際は、その都度、介護計画を**見直す**必要がある。

問題63　正解　2
介護計画の実施に関する設題である。
1　×　介護計画の実施では、利用者の**尊厳**を保持し、安全に配慮しながら、利用者が主体的に取り組むことが重要となる。介護福祉職の価値観に沿って実施するものでは**ない**。
2　○　介護計画の実施を適切に評価するためにも、実施した状況については**客観的に記録**する。その際は5W1H（When いつ／ Where どこで／ Who 誰が／ What 何を／ Why なぜ／ How どのように）の要素を含めた具体的な記述とする。
3　×　一般的に介護計画は**計画策定後**に利用者や家族に**説明**し、その内容・方法について**同意**を得た上で実施する。
4　×　他職種への報告は目標の達成後だけでなく、**定期的**あるいは**必要時**にも行う。例えば、利用者の身体状況が変化した際は、介護計画だけでなく、他の専門職による支援計画も見直す必要があるため、その旨を他職種にも**速やか**に報告する。
5　×　介護計画の実施を評価する際は、様々な要素について**総合的**に評価する視点が求められる。具体的には目標の達成度に加え、**利用者**の満足度や身体状況の変化、支援内容・方法等について確認し、今後の支援につなげていく。

問題64　正解　2
利用者の介護過程の展開に関する設題である。

1 × 長女とは音信不通の状態が続いている。よって、長女から入所前の情報を収集することは、現段階では**困難**である。

2 ○ 当初、Cさんはレクリエーションには積極的に参加する等の意欲があった。しかし、その後、歩行訓練に加え、今まで参加していたレクリエーションにも参加しなくなり、居室のベッドで寝て過ごすことが多くなり、時々失禁をするようになった。このことから、Cさんの状況が変わってきていることがわかるため、Cさんの状況について再アセスメントして新たな**生活課題（ニーズ）**を抽出し、それに応じた介護計画を作成することが求められる。

3 × Cさんは「自宅に帰りたい」と希望しているものの、「歩行状態が思うように改善しない」「時々尿失禁する」等、介護老人保健施設入所中に改善しなければならない**課題**が存在する。よって、自宅に戻った後の介護計画ではなく、まずは介護老人保健施設**入所中**の課題に基づいた介護計画を立案する必要がある。

4 × 現在、Cさんは75歳で要介護度は1であるものの、このまま居室のベッドで寝て過ごすことになれば、意欲低下、筋力低下、心肺機能の低下といった**廃用症候群（生活不活発病）**につながり、今よりも心身機能が低下する恐れがある。よって、まずは「居室のベッドで**寝て過ごすことが多くなった**」ことに対応する介護計画の実施を優先する必要がある。

5 × 介護計画は**介護福祉職**が利用者の生活課題（ニーズ）に基づき作成した利用者支援のための計画である。よって、理学療法士や作業療法士、医師、看護師等から利用者の情報を収集しつつも、最終的には**介護福祉職**が介護計画の評価を行う。

問題65　正解　5

利用者の短期目標に関する設題である。

1 × Cさんは「歩行状態が思うように改善しない」と悩んでおり、「自宅に帰りたいのに、このまま車いすになったらどうしよう」と言っている。このことからCさんは車いすを使用**したくない**ことが推察できるため、車いすの使用方法を理解するという短期目標は**不適切**である。

2 × 仮に居室のベッドで安静に過ごすことを短期目標とした場合、**廃用症候群**（はいようしょうこうぐん）**（生活不活発病）**によって、意欲低下や筋力低下、心肺機能の低下等が進行してしまう。Cさんには居室のベッドにとどまるような目標ではなく、今よりも活動範囲を広げ、在宅復帰の意欲を高めるような目標を設定する必要がある。

3 × 長期目標は利用者の**生活課題（ニーズ）**と関連させ、短期目標は長期目標を達成するための目標とする必要があり、**生活課題（ニーズ）**と長期目標と短期目標はつながりのあるものでなければならない。Cさんから、次女との同居への希望は聞かれておらず、また次女がCさんと同居したいかどうかは不明である。つまり、現状では「次女との同居」がCさんの**生活課題（ニーズ）**につながる可能性は低く、これを短期目標とすることも**不適切**である。

4 × Cさんは「歩行状態が思うように改善しない」と悩み、その後、歩行訓練だけでなくレクリエーションにも参加しなくなり、居室のベッドで寝て過ごすことが多くなった。このことからCさんには「居室のベッドから**出る**」→「以前のようにレクリエーションに**参加**できる」→「歩行訓練を**再開**できる」という流れで介護計画を**段階的**に進めていく必要がある。

5 ○ Cさんが、このまま居室にとどま

ることは**廃用症候群（生活不活発病）**に
つながり、さらに心身機能を低下させて
しまう。よって、まずは居室を**出て**、以
前のようにレクリエーションに**参加**する
ことを目標とする必要がある。

問題66　正解　3
　Dさんが体操の指導を断った理由の解釈
（かいしゃく）
に関する設題である。
1　×　介護福祉職はDさんの短期目標を
「役割を持ち意欲的に生活する（3か月）」
と設定し、体操を指導する役割をお願い
したところ、テレビで高校野球を見るま
では断られなかった。つまり、今までは
介護福祉職が依頼した体操の指導を行
ってきたことになる。よって、体操の指
導を断った理由の解釈として「介護福祉
職に依頼されたため」とする可能性は**低
い**。
2　×　通所介護利用中に「妻に会いに自
宅に帰りたい」という思いがDさんにあ
れば、今までも体操の指導を断ること
があったかもしれない。しかし、テレビで
高校野球を見る前に指導を断ることがあ
ったという事実は確認できない。よって
体操の指導を断った理由の解釈として
「妻に会いに自宅に帰りたいため」とす
る可能性は**低い**。
3　○　Dさんは定年まで高校の体育の教
師で野球部の監督をしていた。そしてテ
レビで高校野球を見た時、暗い表情で嘆
き、この日は体操の指導を断った。この
ことから、Dさんが体操の指導を断った
理由として「高校野球のことが気になっ
ているため」と解釈するのが**適切**である。
4　×　起居動作とは「寝返り」「起き上
がり」「立ち上がり」「座る」等の動作を
意味する。Dさんは「起居動作に問題は
ない」とある。よって、体操の指導を断
った理由として「立ち上がり動作が不安
定なため」とする解釈は**不適切**といえる。

5　×　元高校の体育教師で認知症がある
Dさんが通所介護利用中に「体育の授業
を行う」という思いがあれば、今までも
体操の指導を断ることがあったかもしれ
ない。しかし、テレビで高校野球を見る
前に指導を断ることがあったという事実
は確認できない。よって今回は、体操の
指導を断った理由の解釈として「体育の
授業を行うため」とする可能性は**低い**。

問題67　正解　3
　Dさんが今後も現在の役割を継続するた
めに優先して取り組むべき課題に関する設
題である。
1　×　Dさんは参加者から「体操の順番
が違う」と指摘され、指導の意欲は失っ
たものの、体操の時間になると遠くから
その様子を眺めており、体操に関心がな
いわけではなく、むしろ体操のことを気
にし、**関心**があることがうかがえる。
2　×　認知症があるDさんは、参加者か
ら「体操の順番が違う」と指摘されたこ
とから、認知症の**実行機能障害**により、
手順を踏んだ行動が難しくなっていると
推察できる。ただし、体操の内容自体が
異なっているという指摘はない。また、
認知症の場合、**記憶障害**によって新しい
内容を覚えることが難しい。よって、体
操の内容を変更することは**不適切**であ
る。
3　○　Dさんは参加者から「体操の順番
が違う」と指摘され、指導の意欲は失っ
たものの、体操の時間になると遠くから
その様子を眺めている。このことから体
操に関心があるものの、指導に**自信**がな
いため、体操に参加できないでいると推
察できる。よって、Dさんが体操を指導
する**自信**を回復することを優先して取り
組むべき課題とする必要がある。
4　×　認知症になると、**実行機能障害**に
より手順を踏んだ行動が難しくなる。D

さんも参加者から「体操の順番が違う」と指摘されているため、**実行機能**障害があると推察できるが、体操を正しい順番で行うといった**実行機能障害への対応**よりも、まずは「指導の意欲を失い、一人でいることが多くなった」という課題に対して優先的に取り組む必要がある。なぜなら、指導する自信が回復しなければ、参加者の前で以前のように体操の指導を行うこと自体が難しくなるからである。

5　× Dさんは認知症の**実行機能**障害によって体操を順番どおりに実施できなかったと推察できる。つまり、体操の順番はDさん自身が間違えたくて間違えたわけではないと考えられる。よって、指摘した参加者に謝ることを否定するわけではないが、謝ることがDさん自身のプライドを傷つけ、自責の念を強め、かえって指導の**自信**を失わせる恐れもある。

問題68　正解　1

介護福祉職間のカンファレンスで共有した利用者への思いに関する設題である。

1　○ Eさんは「そろそろ夏野菜の収穫の時期ね。収穫は楽しいし、採れたての野菜を近所に配るとみんな喜ぶのよ」と野菜の収穫やそれを近所に配ることに対しては意欲があることがうかがえる。つまり、Eさんには「農業に関わっていきたい」という**思い**があることがわかる。

2　× Eさんは「夫には家事に専念しなさいと言われているから…」とうつむいて言ったことから、「家事に専念したい」とは思って**いない**ことが推察できる。

3　× 事例には、「後継者の育成に関わりたい」といった記述は**みられない**。よって、Eさんは「後継者の育成に関わりたい」と思っているとは考え**にくい**。

4　× 事例には、「家でのんびりしたい」といった記述は**ない**。むしろ、野菜の収穫やそれを近所に配ることに対しては意

欲があることがわかる。よって、「のんびりしたい」とは考え**にくい**。

5　× Eさんは「料理は苦手なの」と言っているが、「料理の自信をつけたい」とは発言して**いない**。

発達と老化の理解

問題69　正解　2

乳幼児の心理的機能の発達に関する設題である。

1　× 3か月微笑は、**社会的**微笑といい、3か月頃になると周りの人々に微笑みかけるようになる。

2　○ 社会的参照とは、1歳頃より経験のないことや初めての人に会った時、信頼できる大人の**表情・反応**を見て、自分の行動を決めることをいう。

3　× クーイングは、生後2か月頃に「くー」「あー」といった音を出すようになることをいう。

4　× 自己中心性は、2歳頃に自分の視点を中心にして物事を見て考えることである。単なるわがままではなく、動く物に関しても生命があり自分と同じように**意思や感情がある**と思うことである。

5　× 二項関係は、9か月頃まで**自分**と他者、**自分**と物（おもちゃ）という**自分**と一対象との関係を築くことである。9か月頃より、自分と他者と対象といった三項関係ができ社会性が発達するようになる。

問題70　正解　2

高（年）齢者の年齢規定に関する設題である。

1　× 高年齢者等の雇用の安定等に関する法律は、高年齢者を**55歳以上**と規定している（同法施行規則第1条）。

2　○ 「高齢者虐待防止法」は、老人福

祉法と同じ 65 歳以上としている（同法第 2 条）。

3 × 高齢者の医療の確保に関する法律は、後期高齢者を 75 歳以上の者、または 65 歳以上 75 歳未満であって、ある一定の障害があると認定された者としている（同法第 50 条）。

4 × 道路交通法では、免許証の更新の特例がある高齢者の運転者は、70 歳以上としている（同法第 101 条の 4）。70 歳以上の運転者は、免許を更新するにあたり、高齢者講習を受ける必要がある。そのうち 75 歳以上の者は、まず認知機能検査を受けてからでないと、高齢者講習を受けることができない。また、法改正により、2022（令和 4）年 5 月 13 日からは、過去 3 年以内に一定の違反をした人は、運転技能検査（実車試験）を受けて合格しなければ、運転免許の更新ができなくなった。

5 × 老人福祉法では、高齢者を 65 歳以上と規定している（同法第 5 条の 4）。

問題 71　正解　4

加齢に伴う嚥下機能の低下に関する設題である。第 32 回問題 109 の図も参照。

1 × 加齢により、喉頭蓋の気道を塞ぐ靱帯のゆるみにより舌骨の位置は下降し誤嚥の原因となる。

2 × 加齢による喉頭の位置の低下により、その上にある咽頭の位置も低下する。

3 × 加齢により、舌骨上筋群の筋線維が萎縮し、誤嚥しやすくなる。

4 ○ 加齢により、喉頭挙上の不足で喉頭の閉鎖が弱まり、誤嚥を引き起こす。

5 × 咳嗽反射は、異物が気道に入った時に押し出そうとする力のことである。加齢により、低下してくる。

問題 72　正解　3

老年期の記憶と注意機能に関する設題

である。

1 × 自分の若い頃の出来事の記憶は、エピソード記憶であり、思い出しやすいのは年代ではなく、思い出しやすい手がかりがあることなどである。

2 × 数字の逆唱は、短期記憶を試すために用いる。加齢により、逆唱する個数は減っていく。

3 ○ 複数のことを同時に行うことは注意力を要する。加齢によりこの機能が低下する。

4 × 騒がしい場所での作業は、不要な情報を注意の対象から抑制することが必要である。高齢になるに従い、不要な情報も気になるようになり作業に集中することが難しくなる。

5 × エピソード記憶は、長期記憶であり加齢により低下する。

問題 73　正解　3

高齢者の心不全が進行した時の症状に関する設題である。

1 × 心不全が進行していると、安静にしていてもなかなか息切れが治まらない。

2 × 心不全の場合、肺に血流が多くなるので運動することで呼吸苦が増す。

3 ○ チアノーゼは、肺のガス交換や全身への血液量が不十分な時などにおこる。心不全の進行により、チアノーゼが起こりうる。

4 × 横隔膜の圧迫を除き肺の伸展運動を促す座位のほうが、肺にうっ血しやすくなる臥位より呼吸苦は軽減する。

5 × 心不全の場合、下肢に浮腫がみられる。心不全が進行すると下肢に限局せず、顔など全身に浮腫がみられるようになる。

問題 74　正解　1

事例による対象者の褥瘡の皮膚の状態と対応に関する設題である。

1 ○ 仙骨部の皮膚が赤くなり水疱ができたのは、ベッド上での動きが少なく、圧迫箇所の血流が**悪く**なったからである。

2 × 仙骨部は、褥瘡の**好発**部位の１つである。

3 × 食事量が低下すると**低栄養**になり、褥瘡が発生しやすい。

4 × ベッド上の生活で褥瘡にならないように、体位を**変換**する。

5 × 褥瘡にならないために、おむつ交換をし**清潔**にする。

問題75 正解 1

高齢者の栄養状態を良好に維持するための対応に関する設題である。

1 ○ 歯科健康診査を受け、噛み合わせ、義歯・口腔内の状況を改善することにより、噛み砕くことができ、**栄養**が吸収できるようになる。

2 × 複数の薬剤を併用すると、食欲低下などの**副作用**が起こりやすい。

3 × 外出をすることにより、**活動量**が増えたり気分転換ができたりするので食欲が増すことがある。

4 × 一人で食事することは、食生活の単調化を招くため、食欲の**低下**につながりやすい。

5 × 医師によるたんぱく質制限がない限り、**栄養バランス**を保ちたんぱく質も十分とる。

問題76 正解 5

事例において専門職の役割に関する設題である。

1 × 薬の処方箋を出すのは、**医師**である。

2 × 食事のメニューを考えるのは、**栄養士**である。

3 × 自宅で料理ができるような作業訓練を行うのは、**作業療法士**である。

4 × 居宅サービス計画を立案するのは、**介護支援専門員（ケアマネジャー）**である。

5 ○ **介護支援専門員（ケアマネジャー）**は、介護保険制度においてケアプラン（介護サービス計画）の作成、介護サービスの調整・管理を行う。利用者・家族の望む生活を一緒に考え介護サービスを組んでいく。

認知症の理解

問題77 正解 4

認知症高齢者数に関する設題である。

2012年（平成24年）の認知症高齢者数と2025年（平成37年）の認知症高齢者数に関する推計値（「平成29年版高齢社会白書」（内閣府））の組み合わせの問題である。

（注）平成37年とは令和7年のことである。

1 × 162万人―約400万人は**実際より少ない**。

2 × 262万人―約500万人は**実際より少ない**。

3 × 362万人―約600万人は**実際より少ない**。

4 ○ 462万人―約700万人が**正しい**。

5 × 562万人―約800万人は**多すぎる**。

問題78 正解 5

認知症の行動・心理症状（BPSD）に関する設題である。

1 × トイレの水を流すことができないのは、認識できず使い方がわからないので失行・失認という**中核症状**である。

2 × 物事の計画を立てることができないのは、遂行機能障害という**中核症状**である。

3 × 言葉を発することができないのは、失語という**中核症状**である。

4　×　親しい人がわからないのは、人の見当識障害で**中核症状**である。

5　○　昼夜逆転は、睡眠障害であり、**行動・心理症状（BPSD）**である。

問題79　正解　1

高齢者のせん妄に関する設題である。

1　○　睡眠薬などの**中枢神経**に作用する薬剤は、せん妄の原因になる。

2　×　せん妄は、意識障害の１つで覚醒レベルが低下し、同時に注意障害など認知機能に支障をきたしている。症状は、**突然**に現れ消失する。特に夜間に**悪化**することが多い。

3　×　せん妄は、意識レベルが**低下して**いることが特徴である。

4　×　せん妄は、脱水、便秘、発熱、疼痛などの身体状況より誘発されるために**急に**発症する。

5　×　幻覚は、せん妄の状態の時に現れ**やすい**。

問題80　正解　2

認知症の初期症状に関する設題である。

1　×　血管性認知症は、**まだら認知症**、遂行機能障害、注意障害などが特徴的である。幻視は**レビー小体型認知症**にみられる。

2　○　正常圧水頭症は、治療可能な認知症といわれている。**歩行障害**の他に、ぼーっとする認知症のタイプに似ていて、**尿失禁**も認められる。

3　×　前頭側頭型認知症は、**脱抑制**、常同行動、人格変化などが特徴的である。エピソード記憶の障害は、**アルツハイマー型認知症**に特徴的にみられる。

4　×　アルツハイマー型認知症は、**記憶障害**、**見当識障害**、遂行機能障害などによって生活障害が現れる。失禁は、場所の見当識障害があるために**機能性失禁**としておこるが、初期より**進行した時期**に

おこる。

5　×　レビー小体型認知症の特徴は、**幻視やパーキンソン症状**などである。もの盗られ妄想は、**アルツハイマー型認知症**にみられる。

問題81　正解　3

認知症の発症リスクを低減させる行動に関する設題である。

1　×　抗認知症薬は、認知症の進行を**遅らせる**効果があるが、発症リスクを低減する目的**では用いない**。

2　×　睡眠時間が減ると、日中の睡眠が増え、睡眠リズムが崩れて認知症の**行動・心理症状（BPSD）**となる可能性がある。

3　○　集団での交流活動に参加することは、脳への刺激もあり、人とのかかわりの中で認識や理解・判断するといった認知機能にもはたらきかけ、発症リスクを**低減**させる。

4　×　運動は、認知機能を向上し認知症のリスクを**低減**することができる。逆に、運動の機会を減らすことにより認知機能を**低下**させてしまう。

5　×　認知機能に良い脂質は、**不飽和脂肪酸**である。

問題82　正解　4

抗認知症薬に関する設題である。

1　×　若年性アルツハイマー型認知症に対しても、進行を**遅らせる**効果が期待できる。

2　×　高度のアルツハイマー型認知症に対しても、進行を**遅らせる**効果が期待できる。

3　×　レビー小体型認知症に対しても、適用**されている**。

4　○　抗認知症薬は、進行を**遅らせる**効果はあるが、根本的治療薬ではない。

5　×　抗認知症薬は、4種類で2つのグループに分かれている。グループが別の

薬剤を併用して治療することは**可能**とされている。

問題83　正解　3

前頭側頭型認知症に対する対応に関する設問である。

1　×　前頭側頭型認知症は、同じ道順を歩き戻ってくる周回を行うのが特徴である（**常同**行動）。GPS装置を使うほうが良いのは、道に迷ってしまう**アルツハイマー型認知症**である。

2　×　前頭側頭型認知症は、脱抑制があるので制限することでストレスが溜まり暴力や暴言などのBPSDになり易い。そのため、こだわりが強いからといって、甘いものを制限するのは**好ましくない**。

3　○　常同行動は、本人や家族が納得できるようにその行動を**生活習慣**化すると良い（ルーチン化療法）。

4　×　脱抑制の状態は、理由もわからずに陥ることがある。適切な**ケア**と薬剤を併用することが必要になってくる。

5　×　暴力は、普段、嫌なことが重なると起こりうる。従って、本人の**意思**を確認しつつ対応する。

問題84　正解　2

認知症のある家族支援に関する設問である。

1　×　事例文では、Cさんは以前からパソコンで日記をつけていたとあり、パソコンを使えているので処分する必要は**ない**。

2　○　Cさんはパソコンの操作に迷っているので、その時に支援すると日記を書く習慣が継続**できる**。

3　×　Cさんは、パソコンで日記をつけるという今までの習慣から変えることに**戸惑い**を感じてしまう可能性もある。

4　×　Cさんが、怒りっぽくなったことが、**ケア**によって軽減できるとしたら薬

物を使用する必要はない。

5　×　Cさんが、パソコンの操作が思うようにできないことから、怒りっぽくなっているので相談しているのであって、在宅生活自体に**困難**を感じているわけではない。

問題85　正解　4

大腿骨頸部骨折で入院をした利用者に対するグループホームの介護福祉職の役割に関する設問である。

1　×　軽度のアルツハイマー型認知症であるので、退院後必要ならば、理学療法士による**リハビリテーション**を行ってもらうと良い。

2　×　介護支援専門員（ケアマネジャー）が行うのは、**サービス担当者会議**で本人、家族、サービス担当者が集まり、支援の目標を立てるために行う。地域ケア会議とは、**市町村**が行い、適切な支援を行うために地域の課題や地域づくり等につなげるための会議である。

3　×　睡眠薬の要・不要は、**医師**が判断する。なお、入院という環境の変化に加え、睡眠薬を服用すると、せん妄が起こりやすくなるため、介護福祉士は、現在のＤさんの夜の状況を**医師**に伝える必要がある。

4　○　入院生活を円滑にするために、介護福祉職は**看護師**に日常生活の状況を伝える。

5　×　成年後見制度の保佐人は、判断能力が相当程度低下した者につき、重要な**法律**行為（不動産の取引、遺産等）を行う人である。保佐人のできないこととして、介護自体や医療行為を被保佐人に代わって**承諾**することなどがある。

問題86　正解　5

家族の相談に対する介護福祉職の助言に関する設問である。

1 × 介護福祉職が、「認知症でしょう」と言い切ることは適切で**はない**。

2 × 高齢になると、加齢で身体能力が**低下**するため、車を安全に運転することが難しくなる。また、直前の出来事を覚えていないことも増えているので、交通事故を起こす可能性も低くないため、再開するよう勧めるのは**不適切**である。

3 × 老人クラブ等、人と関わることは良いが、それを、Ｅさんや家族が希望しているわけではないため、提案することとしては最も適切と**はいえない**。

4 × 音楽を聴いて気分転換するのは良いが、Ｅさんが音楽を好きだという情報がないことから、本人がそれを希望しているとは思えないため、最も適切と**はいえない**。

5 ○ 今の状態について、かかりつけ医に診てもらうことで**治療や介護サービス**等につなげることができる。

障害の理解

問題87　正解　1
ICIDH（国際障害分類）の能力障害に関する設題である。

1 ○ 「能力障害」とは、**日常生活動作**やコミュニケーションがうまくできない状態をいう。

2 × 運動麻痺という心身機能に関するものであるため「**機能障害**」である。

3 × 失語は、「**機能障害**」である。

4 × 職場復帰困難は、社会活動への参加等の「**社会的不利**」である。

5 × 経済的不利益は、「**社会的不利**」である。

問題88　正解　3
障害者差別解消法に関する設題である。

1 × 法の対象者は、**全て**の障害者である。

2 × 合理的配慮とは、障害者が他の者と**平等**な権利のもとに地域社会に参加できるように**配慮**することである。

3 ○ 障害者権利条約の国内制度の一環とし、**共生社会**の実現に向けた法律である。

4 × 国や地方公共団体などは、障害者に対して合理的配慮を提供する**法的義務**があり、民間業者には**努力義務**がある。しかし、障害者自身は合理的配慮の提供に努める必要は**ない**。なお、法改正により、2024（令和6）年4月1日から、民間事業者も合理的配慮が努力義務から法的義務となった。

5 × 障害者差別解消支援地域協議会は、地域における連携のため、**国及び地方公共団体**の関係機関で構成される。

問題89　正解　4
痙直型や不随意運動型などの分類がある疾患に関する設題である。

1 × 筋ジストロフィーは、**指定難病**の1つで、骨格筋の壊死・再生を主病変とする**遺伝性**筋疾患の総称である。

2 × 脊髄小脳変性症は、歩行時の**ふらつきやろれつが回らない**等の神経の難病である。

3 × 脳血管疾患は、**脳出血**と**脳梗塞**に大別できる疾患である。

4 ○ 脳性麻痺は、生後4週間までの間に発症した脳への損傷によって起こされる運動機能障害をいう。知的障害を伴う場合もある。手足がこわばって硬くなる**痙直型**や手足が余計に動きすぎる**不随意運動型（アテトーゼ型）**のほか、バランスがとりにくい**失調型**などに分類される。

5 × 脊髄損傷は、交通事故等により脊髄神経が損傷し、神経領域下にある**運動や感覚の麻痺**を起こす疾患である。

問題90　正解　5

内因性精神疾患に関する設題である。

精神疾患は、内因性、外因性、心因性に分類されている。現在は、ICD（国際疾病分類）、DSM（精神疾患の診断と統計マニュアル）などが用いられている。

1　×　脳腫瘍は、脳の疾患であるので**外因性**精神障害である。

2　×　アルコール依存症は、中毒性精神障害で**外因性**精神障害である。

3　×　パニック障害は、性格やストレスで生じる**心因性**精神障害である。

4　×　認知症は、脳の疾患であるので**外因性**精神障害である。

5　○　統合失調症は、外因性や心因性では明らかな原因を説明することができない**内因性**精神障害である。

問題91　正解　2

重度の知的障害者の地域移行の社会資源に関する設題である。

1　×　ケアハウスは、高齢者の**介護保険制度**における軽費老人ホームである。

2　○　共同生活援助（グループホーム）は、障害者総合支援法の自立支援給付の中の**訓練等**給付である。主に夜間、共同生活を行う住居で、自立した生活を送るための地域移行である。

3　×　自立支援医療は、障害者総合支援法の**自立支援**給付として、医療費の自己負担を軽減する公費負担医療制度である。

4　×　精神科病院は、**治療**のために入院する機関である。

5　×　同行援護とは、障害者総合支援法の介護給付で、**視覚**障害者への外出支援である。

問題92　正解　2

自閉症スペクトラム障害の特性に関する設題である。

1　×　読み書きの障害は、**学習障害**の特性である。

2　○　社会性の障害として、**対人関係**や**コミュニケーション**への影響がある。

3　×　注意の障害は、**注意欠陥多動性**障害の特性である。

4　×　行為障害は、社会的規範に従う行動がとれないという障害で**注意欠陥多動性**障害をあわせ持っていることが多い。

5　×　運動障害は、自転車に乗る、字を書くといった運動が習得できにくい**学習障害**の特性である。

問題93　正解　3

筋萎縮性側索硬化症（ALS）に関する設題である。

1　×　脳から各部の筋肉に指令を出す運動ニューロン（運動神経細胞）が変性してはたらかなくなる「神経変性疾患」であり難病の１つである。

2　×　上下肢の**筋力**低下に始まり、**構音**障害、嚥下障害、呼吸障害に及ぶ。

3　○　保たれる**機能**として、**視力・聴力**の感覚、知性、膀胱直腸機能などがある。また、褥瘡にもなりにくい。

4　×　難病で運動失調は、**脊髄小脳変性症**など**小脳**に関連する疾患にみられる。

5　×　難病で全身の臓器に炎症を起こす自己免疫疾患として、**全身性エリテマトーデス**などがある。

問題94　正解　4

糖尿病性網膜症で失明の告知を受けた人の障害受容に関する設題である。

1　×　周囲に怒りをぶつけているので、**不安**も強いと判断できる。

2　×　否認は、自分の回復のみを期待しているので防衛的な心理状態である。周囲に怒りをぶつけたり、壁に頭を打ちつけたりしているＧさんは、かなり混乱してショックを受けていると思われること

から、障害を否認しているとは考え**にく
い**。

3 × Gさんは、失明の可能性を打ち明けられたショックから、周囲に怒りをぶつけたり、壁に頭を打ちつけたりしている状態のため、前向きな気持ちになっているとは考え**にくい**。前向きな姿勢がみられる時期は、**適応**への努力をする時期である。

4 ○ 事例のように周囲にあたったり、自傷行為をするなど現実的な状況に**混乱**や苦悩が生じたりする時期である。

5 × 障害受容の最終過程である適応期には、新しい**価値観**や**役割**を見出すことができる。Gさんは、まだ混乱していて失明という障害を受け入れられる状態ではないため、新しい価値観や役割を見出す時期と**はいえない**。

問題95 正解 3
パーキンソン病の事例によるホーエン・ヤール分類に関する設題である。パーキンソン病は、運動がスムーズに行えなくなる疾患である。

1 × ステージ I は、症状が**一側性**（右か左）で、**機能障害**があっても軽度である。

2 × ステージ II は、**両側性**ではあるが、**姿勢保持**はできる。日常生活に多少の障害がある。

3 ○ ステージ III は、**姿勢反射**障害がある。一人での生活は何とか可能である。

4 × ステージ IV は、自立生活は**困難**であるが、**立位**・**歩行**は何とかできる。

5 × ステージ V は、日常生活は**全介助**となる。

問題96 正解 5
制度化された地域の社会資源（**フォーマル**な社会資源）に関する設題である。**フォーマル**な社会資源には、行政、保健所、児童福祉サービス、障害福祉サービス、教育、医療、社会福祉協議会などが含まれる。

1 × 家族会が行う悩み相談は、**インフォーマル**な社会資源（制度化されていない社会資源）である。

2 × 近隣住民からの声かけは、**インフォーマル**な社会資源である。

3 × 同居家族による介護は、**インフォーマル**な社会資源である。

4 × コンビニエンスストアなどの協力は、**インフォーマル**な社会資源である。

5 ○ 民生委員は、民生委員法によるので**フォーマル**な社会資源である。

こころとからだのしくみ

問題97 正解 4
マズローの欲求階層説の所属と愛情欲求に関する設題である。
マズローの欲求階層説は、人間の欲求は段階的に高次の欲求に向かうとし、ピラミッドの形で示される。

マズローの欲求階層説

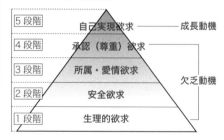

1 × 生命を脅かされないことは、「基本的欲求」としての**生理的**欲求と**安全**欲求である。

2 × 他者からの賞賛は、**承認（尊重）**の欲求である。

3 × 自分の遺伝子の継続は、**生理的**欲求である。

4 ○ 好意がある他者との良好な関係

226

は、**所属・愛情**欲求である。

5　×　自分自身の向上は、**自己実現**欲求である。

問題98　正解　1

大脳における皮膚感覚の受容部位に関する設題である。

1　○　頭頂葉には、**体性感覚野**があり、感覚器で物を感じたことを解析する**機能**がある。

2　×　前頭葉には、**思考や運動**の指令をする機能がある。

3　×　側頭葉には、**記憶や言語**、音を解析する機能がある。

4　×　後頭葉には、**視覚**情報を取り入れ解析する**機能**がある。

5　×　大脳辺縁系は、大脳の深部にあり**生命維持や本能**、情動や記憶に関与している。

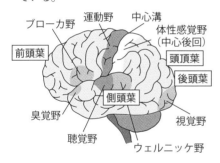

問題99　正解　3

爪や指の変化と疾患や病態の組み合わせに関する設題である。

1　×　爪の白濁の変化は、**爪白癬**によるものである。

2　×　巻き爪は、**深爪や外反母趾**や合わない靴を履くなどが原因でおこる。

3　○　さじ状爪は、スプーンネイルとも呼ばれ、**鉄欠乏性貧血**の患者に多くみられる。

4　×　ばち状指は、**心臓疾患や肺の悪性腫瘍**などの疾患が原因でおこる。

5　×　青紫色の爪は、**チアノーゼ**が原因で起こる。

問題100　正解　5

口臭に関する設題である。

1　×　口臭の原因には、**歯垢（プラーク）**の蓄積による歯周病やむし歯がある。

2　×　唾液量が**少ない**ことにより、細菌が増殖し口臭が強くなる。

3　×　口臭は、直接的にはウイルスの感染の原因に**はならない**。

4　×　食事量の**減少**、経口摂取が出来ない場合に、唾液量が**減る**ため口臭の原因になる。

5　○　口臭が気になると、**会話**するのをためらうようになることから、他者との交流を避けるようになってしまう。

問題101　正解　3

大腿骨頸部骨折に関する設題である。

1　×　最も多い原因は、**転倒**である。

2　×　骨折の直後は、**足の痛み**があり、ほとんどの場合には**立位がとれない**。

3　○　早期からリハビリテーションを開始し、**起立・歩行**を目指すことが必要である。

4　×　**保存的治療と手術的治療**がある。**保存的**治療は、長期のベッド上での安静が必要であり、褥瘡や筋力低下のリスクがある。

5　×　高齢者個人の状態により、再び**歩行**能力を獲得できる場合とできない場合がある。

問題102　正解　1

摂食・嚥下のプロセスに関する設題である。

1　○　先行期では、食べ物を認識するので唾液量が**増加**する。

2　×　嚥下性無呼吸は、**咽頭期**にみられる。

第32回

3　×　喉頭が閉鎖するのは、**咽頭**期である。

4　×　食塊を形成するのは、**準備**期である。

5　×　食道期は、**不随意的**な運動である。

問題103　正解　4

事例の尿失禁の種類に関する設題である。

1　×　反射性尿失禁は、尿が溜まって**反射的**におこる失禁である。

2　×　心因性頻尿は、**緊張して頻回**に尿意を催す状態をいう。

3　×　溢流性尿失禁は、尿が出にくく残った尿が**じわじわ**と流れ出る状態をいう。

4　○　機能性尿失禁は、排尿機能は正常であるが**身体機能**低下や**認知症**が原因で起こる。事例は、トイレを探せずに失禁してしまう排泄の状態である。

5　×　腹圧性尿失禁は、咳やくしゃみ、重たい荷物をもつなど**腹圧**をかけた状態で尿が漏れることをいう。

問題104　正解　5

正常な尿に関する設題である。

1　×　たんぱく質が検出されると**腎機能**障害など病的な状態の疑いがある。

2　×　ブドウ糖が検出されると**糖尿病**など病的な状態の疑いがある。

3　×　排尿直後にアンモニア臭がするのは、**尿路感染症**や膀胱炎など病的な状態の疑いがある。

4　×　排尿直後の尿がアルカリ性の場合は、**尿路感染症**や腎不全などの病的な状態の疑いがある。また、野菜や果物の過剰摂取でもみられることがある。

5　○　正常な尿は、淡黄色や薄い茶色がかった透明で**弱酸性**の液体で無菌である。

問題105　正解　1

弛緩性便秘の原因に関する設題である。

1　○　弛緩性便秘は、**腸蠕動**の低下による。その原因は、加齢による運動不足や**食物繊維**の摂取不足などである。

2　×　排便を我慢する習慣は、**直腸性**便秘をおこしやすい。

3　×　腹圧の低下により、直腸にある便が出せずに溜まり**直腸性**便秘になりやすい。

4　×　大腸が痙攣により狭くなり便が通過しにくい**痙攣性**便秘は、腹痛や腹部不快を伴う。

5　×　がんなどの疾病による通過障害は、**器質性**便秘という。

問題106　正解　2

抗ヒスタミン薬の睡眠への影響に関する設題である。

1　×　就寝後、短時間で覚醒するのは、**早期覚醒**である。

2　○　抗ヒスタミン薬は、**アレルギー**反応（蕁麻疹、アレルギー性鼻炎、皮膚炎など）に効く薬で、脳の活性化が抑えられ眠気が現れる。従って、**昼間の眠気**につながる。

3　×　睡眠中に足が痛がゆくなるのは**むずむず脚**症候群である。

4　×　睡眠中に無呼吸が生じるのは、**睡眠時無呼吸**症候群が疑われる。

5　×　夢の中の行動が実際の寝言や行動に現れるのは、**レム睡眠**行動障害である。パーキンソン病やレビー小体型認知症にも現れる。

問題107　正解　3

終末期に関する設題である。

1　×　ターミナルケアとは、終末期に本人の意思を尊重しQOLを重視し、最期まで自分らしく生きるためのケアである。

2　×　インフォームドコンセントとは、患者・家族が十分な説明のもと、これからの状況について患者家族と関係者などで情報を共有して皆で**合意**するプロセスをいう。

3　○　リビングウィルとは、「終末期医療における**事前指示書**」で自分の望むケアをあらかじめ書面に示すことをいう。

4　×　デスカンファレンスは、亡くなった方の**ケア**を振り返り、今後の**ケア**の質を高めることを目的としたカンファレンスをいう。

5　×　グリーフケアとは、**遺族**が心理的、社会的に孤立しないように支援することをいう。

問題108　正解　4

死亡直前にみられる身体の変化に関する設題である。

1　×　関節の強直は、**死後硬直**による筋肉の硬直が関節の硬直になっていく。

2　×　角膜の混濁は、**死後**に水分が蒸発して現れる。

3　×　皮膚の死斑は、**死後**20〜30分後に始まり、8〜12時間で最も強くなる。

4　○　死亡直前には、**下顎呼吸**やチェーンストークス呼吸が現れる。

5　×　筋肉の変化により硬直するのは、**死後**の身体的変化である。

医療的ケア

問題109　正解　1

介護福祉士が行う喀痰吸引の範囲に関する設題である（右段の図参照）。

1　○　口腔内・鼻腔内の喀痰吸引については、**咽頭手前**までを限度とするとされている。

2　×　咽頭までは、**深すぎる**。

3　×　喉頭までは、**深すぎる**。

4　×　気管内部の喀痰吸引の範囲は、**気管カニューレ内**である。気管の手前までは、**深すぎる**。

5　×　気管分岐部までは、**深すぎる**。

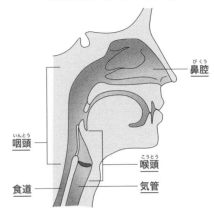

鼻腔（びくう）
咽頭（いんとう）
喉頭（こうとう）
食道
気管

問題110　正解　2

平成23年社会福祉士及び介護福祉士法（かくたんきゅういんとう）の改正に基づく喀痰吸引等の制度に関する設題である。

1　×　喀痰吸引と経管栄養は、**医行為**である。

2　○　登録研修機関（登録喀痰吸引研修等事業者）において**実地研修**を修了する必要がある。

3　×　病院・診療所の医療機関は、登録事業者にならず、病院では実施**できない**。

4　×　「医療的ケア」の講師は、**医師・看護職（看護師・保健師・助産師）**のうち、医療的ケア教員講習会修了者等で実務経験5年以上を有する者となっている。「喀痰吸引等研修」の講師は、対象者は同一で、指導者向け研修修了が望ましいとされている。

5　×　インスリン注射は、介護福祉士が**できない**医行為である。

問題111　正解　4

吸引後の対応に関する設題である。

1　×　出血していそうなところにチュー

ブをとどめることは、出血を**助長**する可能性があるので**行わない**。

2 × 「痰は取りきれた」上に呼吸は落ち着いているので、再度吸引する必要は**ない**。

3 × 血液が混ざっているのに吸引を繰り返すことは、出血が**多く**なる可能性があるので**行わない**。

4 〇 出血した場所がわかるように**観察**をする。それから、すぐに実施と観察した内容を**看護職**に報告する。

5 × 出血していたとしても、介護福祉職の判断で消毒は**行わない**。

問題112 正解 5

吸引の必要物品の管理に関する設題である。

1 × **乾燥法**より消毒液に吸引チューブをつけている**浸漬法**の方が短時間で細菌が死滅する。

2 × 吸引チューブを浸す消毒液は、少なくとも**24**時間おきに交換する。

3 × 吸引チューブの洗浄水は、**滅菌水**（口腔・鼻腔内吸引なら**水道水**でもよい）を用いる。

4 × 吸引チューブの洗浄水は、清潔にするためできる限り交換することが望ましいが、少なくとも**8**時間おきに交換する。

5 〇 吸引びんに吸引物が多く溜まるとモーター部分に入り込み吸引器が故障してしまう。吸引物が吸引びんに**70〜80**％溜まることは限界であるので、その前に廃棄を行う必要がある。

問題113 正解 3

経管栄養の栄養剤を冷所保存したまま注入した時の影響に関する設題である。

1 × 呼吸困難は、注入時の**誤嚥**や逆流、**誤嚥性肺炎**や電解質異常の重篤な状況で起こりうる。

2 × 胃ろう周囲のびらんは、栄養チュ

ーブの固定などから生じる機械的な**刺激**、消化液や栄養剤の漏出により起こりうる。

3 〇 冷たい栄養剤を注入すると腸管を刺激し**下痢**を起こす。

4 × 褥瘡は、栄養状態が**悪く**、**寝たきり**で体圧が好発部位にかかるなど褥瘡になる条件が重なるとできてしまう。

5 × 低血糖や高血糖は、**糖尿病**などの疾病などにより起こりうる。

総合問題（総合問題1）

問題114 正解 1

利用者が入院するきっかけになった脳の疾患に関する設題である。

1 〇 ラクナ梗塞は、脳血管障害（脳卒中）のうち脳の血管が詰まる**脳梗塞**の一種で、脳の奥深くにある、**ごく細い**血管が詰まることで発生する。Lさんは「脳の細い血管が詰まっている」とあるため、ラクナ梗塞が原因で入院したと考えられる。

2 × くも膜下出血は脳の血管が破れて出血する**脳出血**の一種で、脳の血管にできた動脈瘤が破れ、脳の表面とくも膜の間に出血して生じる。突然の激しい**頭痛**や嘔吐等が生じ、死亡率が高い。

3 × 慢性硬膜下血腫は転倒で頭をぶつける等の頭部**外傷**が主な発症原因となっている。具体的には頭蓋骨の内側で脳を包む膜（硬膜）と脳の表面との間にゆっくりと血が溜まる状態（血腫）である。これによって脳が圧迫され、**頭痛**や嘔吐、認知症に似た症状等、様々な症状が出現する。

4 × 正常圧水頭症は脳脊髄液の循環障害等によって**髄液**が脳の中心にある脳室に溜まって脳室が拡大し、周囲の脳を圧迫した状態である。これによって**認知症**

に似た症状や歩行障害（小刻み歩行等）、排尿障害（尿失禁等）が生じやすくなる。

5　×　高次脳機能障害（こうじのうきのうしょうがい）は**脳血管疾患**や交通事故、脳腫瘍、脳炎、低酸素脳症（のうしゅよう）等が原因で脳に損傷を受け、記憶・注意・学習・行為・言語等の複雑な働き（高次脳機能）に障害が生じた状態を指す。

問題115　正解　4

Ｌさんに対して訪問介護員（ホームヘルパー）がとる行動に関する設題である。

1　×　所有者であるＬさんに相談することなく、黙って処分することは訪問介護員として**不適切**な行動である。

2　×　賞味期限は「**おいしく食べることができる期限**」を指すため、それを過ぎても、すぐに食べられなくなるわけではない。訪問介護員が見つけた缶詰は賞味期限が２日前に切れたものであることからも、まだ食べられると判断できる。よって、Ｌさんに対し、そうした説明を行わず、「食べてはいけない」と伝えることは**不適切**である。

3　×　缶詰のふたを開けたままにしておくと空気や微生物の影響を受けて徐々に腐敗していくため、期限に関係なく、一度開けた缶詰はできるだけ**早く食べきる**ようにする。Ｌさんに対しては、まず訪問介護員が賞味期限の説明を行った上で、２日前に期限が切れた缶詰を食べるかどうかを相談する必要がある。何も相談せず、缶のふたを開けておく行動は**食中毒**につながる恐れもあり、**不適切**である。

4　○　訪問介護員はＬさんに対し、賞味期限の説明をした上で、２日前に期限が切れた缶詰を食べるかどうか、食べる場合はどのように食べるかを**相談**する必要がある。

5　×　缶詰は密封され、空気や菌に触れないため、保存することができるが、一

度ふたを開けた缶詰は空気に触れ、微生物の影響も受けて徐々に腐敗する。よって、缶詰のふたを開けたら、**速やかに**食べきる必要がある。仮に缶詰を開封し、中身が残った場合でも、別の容器に移し、冷蔵庫に入れ、できるだけ早く食べきる。保存容器に移して保管する対応は食品が腐敗し、**食中毒**につながる危険性を高める。

問題116　正解　3

Ｌさんの介護予防サービス・支援計画書を作成する者に関する設題である。

1　×　訪問介護事業所の訪問介護員（ホームヘルパー）は、利用者の自宅等の**居宅**を訪問し、食事・入浴・排泄（はいせつ）等の**身体介護**、調理・洗濯・掃除等の**生活援助**を行う。

2　×　介護保険制度における地域支援事業の中に生活支援体制整備事業がある。この事業で配置することになっているのが生活支援コーディネーターで、「地域支え合い推進員」とも呼ばれ、高齢者の**生活支援・介護予防**の基盤整備を推進するため、地域において生活支援・介護予防サービスの提供体制の構築に向けたコーディネート（主に資源開発やネットワーク構築）の機能を果たしている。

3　○　要支援１・２の利用者に対し、**介護予防ケアマネジメントに基づき介護予防サービス・支援**計画書の作成を担うのは地域包括支援センターの主任介護支援専門員である。なお、一般的に介護予防サービス・支援計画書は、地域包括支援センターで保健師等の職員が中心となって作成するとされている。

4　×　サービス提供責任者は**訪問介護**事業所に配置が義務づけられており、介護支援専門員が作成したケアプラン（居宅サービス計画等）に基づいて**訪問介護**計画書を作成したり、利用者に対して訪

問介護員が訪問介護計画に沿ってサービスを提供しているかを確認したり、関係する機関・施設・事業所との連携・調整を図ったりする。

5 ✕ 生活介護は**障害者支援**施設等で、常時介護が必要な人に対し、主に昼間、入浴・排泄・食事等の介護や調理・洗濯等の家事に加え、創作的活動や生産活動の機会を提供している障害者総合支援法に基づく障害福祉サービスの1つである。サービス管理責任者は、こうした障害福祉サービス事業所に配置され、個々の利用者に対して**個別支援**計画を作成したり、相談・助言や連絡調整を行ったりしている。

総合問題（総合問題2）

問題117　正解　5

A介護福祉職が確認した記録に関する設題である。

1 ✕ 施設サービス計画は、**介護保険**施設（介護老人福祉施設、介護老人保健施設、介護医療院）に入所している一人ひとりの利用者に対して提供するサービスの内容や種類、頻度等について定めた**ケアプラン**のことである。

2 ✕ インシデント報告書は「**ヒヤリ・ハット報告書**」とも呼ばれ、事故（アクシデント）には至らなかったものの、危うく事故になりそうな「ヒヤリ」「ハッ」とした出来事についての記録を指す。

3 ✕ エコマップは利用者を支援するために**利用者**や**家族**、介護福祉職や介護保険施設等の社会資源の関係性を図式化したものである。1975年にアン・ハートマン（Ann Hartman）が考案し、支援を展開する上での関係性の整理や全体像の把握に役立つ。

4 ✕ プロセスレコードは介護福祉職等

の支援者が**利用者**との関わりの場面を振り返り、その過程を文章化した記録である。コミュニケーション力の向上に加え、介護福祉職等の支援者が自らの言動や感情を振り返る中で自分自身の傾向を知る機会（自己覚知）にもつながる。

5 ○ フェイスシートは利用者の氏名、年齢、性別、要介護度、生活歴、家族構成等、その利用者がどのような人かを把握することができる**基本情報**をまとめた記録である。事例では「A介護福祉職は、生活相談員が作成した生活歴や家族構成などの基本情報の記録を事前に確認した」とあるため、A介護福祉職が確認した記録はフェイスシートとなる。

問題118　正解　2

Mさんの症状に関する設題である。

1 ✕ 認知症の**行動・心理症状（BPSD）**の1つに幻視がある。幻視は実際には見えない人や物が見えることを指す。なお、**レビー小体**型認知症では鮮明で具体的な幻視が特徴の1つとして挙げられている。

2 ○ 認知症の**中核症状**の1つに失行がある。失行は運動機能に問題はないにもかかわらず、今まで行えていた日常的な動作ができなくなる状態を指す。アルツハイマー型認知症のMさんの場合も、失行により、今まで行えていた歯磨き動作ができなくなり、不安そうな顔をしていたと推察できる。

3 ✕ 振戦は手や足がふるえることである。振戦は**パーキンソン**症状の1つにも挙げられている。

4 ✕ 脱抑制は周囲の状況を顧みず、自分の行動を抑制できず、衝動的になったり、感情的になったりする状態を指す。**前頭側頭型**認知症では比較的初期の頃から**脱抑制**による反社会的な行動がみられることがある。

232

5　×　常同行動は同じ言動を繰り返すことを指す。例えば、毎日決まったコースを散歩したり、毎日同じ食物を食べ続けたりする。脱抑制とともに常同行動も**前頭側頭型**認知症の特徴の1つである。

問題119　正解　1

社会福祉法人が行うこととした事業に関する設題である。

1　○　**社会福祉法人**は社会福祉事業に支障がない限り、社会福祉に関する相談や情報提供、ボランティアの育成、コミュニケーションやスポーツ等の交流支援といった**公益**性の高い事業を行うことができる。U社会福祉法人の「地域の家族介護者を対象に、介護に関する情報提供や交流を図る場を無料で提供すること」は公益事業に該当する。

2　×　日常生活自立支援事業は**都道府県**社会福祉協議会や**指定都市**社会福祉協議会が実施主体となり、認知症や知的障害、精神障害等で判断能力が不十分な人たちを対象に福祉サービスの利用援助や日常的**金銭**管理サービス等を実施する。

3　×　相談支援事業は障害者総合支援法による地域生活支援事業のうち、**市町村**が中心となって実施する**市町村**地域生活支援事業の1つであって、障害者や家族等の相談に応じ、必要な情報提供を行うほか、虐待防止や権利擁護のために必要な援助を行う。

4　×　自立相談支援事業は生活困窮者自立支援法に基づき**福祉事務所**を設置している自治体が直営または委託により実施している。具体的には生活困窮者やその家族等からの相談に応じ、支援計画を作成し、必要な支援の提供につなげている。

5　×　地域生活支援事業は、障害者総合支援法に基づき、障害者や障害児が自立した日常生活または社会生活を営めるよう、地域特性や利用者の状況に応じ、柔軟な形態で事業を効果的・効率的に行う事業である。**市町村**が中心の**市町村**地域生活支援事業と都道府県が中心の**都道府県**地域生活支援事業に大別できる。

総合問題（総合問題3）

問題120　正解　2

利用者が19歳で精神科病院に入院した時の入院形態に関する設題である。

1　×　任意入院とは、精神障害があって入院を必要とする場合、本人の**同意**に基づき入院することである（精神保健及び精神障害者福祉に関する法律第20条）。

2　○　医療保護入院では、入院を必要とする精神障害者で、自傷他害の恐れはないが、本人の**同意**に基づく任意入院を行う状態にない者が対象で、精神保健指定医の診察に加え、家族等のうちいずれかの者の**同意**が必要となる（同法第33条第1項）。Bさんの場合、19歳の時に統合失調症を発症し、精神保健指定医の診察の結果、入院の必要があると診断されたものの、Bさん自身からは入院の同意が得られず、父親の**同意**で精神科病院に入院している。

3　×　応急入院では、入院を必要とする精神障害者で、本人の同意に基づく任意入院を行う状態になく、急速を要し、家族等の同意が得られない者が対象となる。応急入院での入院期間は**72**時間以内に制限される（同法第33条の7第1項）。

4　×　措置入院では、入院させなければ自傷他害のおそれのある精神障害者が対象となる。精神保健指定医**2**名以上の診断結果が一致していることが要件となり、**都道府県知事**の決定で入院措置

が行われる（同法第 29 条第 2 項）。

5 ×　緊急措置入院は措置入院のうち急速な入院の必要があることが条件となる。1 名の精神保健指定医の診断で措置入院することが可能となるが、入院期間は 72 時間以内に制限される。

問題 121　正解　5

話を聞いた介護福祉職の利用者に対する最初の言葉かけに関する設題である。

1 ×　薬を 2 週間分内服していない状況で、B さんに「今すぐ薬を飲んでください」と安易に声かけすれば、B さんは 2 週間分の薬を一気に服薬してしまう危険性も考えられる。この場合、介護福祉職は B さんの話を**受け止める**とともに、2 週間分の薬を内服していない状況を担当の**医師**に速やかに報告する必要がある。

2 ×　統合失調症の B さんが話した「みんなが私の悪口を言って」という内容は**被害妄想**によるものと考えられる。被害妄想は事実でないにもかかわらず、自分に被害や危害が及ぼされていると確信している状態であるため、「悪口の内容を詳しく教えてください」等、被害妄想の内容をさらに聞き出す対応は**不適切**である。

3 ×　統合失調症の B さんが話した「みんなが私の悪口を言って、電波を飛ばして監視しています」は陽性症状の 1 つである**妄想**によるものと推察できる。一方、薬を 2 週間分内服していない理由が B さんにはあると考えられる。そうした背景を理解・検討せず、妄想が出現した理由を「薬を飲んでいないからですよ」と安易に決めつけ、責めることは、かえって B さんを悩ませ、**不安**を増幅させる恐れがある。

4 ×　B さんが 2 週間分の薬を内服していない状況を担当医師に報告することは重要である。ただし、C 介護福祉職の B

さんに対する「最初」の言葉かけとあるので、まずは「おびえながら話した」B さんの不安な気持ちを**受け止める**ことが必要である。

5 ○　妄想は事実ではないことを本人が本気で信じ込んでいる状態である。それだけに妄想の内容が理解できなくても、肯定も否定もせずに関わる姿勢が介護福祉職には求められる。特に B さんの場合は妄想でおびえている状況にあるので、まずは B さんの不安な気持ちを**受け止める**発言が必要となる。

問題 122　正解　4

B さんへの支援に関する設題である。

1 ×　B さんは居宅介護を利用し、料理や掃除等の支援を受けているものの、調子の良い時にはすでに一緒に行っている。よって、自分で料理や掃除ができるようになることが優先であると**はいえない**。

2 ×　B さんは C 介護福祉職と話したことをきっかけに、定期的に服薬できるようになっている。服薬ができなかった過去の話題を取り上げる必要はない。また、B さんへの支援において、治療は担当の**医師**が中心となって行っているため、介護福祉職が勝手に治療に専念するように話すことは**不適切**といえる。

3 ×　B さんは「無理をせず、今の生活を維持すること」を望んではいない。B さんには、「就労に挑戦してみたい」という気持ちがあり、就労経験のある他のメンバーの話を聞く等の取り組みも行っている。支援においては、こうした B さんの意思や意欲を**尊重**した上で、どうすれば B さんが望む就職を実現できるのかを本人や介護福祉職に加え、他職種も含めて一緒に**検討**していくことが求められる。

4 ○　介護過程では、アセスメントにお

いて利用者本人の思いや意欲（〜したい）、能力（〜できる）、嗜好（〜好き）等、利用者の強みや長所である**ストレングス**を見つけ出し、その**ストレングス**を活かした介護計画を作成して実施していくことが求められる。Bさんの場合も、Bさんの長所・強みとなる好きなことや得意なこと等を一緒に探し、どのような仕事が向いているのかを検討していくことが重要である。

5　×　介護過程では利用者一人ひとりの状況に応じた**個別**ケアを展開する。よって、他のメンバーの失敗原因を考えることもBさんにとって参考になるかもしれないが、あくまでもBさん自身の就労とその対策を検討することがBさんの支援においては重要となる。

総合問題（総合問題4）

問題123　正解　5

Dさんの朝の症状の原因に関する設題である。

1　×　Dさんは夜中に目が覚めてしまうこともあるため、睡眠不足になっている可能性も否定できない。睡眠不足が続いた場合、**疲れやすさ**や集中力の低下等がみられるが、それが直接、朝の手の動きの悪さや痛みにつながるとは考え**にくい**。

2　×　一般的に体重が6か月間に2〜3kg減少した場合、低栄養状態が考えられる。Dさんの場合、1か月間で体重が2kg減っているため、低栄養状態の可能性が高く、**筋力**低下や活動量の低下が心配されるが、それが直接、朝の手の動きの悪さや痛みにつながるとは考え**にくい**。

3　×　ふらついたり、バランスを崩したりする平衡感覚の低下は起立性低血圧、

脳血管疾患、メニエール病、薬の副作用等が原因として考えられる。平衡感覚の低下は**転倒**につながりやすいため、注意が必要であるが、それが直接、朝の手の動きの悪さや痛みにつながるとは考え**にくい**。

4　×　Dさんは足の痛みで歩くのが難しく、車いすを使用しているが、最近は手の痛みが強くなり、自分での操作が困難となっている。そのため、Dさんは筋力低下していることが考えられる。筋力低下は**食欲**低下や活動量の低下につながりやすく、注意が必要であるが、それが直接、朝の手の動きの悪さや痛みにつながるとは考え**にくい**。

5　○　Dさんは30年前に関節リウマチを発症している。関節リウマチの症状には関節の炎症による関節の**痛み**や腫れ、朝の手の**こわばり**・動かしづらさがあり、Dさんの朝の手の動きの悪さや痛みは1〜4の選択肢にくらべ関節リウマチによる関節の炎症が原因として最も可能性が**高い**。

問題124　正解　2

「障害者総合支援法」で電動車いすを購入する時に利用できるサービスに関する設題である。

1　×　介護給付費は、生活や療養する上で必要な**介護**を受けた場合に支給される。介護給付には**居宅**介護、**重度**訪問介護、同行援護、行動援護、重度障害者等包括支援、短期入所、生活介護、療養介護、施設入所支援がある（障害者総合支援法第28条第1項）。

2　○　補装具費は**補装具**を購入・修理・借受け（レンタル）した場合に支給される。障害者または障害児の保護者が市町村長に申請し、身体障害者更生相談所等の判定または意見に基づく市町村長の決定により、補装具費の支給を受けられ

る。対象となる補装具には**車いす**、**電動車いす**、義肢、装具、歩行器、補聴器等がある。

3　×　自立支援医療費は、心身の障害を除去・軽減するための医療について医療費の**自己負担額**を軽減する公費負担医療制度である。

4　×　訓練等給付費は就労につながる**訓練**等の支援を受けた場合に支給される。**自立訓練（機能訓練・生活訓練）**、**就労移行支援**、**就労継続支援**（Ａ型：雇用型／Ｂ型：非雇用型）、就労定着支援、共同生活援助（グループホーム）、自立生活援助がある。

5　×　相談支援給付費は、①障害者や家族等からの相談に応じ、情報提供や助言等を行う**基本相談**支援、②障害者支援施設や精神科病院に入所・入院している障害者に対して住居の確保や地域生活に移行するための相談支援（**地域移行支援**）と居宅で単身生活をする障害者に対して連絡体制の確保や緊急事態時の相談支援（**地域定着支援**）を行う地域相談支援、③障害福祉サービスを利用する障害者や障害児に対し、サービス等利用計画の作成や計画の見直し等を行う**計画相談**支援のいずれかのサービスを使用した場合に給付される。

問題125　正解　3
日常生活でＤさんが当面留意すべきことに関する設題である。

1　×　Ｄさんは「ここ数日、朝だけでなく１日中、何もしないのに手足の痛みが強くなってきた」と訴えているように、関節リウマチによる炎症が悪化している可能性が高い。こうした場合、かぶりの衣類は頭を通さなければならない分、肩関節や肘関節への負担が大きくなり、適切と**はいえない**。よって、着脱の際、肩関節や肘関節への負担を軽減するため

にも、袖ぐりが広く、適度なゆとりがある**前あき**の衣類を選ぶことが望ましい。

2　×　ベッドのマットレスが柔らかいと身体が沈み込み、起き上がりや立ち上がりを行い**にくく**なる。特に関節リウマチがある場合、そうした状況は股関節や膝関節、手関節等への負担を**高める**。関節への負担が高まると関節リウマチによる関節の炎症をさらに悪化させる恐れもある。よって、耐久性や通気性が優れ、寝返りしやすく、立ち上がりやすい適度な**硬さ**があるマットレスを使用することが望ましい。

3　○　Ｄさんの手足の痛みは、関節リウマチによる炎症の悪化が原因である可能性が高い。炎症が強い場合、無理して関節を動かすとさらに悪化するため、関節にはできるだけ**負担**をかけず、**安静**にするのが原則である。

4　×　いすが低すぎると立ち上がり**にく**くなり、股関節や膝関節、足関節への負担に加え、手をひじ掛けやテーブルについて身体を支えながら立ち上がろうとするため、手関節への負担も高めてしまう。よって、その人にとって立ち上がりやすい高さのいすを使用し、関節にできるだけ負担を**かけない**ようにする。

5　×　関節リウマチの場合、枕が高いと**頸椎（首の骨）**に負担をかけるだけでなく、首が前に傾き、顎を引いた状態になり、呼吸し**づらく**なる。一方、枕が低すぎても寝返りする際に肩関節に負担をかけやすく、熟眠の妨げになる恐れもある。よって、医師等のアドバイスに基づき、自分に適した高さに枕を調節する必要がある。

MEMO

MEMO

※矢印の方向に引くと解答・解説編が取り外せます。